橡胶沥青及混凝土应用成套技术

王旭东 李美江 路凯冀 等编著

人民交通出版社
China Communications Press

内 容 提 要

依托交通部西部科技项目等研究，结合多年来国内外相关研究和应用成果，本书比较全面地介绍了废胎胶粉在沥青路面中的应用技术。第二、三、四章主要分别介绍了废胎胶粉、橡胶沥青、橡胶沥青混合料等技术性能和指标，第五章主要介绍了橡胶沥青和混合料的施工工艺和质量控制措施，第六章介绍了国内外一些典型的工程应用实例和研究成果，第七章介绍了废胎胶粉在沥青路面应用中的环境保护问题和技术经济分析。

本书可供从事公路和城市道路设计、施工、科研人员使用，也可供高等院校的教师和研究生等参考。

图书在版编目（CIP）数据

橡胶沥青及混凝土应用成套技术/王旭东等编著.—北京：人民交通出版社，2008.3

ISBN 978-7-114-06982-6

Ⅰ.橡… Ⅱ.王… Ⅲ.废旧物资－粉末橡胶－应用－沥青路面－道路工程 Ⅳ.U416.217

中国版本图书馆CIP数据核字（2008）第010116号

交通科技丛书

书　　名：橡胶沥青及混凝土应用成套技术
著 作 者：王旭东　李美江　路凯冀　等
责任编辑：丁润铎
出版发行：人民交通出版社
地　　址：（100011）北京市朝阳区安定门外外馆斜街3号
网　　址：http://www.ccpress.com.cn
销售电话：（010）85285838，85285995
总 经 销：北京中交盛世书刊有限公司
经　　销：各地新华书店
印　　刷：北京交通印务实业公司
开　　本：787×960　1/16
印　　张：26
字　　数：491千
版　　次：2008年3月　第1版
印　　次：2008年3月　第1次印刷
书　　号：ISBN 978-7-114-06982-6
印　　数：0001～3000册
定　　价：55.00元
（如有印刷、装订质量问题的图书由本社负责调换）

前　言

废胎胶粉来自于废轮胎，是废轮胎无害化综合利用的有效途径之一。将废胎胶粉作为一种路面材料的“改性剂”，掺加到沥青或沥青混合料中，达到改善其路用性能的目的，是一种传统的技术措施，在国外已有40多年的历史。

早在20世纪80年代初，我国为了修建高级沥青路面，改善沥青及混合料的技术性能，一些科研单位和建设部门，借鉴国外经验，先后开展了废胎胶粉用于筑路技术的研究和实践，取得了不少宝贵的经验。时至今日，国家号召建设资源节约、环境友好型社会。2007年，交通部组织实施了“材料节约和循环利用专项行动计划”，将废旧轮胎橡胶粉筑路技术应用作为专项行动计划的六项重点任务之一。当前，废胎胶粉在公路行业中的应用方兴未艾。

多年来，交通部公路科学研究院致力于废胎胶粉在公路工程中应用的技术研究和推广工作，近十年来先后承担了2001年度交通部西部科技项目“废旧橡胶粉用于筑路的技术研究”、北京市路政局科技项目“废胎胶粉改性沥青的应用研究”和河北省科技项目“废旧轮胎橡胶粉道路应用成套技术研究”等项目，通过大量的室内研究和现场试验路的铺筑，进行了深入的理论机理分析，并积累了大量的工程实践经验。为了进一步推动废胎胶粉在公路行业中的推广应用，将多年从事这方面研究、应用的体会进行总结，集成此书，供广大关心、从事废胎胶粉在沥青路面中应用的工程技术人员和管理人员参考。同时，由于废胎胶粉在沥青及混合料中的作用机理十分复杂，一些技术问题还有待于在实践中进一步完善和发展，本书中一些论述可能存在一些偏颇，欢迎同行们批评指正。

本书由广大参与废胎胶粉在沥青路面研究应用的科研人员和工程技术人员、管理人员共同编写完成，主要人员有：王旭东、李美江、路凯冀、柳浩、杨丽英、王国清、杜群乐、孙荣山、张丽宾、盛赛华、汪水银、曾蔚、杨志峰、刘翰飚、黄文元、刘朝晖、郭明、陈亮、周兴业、郭朝阳等。

编著者
2008年1月

目　录

第一章　概　　述

当前我国经济社会发展已进入新阶段，节约资源与保护环境已引起广泛重视，加快建设资源节约型、环境友好型社会已成为国家可持续发展的基本战略之一。废旧轮胎既是一种固体废弃物，同时也是一种再生资源，在公路工程中用废轮胎加工成的废胎胶粉，不仅可以达到废弃物"一站式"的无害化处理和利用，而且可以进一步改善公路工程质量，延长路面的使用寿命。

据统计，2005 年我国废旧轮胎产量 1.2 亿条，约 340 多万吨，其中有 70％的废轮胎资源没有被回收再利用，回收利用率要比发达国家低 30％～40％。据有关方面测算，到 2010 年，我国汽车保有量将达到约7 000万辆，轮胎生产量将达到 3 亿多条，同时废旧轮胎的产生量将超过 2 亿条，总量将达到约 520 万吨。我国将成为轮胎第一生产大国，废旧轮胎的产生量将居世界第一位。

同时，随着我国经济持续高速增长，公路建设迅速发展，从 1988 年的京石、沈大、沪嘉高速公路通车以来，平均每年建成通车高速公路2 000多公里。在短短的近 20 年时间内，我国高速公路建设走完了发达国家半个多世纪的发展历程。2006 年我国高速公路通车里程已经超过45 000km，根据规划，在建和待建高速公路里程还有 3.5 万公里，公路交通建设达到了空前的繁荣。另一方面，我国一些早期修建的高等级公路相继进入大中修和改建阶段，据统计平均每年约有2 000～3 000km 的高速公路需要大修罩面。改善路面使用性能，延长路面使用寿命，寻求经济有效的旧路改建和罩面方案，节约建设资金，是我国公路行业所面临的紧迫问题。

将废轮胎应用于公路建设不仅可以大量消耗这些固体废弃物，解决社会的环保问题，改善人民的生活质量，而且将有助于改善沥青路面质量，节约建设投资。

第一节　废旧轮胎的利用状况和发展循环经济

20 世纪 70 年代，世界各国普遍关心的是污染产生后如何治理以减少危害，即环境保护的末端治理方式。80 年代，人们注意到应采用资源化的方式处理污染物，思想上和政策上都有所进步。到了 90 年代，特别是可持续发展战略成为世界潮流的近几年，源头预防和全过程控制污染逐步成为西方发达国家环境与发展政策的真正主流。人们在不断探索和总结的基础上，以资源利用率最大化和污染排放量最小化为主线，逐渐将清洁生产、资源综合利用、生产保护和可持续消费等措施融为一套系统的循环经济战略(图 1-1)。

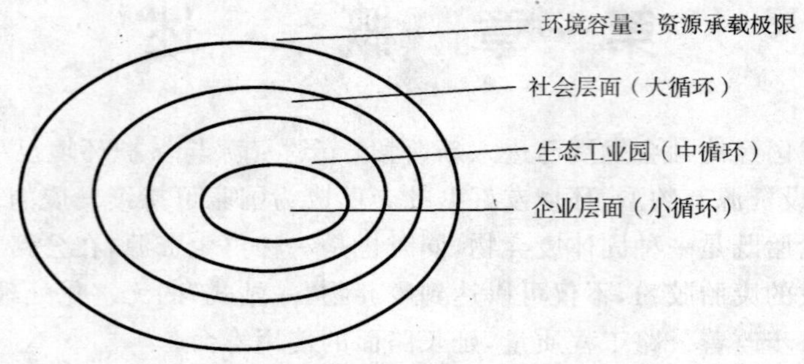

图 1-1　循环经济的三个活动层面

为此，国外许多发达国家采用立法的手段，推动固体废弃物的循环利用。如日本早在 1972 年颁布了《垃圾处理法》(末端治理)，1982 年又颁布了《垃圾法》(提出前置的概念)和《节能法》等，2000 年又颁布了《推进形成循环社会基本法》。德国于 1972 年颁布了《废弃物处理法》，1982 年颁布了《废弃物限制及废弃物处理法》，1996 年又颁布了《循环经济废弃物管理法》。美国于 1976 年颁布了《固废处理法》，1989 年颁布了《综合废弃物管理法》，到 20 世纪 90 年代末，七个州都制定了有关废弃物再生循环利用的法规和具体的量化指标。

发达国家和我国改革开放 20 多年来的实践证明，废旧轮胎不是“垃圾”，是宝贵的资源，是节约能源、橡胶等原材料的主要方式和来源。通过生产胶粉来回收废旧轮胎是集环保与资源再利用于一体的很有应用前景的方法，既能减轻废旧轮胎带来的环境压力，又能改善路面的使用性能，应该成为我国废弃轮胎循环使用的一项基本政策。

一、废旧轮胎带来的环境问题

废轮胎是一种工业有害固体废弃物，是一种难以降解的高分子化工材料，无论采用填埋、堆放或焚烧都会给环境带来灾难性的污染。它是恶化自然环境、破坏植被生长、影响人类健康、危及地球生态环境的最有害垃圾之一。

如将废轮胎填埋处理，其大分子分解到不影响土壤中植物生长的程度需要数百年的岁月，可谓“顽固不化”；若采用燃烧处理，其释放出来的烟雾和一氧化碳，则会严重污染大气。目前主要采用化学的方法对其进行处理，但同样造成二次污染。越积越多的废旧轮胎长期露天堆放，不仅占用了大量土地，而且经过日晒雨淋，极易滋生蚊虫，传播疾病，并且还容易引发火灾。

美国、加拿大、日本等许多国家，历史上都曾因废轮胎起火而蒙受了巨大损失。1996 年到 1999 年，美国的轮胎填埋场接连发生大火，2 000 万条轮胎被焚。

最为严重的是1999年9月22日，美国的斯坦尼斯劳斯县，有700万条堆积的废旧轮胎自燃起火。大火的温度超过1 000℃，浓烟直达600多米的高空。15天以后，大火至少已熔化出8万加仑油脂，流进附近的一口水塘，水塘变为油塘后又继续燃烧。数百吨污染物飘落到100多公里外的旧金山和加州首府萨克拉门托，更近一些的城市则在刮风时下起了“黑雨”。2001年1月7日，我国广东省云浮市郊一废旧轮胎收购点不慎失火，虽然有13台消防车投入工作，300多名消防官兵和干部群众参与扑救，但由于轮胎燃烧的火势太猛，不到一个小时，堆积如山的废旧轮胎全部被火海吞没，浓烟直冲云霄。

随着汽车工业的发展，越来越多的废旧轮胎形成的“黑色污染”，正在威胁着全人类的生存环境。据统计，全世界每年约有10亿只轮胎报废。以往废轮胎带来环境问题主要集中在发达国家：在美国，据统计1997年报废轮胎为2.7亿条，另外历年堆放累积的废旧轮胎已超过8亿条；日本每年废旧轮胎约5 000万条；德国、英国年报废轮胎各为55万吨和45万吨。如今，随着我国经济的腾飞，汽车工业的迅猛发展，我国已成为世界上第三大轮胎生产国，仅次于美国和日本。在北京、上海等大城市的市郊结合处都能见到像小山一样的废旧轮胎堆积点。“黑色污染”造成的危害会远远大于“白色污染”。无害化、资源化充分利用这些废轮胎，消除“黑色污染”已经迫在眉睫。这必将对我国经济的可持续发展，缓解环境和橡胶资源匮乏带来的压力起到积极的作用。

二、废旧轮胎的回收利用方式

废旧轮胎的回收利用方式有直接利用和间接利用两种。其中旧轮胎宜采用翻修的回收利用方式，发达国家将轮胎循环利用重点放在旧轮胎翻新与废轮胎生产胶粉。

在轮胎翻新方面，目前我国翻胎率太低，一些旧轮胎直接转变为废轮胎，这需要通过其他途径对废轮胎进行原质回收利用。2004年我国轮胎翻新量仅800万条，2006年轮胎翻新量为960万条，轮胎翻新比（翻新量占新胎产量的比例）仅约为4%，远远低于发达国家一般为10%的比例（美国2004年达2 800多万条，市场替换率达50%）。目前我国废旧轮胎中能够进行翻新的胎体只占约6%，其余94%都是不能进行翻新的废轮胎，旧轮胎翻新水平还远远落后于发达国家。

国际上回收利用的废轮胎都是指不能再翻新的废轮胎，其主要回收利用的方式有以下几种。

1. 原形改制

原形改制是通过捆绑、裁剪、冲切等方式，将废旧轮胎改造成有利用价值的物品。最常见的是用作码头和船舶的护舷、沉入海底充当人工鱼礁、用作航标灯的漂浮灯塔等。美国每年产生废旧轮胎2.5亿条，通过原形改制可使其中的500～600万条变废为宝。如栅网垫排公司收集废旧轮胎，用切割机分离胎圈与胎身，再根据需要将胎身裁成不同尺寸的胶条，用这些胶条编织成弹性防护网、防撞挡壁、防滑垫排等。弹性防护网供建筑、爆破工地挡飞石落物；防撞挡壁供保护船坞用；防滑垫用来临时加固路面，使重型车辆顺利通过泥泞地带；从废旧轮胎上截取下来的胎圈，还可以被加工成排污管道。

2. 热能利用

废轮胎是一种高热值材料，其每公斤的发热量比木材高69%，比烟煤高10%，比焦炭高4%。热能利用就是用废旧轮胎代替燃料使用。一是直接燃烧回收热能，此法虽然简单，但会造成大气污染，不宜提倡；二是将废旧轮胎破碎，然后按一定比例与各种可燃废旧物混合，配制成固体垃圾燃料(RDF)，供高炉喷吹代替煤、油和焦炭，供水泥回转窑代替煤以及火力发电用。同时，该法还有副产品——炭黑生成，经活化后可作为补强剂再次用于橡胶制品生产。

3. 再生胶

通过化学方法，使废旧轮胎橡胶脱硫，得到再生橡胶是综合利用废旧轮胎最古老的方法。特别是近些年来，随着全球环保之风愈吹愈烈，再生胶工业的诸多劣势，如工艺复杂，耗费能源多，生产过程污染环境，造成第二次公害等愈加引起公众关注。另一方面，与橡胶相比，再生胶由于性能欠佳，应用范围受到限制。因此，发达国家早已逐年削减再生胶产量，有计划地关闭再生胶厂，用生产胶粉来取代制造再生胶。我国当前废轮胎回收利用的主要途经还是再生胶。

4. 胶粉

通过机械方式将废旧轮胎粉碎后得到的粉末状物质就是胶粉。轮胎橡胶是一种弹性高分子化合物，在通常情况下，将它们粉碎到足够的细度十分困难。为克服轮胎橡胶机械粉碎时的弹性、韧性和黏性，胶粉的生产工艺通常有液氮低温冷冻法、常温研磨及化学试剂法三种。在胶粉工业化生产中，常温粉碎法占据主导地位。

与再生胶相比，胶粉无需脱硫，所以生产过程耗费能源少，工艺较再生胶简单得多，不排放废水、废气污染环境，而且胶粉性能优异，用途极其广泛。通过生产胶粉来回收废旧轮胎是集环保与资源再利用于一体的很有前途的方式，这也是发达国家摒弃再生胶生产，将废旧轮胎利用重点由再生胶转向胶粉和开辟其他利用领域的根源。有专家预言，制造胶粉有望成为排在翻新、热能利用之后的第三种主要途径。

在我国，废轮胎的循环利用与国外相比还有较大差距。例如国外对废橡胶资源的利用率能够达到80%以上，主要用于制造胶粉应用于建筑材料以及燃烧热利用，而我国当前的废橡胶利用率仅约为65%。

目前，我国有再生胶生产企业 600 多家，从事人员超过 5 万多人，生产能力接近 200 万吨，年产量超过 100 万吨。再生胶成为我国处理废轮胎的主要方式。国内一直有反对再生胶工业发展的主张，认为再生胶生产污染严重，应该限制其发展。

利用废轮胎生产硫化橡胶粉，这是一门新兴的材料科学，是集环保与资源再生利用为一体的很有发展前途的循环利用方式，也是我们提倡发展循环经济的最佳利用途径。胶粉工业在我国尚处于起步阶段，比国外滞后二十多年。但我国在利用废轮胎生产胶粉技术方面，无论是常温法还是低温法，都处于世界领先水平，生产装备基本上满足生产工艺要求，而且比国外引进装备更可靠适用，并已成套出口国际市场。

此外，利用废轮胎热分解是多年来世界各国都极为关注的课题。但由于此方法技术复杂，装备投资大，成本高，且回收物质质量欠佳又不稳定，一直没有推广开。在我国浙江、山东、江西、湖南、安徽等地兴建了不少利用废轮胎土法炼油，这是一种既污染环境，又浪费资源的方法，此法是应该坚决杜绝的。

总之，将废轮胎加工成废胎胶粉是世界上公认的废轮胎橡胶无害化、资源化的处理方法，其中将废胎胶粉用于沥青改性剂在公路行业中使用是废轮胎资源化无害化利用的主要途径之一。

废胎胶粉来源于废轮胎，其主要的化学成分与轮胎基本一样，天然橡胶和合成橡胶（如丁苯橡胶、顺丁橡胶）是其主要成分，同时为了保证轮胎的耐久性，在设计和生产过程中还掺加了许多添加剂，如硫、炭黑、氧化硅、氧化铁、氧化钙等。由于轮胎的设计寿命一般为 50～100 年，而轮胎在使用 1～2 年后由于过度磨损就报废了，因此，废胎胶粉的化学成分，特别是其中添加剂的作用基本与新轮胎没有太大的差别。从这个角度看，废胎胶粉“废而不老”。因此，当废胎胶粉掺加到沥青混合料中后，这些化学成分仍然可以起到一定的作用，达到改善沥青混凝土使用性能的目的。

第二节　废胎胶粉在公路工程中应用领域

废胎胶粉在公路行业中特别是沥青和沥青混凝土中的应用在国际上已有比较悠久的历史。国际上最早的橡胶沥青文献见于 1843 年的英国专利。现代意义上的橡胶沥青及橡胶沥青混合料首先出现在 20 世纪美国。美国橡胶回收公司（Rubber Reclaiming Company）在 20 世纪 40 年代首先采用干拌法的生产工艺生产了 Ramflex™ 橡胶粉沥青混合料，美国专家 Charles McDdonald 则首先采用湿拌法的生产工艺，在 20 世纪 60 年代生产了 Overflex™ 橡胶沥青混合料。

一、基本概念

1. 橡胶(改性)沥青

1997 年美国 ASTM 将橡胶沥青定义为:由沥青、回收轮胎橡胶及一定的添加剂组成的混合料,其中胶粉的含量不少于总重的 15%(内掺),且要求橡胶颗粒在热沥青中充分反应并膨胀,又称沥青橡胶(Asphalt Rubber)。由此看出,形成橡胶沥青一般需要三个条件:胶粉掺量要达到一定的量,且要有一定的反应时间,并达到相应的技术标准。这里所说的添加剂是指为了改善橡胶沥青的某些路用性能(如稳定性、耐久性)而掺加的一些材料,如一些改善胶粉活性的材料、轻质油分、天然橡胶和沥青改性剂等。

另外,Terminal blend 也是目前美国使用较多一种橡胶沥青生产工艺。与一般的橡胶沥青生产工艺相比,其反应时间大大缩短,一般只相当于正常的 1/2~1/3。

由于废胎胶粉和沥青的化学成分不完全相同,且都具有较强的惰性,废胎胶粉与沥青之间的相互作用十分复杂,至今仍有很多专家对此进行专门研究。橡胶沥青性能的好坏不仅与选择橡胶粉的种类、规格和沥青品质有关,而且与橡胶沥青的加工方式、拌和时间、拌和温度以及外掺剂的种类有关。为了确保橡胶沥青的品质,橡胶沥青生产时对此都有明确的规定。

在公路工程中,橡胶沥青除了与集料、矿粉拌和,生产橡胶沥青混凝土外,还用于应力吸收层(SAM)、应力吸收中间层(SAMI)、碎石封层(CHIP SEAL)、路面防水材料(TACK COAT)及填缝料等。自 20 世纪 60 年代橡胶沥青产生后,橡胶沥青主要用在旧路改造,作为旧路的应力吸收层,延缓旧路的反射裂缝,并积累了大量 SAM 和 SAMI 的典型路面结构设计方法和成功经验,成为国际上公认的一种防止旧路反射裂缝的有效措施。图 1-2 是国际上成功应用的橡胶沥青作为应力吸收层和应力吸收中间层在老路面改造中使用的示意图。在这些方面橡胶沥青的使用量甚至超过沥青混凝土。

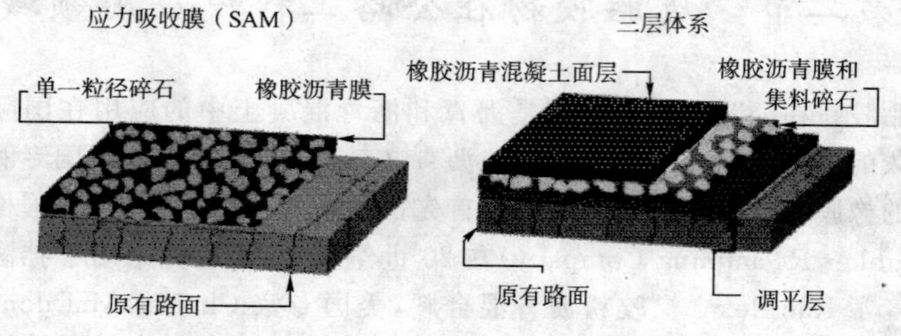

图 1-2　橡胶沥青作为 SAM、SAMI 在老路改造中使用示意图

2. 橡胶(粉)沥青混凝土

由废胎胶粉、沥青和矿料拌和而成的混合料称为橡胶沥青混合料。其中有两种不同的生产工艺:一个是干法工艺,另一个是湿法工艺。

湿法工艺是指将废胎胶粉或颗粒与沥青混炼或混合形成橡胶沥青,然后作为黏结剂再与矿料拌和的工艺,一般称作橡胶沥青混凝土(Asphalt-Rubber Concrete)。干法工艺则是指橡胶粉与集料先行拌和共混后再喷入沥青拌制混合料的工艺,一般称作橡胶粉改性沥青混凝土(Rubber Modified Asphalt Concrete)。为了简化称谓,湿拌法工艺的沥青混凝土统称橡胶沥青混凝土(包括采用橡胶粉改性的沥青);干拌法工艺统称橡胶粉沥青混凝土;所有掺加橡胶粉的混凝土总称橡胶沥青混凝土。

在美国实际应用中,两者的主要区别有:

(1)橡胶粉沥青混凝土中橡胶粉使用量(通常为矿料重的 2.0%~5%)是橡胶沥青混凝土的(通常为沥青质量的 20%左右,大约相当矿料质量的 1.5%)2~4 倍。

(2)橡胶粉沥青混凝土橡胶粉添加方法简单,胶粉从矿料口进入,用量容易控制;橡胶沥青混凝土的胶粉要事先与沥青共混反应,预加工和储存,使用成本高。

(3)橡胶粉沥青混凝土使用的胶粉(1.6~6.4mm)一般比橡胶沥青混凝土使用的胶粉要粗。

大量的研究表明,橡胶粉沥青混凝土和橡胶沥青混凝土由于生产工艺的不同,主要的技术性能也有差异。橡胶粉沥青混凝土的抗高温性能优于橡胶沥青混凝土;橡胶沥青混凝土的低温抗裂性能和水稳定优于橡胶粉沥青混凝土。两种沥青混凝土都具有良好的抗疲劳性能和抗老化性能。

二、废胎胶粉在公路工程中应用的发展历程

20 世纪 60 年代 Chales McDonald 发明了橡胶沥青,最初主要用于应力吸收层(SAM);70 年代亚利桑那州精炼公司推出脱硫废胶粉改性沥青 Arm-Shield;1975 年橡胶沥青首次应用于开级配沥青混凝土。橡胶沥青的另一个源头来自瑞典,20 世纪 60 年代,两个瑞典公司开发了干法表面层混合料工艺 Rubit;70 年代引进美国后由四季铺面公司申请了专利产品PlusRide。

这一阶段美国主要的研究结论和试验路工程有:1979~1981 年,阿拉斯加州用 PlusRide 铺设了 7 段试验路,结果表明橡胶粉试验路有更好的低温抗滑性能。1983 年、1985 年和 1991 年,俄勒冈州分别铺设了干法和湿法工艺的试验路,在工程完工 10 年后,得出的结论如下:①橡胶粉的加入显著改善了路面的低温抗开裂能力;②橡胶粉的加入使得材料的模量等强度指标有比较大的下降,但

劈裂性能大大增加；③只要认真施工不会发生比普通沥青路面更多的水损坏。1977～1984年，16个州参加了由联邦公路局组织的研究项目，共铺设了219段试验路。这些试验路若干年后的性能评价有：①在某些单项路用性能上，如抗滑除冰、防反射裂缝、温度裂缝、抗永久变形等方面，取得了比对比路段好的效果；②在施工技术和工艺方面，出现了均匀性和压实的问题，可能和采用的橡胶颗粒过粗有关。

迫于轮胎带来的环境压力，1991年美国联邦参众两院通过了地表协调联运效率法案（ISTEA）第1038条款（USE OF RECYCLED PAVING MATERIAL），要求在政府投资或资助的道路工程中逐年增加回收橡胶的用量，到1997年要求掺加量达到20%。大多数州启动了相关立法程序，极大地促进了废旧轮胎在道路工程中的利用，废胎胶粉路用研究进入了新的阶段。到1993年，美国有27个州研究了橡胶颗粒改性沥青及混合料，总共38个州在沥青混合料中使用过回收橡胶颗粒。

这一阶段的研究工作重点和试验路工程有：

(1)20世纪80年代到90年代初铺设的试验路的长期性能观测和研究；

(2)橡胶粉与沥青共炼的机理研究，不同的共炼工艺对最终产品的性质影响的研究；

(3)橡胶粉应用于各种新型沥青混合料（如PAC/SMA等），对其路用性能的影响研究；

(4)Superpave新技术和指标评价橡胶粉改性沥青和沥青混合料的性能，以及这些方法和指标对评价橡胶粉路用性能的适用性；

(5)Superpave混合料设计方法和传统的马歇尔法、维姆法用于设计橡胶粉改性沥青混合料的研究（包括相应的设备和标准的修正问题、Surperpave性能指标的有效性问题）。

1996年，伊利诺斯大学的Abdelrahman博士在其提交TRB78届年会的论文中，陈述了沥青和橡胶粉的共炼反应机理的研究成果（利用G^*和δ的不同意义和变化规律）。在一定的温度条件下，橡胶吸收油分膨胀为主，膨胀增加液相部分的劲度并增加固相部分接触可能性；当温度升高到某个值时，裂解脱硫的过程逐步取代膨胀过程，固相部分交联减弱但液相部分的劲度仍持续增加。不同的橡胶来源（成分）对反应进程的影响明显，在同样的温度下处于不同的反应阶段，高温时的区别比低温时大。时间因素的影响是一个温度的函数，一般而言，初始反应阶段持续30～40min，物质交换主要发生在这个阶段。加拿大安大略省Zanzotto等人研究了温度、剪切和时间对拌和效果（脱硫、裂解）的影响，并用SHRP技术评价了不同的添加比例对橡胶沥青性能的影响。

1990～1993年，弗吉尼亚州用McDonald法（掺量约18%）和Rouse法（掺

量5%、10%)铺筑了5段试验路。经过最长4年的行车后的性能检测表明,添加橡胶粉的段落比对比的段落的车辙要明显小、抗滑性能略强,但抗裂方面并没有很大的区别。

1990～1992年,在环境及能源部和运输部的资助和管理下,加拿大安大略省修建了11段橡胶粉改性试验路(包括全新、橡胶改性路面再生、一般路面冷再生添加剂等)。1996年提交了评估报告,从路面使用性能、混合料设计和生产问题、路面建设初始费用、全寿命评估路面费用、环境影响等方面评价了橡胶粉路用效果。

1983～1986年,阿拉斯加州用PlusRide铺设了8段总计45车道公里路面,并于1988年首次应用了湿法。1996年,Saboundjian采用弯曲梁疲劳试验、约束试件温度应力测试和佐治亚轮辙试验,对这些使用达7～17年的路面及对比段落进行了使用性能评价。

在多孔隙路面的发源地法国,截至1995年橡胶沥青多孔隙混凝土累积已经摊铺了超过100万平方米路面。Alain SAINTON通过室内研究和实际应用表明:橡胶粉改性PAC比较普通PAC在保持持久排水性能、抵抗重交通、抗剪切和抵抗不良气候影响等方面有明显的优势。

南非的废旧轮胎橡胶粉在公路行业中的应用十分成功:拥有历时20～25年仍然完好的橡胶沥青路面;应用领域包括混合料、应力吸收层、应力吸收中间层等;基本上已经拥有了一整套橡胶沥青相关的技术指标。据了解,目前南非60%以上的道路沥青使用橡胶沥青,而且根据他们的经验,认为对于超重轴载的使用环境,橡胶粉沥青混凝土尤为有利。

图1-3概括了国际上橡胶沥青及沥青粉改性沥青混凝土的发展历程:20世纪60年代初,主要研究是橡胶沥青在应力吸收层中的应用技术;到70年代初,橡胶沥青的应用延伸到应力吸收中间层;70年代中期,橡胶粉应用领域的重点转向沥青混凝土,并首先在开级配沥青混凝土中使用;70年代后期,在以连续级

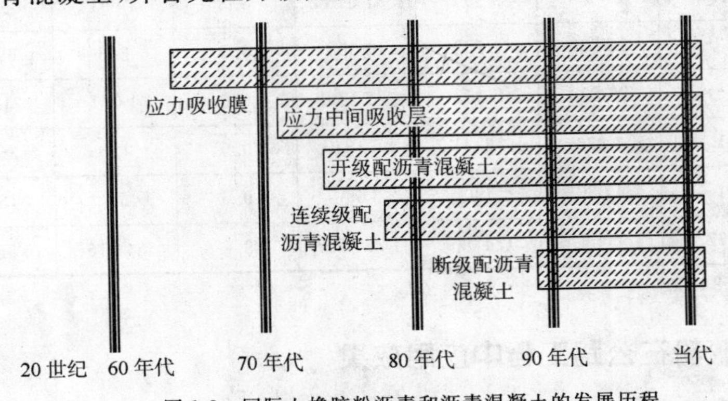

图1-3 国际上橡胶粉沥青和沥青混凝土的发展历程

配为主的密实型沥青混凝土中开始使用橡胶粉；80年代后期至今，主要研究在断级配沥青混凝土中使用橡胶粉。通过多年的应用和试验总结，大多数国家沥青路面技术指南中都明确规定橡胶粉应用于断级配沥青混凝土。

为了有效利用废轮胎，当前许多国家的政府提供优惠政策(国家补贴相应的资金)，鼓励废胎胶粉用于公路工程的修筑，因此废胎胶粉运用于公路的修筑是十分普遍的现象。到1998年底，美国铺设的废胎胶粉改性沥青路面已超过1.1万公里。此外澳大利亚、南非、日本、俄罗斯、加拿大、瑞典、韩国、芬兰等也已成功地将废胎胶粉改性沥青用于修建高速或高等级公路。目前美国的加利福尼亚州、得克萨斯州、佛罗里达州，南非，西班牙，奥地利等国家和地区都有成功使用10年以上的工程。表1-1是美国亚利桑那州运输部近些年来在抗滑表层中应用的橡胶沥青混凝土使用数量的统计表。

亚利桑那州橡胶沥青磨耗层应用统计表 表1-1

年份	项目数	混合料(t)	结合料(t)	集料(t)	沥青含量(%)	橡胶粉(t)	轮胎(10 lbs)
2001	33	181 434	16 234	165 200	8.9	3 247	649 360
2000	38	206 578	18 654	187 924	9.0	3 731	746 160
1999	48	266 133	24 197	241 936	9.1	4 839	967 880
1998	39	376 814	33 621	343 193	8.9	6 724	1 344 840
1997	22	115 696	10 424	105 272	9.0	2 085	416 960
1996	21	122 947	11 004	111 943	9.0	2 201	440 160
1995	30	196 826	18 380	178 446	9.3	3 676	735 200
1994	14	136 703	12 611	124 092	9.2	2 522	504 440
1993	12	116 486	10 866	105 620	9.3	2 173	434 640
1992	10	106 970	9 954	97 016	9.3	1 991	398 160
1991	3	18 650	1 742	16 908	9.3	348	69 680
1990	5	78 529	5 353	73 176	6.8	1 071	214 120
1989	1	6 830	649	6 181	9.5	130	25 960
1988	1	4 080	390	3 690	9.6	78	15 600
总计	277	1 934 676	174 079	1 760 597	9.0	34 816	6 963 160

注：1 lbs=0.453 59kg。

三、废胎胶粉在公路工程中应用效果

随着橡胶粉工业化生产的推动，施工工艺和道路材料及路面结构研究的深入，橡胶粉作为一种新型的筑路材料，其应用技术和使用效果在工程实践中逐步地完善。多年的研究结果和工程实践表明橡胶(粉)沥青混凝土在降低路面噪声，延缓反射裂缝，减薄沥青路面厚度，抵抗重交通和不良气候等方面都有明显的优势。

橡胶(粉)沥青混凝土由于其高弹性能，具有明显的减少行车噪声的效果，是一种典型的“安静路面”。1981 年，比利时科学家在布鲁塞尔首先证明了橡胶沥青混凝土的减噪效果。随后世界各国相继开展了这方面的研究，修筑了大量的试验路。表 1-2 为一些主要国家的研究结果。表 1-3 为美国几个州相应的研究结果。

世界各国使用橡胶沥青混凝土减少噪声的效果 表 1-2

国 家	年 份	减少噪声水平
比利时	1981	8～10dB(65％～85％)
加拿大	1991	有减噪效果
英国	1998	项目尚未完成
法国	1984	2～3dB/3～5dB
德国	1980	3dB
奥地利	1988	3dB
荷兰	1988	2.5dB

美国一些州使用橡胶沥青路面的减噪效果 表 1-3

州 名	城 市	年 份	减噪效果
亚利桑那	Phoenix	1990	10dB
	Tucson	1989	6.7dB
加利福尼亚	Sacramento	1993	5.1～7.7dB
	Orange	1992	3～5dB
	Los Angeles	1991	3～7dB
	San Diego	1998	项目正在进行
得克萨斯	San Antonio	1992	未提供数据
俄勒冈	Corvallis	1994	未提供数据

同时，国外研究还表明，橡胶(粉)沥青混凝土在用于老路改建工程时，对减少路面的反射裂缝，提高路面的整体承载能力都十分有利，在相同的使用效果前提下，适当使用废胎胶粉可减薄沥青混凝土面层的厚度。表 1-4、表 1-5 为美国加利福尼亚州橡胶沥青混凝土技术指南分别从承载能力和减少反射裂缝角度，提出的橡胶沥青混凝土与一般沥青混凝土厚度的对比表。

按结构整体强度标准减薄面层厚度对比表(in)　　表 1-4

密实型沥青混凝土	断级配橡胶沥青混凝土	断级配橡胶沥青混凝土与 SAMI 组合
0.15	0.10	—
0.20	0.10	—
0.25	0.15	0.10
0.30	0.15	0.10
0.35	0.20	0.15
0.40	0.20	0.20
0.45	—	0.20

注:1in=0.025 4m。

按减少反射裂缝标准减薄面层厚度对比表(in)　　表 1-5

密实型沥青混凝土	断级配橡胶沥青混凝土	断级配橡胶沥青混凝土与 SAMI 组合
0.15	0.10	—
0.20	0.10	—
0.25	0.15	—
0.30	0.15	—
0.35	0.15～0.20	0.10

注:1in=0.025 4m。

从表 1-4、表 1-5 中数据可以看出,无论是承载能力标准还是减少反射裂缝标准,沥青混凝土中掺加橡胶粉后,沥青面层的厚度可减薄 30%～70%;当沥青结构层中使用橡胶粉改性沥青的应力吸收中间层时,厚度还可以进一步减薄。

第三节　我国的废胎胶粉在公路建设中应用现状

我国是世界上最大的橡胶消费国。废胎胶粉在我国的应用研究并不晚,早在 20 世纪 70 年代末 80 年代初,为了修建高等级公路的沥青路面,改善国产沥青的品质,国内许多科研院所和公路建设的主管部门,借鉴国外成功经验,开展了废胎胶粉(颗粒)在沥青混凝土中应用的技术研究,并铺设了大量的试验路。可以说,20 世纪 80 年代是我国橡胶沥青及混合料研究应用的起步阶段。由于当时废胎胶粉的加工技术还不过关,大多使用粒径比较粗、目数比较低的橡胶颗粒(如采用较细的橡胶粉需要采用冷冻工艺加工,成本高,不适宜公路使用),加之当时对沥青混合料的认识不足,均采用连续型级配;橡胶沥青的加工设备和混合料生产设备落后,废胎胶粉在公路行业中的应用并不成功,仅仅停留在小规模的试验研究阶段。

进入 20 世纪 90 年代后,废胎胶粉在沥青路面中应用研究并没有停滞。哈尔滨建筑大学采用室内方法评价了橡胶沥青性能；江苏石油化工学院、上海沥青混凝土二厂等单位研究了橡胶沥青的加工工艺；华东冶金学院研究了废胎胶粉与煤沥青性质和族组成变化情况；辽宁省交通科研所研究了橡胶改性乳化沥青路用性能，并试验用于稀浆封层的施工；沈阳市政设计院在 1993 年铺筑了 1 040m^2 的橡胶沥青混合料试验路。

与此同时，随着废胎胶粉加工工艺的进步，以及我国沥青混凝土研究和生产技术水平的提高，为我国之后大规模地研究、推广废胎胶粉沥青和混凝土奠定了基础，主要体现在以下几方面：

(1)常温条件下采用研磨方法加工精细废胎胶粉技术获得突破并形成工业化，由原来的 10～20 目，达到了 80～100 目，不仅大大降低了加工成本，也满足了公路行业的需要。

(2)断级配沥青混凝土技术逐渐成熟。20 世纪 90 年代初，沙庆林院士根据我国公路建设的需要，提出了以 SAC 为代表的粗集料断级配型沥青混凝土。与此同时，SMA 型沥青混凝土的引进、消化、应用，这些都为今后开展废胎胶粉沥青混凝土的应用奠定了扎实的理论基础。

(3)以 SBS 改性沥青为代表的改性沥青的大规模应用，为今后橡胶沥青的加工生产提供了实践基础。从对改性沥青的评价、分析，到改性沥青的加工生产，都为今后橡胶沥青的应用给予借鉴。

20 世纪 90 年代末，我国高速公路的建设速度加快，沥青路面的质量亟待提高。废胎胶粉在沥青路面中的应用再次引起了交通部的重视。2001 年第一批交通部西部科技项目中专门立项开展“废旧废胎胶粉用于筑路的技术研究”。该项目由交通部公路科学研究院主持，联合河北、山东、广东、四川、贵州等省的公路部门以及同济大学、长沙理工大学等单位，在前人研究的基础上，借鉴国外成功经验，从废胎胶粉的路用标准，到橡胶沥青的技术指标；从橡胶沥青混合料的配合比设计方法，到混合料的加工生产工艺；从橡胶沥青路面的设计体系，到质量控制措施，开展了大规模的、系统的室内外试验研究。特别是充分结合我国重载交通的使用环境和半刚性基层沥青路面结构特点，提出了适合我国国情的废胎胶粉橡胶沥青及混凝土应用技术。该项目已于 2004 年顺利通过交通部的鉴定。

值得指出的是，为了结合 2008 年绿色奥运、人文奥运的主题，建设节约型社会，在交通部西部项目的基础上，2004 年北京市交通委员会又进一步立项开展了“废胎胶粉改性沥青的应用研究”课题的研究。该项目在以往研究的基础上进一步的深入、细化，并系统地编制了我国第一部地方性的废胎胶粉应用指南——《北京市废胎胶粉沥青及混合料设计施工技术指南》，并于 2006 年 12 月正式执行。

另外，广东、江苏、四川、天津等省份的有关单位分别引进国外成套技术，开展了橡胶沥青混凝土的应用技术研究和试验路、实体工程的铺筑，对推进废胎胶粉在我国公路工程中的应用作出了显著的贡献。

为了响应国家建设“资源节约型、环境友好型”社会的号召，2007 年交通部开展了“材料节约和资源循环利用”专项行动计划，将废胎胶粉在公路工程中应用作为主要的推广项目之一，同时又作为交通部第一批西部科技成果的推广项目之一。近些年来，国内许多公路建设主管部门、科研设计单位和有关企业致力于废胎胶粉在公路工程，特别是沥青路面中应用的研发和应用，先后在十几个省份铺设了橡胶沥青路面的试验路或实体工程，取得了许多成功的经验。

第二章 路用废胎胶粉的技术性能分析

废胎胶粉根据其使用要求的不同，有不同种类和不同规格。路用废胎胶粉专指用于沥青或沥青混合料中的废胎胶粉，一般为硫化胶粉。国际上，为了规范废胎胶粉的使用，确保沥青及混合料的技术性能，对路用废胎胶粉（颗粒）都有比较明确的技术要求，而我国这方面还是空白。本章将结合我国废胎胶粉（颗粒）的生产的特点，对路用废胎胶粉（颗粒）的技术特点和性能要求进行分析。

第一节 废轮胎废胎胶粉的分类

废胎胶粉（颗粒）来自于废轮胎，而轮胎由多种成分按不同配方组成，一般大致可分为两大类：一是斜交胎轮胎，二是子午胎轮胎。图 2-1、图 2-2 为这两种轮胎的典型构造图。从结构来说，这两种轮胎最主要的区别在于是否有钢丝存在（子午胎有，而斜交胎没有）。因此，用于加工废胎胶粉的轮胎按来源可分为乘用车轮胎（子午胎）、轻型载货汽车轮胎、重型载货汽车和公共汽车轮胎（斜交胎）等。

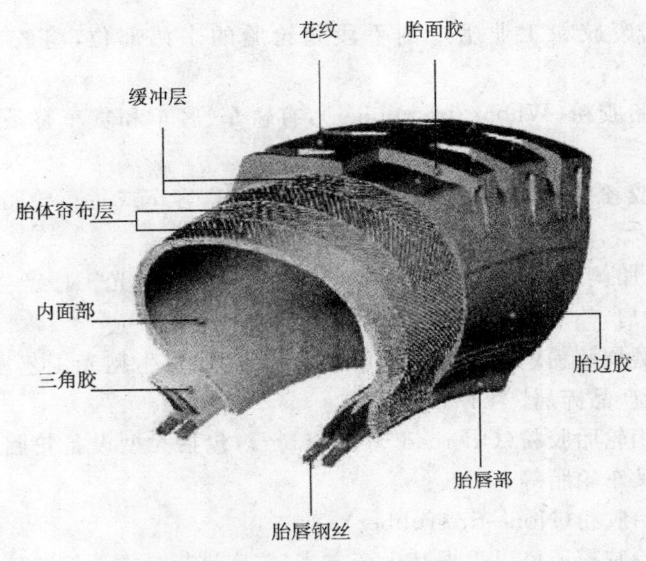

图 2-1 斜交轮胎结构图

中国轮胎翻修与循环利用协会将我国的废胎胶粉根据生产原料的不同分为4个等级：

A级——以汽车废轮胎胎面橡胶为原料生产的硫化胶粉。

B级——以汽车斜交胎整胎为原料生产的硫化胶粉。

C级——以汽车子午胎整胎为原料生产的硫化胶粉。

D级——以低速轮胎为原料生产的硫化胶粉。

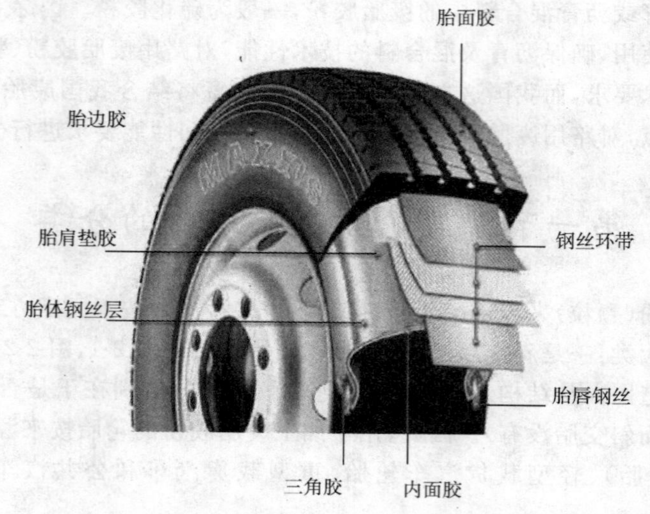

图2-2　子午轮胎结构图

美国根据废胶粉工业生产的手段和轮胎的来源部位，将胶粉分为六类(ASTM D5603)：

(1)全轮胎胶粉(Whole tire rubber)：有轿车、客车和货车整条轮胎制造的胶粉。

(2)胎面胶粉(Tread or peel rubber)：由轿车、客车或货车轮胎胎面制造的胶粉。

(3)胎面、胎侧磨屑(Buffing rubber)：轮胎再生时抛光工序产生的碎屑，只来自胎面和胎肩。

(4)全胎磨屑胶粉(Whole tire buffing)：当轮胎再生抛光工艺涉及胎面、胎肩和胎侧时副产品碎屑。

(5)非路用轮胎胶粉(Off road tire rubber)：包括大型设备轮胎、农用轮胎、工程车轮胎、叉车轮胎等。

(6)非轮胎胶粉(None-tire rubber)。

此外，废胎胶粉还可以根据其生产方式、粒度进行分类。按粉碎方式可分为常温粉碎的废胎胶粉、低温粉碎的废胎胶粉和常温化学法粉碎的废胎胶粉，按粒度的不同可分为粗胶粉、细胶粉、微细胶粉和超细胶粉。粗胶粉的粒径范围为0.5～1.5mm(即12～30目)；细胶粉的粒径范围为0.3～0.5mm(即30～47目)；微细胶粉的粒径范围为0.075～0.3mm(即47～200目)；超细胶粉的粒径范围为＜0.075mm(即大于200目)。一般常温法生产的废胎胶粉粒径较粗，低温法生产的废胎胶粉粒径细些，可在200目以上，常温化学法生产的胶粉粒径介乎两者之间。

ASTM按照废胎胶粉的颗粒分布进行分类。按照最大公称粒径分为10～80目(10目分一级)；100～140目(20目分一级)和170目、200目的13类细度分级。

目前，国际上以及国内大多数废胎胶粉按目数分类标准均参照英国BS 2955标准，表2-1为美国标准筛孔和英国泰勒筛孔的简易对照表。

美国标准筛及泰勒筛标准简易对照表(ASTM-E-11-61)　　表2-1

美国标准筛(目)	筛孔直径(mm)	泰勒标准筛(目)	美国标准筛(目)	筛孔直径(mm)	泰勒标准筛(目)
3.5	5.66	3.5	40	0.42	35
5	4	5	60	0.25	60
7	2.83	7	80	0.177	80
10	2	9	100	0.149	100
14	1.41	12	120	0.125	115
18	1	16	140	0.105	150
20	0.841	16	170	0.088	170
25	0.707	24	200	0.074	200
35	0.5	32	230	0.063	250

我国为了便于废胎胶粉在公路行业的使用，中国轮胎翻修与循环利用协会根据我国的废胎胶粉生产情况，将其分为三类：粗胶粉0.425mm(40目)以上；细胶粉0.425～0.180mm(40～80目)；微细胶粉0.180～0.075mm(80～200目)。

第二节　废胎胶粉的生产工艺

废胎胶粉的生产工艺将影响到胶粉的形状与表面状态。这是由于粉碎前不同的处理方法对废轮胎橡胶物理性能改变机理不同而造成的。常温法并没有对轮胎橡胶做粉碎前处理，主要靠特殊结构刀具的剪切和研磨撕扯力，生产的胶粉颗粒形状不规则，表面凹凸，呈毛刺状或羽状；而液氮低温冷冻法主要在液氮冷媒作用下将橡胶冷冻至“脆化温度”再加以粉碎，生产的胶粉颗粒形状规则，表面平滑，呈锐角状态；化学试剂法则使用可逆化学添加剂使废橡胶“溶胀”而部分破坏橡胶分子间的网状结构，降低其弹性和韧性，提高其可粉碎性。表 2-2 和表 2-3是美国的常温废胎胶粉和冷冻废胎胶粉的属性和粒径分布的比较。从表中数据可以看出，无论是胶粉的物理属性还是胶粉的粒径分布，两种废胎胶粉都有明显的差别。

常温法和冷冻法的物理属性比较

表 2-2

物理属性	常温法	冷冻法
密度	相同	相同
颗粒形状	不规则	规则
纤维含量	0.5%	0
金属含量	0.1%	0

冷冻法和常温法的粒径分布

表 2-3

目数	常温法	冷冻法
30 目	2%	2%
40 目	15%	10%～12%
60 目	60%～75%	35%～40%
80 目	15%	35%～40%
100 目	5%	20%
筛余	5%～10%	2%～10%

一、废轮胎废胎胶粉的生产工艺流程

废轮胎主要由硫化橡胶、钢丝、纤维三部分组成，其中硫化橡胶占废轮胎总质量的65%左右。在废旧轮胎废胎胶粉生产过程中要将橡胶、钢丝和纤维进行分离，然后进行进一步的研磨粉碎和分级。图 2-3 为常温条件下废子午胎胶粉（颗粒）的生产流程，图 2-4 为常温条件下废斜交胎胶粉（颗粒）的生产流程图，图 2-5 为废旧废胎胶粉生产流程图。

两种胶粉生产流程主要区别在于是否除掉轮胎中钢丝成分。子午胎中含有钢丝成分，如不能将其有效除掉不仅影响橡胶沥青及混合料的路用性能，而且对橡胶沥青生产设备和施工设备造成较快的磨损。因此，国际上一些国家路用废胎胶粉（颗粒）的技术标准中对其中的钢丝含量均有明确的限制要求。

此外，废胎胶粉的粉碎过程中，除纤维也是一个必要程序，特别是对于斜交胎胶粉。胶粉中的纤维对改善沥青和沥青混凝土的路用性能是有效的（本章第三节将专门对此进行讨论），但控制废胎胶粉中纤维含量对保证废胎胶粉的质量，以至于有效控制橡胶沥青和混合料的质量是必要的。

废胎胶粉采用同一工序粉碎后的粒径大小不同，呈一定的级配分布。为了便于废胎胶粉下一步的工业化利用，我国目前生产的废胎胶粉在粗加工的基础上进一步进行筛分、分类。与国际上胶粉分级一样，我国废胎胶粉按目数(粒径)进行分级，例如 40 目、60 目、80 目、120 目、200 目等。

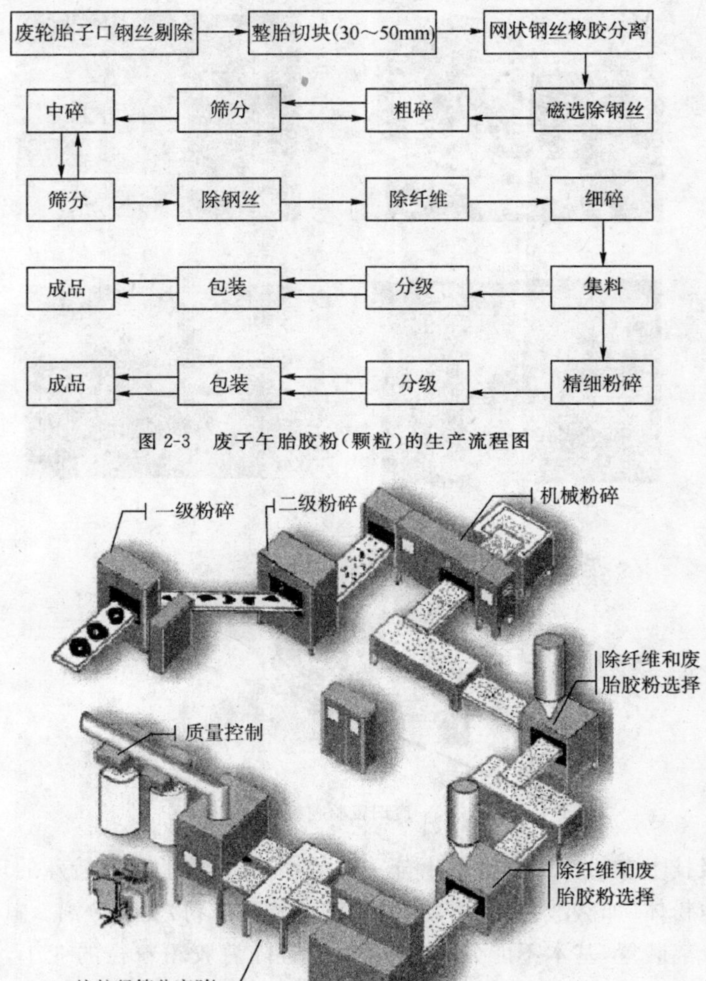

图 2-3　废子午胎胶粉(颗粒)的生产流程图

图 2-4　废斜交胎胶粉(颗粒)的生产流程图

采用不同的粉碎工艺技术和设备，所生产的废胎胶粉粒径分布不同。国内外粗碎、中碎的胶粉分级(40 目以下)基本都是采用振动筛分的方法进行，即通过不同孔径的筛网将胶粉分为不同目数的品种。而 40 目(<0.42mm)以上的胶粉由于其粒径太小，已经很难用振动筛分的方法实现大规模批量生产，尤其是

常温法生产的胶粉，其表面毛糙，通过筛网的效率更低。目前，我国细胶粉生产企业对 40 目以上的胶粉，基本上都采用旋风分离的技术进行，即利用不同粒径的同一种物质在空气中的浮力不同的原理，采用橡胶专用旋风分离装置，通过多级分离，将不同粒径的胶粉分开。

a) b) c) d) e)

图 2-5 废旧废胎胶粉生产流程图

分级技术在粉体工程中是十分重要的，尤其是废胎胶粉特殊的理化性能，使其比其他粉体（如碳酸钙、滑石粉、氧化镁等各种矿粉）更难分离。其他物质通用的旋风分离装置，基本不能分离废胎胶粉，且随着胶粉粒径的变小，分离的技术难度加大，这也是目前国内外市场上微细胶粉无法分级得很细的原因，例如只有 80 目、120 目而很少有 90 目的标准产品。目前，国内外微细胶粉工业化破碎能够获得很细的胶粉，但受分级技术装备的条件限制，只能达到工业化分离 200 目（0.074mm）的水平，而其他物质的粉体分离可以达到 1 000 多目的纳米级超微细颗粒。

总之，随着废轮胎粉碎技术水平的提高，常温法细胶粉的加工已经实现了工业化，为废胎胶粉在沥青路面中的广泛使用提供了基础保证。

二、路用废胎胶粉的适用工艺

不同工艺生产的废胎胶粉的颗粒形状是不相同的，图 2-6～图 2-10 为国内主要大型厂家提供的不同目数和不同加工工艺的胶粉的微观电镜照片。

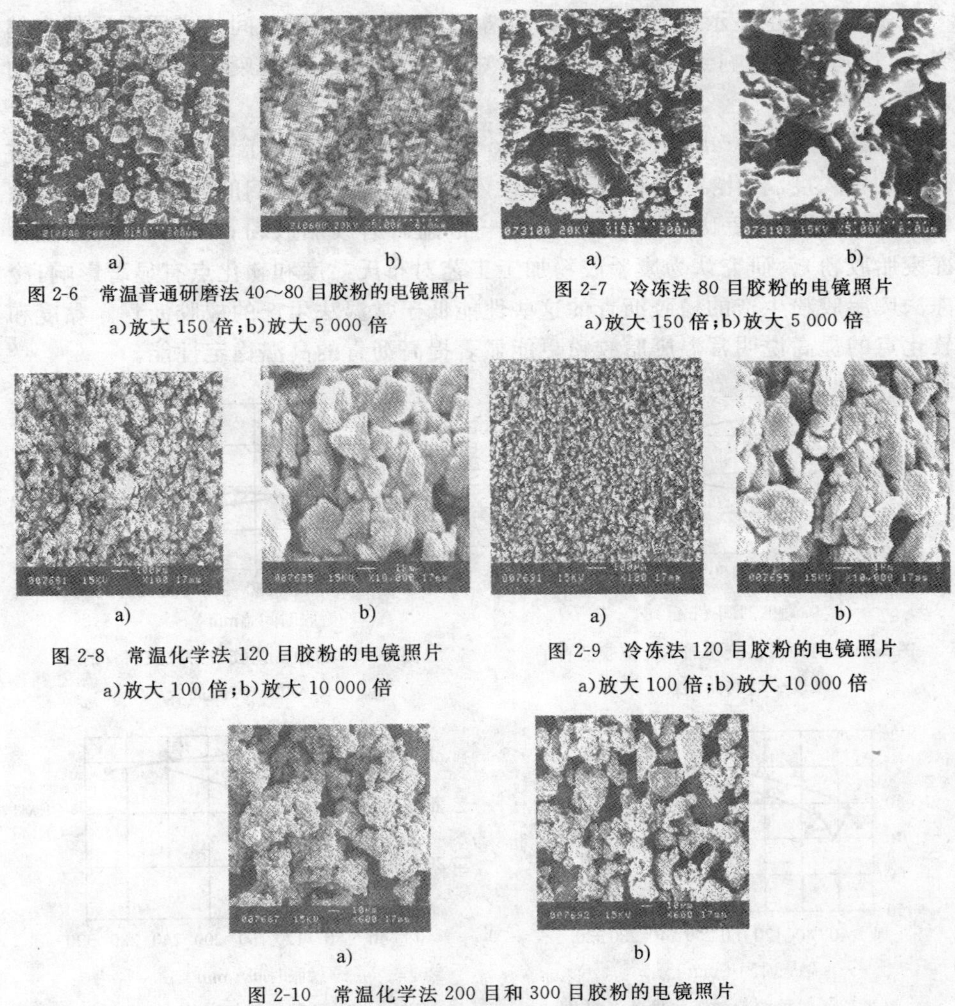

图 2-6　常温普通研磨法 40～80 目胶粉的电镜照片
a)放大 150 倍；b)放大 5 000 倍

图 2-7　冷冻法 80 目胶粉的电镜照片
a)放大 150 倍；b)放大 5 000 倍

图 2-8　常温化学法 120 目胶粉的电镜照片
a)放大 100 倍；b)放大 10 000 倍

图 2-9　冷冻法 120 目胶粉的电镜照片
a)放大 100 倍；b)放大 10 000 倍

图 2-10　常温化学法 200 目和 300 目胶粉的电镜照片
a)200 目放大 600 倍；b)300 目放大 600 倍

常温粉碎胶粉与冷冻法粉碎胶粉在微观形状上存在明显的差别。常温普通研磨法制备的废胎胶粉形状在低倍观察时近似圆形，而高倍观察时发现其形状实际上是长条形，表面呈撕裂状，撕裂棱为长条形，即电镜下所观察到的大量突起其一般很长。而冷冻法胶粉的电镜照片则显示出胶粉颗粒呈层叠状，大部分颗粒边缘无明显棱角，近似圆形，细碎颗粒黏附在大颗粒之上。

常温化学法是常温法粉碎的一种方式，对于大于100目以上的微细胶粉一般采用这种方法。它与常温研磨法统称为常温法。常温化学法和冷冻法两种方法粉碎的胶粉颗粒比较相似，呈圆形或光滑的多角形。常温化学法的胶粉没有研磨法的明显撕裂状，棱角比较圆滑，表面呈微小的凹凸起伏状。

微观电镜也显示随着胶粉目数的增加，粒径减小，颗粒间的成团现象越来越突出，这将直接影响到废胎胶粉在沥青中的分散程度，以及废胎胶粉目数作用的发挥。

巴西学者 Silvrano A、Dantas Neto 等人开展了不同生产工艺的废胎胶粉对沥青的针入度、软化点、布氏黏度、弹性恢复等性能指标影响的分析比较，试验结果见图 2-11～图 2-14（图中：CRM1——常温研磨废胎胶粉；CRM2——低温冷冻废胎胶粉）。研究认为废胎胶粉加工工艺对布氏黏度和软化点有显著影响，冷冻法废胎胶粉生产的橡胶沥青的这些性能低于常温法生产的橡胶沥青。黏度和软化点的提高说明常温废胎胶粉更能显著提高沥青的高温稳定性能。

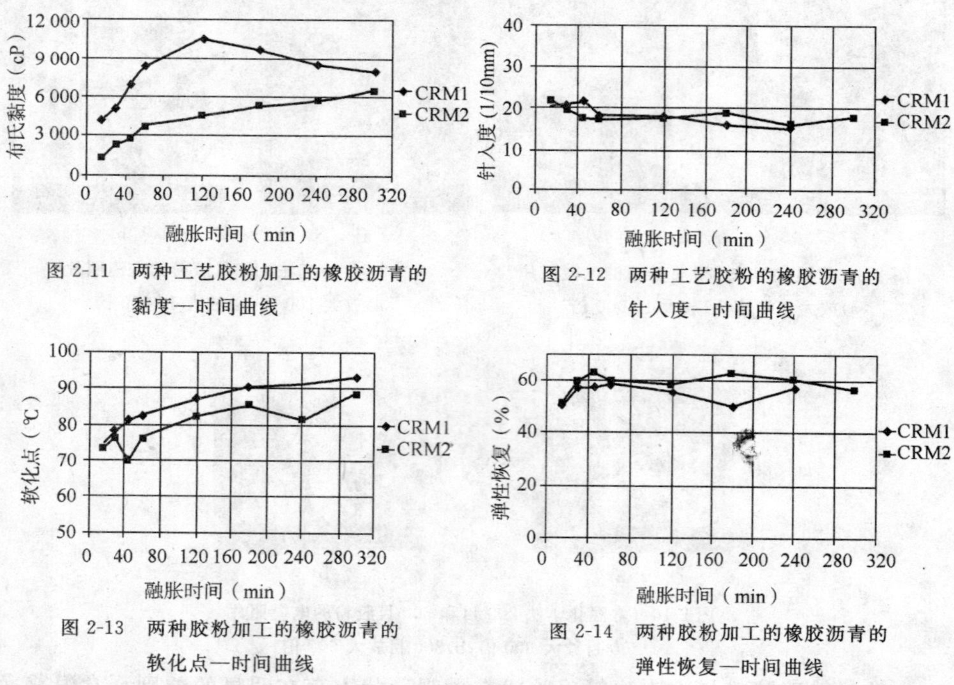

图 2-11　两种工艺胶粉加工的橡胶沥青的黏度—时间曲线

图 2-12　两种工艺胶粉的橡胶沥青的针入度—时间曲线

图 2-13　两种胶粉加工的橡胶沥青的软化点—时间曲线

图 2-14　两种胶粉加工的橡胶沥青的弹性恢复—时间曲线

废胎胶粉的路用性能，主要是通过胶粉与沥青产生物理和化学反应来发挥作用效果。研究表明，废胎胶粉表面毛刺多、呈羽状的比表面大，活化能高，用于生产橡胶沥青会有更好的性能。为了控制胶粉颗粒的表面状态，各国技术标准对生产胶粉所用工艺有明确要求。南非，美国佛罗里达州、得克萨斯州要求在胶粉生产的各个环节不容许采用低温方法；美国加利福尼亚州规定胶粉可以采用低温初加工，但最终还要经过常温研磨。在澳大利亚胶粉要求在常温下加工，同时破碎之前对橡胶进行拉伸，其目的是使胶粉表面多孔，增加表面积，与低温加工相比，前者体密度低，反应更容易。多孔的表面还可以提高橡胶沥青弹性恢复，虽无法证明弹性恢复与路用性能有直接联系，一般认为弹性恢复对橡胶沥青极为重要。

从废胎胶粉的生产工艺来说，常温废胎胶粉比常温化学法、冷冻法更适合于在沥青及混合料中使用。另外，常温粉碎法在技术经济指标上优于另外两种方法，因此对路用废胎胶粉应要求采用常温法生产。

第三节　路用废胎胶粉的物理性质

轮胎是由纤维、钢丝及橡胶组成，其中橡胶占轮胎重的50%～60%，废胎胶粉生产中的两大副产品是废纤维和废钢丝。子午胎胶粉的主要副产品为钢丝；斜交胎的主要副产品为纤维。对废胎胶粉路用性能有影响的物理指标包括目数与级配、密度、纤维、金属等物质的含量。

一、路用废胎胶粉粒度要求

粒径是废胎胶粉的主要技术指标之一，废胎胶粉的粒径分布因粉碎机、筛分设备的种类以及工艺不同而不同，而且有一定的粒径范围。在公路工程应用中，为了达到混合料密实填充和分布均匀的效果，废胎胶粉一般都有一定级配。

国际上，主要国家和地区的路用废胎胶粉的规格见表2-4。由表可见，这些国家和地区使用胶粉一般为16～100目，并要求胶粉的最大颗粒不得大于2.36mm。有的还根据需要对胶粉的粗细进一步分级，如亚利桑那州与佛罗里达州。澳大利亚则是根据橡胶沥青用途，将胶粉分为撒布用橡胶沥青胶粉与混合料用橡胶沥青两种，与后者相比前者要粗。其中，佛罗里达州采用 Terminal blend 技术，使用的废胎胶粉粒径较细。

国外路用废胎胶粉粒径分布(%)　　表2-4

目数(目)			8	10	16	20	30	40	50	70	90	100	200
粒径(mm)			2.36	2	1.18		0.6		0.3			0.15	0.075
美国	加利福尼亚州	CRM	100	98～100	45～75		2～20		0～6			0～2	0
		HNCRM		100	95～100		35～85		10～30			0～4	0～1
	亚利桑那州	A	100	95～100	0～10								
		B		100	65～100		20～100		0～45				0～5

续上表

目数(目)			8	10	16	20	30	40	50	70	90	100	200
粒径(mm)			2.36	2	1.18		0.6		0.3			0.15	0.075
美国	佛罗里达州	A						100		90～100	70～90		35～60
		B				100		85～100		10～50	5～30		
		C		100		85～100		20～60		5～20			
	得克萨斯州				100		90～100	45～100					
澳大利亚	新南威尔士州	混合料			100		＞60					＜20	
		撒布	100		＞80		＜10						
	维多利亚州	混合料			100		70～100					＜5	
		撒布	100		95～100							＜10	＜2
	西澳州	混合料			100		80～100					0～20	
南非					100		50～70						0～5

沥青在高温下是一种黏度较高的液体，废胎胶粉在沥青中首先是分散，然后才可能产生反应。一般来说，目数越大，粒径越小越容易分散；但另一方面，目数越大，废胎胶粉越容易结团，不利于微细胶粉在沥青中的分散。在使用中应综合考虑经济效益和使用效果，不宜采用太细的废胎胶粉。

与国外不同，我国目前一般采用目数选择废胎胶粉的类型，如 40 目或 80 目。这并不意味着我国路用废胎胶粉完全是单一粒径的。当胶粉比较粗，目数比较小时(如 10 目或 20 目)，基本上可以认为是单一粒径的，但当与沥青拌和时，容易产生离析，反而不容易使用。当采用细胶粉时(如 40 目或 80 目)，由于细胶粉的筛分比较困难，不可能完全筛分成单一粒径。例如，40 目胶粉中不仅有 40 目的橡胶颗粒，而且含有一定比例的 60 目、80 目的颗粒，只不过 40 目颗粒占主要比例。这样的胶粉容易与沥青结合，施工稳定性好，能够满足工程需要。因此，按目数选择细胶粉也是合理的。

二、路用废胎胶粉中的纤维

作为废轮胎在生产胶粉时的副产品——纤维，一般为聚酰胺纤维(尼龙)和聚酯纤维(涤纶)。它是在轮胎破碎和旋风分离后获得的，其上面往往黏附着小粒径的胶粉，一般称之为胶毛。在废胎胶粉生产过程中，其产量约占 10%。对于橡胶行业，胶粉的纤维含量是个重要指标，国内外相关标准对其都有严格的规定。如 ASTM D 中将胶粉分为 6 级，其中 2、3 级要求纤维含量为 0%，其余要求小于 0.5%。在中国轮胎翻修与循环利用协会颁布的《道路沥青用硫化废胎胶粉》的讨论稿中也提出 0.5%的要求。值得指出的是，在沥青混合料中，纤维可以提高油石比，提高混合料的水稳定性和抗疲劳能力，改善路用性能，因此，胶粉纤维具有较好的路用价值。

1. 废胎胶粉纤维试验

从路用纤维分类来看，胶粉纤维为聚合物化学纤维。该种纤维有着优良的使用性能，在国外尤其是在桥面铺装中应用较多，我国也修筑过试验路和实体工程。在价格方面，聚合物化学纤维比木质素纤维、矿物纤维以及玻璃纤维都昂贵，因此合理利用胶粉中的这种纤维，变废为宝，具有良好的工程前景。

纤维具有加筋、分散、吸附沥青、稳定、增黏等作用，是 SMA、OGFC 等面层混合料常用的成分之一。《公路沥青路面施工技术规范》(JTG F40—2004)中规定，木质素纤维的质量应符合表 2-5 要求，《路桥用材料标准九项》(JT/T 531～538、589—2004)中规定了聚合物纤维的指标如表 2-6。

木质素纤维技术指标 表 2-5

项　　目	单位	指　　标	试验方法
纤维长度(不大于)	mm	6	水溶液用显微镜观测
灰分含量	%	18±5	高温 590℃～600℃燃烧后测定残留物
pH 值	—	7.5±1.0	水溶液用 pH 试纸或 pH 计测定
吸油率(不小于)	—	纤维质量的 5 倍	用煤油浸泡放在筛上经振敲后称量
含水率(以质量计，不大于)	%	5	105℃烘箱烘 2h 后冷却称量

聚合物纤维的技术指标要求 表 2-6

序　　号	项　　目	单　　位	技术指标
1	直径	mm	0.010～0.025
2	长度	mm	6±1.5，12±1.5
3	抗拉强度	MPa	≥500
4	断裂伸长率	%	≥15
5	耐热性(210℃，2h)	—	体积无变化

(1)胶粉纤维吸油性试验

测定纤维吸油率的方法为：将 5.00g±0.10g 的纤维中放入 100mL 矿物油，用玻璃棒充分搅拌 15min，静置 5min。然后将混合物倒入筛孔尺寸为 0.6mm×0.6mm 筛上，在振筛机上摇振 10min。称量振筛后吸油纤维质量，用吸油量与纤维重量比表示吸油率。测试结果(表 2-7)表明胶粉纤维的吸油率大于木质素纤维的吸油率。

胶粉纤维和木质素纤维的吸油试验 表 2-7

纤维品种	试验条件			吸油率(g/g)
	筛网尺寸	矿物油	振动时间	
胶粉纤维	0.6mm×0.6mm	机油	10min	18.8
木质纤维				9.4

(2)纤维耐热性试验

将纤维放在163℃的烘箱中，经5h后观察其颜色。试验结果(表2-8)表明，胶粉纤维与木质素纤维耐热性相当。

纤维老化试验 表 2-8

纤维品种	测试条件	颜色
胶粉纤维	163℃,5h	由浅灰变淡黄
木质纤维		由淡黄变棕黄

2. 胶粉纤维混合料试验

将胶粉纤维按照不同的剂量掺入混合料中，评价其对混合料性能的影响。采用SMA13型混合料级配，采用干拌工艺，分别掺加20%的80目废胎胶粉、20%的80目废胎胶粉(含10%废胎胶粉纤维)和20%的80目废胎胶粉(含33%废胎胶粉纤维)。表2-9为相应的马歇尔击实试验结果。图2-15和图2-16分别为纤维含量对混合料毛体积密度和空隙率影响曲线。由试验数据可知，在不同油石比的情况下，纤维含量的多少对混合料的空隙率没有明显的影响；当纤维含量较高时，混合料的毛体积密度有所降低。

废胎胶粉纤维混合料马歇尔试验结果 表 2-9

油石比(%)	表干密度(g/cm^3)	吸水率(%)	蜡封密度(g/cm^3)	理论密度(g/cm^3)	空隙率(%)	矿料间隙率(%)	饱和度(%)	骨料间隙率(%)
SMA13+20%80目胶粉								
4.7	2.4751	0.48	2.4769	2.5871	4.26	16.37	73.98	39.33
5.0	2.4829	0.31	2.4841	2.5754	3.55	16.41	78.40	39.36
5.3	2.4938	0.16	2.4932	2.5631	2.73	16.39	83.36	39.34
5.6	2.4912	0.11	2.4903	2.5522	2.43	16.77	85.53	39.62
SMA13+20%80目废胎胶粉(含10%废胎胶粉纤维)								
4.7	2.4626	0.79	2.4694	2.5791	4.25	16.62	74.43	39.51
5.0	2.4810	0.22	2.4835	2.5688	3.32	16.43	79.79	39.37
5.3	2.4945	0.15	2.4954	2.5493	2.11	16.32	87.05	39.29
5.6	2.4897	0.12	2.4902	2.5423	2.05	16.77	87.80	39.62

续上表

油石比(%)	表干密度(g/cm^3)	吸水率(%)	蜡封密度(g/cm^3)	理论密度(g/cm^3)	空隙率(%)	矿料间隙率(%)	饱和度(%)	骨料间隙率(%)
SMA13＋20％80 目废胎胶粉(含 33％废胎胶粉纤维)								
4.7	2.458 5	0.68	2.462 1	2.592 5	5.03	16.87	70.19	39.69
5.0	2.474 4	0.30	2.476 4	2.573 1	3.76	16.67	77.47	39.55
5.3	2.488 6	0.15	2.488 8	2.556 3	2.64	16.54	84.03	39.45
5.6	2.491 1	0.10	2.491 3	2.537 7	1.83	16.74	89.07	39.59

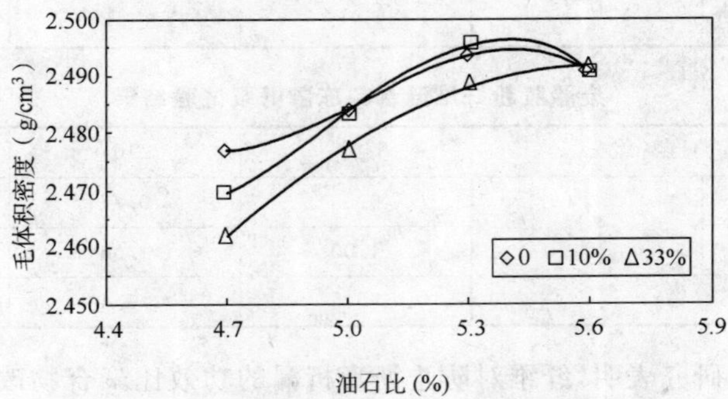

图 2-15　不同纤维含量下油石比毛体积密度曲线

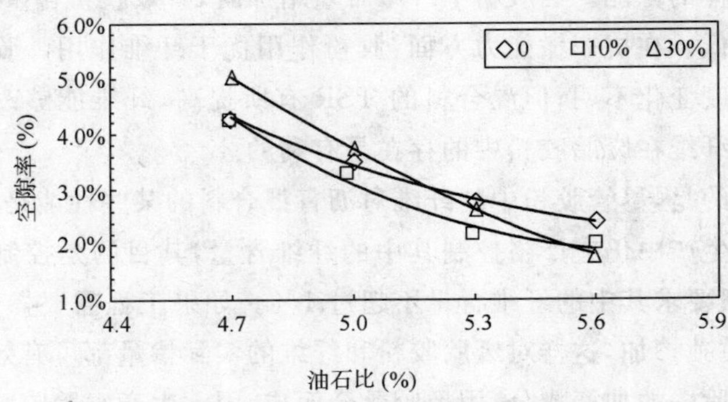

图 2-16　不同纤维含量下油石比空隙率曲线

按设计空隙率 4％的标准，确定其最佳油石比见表 2-10，33％纤维胶粉与无纤维胶粉混合料油石比仅增加 0.1％。表 2-11 和表 2-12 分别为最佳油石比条件下三种混合料的车辙试验结果和冻融劈裂试验结果。由车辙试验结果可知，增加纤维后混合料的高温稳定性略有降低；由冻融劈裂试验结果可知，增加纤维后混合料的水稳定性明显提高。

废胎胶粉纤维混合料最佳油石比的确定 表 2-10

胶粉中纤维含量(%)	设计空隙率(%)	最佳油石比(%)	马歇尔密度(g/cm^3)	矿料间隙率(%)	饱和度(%)	骨料间隙率(%)
0	4	4.81	2.479 5	16.4	75.6	39.3
10	4	4.78	2.473 2	16.6	75.9	39.5
33	4	4.94	2.473 7	16.7	76.1	39.6

废胎胶粉纤维混合料车辙试验结果 表 2-11

纤维含量(%)		0	10	33
动稳定度	平均	5 022	3 748	4 149
永久形变		2.8%	3.4%	3.0%

废胎胶粉纤维混合料冻融劈裂试验结果 表 2-12

纤维含量(%)		0	10	33
条件	平均	0.55	0.77	0.72
非条件		1.00	1.06	1.02
TSR(%)		55.5	72.4	70.7

NCAT 的研究表明，纤维对防止沥青析漏的功效比聚合物改性沥青的效果要好得多。但对抗车辙能力来说，纤维的作用远不如聚合物改性沥青。胶粉纤维也表现出同样的性能。当胶粉中纤维含量增加时，有效胶粉含量减少，相应动稳定度有所降低。在抗车辙能力方面，胶粉作用优于纤维作用。胶粉中纤维含量增加劈裂强度变化不明；但混合料的 TSR 有所提高，纤维能够改善混合料的水稳定性能。纤维在废胎胶粉中的存在是有利的。

需要说明的是，尽管胶粉中的纤维对沥青混合料的某些性能是有益的，但是在废胎胶粉的生产中仍应严格控制其中的纤维含量，其目的是控制废胎胶粉本身的质量，一般要求其中的纤维含量不超过 1%。如果工程需要掺加这些纤维，可单独采购、单独掺加，这样对废胎胶粉和纤维的实际掺量都可有效控制。

纤维是轮胎中的加筋成分，用橡胶黏合而成，因此生产废胎胶粉获得的纤维是短纤维，表面还会粘一些污物。作为路用的胶粉纤维，必须除去不宜与沥青结合的粗纤维、粘有杂胶的不宜分散的纤维等不适合路用的成分，保证其在沥青和混合料分散、纤维不能结团，还应满足路用纤维的粗度和长度要求。出厂时应检查外观，不得有结团、结绳的现象，长度和细度要满足规定的要求。参照国外的路用废胎胶粉指标要求和我国路用纤维标准要求，废胎胶粉中纤维技术指标要求见表 2-13。

废胎胶粉中纤维的技术要求　　表 2-13

项　目	长度(mm)	直径(mm)
指标	<6	0.010～0.025

三、路用废胎胶粉的密度和其他指标要求

胶粉的密度与胶粉成分及目数有关，对于废胎胶粉在公路工程中使用，需要其密度在一定的范围内，从而对废胎胶粉中的组成成分起到一定的控制作用；另外，还可减少在橡胶沥青加工中的胶粉的上浮与下沉，保证橡胶沥青的均匀性。总结国际上路用废胎胶粉的指标，废胎胶粉的相对密度限制在 1.1～1.2 之间。对我国当前主要废胎胶粉厂家的废胎胶粉进行密度检测，其范围为 1.1～1.3。

胶粉的密度测定由于其粒子性质，表面有许多空隙，测定时需充分考虑。在废胎胶粉的路用中，结合道路行业的密度测定方法，废胎胶粉密度的测定方法有容量瓶法和试剂法。

1. 容量瓶法测相对密度

参考《公路工程集料试验规程》(JTG E42—2005)，使用容量瓶法进行废胎胶粉的密度测试。由于胶粉密度较小，测试的介质采用煤油，容量瓶的规格为 50mL。由于废胎胶粉的粒子性质，表面有许多空隙，极易夹杂空气，数据偏差较大。因此本试验采用 6 个样本做平行试验。

称取烘干废胎胶粉约 10g(m_0)，装入盛有半瓶蒸馏水的容量瓶中。摇转容量瓶，使试样在煤油中充分搅动，以排除气泡，塞紧瓶塞，静置 24h 左右，然后用滴管添加煤油，使油面和瓶颈刻度线齐平，再塞紧瓶塞，擦干瓶外水分，称其总质量(m_1)。倒出瓶中的煤油和试样，将瓶中的内外表面洗净，再向瓶内注入煤油至瓶颈刻度线，塞紧瓶塞，擦干瓶外水分，称总质量(m_2)。胶粉的相对密度 ρ_0 为：

$$\rho_0 = m_0/(m_1 + m_0 - m_2) \times \rho \tag{2-1}$$

式中：ρ——煤油的相对密度。

2. 沥青浸渍法测相对密度

由于废胎胶粉在与沥青的拌和过程中会产生一定的物理—化学反应，以上容量瓶测试胶粉密度的方法，并不能准确反映胶粉在沥青中的密度状态，因此产生了用沥青浸渍测胶粉密度的方法。

将各种细度的废胎胶粉在 100℃～105℃的烘箱中烘至恒重，在天平上称取一定量的热沥青注入干燥的浅盘容器中，待冷却至室温然后放入浸水天平吊篮中(水温为 25℃)，称得其水中质量 m_1，将沥青重新加热至 160℃左右使水分充分蒸发，在天平上称取一定量的废胎胶粉 m_2，将废胎胶粉缓慢加入 160℃左右

的沥青中并不停的搅拌直至无气泡冒出为止(在整个搅拌过程中,沥青保持恒温)。待沥青与废胎胶粉的混合物冷却至室温后,将整个容器连同沥青废胎胶粉混合物放入浸水天平吊篮中(水温为25℃),称得其水中质量 m_3,则废胎胶粉对水的相对密度 ρ 为:

$$\rho = m_2/(m_2 - m_3 + m_1) \tag{2-2}$$

表2-14为几种不同规格的废胎胶粉采用上述两种不同方法测定的密度结果,可知容量瓶法测密度的试验精度(变异性)与胶粉的生产方式有较大关系。常温法粉碎的胶粉形状不规则,毛刺多,相同粒径的情况下比表面积大,因此与冷冻法粉碎的胶粉相比,试验的稳定性不理想,变异系数偏大。

国内几大废胎胶粉密度测试结果 表2-14

常温废胎胶粉的容量瓶法密度			冷冻废胎胶粉容量瓶法测定密度			沥青浸渍法测定的常温废胎胶粉的密度		
废胎胶粉规格	实测密度(g/cm^3)	偏差系数(C_v)	废胎胶粉规格	实测密度(g/cm^3)	偏差系数(C_v)	废胎胶粉规格	青岛中海36-1(g/cm^3)	青岛ELF改性沥青(g/cm^3)
40目	1.2576	1.68%	80目	1.1788	0.25%	40目	1.200	1.154
80目	1.1884	1.45%	120目	1.2034	0.25%	80目	1.174	1.115
120目	1.3273	1.41%	—	—	—	120目	1.356	1.306

沥青浸渍法测量的胶粉密度数值与选择的浸渍沥青品种有关,这符合胶粉与沥青的作用机理,也说明胶粉在与沥青拌和过程中确实存在某种程度的反应。另外,试验结果也说明这两种密度测试的结果并不相同,在实际工程中可根据需要选择。

3. 废胎胶粉的倾注密度

废胎胶粉的多孔性和大的比表面积是提高橡胶沥青的弹性恢复的重要因素,随着体密度的降低,应力的弹性恢复增加。其体密度从一定程度上反映了胶粉的颗粒和表面特性,废胎胶粉的性状可以从简单的体密度测试得到反映。我国《硫化废胎胶粉》(GB/T 19208—2003)中要求倾注密度在260~350kg/m³之间。澳大利亚要求胶粉的体密度不大于350kg/m³。对我国当前几大企业的废胎胶粉的倾注密度测试,结果表明其密度范围在270~410kg/m³范围内,其中密度偏大的胶粉都出现了灰分含量超标的现象。

四、路用废胎胶粉的物理指标要求

废胎胶粉在加工和存储过程中,如果有水分进入,会导致胶粉结团,各国路用废胎胶粉的技术标准和我国的国标中都要求含水率小于1%。另外,由于废胎胶粉表面粗糙,具有一定的弹性,分离的技术难度较大,为了保证胶粉有一定流动性，根据分级工艺的不同，允许添加一些矿质粉体。各国标准规定胶粉中的碳酸钙或滑石粉的剂量一般为2%～4%。表2-15为当前国际上一些国家和地区废胎胶粉物理指标的要求，表2-16是我国橡胶工业应用硫化废胎胶粉的物理指标技术标准。

国外路用废胎胶粉常用物理指标要求 表2-15

项目		相对密度(kg/m)	水分(%)	金属含量(%)	纤维含量(%)
美国	佛罗里达州	1.10±0.06	＜0.75	＜0.01	要求
	亚利桑那州	1.15±0.05	—	—	A:0.1 B:0.5
	加利福尼亚	1.10～1.20	—	0.01	0.05
	得克萨斯州	—	＜0.75	—	0.1
南非		1.10～1.25	—	—	—

橡胶工业应用硫化废胎胶粉的物理指标技术标准 表2-16

检测项目	单位	标准要求
筛余物	%	≤10
倾注密度	kg/m³	260～350
水分含量	%	≤1.0
金属含量	%	≤0.02
纤维含量	%	≤0.5

由表2-15和表2-16可知，我国橡胶行业的胶粉物理指标与国外路用废胎胶粉物理指标总体上一致，都对胶粉中的含水率、纤维含量以及金属含量提出了明确要求。另外，我国还提出了残余物和倾注密度指标，国外采用相对密度指标。根据交通部西部交通科技项目“废旧橡胶粉用于筑路技术研究”和北京市交通委员会科技项目“橡胶沥青应用技术研究”的科研成果，参考国外路用胶粉的指标，提出了我国路用硫化废胎胶粉的物理指标，见表2-17。

路用废胎胶粉的物理技术指标 表2-17

项目	相对密度	水分(%)	金属含量(%)	纤维含量(%)
技术标准	1.10～1.30	＜1	＜0.01	＜1

第四节 废胎胶粉的化学指标分析

废胎胶粉的主要化学成分有合成橡胶、天然橡胶、可塑剂、炭黑及灰分等。其中，天然胶含量的不同对沥青橡胶的性质产生显著影响。一般来说，增加天然胶含量，可以加快沥青橡胶反应速度，增加沥青橡胶黏附性。因此，国外一些相关标准对天然胶含量提出了明确要求，如南非要求大于30%，美国加利福尼亚州要求胶粉的25%采用高天然胶含量的胶粉。

一、废胎胶粉组成对橡胶沥青性能的影响研究

废胎胶粉的来源有两大类，即子午胎和斜交胎。两种轮胎的配方不同，前者合成胶多，而后者的天然胶多。我国废胎胶粉与国外最大的区别之一是：国外90%以上的轮胎胶粉来自于子午胎，而国内50%～70%以上来自于斜交胎。表2-18是我国不同轮胎的轮胎胶粉典型化学成分表。

不同轮胎胶粉的化学成分分析 表2-18

检测项目		乘用车轮胎（子午胎）	轻型载重车轮胎	载重车、大型乘用车轮胎（斜交胎）
天然橡胶(%)		20	40	70
丁苯橡胶(%)		80	45	20
顺丁橡胶(%)		—	15	10
橡胶含量(%)	直接法	—	23.7	40.2
	间接法	47.6	44.6	54.1
相对密度		1.16	1.15	1.14
丙酮抽出物(%)		19.4	16.9	12.5
三氯甲烷抽出物(%)		—	1.4	1.2
$Ka(OH)_2$ 酒精溶液抽出物(%)		—	0.5	0.4
硫磺(%)		—	1.7	1.7
游离硫(%)		—	0.02	0.03
无机硫(%)		—	0.5	0.7
灰分(%)		3.1	4.2	3.8
炭黑(%)		—	30.7	26.3
SiO_2(%)		—	0.5	0.4
TiO_2(%)		—	0.1	—
ZnO(%)		—	1.6	1.2
CaO(%)		—	0.6	0.4
$Fe_2O_3+Al_2O_3$(%)		—	0.3	0.1

世界各国都十分注重废胎胶粉中天然胶含量的问题。美国加利福尼亚州根据当地以子午胎为主的特点，规定了两种类型的橡胶沥青，即I型和II型。其中I型橡胶沥青主要由沥青和轮胎胶粉组成，且不含高天然胶含量的胶粉和扩展

油。这种结合料在亚利桑那州也有使用，自 20 世纪 90 年代中期以后这种橡胶沥青在加利福尼亚州已不使用，并从规范中剔除。Ⅱ型橡胶沥青结合料则不仅有沥青和废胎胶粉，还掺加了一定比例的高天然胶含量的胶粉和扩展油。这种结合料目前在亚利桑那州和加州均有广泛使用，是主要的类型。

澳大利亚的专家研究认为，天然橡胶的溶解性和兼容性比合成橡胶好。我国学者专门开展不同胎源废胎胶粉对橡胶沥青的技术指标影响的研究，试验结果的见图 2-17。图中为斜交胎胶粉与子午胎胶粉在相同条件下的各种性能指标的对比图。为了便于比较分析，图中将有些指标进行了等比例缩放(其中针入度指数放大 5 倍，黏度缩小 100 倍，弹性恢复放大 50 倍)。由图中数据可知，斜交胎改性沥青的针入度小于子午胎胶粉改性沥青(15℃、25℃、30℃)；软化点、黏度、弹性恢复等指标大于子午胎改性沥青；当量脆点、5℃延度及当量软化点、针入度指数小于子午胎胶粉改性沥青。因此，总体来说斜交胎胶粉改性沥青性能明显好于子午胎胶粉改性沥青。

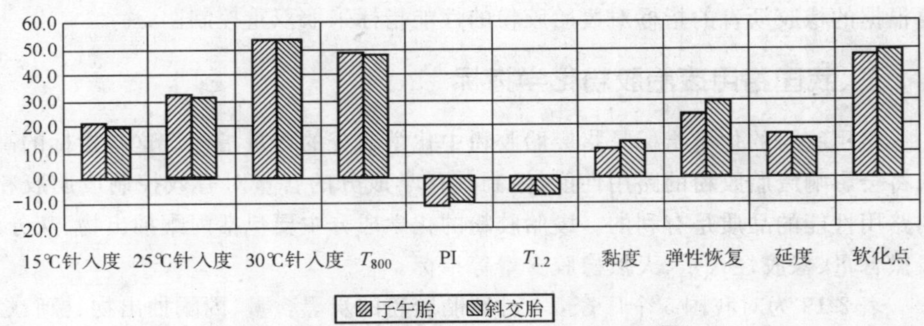

图 2-17　两种轮胎胶粉改性沥青指标比较

值得指出的是，由于生产工艺等原因，我国目前生产子午胎中的天然橡胶的含量也比较高。为了更好的利用废胎胶粉，根据当前我国的废轮胎的特点，我国的路用废胎胶粉宜首先选用斜交胎加工的废胎胶粉。在使用子午胎胶粉时，应注意其中天然胶含量，并可适当考虑添加一些高天然橡胶含量的胶粉。

二、路用废胎胶粉的老化性能试验

废胎胶粉在道路工程中应用，无论采用干拌法还是湿拌法都要在高温情况下与沥青和混合料共混。废胎胶粉在高温下的性能稳定和抗老化性能将影响其路用性能的稳定性和效果的发挥。由于废胎胶粉较细，其中的硫在高温下活性较高，废胎胶粉在高温下软化后会产生结团现象。但如果废胎胶粉的原材料中不含有杂胶，且保证废胎胶粉干燥，废胎胶粉中的结团应该能够碾开。

试验表明，将我国几种典型的废胎胶粉放入 150℃烘箱中干燥 2h，发现不同废胎胶粉的抗老化性能差别很大。几乎所有胶粉都出现了成团现象,有些胶粉还产生大量挥发性气体;其中有些结团能够碾开,有些则碾不开。经分析认为过高的水分是导致废胎胶粉在高温下结团的原因之一。另外,由于丙酮抽出物是一些软化剂或油脂类物质,这些物质有些本身就具有挥发性,在高温下油脂类软化也会导致废胎胶粉结团。因此应对废胎胶粉的含水量和丙酮抽出物指标进行控制,同时在橡胶沥青生产和干拌法生产废胎胶粉混合料时,不能将废胎胶粉预热。

由于废胎胶粉是吸附沥青中的轻质油分而产生溶胀反应,废胎胶粉的吸油性一方面反映废胎胶粉本身具有较好的与沥青反应的能力;另一方面,如果吸油性过大,也会导致废胎胶粉的和易性变差,废胎胶粉的施工难度增大,且会影响到混合料本身的耐久性和抗老化性。为了避免这种现象,废胎胶粉的掺量不宜太大,当掺量较大时需要补充额外的油分。应该针对废胎胶粉的吸油情况,对废胎胶粉的掺量作适当限制,一般不能超过30%(外掺)。我国几个厂家的废胎胶粉试验说明,对不同废胎胶粉达到同样效果时,废胎胶粉的掺量是不一样的,需要根据的橡胶沥青的指标对废胎胶粉的性能指标采取双重控制。

三、我国路用废胎胶粉化学指标

路用胶粉的化学指标是指废胎胶粉中化学成分的含量指标。这些指标的高低将会影响废胎胶粉的路用性能,控制其化学成分的含量对有效控制废胎胶粉的路用性能的品质是有利的。废胎胶粉的化学成分主要包括丙酮抽出物、灰分、炭黑含量、橡胶烃含量、天然橡胶含量等指标。

表2-19为对我国5个厂家,10种废胎胶粉的炭黑含量、丙酮抽出物、橡胶烃含量三个化学指标进行测试的统计分析结果。其中橡胶烃含量能够满足要求国际上的通用要求;斜交胎和子午胎橡胶烃的含量差别不大;炭黑含量的离散较大。另外,由表中数据可知,丙酮抽出物、橡胶烃含量两个指标,在考虑1倍标准差(相当于84.1%的保证率)的代表值分别为8.3%和46.7%均能满足技术要求,但炭黑指标则不能满足要求,只有23%。

废胎胶粉化学指标的统计分析 表2-19

项目	技术标准	样本数	平均值	变异系数	最大值	最小值
丙酮抽出物的质量分数(%)	≤12	10	6.32	31.70	11	4.2
橡胶烃的质量分数(%)	≥45	10	53.4	12.52	61	40
炭黑的质量分数(%)	≥28	10	29.5	21.87	38	19

此外,当前国内缺乏对天然橡胶含量指标的限定,由于天然橡胶对橡胶沥青技术性能的改善十分重要,且国外有关标准均有明确的指标要求,为此需要增补天然橡胶的技术指标。参照国外的指标范围和我国轮胎的情况,天然橡胶的含

量规定为不小于30%。当前测定废胎胶粉中天然橡胶的含量的难度较大，因此为了保证路用效果，建议路用废胎胶粉宜首选天然胶含量较高的斜交胎胶粉。

四、废胎胶粉的化学指标要求

表2-20是国际上路用废胎胶粉较多的国家和地区的路用废胎胶粉化学成分要求。表2-21是我国橡胶工业应用硫化废胎胶粉的化学指标技术标准。由表中数据可知，国外路用胶粉的技术要求与国内橡胶行业技术标准的最主要差别在于天然胶含量指标。国外对此有明确的指标要求，而我国没有，其再次说明天然胶含量对路用废胎胶粉质量的重要性。

国外路用废胎胶粉主要化学成分要求 表2-20

项目		丙酮提取物(%)	灰分(%)	炭黑含量(%)	橡胶烃含量(%)	天然橡胶含量(%)	增塑剂含量(%)	拉伸强度(MPa)	弹性恢复(%)	弹性损失(%)
加利福尼亚州	CRM	6～16	≤8	28～38	42～65	22～39	—	—	—	—
	HNC	4～16	—	—	≥50	40～48	—	—	—	—
亚利桑那州		—	≤8	28～38	42～65	22～39	6～16	—	—	—
佛罗里达州		—	≤8	20～40	40～55	16～45	≤25	—	—	—
南非		—	—	—	—	>30	—	—	>40	>60

橡胶工业应用硫化废胎胶粉的化学指标技术标准 表2-21

检测项目	标准要求	检测项目	标准要求
灰分的质量分数(%)	≤8	炭黑的质量分数(%)	≥28
丙酮抽出物的质量分数(%)	≤12	拉伸强度(MPa)	≥15
橡胶烃的质量分数(%)	≥45	扯断伸长率(%)	≥500

在西部交通科技项目“废旧废胎胶粉用于筑路技术研究”和北京市交通委员会项目“橡胶沥青应用技术研究”研究成果的基础上，参考国外路用胶粉指标，提出我国路用硫化废胎胶粉的化学推荐指标见表2-22。

路用废胎胶粉的化学技术指标 表2-22

检测项目	灰分(≤,%)	天然橡胶含量(≥,%)	丙酮抽出物(≤,%)	炭黑含量(≥,%)	橡胶烃含量(≥,%)
技术标准	8	30	22	28	42
试验方法	GB 4498	—	GB/T 3516	GB/T 14837	GB/T 14837

第三章　橡胶沥青技术性能分析

废胎胶粉改性沥青是废胎胶粉以某种方式与沥青混合形成的胶结材料。废胎胶粉改性沥青从产生至今已有150多年的历史，是废胎胶粉在公路行业中应用最普遍的材料，从使用工艺上划分其为湿拌法，美国工程师Charles McDonald最先使用这种工艺。美国联邦公路局使用(Crumb rubber modifier (CRM))废胎胶粉改性剂来表示废胎胶粉加入沥青材料中的概念。

废胎胶粉改性沥青根据其加工工艺和添加剂量、材料的不同，具有不同的名称，一般来说包括橡胶沥青(Asphalt Rubber)、掺加废胎胶粉的改性沥青等，其种类和组成成分有：

(1)废胎胶粉＋沥青；

(2)废胎胶粉(改性)＋沥青；

(3)废胎胶粉＋沥青＋添加剂(芳香烃、油分)；

(4)废胎胶粉＋沥青＋天然橡胶；

(5)废胎胶粉＋沥青＋聚合物(如SBS、PE)等。

1997年美国ASTM将Asphalt Rubber(直译为沥青橡胶，在我国习惯称为橡胶沥青)定义为：由沥青、回收轮胎橡胶及一定的添加剂组成的混合料，其中胶粉的含量不少于总质量的15%，且要求橡胶颗粒在热沥青中充分反应并膨胀。这个定义就明确了橡胶沥青的成分、加工工艺和废胎胶粉的掺量等主要的材料要素。除橡胶沥青外，还有一种称作Terminal blend的废胎胶粉改性沥青技术(有些资料翻译为沥青库混合法)，是湿法的一种形式。它是由低剂量(相当于干拌法和湿拌法废胎胶粉的一半剂量)、细胶粉及添加剂组成。过去这种沥青一般包含10%或更少的很细的废胶粉和解决搅拌问题的其他添加剂(不符合ASTM D 8关于橡胶沥青的定义)，但新开发的配方含有15%的废胶粉。

目前，橡胶沥青被广泛应用在道路工程建设的沥青洒布、沥青混凝土及裂缝填缝料等。其中橡胶沥青作为洒铺沥青用在应力吸收层(SAM)、应力吸收中间层(SAMI)、碎石封层(CHIP SEAL)、路面防水材料(TACK COAT)等中的使用量甚至超过沥青混凝土。在美国，加利福尼亚州与亚利桑那州是橡胶沥青使用量最大的两个州，得克萨斯州、佛罗里达州也有广泛应用，另外，南非、印度等国家也大规模使用橡胶沥青。

青的密度显著减少，说明废胎胶粉颗粒在沥青中是物理存在的，是可以过滤出来的。过滤前后的胶粉掺量和密度都有相当好的线性相关性。过滤前的结果表明废胎胶粉在沥青介质中的物理表现相当稳定；过滤后的结果则证明了基质沥青在经过橡胶改性后组分发生了变化，轻质组分被废胎胶粉部分吸收后，重质组分相对增加。

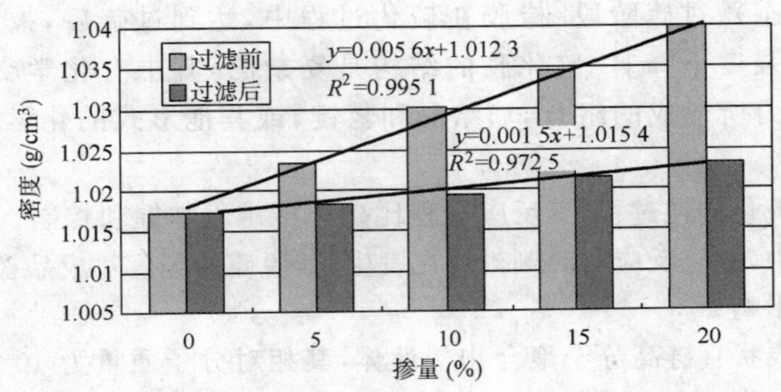

图 3-4　沥青密度随胶粉掺量变化

由于废胎胶粉在沥青混合料中的作用比较复杂，其本身的密度随着测量方式的不同也会产生一系列变化。在第二章中介绍了采用容量瓶法和沥青浸渍法测量不同目数胶粉的密度试验。从试验结果可知，采用相同的浸渍法，由于浸渍沥青的不同，测得的密度也不相同。这说明基质沥青的品种会影响到橡胶沥青的物理－化学反应的程度。

以上废胎胶粉和沥青的密度试验说明，当胶粉与沥青混合后，胶粉的密度和沥青的密度都会产生变化，且胶粉的掺量、沥青的品种均会影响到其密度变化的程度；进一步说明，两者之间的作用是相互的，两者固有的物理和化学性质都会影响到其反应的效果。

废胎胶粉与沥青之间经过较长时间的物理－化学反应后，胶粉可以在沥青中稳定存在。废胎胶粉和沥青的混合料成为分散相共混结构，胶粉为分散相、沥青为分散介质，形成了废胎胶粉和沥青连续或相互交错的三维的空间结构。在温度下降以后，这种结构保持下来，使得橡胶沥青，既具有了沥青介质的部分性能，也具有了废胎胶粉的一些性能。

二、橡胶沥青加工过程中的脱硫反应

在橡胶加工成轮胎的过程中，为了提高其强度和整体性需要采用硫化工艺。硫化是使胶料具备高强度、高弹性、高耐磨、抗腐蚀等优良性能的过程，是橡胶制品的最后一个工艺过程。硫化过程是指具有一定塑性和黏性的胶料，经过适当加工而制成的半成品在一定外部条件下通过化学因素（如硫化体系）或物理因素的作用，重新转化为软质弹性橡胶制品或硬质韧性橡胶品，从而获得使用性能的工艺过程。硫化是在温度、压力和时间这三个要素的条件下，橡胶通过交联剂或交联引发剂使大分子产生交联的过程，该过程使橡胶从塑性状态变成弹性状况。硫化的实质是交联，即线形的橡胶分子结构化为空间网状结构过程。整个橡胶硫化过程要经过焦烧阶段、热硫化阶段、平坦阶段（交联键的重排和裂解反应处于平衡状态）、过硫阶段［橡胶在硫化过程中，达到过硫后，橡胶开始裂解（或结构化）强度下降］。硫化胶的结构是复杂的，其中有化学交联键，也有分子间作用力所形成的组合，如结晶和氢键，或其他形式的化学键和离子键的交联。

脱硫是硫化的逆过程，其反应过程比硫化更难以掌握和控制。在橡胶沥青的加工过程中，脱硫反应时时刻刻均在发生，其脱硫的程度对成品橡胶沥青的质量有显著的影响。

橡胶是线状直链高分子聚合物塑性体，其相对分子质量为 10 万～100 万，它通过硫磺等物质在一定条件下进行化学反应，形成网状三维结构形态的无规则高分子弹性体。脱硫是切断已形成的、牢固的、以硫键为主的交联网点，硫并没有从橡胶中脱掉，仍残留于橡胶之中。确切地说，脱硫是硫键交联网点的断裂。通过加热、氧化及再生剂的作用，使硫化胶中的 C—S—C 交联键断裂，发生降解，将橡胶中的多硫化物转为二硫化物。二硫化物进而转为一硫化物，而后再将一硫化物切断，导致硫化胶从弹性状态变成塑性状态，促其最终重新成为具有原来橡胶状塑性的再生橡胶。

脱硫工艺主要有以下几种：在化学方面，可以通过高温、高压来促使交联网点发生变化，并且通过添加化学再生剂进一步加快交联网点断裂的速度；在物理机械方面，主要是通过高挤压、高剪切造成交联网点切断，而添加油料则可以加速橡胶膨润、脱硫塑化的过程。在轮胎粉碎成废胎胶粉或颗粒的过程中，废胎胶粉的脱硫过程就已经产生，只不过是物理机械脱硫。

具体的脱硫工艺有快速脱硫工艺、低温脱硫工艺、高温连续脱硫工艺、螺杆挤出脱硫工艺、高温高压动态脱硫工艺、低温化学法脱硫工艺等。脱硫工艺的关键是脱硫的温度和时间。脱硫温度采用安全生产可能达到的最高限温度。一般讲，脱硫温度高或时间长，软化剂用量少。水油法脱硫工艺为 180℃，3～4h。快速脱硫法是指利用高速旋转的搅拌桨叶与胶粉碰撞摩擦生热，产生的热量使脱硫装置内的温度上升（150℃～200℃），胶粉被迅速塑化。高温连续脱硫工艺是指按照一定的配方要求的混合料送入远红外线的加热螺旋中脱硫，脱硫温度 240℃～250℃。高温高压动态脱硫工艺的脱硫温度在 220℃，在脱硫过程中物料始终处于运动状态，既符合天然废胎胶粉的再生，也符合合成橡胶再生的工艺要求，生产的再生胶性能最稳定。

橡胶沥青的加工温度在180℃以上，最高能达到230℃，在沥青介质中废胎胶粉持续保持高温状态(一般为1～4h)，同时橡胶沥青加工过程要采用高速剪切设备进行分散，并采用搅拌设备使其保持运动状态，因此橡胶沥青的加工工艺符合废胎胶粉脱硫再生的工艺过程。大量试验已证明，橡胶沥青的加工过程也是废胎胶粉的脱硫过程，只是脱硫的程度难以控制。在实际工程中，通常采用橡胶沥青的黏度变化水平间接反映其在加工过程中废胎胶粉的脱硫程度。

三、橡胶沥青加工中影响脱硫反应的因素

1.时间对硫化程度的影响

从脱硫的工艺过程了解到废胎胶粉的运动状态和橡胶在高温状态下的时间都会影响到脱硫反应的程度。对静态存储和不同发育时间下的橡胶沥青的黏度指标进行测试，可以发现在废胎胶粉与沥青刚开始作用时，废胎胶粉吸收沥青中的轻质油分，橡胶沥青变稠，黏度变高。随着橡胶沥青发育时间的延长，废胎胶粉开始产生脱硫反应，橡胶沥青的黏度开始降低。从表3-1中不同发育时间下的橡胶沥青黏度指标可以看出，在发育的前1h内，橡胶沥青的黏度随发育时间的增长显著增加，说明橡胶沥青内的发育以废胎胶粉的溶胀反应为主。在反应时间达到1h后，橡胶沥青的黏度开始减小，说明废胎胶粉已经开始产生脱硫反应。但在橡胶沥青处于静止储存状态下时，其黏度的变化减小，说明在没有搅动情况下脱硫反应速率减小。这一试验结果和橡胶沥青的脱硫再生工艺过程类似。而脱硫工艺过程是非常复杂的，几乎所有的脱硫工艺都只能保证废胎胶粉的部分脱硫，不可能达到全部脱硫，因此橡胶沥青的高温存储性能是不稳定的。

不同发育时间下的橡胶沥青指标 表3-1

时间(min)	黏度(m^2/s)	时间(min)	黏度(m^2/s)
30	2.490×10^{-3}	60	3.521×10^{-3}
45	2.600×10^{-3}	90	3.043×10^{-3}

表3-2采用Brookfield黏度计测量两种不同的橡胶沥青在更长的存储时间内黏度变化的情况。其总体表现出类似的黏度随存储时间变化的规律，但由于橡胶沥青的配方不一样，黏度数值及变化程度不一样，说明通过对橡胶沥青配方的调整，改善其黏度的稳定性是有可能的。

不同存储时间下的 **Brookfield** 黏度(Pa·s,180℃)　　表 3-2

180℃	保温时间	50%扭矩黏度
中山 70 号沥青+20%废胎胶粉	30min	1.275
	2h	1.404
	4h	1.536
	6h	1.672
	10h	1.683
中山 70 号沥青+20%废胎胶粉+1%添加剂	30min	2.233
	2h	2.229
	4h	1.761
	6h	2.045
	10h	1.691

2. 温度对硫化程度的影响

表 3-3 为不同加工温度的橡胶沥青试验结果。加工温度越高橡胶沥青的黏度越低,说明温度越高橡胶沥青的脱硫反应越显著。温度是影响废胎胶粉与沥青产生化学反应的重要因素。国外大量的研究结果也表明,橡胶沥青的加工温度越高,橡胶沥青的黏度越低,且在高温下存储时间越长,橡胶沥青的黏度降低越显著,说明温度对橡胶沥青的脱硫反应的影响显著。

不同加工温度下的黏度(Pa·s)　　表 3-3

不同加工温度(℃)	50%扭矩黏度	不同加工温度(℃)	50%扭矩黏度
170	0.789	220	0.849
180	0.958	240	0.581
200	0.723		

3. 高温高剪切橡胶沥青加工工艺

从废胎胶粉的脱硫工艺可以发现,废胎胶粉脱硫以后硫会以单个物质存在沥青中,而沥青易与硫元素的反应。单质硫的作用能够改善沥青的低温性能和高温流动性能。同时废胎胶粉脱硫后,橡胶成分能够完全溶解在沥青中,能够显著改善沥青的温度敏感性能,使沥青更明显的具有橡胶的一些性能如高回弹性能、低温柔性和高温黏度或稳定性。因此,采用具有显著脱硫效果的加工工艺能够拓宽橡胶沥青的温度域范围,改善沥青的性能。当前一些国家开展高速剪切高温情况下加工橡胶沥青,结果表明在 8 000r/min 以上的剪切速率或 0.254mm 的胶体磨间隙,采用 260℃的加工温度,能够拓宽橡胶沥青的温度域,改善橡胶沥青的存储性能。

第二节　废胎胶粉对沥青性能的影响

通过以上对废胎胶粉与沥青作用机理的分析可知，两者在高温条件下的反应机理十分复杂，同时废胎胶粉对沥青的作用也十分显著。本节将通过大量的试验资料分析，说明废胎胶粉对原有基质沥青高温性能、低温性能、抗老化性能以及温度敏感性、弹性等性能的影响。

一、废胎胶粉对沥青高温性能的改善

交通部公路科学研究院采用中海 90 号重交沥青，子午胎和斜交胎常温研磨法粉碎的废胎胶粉，胶粉的目数为 40 目、80 目、120 目，掺量为 5％、10％、20％（外掺），使用高速剪切机拌和，制备成 18 种不同掺量和目数的橡胶沥青进行橡胶沥青的各项性能研究试验，研究橡胶沥青的性能特性和胶粉对沥青性能的影响状况。山东交通科研所研究了不同掺量的橡胶沥青性能（采用 70 号基质沥青，常温研磨法生产的 80 目子午胎废胎胶粉，掺量为 5％、10％、15％、20％、25％、30％六种掺量）。同济大学进行了橡胶沥青的性能研究，采用斜交胎废胎胶粉，采用针入度、软化点、运动黏度以及美国 SHRP 的动态剪切流变（DSR）等几个指标来评价橡胶沥青的高温性能。

1. 针入度

表 3-4 为采用中海 90 号重交沥青加工的 18 种不同胶源种类、不同目数、不同掺量的橡胶改性沥青，分别在 15℃、25℃、30℃时的针入度试验结果。

两种胶源废胎胶粉改性沥青针入度试验结果（0.1mm）　　表 3-4

胶源	温度（℃）	中海 90 号	40 目 ＋5％	40 目 ＋10％	40 目 ＋20％	80 目 ＋5％	80 目 ＋10％	80 目 ＋20％	120 目 ＋5％	120 目 ＋10％	120 目 ＋20％
子午胎	15	22	13.7	21.7	28.0	20.3	21.7	24.7	15.3	21.0	24.0
	25	75	43.7	74.3	84.0	69.00	66.3	68.5	49.0	62.3	67.0
	30	124	70.3	121.3	132.3	109.7	112.0	123.7	79.3	107.7	110.0
斜交胎	15	22	19.0	20.0	27.7	18.0	14.2	26.0	15.8	15.7	23.5
	25	75	61.0	67.0	79.3	65.3	47.4	77.0	61.3	44.5	61.7
	30	124	110.0	110.0	117.0	115.8	85.0	135.0	106.0	82.0	104.3

由试验结果可知，沥青中掺入废胎胶粉后，沥青的针入度存在不同程度的变化。当胶粉掺量较少时，与基质沥青相比大多数明显变硬，也有的比基质沥青更软，这与胶粉的种类、掺量有较大关系。当胶粉掺量较高时，橡胶沥青都存在随着胶粉剂量的增加，沥青逐渐由硬变软的现象，这可能是由于胶粉吸收沥青中的

油分，溶胀后均匀分布在沥青中，使得沥青整体变软。

2. 软化点

表 3-5 为以上 18 种沥青软化点的测定结果。由试验结果可知，由于胶粉的加入，橡胶沥青的软化点明显提高，提高幅度一般在 2℃～8℃之间。

两种类型废胎胶粉改性沥青软化点试验结果(℃)　　表 3-5

胶粒粒度	0%	子午胎			斜交胎		
		5%	10%	20%	5%	10%	20%
40 目	43	50.5	45.4	46.5	47.3	47.6	48.9
80 目	43	45.8	47.2	49.1	46.3	51.3	48.3
120 目	43	49.3	47.8	48.7	47.2	50.8	49.3

3. 当量软化点 T_{800}

根据表 3-5 的试验数据，计算了 18 种沥青的当量软化点，见表 3-6，其变化情况与软化点基本一致。

两种类型废胎胶粉改性沥青当量软化点试验结果(℃)　　表 3-6

胶粒粒度	0%	子午胎			斜交胎		
		5%	10%	20%	5%	10%	20%
40 目	45.52	51.8	46.0	46.9	47.3	47.0	46.9
80 目	45.52	46.9	45.7	47.8	45.3	48.7	46.2
120 目	45.52	50.7	48.4	49.4	45.7	51.0	50.7

4. 黏度

黏度是橡胶沥青首要的技术性质，黏度大的沥青在荷载作用下产生较小的剪切变形，弹性恢复性能好，与沥青混合料的动稳定度有很好的相关关系。对 18 种沥青采用毛细管法测得的运动黏度结果见表 3-7，其规律性明显好于针入度和软化点指标。从这个指标看出，胶粉的掺加能够大大提高沥青的黏度，而且随掺量的增加，橡胶沥青的黏度表现出良好的规律性。对于两类胶源、三种目数的橡胶沥青，随着胶粉掺量的增加，黏度呈指数增加。

两种类型废胎胶粉改性沥青的黏度试验结果(m^2/s,135℃)　　表 3-7

胶粒粒度	0%	子午胎			斜交胎		
		5%	10%	20%	5%	10%	20%
40 目	3.22×10^{-4}	—	6.33×10^{-4}	1.28×10^{-3}	6.75×10^{-4}	9.52×10^{-4}	1.70×10^{-3}
80 目	3.22×10^{-4}	5.40×10^{-4}	8.12×10^{-4}	1.70×10^{-3}	6.05×10^{-4}	1.22×10^{-3}	1.57×10^{-3}
120 目	3.22×10^{-4}	7.32×10^{-4}	8.19×10^{-4}	1.42×10^{-3}	6.03×10^{-4}	1.17×10^{-3}	1.63×10^{-3}

5. DSR

DSR 是美国 SUPERPAVE 提出的动态剪切流变试验，即采用动态、剪切的试验原理测定沥青材料的高温性能。其具体的指标为：

$$G^*/\sin\delta$$

式中：G^*——反复受剪力后，材料抗变形的总量，称为复数剪切模量；

δ——材料暂时和永久变形的相对量，称为相位角。

采用 $G^*/\sin\delta$ 来评价高温性能，它的物理意义实际就是损失剪切柔量的倒数，数值越大就说明损失剪切柔量越小，弹性越大，抗车辙能力越强。

美国亚利桑那州的研究认为，橡胶沥青在高温下的 DSR 试验的剪切模量和相位角不敏感；在中间温度 25℃情况下，DSR 的剪切模量和相位角敏感；而且橡胶沥青的 DSR 试验的变异系数较大，例如，一般沥青剪切模量变异系数小于 20%，但橡胶沥青的变异系数为 28%～35%，因此推荐在进行橡胶沥青的 DSR 测试时首先要解决试验结果的离散性。

图 3-5 为同济大学对 12 种沥青样品进行的 DSR（原样和薄膜老化后）常规指标的测试结果图示，其中包括 SBS 改性沥青、AH-70 号沥青，掺加 17%40 目胶粉改性沥青、掺加 17%80 目胶粉改性沥青、掺加 10%80 目胶粉改性沥青、掺加 17%120 目胶粉改性沥青。废胎胶粉统一采用常温法粉碎斜交胎的废胎胶粉。图中，尾号为 t 表示经过老化后的样品；尾号为 y 表示未经过老化的样品；m 为高速剪切法制备；j 为简单搅拌法制备。

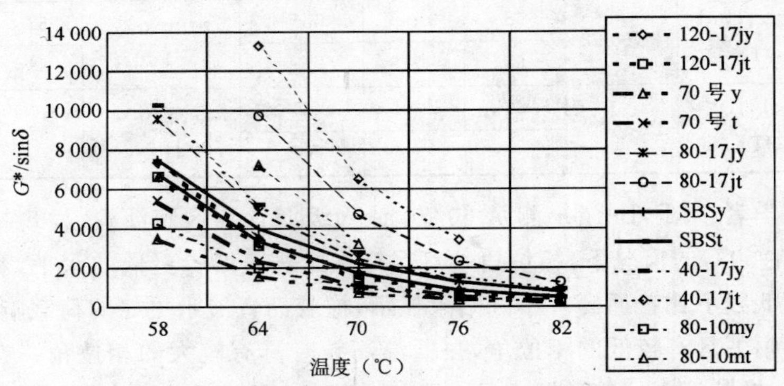

图 3-5　改性种类和老化对 DSR 指标的影响

按 SHRP 高温分级的标准（原样沥青 $G^*/\sin\delta \geq 1.0$kPa，薄膜老化后 $G^*/\sin\delta \geq 2.0$kPa），图 3-5 中各样品的高温分级次序为 40 目 17%橡胶沥青（76℃）＞80 目 17%橡胶沥青（76℃）＞120 目 17%橡胶沥青（70℃）≈SBS 改性沥青（70℃）＞80 目 10%橡胶沥青（70℃）＞基质沥青 70 号（64℃）。

由此可见，废胎胶粉对于沥青的高温性能的改性效果是非常明显的，在最可能采用的掺量(17%)下,高温分级比基质沥青提高两级到三级(如果采用软一点的基质沥青效果可能会更明显),其提高幅度不亚于当前国际国内最常用的 SBS 改性沥青。

从以上结果可以看出,在沥青中掺入废胎胶粉后,对沥青的软化点、当量软化点、黏度、DSR 的 $G^{*}/\sin\delta$ 等高温性能指标都有显著的改善。

交通部公路科学研究院和北京路兴路桥物资中心联合对几种橡胶沥青进行了 PG 分级试验,结果见表 3-8。从表中数据看出,在 AH-70 和 AH-90 中加入一定比例的废胎胶粉后,PG 等级一般可提高到 PG76-28,最高可达到 PG88-22。

橡胶沥青 PG 分级试验结果 表 3-8

沥青种类(RTFOT 残留)	PG 分级	温度(℃)	$G^{*}/\sin\delta$	PAV	沥青种类(原样)	温度(℃)	$G^{*}/\sin\delta$
滨洲 90 号 40 目 20%(RTFOT)	PG76-28	76	2 440	—	滨洲 90 号 40 目 20%	82	1 290
		82	1 420	—			
滨洲 90 号 40 目 25%(RTFOT)	PG64-28	64	2 720	1.56E+05	滨洲 90 号 40 目 25%	82	1 180
		70	1 710	—			
滨洲 90 号 80 目 20%(RTFOT)	PG76-28	76	2 780	2.54E+05	滨洲 90 号 80 目 20%	82	1 720
		82	1 270	—			
滨洲 90 号 80 目 25%(RTFOT)	PG70-28	70	2 980	2.60E+05	滨洲 90 号 80 目 25%	82	2 910
		76	1 770	—		88	1 560
中山 70 号 80 目 20%(RTFOT)	PG58-22	58	3 140	6.85E+05	中山 70 号 80 目 20%	82	1 780
		64	1 710	—		88	1 170
滨洲 70 号 80 目 25%(RTFOT)	PG88-22	82	2 280	1.80E+05	滨洲 70 号 80 目 25%	82	1 040
		—	—	—			

南非学者 A. F. Burger 测量 60/70 针入级沥青和橡胶沥青,发现掺加废胎胶粉后,在 60℃的情况下,相位角一直保持在比普通沥青更低的水平,黏性组分在高温和低频下比普通沥青小。结果显示,橡胶沥青展示更好的荷载响应能力,在高温低频下具有较低的相位角,在低温高频时具有较大的相位角。在同一温度水平下,橡胶沥青比普通沥青具有更好的弹性,因而现场表现为更好的抗车辙能力。因此,掺加废胎胶粉能改善沥青在高温或低频下的工作性能,在这种情况下橡胶沥青有比普通沥青更好的弹性响应。

二、废胎胶粉对沥青低温性能的改善

由于橡胶沥青是由废胎胶粉和沥青组成的混合体系,采用常规的沥青标准体系对橡胶沥青的评价不够全面。当前国际上使用橡胶沥青的大多数国家都采用 PG 分级的流变学性能来评价橡胶沥青在全温度域流变学性能，分析橡胶沥青的高低温性能及温度敏感性能。

1990 年 Anderson et. al 认为 BBR 是最好的测量低温属性的仪器，1992 年 Bahia et. al 研究认为 $S(t)$ 和 m 值都能和低温开裂性能有良好的相关关系。

1994 年美国学者 Reese 对开级配和密级配中使用橡胶沥青混合料，采用薄膜烘箱、压力老化后的 DSR 和 BBR 试验来评价橡胶沥青的抗疲劳开裂、车辙和温度开裂的能力。研究认为采用蠕变劲度曲线的斜率和最大劲度模量足以评价橡胶沥青的抵抗低温开裂的性能。

1995 年 Bahia 和 Davis 分析了废胎胶粉类型和掺量对橡胶沥青流变性的影响，并且评价了常温废胎胶粉、冷冻废胎胶粉和化学法的废胎胶粉在 5%～20% 掺量下－20℃～0℃范围的流变性能。研究认为蠕变劲度、蠕变速率在－20℃～0℃的范围内，不同类型的胶粉劲度都是随掺量的增加而减小，且呈线性关系，掺量每增加 1%劲度降低 4%，而且沥青的劲度越低，废胎胶粉的影响越小。

1996 年 Troy et. al 采用 1mm 和 2mm 的夹缝平行盘和杯盘系统配合 BBR 评价橡胶沥青，推荐采用对大于 200 目的废胎胶粉试验采用盘杯系统并结合 BBR 评价橡胶沥青的等级，认为低温的 TSRST 测试很大程度上与样品的测试有关。其破断温度和 BBR 评价的结果一致。

2002 年美国学者 VenuT. Gopal 分析了废胎胶粉的粒径和掺量对橡胶沥青低温流变性能的影响，研究认为增加胶粉掺量能够降低沥青的低温蠕变劲度，提高低温抗开裂性能；掺量对低温影响显著，对 80 目、40 目、10 目的三种胶粉，在所有温度下都是随着掺量的增大劲度降低；而粒径对低温抗开裂性能影响不显著；胶粉粒径的增加会增加或保持沥青的低温劲度，粒径对低温抗开裂性能的影响，主要依赖于基质沥青。PG64-16 的基质沥青在 40 目、80 目 12%掺量下低温降到－22℃；40 目、80 目 24%掺量时降到－28℃；PG58-22、PG58-28、PG64-34 的基质沥青在加入废胎胶粉后，没有显著对低温性能的显著提高，且 10 目的高掺量废胎胶粉甚至会影响到其低温性能。

因此，一般来说，橡胶沥青会有更宽的温度域，对每种粒径的废胎胶粉有一个最佳的废胎胶粉含量范围。废胎胶粉能够在很宽的含量和粒径范围内，不会影响沥青的低温性能，但在使用某些粒径的废胎胶粉会损伤沥青的低温性能。

废胎胶粉本身是一种柔性材料，废胎胶粉在与沥青的搅拌过程中，产生脱硫反应，将有利于改善沥青在低温条件下的韧性。以下将通过低温延度（5℃）、当量脆点 $T_{1.2}$、美国的弯曲流变仪（BBR）和沥青低温直接抗拉试验（DT）等试验评价废胎胶粉对沥青低温性能的改善作用。

1. 低温延度

图 3-6 是同济大学对各种橡胶沥青样品的 15℃延度结果，由试验结果可知，

延度值基本都在 20cm 左右，远远小于基质沥青（15℃延度大于 150mm）。而且数据没有体现很好的规律性，没有反映胶粉细度和掺量的影响。这说明 15℃的延度不适合用来评价橡胶沥青的延伸性能。

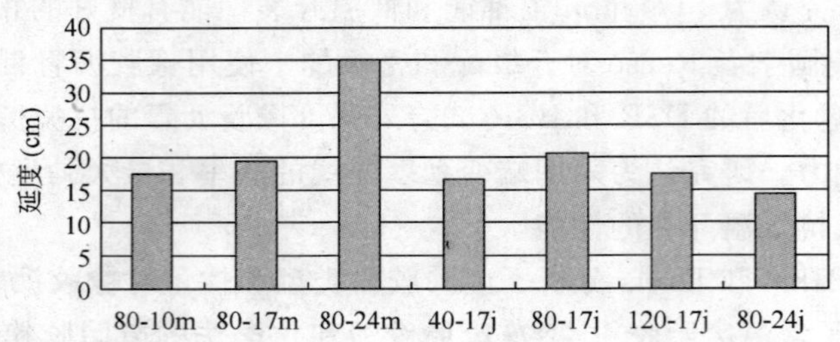

图 3-6　胶粉细度、掺量、掺加工艺对 15℃延度的影响

图 3-7 是橡胶沥青常温延度破坏的表象图。所有橡胶沥青的拉断形式和基体改性沥青及基质沥青有明显的不同，破坏的形式不是脆性破坏，但同时也不是常见的黏性破坏，断裂是明显的撕拉破坏，表面参差不平。究其原因是在接近常温条件下，沥青受拉产生的变形远远大于橡胶颗粒的变形，在两者的界面上会产生很大的应力集中，最终导致提前拉断。图 3-7 展示了同样掺量的 40 目和 120 目橡胶沥青延度断口，粗的橡胶沥青因为应力集中更严重，断得更早，断面有更多毛刺，断裂破坏以后还会有较明显的弹性恢复。常温条件下沥青被拉到近 100mm 以上时，沥青丝的直径已经远远小于橡胶颗粒尺寸，故在 15℃情况下橡胶沥青理论上不存在高延度值的可能性。

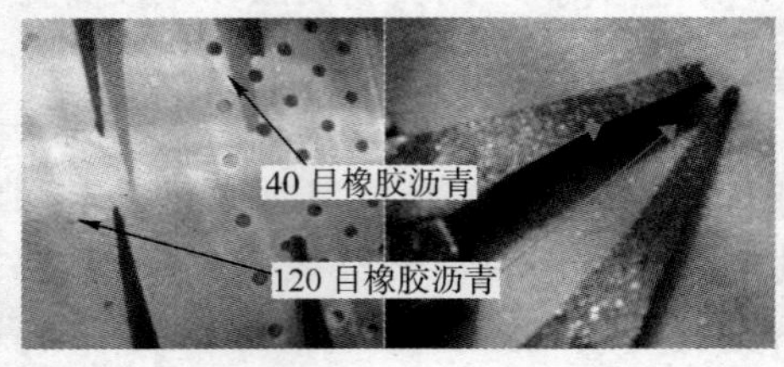

图 3-7　橡胶沥青常温延度破坏表象

要想通过延度来反映橡胶沥青的低温性能，就必须采用降低试验温度的方法。表 3-9 为交通部公路科学研究院采用 5℃延度的试验结果汇总表。由试验结果可知，橡胶沥青 5℃的延度显著大于基质沥青的 5℃延度；胶粉掺量的对橡胶沥青的 5℃的延度有显著的规律性的影响，表现为随着胶粉掺量的增加，橡胶沥青的低温延度明显增加。

两种类型废胎胶粉改性沥青的 5℃ 延度试验结果（cm）　　表 3-9

胶粉粒度	0%	子午胎			斜交胎		
		5%	10%	20%	5%	10%	20%
40 目	7.00	—	9.93	24.67	9.33	13.77	19.00
80 目	7.00	10.43	10.93	19.50	7.83	8.75	20.67
120 目	7.00	5.50	11.17	21.50	7.40	9.75	15.83

考虑到低温条件下沥青的脆性大，5cm/min 的拉伸速率对试验结果的影响较大，山东交通科研所对不同掺量的橡胶沥青进行了 4℃的延度试验(表 3-10)。从试验结果看出胶粉的掺量对沥青的低温延度有显著的规律性影响，且 4℃延度普遍大于 5℃延度。此说明低温下拉伸的速率对测试的结果影响比较大，对橡胶沥青宜采用低温低拉伸速率的试验方法测试橡胶沥青的延度。

橡胶沥青的 4℃和 5℃延度试验结果(cm) 表 3-10

含量(%)	0	5	10	15	20	25	30
5℃延度	0	5.5	7.0	9.2	13.5	23.7	34.5
4℃延度	0	8.5	10.2	12.5	16.7	27	39.5

通过以上试验分析可以看出，在低温条件下橡胶沥青具有良好的延展性，而且温度越低，橡胶沥青的低温延展性越突出。

2. 当量脆点 $T_{1.2}$

有资料证明，当量脆点作为评价沥青结合料低温抗裂性能的指标是合理的，与路用性能也有很好的相关性。表 3-11 为根据沥青针入度试验结果计算的当量脆点汇总表。由试验结果可知，随着胶粉掺量的增加，橡胶沥青的当量脆点明显降低；在掺量较高时橡胶沥青的当量脆点低于不掺胶粉沥青的当量脆点。

两种类型废胎胶粉改性沥青的当量脆点试验结果(℃) 表 3-11

$T_{1.2}$	0%	子午胎			斜交胎		
		5%	10%	20%	5%	10%	20%
40 目	−9.74	−7.23	−10.2	−15.3	−9.2	−9.7	−15.3
80 目	—	−10.27	−7.8	−13.2	−6.8	−5.7	−13.0
120 目	—	−8.18	−11.3	−14.5	−5.2	−8.3	−15.0

3. BBR

弯曲梁流变仪(Bending Beam Rheometer)利用传统的弯曲梁蠕变原理可用以测定低温条件下沥青胶结料劲度模量。胶结料小梁为双支撑中间加载模式，采用经典的小梁蠕变劲度计算：

$$S(t) = \frac{PL^3}{4bh^3\delta(t)} \tag{3-1}$$

式中：P——中点恒载；

L、b、h——分别为小梁的支撑点间距、梁的高度和宽度。

根据时温等效性，测定时采用环境温度升高 10℃加荷 60s 来模拟设计低温条件下 7 200s 加荷的试验方法，且应限制低温劲度在 300MPa 以下，同时还要求在 60s 时的劲度和加荷时间的双对数坐标曲线斜率 m 在 0.3 以下。

BBR 试验的分级标准是否合适暂不讨论，但 BBR 方法的物理意义明确，测试得到的是能够模拟路面结构实际低温条件的受拉蠕变劲度，因而是衡量胶结料在低温条件下变形和拉应力关系的可靠指标。它实际上是一个很好的反映沥青胶结料低温柔性的指标。即使这个指标不能作为沥青路面低温性能的完全判据，也至少可以表征路面材料低温性能的一个方面。劲度模量越低车辆行驶性能越好，路面除冰能力越强。

由图 3-8 可见，SBS 作为沥青改性剂，对沥青低温劲度的降低作用远远不如其对胶结料黏度和高温动态剪切模量的影响那么明显（当然，这并不意味着 SBS 改性沥青的低温性能没有明显改善），且和基质沥青的劲度模量相差很小，不足以影响低温分级。相比之下，加入废胎胶粉导致低温劲度的降低则要显著得多，而且降低的幅度随着温度的降低而增大。复合材料低温劲度取决于组成成分各自的低温劲度和比例。SBS 基体的低温劲度显然要比为适应轮胎低温受力而深度加工的橡胶要高，而且掺量也要少得多，所以在劲度上面的表现比橡胶沥青差就可以理解了。另外，试验表明相同掺量的不同目数的橡胶沥青劲度模量相差也不足以明显影响低温分级。

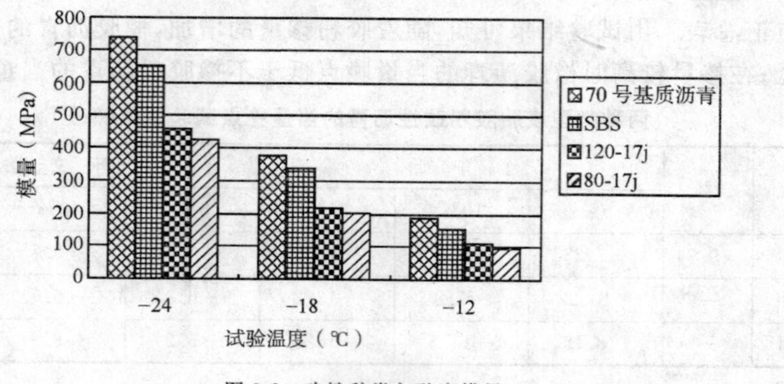

图 3-8　改性种类与劲度模量

4. DT

低温劲度低并不直接说明材料的低温性能好，如果复合材料的两种组分相容性很差，以致在低温条件下受拉时产生较大的界面应力导致低温强度过低，反而有可能在较高的温度时就发生低温断裂。Superpave 的研究中也充分的认识到了这点，在 1998 年制定了直接拉伸的标准试验方法（Direct Tensile Test/DT）。

如前所述，延度试验的主要问题是试验条件与沥青路面拉伸状态不符，直接拉伸试验就是在这些方面进行了重要改进。试验的全过程在接近设计路面温度的低温域（根据时温等效原理，和 BBR 类似，与试验速度配合，试验温度比设计路面目标温度高 10℃）中进行，拉伸的速率为 1mm/min，也比标准延度试验要慢得多。在这样的温度下，沥青和橡胶颗粒不会出现延度试验时那么大的变形差异，界面应力集中降低，最后的总变形也大大减小，和路面实际环境和力学条件接近。

表 3-12 是 DT 试验的结果对比。试验选取了三种材料，材料的试验温度统一选取橡胶沥青(80-17j)BBR 测试试验温度(−18℃)。值得指出的是，本次采用的韩国 SK70 号沥青针入度仅有 60，比较适合炎热地区使用，低温性能相对较差，−18℃的相对变形仅有 0.187%，表中各项低温指标 SK 基质沥青都是最差的。橡胶沥青和 SBS 改性沥青都明显的提高了沥青的最大变形和最大应力，橡胶沥青的最大变形提高幅度大于 SBS 改性沥青，但最大应力略小于 SBS 改性沥青，从另一个侧面表明橡胶沥青的低温模量远比 SBS 改性沥青低。从各个指标尤其是更有意义的最大变形和断裂消耗能量两个指标来综合判断，橡胶沥青低温性能同样优于 SBS 改性沥青。尽管废胎胶粉改性沥青并没有在沥青中形成类似于 SBS 改性一样的网络加劲结构，废胎胶粉优异的低温性能和沥青良好的亲和性以及添加数量上的优势，仍然确保了橡胶沥青良好的低温性能表现。

不同改性种类 DT 试验结果对比 表 3-12

种　类	温　度	最大变形 (mm)	最大应力 (MPa)	能量 (J)
80-17j	−18℃	1.065	4.007	3.05E-02
80-17j	−24℃	0.402	2.930	8.61E-03
SBS	−18℃	0.722	4.050	2.18E-02
SK70 号	−18℃	0.187	1.927	2.72E-03

三、废胎胶粉对沥青老化性能的改善

沥青老化是一个逐渐发展的过程，它的速率直接影响路面的使用寿命，是影响路面耐久性的主要因素。常用的评价沥青短期老化的试验方法有薄膜加热试验(TFOT)及旋转式薄膜加热试验(RTFOT)。它们的试验条件比较苛刻，接近于强制式搅拌中的老化过程。薄膜加热试验被认为是反映拌和过程中热老化的最好的试验方法。美国的 PAV 试验是模拟使用期间路上自然老化的程度的试验方法。

1. 短期老化 TFOT、RTFOT

表 3-13 和表 3-14 分别是交通部公路科学研究院和同济大学测试的不同橡胶沥青老化前后的结果。从薄膜烘箱前后的针入度比可以看出，橡胶沥青烘箱后的针入度比比基质沥青的值大，且都大于 75%；其烘箱后的延度比比基质沥青的延度比大大提高；烘箱前后的弹性恢复也都大于 80%。薄膜烘箱后橡胶沥青的黏度提高。软化点比比基质沥青的低，黏度比提高，说明橡胶沥青抗老化能力比基质沥青的强。

薄膜烘箱前后沥青指标　　表 3-13

项　　目		温度(℃)	SK AH-70 号	SK AH-70 号+5%	SK AH-70 号+10%	SK AH-70 号+15%	试验路 SK AH-70 号+15%
针入度(0.1mm)		15	—	18.5	19.0	17.0	17.7
		25	60.75	50.3	60.3	61.7	51.0
		30	—	82.5	95.3	99.7	79.0
PI		—	—	−0.49	−1.07	−1.66	−0.58
$T_{1.2}$(℃)		—	—	−12.6	−10.6	−7.4	−11.8
T_{800}(℃)		—	—	52.9	49.3	47.0	52.8
软化点(℃)		—	49.3	49.6	48.8	50.0	53.7
延度(cm)		5	—	—	—	—	12
		15	>100	18	25	28	—
弹性恢复		25	17.0%	30.3%	42.5%	36.0%	67.6%
黏度(m^2/s)		135	4.24×10^{-4}	6.69×10^{-4}	8.12×10^{-4}	1.31×10^{-3}	2.21×10^{-3}
TFOT 后	质量损失(%)	—	0.00	0.06	0.05	0.14	0.12
	针入度比(%)	25	70.0	75.1	72.9	76.2	96.1
	延度比(%)	15	31.6	81.8	62.8	70.8	98.3
	弹性恢复比(%)	25	—	92.6	80.8	101.4	60.0
	黏度比(%)	135	116.2	103.7	133.7	111.0	123.9

旋转薄膜烘箱后的指标　　表 3-14

项　　目	70 号基质沥青	SBS	80-10M	80-17J	120-17J
TFOT 针入度比(%)	74.2	87.5	96.5	94.4	81.5
TFOT 黏度比(%)	137.9	182.6	222.2	210.7	133.7
TFOT 软化点比(%)	111.7	98.0	110.8	103.4	106.4

2. 长期老化 PAV

PAV 试验配置能够在可以接受的时间内获得足够的流变性变化，没有过多的物质损失，温度不过高，样品数量足够性能检测用。PAV 的测试标准条件是气压 2.10MPa±0.05MPa，温度 90℃、100℃和 110℃三个选项，取决于该沥青的高温分级，达到标准气压和温度后保持 20h。

PAV 之后的样品被用于 BBR、DT 和 DSR 等试验，橡胶沥青在 BBR 和 DT

指标上表现较好。表 3-15 对比了基质沥青和 17%120 目胶粉橡胶沥青 PAV 后与原样沥青的针入度和软化点的变化。橡胶沥青比基质沥青两指标变化都要小，说明橡胶的抗长期老化能力也比基质沥青有所提高。

PAV 后老化指标比 表 3-15

项　目	70 号基质沥青	120-17j	项　目	70 号基质沥青	120-17j
PAV 针入度比(%)	35.3	54.1	PAV 软化点比(%)	123.9	119.7

四、对温度敏感性的影响 PI

常用描述沥青感温性能的指标是针入度指数 PI，但也有研究认为 PI 评价沥青的感温性水平并不完全合适。交通部公路科学研究院和山东交通科研所测试了沥青的高温黏度、低温劲度等多个指标，同时计算沥青 PI 值作为相对比较指标，见表 3-16、表 3-17。

18 种橡胶沥青的针入度指数计算结果 表 3-16

胶粉粒径	0%	子午胎			斜交胎		
		5%	10%	20%	5%	10%	20%
40 目	−1.56	−1.15	−1.47	−0.83	−1.43	−1.4	−0.83
80 目	—	−1.35	−1.76	−0.95	−1.91	−1.66	−1.14
120 目	—	−1.18	−1.08	−0.65	−2.05	−1.12	−0.48

山东交通科研所针入度指数结果 表 3-17

掺量(%)	0	5	10	15	20	25	30
PI	−0.46	−0.55	0.255	0.701	0.706	0.806	0.818

由上述试验结果可知，在废胎胶粉的掺量较低时橡胶沥青的针入度指数并没有得到提高，反而有所降低，只有在较高掺量时针入度指数才有所提高，且基本上随掺量的增加在逐渐增大。其掺量—针入度指数的曲线基本上是一条较平的 S 形曲线，在 5%～15%之间的针入度指数变化明显，其他情况下随掺量的增加，针入度指数的变化都不显著。

美国亚利桑那州研究人员 Kamil E. Kaloush 等人开展不同橡胶沥青的感温性研究，结果见图 3-9。从图中看到，当温度较低时，橡胶沥青的黏度低于普通沥青(ADOT Virgin PG76-16)；当温度较高时，橡胶沥青的黏度明显高于普通沥青。因此，认为与基质沥青相比，所有的橡胶沥青都显示较好的温度敏感性。

美国学者，Charles J. Glover 等人采用 BBR DSR RV 等试验方法分析沥青组成和废胎胶粉分散性等对沥青的低温、中温和高温流变性能的影响。其研究认为橡胶沥青的流变性依赖于废胎胶粉掺量、废胎胶粉粒径以及基质沥青组成。控制这些参数可以提高低温抗裂性、高温抗车辙和减少温度敏感性。

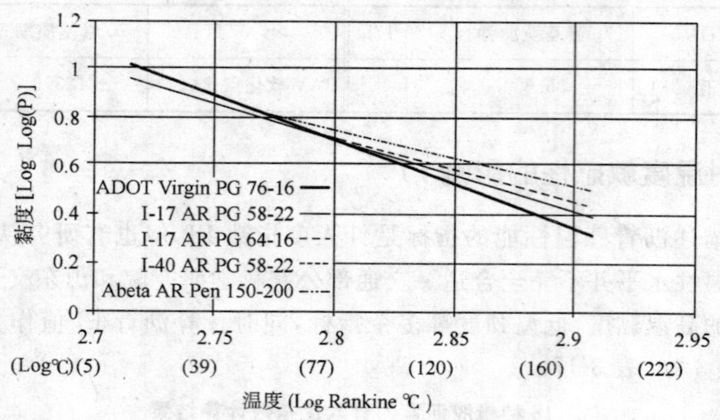

图 3-9　不同沥青的黏温曲线

试验采用两种类型废胎胶粉、四种沥青、两种粒径的废胎胶粉、四种废胎胶粉含量(试验有关配方见表 3-18)。橡胶沥青均在 177℃条件下加工 1h。试验检测了有关沥青在高温(121℃)条件下的黏度、中温(0℃～90℃)条件下的流变性和低温(－15℃)条件下的蠕变劲度。试验结果分别见表 3-18～表 3-21。

沥青和废胎胶粉的类型和掺量　　表 3-18

沥　青	沥青生产厂家	废胎胶粉目数(目)	废胎胶粉掺量
SHRP ABM-1	Rouse	40	5%、10%、15%、18%
	Tire Gator	10	5%、10%、15%、18%
		40	5%、10%、15%、18%
SHRP ABL-2	Rouse	40	5%、10%、15%、18%
	Tire Gator	10	5%、10%、15%、20%
		40	5%、10%、15%、20%
3 号沥青	Rouse	40	5%、10%、15%、20%
	Tire Gator	10	5%、10%、15%、20%
		40	5%、10%、15%、20%
4 号沥青	Rouse	40	5%、10%、15%、20%
	Tire Gator	10	5%、10%、15%、20%
		40	5%、10%、15%、20%

橡胶沥青低温数据(在 177℃和 500r/min 条件下加工 1h)　　表 3-19

沥　青	废胎胶粉类型和目数	参　数　值	废胎胶粉掺量				
			0%	5%	10%	15%	18%或 20%
SHRP ABM-1	RS-40	S(t)值(60s)	1 018	770	610	494	287
		m-ralue 值	0.24	0.28	0.29	0.30	0.34
	TG-40	S(t)值(60s)	1 018	719	468	441	214
		m-ralue 值	0.24	0.25	0.24	0.28	0.29
4 号沥青	TG-10	S(t)值(60s)	620	578	321	192	71
		m-ralue 值	0.36	0.36	0.37	0.39	0.40
	TG-40	S(t)值(60s)	620	401	285	144	—
		m-ralue 值	0.36	0.37	0.41	0.46	—
3 号沥青	TG-10	S(t)值(60s)	180	144	123	84	70
		m-ralue 值	0.34	0.38	0.38	0.37	0.39
	TG-40	S(t)值(60s)	180	121	83	64	40
		m-ralue 值	0.34	0.29	0.42	0.44	0.43
SHRP ABL-2	TG-10	S(t)值(60s)	58	49	58	57	49
		m-ralue 值	0.55	0.45	0.45	0.38	0.35
	TG-40	S(t)值(60s)	58	44	47	40	42
		m-ralue 值	0.55	0.39	0.51	0.45	0.40
	RS-40	S(t)值(60s)	58	47	56	48	37
		m-ralue 值	0.55	0.42	—	—	0.41

橡胶沥青中温数据(在 177℃和 500r/min 条件下加工 1h)　　表 3-20

沥　青	废胎胶粉类型和目数	参　数　值	废胎胶粉掺量		
			0%	10%	18%或 20%
SHRP ABM-1	TG-10	η^* 和 G^* (1.0rad/s)	2.051	7.278	17.240
		δ	89.7	84.2	76.8
		感温性	18.170	16.500	14.230
	TG-40	η^* 和 G^* (1.0rad/s)	2.051	7.028	15.190
		δ	89.7	82.0	72.7
		感温性	18.170	16.370	14.280

续上表

沥青	废胎胶粉类型和目数	参数值	废胎胶粉掺量		
			0%	10%	18%或20%
4号沥青	TG-10	η^*和G^*(1.0rad/s)	936	3.291	7.460
		δ	89.9	83.4	72.2
		感温性	17.770	14.230	12.430
	TG-40	η^*和G^*(1.0rad/s)	936	2.639	4.824
		δ	89.9	81.3	72.0
		感温性	17.770	15.250	13.740

橡胶沥青高温黏度(P)(在177℃和500r/min条件下加工1h) 表3-21

沥青	废胎胶粉类型和目数	废胎胶粉掺量	温度(℃)				
			149	160	171	182	193
SHRP ABM-1	TG-10	0%	2.50	2.25	1.50	1.25	1.00
		10%	13.5	12.5	8.5	6.75	5.75
		18%	100	87.5	75.0	62.5	42.5
	TG-40	0%	2.50	2.25	1.50	1.25	1.00
		10%	12.5	9.00	6.50	5.75	5.25
		18%	610	510	450	370	280
4号沥青	TG-10	0%	2.25	1.50	1.25	1.00	0.88
		10%	9.00	4.25	3.50	2.00	1.50
		20%	220	130	95.0	80.0	57.5
	TG-40	0%	2.25	1.50	1.25	1.00	0.88
		10%	20.0	13.8	10.8	7.50	5.00
		20%	—	320	280	210	170
3号沥青	TG-10	0%	2.50	1.75	1.50	1.25	1.00
		10%	7.75	6.50	5.00	4.00	2.50
		20%	74.0	65.0	61.0	56.0	50.0
	TG-40	0%	2.50	1.75	1.50	1.25	1.00
		10%	8.25	7.00	4.75	4.00	3.00
		20%	310	180	140	120	100

续上表

沥 青	废胎胶粉类型和目数	废胎胶粉掺量	温度(℃)				
			149	160	171	182	193
SHRP ABL-2	TG-10	0%	1.83	1.67	1.17	0.75	0.58
		10%	7.50	5.50	4.75	3.50	3.00
		18%	80.0	71.0	62.0	52.0	46.0
	TG-40	0%	1.83	1.67	1.17	0.75	0.58
		10%	7.75	5.75	5.00	4.25	3.50
		18%	320	195	150	135	110

注：$1P=10^{-1}Pa\cdot s$。

试验结果表明，废胎胶粉的掺入能够改善沥青的温度敏感性，废胎胶粉的粒径对其有影响：高温黏度随废胎胶粉的增加显著增加，40 目废胎胶粉的作用比10 目明显。在中等温度下，复合黏度随着废胎胶粉的增加而增加，抗车辙能力得以提高，增加 10 目的废胎胶粉比 40 目更加明显。同时废胎胶粉也能够改善沥青的低温属性，对初始劲度非常高的沥青尤为显著。

五、弹性恢复

废胎胶粉本身是一种良好的弹性材料，沥青的弹性恢复能力的提高可以减小荷载作用的残余变形，减少路面的损坏。弹性恢复指标作为评价改性沥青性能的新指标已被广泛使用。交通部公路科学研究院和山东交通科研所的试验结果表明(表 3-22 和表 3-23)，废胎胶粉的掺入大大改善了沥青的弹性恢复性能，掺量的增加能显著提高弹性恢复性能，但在掺量超过 20%后，弹性恢复的增加幅度减小。

两种胶源废胎胶粉改性沥青的弹性恢复试验结果(%) 表 3-22

胶粉粒度	0%	子午胎			斜交胎		
		5%	10%	20%	5%	10%	20%
40 目	18.4	—	38.0	52.5	43.7	50.4	62.7
80 目	—	25.8	39.0	61.3	38.8	59.6	61.2
120 目	—	36.2	42.6	54.3	35.0	56.7	60.9

山东交通科研所弹性恢复试验结果 表 3-23

胶粉含量	0	5%	10%	15%	20%	25%	30%
弹性恢复(%)	7.5	30	40.3	50.3	60	65	65

第三节　影响橡胶沥青性能的因素

废胎胶粉对沥青的作用既有物理作用也有化学作用，从而对沥青的高温性能、低温性能、弹性恢复性能都有显著的改善。由于废胎胶粉和沥青的反应机理比较复杂，橡胶沥青的性能影响因素也比较多（图 3-10），综合起来有两大类：一是材料因素，具体有废胎胶粉的因素、沥青的因素、废胎胶粉的掺配比例、外掺剂等；二是加工因素，具体有拌和工艺、反应时间、反应温度等。本节将对其中的一些主要因素进行分析。

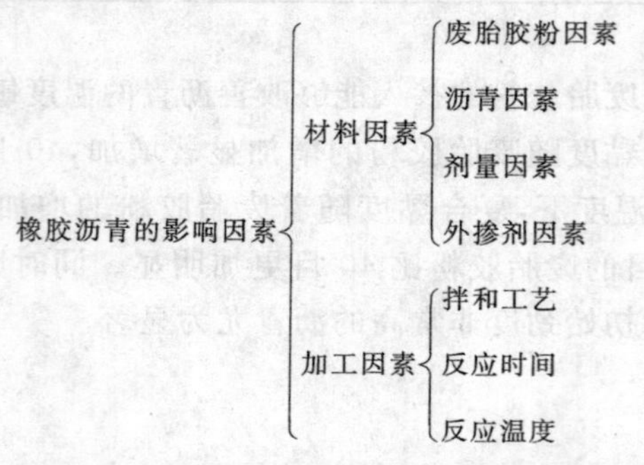

图 3-10　影响橡胶沥青品质的主要因素

一、废胎胶粉的因素

废胎胶粉是橡胶沥青的基本组成成分之一，对沥青的影响主要体现在废胎胶粉的来源（胶源）、废胎胶粉的目数、废胎胶粉的掺量等因素。其中，废胎胶粉来源对橡胶沥青性能的影响在废胎胶粉的相关章节中已经介绍，天然胶含量高的斜交胎的废胎胶粉在相同条件下，对橡胶沥青的性能改善好于合成胶含量高的子午胎。本节将重点结合大量相关试验的结果介绍废胎胶粉的掺量、目数对橡胶沥青的性能的影响。

1. 废胎胶粉掺量影响

（1）掺量—黏度

图 3-11 为大量不同橡胶沥青的掺量—黏度关系汇总图。结果表明，随着废胎胶粉掺量的增加，橡胶沥青的黏度呈指数关系急剧增长，且掺量越大，增大的趋势越显著。

（2）掺量—黏温指数

根据 ASTM D2493-95a 沥青标准黏温曲线图，纵坐标为黏度（Pa·s）的对数，横坐标 t（℃）为普通坐标，按照 $\lg\lg(\eta+10^3)=n-m\lg(t+273.13)$ 方式回归

沥青的黏温曲线，并求取橡胶沥青的黏温指数(VTS 值)。

图 3-12 对大量橡胶沥青的黏温指数进行了汇总。从图中可以看出，黏温指数随着废胎胶粉掺量的增大而显著减小，说明废胎胶粉掺量越多，橡胶沥青的温度敏感性越小。同时，对黏温指数影响最大是废胎胶粉的掺量，在同一掺量范围内，70 号基质沥青和 90 号基质沥青的黏温指数相差不大。基质沥青对黏温指数无显著影响。

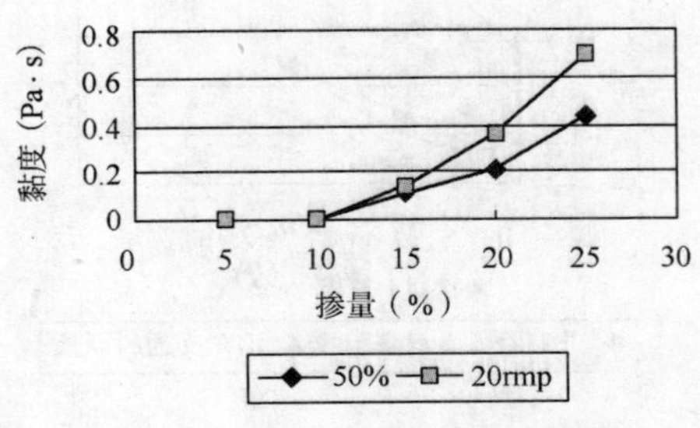

图 3-11 掺量—黏度的关系曲线图

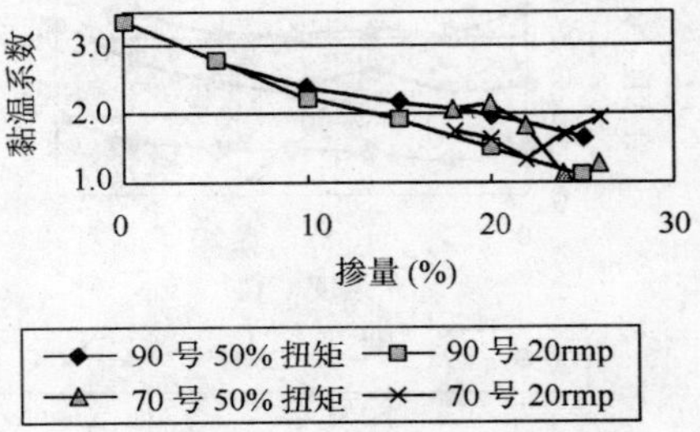

图 3-12 掺量—黏温指数曲线

(3)掺量—针入度

图 3-13 和图 3-14 为交通部公路科学研究院用子午胎和斜交胎废胎胶粉拌制的 18 种橡胶沥青，将相同掺量不同目数条件下的沥青指标平均，汇总的废胎胶粉的掺量—针入度关系的图。图 3-15 为山东交通科研所采用不同掺量的橡胶沥青指标汇总的废胎胶粉掺量—针入度关系图。

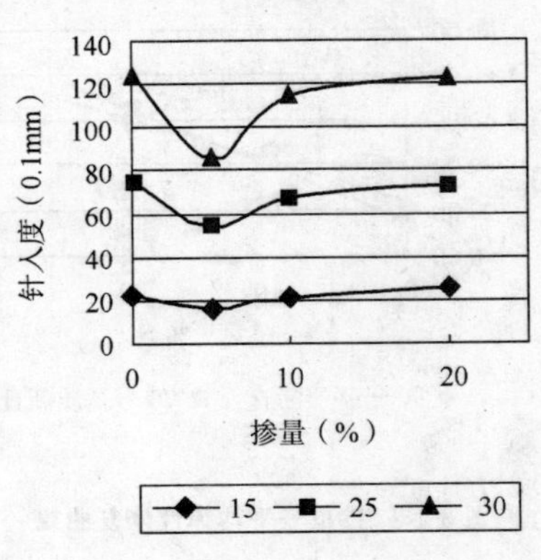

图 3-13 橡胶沥青针入度曲线(子午胎)

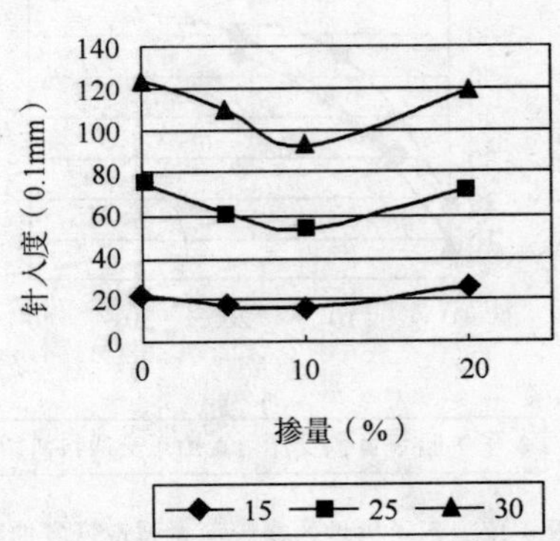

图 3-14 橡胶沥青针入度曲线(斜交胎)

大量的研究表明，沥青中掺入废胎胶粉后，沥青的针入度存在不同程度的变化，与基质沥青相比大多数是明显变硬。但其变化趋势是随着废胎胶粉掺量的增大，沥青的针入度逐渐增大。

(4)掺量—针入度指数

图 3-16 为不同胶粉掺量的橡胶沥青针入度指数变化曲线。试验结果表明，在废胎胶粉的掺量较低时橡胶沥青的针入度指数并没有得到提高，反而有所降低，只有在较高掺量时针入度指数才有所提高；基本上随掺量的增加在逐渐增大。

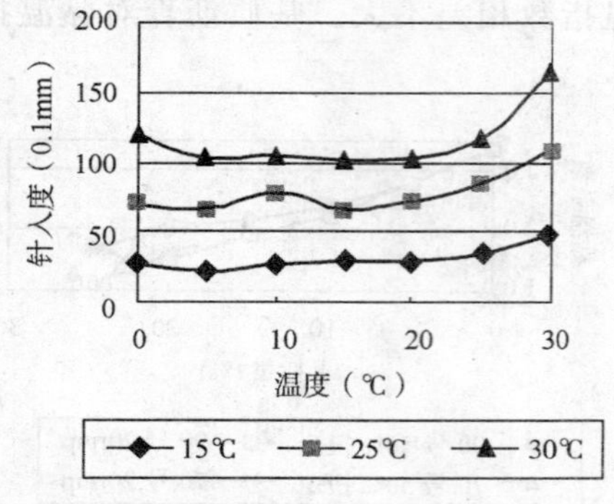

图 3-15 橡胶沥青针入度曲线（山东交通科研所）

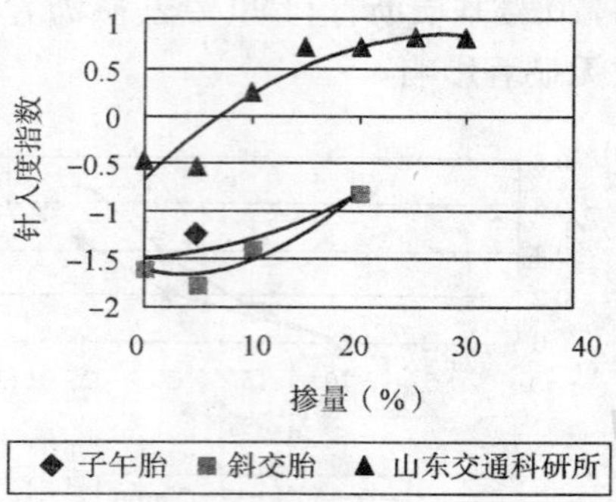

图 3-16 橡胶沥青针入度指数曲线

(5)掺量—弹性恢复

图 3-17 为三组不同掺量的橡胶沥青的弹性恢复试验结果，图 3-18 为大量橡胶沥青的在同一掺量下的弹性恢复结果的汇总。结果表明，随着废胎胶粉的掺量的增大，弹性恢复增大，基质沥青的影响逐渐减小，不同基质沥青的橡胶沥青的弹性恢复的差距越来越小；在相同橡胶掺量时，其弹性恢复基本相当。

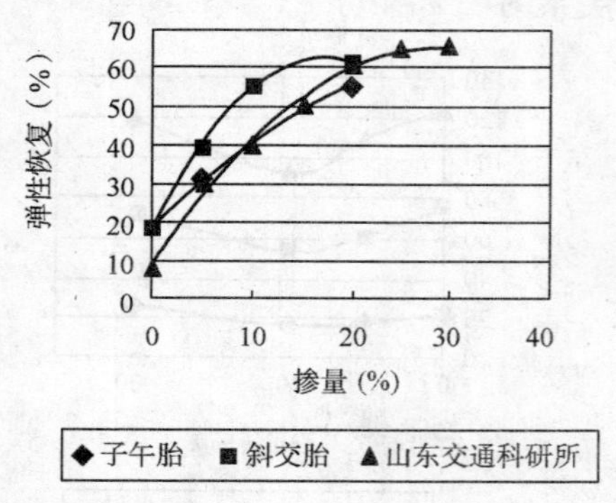

图 3-17 不同掺量的橡胶沥青弹性恢复曲线

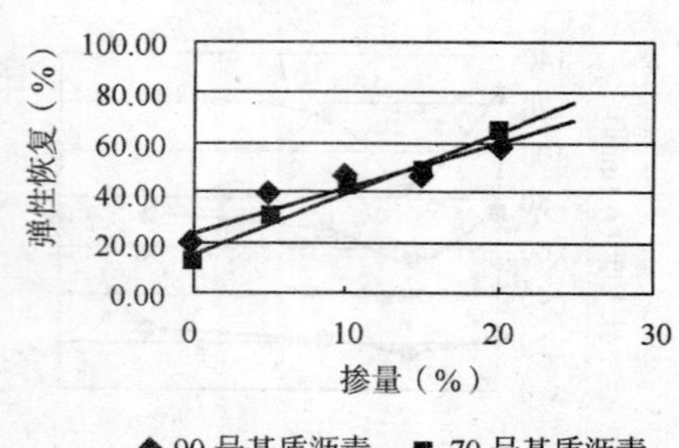

图 3-18 掺量—平均弹性恢复曲线

(6)掺量—延度

图 3-19 为三组橡胶沥青的延度，可以看出掺量对延度有显著影响，随着掺量的增加，橡胶沥青的延度在增大。大量测力延度的试验结果的汇总表明，橡胶沥青的测力延度的试验结果离散较大，不同批次的大量的橡胶沥青的测力延度并不能得出很好的相关性；但总的来说，随着掺量的增加，延度增大。

(7)掺量—黏韧性

橡胶沥青的黏韧性随废胎胶粉掺量和废胎胶粉目数的影响规律曲线见图3-20。在废胎胶粉掺量达到20%时,橡胶沥青的黏韧性达到峰值点。

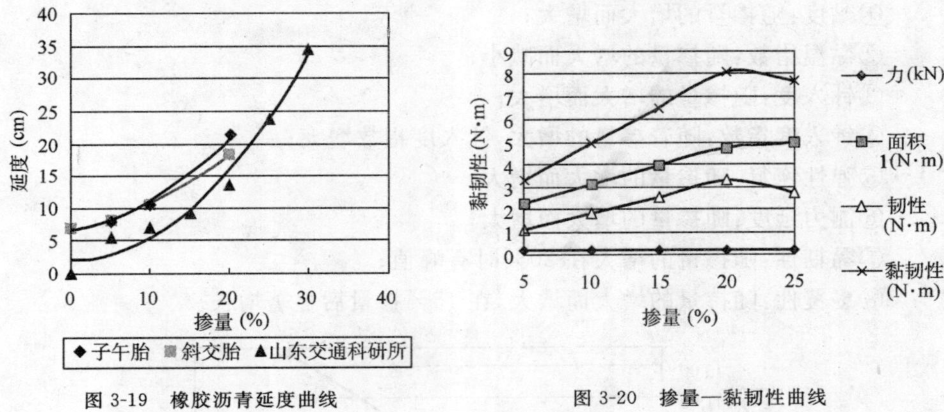

图 3-19 橡胶沥青延度曲线

图 3-20 掺量—黏韧性曲线

(8)掺量—裹覆性

废胎胶粉掺入沥青中后,能够显著改善沥青的黏性和弹性,改善沥青对集料的裹覆能力。参照《公路工程沥青及沥青混合料试验规程》(JTJ 052—2000)中黏附性试验方法,采用13.2mm单一粒径集料,烘干后称其质量,然后放入130℃~150℃的橡胶沥青中浸润45s后,待多余沥青流走后,称集料和沥青的质量,最后按照黏附性试验的煮沸法在微沸状态煮3min,取出晾干水分后,称取煮后沥青和集料的质量。表3-24为试验检测数据,图3-21为相应试验曲线。

90号沥青橡胶沥青的裹覆试验 表3-24

岩质	沥青	石料质量(g)	煮前沥青质量(g)	沥青/石料 沥青裹覆量(%)	煮后沥青质量(g)	沥青/石料 沥青裹覆量(%)
石灰岩	90号	9.76	0.51	5.25	0.48	4.95
	90号+5%废胎胶粉	9.87	0.59	6.01	0.59	6.01
	90号+10%	11.32	0.78	6.86	0.76	6.71
	90号+20%废胎胶粉	11.74	1.60	13.65	1.62	13.78
玄武岩	90号	10.27	0.39	3.81	0.42	4.06
	90号+5%	10.57	0.50	4.71	0.51	4.82

由试验结果可知,无论对石灰岩还是玄武岩,橡胶沥青的裹覆性能都比普通沥青的显著增强;随着废胎胶粉掺量的增大,集料上的沥青裹覆量增大,在掺量超过10%以后,集料上裹覆沥青的量显著增多;废胎胶粉的掺量越多,经过煮沸后的沥青的裹覆量减少越小,沥青与集料的黏附性越好;与普通沥青一样,橡胶沥青对石灰岩的裹覆能力强于对玄武岩的裹覆能力。

通过以上大量的橡胶沥青的试验，汇总的废胎胶粉掺量对橡胶沥青各项性能指标的影响规律如下：

①黏度：随掺量的增大而增大；

②黏温指数：随掺量的增大而减小；

③针入度：随掺量的增大而增大；

④针入度指数：随着掺量的增大，针入度指数增大；

⑤弹性恢复：随掺量的增大而增大；

⑥测力延度：随掺量的增大而增大；

⑦黏韧性：随掺量的增大在20%时有峰值；

⑧裹覆性：随掺量的增大而增大，在15%掺量后显著增长。

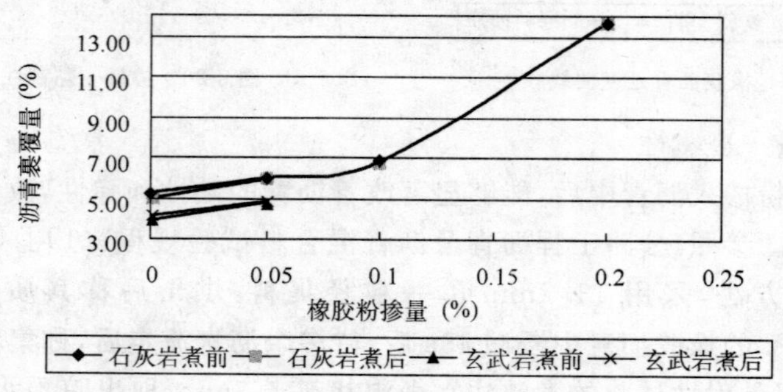

图 3-21　掺量—裹覆性曲线

从掺量对沥青的各项性能的影响规律可以看出，掺量是橡胶沥青性能指标最重要的一个影响参数，对橡胶沥青的各项性能指标都有非常显著的规律性影响。在掺量较低时，橡胶沥青的主要显示出基质沥青的一些性能，随着废胎胶粉掺量的增大，橡胶沥青更多的呈现出废胎胶粉的影响性能，这符合聚合物改性沥青的性质。从国际上的应用情况来看，当前多采用20%左右的废胎胶粉掺量(内掺)。

2. 废胎胶粉目数影响

由于我国市场上的废胎胶粉都是以目数分级的单一粒径废胎胶粉，同时随着废胎胶粉工业的进步，当前大于40目的精细废胎胶粉使用得比较普遍。在橡胶沥青技术性能评价时，统一采用大于40目的精细废胎胶粉分析废胎胶粉的目数对橡胶沥青技术性能的影响。

(1)目数—黏度

从废胎胶粉的黏度指标汇总来看，目数对橡胶沥青的黏度有非常显著的影响，不同掺量下目数对橡胶沥青的影响规律都是一致的，只是影响程度略有不同，但都是采用80目废胎胶粉时橡胶沥青的黏度最大，是微细废胎胶粉生产的橡胶沥青的黏度的峰值，见图3-22。

（2）目数—弹性恢复

通过大量试验结果的汇总目数对弹性恢复指标的影响规律（图 3-23）是：80 目＞120 目＞40 目；采用 80 目废胎胶粉时，橡胶沥青的弹性恢复最大。

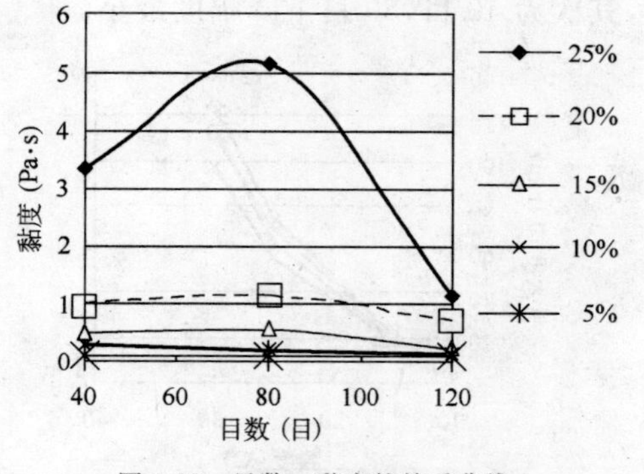

图 3-22　目数—黏度的关系曲线

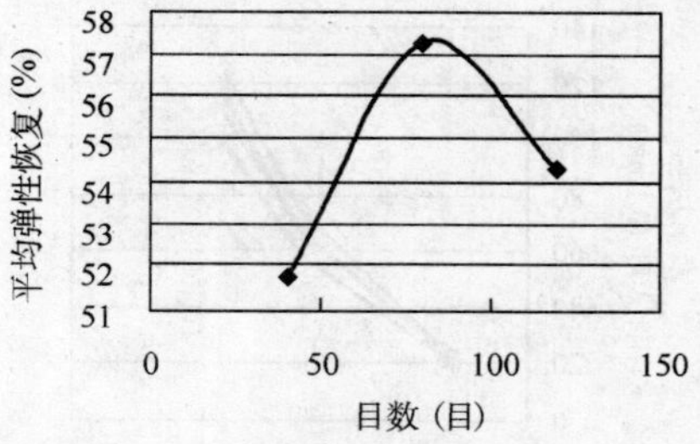

图 3-23　目数—平均弹性恢复曲线

（3）目数—黏韧性

图 3-24 为不同目数相同掺量条件下，橡胶沥青的黏韧性随废胎胶粉目数的变化曲线。由此看出，在废胎胶粉的目数为 80 目时橡胶沥青的黏韧性达到峰值点。

（4）目数—黏温指数

废胎胶粉目数对橡胶沥青的黏温指数有显著的影响，橡胶沥青的在目数为 40 目时黏温指数最小。对于目数大于 40 目的精细废胎胶粉，随着目数的增大，黏温指数增大。

（5）目数—针入度指数

图 3-25 为不同种类和不同目数的橡胶沥青针入度指数的比较图。从图中看出，120 目橡胶沥青的针入度指数最大，其次为 40 目橡胶沥青，80 目的橡胶沥青最小，接近于基质沥青。

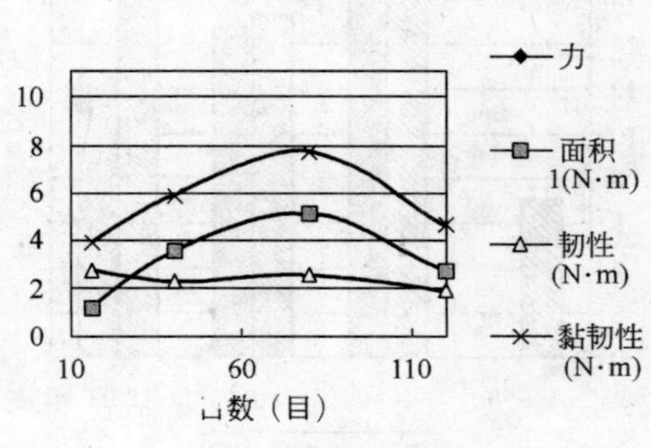

图 3-24　目数对橡胶沥青黏韧性的影响

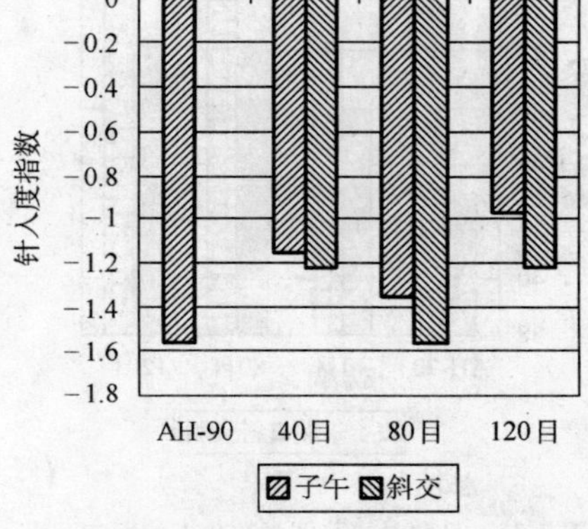

图 3-25　目数对橡胶沥青针入度指数的影响

（6）目数—针入度

图 3-26 和图 3-27 为两种胎源，不同目数的橡胶沥青，在不同温度条件下的针入度试验对比曲线。由图可知，与基质沥青相比，在相同温度条件下，120 目废胎胶粉加工的橡胶沥青针入度下降最明显，其次为 40 目，80 目下降幅度最小。

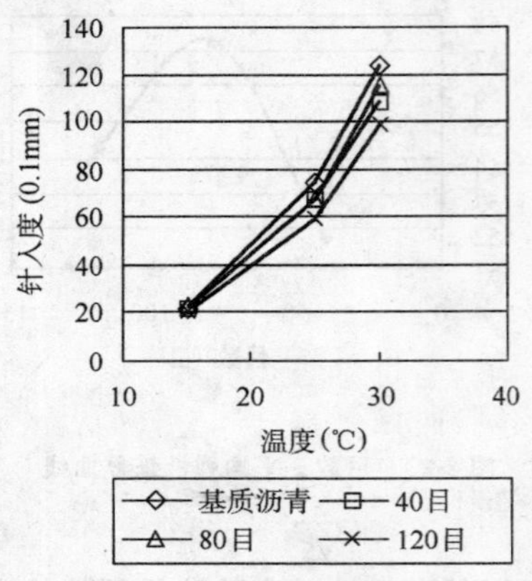

图 3-26 胶粉混合料针入度曲线(子午胎)

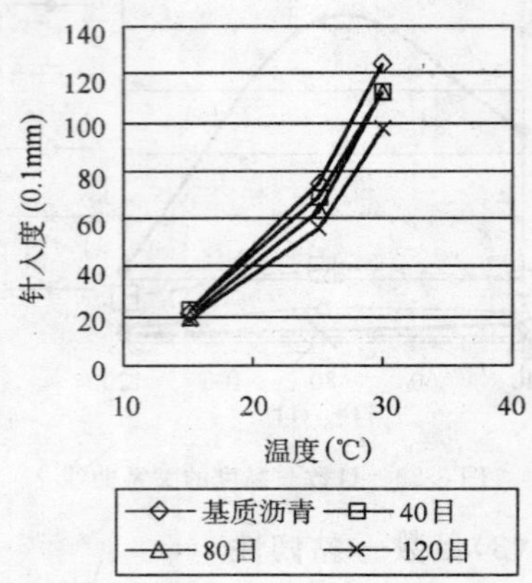

图 3-27 胶粉混合料针入度曲线(斜交胎)

（7）目数—软化点

图 3-28 为不同轮胎来源，不同目数废胎胶粉的橡胶沥青软化点试验结果。总体来看，80 目和 120 目的橡胶沥青软化点基本相当，而 40 目的橡胶沥青软化点提高比较小。

（8）目数—延度

图 3-29 为延度试验结果。从试验结果看，40 目橡胶沥青的延度高于 80 目的橡胶沥青，120 目的橡胶沥青，比 80 目略低。

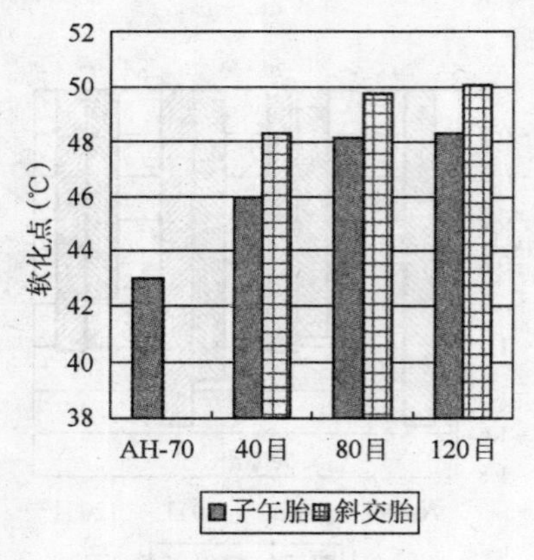

图 3-28 目数对橡胶沥青软化点的影响

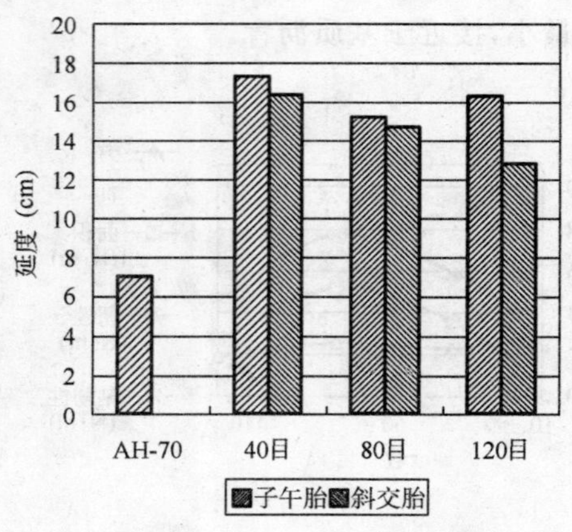

图 3-29 目数对橡胶沥青延度的影响

通过以上大量的橡胶沥青试验，汇总的废胎胶粉目数对橡胶沥青各项性能指标的影响规律如下：

①黏度：在80目时达到峰值；

②弹性恢复：80目时达到峰值；

③黏韧性：在80目时达到峰值；

④黏温指数：在40目时最小，随着细度的增大而增大；

⑤针入度指数指标：120目＞40目＞80目；

⑥针入度：在40目是最大，随着细度的增大减小；

⑦软化点：120目时最大，随着细度的增大而增大；

⑧测力延度：40目时最大，随细度的增大而减小。

以上结果表明，对于大于40目的精细废胎胶粉，其目数对橡胶沥青性能影响并不呈显著的规律性，试验误差能够掩盖废胎胶粉目数的影响程度。经汇总分析认为：采用80目废胎胶粉能够改善橡胶沥青的黏性和弹性；采用40目废胎胶粉能够改善橡胶沥青的感温性能。因此，路用废胎胶粉可以根据现场需要，结合技术经济指标选用40目和80目细废胎胶粉。

国外的橡胶沥青发展较早，多采用小于2mm的有级配的废胎胶粉，但对细度对橡胶沥青的性能影响研究较少。国外的橡胶沥青的研究表明，采用分子量低的基质沥青可以采用相对较大的废胎胶粉粒径，但随着橡胶工业的进步，国外也开始使用较细的废胎胶粉。

二、基质沥青品种

试验研究表明基质沥青的品质不同，相同掺量的橡胶沥青的品质也不一样，说明基质沥青对橡胶沥青的性能有一定影响。对大量不同基质沥青的橡胶沥青的技术指标进行汇总，认为针入度、软化点、黏度、延度指标和基质沥青显著相关；黏温指数、弹性恢复等指标和基质沥青相关性不大。

基质沥青的配伍性一直是改性沥青研究的要点之一。英国学者 Gordon Airey 分别采用四种不同针入度等级的中东原油沥青和委内瑞拉原油沥青（表3-25），在160℃的温度下加工成橡胶沥青进行两组分分析，分别测定了这八种沥青老化前、老化后以及加工成橡胶沥青后三种条件下沥青质含量、油分含量的变化情况，见图3-30和图3-31。由图表分析可知：

(1)相同针入度等级的沥青，中东原油的沥青质明显小于委内瑞拉原油；

(2)随着针入度等级的逐渐减小（针入度减小），沥青中沥青质的含量逐渐增加，油分逐渐减小；

(3)老化后，不同等级、不同油源的沥青，其沥青质比例增加，油分比例减小；

(4)加工成橡胶沥青后，不同等级、不同油源的沥青，其中沥青质比例增加，油分比例减小,而且沥青质的增加幅度明显大于沥青老化。

四种中东油源和委内瑞拉油源沥青分析　　表 3-25

原油	编号	针入度等级	实测针入度(0.1mm)	沥青质含量(%)	油分(%)
中东	M1	160/220	192	8.4	91.6
	M2	70/100	88	10.7	89.4
	M3	40/60	53	14.0	86.0
	M4	35	32	17.8	82.2
委内瑞拉	V1	160/220	203	9.6	90.4
	V2	70/100	90	12.6	87.4
	V3	40/60	55	16.0	84.0
	V4	35	36	19.4	80.6

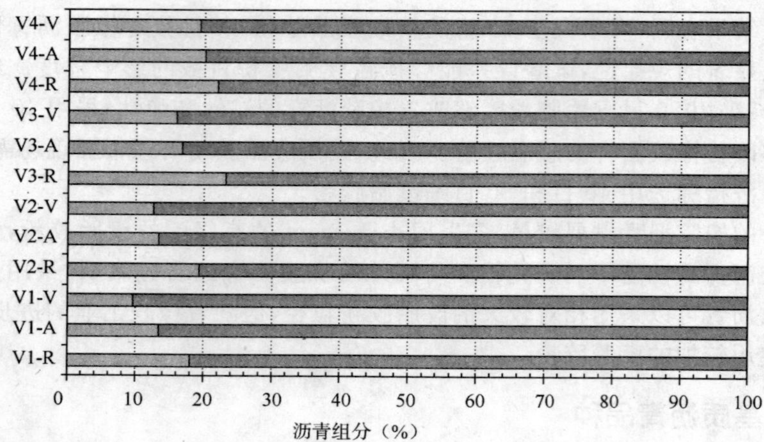

图 3-30　委内瑞拉原油的未老化、48h 老化和橡胶沥青中沥青的化学组分
V-原油;A-老化试验;R-加废胎胶粉后的残留沥青;沥青质;油分

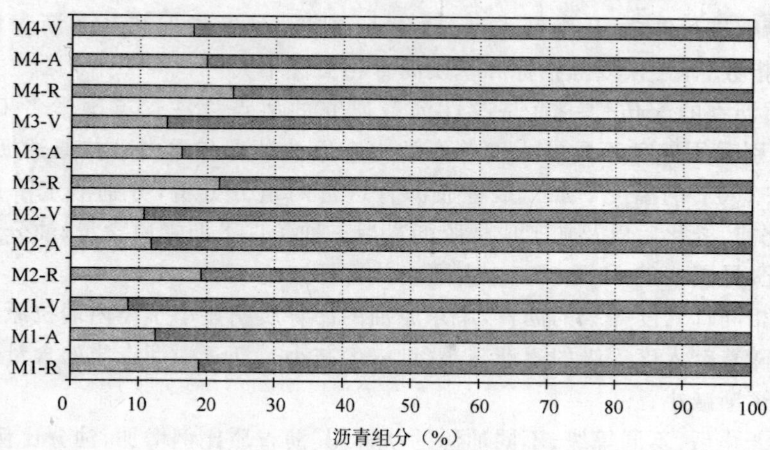

图 3-31　中东原油的未老化、48h 老化和橡胶沥青中沥青的化学组分(符号意义同图 3-30)

老化后沥青质油分减少，沥青质比例增加是由于在老化过程中油分的散失。而橡胶沥青油分减少，一方面可能是由于在高温加工过程中沥青中油分的散失；另一方面是由于废胎胶粉对沥青中油分的吸附。由此说明，废胎胶粉对沥青中油分的吸附比沥青老化过程中油分的散失还要严重。

图 3-32 和图 3-33 分别为中东原油沥青和委内瑞拉原油沥青在不同溶胀时间时废胎胶粉质量增加的变化曲线。从曲线可以看出，对于 8 种不同的基质沥青，随着溶胀时间的增加，废胎胶粉质量逐渐增加，近似于抛物线形状。同时，对于相同油源的基质沥青，废胎胶粉质量的增加率与沥青的针入度等级没有直接关系。对于中东原油沥青，导致废胎胶粉质量增加率由大到小的沥青分别为 M1＞M4＞M2＞M3。M1 的针入度最大，油分含量最高，废胎胶粉质量增加最多是容易理解的；但是 M4 的针入度最小，油分含量最低，废胎胶粉质量增加却仅次于 M1，高于 M2、M3。同样对于委内瑞拉原油沥青，废胎胶粉质量增加率由大到小的沥青依次为 V3＞V1＞V2＞V4。由此可以推断，单从二组分角度分析橡胶沥青的溶胀机理还不够，还需要进行多组分分析，特别是将油分进一步细分。

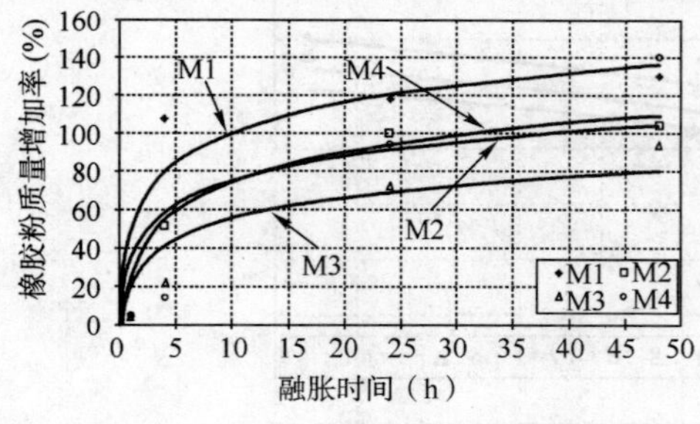

图 3-32 中东原油废胎胶粉质量增加率

（160℃，废胎胶粉/沥青＝1/6）

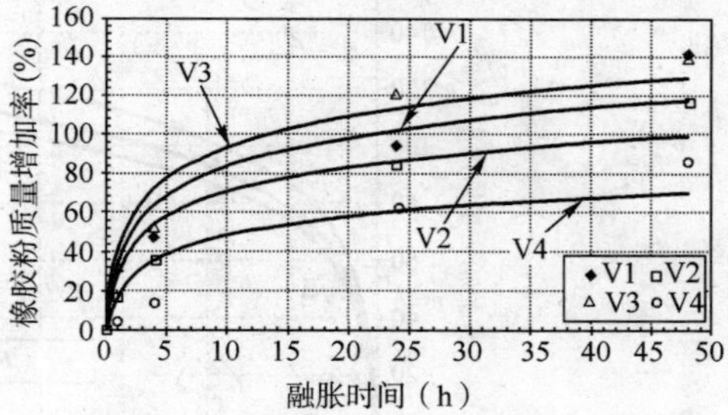

图 3-33 委内瑞拉原油废胎胶粉质量增加率

（160℃，废胎胶粉/沥青＝1/6）

图 3-34 是将八种基质沥青的橡胶沥青，在不同溶胀时间内检测的沥青被吸收率绘制的散点图。在反应初期(3～5h 之内)吸收沥青的比率比较高，之后吸收率明显下降，一般不超过 5%。油分含量比较高的中东沥青的被吸收率高于相同针入度等级的委内瑞拉原油沥青。

图 3-35 和图 3-36 为委内瑞拉原油 V3 沥青加入不同比例的废胎胶粉中测定的不同溶胀时间下废胎胶粉质量增加率和沥青被吸收率的变化曲线。图中 $r:b$表示废胎胶粉与沥青的比例。由图可知，废胎胶粉含量比较少的橡胶沥青，在相同的溶胀时间下废胎胶粉质量的增加率高于废胎胶粉含量比较高的橡胶沥青。同时，废胎胶粉含量比较高的橡胶沥青，在相同溶胀时间下，沥青被吸收率高于废胎胶粉含量比较低的橡胶沥青。由此可以推断，对于某一种沥青和某一种废胎胶粉存在一种最佳的掺配比例，使得废胎胶粉在沥青中得以充分的溶胀。

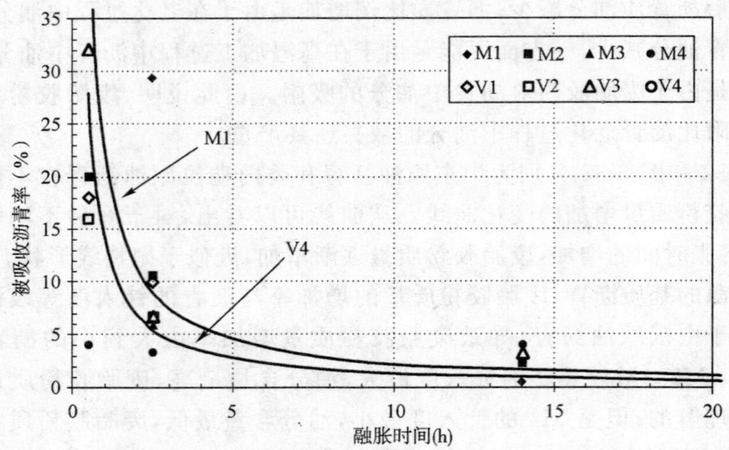

图 3-34 中东原油和委内瑞拉原油废胎胶粉质量增加率

（160℃，废胎胶粉/沥青＝1/6）

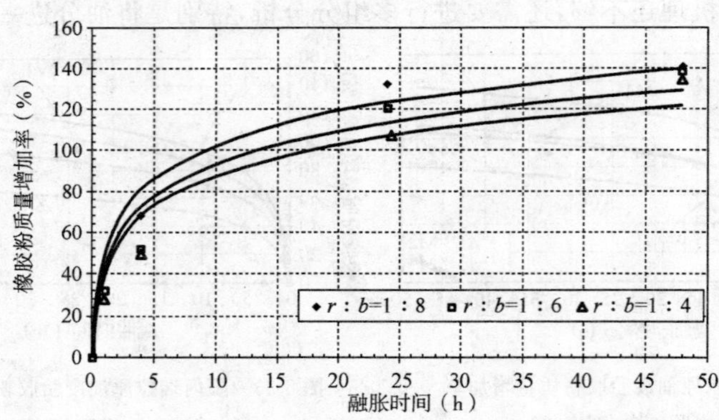

图 3-35 V3 号沥青在 160℃三种掺量下反应时间—废胎胶粉质量增加率关系曲线

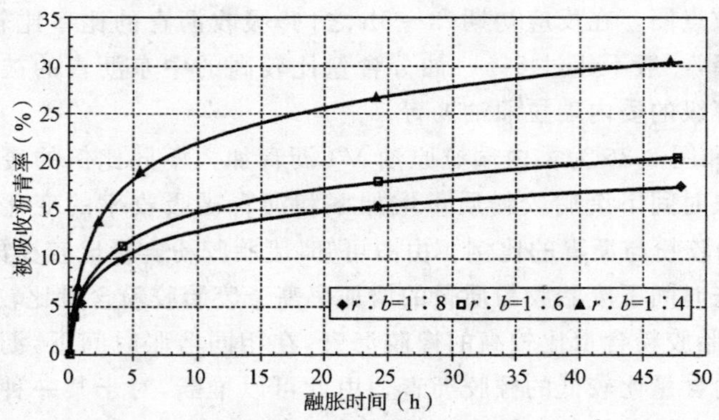

图3-36 V3 号沥青在 160℃三种掺量下反应时间—沥青吸入率关系曲线

图 3-37 为不同橡胶沥青的黏度水平与沥青被吸收率的关系，图 3-38 为不同基质沥青的橡胶沥青的黏度与沥青被吸收率的关系。发现两者之间存在一定的相关性：在反应初期，沥青的被吸收率较高时，沥青的黏度较低；当反应时间较长后，沥青中可吸收成分已大部分被废胎胶粉吸收，被吸收率明显降低，此时橡胶沥青具有较高的黏度。

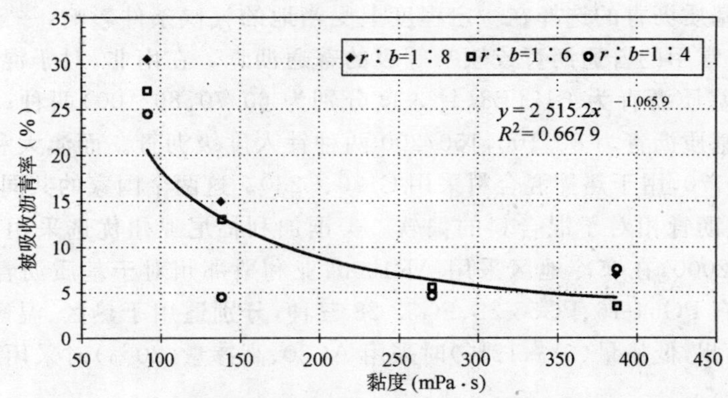

图 3-37　不同废胎胶粉掺量的黏度和沥青吸收率的关系

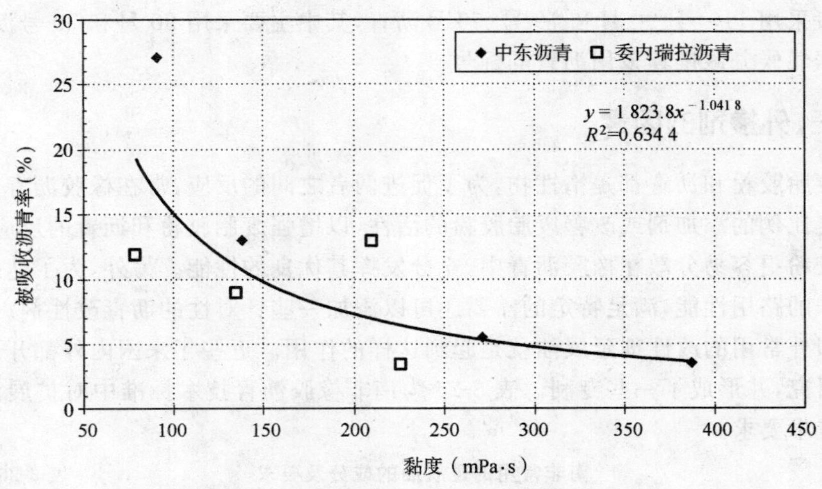

图 3-38　不同基质沥青的黏度和沥青吸收率的关系

Charles J. Glover 等人在高温高剪切的情况下进行了不同基质沥青的橡胶沥青性能影响研究，认为废胎胶粉在沥青中分散和溶解程度与基质沥青直接相关。沥青中的饱和分和沥青质含量越少，对废胎胶粉的分解作用越好。沥青中组分对橡胶溶解性影响的顺序是芳香分＞环烷烃＞含蜡溶剂。轻质组分能够扩散到膨胀的橡胶颗粒中，并导致橡胶颗粒的溶解。沥青质和极性芳香分会阻止橡胶分子在沥青中的溶解，但会和橡胶分子发生化学反应，促进橡胶主链的解聚反应。总的说来，在高温和高速剪切的加工条件下，低分子量的沥青对橡胶的脱硫有很大的好处，高分子量的沥青对橡胶的解聚作用有利。

因此，为了促进橡胶沥青的反应，国外一些橡胶沥青的技术标准中采用延展油（一般为高芳香分的材料），增加轻质组分，促进废胎胶粉与沥青产生反应，使废胎胶粉更稳定的分散在沥青中。

另外，基质沥青的选择在一定程度上受当地的气候条件影响，一般来说，各国采用道路常用的普通沥青或软一等级的普通沥青。在南非，对于混合料用橡胶沥青，其基质沥青为 B12、B8（针入度分别为 60/70、80/100）两种；用于洒布时，采用的基质沥青为 80/100，150/200 两种针入度级沥青。而澳大利亚，对于洒布采用 C170，用于热拌混合料采用 C170、C230。这两个国家的共同点是用于洒布的基质沥青相对于混合料的偏软。美国加利福尼亚州优选采用 AR4000，也采用 AR2000，在寒冷地区采用 AR1000；亚利桑那州对于基质沥青采用 PG 分级，主要有 PG64-16、PG58-22、PG52-28 三种，分别适用于热区、温区及寒区；在佛罗里达州，低掺量（5%、12%）时采用 AC30、高掺量（20%）时采用 AC20，前者硬于后者。

根据我国《公路沥青路面施工技术规范》（JTG F40—2004），我国公路工程中一般采用 110 号、90 号和 70 号、50 号沥青，其中主要采用 90 号和 70 号沥青，并根据气候分区推荐采用沥青的标号。

三、外掺剂的因素

废胎胶粉和沥青都是惰性物，为了促进两者之间的反应，常在橡胶沥青中掺加一定比例的添加剂或改善废胎胶粉的活性，以增强废胎胶粉和沥青的反应，使废胎胶粉更容易分散在橡胶沥青中，充分发挥其优良的性能。另外，为了达到某种特殊的路用性能，满足特定的需要还可以添加一些针对性的沥青改性剂。

国外常用的改性剂延展油就是起到这样的作用。近些年来国内外都开展过相关研究，并形成了一些专利。表 3-26 为南非橡胶沥青技术标准中对扩展油提出的技术要求。

南非常用的延展油的成分及要求 表 3-26

项　目	要　求	测 试 方 法
黏度（40℃，不小于）（s）	2 500	ASTM D 88[AST]
闪点 COC（℃）	200	ASTM D 92[AST]
组成分析		
沥青质（%，不大于）	0.1	ASTM D 2007
芳香分（%，不小于）	55.0	[AST]

目前，国内外橡胶沥青中的添加剂种类主要有以下几种：(1)活化剂(苯酚二硫化物)、优质芳烃油、松香丁苯橡胶和溶剂等；(2)采用重油剂和脂肪酸等与废胎胶粉混合后再与沥青反应；(3)还有成批生产的活性废胎胶粉。

表 3-27 为采用一种芳香烃添加剂，按照不同比例掺加到橡胶沥青中后进行有关试验的结果汇总。在掺入添加剂后，橡胶沥青的高温黏度以及测力延度结果都显著降低。但是当添加剂掺量逐渐增加后，其黏度和测力延度结果又逐渐增加，这说明添加剂的掺加存在合理剂量问题，但并不是掺加越多越好。此外，为了针对性的改善橡胶沥青某些性能，橡胶沥青中常用的添加剂还有天然橡胶、硫磺粉、高分子聚烯烃类树脂、聚合物改性剂如 SBS、PE 等，从而成为掺加废胎胶粉的复合改性沥青。

掺加添加剂 1 的橡胶沥青指标 表 3-27

沥青品种	黏度(Pa·s)					测力延度					
						S(mm)	F(N)	W(J)	S(mm)	F(N)	W(J)
温度(℃)	175	160	145	135	130	10			5		
90 号+21%40	6.29	—	10.21	28	36	190	33	4.665	133.5	92.5	10.08
90 号+21%40+0.5%	—	5.3	—	—	16	176.5	26	3.08	120	57	4.875
90 号+21%40+1%	—	5.86	—	—	24	185	27	3.71	139.5	54	5.435
90 号+21%40+2%	—	6.8	—	—	32	176.5	26.5	3.505	124.5	74.5	6.665

表 3-28 为一组橡胶沥青(含添加剂)的黏韧性和黏度试验结果。由表中数据可知，当掺加 1%添加剂 A 后，橡胶沥青的黏度明显增加，同时黏韧性指标也略有增加；当再掺入 1%添加剂 B 后，黏韧性比前两者明显降低，黏度也比未掺加 B 之前明显降低，但仍比掺加 A 之前高；当掺加 2%添加剂 B 后，黏度进一步下降，但黏韧性指标却比未掺加任何添加剂时高。该试验说明，不同的添加剂对橡胶沥青品质的影响是不同的，当采用多种添加剂时需要根据工程需要进行相关的试验分析，以确定最佳的比例。

不同添加剂橡胶沥青的黏韧性试验 表 3-28

基质沥青+废胎胶粉掺量+添加剂	力(kN)	面积 1(N·m)	韧性(N·m)	黏韧性(N·m)	180℃黏度(Pa·s)
橡胶沥青(70 号+20%)	0.370	7.684	2.296	9.979	1.283
橡胶沥青(70 号+20%+1%A 添加剂)	0.336	7.226	3.197	10.423	2.233
橡胶沥青(70 号+20%+1%A+1%B 添加剂)	0.314	6.273	2.539	8.812	1.929
橡胶沥青(70 号+20%+1%A+2%B 添加剂)	0.375	7.749	2.659	10.408	1.88

表 3-29 为以上几种橡胶沥青的老化试验结果，主要检测的指标为针入度、软化点和低温测力延度。从老化前后的指标比值看，添加剂并没有改变橡胶沥青的良好的抗老化性能，并在低温延度指标上有明显的提高。

不同添加橡胶沥青的老化试验 表 3-29

沥青品种	老化前					老化后						老化后/老化前		
	针入度(0.1mm)	软化点(℃)	延度			质量损失(%)	针入度(0.1mm)	软化点(℃)	延度			针入度比(%)	软化点比(%)	延度比(%)
			S(mm)	F(N)	W(J)				S(mm)	F(N)	W(J)			
橡胶沥青(70 号+20%)	43	62	73	121	6.59	0.11	40	65	38	139	3.62	92	105	51
橡胶沥青(70 号+20%+1%A 添加剂)	41	63	97	90	6.54	0.11	39	70	52	121	4.53	96	111	53
橡胶沥青(70 号+20%+1%A+1%B 添加剂)	51	58	95	96	5.52	0.15	46	59	78	105	5.03	91	102	82
橡胶沥青(70 号+20%+1%A+2%B 添加剂)	51	57	94	110	5.40	0.42	40	62	89	103	6.28	77	108	95
有添加剂的橡胶沥青平均抗老化性能												88	108	75

采用脱硫废胎胶粉(再生胶)与沥青共混，可以改善废胎胶粉在沥青中的溶解程度。一般来说，再生胶在沥青中也有相当一部分也是处于溶胀状态而不能溶化，但是其在沥青中的分散程度比一般胶粉好。再生胶的原料和脱硫程度都会影响到其与沥青相溶和改性的效果。采用脱硫废胎胶粉加工橡胶沥青结果见表 3-30，可知废胎胶粉经脱硫后生产的橡胶沥青黏度显著降低，随着废胎胶粉掺量的增加，黏度呈增加趋势。随着废胎胶粉掺量的增加，掺量—黏温指数呈现凹形曲线(图 3-39)。在掺量为 20%时黏温指数最小。黏韧性的规律是随着废胎胶粉的增加呈凸形曲线，橡胶沥青在掺量为 20%时，黏韧性最大。以上结果也进一步说明，

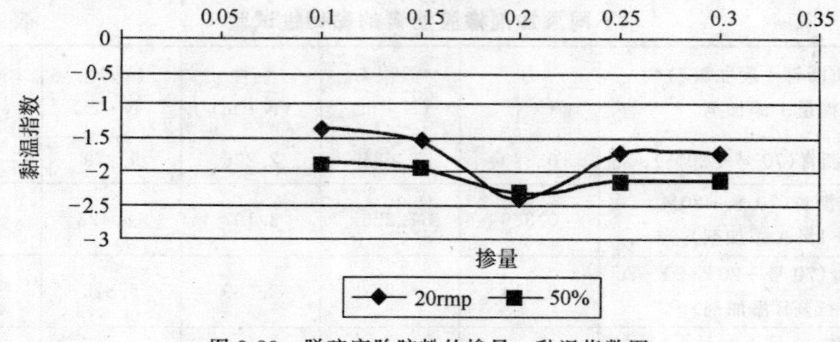

图 3-39 脱硫废胎胶粉的掺量—黏温指数图

废胎胶粉中硫会和沥青产生显著的反应，在废胎胶粉的硫键被打断以后，废胎胶粉与沥青的作用效果将产生明显的变化。

脱硫废胎胶粉的黏韧性和黏度试验结果 表 3-30

废胎胶粉	掺量（%）	力（kN）	面积 1（N·m）	韧性（N·m）	黏韧性（N·m）	手持式黏度（Pa·s）	布氏黏度（180℃）（Pa·s）	
						180℃	20γ/min	50%扭矩
脱硫 38 目	10	0.126	2.310	2.057	4.367	0.38	0.59	0.38
脱硫 38 目	15	0.137	2.281	2.083	4.364	0.339	0.469	0.339
脱硫 38 目	20	0.193	4.668	1.482	6.150	0.64	0.64	0.64
脱硫 38 目	25	0.177	4.553	1.240	5.793	0.654	0.902	0.654
脱硫 38 目	30	0.146	4.039	1.745	5.784	0.806	1.135	0.806

四、搅拌工艺的影响

改性沥青的加工工艺主要有直接投入法和预混法两种。直接投入法实际等同于废胎胶粉改性混合料的干法工艺，产品是改性沥青混合料。预混法常用的搅拌方式有简单搅拌法、胶体磨、高速剪切、低速剪切等几类。胶体磨和高速剪切设备具有专用的机械研磨和剪切力强制将改性剂打碎，使改性剂充分分散到基质沥青中，是目前市场上最常用的改性沥青（SBS、SIS、EVA、PE）生产方式。橡胶沥青的改性机理和普通高聚物改性沥青最大的不同在于橡胶沥青的改性剂颗粒较大，在改性成品中颗粒还会溶胀变大，而且废胎胶粉颗粒具有较高的韧性和弹性，高温状态下在沥青中的分布保持相对独立。因此橡胶沥青的搅拌工艺与一般改性沥青略有不同。

表 3-31 对比了高速剪切和简单搅拌工艺对橡胶沥青常规指标的影响。17%掺量时，两种工艺各项指标的差别不大，但当掺量达到 24%时，高速剪切的各项指标却明显下降，甚至还比不上 17%掺量时的指标。

高速剪切和简单搅拌工艺对比 表 3-31

编　　号	70 号基质沥青	80+10M	80+17M	80+17J	80+24M	80+24J
软化点（℃）	47.0	53.3	60.3	57.2	55.3	66.0
15℃延度（cm）	150.0	17.5	19.5	20.5	35.0	14.5
15℃针入度（0.1mm）	19.0	16.5	16.3	17.3	24.5	16.0
25℃针入度（0.1mm）	60.0	40.3	35.8	38.8	57.0	38.7
30℃针入度（0.1mm）	101.0	67.0	59.0	61.0	88.2	52.2
PI	−1.25	−0.05	0.57	0.66	0.52	0.95

注：编号说明：80（废胎胶粉目数）+10（添加剂量）M（工艺，M 为高速剪切，J 为简单搅拌）。

废胎胶粉已经经过硫化交联处理，强度和韧性都大大超过其他改性剂。高速剪切达不到迅速粉碎颗粒的效果，较大含量且颗粒较粗的废胎胶粉在定子和转子之间反复高速摩擦产生大量热量。24%橡胶沥青用高速剪切机加工的过程中，在完全关闭加热系统的情况下，温度仍然升到了近250℃，接近再生橡胶的脱硫温度，大量的脱硫和裂解很可能是24%高速剪切制备的橡胶沥青指标下降的原因。从最终成品来看，即使在高温裂解加高速剪切的情况下，80目橡胶沥青的外观仍明显不如简单搅拌制备的120目橡胶沥青细腻，说明实际上在高温状态下，高速剪切是基本没有效果的。

采用试验室高速剪切法和现场胶体磨法同时制备的相同的橡胶沥青的指标测试结果见表3-32（现场胶体磨主要用来加工SBS，加工的橡胶沥青可能含有极少量SBS）。从试验结果看，胶体磨加工同样的橡胶沥青的技术指标都要比试验室高速剪切机加工的橡胶沥青的技术指标好。这说明虽然同为快速剪切设备，不同的加工工艺对橡胶沥青的技术指标影响比较显著。

由于废胎胶粉颗粒具有较高的弹性和韧性，将废胎胶粉粉碎到一定的程度以后，一般的研磨和粉碎工艺就不再能起到显著的粉碎效果。在采用高速剪切设备生产橡胶沥青时，高速剪切设备一般达不到对废胎胶粉颗粒进行迅速粉碎的效果，废胎胶粉颗粒还会在高速旋转的转子和定子之间反复摩擦，产生大量的热量。因此，一般认为废胎胶粉的细度主要通过废胎胶粉的生产来实现，橡胶沥青加工过程主要是实现废胎胶粉在沥青中的分散和均质。而高速剪切工艺对废胎胶粉的分散均质的效果较好，能够较快的让废胎胶粉融入沥青中，因此国际上常采用高速剪切加简单搅拌的拌和形式。采用高速剪切设备将废胎胶粉分散在沥青中，在橡胶沥青的反应过程中采用螺旋杆的简单搅拌工艺，在这种情况下高速剪切设备采用的剪切速率也相对较低，南非的使用经验是采用3 000r/min。

胶体磨和高速剪切工艺指标对比 表3-32

项　目	温度(℃)	高速剪切机加工 SK70+15%	试验路胶体磨加工 SK70+15%
针入度(0.1mm)	15	17.00	17.67
	25	61.67	51.00
	30	99.75	79.00
PI	—	−1.66	−0.58
$T_{1.2}$	—	−7.39	−11.84
T_{800}	—	47.02	52.78
软化点(℃)	—	50	53.7
延度(cm)	5	9.5	12
	15	28	—

续上表

项目		温度（℃）	高速剪切机加工 SK70＋15％	试验路胶体磨加工 SK70＋15％
弹性恢复(％)		25	36.00	67.60
黏度(Pa·s)		135	1 311	2 211
TFOT后	质量损失 (％)	—	0.14	0.12
	针入度比 (％)	25	76.22	96.08
	延度比 (％)	15	70.75	98.30
	弹性恢复比 (％)	25	101.39	60.00
	黏度比 (％)	135	111.02	123.86

和高速剪切设备一样，胶体磨也因其具有较好的粉碎效果而被广泛用在改性沥青的生产中。同样即使采用胶体磨设备一般不能达到对废胎胶粉的进一步粉碎的效果，仅仅起到分散均质的作用，因此在采用胶体磨生产橡胶沥青时，胶体磨的刀片间隙率要适当调大，以减少生产过程中的摩擦生热。

由于在橡胶沥青的加工中，搅拌工艺的作用就是要废胎胶粉在沥青中分散均质，因此对橡胶沥青的加工而言，最节约、最实用的搅拌工艺是简单搅拌和低速剪切。当前国际上橡胶沥青的生产几乎都是采用简单搅拌或低速剪切的方式。即使在采用了高速剪切或胶体磨对废胎胶粉进行分散后，在橡胶沥青的反应过程中依然采用简单搅拌的方式来保证胶粉处于悬浮状态。搅拌速率需由经验确定，以达到废胎胶粉在沥青中更好的分散为目的，其一般与废胎胶粉的掺量有一定的关系。

五、反应时间的影响

除反应温度外，反应时间是影响橡胶沥青性能的另一个非常重要的参数。大量试验结果表明，在高温下橡胶沥青的反应时间越长，橡胶沥青的高温性能会降低。为了分析合适的反应时间，国际上很多国家开展过反应时间对橡胶沥青性能影响的研究。巴西的研究人员比较相同粒径的废胎胶粉的溶胀变化，采用0.5～2mm研磨粉碎的废胎胶粉，和AC50/70的基质沥青在190℃下反应，得到橡胶沥青的黏度、软化点、针入度、弹性恢复等主要性能参数随反应时间的变化而变化的关系曲线（图3-40～图3-43）。由图可知，反应时间对黏度、软化点、针入度、弹性恢复都有显著的影响，且影响规律和普通沥青不一致。

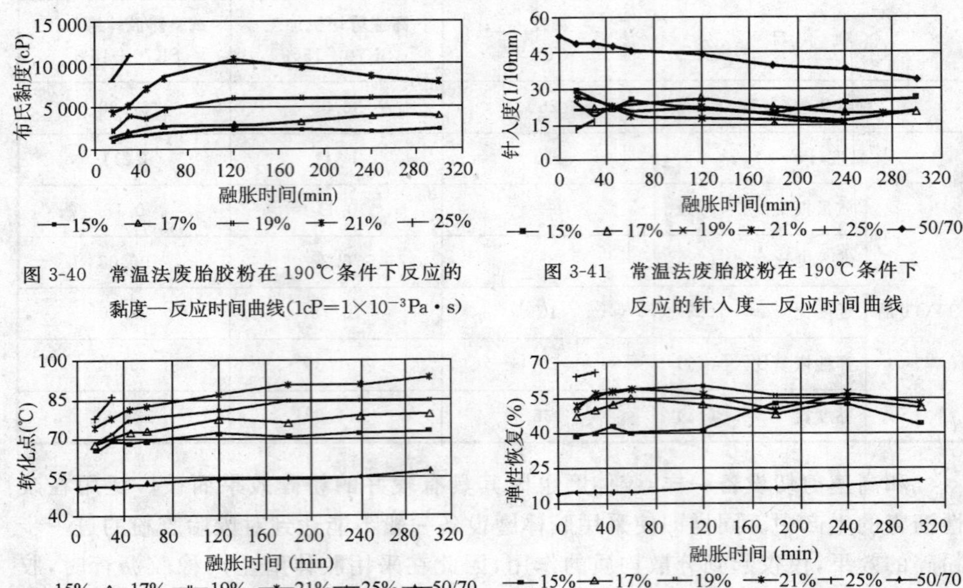

图 3-40 常温法废胎胶粉在 190℃条件下反应的黏度—反应时间曲线($1cP=1\times10^{-3}Pa\cdot s$)

图 3-41 常温法废胎胶粉在 190℃条件下反应的针入度—反应时间曲线

图 3-42 常温法废胎胶粉在 190℃条件下反应的软化点—反应时间曲线

图 3-43 常温法废胎胶粉在 190℃条件下反应的弹性恢复—反应时间曲线

葡萄牙学者也进行了大量关于橡胶沥青反应时间与布氏黏度和弹性回复的试验，试验结果见图 3-44 和图 3-45。图 3-46 为波兰学者进行的有关橡胶沥青反应时间与软化点的关系曲线。从这些试验看出，随着反应时间的增加橡胶沥青的黏度和弹性恢复在不断变化，而软化点变化相对比较稳定。

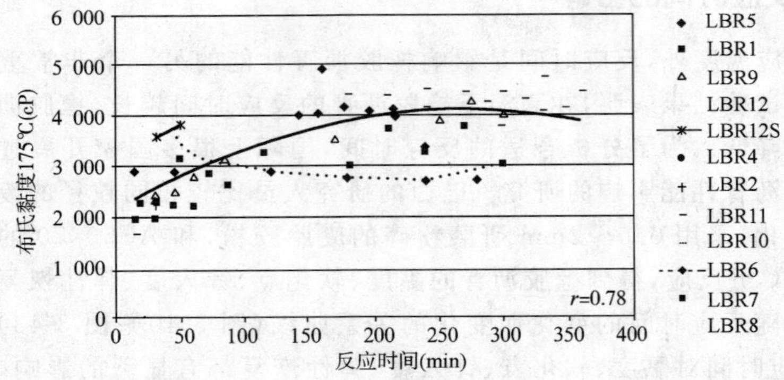

图 3-44 溶胀时间—黏度的关系曲线($1cP=1\times10^{-3}Pa\cdot s$)

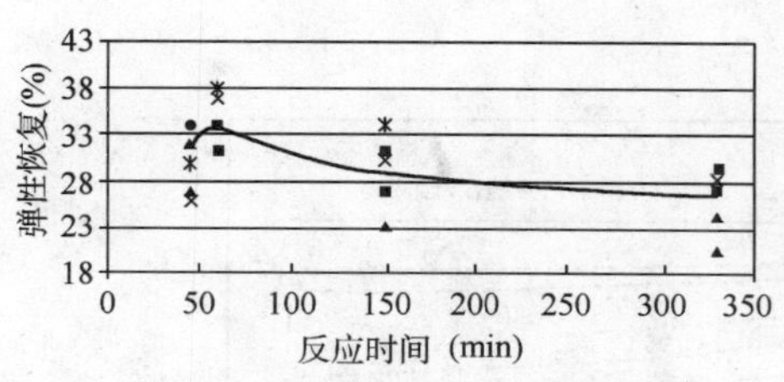

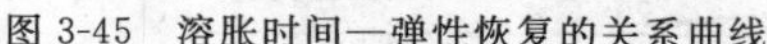

图 3-45　溶胀时间—弹性恢复的关系曲线

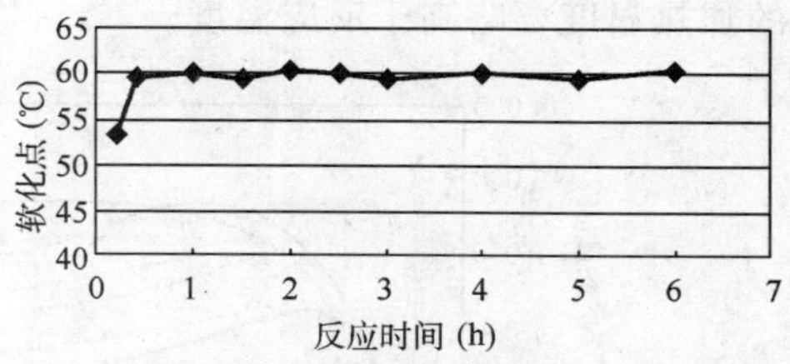

图 3-46　橡胶沥青反应时间—软化点的关系曲线

六、反应温度的影响

反应温度是影响废胎胶粉和沥青反应效果的另一个重要参数。在橡胶沥青加工过程中，反应的温度直接影响到最终生产的橡胶沥青的性能。一般来说，沥青的温度越高，沥青的黏度越小，废胎胶粉在沥青中越容易分散，废胎胶粉越容易溶胀，橡胶沥青的黏度升高；但反应温度越高，沥青的老化也越严重，同时在高温下，废胎胶粉内部的脱硫反应也越严重，橡胶沥青的黏度降低。表 3-3 中介绍了不同反应温度生产的橡胶沥青的黏度变化情况。表 3-33 为一组不同加工温度下的橡胶沥青老化试验结果。综合这两个表的试验结果可以看出，180℃～200℃加工的橡胶沥青黏度比较高，同时抗老化性好于 170℃和 240℃加工的橡胶沥青。图 3-47 为南非学者进行的橡胶沥青在不同反应温度和反应时间下的黏度曲线。以上的试验结果表明，橡胶沥青的加工并不是温度越高越好，也不是越低越好，而是存在一个合理的温度范围。根据现有的试验结果，橡胶沥青的合理加工温度控制为 180℃～200℃。

不同加工温度下的沥青指标　　表 3-33

不同加工温度(℃)	老化前						老化后					老化后/老化前		
	针入度(0.1mm)	软化点(℃)	延度(5℃)			质量损失(%)	针入度(0.1mm)	软化点(℃)	延度(5℃)			针入度比(%)	软化点比(%)	延度比(%)
			S(mm)	F(N)	W(J)				S(mm)	F(N)	W(J)			
170	48	57	78	109	5.80	0.18	40	61	18	138	1.96	84.7	106.4	23.5
180	40	59	62	129	5.74	0.07	38	61	40	159	5.09	95.8	103.4	64.5
200	43	61	105	95	6.52	0.11	39	60	77	112	6.03	90.1	98.4	73.7
220	56	57	102	102	5.88	0.14	50	59	—	—	—	88.4	104.5	—
240	56	55	164	62	6.31	0.06	46	58	85	109	5.59	83.0	105.5	51.7

因此，温度是橡胶沥青加工工艺控制的关键。当前国际上橡胶沥青的反应温度多是根据经验给定，以废胎胶粉在沥青中易于分散且不要产生太严重的脱硫反应（黏度处在相对较高的情况）为依据。由于废胎胶粉不能加热，基质沥青

的加热温度要略高于反应温度。

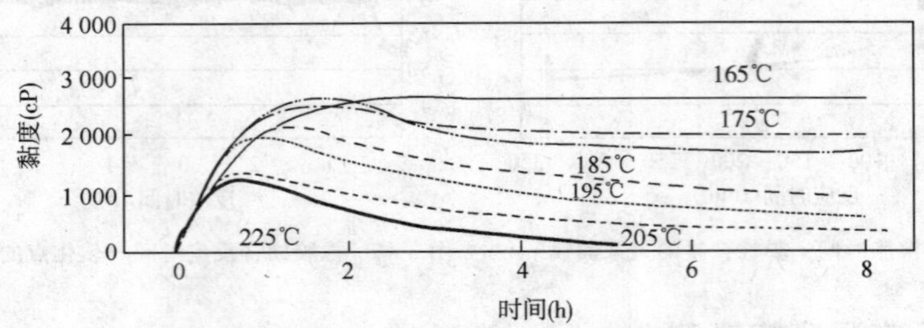

图 3-47 南非学者作的橡胶沥青黏度—温度—反应时间的关系（$1cP=1\times10^{-3}Pa\cdot s$）

在南非，沥青橡胶的混合及反应温度为 180℃～210℃；澳大利亚规定反应温度不低于 180℃；美国加利福尼亚州规定基质沥青加热温度 204℃～226℃，反应温度 190℃～218℃；得克萨斯州要求基质沥青加热到 175℃～215℃，反应温度不低于 163℃；亚利桑那州要求基质沥青加热到 177℃～204℃，反应温度 163℃～191℃；在佛罗里达州，根据胶粉添加剂量不同，添加剂量越小，采用细胶粉，其反应温度、反应时间也相应减少。我国当前橡胶沥青生产采用的反应温度一般为 180℃～200℃。

七、影响因素汇总

以上分析了影响橡胶沥青性能得各种材料因素和施工因素，主要结论如下。

掺量是橡胶沥青性能影响的最重要因素；目数的变化对橡胶沥青性能的影响已经被试验误差掩盖，但目数不同，橡胶沥青中胶粉的掺量对橡胶沥青指标的影响规律不尽相同；斜交胎胶粉改性沥青明显好于子午胎胶粉改性沥青；基质沥青的性能直接影响橡胶沥青的性能。

在橡胶沥青的生产过程中，搅拌工艺、加工温度和存储时间是橡胶沥青性能的重要影响因素。在实际工程中，为了保证橡胶沥青的质量稳定，应严格控制这些施工参数。此外，为了达到使用要求，可以根据工程需要添加一定量的外掺剂。

第四节 橡胶沥青的黏度指标和试验方法

一、概述

由于废胎胶粉在沥青中的作用机理，橡胶沥青的性质与一般的普通沥青和改性沥青的性质有显著差异。我国现行的沥青（改性沥青）的评价指标体系（针入度—软化点—延度）不适合于评价橡胶沥青的性能。因此，国外的橡胶沥青一般采用以黏度为核心的指标体系，而将针入度、软化点作为辅助指标。开展橡胶沥青的黏度指标研究，并使之成为产品生产和现场施工的一个控制指标，对推动和促进废胎胶粉在公路工程中的应用具有举足轻重的作用。

黏度是个条件性指标，在不同条件下黏度的范围较大，测试方法也有很多种，《公路工程沥青及沥青混合料试验规程》(JTJ 052—2000)中就有六种黏度的测试方法，不同的测试方法反映的黏度水平也有所不同。橡胶沥青中由于橡胶颗粒的存在，黏度的测定方法和普通沥青的黏度测定方法也有所不同。如果采用常用的毛细管法和道路标准黏度试验等测试方法，在规范规定的环境条件下测试橡胶沥青的黏度，适用范围比较窄。

本节将探讨黏度计种类、黏度计参数(黏度计转速、转子、扭矩)等对橡胶沥青黏度结果的影响，确定橡胶沥青黏度指标合适的测定方法和试验条件；分析废胎胶粉参数、沥青参数、添加剂以及加工工艺等对橡胶沥青黏度的影响规律，确定不同参数条件下的橡胶沥青黏度范围；同时对比分析黏度和沥青的其他性能指标的相关性。

1. 黏度的定义

当相邻流层存在着速度差时，快速流层力图加快慢速流层，而慢速流层则力图减慢快速流层，这种相互作用随层间速度的增加而加剧，流体所具有的这种特性就是黏性。流层间的这种作用力称为内摩擦力或黏性力。液体黏度是由于分子引力所致，当液体流动时，快层的分子力图拉着慢层的分子前进，而慢层的则尽量将快层分子往后拽。流体分子间的这些相互作用使得运动得以逐层传递，并保持着层间的速度差，呈现流体的黏性。根据对黏度的表达意义、测试方法的不同，可以分为以下几种。

(1)动力黏度

黏度是黏性的程度也称动力黏度，是表征流体对形变的抵抗，随形变速率的增加而增加的性质。在流体中取两面积各为 $1m^2$、相距 1m、相对移动速度为 1m/s 时所产生的阻力称为动力黏度(Pa·s，流动阻力的度量)。

$$F = \eta S \frac{dv}{dy} \tag{3-2}$$

$$\eta = \tau / D \tag{3-3}$$

式中：F——黏性力又称内摩擦力；

S——流层间的接触面积；

τ——剪切应力($\tau = F/S$)；

D——速度梯度，又称剪切速率$\left(D = \frac{dv}{dy}\right)$；

η——流体的动力黏度。

(2)运动黏度

流体的动力黏度 η 与同温下该流体的密度 ρ 的比值，称为运动黏度 v(m^2/s，运用重力型毛细管黏度计可以很方便地测得运动黏度)。

$$v=\frac{\eta}{\rho} \tag{3-4}$$

在 ASTM D 445 标准中规定用运动黏度来计算动力黏度，即动力黏度($Pa\cdot s$)＝密度(kg/m^3)×运动黏度(m^2/s)。

(3)条件黏度

条件黏度是使用特定的“黏度计”在特定条件下测得的流动时间和所采用的标准液的流动时间之比值。道路工程中用的沥青条件黏度有恩格勒黏度、赛波特黏度、沥青标准黏度等。

恩格勒黏度：从恩格勒黏度计中流出 200mL 试液所需的时间与 20℃下流出同体积蒸馏水的时间之比值(与运动黏度有经验性的换算关系)。

赛波特黏度：在试验温度下从赛波特黏度计流出 60mL 试液所需要的时间。

沥青标准黏度：在特定的温度条件下，从沥青标准黏度计中流出 50mL 沥青所需要的时间。

一般来说，条件黏度与动力黏度和运动黏度之间没有理论关系，它们与运动黏度之间的关系只是一种经验关系。

2. 沥青材料的黏度特性

黏度与温度的关系非常密切，液体的黏性来自分子引力，温度升高，分子间的距离加大，分子引力减小，从而黏度减小。黏度随温度变化的程度还与物质的化学组成、黏流活化能、温度等许多因素有关。但与温度并不呈线性关系，它与温度范围有关，温度越低黏温关系越密切。沥青黏度随温度而变化的程度直接反映了沥青的感温性能，沥青的黏度和温度的关系是流变学的基本内容之一。

(1)液体的黏度随温度变化的通用纯理论公式

$$\eta=Ae^{\frac{E}{KT}} \tag{3-5}$$

式中：A——实验常数，在不同温度下实验求得；

K——波耳茨曼常数，或称气体常数；

T——绝对温度；

E——黏流活化能，它表示分子由一个位置迁移到另一个位置所需要的能量，与分子结构，分子链长短以及温度有关。

令某些液体的 E 值：$E/K=B$。

$$B=\frac{T_1T_2\ln(\eta_1/\eta_2)}{T_2-T_1} \tag{3-6}$$

$$A = \frac{\eta_1}{\exp(B/T_1)} \tag{3-7}$$

日本学者利用此公式求出了在不同温度域的沥青的两条黏温关系曲线。

(2)常温的石油产品的黏温计算法

运用毛细管法测定的运动黏度和黏温曲线计算公式见式(3-8)：

$$\mathrm{loglog}(v + C) = A - B\log T \tag{3-8}$$

式中：v——运动黏度($\mathrm{mm^2/s}$)；

A、B——试验常数，在不同温度下实验求得；

C——取 0.7(日本计量所的研究认为，$v<100\mathrm{mm^2/s}$ 及 $v>100\mathrm{mm^2/s}$ 时，C 随 v 的增大而增大，当 $v=1\times10^5\mathrm{mm^2/s}$ 时可达 800)；

T——绝对温度。

以上公式适用于所有石油产品，ASTM D 2493 采用了以上公式计算沥青的黏温性能。

运用旋转黏度计等测得的动力黏度法计算的黏度公式见式(3-9)：

$$\mathrm{lglg}(\eta \times 10^3) = A - B\lg(T + 273.13) \tag{3-9}$$

式中：η——动力黏度(Pa·s)；

T——为摄氏温度。

式(3-9)是目前公认为最好的黏温关系的表达式，该公式计算的黏温指数 VTS 见式(3-10)。

$$\mathrm{VTS} = \frac{\mathrm{lglg}(\eta_1 \times 10^3) - \mathrm{lglg}(\eta_2 \times 10^3)}{\lg(T_1 + 273.13) - \lg(T_2 + 273.13)} \tag{3-10}$$

另外，针对指定的温度域范围，石油产品的黏温系数还有以下两种计算方法：

$$\mathrm{NWX}_{0\sim100} = \frac{v_0 - v_{100}}{v_{50}} \tag{3-11}$$

$$\mathrm{NWX}_{20\sim100} = \frac{v_{20} - v_{100}}{v_{50}} \tag{3-12}$$

式中：v_0、v_{20}、v_{50}、v_{100}——分别为 0℃、20℃、50℃、100℃的运动黏度($\mathrm{mm^2/s}$)。

二、黏度的测试方法

根据黏度反映的物理意义和测试的手段，液体黏度的测试方法有毛细管法、旋转法、落体法、振动法、滑板法、流出杯法等。根据测试的温度范围和目的不同，公路工程中常用的沥青的黏度测试方法主要有以下几种。采用真空减压毛细管法测量沥青的 60℃动力黏度；对 135℃和更高温度采用逆流式毛细管黏度计、Brookfield 黏度计；为了评价沥青的低温性能，一般采用落柱式和滑板式黏度计；为了反映在特定条件下的沥青的流动性能，采用的黏度计有道路沥青标准黏度计、恩格拉黏度计、赛波特黏度计等。

1. 毛细管法

毛细管法是建立在液体在毛细管中的运动是稳定的层流的基础上，按照其施加的外力可分为重力型毛细管和加压型毛细管。重力型毛细管黏度计是一定体积的液体在重力的作用下流经毛细管所需要的时间。黏度计的基本要求是有足够长的毛细管和计时球，测量的结果是液体的运动黏度。加压型毛细管是采用外加压力迫使流体流经毛细管，测量其流量求动力黏度的方法。《公路工程沥青及沥青混合料试验规程》(JTJ D52—2000)列出了两种毛细管测量方法在测量沥青黏度时的标准方法。ASTM 标准中的黏度分级也是采用以上两种方法来测量沥青的黏度。在毛细管黏度测定时要注意保证试管不倾斜，以免引起液体有效高度的改变，不正确的装液体方法也将导致试验误差的产生。

2. 旋转法

旋转法测黏度的原理基于浸入流体中的物体旋转，或这些物体静止而使周围的流体旋转时，这些物体将受到流体的黏性力矩的作用，黏性力矩的大小与流体的黏度成正比，通过测量黏性力矩及旋转体的转速求取黏度。

根据其采用的旋转的物体不同可以分为以下 7 种方法。(1)同轴同筒式：一般同轴圆筒式、单圆筒式、双间隙式、锥筒式；(2)锥－板式(对于非牛顿体的测量是理想的结构)；(3)圆板式：双圆板式、单圆板式、三圆板式；(4)双锥式：等顶角双锥式、共顶点双锥式；(5)双半球式；(6)双半椭球式；(7)圆球式。在黏度试验中，为了保证测量精度，减小试验误差，旋转法黏度试验应该注意的问题有末端效应、湍流、二次流、偏心、壁滑移、剪切热(黏性热)，仪器的热膨胀，仪器的自身摩擦等，在试验中应尽量消除和减少以上问题的存在。末端效应对非牛顿体不可忽略。道路工程中一般采用 Brookfield 旋转黏度计测量石油沥青的黏度。该黏度计根据其测定液体的特点，有不同的转子。用于石油沥青黏度测试的 RVDVⅡ型是采用同轴锥筒的测试方法，尽可能的消除了末端效应、二次流的影响，并具有精确的控温设备和良好的对中方式，因此测量方便、结果客观。

一般旋转法测液体黏度的计算公式如下。

剪切速率：

$$D = r\frac{\mathrm{d}w}{\mathrm{d}r} \tag{3-13}$$

速度梯度等于剪切速率加刚性旋转体的径向速度。

$$\frac{\mathrm{d}v}{\mathrm{d}r} = r\frac{\mathrm{d}w}{\mathrm{d}r} + w \tag{3-14}$$

$$\eta = \frac{M}{4\pi hw}\left(\frac{1}{R_b^2} - \frac{1}{R_a^2}\right) \tag{3-15}$$

$$\tau = \frac{F}{S} = \frac{M}{2\pi r^2 h} \tag{3-16}$$

在外筒半径很大，单筒时：

$$\eta = \frac{M}{4\pi h w} \frac{1}{R_b^2} \tag{3-17}$$

$$\tau_i = \frac{M}{2\pi h R^2} \tag{3-18}$$

式中：M——黏性力矩；

θ——锥的夹角；

r——任意半径；

R——圆锥半径；

D——剪切速率。

3. 滑板黏度计和落柱式黏度计

道路工程中用来测量沥青低温黏度的黏度计有滑板黏度计和落柱式黏度计。滑板黏度计是在两块平行板中间放试液，其中一块固定不动，施一恒定力于另一块平板，使其平行于固定板运动，一般用来测定软化点以下至 0℃时的沥青黏度。另外测量沥青低温黏度的还有落柱式黏度计，其测量原理和滑板黏度计一样，只是其滑板是由两个同轴圆筒组成，在两筒之间填充沥青，通过对内筒施加恒力使之平行于外筒运动。其黏度计算公式如式(3-19)。由于滑板黏度计制作方便，在道路工程中使用得较多。

$$\eta = \frac{\tau}{v} = \frac{F/A}{v/h} = \frac{Fh}{vA} \tag{3-19}$$

式中：F——施于平板的外力，$F=mg$；

h——液体的厚度；

v——平板的移动速度；

A——平板的面积。

4. 流出杯法

流出杯是用于工厂和现场等作较粗略分析的较简单的黏度计。道路工程中使用的有道路标准黏度计、恩格拉黏度计、赛波特黏度计。道路标准黏度计是测定在规定温度下，50mL 沥青从规定的孔径中流出所需要的时间。赛波特黏度计和恩格拉黏度计的工作原理与道路标准黏度计的工作原理相似，只是流出液体的体积和消除外在压强差异方面有点不同。以上三种方法测试的黏度都只是条件黏度，一般用于现场的简单检测，它与动力黏度和运动黏度之间没有理论关系，一般与运动黏度有经验换算关系。

三、橡胶沥青的黏度试验方法黏度标准

1.国际上的沥青黏度试验方法

由于黏度是个条件性指标，在不同测试方法、不同的温度、不同的测试时间甚至具体的测试过程都影响到黏度的大小，也影响到黏度结果的可比性。因此为了客观的测试沥青的黏度，各国甚至各种规程都严格规定黏度的测试条件和相应的测量过程。任何黏度指标和黏度的限制范围都是相对于指定的测试方法和测试过程而言的。

(1)旋转(Brookfield)黏度计测定非牛顿材料流变特性的测试方法(ASTM D 2196—99)

该测定方法是 ASTM 标准中橡胶沥青指定的测试方法，其测试过程如下：要求黏度计具有四个以上的可调转速，剪切速率的范围是 0.1～50s^{-1}，分为 A、B、C 三种测试方法。A：通过测定恒定剪切速率下的扭矩，测定非牛顿材料的表观黏度，建议采用两个以上速率更能确定液体的黏度。B 和 C：采用一系列的旋转速率来确定剪切稀化或触变性的非牛顿体的流变性能。测试前要求试样在准备时必须振动 3min 以上，以保证在测试黏度时试样与容器壁间不滑动。

①选择转子要保证最小扭矩在 10%以上，扭矩在 50%或更大的部分为更合适的测量范围，在指针稳定后读数(由于触变性流体的黏度随着时间减小，因此转动的转数和读数的时间必须由使用者和厂商达共同确定)。

②选用最低的转速，记下在 10 转后的黏度；逐步增加转速，记下各转速下转动 10 转后的黏度；达到最高转速后再逐步降低转速到最低，记下每个转速下转动 10 转后的黏度。在达到最小的转速时，让试样静止一定的时间(an agreed upon rest time)再测定最小转速时的黏度。

试验结果有：

①剪切稀化系数(Shear thinning Index)，为低转速时的黏度(如 5)与高 10 倍转速的黏度(如 50)的比值。

注：一般采用 2,20;5,50;6,60 的转速，须由使用者和厂商共同商定，其结果是一个剪切稀化系数。越高的转速意味着越大的剪切稀释。

②黏度和转速关系的规律曲线(log 黏度—log 转速)；增加到最高转速后和降低到最低转速后黏度比值；静止前后的低转速的黏度比值。

③选用最高转速，然后逐步降低，记下 10 转后的黏度，与方法 B 一起比较最低转速的前后黏度。

其精度和允许误差为：平行试验的单个黏度的测试结果不超过 7%；平行试验的剪切稀化系数为不超过 9.5%；复现性试验的结果为不超过 21.6% 和 22.1%。

(2)使用旋转黏度计测定黏度的标准方法(AASHTO TP 48—97)

该测定方法是美国 AASHTO 指定黏度测定方法，测量温度范围为60℃～200℃的黏度。该规程中规定黏度测量的目的是为了确定沥青运送和抽送的温度，保证在生产、储存和混合料拌和中的和易性。其要求为：烘箱260℃±3℃；温度计精度范围60℃～200℃，精度为0.1℃；温度控制±0.1℃。

试验准备：将旋转黏度计调平，试模用稀释液擦静，沥青预热到可以倒出的温度；将转子和试模预热；待保温系统升到给定的温度后，将沥青注入试模中，装入预热的转子，慢慢放入试模中，让沥青保温 30min，并恒定保温 10min 以上。设定转速 20r/min 测定黏度。如果黏度超出了测定仪器的测量范围，在厂商的推荐下改变转子或转速。每隔 1min 读一个数，最少 3min 以上。平行试验须重新装入样品。

试验结果要记下时间、温度、转速、转子、扭矩和黏度。其精度和允许误差为：重复试验的试验误差在2.6%，复现性试验在7.3%以内；不同试验室的重复试验误差不能超过21.1%。

(3)Brookfield 测定非填充沥青的黏度试验方法(ASTM D 4402)

该方法是 ASTM D 6373—99 的沥青 PG 分级定采用的试验方法，要求采用 Brookfield 黏度计，推荐采用 Brookfield 黏度计的 SC4—21 号转子20r/min。

另外，ASTM D 3381—92(1999) 沥青黏度分级的标准规定，沥青黏度的测定采用运动黏度(ASTM D 2170)测定 135℃黏度或真空减压毛细管黏度计(ASTM D 2171)测定 60℃的黏度。

2. 国际上的橡胶沥青标准

ASTM 橡胶沥青标准要求的黏度测试方法为 ASTM D 2196 中 A 法。试验仪器宜采用 Brookfield 黏度计，橡胶沥青的测试温度为 175℃，样品在测试前不要求振动和静置。在对沥青进行保温加热时要求搅动。转子在沥青中至少静止 1min 后才开始黏度测试。在测试前搅动沥青，如果样品要继续使用需进行彻底搅动后再用。加利福尼亚州的黏度测量要求采用测量的最大值代表橡胶沥青的黏度，认为如果转子继续转就会“钻”进样品，也就是观察到的黏度值会下降，说明转子周围的橡胶颗粒会打滑，这反映的是橡胶沥青的液相黏度，建议测量三次，取平均值；在两次测量的间隙，黏度计转子应离开中心部位，试样再一次充分搅动。

表 3-34 为各橡胶沥青技术标准中黏度要求，橡胶沥青的关键指标是黏度，而且黏度采用的都是旋转黏度。一般采用 Brookfield 旋转黏度计和 Haake 旋转黏度计测定，现场多采用手持式便携黏度计。

国外主要橡胶沥青技术标准中黏度要求　　表 3-34

<table>
<tr><td>技术标准</td><td colspan="2">项　目</td><td colspan="3">橡胶沥青类型</td></tr>
<tr><td rowspan="3">ASTM 橡胶沥青技术标准</td><td rowspan="3">表观黏度(175℃,Pa·s)
ASTM D 2196 方法 A</td><td></td><td>I</td><td>II</td><td>III</td></tr>
<tr><td>min</td><td>1.5</td><td>1.5</td><td>1.5</td></tr>
<tr><td>Max</td><td>5.0</td><td>5.0</td><td>5.0</td></tr>
<tr><td rowspan="2">亚利桑那州橡胶沥青技术标准</td><td colspan="2" rowspan="2">旋转黏度(177℃,Pa·s)</td><td>A 型</td><td>B 型</td><td>C 型</td></tr>
<tr><td>1.5～4.0</td><td>1.5～4.0</td><td>1.5～4.0</td></tr>
<tr><td rowspan="2">佛罗里达州沥青橡胶技术标准</td><td colspan="2" rowspan="2">黏度(旋转,不小于,Pa·s)</td><td>ARB5</td><td>ARB12</td><td>ARB20</td></tr>
<tr><td>0.4(150℃)</td><td>1.0(150℃)</td><td>1.5(175℃)</td></tr>
<tr><td>得克萨斯州橡胶沥青技术标准</td><td colspan="2">黏度(Haake,Pa·s)</td><td colspan="3">1.5～4.5(177℃)</td></tr>
<tr><td>加利福尼亚州橡胶沥青技术标准</td><td colspan="2">黏度(Haake,Pa·s)</td><td colspan="3">1.5～4.0
(191℃,现场)</td></tr>
</table>

3. 相关的黏度研究成果

黏度一直是沥青的一个很重要的性能指标，从 20 世纪 60 年代就开始了分析黏度作为控制沥青工作性能指标的研究，2001 年 AI 将黏度作为确定压实温度的方法。在过去二十年来沥青工作性能一直通过黏度确定，采用 170cSt±20cSt($1cSt=1\times10^{-6}m^2/s$)的黏度作为拌和黏度，280cSt±30cSt 的黏度作为压实黏度。Superpave 黏度仍然采用这个标准，只是单位改变了，0.17Pa·s ±0.02Pa·s 作为拌和黏度，0.28 Pa·s ±0.02 Pa·s 作为压实黏度。AASHTO MP1 沥青的 PG 分级标准是测试 135℃和 165℃黏度，要求试样保温 30min，确定沥青混合料的黏温曲线，而且要求 135℃的黏度不能超过 3Pa·s，以确保在生产和传输时的可流动性。

在黏度测试方法上，各国的研究人员也做了大量的研究。美国 SHRP 文献中 (Peteren, et al., 1994b)建议采用 Brookfield 黏度计的 SC4—27 转子测定沥青的黏度，美国 SHRP 的最终报告中提出(Anderson, et al., 1994)采用 20—RPM转速测定沥青的黏度。2004 年 4 月，John P. Zaniewski 和 Michael E. Pumphrey 出版的《沥青性能分级的设备和手册》，采用 AASHTO 推荐的转速(20r/min)测试在 135℃～165℃温度下的沥青黏度，并进行了大量平行试验，绘制了黏温曲线。试验结果表明，采用 SC4—27 转子在 20r/min 测定的黏度的平行试验误差远大于规范中要求的 7.3%的误差范围。研究认为 AASHTO 推荐的 20r/min 是针对黏度大于 171mPa·s 的沥青，在沥青黏度小于这个值后应该更换转子和调整转速。同时根据仪器的精度要求，测量时扭矩应大于 10%，SC4—27 转子在 20r/min 条件下的测量黏度最小为 1 250mPa·s。因此采用 SC4—27 和20r/min的黏度测试方法，对大多数沥青在 135℃～165℃范围内是不能满足测试的精度要求的。该手册指出 AI 建议的采用两点温度的黏度确定黏温曲线，并插值求黏度的方法是有误差的。

2003 年 10 月，F. J. Navarro、P. Parta 等人发表了《废胎胶粉改性沥青温度流变性和存储性能》的文章，采用应力控制式流变仪测定橡胶沥青的在 50℃、75℃、100℃、125℃和 163℃的流变性，研究结果表明非改性沥青表现为牛顿液体，废胎胶粉的掺入增加了沥青的线黏弹性模量和黏度，使得沥青显示出非牛顿性。

四、橡胶沥青的黏度的试验研究

从以上研究成果看来，尽管黏度的相关研究和规范已经有很多，但由于黏度的影响因素很多，统一的试验方法无法适用于所有的沥青，而不统一的试验方法又会导致不同的试验结果缺乏可比性，从而使黏度的控制指标失去实际意义。

针对常用的沥青黏度的试验方法，交通部公路科学研究院采用了毛细管法、手持式黏度计法（Haake 和日本理音）、Brookfield 黏度计测定橡胶沥青黏度的试验研究，并进行了相互之间的对比分析。通过试验结果和各种影响因素的分析，确定测量橡胶沥青的黏度试验方法，并开展大量橡胶沥青的黏度测试，确定不同方法下的橡胶沥青的实际黏度范围，从而在此基础上制定橡胶沥青的黏度标准，并以此作为橡胶沥青质量控制的标准。

1. 毛细管法测定橡胶沥青的黏度

毛细管测黏度的方法是国际上通用的测黏度的方法之一，也是比较方便的一种测黏度方法。毛细管黏度计的测量单位是 St（斯）或 cSt（厘斯），其中 $1St = 1cm^2/s$，$1cSt = 10^{-2}cm^2/s$。

动力黏度的测量单位是 mPa · s，其中 1mPa · s = 1cP，1dPa · s = 100 mPa · s = 1P。

$$v = \eta/\rho \tag{3-20}$$

注：根据以上单位的关系，ρ 单位为 kg/m^3，η 单位为 kg/(m · s)。在假设沥青的密度为 $1.0g/cm^3$ 时，毛细管黏度和旋转黏度的关系为 1Pa · s = 10St，1dPa · s = 1cSt，即 1P = 1St，1cP = 1cSt。

表 3-35 为毛细管测试的橡胶沥青黏度。从试验操作来看，毛细管法可以用于测量橡胶沥青的高温黏度，但由于废胎胶粉颗粒在沥青中会产生溶涨反应，废胎胶粉颗粒在沥青中变大，会局部堵塞毛细管，导致试验结果误差偏大，同时随着废胎胶粉掺量的增加，橡胶沥青的黏度增大，测试难度增大。为了保证试验结果的可行性，减少试验操作带来的误差，试验分析认为，在废胎胶粉掺量较低，废胎胶粉颗粒较小时可以采用毛细管法，当在掺量较大和废胎胶粉颗粒较粗时应该采用旋转法测量橡胶沥青的黏度。

毛细管法测定的 135℃下橡胶沥青的黏度(m^2/s)　　表 3-35

废胎胶粉来源 ＼ 掺量 目数		0%	5%	10%	15%	现场 15%	20%
子午胎胶粉	40 目	3.22×10^{-4}	7.42×10^{-4}	6.33×10^{-4}	—	—	1.28×10^{-3}
	80 目	—	5.40×10^{-4}	8.12×10^{-4}	—	—	1.70×10^{-3}
	120 目	—	7.32×10^{-4}	8.19×10^{-4}	—	—	1.42×10^{-3}
斜交胎胶粉	40 目	—	6.75×10^{-4}	9.52×10^{-4}	—	—	1.70×10^{-3}
	80 目	—	6.05×10^{-4}	1.22×10^{-3}	—	—	1.57×10^{-3}
	120 目	—	6.03×10^{-4}	1.17×10^{-3}	—	—	1.63×10^{-3}
SK70＋子午胎胶粉(试验路用)	80 目	4.24×10^{-4}	6.69×10^{-4}	8.12×10^{-4}	1.31×10^{-3}	2.21×10^{-3}	—

2. 手持式黏度计测试的橡胶沥青的黏度结果

为了更客观的测试橡胶沥青的黏度,使之成为橡胶沥青性能的评价标准并作为现场控制标准,试验室采用日本理音公司和 Haake 公司生产的便携式黏度计(两个黏度计的转子规格、转速等都完全一样)进行橡胶沥青黏度的测试。

由于便携式黏度计没有成套的保温装置,室内试验采用在烘箱中控温 30min 以上,然后尽快测量沥青的黏度。表 3-36 是大量室内试验测定结果的一部分,能定性反映橡胶沥青和普通沥青的黏度状况。

手持式黏度仪的检测值(Pa·s)　　表 3-36

温度(℃)	135	150	160	168
改性沥青 I-C8.5	—	2.83	2.34	—
改性沥青 PG70-28	5.83	2.96	1.44	—
日本高黏度沥青	—	6.8	5.4	4.11
克拉玛依硬质沥青	6.75	2.35	1.63	
壳牌 90 号＋15%＋80 目	8.36	4.77	3.5	—
90 号＋38 目脱硫胶粉＋21%	—	—	9	—
90 号＋80 目废胎胶粉＋21%	—	9	8	—
现场加工 90 号＋10%废胎胶粉	—	—	1.34	—
现场加工 90 号＋15%废胎胶粉	13	—	3.01	—
现场加工 90 号＋20%废胎胶粉	19	6.47	4.25	—

从黏度的试验结果看,高温下橡胶沥青的黏度与高黏度沥青的黏度基本相当,改性沥青的黏度低于橡胶沥青的黏度,硬质沥青在低温下的黏度较大,随着温度的升高,黏度降低比较明显。橡胶沥青的黏度随着废胎胶粉掺量的增大,黏度逐渐增大。

表 3-37 是一组采用 90 号基质沥青不同废胎胶粉掺量的橡胶沥青的黏度测试结果。废胎胶粉为 40～60 目斜交胎废胎胶粉,对比了 38 目脱硫胶粉和 80 目废胎胶粉的影响,同时对比不同 1 号外掺剂掺量对橡胶沥青黏度的影响。结果表明,随着废胎胶粉掺量的增加,橡胶沥青的黏度增大,相同掺量下 70 号基质沥青的橡胶沥青的黏度大于 90 号基质沥青的橡胶沥青黏度;随着 1 号添加剂的增加,橡胶沥青的黏度呈增大的趋势。

90 号沥青掺加 40 目废胎胶粉的黏度结果(Pa·s)　　表 3-37

	温度(℃)	175	160	145	135	130	125
90 号基质沥青	北京 90 号	—	0.71	0.96	1.17	1.98	—
	90 号+15%40	2.66	3.63	—	6.525	7.985	—
	90 号+17%40	—	3.8	6.73	16	—	25
	90 号+19%40	4.05	5.55	9.105	20	35	40.5
	90 号+21%40	6.29	—	10.21	28	36	44
	90 号+21%80 目斜交胎废胎胶粉	—	8	10	11	—	—
	90 号+38 目脱硫废胎胶粉 21%	—	9	—	13	—	—
加 1 号添加剂	90 号+21%40+0.5%	—	5.3	—	—	16	—
	90 号+21%40+1%	—	5.86	—	—	24	—
	90 号+21%40+2%	—	6.8	—	—	32	—
壳牌 70 号+15%		3.25	5.15	8.2	11.28	—	—

注:由于手持式黏度计的控温不稳定,以上结果只能反应黏度的作用规律和大致范围。加利福尼亚州的研究指出现场黏度和实验室黏度的差别在±800cP 范围内。

由此可见,废胎胶粉的掺量对橡胶沥青的黏度影响最大。在废胎胶粉掺量为 10%时,其 160℃左右的黏度在 1Pa·s 左右;15%左右废胎胶粉掺量下,橡胶沥青的 160℃黏度在3～4Pa·s;20%左右废胎胶粉掺量的橡胶沥青,160℃的黏度为 5～7Pa·s。

3. 铁板剪切黏度

为了分析橡胶沥青在低温和常温下的黏度,采用两块硬度相同的铁块进行铁板剪切黏度试验。采用 AH-90 号基质沥青,分别掺加 5%、10%、15%、20%、25%的 40 目废胎胶粉,从而得到不同黏度的橡胶沥青。试验中橡胶沥青的洒铺量均为 2.0kg/m²，按照橡胶沥青的密度为 1.03 算，其沥青膜厚度为1.9mm。换算的铁板剪切的橡胶沥青黏度和 135℃的 Brookfield 黏度见表 3-38 和图 3-48。试验结果说明橡胶沥青的高温黏度和低温黏度有良好的相关关系。

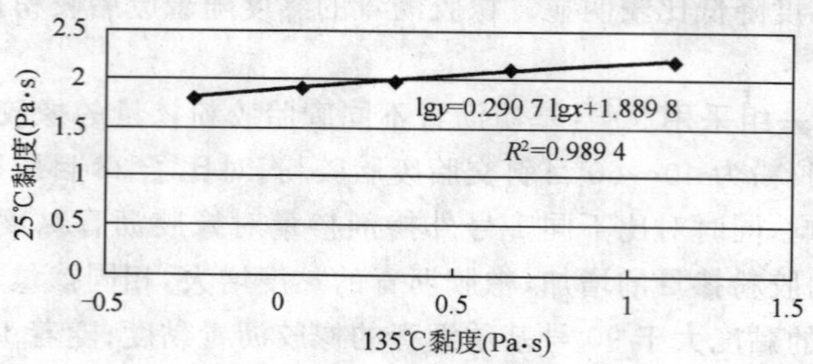

图 3-48　25℃黏度和 135℃黏度的关系曲线

铁板剪切黏度和旋转黏度试验结果　　表 3-38

40 目+90 号	5%	10%	15%	20%	25%
铁板剪切黏度(Pa·s)	65	82	96	128	160
135℃旋转黏度(Pa·s)	0.57	1.17	2.18	4.63	13.63

4. Brookfield 黏度计黏度测试影响因素研究

从控温方式和测试精度方面来说，Brookfield 黏度计是设计精良的一种黏度计，能够精确控温到 0.1℃。同时新型的 RVDV—II 具有专用的数据采集系统和控制方式，其纺锤形转子能有效消除部分末端效应。

沥青流变的特性表明，沥青的黏度和测量的条件有很大的关系，包括测试的温度、选定的转速和测试的时间等。同时对黏度计本身来说，转子的型号也会影响到沥青的黏度。为了定量分析以上各因素对沥青黏度的影响，当前规范使用的黏度多为沥青的表观黏度，即在特定的条件下，剪切应力和剪切速率的比值。为了确定规范化的橡胶沥青黏度试验测试方法，以下将分析不同参数对橡胶沥青黏度结果的影响规律，确定橡胶沥青表观黏度的测试条件和测试方法。

(1)转数和黏度的关系

根据 ASTM 试验方法要求，液体在黏度测试之前应该进行激烈的振动或搅拌。在表观黏度测定时，要求黏度值稳定以后记录黏度，并且建议采用多个转速以上，以便得到客观的结论。对触变性液体，转子在黏度计中转动的转数会影响到液体的黏度，或者说转子搅动的时间会影响到液体的黏度，在其测试时要求读取 10 转后的黏度作为测试结果。

在试验研究中发现，橡胶沥青的黏度是随着转动时间的增长，黏度逐渐减小并逐渐趋向于稳定。为了确定合适的读数时间和合适的橡胶沥青黏度测定方法，对掺有不同掺量、不同目数废胎胶粉的橡胶沥青在不同温度下进行黏度试验，分析时间对橡胶沥青或者说转子转数对黏度的影响规律。

图 3-49 是转数—黏度的试验结果，可见普通沥青和橡胶沥青都是时间相关性流体，表观黏度随时间增加而减小，达到一定时间后，黏度基本稳定。同时随着废胎胶粉掺量的增大，表观黏度随转数的增加而减小的趋势更加显著，沥青测试的初始黏度和最终稳定的黏度见表 3-39。

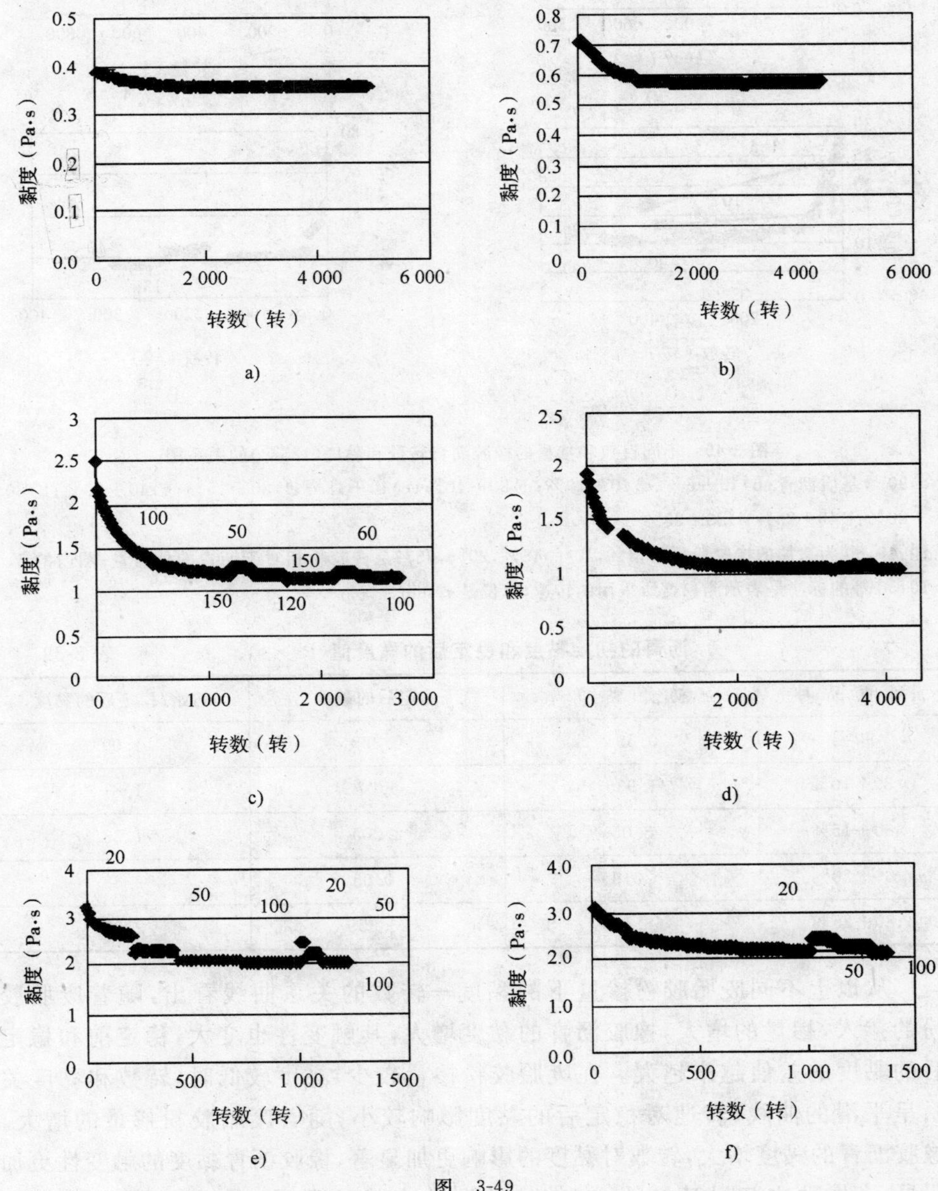

图　3-49

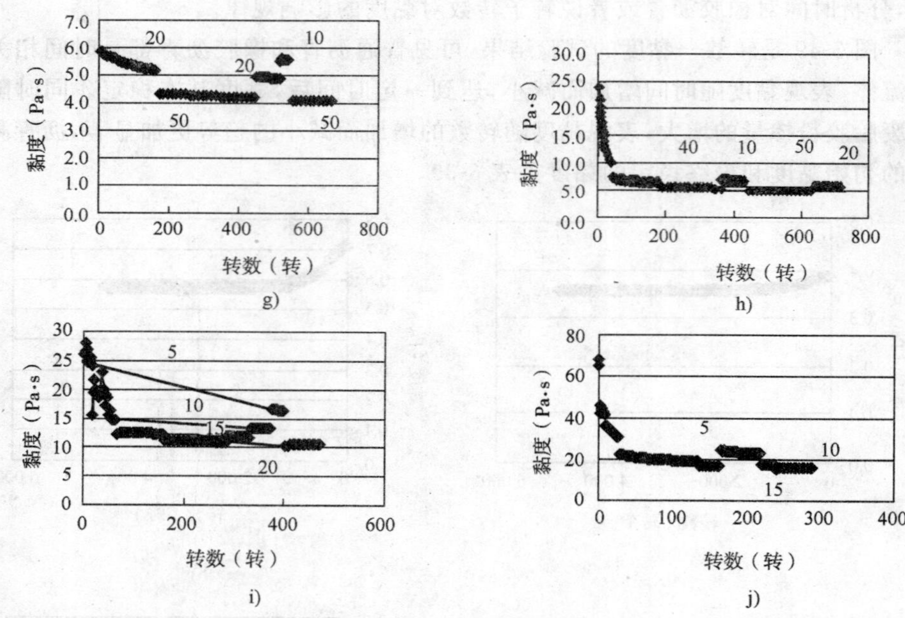

图 3-49　不同目数和掺量的橡胶沥青转数和黏度(135℃)的关系图

a)90 号基质沥青；b)40＋5%；c)40＋10%；d)80＋10%；e)40＋15%；f)80＋15%；g)40＋20%；h)80＋20%；i)40＋25%；j)80＋25%

注：40，80 为掺加的橡胶粉目数；5%，10%，15%，20%，25%是橡胶粉相对于沥青的外掺量；图内的 5，10，50 等的标注是表示测黏度所采用的转速，单位是 r/min。

沥青的初始黏度和稳定后的黏度值(Pa・s)　　表 3-39

沥青品种	初始黏度	稳定后的黏度	初始/稳定后的黏度
90 号	0.391	0.359	1.09
80+10%	1.935	1.07	1.81
80+15%	3.05	2.205	1.38
80+20%	23.9	10.05	2.38
80+25%	68.125	23.359	2.92

从以上不同废胎胶粉掺量下的黏度—转数的关系曲线看出，随着废胎胶粉的掺入，掺量的增大，橡胶沥青的黏度增大，其触变性也变大，稳定前和稳定后的黏度的差值越来越大。在废胎胶粉掺量较少，黏度较低时，转数和黏度关系呈平滑的曲线，转速对稳定后的黏度影响较小；随着废胎胶粉掺量的增大，橡胶沥青的黏度增大，转数对黏度的影响更加显著，橡胶沥青黏度的触变性更加明显，在搅动之初迅速减小，在较少的转数内就达到了一种相对稳定平衡的

状态。

造成这种现象的原因是，橡胶沥青在受到搅动时，内部结构受到破坏。一般来说，这种破坏程度与转数(剪切速率及剪切时间的乘积)呈正比，并与可能破坏的键的数目相关(随着废胎胶粉掺量的增加，其废胎胶粉与沥青的结合键数增多，因此在剪切过程中黏度的变化也增大)，由于结构的破坏，也发生分子排列的有序化，致使黏度减小。在结构破坏的同时，存在着结构的重新形成。结构破坏的速率随时间而减小，结构形成速率则随时间而增大。当破坏与形成的速率相同时，便达到了动态平衡，黏度达到最小并稳定不变。当停止剪切时，结构逐渐恢复，黏度达到最大。

在试验过程中，为了取得稳定可靠的表观黏度，在黏度读数时必须保证橡胶沥青内部结构的重组已经形成，黏度已基本稳定，因此在黏度测试时必须确定要达到稳定时的初始转数。为了使黏度尽快稳定下来，应该尽量选用较大的转速，保证橡胶沥青在最短的时间内达到结构的稳定，尽量减少黏度试验过程中热摩擦导致的沥青黏度减小。研究表明，橡胶沥青稳定下来的转数随沥青黏度的增大而减小。由于在低黏度时可以选用高的转速，其稳定下来的时间一般不超过 10min，而在高黏度时只能选用较低的转速，其稳定下来的时间可能超过 10min。

由于 Brookfield 黏度计可以通过计算机采集数据，可以设定采集数据的总数和间隔时间。“黏度稳定下来”应定义为单位时间内黏度的规律性变化不超过一定的幅度为宜。由于黏度计本身有一定的精度，在不同黏度范围时的黏度精度不一样，具体的稳定下来的时间要通过试验确定，一般在 10s 以内的黏度波动必须在 0.5%以内，才可认为基本稳定了。在测试时要注意观察其规律性，一般来说在触变性阶段，随着测试时间的增长呈现黏度减小的规律性变化；如果持续的规律性变化一直比较显著，可以认为黏度仍未达到稳定阶段；只有到黏度已经有小幅度的波动或者基本不变时，可以认为其黏度已经稳定。

试验表明，选用橡胶沥青黏度范围内的最大转速，橡胶沥青一般在 10min 左右能够稳定下来，在黏度非常大时要求的稳定时间会更长一些。因此要求橡胶沥青在测试时先预转 10min，然后观测读数是否稳定，如果没有稳定，要延长预转时间直到黏度相对稳定为止。从前面试验结果看，在黏度较大时，转速的影响不可忽视。为了使黏度测试的结果客观，需测试不同转速下的沥青黏度，根据需要一般要变化 4 个以上的转速。在采用不同转速时，如果前面转速较快，沥青黏度较低，在选用比较低的转速时，会出现黏度随时间的增加而增加的趋势，必须等到测试结果相对稳定时，读取代表性的黏度值。在黏度稳定后，可取最后 6 个点(间隔 15s 或 10s)的平均值(1min)作为测试的黏度值。为了保证试验结果的客观性，尽量减小人为的影响，在试验中每调换一个转速后，在搅动(或旋转)

3～4min后方可读取数据。

(2)转子和黏度的关系

Brookfield黏度计对于沥青这种高黏度的液体，有4个标配的转子：SC4—21(可测量的黏度范围为25～5 000k)、SC4—27(可测量的黏度范围为125k～2.5M)、SC4—28(可测量的黏度范围为250k～5M)、SC4—29(可测量的黏度范围为500k～10M)，测量单位是mPa·s。对于温度大于135℃的橡胶沥青，其黏度一般不会超出这四种转子的黏度范围，因此，其均可用来测定橡胶沥青的高温黏度。为了精确测定橡胶沥青的黏度，以下将分析不同转子对高黏度沥青和橡胶沥青黏度影响。

表3-40是橡胶沥青采用不同转子的试验结果，可以得知转子的测量范围越大，黏度越大。SHRP研究的结果建议采用SC4—27转子，在试验分析中以SC4—27转子测定的黏度为基数，对比分析不同转子对黏度的影响。SC4—21转子测得的黏度显著小于其余3个转子的黏度，而且由于橡胶沥青中废胎胶粉颗粒的天然存在，SC4—21转子和试模的距离较近，因此会影响到测试的试验精度。考虑种种影响因素，在橡胶沥青黏度测试中，不适合采用SC4—21转子。

80目22%橡胶沥青黏度试验结果(Pa·s)　　表3-40

转子	SC4—21				低转速时	12速比/27	100速比/27
转速	6	12	30				
黏度	2.575	1.829	1.415		69.59%	65.51%	
转子	SC4—27						
转速	5	12	100				
黏度	3.700	2.792	1.470		100.00%	100.00%	100.00%
转子	SC4—28						
转速	6	12	30	100			
黏度	4.167	3.083	2.317	1.645	112.62%	110.42%	111.90%
转子	SC4—29						
转速	4	30	100				
黏度	4.500	2.367	1.660		121.62%		112.93%

对比分析 SC4—27、SC4—28 和 SC4—29 转子的黏度:同一转速下 SC4—27 转子的黏度比 SC4—28 小 10%左右,而 SC4—28 和 SC4—29 转子的黏度相近,说明在黏度测量范围大到一定程度后,转子对黏度的影响较小。

表 3-41 列出了采用 SC4—28 和 SC4—27 转子对高黏度沥青黏度测试结果的影响。其表明在同一转速下,SC4—28 比 SC4—27 转子测定的黏度大 8%左右;在同一扭矩下,SC4—28 比 SC4—27 转子测定的黏度大 6%左右。

高黏度沥青的黏度数据 表 3-41

温度	SC4—27			SC4—28			同一转速 S28/S27	同一扭矩 S28/S27
	黏度(Pa·s)	转速	扭矩(%)	黏度(cP)	转速	扭矩(%)		
90℃	124.500	1	50	128.000	1	26	102.81%	
	116.500	1.5	70	126.667	1.5	38	108.73%	
	112.797	2	90	118.750	4	95		105.28%
135℃	5.750	10	23					
	5.168	25	52	5.820	25	29	112.62%	101.22%
	5.281	40	85	5.738	40	46	108.64%	111.02%
				5.300	90	95		
160℃	1.972	15	12					
	1.909	25	190	2.060	25	10	107.92%	104.48%
	1.849	40	30	2.013	40	16	108.85%	105.44%
	1.804	90	65	1.956	90	35	108.40%	105.77%
				1.913	200	76		106.01%
180℃	0.970	25	10	1.040	25	5	107.22%	
	0.975	40	16	1.050	40	8	107.69%	108.25%
	0.972	90	35	1.039	90	19	106.86%	106.55%
	0.969	200	78	1.023	200	41	105.55%	105.17%
总平均	27.244			28.740			107.75%	105.92%

注:$1cP=10^{-3}Pa\cdot s$。

以上试验结果说明,转子对黏度的测量结果有一定的影响,并且能够达到 10%以上;转子的测量范围越大,测得的黏度结果也就越大,但在黏度范围大到一定程度以后，影响逐渐减小。考虑到黏度试验测试的扭矩须在10％～100％的范围内，SC4—27 转子的量程较小，橡胶沥青的黏度容易落在限定的扭矩范围内。综合以上分析，测试橡胶沥青的黏度宜统一采用 SC4—27 转子。

(3)转速和黏度的关系

从转数—黏度的关系曲线可以看出，废胎胶粉掺量较低，黏度较小时，变化不同的转速测得的转数—黏度的关系曲线是一条连续光滑的曲线(如 90 号，40 目＋5％)，转速对黏度的影响不显著。随着废胎胶粉掺量的增大，不同转速的黏度在转数—黏度曲线上出现波动(40 目＋10％，80 目＋10％)转速对黏度的影响开始逐渐显著。随着废胎胶粉掺量的继续增多，不同转速下的转数、黏度不再位于同一条曲线上，转速对黏度的影响更加显著，并且成为不可忽略的因素。

根据 ASTM 规范建议需采用两个以上的转速测定液体的黏度，同时 AASHTO 沥青黏度的测定方法建议测定 20r/min 的黏度。厂家的要求是黏度计的精度范围须为扭矩在10％～100％的范围内。SC4—27 转子在 20r/min 转速可测定的黏度范围是 0～12 500 dPa・s，根据测量黏度要大于黏度计 10％扭矩的精度要求，对黏度小于 1 250dPa・s 时，采用20r/min时试验结果的可靠性已经受到怀疑。

根据非牛顿液体的表观黏度的定义，黏度是剪切应力和剪切速率的比值，转速是反映剪切速率的参数，因此转速是表观黏度的一个条件因素。试验研究表明橡胶沥青是非牛顿液体，转速将会直接影响到沥青表观黏度。因此，在 AASHTO 的测定方法中规定了测定黏度的转速，但是由于仪器精度的影响，并不是所有的沥青都能采用给定的转速。表 3-42、表 3-43 列出了部分橡胶沥青黏度对数和转速对数值的回归公式，并列出其回归的相关系数，表明对数黏度和对数转速有非常好的相关性，其相关系数基本在 0.98 以上。

(4)扭矩和黏度关系

Brookfield 的扭矩反映的是测定黏度的游丝所处的测量能力的范围，控制了黏度计的量程范围。一般来说对任何仪器，在测量值居于量程的中间部位的时候是最精确的，而在很低或很高的范围时都不太准确，厂家也明确规定黏度计的精度范围须为扭矩在 10％～100％的范围内。因此，为了得到准确的黏度，本研究分析了扭矩和黏度的相关关系。与转速和黏度的相关关系一样，扭矩和黏度之间也存在良好的相关性；而且随着黏度的增大，黏度计扭矩的对数和黏度的对数呈现的线性关系越明显。为了量化所有橡胶沥青黏度的试验结果，使不同温度和不同品种的橡胶沥青有可比性，对所有试验结果进行了黏度计扭矩的对数和黏度的对数的回归曲线，并取 50％扭矩处的黏度作为黏度代表值进行了黏度分析，见表 3-42、表 3-43。

转速—黏度和扭矩—黏度的回归关系式(90 号基质沥青) 表 3-42

温度	沥青品种	50%扭矩回归曲线		相关系数	20r/min 回归曲线		相关系数
		黏度(Pa·s)	转速—扭矩回归公式		黏度(Pa·s)	转速—黏度回归公式	
135℃	中山 40+12%	26.549	$\ln y=-0.506\,2\ln x+12.167$	0.961 1	1.627 1	$\ln y=-0.339\,1\ln x+10.713$	0.982 9
	120 目+10%	0.779	$\ln y=-0.021\,4\ln x+6.741\,4$	0.967 6	0.814	$\ln y=-0.020\,9\ln x+6.764\,1$	0.968 9
	120 目+15%	1.424	$\ln y=-0.201.5\ln x+8.049\,7$	0.912 7	1.875	$\ln y=-0.17\ln x+8.021\,1$	0.939 7
	120 目+20%	3.631	$\ln y=-0.251\,1\ln x+9.179\,5$	0.993 2	4.071	$\ln y=-0.200\,9\ln x+8.908\,2$	0.995 6
	120 目+25%	5.427	$\ln y=-0.279\,7\ln x+9.693\,3$	0.990 6	5.500	$\ln y=-0.218\,9\ln x+9.285\,7$	0.994 3
	脱硫+10%	1.401	$\ln y=-0.109\,5\ln x+7.673\,1$	0.928 0	1.608	$\ln y=-0.099\,4\ln x+7.690\,6$	0.941 5
	脱硫+15%	1.279	$\ln y=-0.075\,4\ln x+7.448\,5$	0.998 4	1.431	$\ln y=-0.070\,1\ln x+7.474\,9$	0.998 6
	脱硫+20%	3.636	$\ln y=-0.279\,3\ln x+9.291\,4$	0.892 4	3.964	$\ln y=-0.222\,8\ln x+8.984\,1$	0.934 6
	脱硫+25%	3.404	$\ln y=-0.124\ln x+8.617\,8$	0.989 9	3.606	$\ln y=-0.110\,4\ln x+8.530\,5$	0.992
	脱硫+30%	4.318	$\ln y=-0.206\,4\ln x+9.177\,9$	0.998 1	4.573	$\ln y=-0.171\,1\ln x+8.946\,4$	0.998 7
150℃	中山 40+12%	13.693	$\ln y=-0.387\,1\ln x+11.039$	1.000 0	10.998	$\ln y=-0.279\,1\ln x+10.142$	1
	120 目+10%	0.408	$\ln y=-0.023\,7\ln x+6.103\,7$	0.949 7	0.428	$\ln y=-0.000\,6\ln x+6.061\,1$	0.921 9
	120 目+15%	0.681	$\ln y=-0.055\,2\ln x+6.739\,6$	0.985 7	0.765	$\ln y=-0.052\,6\ln x+6.797\,7$	0.986 5
	120 目+20%	2.016	$\ln y=-0.282\,7\ln x+8.714\,9$	0.987 4	2.560	$\ln y=-0.220\,9\ln x+8.520\,5$	0.992 3
	120 目+25%	2.937	$\ln y=-0.287\,4\ln x+9.109\,6$	0.993 9	3.463	$\ln y=-0.223\,5\ln x+8.823\,5$	0.996 3
	脱硫+10%	0.804	$\ln y=-0.120\,4\ln x+7.160\,2$	0.991 6	1.002	$\ln y=-0.107\,6\ln x+7.232$	0.993 3
	脱硫+15%	0.722	$\ln y=-0.081\,2\ln x+6.899\,7$	0.991 4	0.849	$\ln y=-0.075\,2\ln x+6.969\,4$	0.992 7
	脱硫+25%	1.600	$\ln y=-0.142\,3\ln x+7.934\,5$	0.952 8	1.898	$\ln y=-0.125\,3\ln x+7.923\,8$	0.963 8
	脱硫+30%	2.247	$\ln y=-0.196\,7\ln x+8.486\,7$	0.999 8	2.656	$\ln y=-0.164\,4\ln x+8.377\,8$	0.999 9

续上表

温度	沥青品种	50%扭矩回归曲线		相关系数	20r/min 回归曲线		相关系数
		黏度(Pa·s)	转速—扭矩回归公式		黏度(Pa·s)	转速—黏度回归公式	
180℃	中山 40+12%	3.560	$\ln y=-0.513\,4\ln x+10.186$	0.996 2	4.381	$\ln y=-0.339\,5\ln x+9.385\,8$	0.998 4
	120 目+15%	0.258	$\ln y=-0.097\,3\ln x+5.933\,2$	0.998 1	0.342	$\ln y=-0.088\,7\ln x+6.101\,2$	0.998 3
	120 目+20%	0.725	$\ln y=-0.248\,7\ln x+7.559\,4$	0.997 0	1.114	$\ln y=-0.199\,3\ln x+7.612\,8$	0.997
	120 目+25%	1.157	$\ln y=-0.312\,7\ln x+8.277$	0.993 9	1.750	$\ln y=-0.238\,5\ln x+8.170\,2$	0.996 4
	脱硫+10%	0.380	$\ln y=-0.186\ln x+6.668\,5$	0.993 0	0.590	$\ln y=-0.157\ln x+6.850\,4$	0.995
	脱硫+15%	0.339	$\ln y=-0.125\,4\ln x+6.316$	0.999 5	0.469	$\ln y=-0.111\,4\ln x+6.484\,1$	0.999 6
	脱硫+20%	0.640	$\ln y=-0.196\,7\ln x+7.231\,7$	0.980 7	0.932	$\ln y=-0.164\,8\ln x+7.331\,1$	0.986 6
	脱硫+25%	0.654	$\ln y=-0.166\,1\ln x+7.132\,2$	0.984 6	0.902	$\ln y=-0.142\,7\ln x+7.232\,1$	0.988 7
	脱硫+30%	0.806	$\ln y=-0.200\,7\ln x+7.476\,7$	0.997 6	1.135	$\ln y=-0.167\,2\ln x+7.535$	0.998 4
平均				0.979 5			0.984 0

转速—黏度和扭矩—黏度(Pa·s)的回归关系式(70 号基质沥青) 表 3-43

沥青品种	温度(老化时间)	50%扭矩回归曲线			20r/min 回归曲线		
		黏度	转速—扭矩回归公式	相关系数	黏度	转速—黏度回归公式	相关系数
80 目+18%	135℃	5.260	$\ln y=-0.141\,2\ln x+9.120\,3$	0.998 1	5.358	$\ln y=-0.123\,7\ln x+8.960\,1$	0.998 5
	150℃	2.602	$\ln y=-0.150\,7\ln x+8.453\,7$	0.999 7	2.918	$\ln y=-0.131\ln x+8.371\,3$	0.999 7
	170℃	1.256	$\ln y=-0.158\,4\ln x+7.755\,1$	0.999 7	1.564	$\ln y=-0.136\,8\ln x+7.764\,6$	0.999 8
	180℃	0.998	$\ln y=-0.175\,5\ln x+7.592\,5$	0.999 9	1.313	$\ln y=-0.149\,3\ln x+7.627\,1$	0.999 9

续上表

沥青品种	温度（老化时间）	50%扭矩回归曲线			20r/min 回归曲线		
		黏度	转速—扭矩回归公式	相关系数	黏度	转速—黏度回归公式	相关系数
80 目+20%	135℃	13.749	$\ln y=-0.3426\ln x+10.869$	0.984 6	11.242	$\ln y=-0.2559\ln x+10.094$	0.991 5
	150℃	6.246	$\ln y=-0.3049\ln x+9.9324$	0.988 8	6.231	$\ln y=-0.2341\ln x+9.4412$	0.993 4
	170℃	2.801	$\ln y=-0.2553\ln x+8.9365$	0.994 1	3.323	$\ln y=-0.2036\ln x+8.711$	0.996 3
	180℃	2.006	$\ln y=-0.2729\ln x+8.6716$	0.995 7	2.573	$\ln y=-0.2146\ln x+8.4906$	0.997 4
80 目+22%	135℃	19.676	$\ln y=-0.3517\ln x+11.263$	0.998 6	14.592	$\ln y=-0.2603\ln x+10.368$	0.999 2
	150℃	9.259	$\ln y=-0.299\ln x+10.303$	0.998 5	8.450	$\ln y=-0.2303\ln x+9.7322$	0.999 1
	170℃	4.370	$\ln y=-0.3407\ln x+9.7154$	0.999	4.769	$\ln y=-0.2542\ln x+9.235$	0.999 4
	180℃	3.280	$\ln y=-0.35\ln x+9.4648$	0.998 5	3.888	$\ln y=-0.2593\ln x+9.0397$	0.999 2
	190℃	2.636	$\ln y=-0.3747\ln x+9.3402$	0.999 4	3.338	$\ln y=-0.2726\ln x+8.927$	0.999 7
80 目+24%	135℃	16.802	$\ln y=-0.2691\ln x+10.782$	0.995 3	10.836	$\ln y=-0.2122\ln x+10.155$	0.997 1
	150℃	8.180	$\ln y=-0.2304\ln x+9.9108$	0.991 9	7.740	$\ln y=-0.1875\ln x+9.5207$	0.994 6
	170℃	3.982	$\ln y=-0.2871\ln x+9.4128$	0.998 8	4.396	$\ln y=-0.2231\ln x+9.0585$	0.999 3
	180℃	3.541	$\ln y=-0.3203\ln x+9.4252$	0.999 2	4.065	$\ln y=-0.2426\ln x+9.0369$	0.999 6
80 目+26%	135℃	46.464	$\ln y=-0.596\ln x+13.078$	0.859 4	21.279	$\ln y=-0.3874\ln x+11.126$	0.946
	150℃	19.077	$\ln y=-0.3435\ln x+11.22$	0.994 7	14.392	$\ln y=-0.2559\ln x+10.353$	0.997 1
	170℃	10.070	$\ln y=-0.3578\ln x+10.617$	0.995	8.860	$\ln y=-0.2638\ln x+9.8814$	0.997 3
	180℃	5.890	$\ln y=-0.3169\ln x+9.9207$	0.997 1	5.917	$\ln y=-0.2408\ln x+9.4166$	0.998 3

续上表

沥青品种	温度（老化时间）	50%扭矩回归曲线			20r/min 回归曲线		
		黏度	转速—扭矩回归公式	相关系数	黏度	转速—黏度回归公式	相关系数
80 目+20%	135℃	6.637	$\ln y=-0.2102\ln x+9.6227$	0.9988	6.552	$\ln y=-0.1737\ln x+9.3104$	0.9992
	150℃	3.330	$\ln y=-0.2206\ln x+8.9736$	0.9996	3.738	$\ln y=-0.2206\ln x+8.9736$	0.9996
	180℃	1.283	$\ln y=-0.2508\ln x+8.1379$	0.9988	1.762	$\ln y=-0.2005\ln x+8.0751$	0.9992
	180℃(30min)	1.275	$\ln y=-0.2403\ln x+8.0906$	0.9977	1.735	$\ln y=-0.1938\ln x+8.0393$	0.9985
	180℃(2h)	1.404	$\ln y=-0.2513\ln x+8.2303$	0.9987	1.895	$\ln y=-0.2009\ln x+8.1489$	0.9992
	180℃(4h)	1.536	$\ln y=-0.2968\ln x+8.4979$	0.9966	2.133	$\ln y=-0.229\ln x+8.3442$	0.998
	180℃(6h)	1.672	$\ln y=-0.3036\ln x+8.6092$	0.9965	2.288	$\ln y=-0.2331\ln x+8.4269$	0.998
	180℃(10h)	1.683	$\ln y=-0.3001\ln x+8.6026$	0.9912	1.683	$\ln y=-0.2312\ln x+8.4244$	0.9948
80 目+20%+1%硫	135℃	13.931	$\ln y=-0.3597\ln x+10.949$	0.9965	11.342	$\ln y=-0.2647\ln x+10.122$	0.9981
	150℃	6.459	$\ln y=-0.3343\ln x+10.081$	0.9971	6.367	$\ln y=-0.2507\ln x+9.5158$	0.9984
	180℃	2.233	$\ln y=-0.3599\ln x+9.119$	0.9884	2.963	$\ln y=-0.2653\ln x+8.7787$	0.9937
	180℃(2h)	2.229	$\ln y=-0.3698\ln x+9.1558$	0.9844	2.981	$\ln y=-0.2708\ln x+8.7997$	0.9917
	180℃(4h)	1.761	$\ln y=-0.3361\ln x+8.7885$	0.9918	2.450	$\ln y=-0.2519\ln x+8.5475$	0.9954
	180℃(6h)	2.045	$\ln y=-0.3538\ln x+9.0071$	0.9783	2.788	$\ln y=-0.2624\ln x+8.7025$	0.9882
	180℃(10h)	1.691	$\ln y=-0.2945\ln x+8.585$	0.9814	2.313	$\ln y=-0.2283\ln x+8.415$	0.9889
平均值				0.9912			0.9956

(5)代表黏度值的确定

由试验分析可知，扭矩和黏度以及转速和黏度都有良好的线性相关性。采用50%的扭矩在每个温度下基本可以实现(除了在试验温度非常高，黏度很低的情况下，很难取到50%的扭矩；但试验证明在沥青黏度非常低时，黏度和转速及扭矩的相关性很小，类似于时间独立性流体)。20r/min的转速在很多情况下是不可取的，如在高温黏度低时，20r/min的黏度超出了黏度计的精度范围；在低温时黏度非常高，黏度又超出了20r/min的可测量量程，因此必须在选定好的转子和确定的温度范围内，方可采用20r/min测定黏度。20r/min的代表黏度值的求取必须根据黏度和转速的关系进行插值或外延。从确定的代表黏度值来看，在黏度较高时20r/min确定的黏度大于50%扭矩确定的转速，在黏度较低时20r/min方法确定的转速小于50%扭矩的转速。

根据ASTM D 2493—95a沥青标准黏温曲线图，纵坐标为黏度(Pa·s)的对数，横坐标温度t(℃)为普通坐标，按照$\lg\lg(\eta+10^3)=n-m\lg(t+273.13)$方式回归沥青的黏温曲线，并求取橡胶沥青的黏温指数(VTS值)。按以上回归分析结果，对两种黏度值进行曲线回归，代表黏度值、黏温曲线和VTS黏温指数，见表3-44、表3-45。

由以上结果可知，采用20r/min回归和50%扭矩回归的黏度值结果都显示出良好的线性关系，其黏温曲线的回归系数都在98%以上。前面的研究表明，转速和黏度的回归关系式的相关系数平均值比扭矩和黏度的回归关系式的相关系数平均值大。这说明在同一黏度环境下，转速和黏度的相关关系较好；而20r/min的黏温曲线相关系数略小于50%扭矩回归的黏温系数，说明在黏度环境有变化时，50%扭矩的黏度更能反映沥青的黏度。不同转子的比较也表现出同样的规律，在同一转速下SC4—28比SC4—27转子测定的黏度大8%左右；在同一扭矩下，SC4—28比SC4—27转子测定的黏度大6%左右。这主要是由于50%扭矩的黏度几乎都可以通过内插值求得，而20r/min的黏度常常需要通过外插值求得。

从物理意义上来说，由转速反映的剪切速率是黏度的一个重要的影响因素，用20r/min的换算黏度作为沥青的表观黏度，其物理意义明确。而扭矩反映的是仪器本身的一个精度范围的概念，反映了仪器测量所用的力矩和仪器所能给定的力矩的比值。用其作为沥青黏度测定的物理意义不够明确，但它是沥青黏度的一个非常重要的影响因素。

研究表明，在废胎胶粉掺量较大时，橡胶沥青是一种“剪切变稀”的非牛顿液体。一般情况下，对于这种材料，黏度随剪应力或剪切速率的增加而降低，但在剪应力或剪切速率非常低的极限情况下，黏度渐近常数(黏度较大)；在剪切速率非常高的极限情况下，黏度也渐近常数(黏度较低)。从以上试验结果可知，由于

70 号基质沥青不同掺量的黏温曲线回归结果　　表 3-44

橡胶沥青品种	按 20r/min 回归			按 50%扭矩回归		
	黏温曲线	相关系数	VTS	VTS	黏温曲线	相关系数
80 目－18%	$\lg\lg y=-1.732\,4\lg\lg x+5.092\,2$	0.991 7	－1.732 4	－2.081 7	$\lg\lg y=-2.081\,7\lg\lg x+6.003\,4$	0.994 7
80 目－20%	$\lg\lg y=-1.646\,3\lg\lg x+4.904\,5$	0.998 4	－1.646 3	－2.152 6	$\lg\lg y=-2.152\,6\lg\lg x+6.235\,1$	0.998 3
80 目－22%	$\lg\lg y=-1.338\lg\lg x+4.11$	0.990 1	－1.338	－1.810 8	$\lg\lg y=-1.810\,8\lg\lg x+5.357\,1$	0.992 4
80 目－24%	$\lg\lg y=-1.710\,1\lg\lg x+5.087\,4$	0.979 7	－1.710 1	－1.129 2	$\lg\lg y=-1.129\,2\lg\lg x+3.554\,2$	0.983 2
80 目－26%	$\lg\lg y=-1.944\,4\lg\lg x+5.743\,2$	0.987 7	－1.944 4	－1.271 4	$\lg\lg y=-1.271\,4\lg\lg x+3.957\,3$	0.984 8
平均		0.989 5	－1.674 2	－1.689 1		0.990 7

20r/min 和 50%扭矩的黏温曲线的回归结果(90 号基质沥青)　　表 3-45

沥青品种	按 50%扭矩回归			按 20 转回归		
	VTS	黏温曲线	回归系数	VTS	黏温曲线	回归系数
滨州 90 号	－3.356 0	$\lg\lg y=-3.356\lg x+9.169\,6$	1.000 0	－3.356 0	$\lg\lg y=-3.356\lg x+9.169\,6$	1.000 0
中山 40＋12%	－2.116 9	$\lg\lg y=-2.116\,9\lg x+6.174\,2$	0.998 1	－1.407 0	$\lg\lg y=-1.407\lg x+4.299\,5$	0.995 4
青岛 120 目＋5%	－1.873 9	$\lg\lg y=-1.873\,9\lg x+5.367\,8$	0.973 8	－2.463 0	$\lg\lg y=-2.463\lg x+6.931\,1$	0.993 3
120 目＋5%	－2.982 6	$\lg\lg y=-2.982\,6\lg x+8.221\,3$	1.000 0	－2.982 6	$\lg\lg y=-2.982\,6\lg x+8.221\,3$	1.000 0
120 目＋10%	－2.600 8	$\lg\lg y=-2.600\,8\lg x+7.249\,9$	0.999 0	－2.670 8	$\lg\lg y=-2.670\,8\lg x+7.436\,2$	0.999 7
120 目＋15%	－2.537 5	$\lg\lg y=-2.537\,5\lg x+7.121$	0.996 3	－2.372 1	$\lg\lg y=-2.372\,1\lg x+6.701\,1$	0.971 0
120 目＋20%	－2.093 6	$\lg\lg y=-2.093\,6\lg x+6.017\,6$	1.000 0	－1.622 6	$\lg\lg y=-1.622\,6\lg x+4.793\,9$	0.999 9
120 目＋25%	－1.883 1	$\lg\lg y=-1.883\,1\lg x+5.487\,7$	0.999 0	－1.352 6	$\lg\lg y=-1.352\,6\lg x+4.103\,2$	0.997 8
脱硫＋10%	－1.875 4	$\lg\lg y=-1.875\,4\lg x+5.392\,1$	0.995 9	－1.365 5	$\lg\lg y=-1.365\,5\lg x+4.068$	0.984 8
脱硫＋15%	－1.939 8	$\lg\lg y=-1.939\,8\lg x+5.554\,5$	0.995 4	－1.561 5	$\lg\lg y=-1.561\,5\lg x+4.572\,8$	0.986 6
脱硫＋20%	－2.314 9	$\lg\lg y=-2.314\,9\lg x+6.599$	0.991 1	－2.401 9	$\lg\lg y=-2.401\,9\lg x+6.829\,4$	0.996 3

续上表

沥青品种	按 50%扭矩回归			按 20 转回归		
	VTS	黏温曲线	回归系数	VTS	黏温曲线	回归系数
脱硫+25%	−2.131 8	$\lg\lg y=-2.131\,8\lg x+6.110\,1$	0.990 8	−1.738 5	$\lg\lg y=-1.738\,5\lg x+5.086\,6$	0.988 3
脱硫+30%	−2.132 6	$\lg\lg y=-2.132\,6\lg x+6.127\,7$	0.999 6	−1.720 3	$\lg\lg y=-1.720\,3\lg x+5.054$	0.999 3
40 目+5%	−2.649 8	$\lg\lg y=-2.649\,8\lg x+7.357\,4$	0.998 9	−2.649 8	$\lg\lg y=-2.649\,8\lg x+7.357\,4$	0.998 9
40 目+10%	−2.169 1	$\lg\lg y=-2.169\,1\lg x+6.147\,2$	0.994 2	−1.867 6	$\lg\lg y=-1.867\,6\lg x+5.367$	0.985 5
40 目+15%	−2.065 8	$\lg\lg y=-2.065\,8\lg x+5.915$	0.997 6	−1.629 9	$\lg\lg y=-1.629\,9\lg x+4.782\,4$	0.988 7
40 目+20%	−1.953 7	$\lg\lg y=-1.953\,7\lg x+5.662\,5$	0.995 6	−1.535 5	$\lg\lg y=-1.535\,5\lg x+4.574\,7$	0.996 3
40 目+25%	−1.479 1	$\lg\lg y=-1.479\,1\lg x+4.474\,4$	0.978 9	−0.985 4	$\lg\lg y=-0.985\,4\lg x+3.174\,8$	0.975 4
80 目+5%	−2.765 5	$\lg\lg y=-2.765\,5\lg x+7.658\,4$	0.999 4	−2.765 5	$\lg\lg y=-2.765\,5\lg x+7.658\,4$	0.999 4
80 目+10%	−2.389 1	$\lg\lg y=-2.389\,1\lg x+6.715\,9$	0.998 0	−2.151 9	$\lg\lg y=-2.151\,9\lg x+6.098$	0.994 1
80 目+15%	−1.834 1	$\lg\lg y=-1.834\,1\lg x+5.308\,3$	0.982 8	−1.848 6	$\lg\lg y=-1.848\,6\lg x+5.352$	0.991 9
80 目+20%	−1.989 1	$\lg\lg y=-1.989\,1\lg x+5.768$	0.997 9	−1.593 6	$\lg\lg y=-1.593\,6\lg x+4.735\,8$	0.999 1
80 目+25%	−1.668 7	$\lg\lg y=-1.668\,7\lg x+4.993\,9$	0.996 3	−1.179 3	$\lg\lg y=-1.179\,3\lg x+3.698$	0.996 3
16 目+20%	−2.061 4	$\lg\lg y=-2.061\,4\lg x+5.925\,1$	0.996 1	−1.379 2	$\lg\lg y=-1.379\,2\lg x+4.158\,5$	0.999 1
16 目+25%	−1.696 0	$\lg\lg y=-1.696\lg x+4.996\,1$	0.997 8	−0.857 8	$\lg\lg y=-0.857\,8\lg x+2.820\,4$	0.969 8
16∶80=1∶4	−2.046 5	$\lg\lg y=-2.046\,5\lg x+5.893$	0.997 1	−1.721 5	$\lg\lg y=-1.721\,5\lg x+5.047\,2$	0.995 8
16∶80=2∶3	−2.202 7	$\lg\lg y=-2.202\,7\lg x+6.268\,3$	0.997 8	−1.947 8	$\lg\lg y=-1.947\,8\lg x+5.606\,9$	0.996 7
16∶80=3∶2	−2.413 4	$\lg\lg y=-2.413\,4\lg x+6.801\,7$	0.998 3	−2.248 0	$\lg\lg y=-2.248\lg x+6.369\,9$	0.997 3
16∶80=4∶1	−2.820 6	$\lg\lg y=-2.820\,6\lg x+7.822$	0.999 5	−2.820 6	$\lg\lg y=-2.820\,6\lg x+7.822$	0.999 5
平均	−2.208 4		0.995 4	−1.937 8		0.993 0

橡胶沥青并非完全时间独立性流体，其在低剪切速率下黏度的渐近的规律不明显，但在高转速下黏度逐渐稳定的趋势比较明显；而且从前面的研究也发现，不同的橡胶沥青稳定的转速并不一样，20r/min 的转速并不是所有沥青的稳定转速，20r/min 的黏度不能反映所有橡胶沥青的所处的黏度阶段。

表 3-46 汇总了大量 70 号和 90 号基质沥青制备的橡胶沥青黏度的试验结果，可知橡胶沥青的黏度受基质沥青的影响较大。其中 20％废胎胶粉掺量的橡胶沥青的黏度在基质沥青为 70 号时，采用 SC4—27 转子、50％扭矩的情况下，黏度范围为 0.9～2.1Pa·s；采用 20r/min 转速的黏度范围为 1.0～2.6Pa·s。90 号基质沥青的橡胶沥青在 50％扭矩时黏度为 0.6～1.5Pa·s；20r/min 时黏度为 1.0～2.1Pa·s。在相同掺量 20％时，70 号基质沥青的橡胶沥青黏度比 90 号沥青提高了 30％～50％。

不同橡胶沥青的 180℃ 黏度(Pa·s)　　表 3-46

沥青品种	5%		10%		15%		20%		25%	
	50%扭矩	20 r/min	50%扭矩	20 r/min	50%扭矩	20 r/min	50%扭矩	20 r/min	50%扭矩	20 r/min
90 号＋80 目斜交胎废胎胶粉					0.518	0.715	0.716	1.352	1.412	1.967
90 号＋40 目斜交胎废胎胶粉							0.741	1.202	1.209	2.194
90 号＋120 目废胎胶粉	0.098	0.098	0.158	0.158	0.258	0.342	0.725	1.114	1.157	1.750
90 号＋80 目废胎胶粉	0.114	0.114	0.223	0.262	0.558	0.595	1.142	1.537	5.134	4.819
90 号＋40 目废胎胶粉	0.122	0.122	0.274	0.364	0.483	0.705	0.956	1.378	3.370	4 171
90 号＋16 目废胎胶粉	0.064	0.064	0.231	0.473	0.856	1.869	0.665	1.347	1.240	2.960
90 号＋40 目＋20%试验路现场							1.488	2.033		
平均值	0.099	0.099	0.222	0.314	0.535	0.845	0.919	1.423	2.254	2.977
70 号＋80 目斜交胎废胎胶粉							1.271	2.029	3.133	3.779
70 号＋80 目废胎胶粉							2.006	2.573		
70 号＋80 目废胎胶粉							0.958	1.088		
70 号＋80 目广东废胎胶粉							1.283	1.762		
平均值							1.379	1.863		

(6)毛细管黏度和手持式黏度的对比研究

毛细管法和旋转黏度计存在理论上的换算关系。假定橡胶沥青的沥青密度为1.03g/cm³，毛细管黏度计和手持式黏度试验的平行试验结果见表3-47；相关关系曲线见图3-50。

毛细管黏度和手持式黏度的对比试验结果(Pa·s) 表3-47

温 度	沥 青 品 种	毛细管运动黏度($10^{-3}m^2/s$)	手持式动力黏度(Pa·s)	以沥青密度为1.03 g/cm³ 转换为运动黏度
135℃	90号	0.323	0.117	114
	北京90号+19%	3.117	1.131	1 098
	北京90号+15%	3.659	0.653	633
	北京90号+17%	5.875	1.600	1 553
	壳70号+15%	1.783	1.128	1 095
160℃	90号	0.163	0.045	44
	北京90号+19%	1.561	0.610	592
	北京90号+17%	1.121	0.740	718

尽管理论上运动黏度和动力黏度有良好的相关性，但在实际操作中，由于手持式黏度缺乏精确的温度控制装置，使得两种黏度的之间相关性较差。

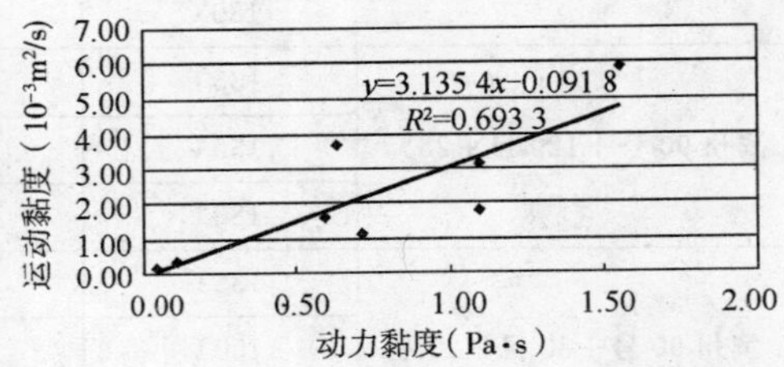

图3-50 毛细管黏度和手持式黏度的相关曲线

沥青是一种感温性材料，温度对其黏度的影响很大，因此我国沥青黏度试验要求的温度精度为0.1℃，ASTM的控温精度要求到0.03℃，AASHTO的控温精度规定在0.06℃。手持式黏度测试中采用烘箱控温的精度在1℃左右，在试验操作时由于没有精确的保温设备，沥青在室温下温度降低，试验温度差能达到20℃左右。因此，手持式黏度计只适合作为现场沥青罐中沥青黏度的测试或大量取样沥青黏度的测试，不适合室内少量的黏度试验。

(7)Brookfield黏度和手持式黏度的对比研究

由于手持式黏度计具有方便、便捷等特点，其经常作为现场黏度控制的测试手段。建立手持式黏度计和Brookfield黏度的相关关系，对科学的评价橡胶沥青的现场测试黏度，并制定现场黏度的控制指标和误差范围有非常重要的意义。

Brookfield黏度计和手持式黏度计采用的都是采用旋转法测定黏度。手持式黏度计采用圆轴圆筒式测定方法，具有固定的转速 62.5r/min，有三个针对不同黏度范围的转子 1 号（3～150dPa·s）、2 号（100～400dPa·s）和 3 号（0.3～13dPa·s）。使用 1 号和 2 号转子时，应采用 JIS300mL 烧杯作外筒；使用 3 号转子时，应与 3 号测量杯（170mL）一起使用。在现场，若采用较大容器，所得到的测量值将降低 5%左右。Brookfield 黏度计可以在 0～200r/min 内无级调速，采用的是锥板式黏度测量方法，可有效消除转子的端部效应，且具有精确的控温装置，控温精度能够达到 0.1℃。两者测试方法具有理论的一致性，在实施过程中又有明显的差别。

为了保证手持式黏度计测量的准确性，实验室采用了保温措施，以尽量减少在室温环境里沥青的温度散失，但由于温度控制不够精确，仍有一定范围的波动。表 3-48 和图 3-51 分别为采用 Brookfield 黏度计和手持式黏度计的对比试验结果和相关曲线。

Brookfied 黏度和手持式黏度的对比试验结果（Pa·s）　　表 3-48

沥青种类	温度	手持式	50%扭矩	20r/min
滨州 90 号 120 目+20%废胎胶粉	135℃	2.500	3.631	4.071
	150℃	1.500	2.016	2.560
	180℃	0.850	0.725	1.114
滨州 90 号+120 目+25%	135℃	2.900	5.427	5.500
	150℃	2.400	2.937	3.463
	180℃	1.300	1.157	1.750
滨州 90 号+80 目+20%	135℃	4.300	5.906	5.860
	150℃	3.000	3.006	3.473
	180℃	1.600	1.142	1.537
70 号+中山 40 目+12%	180℃	1.800	3.560	4.381
青岛 90 号+120+5%	135℃	0.600	0.895	1.558
	150℃	0.270	0.700	0.729
	180℃	0.080	0.276	0.287

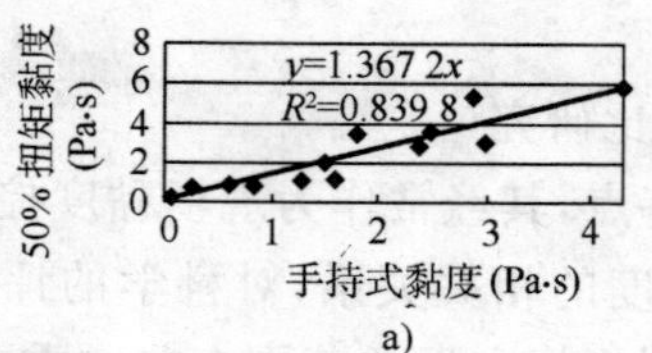

a)

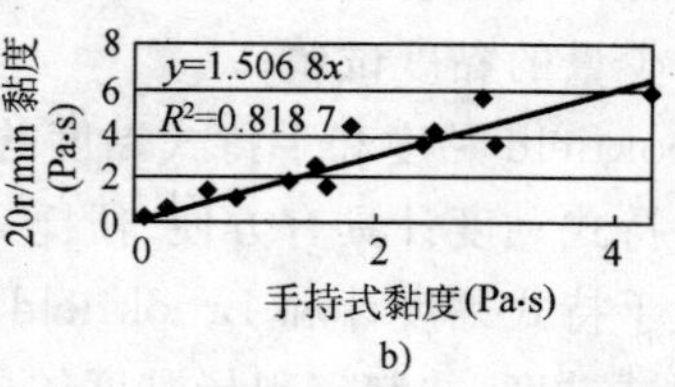

b)

图 3-51　手持式黏度和 Brookfield 黏度的关系

a）手持式 50%扭矩黏度；b）手持式 20r/min 黏度

从试验结果来看，手持式黏度计和 Brookfield 黏度计结果有良好的相关性。Brookfield 的黏度测试结果是手持式黏度计测试结果的 1.3～1.5 倍。美国加利福尼亚州的研究曾指出现场黏度和实验室黏度的差别在±800cP($1cP=10^{-3}$ Pa·s)范围内，从交通部公路科学研究院的结果来看这种情况只适合在一定的黏度范围，在现场黏度较大时，会超过这个范围。从理论上来说，这种关系是成立的，通过前面的分析已经说明橡胶沥青的黏度采用的转速有明显的相关性。手持式黏度计采用的转速为 62.5r/min，而 Brookfield 黏度计的测试结果，根据 AASHTO 的标准要求，一般取用 20r/min 的测试结果。同时根据试验仪器精度的要求，对比分析 50%扭矩的黏度和手持式黏度的结果，发现两者之间的相关性更好。为了能准确控制现场黏度，在室内应通过试验建立手持式黏度计和 Brookfield 黏度计测试结果的相关关系，对现场黏度进行科学地控制。

五、黏度和橡胶沥青其他技术参数的相关关系

黏度是沥青的最基本指标之一，与沥青的其他一些技术指标有一定的相关性。

1. 黏度和测力延度(表 3-49)

橡胶沥青测力延度和 Brookfield 黏度 表 3-49

品 种	掺量(%)	5℃测力延度			180℃黏度 (Pa·s)
		S(mm)	*F*(N)	*W*(J)	
90 号滨州+80 目子午胎	5.00	57	106	3.575	0.114
	10.00	68.5	130.5	7.47	0.223
	15.00	112	110.5	9.08	0.558
	20.00	144	57.5	5.585	1.142
	25.00	165	78.5	9.47	4.472
70 号+80 目子午胎	18.00	84	111	6.97	0.998
	20.00	109	101	7.52	2.006
	22.00	104.5	100	7.64	3.280
	24.00	101.5	80	6.635	3.541
	26.00	99.5	97.5	7.375	5.890

延度是在规定的速度和温度下拉伸标准试件的两端直到断裂的长度。延度试验结果能够间接反映在路面使用温度下沥青黏度和剪切敏感性的关系，与路面的使用性能有一定的相关性。但由于橡胶沥青中废胎胶粉颗粒的存在，在延度拉伸过程中，应力在废胎胶粉颗粒周围的集中，会导致橡胶沥青的延度普遍偏小。为了科学评价橡胶沥青的低温拉伸性能，试验将采用测力延度仪。测力延度也是国际上用来评价改性沥青的一种项指标。其能够测量拉伸力、位移和最终形成的面积(破坏能量)，以反映橡胶沥青在低温时的拉伸性能。

从图 3-52 可以看出，黏度和测力延度的相关性不大，但从回归结果看，无论是对 W、F 还是 S，都存在黏度值达到一定程度后对其影响逐渐减小的规律。因此在黏度很低时掺加废胎胶粉增加沥青的黏度，能够显著增大沥青的延伸性能，在黏度已经很大后，继续增大沥青的黏度对提高沥青的延伸性能已经没有显著的效果，反而会导致施工的和易性降低，因此橡胶沥青的黏度应该需要有上限值。

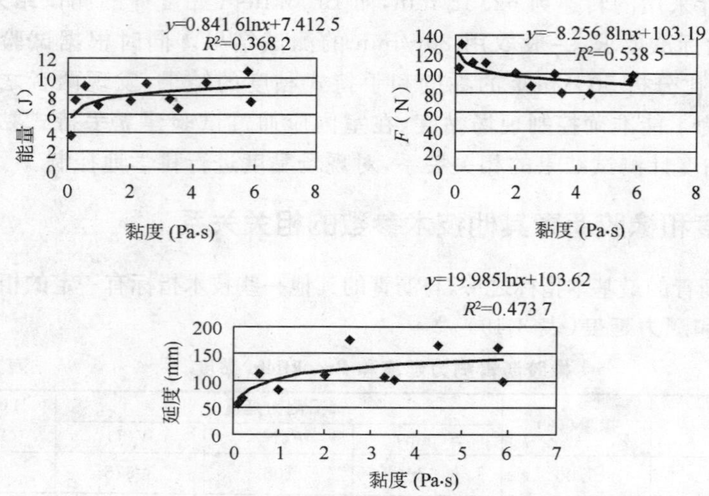

图 3-52　黏度和测力延度各参数的关系曲线

2. 黏度和黏韧性（表 3-50）

橡胶沥青黏度和黏韧性　　表 3-50

品　种	掺量(%)	力 (N)	面积 1 (N·m)	韧性 (N·m)	黏韧性 (N·m)	180℃黏度 (Pa·s)
120 目	5	184	1.484	1.462	2.947	0.098
	10	164	2.404	1.24	3.644	0.158
	15	160	2.635	1.571	4.206	0.258
	20	193	3.661	2.606	6.267	1.114
	25	171	3.479	2.973	6.452	1.157
80 目	5	201	3.27	1.066	3.984	0.114
	10	233	3.878	2.297	6.175	0.223
	15	272	5.434	3.237	8.671	0.558
	20	275	6.489	3.882	10.371	1.142
	25	252	6.729	2.515	9.243	4.472

续上表

品 种	掺量(%)	力 (N)	面积 1 (N·m)	韧性 (N·m)	黏韧性 (N·m)	180℃黏度 (Pa·s)
40 目	5	161	2.076	0.811	2.887	0.122
	10	184	3.055	1.899	4.954	0.274
	15	195	3.802	2.788	6.59	0.483
	20	179	4.117	3.495	7.611	0.956
	25	174	4.775	2.672	7.447	3.370
16 目	5	160	0.409	2.099	2.508	0.064
	10	206	0.776	2.6	3.376	0.231
	15	261	1.113	2.402	3.515	0.856
	20	317	1.688	3.597	5.285	0.665
	25	339	1.953	3.205	5.158	1.240
脱硫废胎胶粉	10	126	2.31	2.057	4.367	0.380
	15	137	2.281	2.083	4.364	0.339
	20	193	4.668	1.482	6.15	0.640
	25	177	4.553	1.24	5.793	0.654
	30	146	4.039	1.745	5.784	0.806
70 号+20%		−558	10 396	10.396	0	10.396
70 号 1+2%		−375	7 749	7.749	2.659	10.408
70 号+hwy		−370	7 684	7.684	2.296	9.979
70 号+1%		−336	7 226	7.226	3.197	10.423
70 号 1+1%		−314	6 273	6.273	2.539	8.812
gy		−218	4 272	4.272	5.305	9.578
tj		−191	2 940	2.94	4.7	7.64

国外的研究表明,沥青的黏韧性的结果是评价橡胶类改性沥青性能的一种比较好的方法。黏韧性的测试是在规定温度下高速拉伸时测试沥青与金属半球的黏韧性及韧性。表 3-49 和图 3-54 是大量黏度和韧性关系的汇总,可见黏度和黏韧性试验的拉伸力、黏韧性、面积 1 有一定的相关性,和沥青的韧性无直接的相关性。

(注:在黏韧性试验中,面积 2 为韧性,面积 1+面积 2 为黏韧性,规范中没有对面积 1 进行定义,在此依然按面积 1 称呼。)

尽管图 3-53 对所有橡胶沥青的黏度和韧性的汇总看不出黏度和韧性的相关关系,但通过对不同目数下的橡胶沥青的黏度和韧性的关系分析(图 3-54),

发现在同一目数下橡胶沥青的黏度和韧性有着非常好的相关性，而且废胎胶粉越细这种相关性越显著。在废胎胶粉为120目时，随着黏度的增大，韧性直线增大；在废胎胶粉目数为40目和80目时，橡胶沥青的黏度和韧性呈对数相关；在废胎胶粉目为16目时，橡胶沥青的黏度和韧性的相关性减弱，这与16目橡胶沥青中废胎胶粉容易离析，质量不稳定有关。图3-55为脱硫废胎胶粉的试验曲线，可见韧性随黏度的增大而减小，说明脱硫废胎胶粉改性的橡胶沥青的机理已经和普通废胎胶粉的改性机理不同。

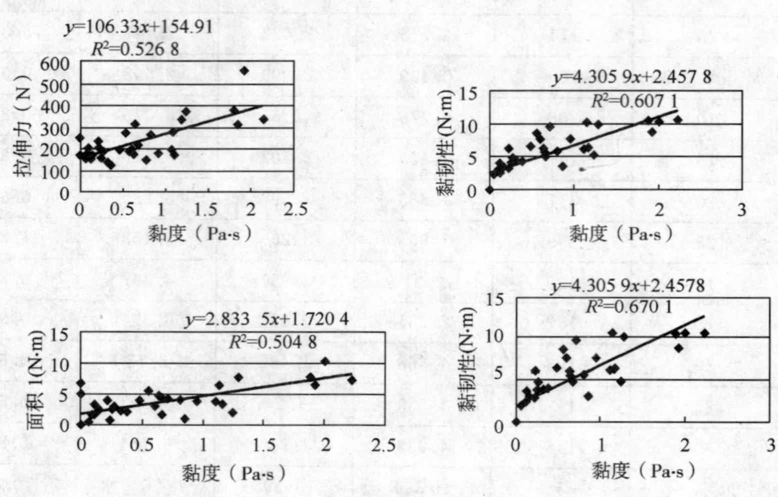

图3-53　黏度和黏韧性各参数的关系曲线

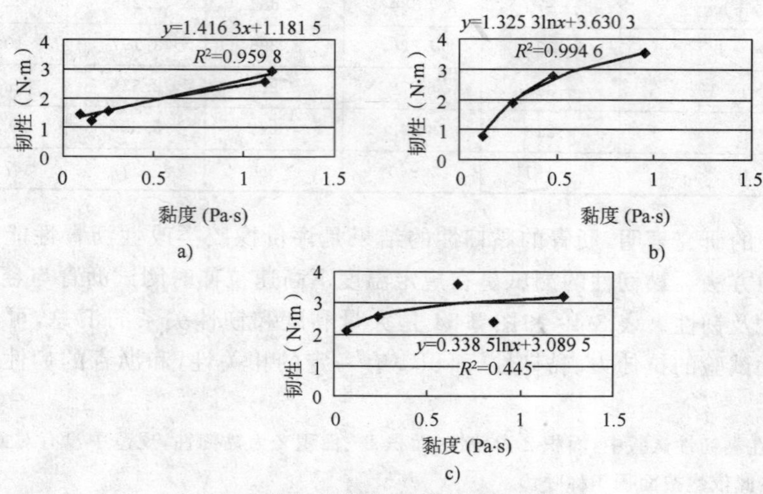

图3-54　不同目数废胎胶粉的黏度—韧性的关系

a)120目橡胶粉；b)40目橡胶粉；c)16目橡胶粉

通过以上试验表明，黏度和黏韧性具有一定的相关性。对橡胶沥青而言，废胎胶粉的粒径对黏韧性有显著的影响，在采用精细废胎胶粉时，韧性随着黏度的增大而增大；采用较粗的废胎胶粉时黏度对韧性影响减小；采用脱硫废胎胶粉或添加外加剂后黏度和黏韧性的相关关系发生改变。为了保证橡胶沥青具有较好的抗剪切和拉伸性能，应综合考虑橡胶沥青黏度和黏韧性指标。

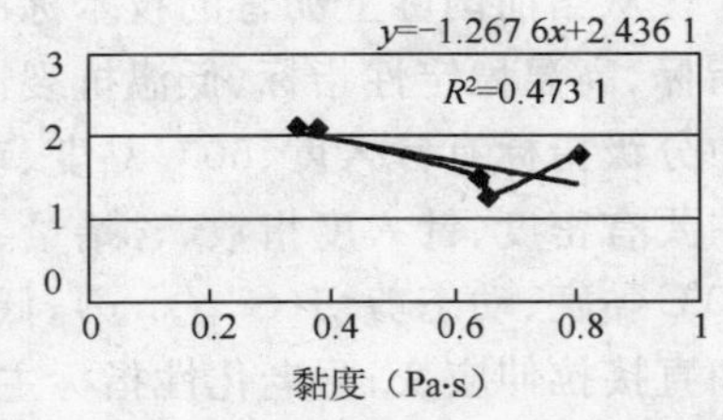

图 3-55　脱硫废胎胶粉的黏度－韧性的关系

第五节　橡胶沥青的技术指标分析

一、国外橡胶沥青技术指标体系介绍

沥青的技术标准发展主要经历了针入度分级、黏度分级和路用性能分级(PG)三个阶段。橡胶沥青作为一种路用材料，和基质沥青一样需要根据其性能进行分级；但由于不同的国家和地区橡胶沥青的使用范围和方法并不相同，橡胶沥青的分级标准不完全相同。早期的橡胶沥青的分级主要参考基质沥青的分级标准，在基质沥青的指标基础上，采用针入度分级。如 1992 年 FHWA1997 年 ASTM 标准是以针入度标准进行分级，其指标是在普通沥青指标基础上提出的。

随着橡胶沥青在道路工程中应用的日益广泛，使用橡胶沥青的国家和地区根据环境气候条件的要求和橡胶沥青本身的技术性能对橡胶沥青的分级进行了细化。其主要的分级方法有两种，一是依据橡胶沥青的组成成分，根据基质沥青性能和废胎胶粉掺量来分级。从国际上现有的分级标准来看，美国亚利桑那州根据基质沥青进行分级，其指标只有一个黏度；佛罗里达州是按胶粉掺量进行分类，对应于 5％、12％、20％的掺量分别是 ARB5、ARB12、ARB20。另一种根据橡胶沥青应用的气候环境和橡胶沥青的高低温性能的特点分为热区、温区和寒区。ASTM、FHWA 及亚利桑那州技术标准是根据不同气候区，将橡胶沥青分为三档，分别适用于热区、温区及寒区。也有一些橡胶沥青应用非常广泛的国家和地区，只针对橡胶沥青这种材料提出了一个技术标准，没有分级，如美国加利福尼亚州、得克萨斯州，南非等。

对橡胶沥青采用 PG 分级的指标评价，分析橡胶沥青的适用温度域范围，也是国际上对橡胶沥青性能评价的一种方法。但由于橡胶沥青性能受废胎胶粉、沥青等因素的影响，国际上对橡胶沥青都没有采用 PG 分级。

从当前国际上沥青的技术标准来看，沥青的标准指标主要有分级指标、综合指标、高温稳定性指标、低温抗裂性能指标、耐老化性指标、施工及安全指标。其中分级指标有针入度、60℃黏度、动态剪切、蠕变劲度和直接拉伸应变；综合指标主要有密度、针入度指数、含蜡量、溶解度、灰分；高温稳定性指标主要有软化点，60℃黏度、动态剪切（$G^*/\sin\delta$）；低温抗裂性能指标主要有延度、脆点、蠕变劲度和直接拉伸应变；耐老化性指标主要有薄膜加热试验、旋转薄膜加热试验，压力老化试验，蒸发损失试验，旋转烧瓶试验，老化前后的质量损失、针入度比、软化点比、黏度比，脆点、延度、蠕变劲度和直接拉伸应变；施工及安全指标主要有闪点、135℃黏度。

橡胶沥青的技术指标体系和普通沥青一样，需要包括以上内容，同时橡胶沥青又有其自身的特点。通过对国际上橡胶沥青技术指标进行汇总（表 3-51），表明橡胶沥青的核心指标为针入度（锥入度）、软化点、弹性恢复及黏度。

国外主要橡胶沥青技术指标体系　　表 3-51

ASTM(D 6114—97)	亚利桑那州	得克萨斯州、加利福尼亚州	智　利	南　非	佛罗里达州
表观黏度(175℃) (ASTM D 2196 方法 A)	旋转黏度 (177℃)	黏度(177℃、191℃)	黏度 (175℃)	黏度(190℃)	黏度(旋转) (150℃、175℃)
针入度(25℃,100g,5s) (ASTM D 5)		锥入度(25℃,150g,5s)	针入度 (25℃)	压缩恢复	
针入度(4℃,200g,60s) (ASTM D 5)	针入度 4℃ (200g,60s)		针入度 (4℃)		
			针入度指数		
软化点(℃) ASTM D 36	软化点 (ASTM D 36)	软化点,℃	软化点	软化点	
弹性恢复(25℃) (ASTM D 5329)	弹性恢复 (25℃)	弹性恢复 (25℃)	弹性恢复 (25℃)		
闪点(℃) (ASTM D 93)					
薄膜烘箱 (ASTM D 1 754)					
针入度(4℃，%)					
密度					密度（15℃）

由表 3-51 可知，黏度是橡胶沥青的最基本指标之一。与一般的普通沥青和

改性沥青不同，这时的黏度不仅仅是施工和易性的控制技术指标，而且是沥青品质好坏的指标。当黏度低时，不能有效体现橡胶沥青良好的路用性能；当黏度太高时，将给施工带来困难。

针入度是一个常用指标。尽管由于橡胶沥青中有废胎胶粉颗粒的单独存在，大量的试验结果表明橡胶沥青的针入度指标离散性较大，且对橡胶沥青性能的反应不敏感，但是考虑到针入度指标能够直观的反映出沥青的硬软程度，同时为了与其他沥青性能有一定的可比性，当前的橡胶沥青技术指标体系中依然普遍采用针入度指标，但其指标的控制范围较宽。同时为了减少废胎胶粉颗粒对针入度指标的影响，有的地方对橡胶沥青的针入度指标进行了改进。ASTM 采用 25℃针入度指标（标准试验方法）和 4℃针入度指标（荷重 200g，贯入时间 60s），对橡胶沥青进行更宽温度域范围的限制；得克萨斯州和加利福尼亚州采用 25℃的针入度（荷重 150g，贯入时间 5s），以消减废胎胶粉颗粒对针入度的影响。

软化点是沥青类材料另一个常用的性能指标。与针入度指标一样，尽管这个指标用于评价橡胶沥青性能存在争议，但为了便于与其他沥青进行比较，仍将其作为橡胶沥青的辅助指标。

弹性恢复指标反映了橡胶沥青在受力后的弹性恢复性能。废胎胶粉的掺入直接导致沥青的弹性恢复增大。提高沥青的弹性恢复能力可以减小荷载作用下的残余变形，减少路面的损坏。美国加利福尼亚州的橡胶沥青技术指南明确指出，弹性恢复是表示橡胶沥青抗疲劳和反射裂缝方面现场性能的最好的指标。良好的弹性也是橡胶沥青的一个重要性能。弹性恢复指标是评价橡胶沥青技术性能的一个重要指标。

延度反映了沥青的延伸性能，与路面的使用性能有一定的相关性。虽然延度本身是一个经验性指标，受力状态和温度条件也和路面低温断裂状况差异较大，但仍为工程和研究界所重视，是我国常用的沥青三大指标之一。在橡胶沥青延度测试中，由于橡胶沥青中废胎胶粉颗粒的存在，延度拉伸过程中应力在废胎胶粉颗粒周围集中，拉断的断口宽而齐，这会导致橡胶沥青的黏度普遍偏小，除早期 FHWA 橡胶沥青标准有低温延度指标外，其他标准均没有。基于低温延伸性能是沥青的重要的性能之一，对橡胶沥青的低温延度可以采用降低测试温度和拉伸速率的方法来获得，或者采取 SHRP 的 DT 试验来测试橡胶沥青在极低温度下的变形能力。目前，还没有专门针对橡胶沥青的低温拉伸性能的试验方法。

沥青老化是一个逐渐发展的过程，它的速率直接影响路面的使用寿命，是影响路面耐久性的主要因素。试验研究表明，橡胶沥青的抗老化性能优于普通沥青和一般改性沥青，成为橡胶沥青公认的一种优良性能。除早期的 FHWA 标准中有橡胶沥青的老化性能指标，大部分橡胶沥青的标准中都取消了这一指标。

除了以上常见指标外，为了反映橡胶沥青的良好弹性性能和保证橡胶沥青作为洒铺沥青时的施工可操作性能，南非的橡胶沥青技术标准中增加了流值和压缩恢复两个指标。

表3-52～表3-59为世界上一些国家和地区以及协会制定的橡胶沥青指标。学习、了解这些先进经验，可为今后制定我国橡胶沥青提供有益的借鉴。

美国FHWA胶粉改性沥青技术标准(SA—002—1992)　　表3-52

项目		热区(ARB-1)	温区(ARB-2)	寒区(ARB-3)
25℃针入度		25～75	50～100	75～150
软化点		＞54	＞49	＞43
延度 4℃(1cm/min)		＞5	＞10	＞20
弹性恢复		＞20	＞10	＞0
TFOT	针入度比(%)	＞75	＞75	＞75
	延度比(%)	＞50	＞50	＞50

ASTM橡胶沥青技术标准(D 6114—97)　　表3-53

项目		1型	2型	3型
黏度 Pa·s(175℃) D 2196方法A	min	1.5	1.5	1.5
	max	5.0	5.0	5.0
25℃针入度 (100g,5s)		25～75	25～75	50～100
4℃针入度 (200g,60s)	min	10	15	25
软化点(℃)	min	57.2	54.4	51.7
25℃弹性恢复(%)	min	25	20	10
闪点(℃)	min	232.2	232.2	232.2
TFOT后4℃针入度比(℃)	min	75	75	75

美国亚利桑那州橡胶沥青技术标准　　表3-54

项目	A型	B型	C型
基质沥青等级	PG64-16	PG58-22	PG52-28
177℃旋转黏度(Pa·s)	1.5～4.0	1.5～4.0	1.5～4.0

续上表

项目	A 型	B 型	C 型
针入度 4℃(200g,60s)(ASTM D 5)	10	15	25
软化点(ASTM D 36)	57	54	52
25℃弹性恢复(ASTM D 5329)	30	25	15

佛罗里达州橡胶沥青技术标准 表 3-55

橡胶沥青类型	ARB5	ARB12	ARB20
胶粉类型	TYPE A 或 B	TYPE B 或 A	TYPE C 或 B 或 A
胶粉最小用量(占沥青重,%)	5	12	20
基质沥青	AC30	AC30	AC20
最小温度(℃)	150	150	170
最大温度(℃)	170	175	190
最小反应时间(min)	10	15	30
15℃密度(kg/cm³)	8.6 1.03	8.7 1.04	8.8 1.05
黏度(旋转,不小于,Pa·s)	0.4(150℃)	1.0(150℃)	1.5(175℃)

南非胶粉改性沥青标准 表 3-56

项目	技术要求	试验方法
压缩恢复 5min 1h 4d	 80~100 70~95 25~55	Sabita BR3T
软化点(℃)	55~62	ASTM D 36
弹性恢复(%)	15~35	Sabita BR2T
流值	15~55	Sabita BR4T
黏度(Haake,190℃,Pa·s)	2.0~5.0	Sabita BR5T

得克萨斯州、加利福尼亚州橡胶沥青技术标准 表 3-57

项　目	得克萨斯州		加利福尼亚州	
	技术要求	试验方法	技术要求	试验方法
黏度(Haake,Pa·s)	1.5～4.5(177℃)	—	1.5～4.0(191℃,现场)	—
针入度(25℃,150g,5s)	>20	ASTM D 1191	25～70	ASTM D 217
软化点(℃)	>57	Tex-505-C	52～74	ASTM D 36
弹性恢复(25℃,%)	>15	ASTM D 3407	18	ASTM D 3407

葡萄牙橡胶沥青规范 表 3-58

项　目	标　准	试验方法
黏度(175℃,Pa·s)	1.500～4.000	ASTM D 2196
针入度(25℃,100g,5s,1/10mm)	20～75	ASTM D 5
软化点(℃)	54.4	ASTM D 36
回弹(Resilience,25℃,%)	15	ASTM D 5329
闪点(℃)	232.2	ASTM D 93

注:基质沥青保持在 175～220℃,加入废胎胶粉后,在 180℃反应时间 45min;废胎胶粉内掺 19%,1 200r/min。

智利橡胶沥青规范 表 3-59

项　目	标　准	试验方法
黏度(175℃,Pa·s)	1.500～5.000	ASTM D 2196
针入度(25℃,100g,5s,1/10mm)	20～75	NCh 2340
针入度(4℃,100g,5s,1/10mm)	>15	NCh 2340
回弹(Resilience,25℃,%)	>20	ASTM D 5329
软化点(℃)	>54.4	NCh 2337

二、我国橡胶沥青技术指标试验分析

1. 针入度

表 3-60 为不同目的和用途的不同标号基质沥青、不同规格废胎胶粉下大量橡胶沥青的试验结果汇总。对比 90 号基质沥青和 70 号基质沥青掺加 20%废胎胶粉后的针入度结果,可以看出橡胶沥青的针入度和基质沥青的针入度有很大的相关性。在 20%废胎胶粉掺量下,橡胶沥青的针入度在基质沥青的针入度的范围内上下波动,略小于基质沥青的针入度。

90 号沥青加入 20％废胎胶粉针入度由 73 降低为 69(平均值)，变异系数为 12.7％；70 号沥青加入 20％废胎胶粉针入度由 60 降低为 47(平均值)，变异系数为 12.7％。考虑±1 倍的标准差，90 号橡胶沥青的针入度为 60～77，70 号橡胶沥青的针入度为 41～53。由此可见，沥青中加入废胎胶粉后针入度降低了一个等级，相当于由 90 号变为 70 号，70 号变为 50 号沥青。

不同橡胶沥青的 25℃ 针入度汇总表 表 3-60

胎源	橡胶沥青品种	针入度(0.1mm)	橡胶沥青品种	针入度(0.1mm)	胎源	橡胶沥青品种	针入度(0.1mm)
90 号		73	70 号		子午胎 90 号 +5％	40 目	44
90 号＋21％38 目脱硫胶粉		60	70 号＋20％80 目废胎胶粉(1)	43		80 目	69
斜交胎	90 号＋21％80 目	70	70 号＋20％80 目废胎胶粉(2)	41		120 目	49
	90 号＋20％80 目	60	70 号＋20％80 目废胎胶粉(3)	43	斜交胎 90 号 +5％	40 目	61
	90 号＋20％40 目	60	70 号＋20％80 目废胎胶粉(4)	51		80 目	65
子午胎	90 号＋20％40 目	84	70 号＋20％80 目废胎胶粉(5)	51		120 目	62
	90 号＋20％80 目	68	70 号＋20％80 目(170℃)	48	子午胎 90 号 +10％	40 目	74
	90 号＋20％120 目	67	70 号＋20％80 目(180℃)	40		80 目	66
斜交胎	90 号＋20％40 目	79	70 号＋20％80 目(200℃)	43		120 目	62
	90 号＋20％80 目	77	70 号＋20％80 目(220℃)	56	斜交胎 90 号 +10％	40 目	67
	90 号＋20％120 目	62	70 号＋20％80 目(240℃)	56		80 目	47
						120 目	45
最大值		84		56			
最小值		60		40			
平均值		69		47			

注：①表中 70 号和 90 号表示基质沥青的标号，70 号基质沥青下的废胎胶粉都为斜交胎废胎胶粉。

②(数字)为同样的基质沥青下掺加废胎胶粉和不同品种添加剂的橡胶沥青。

(温度)为不同加工温度下的橡胶沥青。

2. 软化点

表 3-61 是不同橡胶沥青的软化点的试验测试结果的汇总表。对于基质沥青为 90 号，掺加 20％的废胎胶粉后，软化点由 43 提高到 51(平均值)，变异系数为 9.6％；对于基质沥青为 70 号，掺加 20％的废胎胶粉后，软化点由 48 提高到 59(平均值)，变异系数为 9.6％；综合提高 8～11℃。子午胎橡胶沥青的软化点显著小于斜交胎橡胶沥青的软化点。

不同橡胶沥青的软化点汇总表　　表 3-61

胎源	橡胶沥青品种	软化点(℃)	橡胶沥青品种	软化点(℃)	橡胶沥青品种	废胎胶粉目数	软化点(℃)
90号		43	70号	48	子午胎90号+5%	40目	51
90号+21%38目脱硫胶粉		54	70号+20%80目废胎胶粉(1)	62		80目	46
斜交胎	90号+21%80目	53	70号+20%80目废胎胶粉(2)	63		120目	49
	90号+20%80目	60	70号+20%80目废胎胶粉(3)	61	斜交胎90号+5%	40目	47
	90号+20%40目	60	70号+20%80目废胎胶粉(4)	58		80目	46
子午胎	90号+20%40目	46	70号+20%80目废胎胶粉(5)	57		120目	48
	90号+20%80目	49	70号+20%(170℃)	57	子午胎90号+10%	40目	45
	90号+20%120目	49	70号+20%(180℃)	59		80目	47
斜交胎	90号+20%40目	49	70号+20%(200℃)	61		120目	48
	90号+20%80目	48	70号+20%(220℃)	57	斜交胎90号+10%	40目	48
	90号+20%120目	49	70号+20%(240℃)	55		80目	51
	平均值	51	—	59		120目	51
	最大值	60	—	63	—	—	—
	最小值	46	—	55	—	—	—

3. 弹性恢复

废胎胶粉具有良好的弹性。弹性恢复是评价改性沥青常用的很重要的一个指标。表3-62是弹性恢复的试验结果汇总。橡胶沥青的弹性恢复和废胎胶粉的掺量直接相关,随着废胎胶粉掺量的增大,直线增大。按照工程中常用不小于20%废胎胶粉掺量的标准,橡胶沥青的弹性恢复平均值为61.5%,标准差为6.4%。

不同橡胶沥青的弹性恢复汇总表(%)　　表 3-62

橡胶沥青类型	胶粉掺量	0%	5%	10%	15%	20%	25%
90号子午胎	40目	18.43		38.00		52.50	
	80目		25.80	39.00		61.30	
	120目		36.20	42.60		54.30	
90号斜交胎	40目	18.43	43.70	50.40		62.70	
	80目		38.80	59.60		61.20	
	120目		35.00	56.70		60.90	
90号+40目斜交胎				35.33	45.00	54.67	
90号+21%40目脱硫废胎胶粉		20.67				68.00	
90号+21%80目废胎胶粉						65.33	

续上表

橡胶沥青类型	胶粉掺量	0%	5%	10%	15%	20%	25%
90 号＋120 目废胎胶粉		18.53	40.93	38.17	47.37	56.93	71.47
平均弹性恢复		19.02	36.74	44.98	46.18	59.78	71.47
70 号＋40 目斜交胎	30min					66.38	
	45min					69.72	
	1h					69.30	
	1.5h					68.18	
70 号＋80 目废胎胶粉		17.0	30.25	42.50	36.00		
70 号＋80 目废胎胶粉					67.60		
70 号＋废胎胶粉		7.50	30.00		40.30	50.30	60.00
平均弹性恢复		12.25	30.13	42.50	47.97	64.78	60.00
总平均值		16.76	35.09	44.70	47.25	61.45	65.73
最大值		20.67	43.70	59.60	67.60	69.72	71.47
最小值		7.50	25.80	35.33	36.00	50.30	60.00

从基质沥青对弹性恢复的影响可以看出，在掺量较少时，基质沥青的弹性恢复显著影响着橡胶沥青的弹性恢复；随着废胎胶粉的掺量的增大，基质沥青的影响逐渐减小，不同基质沥青的橡胶沥青的弹性恢复的差距越来越小；在相同橡胶掺量时，其弹性恢复基本相当。

4. 延度

延度试验结果能够间接反映在路面使用温度下的沥青黏度与剪切敏感性的关系，与路面的使用性能有一定的相关性。但由于橡胶沥青中废胎胶粉颗粒的存在，在延度拉伸过程中，应力在废胎胶粉颗粒周围的集中，会导致橡胶沥青的黏度普遍偏小。为了科学评价橡胶沥青的低温拉伸性能，试验采用测力延度仪和普通沥青延度仪进行了延度试验测试。上文图 3-19 介绍了采用常规延度仪测定的不同掺量条件下橡胶沥青的延度变化趋势，表现为随着橡胶粉掺量的增加，橡胶沥青的延度逐渐增大。

测力延度是另一种延度测量方式，能够测量在拉伸过程中的拉伸力、位移和最终形成的面积（破坏能量），以反映橡胶沥青在低温时的拉伸性能。对不同批次下的橡胶沥青进行测力延度试验的测试结果显示，橡胶沥青的测力延度随废胎胶粉掺量的增大。表 3-63 和表 3-64 是不同橡胶沥青的测力延度的试验结果。

不同橡胶沥青的测力延度汇总表　　表 3-63

沥青品种	废胎胶粉掺量	5℃		
		S(mm)	F(N)	W(J)
90 号＋80 目	15%	112	111	9.08
90 号＋40 目	15%	79	107	5.10
90 号＋40 目	15%	108	94	7.63
平均		94	100	6.36
90 号＋40 目	17%	103	97	7.62
90 号＋40 目	19%	137	85	9.27
90 号＋40 目	21%	134	93	10.08
90 号＋40 目	20%	76	142	6.17
90 号＋40 目	20%	133	88	8.31
平均		105	115	7.24
90 号＋80 目	20%	129	94	8.80
90 号＋80 目	20%	144	58	5.59
90 号＋80 目	20%	175	87	9.33
平均		149	80	7.91
70 号＋80 目	20%	109	101	7.52
90 号＋80 目	25%	161	93	10.55
90 号＋80 目	25%	165	79	9.47
平均		163	86	10.01

从试验结果可以看出，橡胶沥青的测力延度的试验结果离散较大，不同批次的大量的橡胶沥青的测力延度并不能得出很好的相关性。90 号基质沥青的橡胶沥青延度略大于 70 号基质沥青的橡胶沥青延度。掺量对测力延度力的影响是随着掺量的增加，橡胶沥青的延度在增大。另外，从试验结果的汇总来看，对于常用的 20%废胎胶粉掺量的橡胶沥青的测力延度的延度值应该大于 10cm；测力延度的破坏能量应该大于 7J。

不同掺量的橡胶沥青的测力延度汇总表 表 3-64

橡胶沥青品种	掺　量	5℃测力延度		
		S(mm)	F(N)	W(J)
90 号＋80 目子午胎	5%	57	106	3.575
	10%	69	131	7.47
	15%	112	110.5	9.08
	20%	144	57.5	5.59
	25%	165	78.5	9.47
70 号＋80 目子午胎	18%	84	111	6.97
	20%	109	101	7.52
	22%	104.5	100	7.64
	24%	101.5	80	6.64
	26%	99.5	97.5	7.38

5. 老化性能分析

对不同掺量、不同基质沥青、掺加不同添加剂、不同加工温度、来自不同产地的橡胶沥青进行薄膜烘箱加热试验，结果汇总见表 3-65。薄膜烘箱老化后橡胶沥青的质量损失平均为 0.21%，变异系数为 77%；针入度比 87%，变异系数为 7.2%；软化点比为 106%，变异系数为 3.4%；延度比为 64.3%，变异系数为 31.9%。从这些老化指标看，橡胶沥青的抗老化性十分优越，远远高于现行有关规范中 SBS 改性沥青的指标。根据现有数据考虑一倍标准差的保证率，橡胶沥青老化后指标可为：质量损失 0.4%，针入度比 80%，软化点比 110%，延度比 40%。

橡胶沥青老化前后的指标比较 表 3-65

沥青品种	老化前					质量损失	老化后					老化后/老化前		
	针入度	软化点	延度(5℃)				针入度	软化点	延度(5℃)			针入度	软化点	S
			S (mm)	F (N)	W (J)				S (mm)	F (N)	W (J)			
70 号＋20%	43	61	95	122	6.35	0.23%	32	68	37	134	3.39	74.42%	111.81%	38.42%
70 号＋20%1	43	62	73	121	6.59	0.11%	40	65	38	139	3.62	91.91%	105.24%	51.37%
70 号＋20%1 (1%添加剂)	41	63	97	90	6.54	0.11%	39	70	52	121	4.53	95.93%	111.27%	53.26%
70 号＋20% 1(1%＋1% 添加剂)	51	58	95	96	5.52	0.15%	46	59	78	105	5.03	90.59%	101.73%	81.82%

续上表

沥青品种	老化前					老化后						老化后/老化前		
	针入度	软化点	延度(5℃)			质量损失	针入度	软化点	延度(5℃)			针入度	软化点	S
			S (mm)	F (N)	W (J)				S (mm)	F (N)	W (J)			
70 号+20% 1(1%+2% 添加剂)	51	57	94	110	5.40	0.42%	40	62	89	103	6.28	77.45%	108.14%	95.37%
天津沥青	57	53	174	76	5.88	0.60%	50	58	118	99	7.16	86.84%	109.35%	68.20%
90 号+20% (试验路)	60	58	111	93	5.53	0.47%	54	62	74	96	4.37	89.82%	106.77%	67.17%
北京沥青	64	54	157	71	6.02	0.20%	56	57	145	84	7.12	86.38%	106.44%	92.14%
河南沥青	68	55	133	81	4.79	0.13%	56	58	99	95	4.68	81.99%	104.45%	74.25%
不同加工温度 170℃	48	57	78	109	5.80	0.18%	40	61	18	138	1.96	84.74%	106.44%	23.50%
不同加工温度 180℃	40	59	62	129	5.74	0.07%	38	61	40	159	5.09	95.80%	103.39%	64.52%
不同加工温度 200℃	43	61	105	95	6.52	0.11%	39	60	77	112	6.03	90.06%	98.36%	73.65%
不同加工温度 220℃	56	57	102	102	5.88	0.14%	50	59				88.39%	104.50%	
不同加工温度 240℃	56	55	164	62	6.31	0.06%	46	58	85	109	5.59	82.96%	105.48%	51.72%
平均						0.21%						86.96%	106.22%	64.83%

6. 黏度指标

黏度采用旋转黏度计的180℃黏度指标。表3-66为几种不同橡胶沥青的黏度试验结果。从表中数据看出:随着橡胶粉掺量的增加,橡胶沥青的黏度呈指数关系急剧增长。同时表中对比了基质沥青为70号和90号时,橡胶沥青的黏度水平,可以看出在相同掺量20%时,70号基质沥青的橡胶沥青黏度比90号沥青提高了30%~50%。

不同橡胶沥青的180℃黏度(Pa·s) 表3-66

沥青品种	5%		10%		15%		20%		25%	
	50% 扭矩	20 (r/min)	50% 扭矩	20 (r/min)	50% 扭矩	20 (r/min)	50% 扭矩	20 (r/min)	50% 扭矩	20 (r/min)
90 号基质沥青+80 目斜交胎橡胶粉					0.518	0.715	0.716	1.352	1.412	1.967
90 号基质沥青+40 目斜交胎橡胶粉							0.741	1.202	1.209	2.194
90 号+120 目橡胶粉	0.098	0.098	0.158	0.158	0.258	0.342	0.725	1.114	1.157	1.75

续上表

沥青品种	5%		10%		15%		20%		25%	
	50%扭矩	20(r/min)	50%扭矩	20(r/min)	50%扭矩	20(r/min)	50%扭矩	20(r/min)	50%扭矩	20(r/min)
90号＋80目橡胶粉	0.114	0.114	0.223	0.262	0.558	0.595	1.142	1.537	5.134	4.819
90号＋40目橡胶粉	0.122	0.122	0.274	0.364	0.483	0.705	0.956	1.378	3.37	4.171
90号＋16目橡胶粉	0.064	0.064	0.231	0.473	0.856	1.869	0.665	1.347	1.24	2.96
90号＋40目＋20%试验路现场							1.488	2.033		
平均值	0.099	0.099	0.222	0.314	0.535	0.845	0.919	1.423	2.254	2.977
70号基质沥青＋80目斜交胎橡胶粉							1.271	2.029	3.133	3.779
70号＋80目橡胶粉							2.006	2.573		
70号＋80目橡胶粉							0.958	1.088		
70号＋80目广东橡胶粉							1.283	1.762		
平均值							1.379	1.863		

此外，表中对相同的橡胶沥青黏度采用了两种不同的取值方法。一种是选取旋转扭矩为50%时的黏度，另一种是采用国外常用的27号或28号转子20r/min时的黏度。从数据上看量并不相等，且橡胶粉掺量较高时，误差较大。根据旋转黏度计合理有效的测量范围一般为扭矩的10%～90%，当扭矩过大或过小时，测量的黏度都是不准确的。同时，试验表明当转速为20r/min时，其扭矩比较小，接近临界值，一般为20%左右。从保证试验结果的可靠性角度，本指南推荐采用50%扭矩时的黏度值。在试验过程中一般采用27号转子，采用4～5种不同转速进行黏度测定，并记录相应的扭矩（扭矩应在有效范围内），绘制扭矩与黏度的关系曲线，在通过内插得到50%扭矩条件下的黏度。

三、我国橡胶沥青指标体系的建立

1. 橡胶沥青的使用

橡胶沥青可用于沥青混凝土、应力吸收中间层、防水层或其他的路面结构功能层。

2. 加工橡胶沥青的基质沥青

加工橡胶沥青的基质沥青可选用重交沥青70号和90号（A\B型）。

3. 橡胶沥青的加工

橡胶沥青的生产宜采用现场加工的方式。

4. 废胎胶粉的掺量

橡胶沥青中废胎胶粉的添加剂量可根据实际使用的技术要求确定，一般为沥青重量的20%～30%（外掺）。

5. 橡胶沥青的技术指标

根据当前研究认识和实际工程验证，初步提出我国橡胶沥青的技术指标，见表3-67。从表中看出，这些指标的范围是比较宽的，或者说要求是比较低的，其目的是为了推动我国橡胶沥青的推广应用。一方面这些指标基本符合我国当前橡胶沥青生产的水平，另一方面通过实体工程和试验路的验证基本满足工程需要。对于一些适用环境和要求比较高的工程，可进一步提高这些指标的要求，或者靠上限取值。

另外，通过今后更广泛的研究和应用，可根据我国气候分区的不同，分别制定出更详细的、适合于不同地区的橡胶沥青指标。

橡胶沥青技术标准（推荐） 表3-67

项目		指标
180℃旋转黏度（Pa·s）		1.0～4.0
25℃针入度（0.1mm）		40～80
软化点（℃）		＞47
弹性恢复%		＞55
5℃延度（cm）		＞10
薄膜烘箱老化后	质量损失（%）	＜0.4
	25℃针入度比（%）	＞80
	5℃延度比（%）	＞40

注：①旋转黏度按照50%扭矩时内差获得。

②当采用90号基质沥青时，橡胶沥青的针入度为60～80；当采用70号基质沥青时，橡胶沥青的针入度为40～60。

③当采用90号基质沥青时，橡胶沥青的软化点要求大于47℃；当采用70号基质沥青时，橡胶沥青的软化点要求大于56℃。

6. 外掺剂的要求

在湿拌法施工时，为改善橡胶沥青的性能可掺用一定比例的天然胶含量较高的橡胶类材料或轻质油分，具体的比例可根据实际工程需要由试验确定。

第四章 橡胶(粉)沥青混凝土技术性能分析

橡胶(粉)沥青混凝土广义上包括干拌工艺生产的废胎胶粉沥青混凝土(代码缩写为 ARAC(D))和湿拌工艺生产的橡胶沥青混凝土(代码缩写为 ARAC(W))。

不论废胎胶粉以何种状态加入到沥青混合料中(以单独状态加入到混合料中,指干拌工艺;还是以橡胶沥青的状态加入到混合料中,指湿拌工艺),均使得沥青混合料由一般的两相混合物(即:沥青和矿料),转变为三相混合物(即:沥青、矿料和废胎胶粉)。由于混合料物相的变化,使得混合料技术性能发生了改变。其中的核心问题是废胎胶粉在混合料中的作用机理。

本章将从橡胶(粉)沥青混凝土的机理分析入手,通过国内外大量的试验数据,探讨废胎胶粉对混合料物理、力学性能的影响,全面评价这种混凝土的路用性能,并提出橡胶(粉)沥青混凝土配合比的设计方法。

第一节 橡胶(粉)沥青混凝土机理分析

废胎胶粉在沥青混合料中的作用机理与废胎胶粉与沥青的作用机理紧密相关。由于单独的废胎胶粉和矿料之间不能有效黏结,需要通过沥青介质将两者形成一个整体。因此无论是干拌工艺还是湿拌工艺,废胎胶粉在高温拌和过程中均会与沥青产生一定程度的反应。前面在介绍橡胶沥青时已说明废胎胶粉与沥青之间产生溶胀反应,废胎胶粉颗粒的体积增加若干倍,沥青中的轻质油分减少,沥青变得更加黏稠。这将导致沥青混凝土产生两种性能变化:一是混凝土的弹性增加,二是混凝土中沥青的用量增加。

混凝土弹性增加是由于废胎胶粉本身具有弹性。弹性的增加可以缓解汽车荷载对路面的作用,从而达到改善路面的受力状态、延长使用寿命的目的,同时也可以大大降低路面行车荷载的噪声,成为一种低噪声的路面。这两点是国际上公认的橡胶(粉)沥青混凝土的两大技术特点,其原理是混合料的“弹性增加”。另一方面,混凝土的弹性增加程度并不是越大越好,当超过某一个界限时,就会造成较大副作用——混合料碾压不实、容易松散。为了解决这个问题,需要对废胎胶粉掺加的数量、类型,特别是混合料的级配进行控制,其关键是解决“级配问题”。对此,国际上橡胶(粉)沥青混凝土的级配也经过了长期实践、摸索、研究,从连续型级配、开级配到断级配逐步发展而成。

沥青是混合料中唯一的结合料，一方面要稳定矿料，另一方面也要与废胎胶粉反应、结合，如果混合料仍维持不掺加废胎胶粉时的沥青用量，则裹覆在矿料表面的沥青膜将会减薄，对混合料本身的耐久性造成不利影响，因此，需要适当增加沥青用量。对于湿拌工艺的混合料，由于橡胶沥青的黏度远远大于原有的基质沥青，矿料表面的沥青膜厚度大大增加，因此，不论是干拌工艺还是湿拌工艺，混合料中的油石比都会不同程度地增加，相比较而言，湿拌工艺的沥青用量略高于干拌工艺，因为湿拌工艺时废胎胶粉与沥青的反应更为充分。

一、干拌工艺废胎胶粉对沥青的影响分析

橡胶(粉)沥青混合料在应用过程中需要准确地认识废胎胶粉在混合料中的作用。一般认为：对于湿拌工艺，橡胶沥青主要是胶结材料；而对于干拌工艺，废胎胶粉则主要是填充作用，但这种认识并不全面。当废胎胶粉与沥青在高温条件下相接触时，两者总会产生一定程度的反应。尽管干拌法生产沥青混合料时，废胎胶粉与沥青在拌和楼里拌和的时间一般不超过 60s，但是，从混合料拌和以后，运输到施工现场，再摊铺、碾压，一般已经过 1h，甚至更长，且温度保持在 160℃以上。因此，在这期间，沥青与废胎胶粉会产生一定程度的反应。也就是，对于干拌工艺生产混合料，废胎胶粉不仅有填充作用，同时也会增加沥青的黏度，改变沥青的性能。

为了进一步说明这个问题，模拟干拌法的生产工艺，实验室加工生产了几种不同掺量的废胎胶粉混合料，然后进行抽提回收试验，将回收的沥青进行性能分析评价。

试验过程如下：按照干拌的方法在室内拌和机上拌制废胎胶粉沥青混合料，为模拟现场拌和及运输的状况，将混合料在 170℃下保温 1h，然后对胶粉改性沥青混合料进行抽提，对抽提回收瓶中的沥青溶液进行回收，在 60℃的烘箱中将胶粉沥青中的三氯乙烯挥发干净，最后测试回收沥青的沥青指标。在试验操作过程发现，挥发到一定程度下，沥青表面就容易结皮，60℃下很难将三氯乙烯挥发干净，只好将沥青加热到 130℃下进行挥发，试验操作过程中沥青有一定的老化。

为了对比废胎胶粉的影响，还做了不掺胶粉的基质沥青混合料的抽提回收试验。试验采用青岛 70 号基质沥青，废胎胶粉采用子午胎的 80 目和 40 目。

表 4-1 为该试验各指标平均值的汇总表，试验主要检测了抽提后沥青的黏度、软化点、弹性恢复和针入度等指标。

干拌法沥青指标汇总　表 4-1

项　　目	温　　度	不　　加	40 目+10%	80 目+10%	80 目+20%
黏度(10^{-3},m^3/s)	135℃	0.537	1.120	0.834	1.246
软化点(℃)		48	58.95	49.2	56
弹性恢复	25℃	21.9%	40.3%	26.8%	
针入度	25℃	52	26	34	37

从汇总的沥青指标看,相对于不加胶粉的回收沥青,掺废胎胶粉混合料中的回收沥青,其黏度、软化点和弹性恢复都有所提高,针入度有所降低。说明干拌法生产的沥青混合料中,废胎胶粉在沥青混合料中起到了一定的改性作用。

即使在短暂的拌和过程中,这种改性作用也十分明显,不可忽略。这进一步说明了,废胎胶粉在混合料中不仅仅是一种填充材料,而且存在某些化学性能的改善,这样就比较容易解释干拌法废胎胶粉对混合料性能明显改善的疑问。

二、湿拌工艺废胎胶粉对沥青的影响分析

同样,对于湿拌工艺生产的橡胶沥青混凝土,由于废胎胶粉并未溶解在沥青中,通过抽提试验等手段,仍可以将混合料中的废胎胶粉与沥青和矿料等分离。也就是说,在这种情况下,废胎胶粉在混合料中仍存在一定的填充作用,只是不如干拌工艺的填充效果明显。

美国学者 H. Barry Takallou 博士等人针对几种不同的橡胶沥青,采用不同的加工工艺,通过筛分方法将废胎胶粉从橡胶沥青中分离出来,测定筛分前后橡胶沥青的技术性能,从而分析对于湿拌工艺中废胎胶粉对沥青的作用影响。表 4-2 为相应的试验结果。

橡胶沥青结合料反应分析　表 4-2

试验指标	条件 1	条件 2	条件 3	条件 4	条件 5	条件 6
布氏黏度(Pa・s)						
140.6℃	14.53	0.255 5	0.255 5	19.00	0.350	0.250
165.6℃	10.68	0.088	0.100	11.59	0.150	0.100
190.6℃	8.55	0.038	0.050	8.69	0.075	0.050
动态剪切						
$G^*/\sin\delta$ 57.2℃	33 060	4 056	3 150	20 260	6 797	3 224
$G^*/\sin\delta$ 25℃	1 574	1 482	1 437	942	2 536	1 678
$G^*/\sin\delta$ 4℃	23 810	47 591	52 021	19 494	45 781	48 420

注:表中黏度单位为 Pa・s;动态剪切单位为 kPa。

该试验采用了6种不同条件下的橡胶沥青，分别为：

条件1：橡胶沥青，20％废胎胶粉＋80％AR4000，在165℃下，混合90s；

条件2：橡胶沥青，20％废胎胶粉＋80％AR4000，在165℃下，混合90s，废胎胶粉通过100号筛；

条件3：AR4000，在165℃下，拌和90s，纯沥青；

条件4：橡胶沥青，78％AR4000＋15％废胎胶粉＋5％高天然胶胶粉＋2％扩展油，在165℃下，混合90s，在204℃下反应45min；

条件5：橡胶沥青，78％AR4000＋15％废胎胶粉＋5％高天然胶胶粉＋2％扩展油，在165℃下，混合90s，在204℃下反应45min，废胎胶粉通过100号筛；

条件6：AR4000，在204℃下，拌和90s，纯沥青。

试验测定了两种主要的技术指标：一是布氏黏度，二是动态剪切。布氏黏度按照ASTM D4402的试验方法选择27号转子和20r/min的转速。动态剪切按照AASHTO TP5的试验方法，转速为10rad/s。

从表中数据可以看出，条件1的橡胶沥青尽管仅经过90s的简单拌和，拌和温度也并不高(仅165℃)，但仍具有较高的黏度和动态剪切值，当将条件1的橡胶沥青通过100号筛，将其中绝大部分的废胎胶粉过滤掉以后，重新检测剩余的橡胶沥青(即条件2)，其黏度和动态剪切值均有较大幅度的下降，黏度十分接近甚至略低于条件3的纯沥青指标，而高温时的动态剪切仍略高于纯沥青，但幅度明显降低。条件4与条件1相比改变了橡胶沥青的配方，增加了高天然胶含量的废胎胶粉和扩展油，同时提高了反应温度和延长了反应时间，橡胶沥青黏度有所增加，但动态剪切性能有所下降。将这种橡胶沥青也通过100号筛过滤，剩余的橡胶沥青(即条件5)的技术指标也产生较大变化：黏度降低，但仍明显高于纯沥青(条件3、条件6)，高温时的动态剪切值下降，但也明显高于纯沥青和条件2沥青。

这个试验结果表明，无论采用何种加工工艺，橡胶沥青中废胎胶粉仍然是存在的，并未溶解于沥青中，且对沥青的使用性能有明显的影响。当将废胎胶粉从橡胶沥青中分离出后，废胎胶粉已经与沥青产生了一定程度的反应，原有沥青的性能已发生了变化，其程度与橡胶沥青的配方和加工工艺有关。

H. Barry Takallou等人又通过从施工现场取样进行沥青和橡胶沥青的有关性能的试验检测，结果见表4-3。与上面室内试验有类似的结论，橡胶沥青中存在独立的废胎胶粉，当将废胎胶粉筛除后，剩余沥青的技术性能与橡胶沥青相比明显衰减，但仍略好于纯沥青。

施工现场检测结果　　表 4-3

样品编号	描述	黏度 (Pa·s)	针入度 (0.1mm)	弹性	软化点 (℃)
ARB-1	橡胶沥青 1 号	1.750	50	28	59
ARB-1B	橡胶沥青 1 号过 50 号筛	0.140	46	3	50
ARB-2	橡胶沥青 2 号	3.500	42	25	58
ARB-2B	橡胶沥青 2 号过 50 号筛	0.145	44	1	51
ARB-3	橡胶沥青 3 号	2.000	45	34	63
ARB-3B	橡胶沥青 3 号过 50 号筛	0.145	52	2	50
AC-1	纯沥青 4 号	0.140	80	0	47
AC-1B	纯沥青 4 号，在 204℃，反应 3h	0.180	65	0	49
AC-2	纯沥青 5 号	0.130	73	0	47
AC-2B	纯沥青 5 号，在 204℃，反应 3h	0.140	70	0	62
AC-3	纯沥青 6 号	0.140	70	0	62
AC-3B	纯沥青 6 号，在 204℃，反应 3h	0.145	68	0	46

通过以上的试验分析，说明湿拌工艺生产的橡胶沥青混凝土中，废胎胶粉并不仅仅是结合料，废胎胶粉仍然会单独存在，这些废胎胶粉在混凝土结构中将会起到一定的填充作用。

三、橡胶(粉)沥青混合料弹性程度分析

由于废胎胶粉在混合料中的填充作用，且废胎胶粉具有一定的弹性，为了保证混合料具有整体性，混合料的级配需要给废胎胶粉足够的空间；否则，混合料难以形成稳定的整体，在实际工程中表现为碾压回弹、碾压不实。

在室内实验中，可以通过马歇尔击实试验，测量试件的回弹率间接反映混合料的压实效果。具体的试验步骤是：采用马歇尔击实试验的方法（每面积是 75 次），击实成型后不等试件温度下降，马上测量试件的高度，然后不脱模，等试件温度降至室温后，再次测量试件高度，计算前后两次试件高度的相对差，作为试件的膨胀率(δ)，公式如下：

$$\delta = (h_2 - h_1)/h_1 \tag{4-1}$$

式中：h_1——击实后试件高度；

h_2——冷却后试件高度。

对于一般的混合料，由于热胀冷缩的作用，h_2 一般小于 h_1；但是对于橡胶(粉)沥青混合料，由于废胎胶粉的弹性膨胀，有时会导致 h_2 大于 h_1。

为了说明级配对混合料压实效果的影响，选择两种级配类型：一个是连续级

配(AC13L),另一个是断级配(SAC10)。

表4-4为AC13L掺加2%(混合料的质量比)16目废胎胶粉后在不同油石比情况下混合料的膨胀率水平。由于AC13L为连续性级配,有两种掺加方式:一种是根据掺加的废胎胶粉级配情况,替代原有矿料中的细集料;另一种是不替代,直接掺入到混合料中。这两种方法从原理上讲,替代方法相当于将原有连续级配变为断级配,而不替代,则保留原有级配特点。从试验结果看,不替代方法混合料的膨胀率在1.9%～3.7%之间,远远大于替代的方法(不到1%),且随着油石比的增加,混合料的膨胀率逐渐减小。由此说明连续性级配不适用于干拌法沥青混合料,应采用断级配混合料。

AC13L型沥青混合料两种胶粉掺加方式混合料的膨胀情况(16目)　表4-4

油石比	不替代			替代细集料		
	平均值	最大值	最小值	平均值	最大值	最小值
5.8	3.7%	4.3%	3.2%	0.7%	0.8%	0.5%
6.1	3.1%	3.5%	2.9%	0.6%	0.9%	0.4%
6.4	1.9%	2.9%	1.3%	0.4%	0.6%	0.3%

表4-5为断级配沥青混合料SAC10分别按1%、2%、3%和4%掺加16目的废胎胶粉的膨胀率试验结果。由于这种级配本身的细集料含量比较少,无法采用替代方法掺加。因此,此次试验未考虑细集料替代问题。从试验结果看,16目胶粉掺加后混合料的膨胀率都比较大,甚至大于AC13L不替代时的水平。这个试验说明废胎胶粉沥青混合料采用的断级配与不掺加胶粉混合料的断级配并不完全一样,为了减少混合料的膨胀水平,混合料的级配应结合所掺加橡胶颗粒的级配规律进行修正,不宜直接使用,这对于掺加较大粒径的橡胶颗粒尤为重要。

SAC10混合料不同掺量条件下混合料的膨胀率(16目)　表4-5

1%胶粉		2%胶粉		3%胶粉		4%胶粉	
油石比	膨胀率	油石比	膨胀率	油石比	膨胀率	油石比	膨胀率
5	5.71%	5.3	7.08%	5.6	6.83%	5.9	7.08%
5.3	5.64%	5.6	6.50%	5.9	6.83%	6.2	6.87%

表4-6为SAC10采用40目精细胶粉在不同掺加条件下试件的膨胀率水平。废胎胶粉的掺加量与16目时一样,从试验结果看到,这种混合料的膨胀率明显下降,甚至基本上不膨胀,反而随着试件温度的下降,试件表现出一般材料所具有的热胀冷缩现象,膨胀率基本为负数。

SAC10 混合料不同掺量条件下混合料的膨胀率(40 目)　　表 4-6

1%胶粉		2%胶粉		3%胶粉		4%胶粉	
油石比	膨胀率	油石比	膨胀率	油石比	膨胀率	油石比	膨胀率
5.0	−0.11%	5.3	−0.06%	5.6	−0.59%	6.5	−0.23%
5.3	−1.29%	5.6	−0.45%	5.9	0.09%	6.8	−0.04%
				6.2	−0.14%	7.1	−0.20%

通过以上试验可以得出影响混合料膨胀的因素主要有:混合料的级配规律、废胎胶粉粒径的大小、废胎胶粉的掺加剂量以及混合料的油石比,前两个是主要因素。因此为了避免废胎胶粉混合料的膨胀现象,在实际使用过程中,应该对这些因素进行专门研究。另外,通过这个试验,也说明有必要增加废胎胶粉沥青混合料的膨胀率水平设计标准,初步认为,这个标准不宜大于1%。

第二节　混合料配合比设计

橡胶(粉)沥青混合料的配合比设计与其他类型的沥青混合料有相同的地方,也有不同之处。马歇尔击实试验方法、旋转压实试验方法和 Haveen 试验方法,是目前国内外沥青混合料配合比设计的 3 种主要方法。在不同的国家或地区采用不同的橡胶(粉)沥青混合料的配合比设计,如:美国加利福尼亚州采用 Haveen 法进行橡胶沥青混合料配合比设计、亚利桑那州采用旋转压实试验方法,而得克萨斯州则采用马歇尔击实试验方法。这与其他沥青混合料配合比设计相类似,试验方法多种多样,各自自成体系,本身并没有明显的优劣差异,都可以设计出良好配合比的混合料。

不论哪种配合比设计方法,橡胶(粉)沥青混合料设计首先是级配的选择和确定,其次是该混合料体积指标和力学指标的分析、确定,最终确定混合料的油石比。国内研究表明,橡胶(粉)沥青混合料优选的级配是断级配混合料(包括开级配混合料和密实型混合料),这与国际上研究的结论相一致。本节将主要针对这些问题,对橡胶(粉)沥青混合料配合比设计进行介绍。

一、国外橡胶(粉)沥青混合料配合比设计介绍

国外在 20 世纪 70 年代中期使用橡胶(粉)沥青混合料时主要用于开级配混合料,到 70 年代后期用于连续级配的密实型混合料,经过大量的实际工程的检验和级配理论的发展,到 80 年代后期逐步确定了断级配型的沥青混合料。

在美国，20世纪70年代主要用于开级配，70年代末期开始用于连续级配，到了90年代逐渐采用断级配。佛罗里达州使用连续级配与开级配(即级配FC-5和FC-6)。FC-5为开级配，公称最大粒径为12.5mm，胶粉用量为12%；FC-6为连续密实型级配，公称最大粒径有9.5mm与12.5mm两种级配，胶粉剂量为5%，采用较细的胶粉。

图4-1为亚利桑那州采用的两种橡胶沥青混合料的级配曲线，一种为密实型混合料，编号为AR-AC，另一种为开级配的橡胶沥青混凝土磨耗层，编号AR-ACFC。

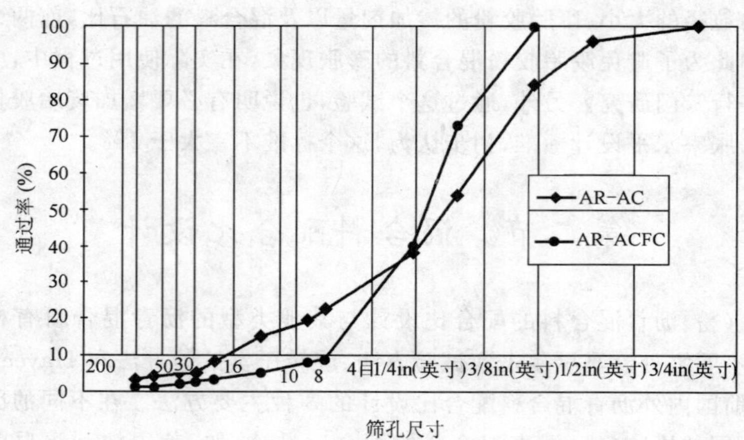

图4-1　亚利桑那州橡胶沥青混凝土级配曲线

表4-7为该州推荐的橡胶沥青混凝土的级配范围，表4-8为相应的混合料技术指标。从表中数据看出，该级配4.75mm以上的碎石含量达到58%～72%，呈现出明显的断级配特征；其次，混合料的空隙率范围在4.5%～6.5%之间，为密实型混合料；再者值得注意的是混合料中结合料(橡胶沥青)含量为5.5%～9.5%，明显大于一般的沥青混合料，甚至高于SMA型混合料，以至于要求混合料的矿料间隙率(VMA)大于19%。混合料中橡胶沥青含量高与其具有较高的黏度有关。另外，亚利桑那、佛罗里达采用水泥或消石灰代替矿粉，改善水稳定性。

亚利桑那州橡胶沥青混凝土级配表(断级配)　　表4-7

筛孔(mm)	19	12.5	9.5	4.75	2.36	0.075
	3/4 in	1/2 in	3/8 in	4目	8目	200目
通过率	100	80～100	65～80	28～42	14～22	0～2.5

注：1in=25.4mm。

亚利桑那州橡胶沥青混凝土技术要求　表 4-8

材料	项目	指标
集料要求	石料密度(g/cm^3)	2.35～2.85
	吸水率(%)	0～2.5
	砂当量(%)	最小 55
	洛杉矶磨耗(%)	100 圈，最大 9；500 圈，最大 40
	填料类型	消石灰或水泥
	破碎面(%)	最小 95
混合料要求	空隙率(%)	5.5±1.0
	结合料含量(%)	5.5～9.5
	VMA(%)	最小 19
	沥青吸收率(%)	0～1.0

表 4-9 为美国加利福尼亚州断级配和开级配橡胶沥青混凝土的级配范围。断级配橡胶沥青混凝土代号为 RAC-G(ARHM-GG)，这种断级配采用高黏度结合料的含量一般为 7%～9%，形成一个非常柔性的结构，有利于防止反射裂缝的产生。主要的技术特点为抗疲劳和防止反射裂缝。当用于改建项目，可以减少 50%的路面厚度(1992 年橡胶沥青指南)。当用于养护项目，比一般密实型混合料有更好的抗疲劳性能。断级配混合料设计采用加州试验方法 C367，并根据不同的气候环境采用不同的空隙率水平(表 4-10)。

美国加利福尼亚橡胶沥青混合料级配　表 4-9

筛孔(mm)	19	12.5	9.5	4.75	2.36	1.18	0.6	0.075
	3/4 in	1/2 in	3/8 in	4 目	8 目	16 目	30 目	200 目
断级配(%)	100	90～100	83～87	33～37	18～22	8～12		2～7
开级配(%)	100	95～100	78～89	29～37	7～18	0～10	—	0～3

通过计算得出满足设计空隙率的结合料含量。最佳结合料含量作为上限，比最佳含量低 0.3%作为下限。试件的压实根据加州试验方法 CT304，拌和温度为 149～163℃，揉压(Kneading Compaction)温度为 143～149℃。最小的稳定度为 23(Hveem Stability)，矿料间隙率(VMA)为 18。

加利福尼亚州断级配橡胶沥青混凝土空隙率(%)要求　表 4-10

交通指数	山区	山谷	海滨	沙漠
0～6	3.0	3.0	3.0	3.0
＞6～10	3.0(4.0 当平均温度大于 95°F)	4.0	4.0	5.0
＞10	4.0	5.0	5.0	6.0

同时，加利福尼亚州为了降低行车噪声，减少雨天行车的溅水，提高行车安全，使用开级配橡胶沥青混凝土[设计最小空隙率18%(California test CT 367)]，有两种类型代号分别为RAC-O、RAC-O-HB。后者比前者的橡胶沥青含量更高，约多38%，因此这种混合料的沥青膜更厚，以提高混合料的抗裂性能和抗老化性。

得克萨斯在1992年以前，没有胶粉改性沥青混凝土的标准，通常使用传统的D型、C型级配，效果并不理想。1992年，得克萨斯提出胶粉改性沥青技术标准，并采用断级配，1994年又开始使用开级配，得到了较好的效果。

表4-11为美国绿书(Greenbook)规定的橡胶沥青混凝土的级配范围。混合料的公称最大粒径为25mm、19mm、12.5mm 3种，这3种混合料4.75mm及以下的矿料含量基本一致(除0.075mm的通过率略有差别外)，4.75mm以上的碎石含量均为72%～58%。

美国绿书(Greenbook)规定的橡胶沥青混合料级配　　表4-11

筛孔(mm)	25	19	12.5	9.5	4.75	2.36	1.18	0.6	0.075
	—	3/4 in	1/2 in	3/8 in	4目	8目	16目	30目	200目
通过率(%)	100	90～100	—	60～75	28～42	15～25	—	5～15	0～5
	—	100	90～100	78～92	28～42	15～25	—	5～15	2～7
	—	—	100	78～92	28～42	15～25	—	5～15	2～7

表4-12为澳大利亚橡胶沥青混合料的级配范围，有两种混合料类型，14型和10型，均为典型的间断级配，碎石含量比较高。表4-13为这两种混合料的材料组成范围。从该表看出，澳大利亚橡胶沥青混合料中废胎胶粉含量为2.5%～3%，沥青含量为7.5%～9%，也就是，橡胶沥青中废胎胶粉的含量一般为33%左右(外掺法计算，如按内掺法计算大约为25%左右)，比美国各州常用的胶粉范围高(美国一般为18%～22%，内掺计算)。同时，混合料中橡胶沥青的含量也比美国各州断级配混合料所用橡胶沥青高。

澳大利亚橡胶沥青混合料级配　　表4-12

筛孔(mm)	19	13.2	9.5	6.7	4.75	2.36	1.18	0.6	0.3	0.15	0.075
14型(%)	100	90～100	65～75	40～50	30～40	15～25	10～19	7～15	5～10	4～8	3～5
10型(%)	—	100	90～100	64～74	36～46	20～30	12～22	8～17	6～11	4～8	3～5

澳大利亚橡胶沥青混合料组成 表 4-13

组 成	内 容	
	14mm	10mm
集料(%)	86～89	86～89
填料(%)	1.0～3.0	1.0～3.0
胶粉(%)	2.5～3.0	2.5～3.0
沥青(%)	7.5～9.0	7.5～9.0
橡胶沥青含量(%)	10.0～12.0	10.0～12.0

表 4-14 为澳大利亚两种橡胶沥青混合料马歇尔击实试验技术指标要求。可以看出由于混合料中结合料含量较高，马歇尔试件的稳定度标准比较低，矿料间隙率(VMA)要求比较高，大于美国相同类型的混合料，沥青膜也比较厚，但混合料的空隙率要求与美国相同类型混合料基本一致，偏向于密实型混合料空隙率的上限。

标准马歇尔试验(50 次)的结果 表 4-14

混合料类型	稳定度(kN)	流值(mm)	空隙率(%)	VMA(%)	沥青膜厚度(μm)
14	大于 3.0	3.0～5.5	5.0～6.5	大于 27	19～25
10	大于 2.5	3.0～5.5	5.0～6.5	大于 27	19～25

在南非，橡胶沥青混合料也有广泛的应用。对混合料中的矿料有严格和明确的要求。粗集料的压碎值(Aggregate Crushing Value ACV)不超过 25。干/湿比例系数不小于 75%。针片状指数(Flakiness Index)要求为：19.0～13.2mm 不超过 25%，9.5～6.7mm 不超过 30%。此外至少 95%的颗粒具有至少 3 个破碎面。石料的磨光值(Polished Stone Value)不低于 50。按照 TMH1[TEC86] C5 的方法进行混合料(包括结合料和集料)试验，浸入指数(Immersion Index)不小于 75%。混合料的级配必须满足规定要求。按照 TMH1[TEC86] B14 和 B15 的方法进行石料的吸水率试验，粗集料不超过 1%，细集料不超过 1.5%。按照 TMH1[TEC86] B19 的方法进行砂当量试验(Sand Equivalent)，所有细集料要求不小于 50。当使用天然砂时，其砂当量不低于 30。

混合料的级配范围见表 4-15。在生产过程中，每批材料进行至少 6 次的掺配试验，然后计算每批的平均级配和波动范围。一般保证提供的比例满足目标级配。南非橡胶沥青混合料使用的级配类型比较广泛，有连续级配、半开级配、开级配以及断级配和半断级配，结合料含量范围为 5.5%～8.5%。

南非橡胶沥青混合料级配 表 4-15

筛孔尺寸(mm)	连续级配(%)		半开级配(%)	开级配(%)			断级配和半断级配
	13.2mm	19.0mm	19.0mm	类型 1	类型 2	类型 3	
19.0	100	100	100	100	100	100	尚未颁布
13.2	100	84～96	70～100	90～100	70～100	100	
9.5	80～100	70～84	50～82	30～50	50～80	50～70	
4.75	50～70	45～63	16～38	10～20	15～30	20～30	
2.36	32～50	29～47	8～22	8～14	10～22	5～15	
1.18	—	19～33	4～15	—	—	—	
0.6	13～25	13～25	3～10	—	6～13	3～8	
0.3	8～18	10～18	3～8	—	—	—	
0.15	—	6～13	2～6	—	—	—	
0.075	4～8	4～10	1～4	2～6	3～6	2～5	
集料含量	91.0%	91.0%	90.5%	93.5%	93.5%	93.5%	
结合料含量	7.0%	7.0%	8.5%	5.5%	5.5%	5.5%	
活性添加剂含量	2.0%	2.0%	1.0%	1.0%	1.0%	1.0%	

如果组合的级配曲线表现出不同的细度，可采用调整填料含量的方法改进级配。其中石料粉尘的使用量不超过 2%。填料可采用活性的填料，包括磨细的高炉炉渣(Milled Blast Furnace)、消石灰(Hydrated Lime)、普通水泥、矿渣水泥(Portland Blast Furnace Cement)、粉煤灰(Fly-ash)或以上物质的混合物。活性填料 0.075mm 通过率不小于 70%，密度为 0.5～0.9g/mL；干燥条件下压实空隙率为 0.3%～0.5%(按照英国标准 BS 812)。

南非学者认为：级配类型选择是混合料设计中最重要的。集料的匹配性质很大程度上影响了结合料的含量和混合料的体积参数，以至于影响混合料抗变形、抗破坏的能力。混合料粒径的选择受到沥青面层厚度的限制。现行规范规定混合料的最大粒径不超过混合料碾压厚度的一半。但是，作为设计者可考虑增加厚度与最大粒径的比例。增加石料的粒径对提高混合料稳定性有利，但降低施工和易性(Workability)，将会产生离析问题。

表 4-16 为南非橡胶沥青混合料现场施工期间的质量控制内容。值得注意的是，半开级配混合料空隙率范围仅比连续密实型级配高 1%，与美国及各州断级配混合料的空隙率水平基本相当。

南非橡胶沥青混合料配合比设计技术要求　　表 4-16

指标	混合料级配		
	连续级配	半开级配	开级配
混合料空隙率(%)	2～6	3～7	尚未颁布
矿料间隙率(%)	最小 17	—	
间接拉伸强度 (kPa)	最小 550	最小 600	
动态蠕变 (MPa)40℃	最小 10	最小 15	
稳定度(kN)	8～15	6.5～12.5	
流值(mm)	2～5	2～5	
粉胶比	1.0～1.5	1.0～1.5	
膜厚度(μm)	5.5	5.5	
密度(%)max	97%的设计空隙率,不小于 93%	97%的设计空隙率,不小于 93%	
SHRP 旋转压实	$N_{in}=9, N_{des}=128 N_{max}=208$	$N_{in}=9, N_{des}=128 N_{max}=208$	

综上所述,国外橡胶沥青混凝土配合比设计有几个共同点:

(1)橡胶沥青一般用于中、细粒式混合料,一般混凝土的公称最大粒径不大于 19mm。

(2)橡胶沥青混凝土一般有断级配和开级配两种类型,南非半开级配混合料从碎石含量指标看也属于典型的断级配。橡胶沥青混合料之所以采用断级配和开级配型式,主要是考虑到废胎胶粉在混合料中的填充作用,需要代替一部分细集料。断级配可以提高空间容纳胶粉,减少碾压弹性。

(3)橡胶沥青混合料的结合料含量比较高,远高于一般的沥青混合料(包括 SMA)。我国常用表面层改性沥青混凝土的油石比在 5%以内,改性沥青 SMA 的油石比一般在 6%,而国外橡胶沥青混合料的油石比一般在 7%～8%,有的甚至更高。这就产生一个问题,尽管橡胶沥青的黏度高于一般的改性沥青,但这样高油石比的混合料,其高温稳定性需要试验验证。由于我国超重载交通比较严重,这些年来修建的一些高速公路车辙病害不仅产生的比较早,而且十分严重,车辙病害已经成为我国高等级公路沥青路面的主要病害之一。因此,沥青混合料的高温稳定性已成为混合料设计中重要的指标,橡胶沥青混合料也不例外。

二、橡胶(粉)混合料级配的合理构成

当前国内外沥青混合料的级配构成方法多种多样,有传统的最大密度曲线方法,也有美国 Superpave 禁区理论的级配设计方法、“贝雷法”级配设计方法等,形成的级配也不尽相同,有连续级配,也有断级配;有密实型级配,也有开级配,甚至半开级配。

上文介绍了国外橡胶沥青混凝土所用级配曲线，可以看出，不同国家、不同地区采用相同（或相近）公称最大粒径的混合料级配类型尽管相同或相近，但具体的级配范围却又明显不相同。这说明混合料的级配具有明显的适用条件，不同地区由于石料的品种不同、破碎方式不同、规格形状不一样，其合理的级配规律和范围也是不同的。我国幅员辽阔，路面用石料情况复杂，更不宜规定单一的矿料级配。本文介绍的一些橡胶沥青混合料的级配是参考性和建议性级配。

前文介绍了废胎胶粉在沥青中的作用机理。为了避免混合料过分回弹、难以碾压的问题，在混合料级配设计中可以考虑替代的思路，用废胎胶粉替代相同或相近粒径范围的矿料。但这在实际工程的操作中有一定难度，因为确定废胎胶粉的级配比较困难，特别是目数比较高时，筛分十分困难。再者，细集料的替代在实际工程中几乎是不可能的。

因此，采用粗集料断级配是橡胶沥青混合料（包括干拌和湿拌工艺）的合理级配形式。这里的粗集料断级配并不意味着开级配或透水结构，恰恰相反，密实型的粗集料断级配（混合料空隙率不大于6%）更是我国橡胶沥青混凝土路面发展的趋势，也是橡胶沥青混合料级配研究的重点。

1.断级配的构成

连续密级配混合料是我国长期使用的一种混合料级配类型，如现行规范中AC系列级配。该级配是根据最大密度理论确定的。目前国内外常用的连续级配形式有如下几种。

(1)n法——泰波A·N法，是根据最大密度原则提出的。

$$P_i = 100(d_i/D)^n \tag{4-2}$$

式中：P_i——孔径为d_i(mm)的筛孔的通过百分率(%)；

d_i——希望计算的某级集料的各级粒径(mm)；

D——矿质混合料的最大粒径(mm)；

n——递减系数。

通常情况下$n=0.3\sim0.7$，当$n=0.5$时，即为富勒曲线。日本认为$n=0.35\sim0.45$，美国将$n=0.45$作为制定标准级配的依据。

(2)i法——同济大学林绣贤教授在20世纪70年代提出，直接以通过百分率的递减率i为参数。

$$P_x = 100(i)^x \tag{4-3}$$

$$x = 3.32\lg(D/d) \tag{4-4}$$

式中：i——通过百分率递减系数；

d——希望计算的某级集料各级粒径(mm)；

D——矿质混合料的最大粒径(mm)。

通常认为$i=0.7\sim0.8$是合理的范围；$i>0.8$则细料过多，不够稳定；

$i<0.7$易透水，故 $i=0.75$ 是最佳选择。

(3)k 法——前苏联控制筛余量递减系数的方法。

$$y = 3.32\lg(D/0.004) \tag{4-5}$$

$$P_x = \left(1 - \frac{k^x - 1}{k^y - 1}\right) \tag{4-6}$$

$$x = 3.32\lg(D/d) \tag{4-7}$$

式中：k——颗粒分级质量递减系数；

d——希望计算的某级集料粒径(mm)；

x——粒料分档数目。

同济大学主张 $k=0.7\sim0.8$ 较为合理，在我国南方 $k=0.7$ 为好，在北方 $k=0.75$为好，当 $k>0.8$ 将产生车辙。

由于这种连续级配计算出的矿料级配组成往往过于密实，通常含有过量的填充料，致使沥青胶结料没有足够的体积变化空间以适应沥青胶结料高温膨胀的要求。由此提出了按照粒子干涉原理形成的粗集料断级配。图 4-2 为几种连续级配与断级配曲线的比较示意图。从图中看出，粗集料断级配混合料中粗集料的含量明显高于一般的连续级配。

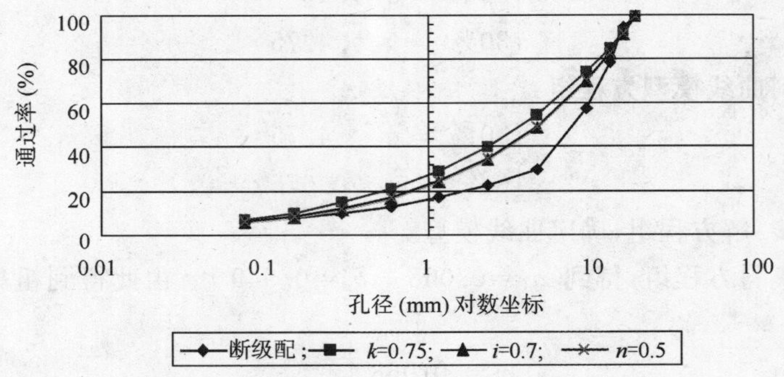

图 4-2　断级配与几种连续型级配曲线比较示意图

另外，断级配与连续级配的区别顾名思义在于，粗集料断级配不可能采用一条级配曲线拟合，常常是两条(或两条以上)级配曲线形成的。一条是粗集料级配曲线，另一条是细集料级配曲线，两条曲线的交点称为间断点。

因此，形成断级配混合料，首先需要确定级配曲线的间断点。为了便于工程使用，间断点往往设在粗细集料的分界位置，即一般所说的 4.75mm 位置。然后，从级配的公称最大粒径到 4.75mm 的粗集料采用一条级配曲线，而从 4.75～0.075mm的细集料采用另一条级配曲线。

每条级配曲线的形式可通过不同的模型曲线拟合。一般常用的有：对数曲线、指数曲线、幂函数曲线等，曲线的模型公式如下。

①指数形式 $$y=ae^{bx} \tag{4-8}$$

②对数形式 $$y=a\ln(x)-b \tag{4-9}$$

③幂曲线形式 $$y=ax^{b} \tag{4-10}$$

式中：a、b——回归系数；

y——通过率；

x——孔径。

这3种曲线模型均有两个待定参数：a、b。这样只需两个独立方程联立，就可计算出曲线模型。对于粗集料级配曲线：方程I为公称最大粒径及其通过率，方程II为间断点（4.75mm）及其通过率；对于细集料级配曲线：方程I为0.075mm及其通过率，方程II为间断点（4.75mm）及其通过率。

【算例】 ARAC16型混合料断级配构成，采用幂函数模型。

第一步：设定间断点、控制点及其通过率。

令：公称最大粒径16mm的通过率为95%；间断点4.75mm的通过率为30%；0.075mm通过率为6%。

第二步：建立方程组。

粗集料曲线模型方程组：

$$\begin{cases}95\% = a_1 \times 16^{b_1} \\ 30\% = a_1 \times 4.75^{b_1}\end{cases}$$

细集料曲线模型方程组：

$$\begin{cases}30\% = a_2 \times 4.75^{b_2} \\ 6\% = a_2 \times 0.075^{b_2}\end{cases}$$

第三步：解方程组，确定曲线模型。

解粗集料方程组，得到：$a_1=0.068\,4$，$b_1=0.949\,1$。由此得到粗集料曲线模型为：

$$y = 0.068\,4x^{0.949\,1}$$

解细集料方程组，得到：$a_2=0.163\,9$，$b_2=0.388\,0$。由此得到细集料曲线模型为：

$$y = 0.163\,9x^{0.388\,0}$$

第四步：构建ARAC16断级配曲线。

根据以上粗、细集料级配曲线模型，计算不同粒径矿料的通过率，得到级配曲线，见表4-17。

表4-17

孔径(mm)	19	16	13.2	9.5	4.75	2.36	1.18	0.6	0.3	0.15	0.075
通过率(%)	100	95	79	58	30	23	17	13	10	8	6

以此类推，按照这种方法可以得到任何公称最大粒径混合料的断级配曲线。设定间断点为4.75mm，4.75mm的通过率设定为30%，公称最大粒径的通过率为95%，0.075mm的通过率根据最大粒径的大小而确定，最大公称粒径越大，0.075mm的通过率越小(见表4-18)。

几种混合料关键控制筛孔的通过率(%) 表4-18

粒径(mm)	31.5	26.5	19	16	13.2	9.5	4.75	0.075
30型	95	—	—	—	—	—	30	5
25型	—	95	—	—	—	—	30	5
20型	—	—	95	—	—	—	30	6
16型	—	—	—	95	—	—	30	6
13型	—	—	—	—	95	—	30	7
10型	—	—	—	—	—	95	30	8

根据幂曲线模型，分别得到了粗、细集料的曲线模型参数 A、B，见表4-19。根据这个曲线模型参数，可以得到相应的级配曲线，见表4-20。

几种混合料间断级配幂曲线模型的回归系数 表4-19

类　型	粗　集　料		细　集　料	
	A	B	A	B
30型	11.61	0.6093	15.305	0.4319
25型	10.553	0.6706	15.305	0.4319
20型	8.2123	0.8315	16.39	0.388
16型	6.8366	0.9491	15.305	0.4319
13型	5.1755	1.1278	17.367	0.3508
10型	2.248	1.663	18.261	0.3186

表4-20中的级配曲线为初步的骨架型级配曲线。在实际工程中，还将结合当地的石料颗粒形状情况进行验证和调整，主要指4.75mm的通过率和0.075mm的通过率。

几种混合料按照幂曲线模型得到的断级配曲线 表4-20

粒径(mm)	31.5	26.5	19	16	13.2	9.5	4.75	2.36	1.18	0.6	0.3	0.15	0.075
30型	95.0	85.5	69.8	62.9	55.9	45.8	30.0	22.2	16.4	12.3	9.1	6.7	5.0
25型	100	95.0	76.0	67.7	59.5	47.8	30.0	22.2	16.4	12.3	9.1	6.7	5.0
20型	—	100	95.0	82.4	70.2	53.4	30.0	22.9	17.5	13.4	10.3	7.9	6.0
16型	—	—	100	95.0	79.1	57.9	30.0	22.9	17.5	13.4	10.3	7.9	6.0
13型	—	—	—	100	95.0	65.6	30.0	23.5	18.4	14.5	11.4	8.9	7.0
10型	—	—	—	—	100	95.0	30.0	24.0	19.2	15.5	12.4	10.0	8.0

顺便指出，不同的曲线模型的断级配混合料其性质是不同的，在实际工程中需要根据使用环境的要求通过试验进行选择。

以 20 型级配为例，探讨幂函数、对数函数、指数函数 3 种曲线形式对混合料级配特性的影响。表 4-21、图 4-3 为用这 3 种曲线模型回归得到的 3 条 20 型混合料的级配曲线。这 3 种级配 4.75mm 以下的细料含量均相同，主要的区别在于粗集料的级配变化规律不同。从表中数据看到指数形式的集料最粗，16mm 的通过率为 77%，而对数形式的集料最细，16mm 的通过率达 87.6%，幂曲线形式居中。

3 种不同的级配形式的 20 型混合料 表 4-21

筛孔(mm)	26.5	19	16	13.2	4.75	2.36	1.18	0.6	0.15	0.075
幂(%)	100	95	84	73	35	27	21	16	9.5	7.5
对数(%)	100	95	87.6	79	35	27	21	16	9.5	7.5
指数(%)	100	95	77	63.5	35	27	21	16	9.5	7.5

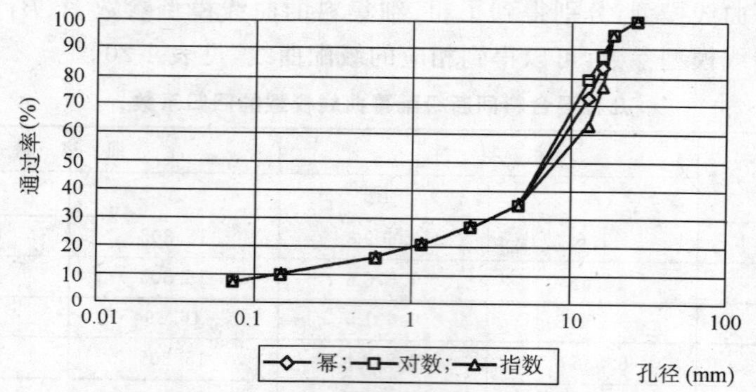

图 4-3 20 型 3 种不同级配的级配曲线

图 4-4 是采用两种不同规格的石料（一种粗集料针片状含量为 7%，另一种为 15%）按照以上 3 种级配规律进行标准马歇尔击实试验后测定的孔隙率曲

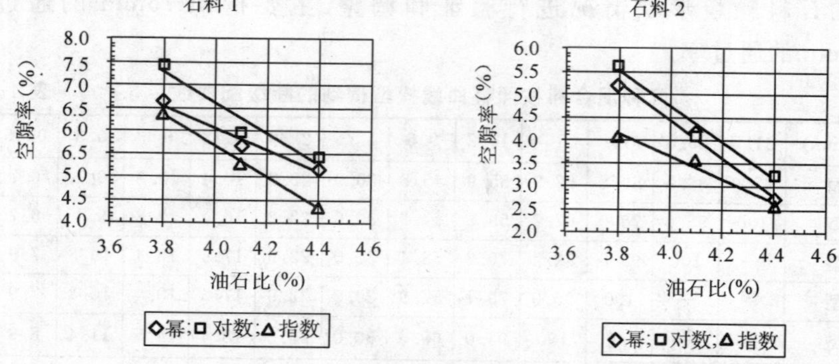

图 4-4 两种不同规格的石料在不同级配下击实试验孔隙率变化曲线

线。由此看到,尽管两种石料规格不同,但规律都一样。即:相同油石比下,指数级配尽管最粗,但孔隙率最小;对数级配尽管最细,但孔隙率最大;幂级配居中。说明对于沥青混合料级配是否密实,不能仅仅看料的粗细,关键在于各档石料的搭配,料粗并不一定孔隙率就大,料细未必孔隙率就小。

根据以上研究,最终选用幂级配。主要原因在于,尽管指数级配室内试验的孔隙率小,但粗料比较多,在现场施工过程中如果控制不好就容易造成严重的离析现象,而幂曲线级配兼顾了均匀性与密实性的特点。

2. 骨架结构的分析

由于橡胶沥青混合料的油石比比较高,为了使其具有良好的高温稳定性,其矿料级配在断级配的基础上形成良好的骨架结构十分重要。

当前,国内外形成、评价混合料骨架结构的方法有两类:第一类是混合料骨架结构构成方法,第二类是混合料压实后骨架结构评价指标。

一般来说,沥青混合料由粗集料、细集料、填料和沥青胶结料 4 种材料组成,每种材料的百分含量之和为 100%,即:

$$P_{ca} + P_{fa} + P_{fi} + P_{B} = 100\% \tag{4-11}$$

同时,根据沥青混合料的骨架原理:沥青混合料由粗集料形成骨架,细集料和填料以及沥青胶结料填充粗集料骨架中的空隙,且不将骨架撑开,形成具有一定空隙水平的混合料。基本的关系式为:

$$\left(\frac{P_{ca}}{GCA_{DRC}}\right) \times (VCA_{DRC} - V_{a}) = \frac{P_{fa}}{G_{b,fa}} + \frac{P_{fi}}{G_{b,fi}} + \frac{P_{B}}{G_{B}} \tag{4-12}$$

式中:P_{ca}——沥青混合料中粗集料的含量百分率(%);

P_{fa}——沥青混合料中细集料的含量百分率(%);

P_{fi}——沥青混合料中小于 0.075mm 填料的含量百分率(%);

GCA_{DRC}——粗集料的干捣实密度(g/cm^3);

$$VCA_{DRC} = \left(1 - \frac{GCA_{DRC}}{G_{b,ca}}\right) \tag{4-13}$$

$G_{b,ca}$——粗集料的毛体积密度(g/cm^3);

$G_{b,fa}$——细集料的毛体积密度(g/cm^3);

$G_{b,fi}$——填料的视密度(g/cm^3);

G_{B}——沥青的密度(g/cm^3);

P_{B}——沥青混合料中沥青胶结料含量的百分比(%)。

说明:式(4-12)中考虑石料对沥青的吸附作用,石料的密度均采用毛体积密度。对于橡胶(粉)沥青混凝土中的废胎胶粉,考虑到废胎胶粉与沥青的作用比较复杂,为了便于计算和比较,无论是干拌还是湿拌工艺,废胎胶粉均作为沥青胶结料考虑，而不单独作为一种填料。式(4-11)和式(4-12)是形成沥青混合料骨架结构的基本模型，也是个必要条件。

需要指出的是，式(4-12)中的等式成立，暗含了细集料的空隙率为零、填料的空隙率为零以及沥青的空隙率为零的假设条件。但实际上混合料中的细集料和填料空隙率并不为零，试验证明公称最大粒径越小的混合料，其空隙率对混合料级配构成的影响越大。这也是这种方法的主要缺陷。

另外，式(4-14)为混合料压实后骨架结构的评价标准。式中 VCA_{DRC} 为粗集料捣实后的骨架空隙率，VAC_{mix} 为混合料压实后粗集料的矿料间隙率。VAC_{mix} 不大于 VCA_{DRC} 说明压实后混合料中的细集料没有破坏原有粗集料形成的骨架结构，也就是此时混合料为骨架嵌挤型结构；反之，混合料则不是骨架结构。

$$VCA_{DRC} \geqslant VCA_{mix} \tag{4-14}$$

这个标准也同样存在局限性。因为在试验检测粗集料捣实 VCA_{DRC} 时，使用的是体密度概念，而计算 VAC_{MIX} 时则使用的是毛体积密度的概念，两者并不统一。按照这种方法评价混合料骨架结构时存在理论缺陷。

因此，在分析橡胶沥青混合料骨架结构时目前尚未有十分完善的方法。为了充分发挥橡胶沥青的优势，既保证混合料的密实型，又具有良好的碾压成型特点，根据现有的工程经验，橡胶沥青混合料中，间断点 4.75mm 的通过率一般不大于 40%，且不宜小于 25%。在实际工程中，可分别按照 25%、30%、35% 及 40% 4 种间断点通过率构成试验级配曲线，通过试验分析、比较，选择最佳的工程级配曲线。

三、橡胶(粉)混合料的技术指标分析

由于沥青混合料中掺加了一定比例的废胎胶粉，无论是干拌工艺还是湿拌工艺，在高温条件下，废胎胶粉在混合料中既存在与沥青的反应作用，也存在一定的填充作用，因此，橡胶(粉)沥青混合料的技术指标与一般沥青混合料有一定差别，需要专门进行分析。

对于混合料而言，其技术指标分为两大类，一是混合料的体积参数指标，另一类是混合料的力学参数指标。所谓混合料的体积参数指标，指混合料试件的密度、空隙率、矿料间隙率、粗集料矿料间隙率、饱和度等。力学参数指标即混合料试件的稳定度和流值。

本节将主要针对废胎胶粉混合料的特点，分析这些技术参数的规律，并明确相关的计算方法。

1. 体积指标分析

国际上针对橡胶(粉)沥青混合料体积参数主要是空隙率和矿料间隙率，如

美国亚利桑那州对于密实性混合料规定混合料设计空隙率为 4.5%~6.5%，矿料间隙率大于 19%；佛罗里达州规定密实性混合料空隙率为 4.0%~6.0%，矿料间隙率大于 15.5%；南非对于密实性混合料规定空隙率为 2.0%~6.0%，矿料间隙率大于 17%；澳大利亚规定空隙率 5.0%~6.5%，矿料间隙率大于 27%。

我国也采用了这两种体积参数，同时为了评价混合料骨架结构性，需要计算混合料粗集料矿料间隙率水平，并仍沿用一般混合料常用的饱和度指标，相关的计算公式如下。

空隙率 V_a：

$$V_a = 1 - \frac{G_m}{G_{mm}} \tag{4-15}$$

式中：G_m——混合料的实际密度；

G_{mm}——混合料理论密度。

矿料间隙率 VMA：

$$\text{VMA} = 1 - \frac{G_m}{G_{m,s}} \times \frac{100}{100 + \omega_0} \tag{4-16}$$

式中：G_m——混合料的实际密度；

$G_{m,s}$——混合料中全部矿料的毛体积密度；

ω_0——混合料中油石比。

对于湿拌法，式中的油石比按照实际胶结料比例代入；对于干拌法，式中油石比则不仅是沥青的油石比，而且应将废胎胶粉的掺量计入，见式(4-17)。

$$\omega_0 = \omega'_0 \times (1 + \alpha) \tag{4-17}$$

式中：ω'_0——沥青的油石比；

α——废胎胶粉的掺量(%)。

这是因为，即使是干拌法工艺，废胎胶粉在沥青混合料中的作用也是多方面的，不宜单纯作为矿料的填料看待，且本身的强度远远低于石质矿料，不会在混合料中形成强有力的骨架结构。因此，在计算混合料矿料间隙率时宜看作胶结料，这样也与湿拌法的计算方法统一。

饱和度 VFA：

$$\text{VFA} = \frac{\text{VMA} - V_a}{\text{VMA}} \times 100\% \tag{4-18}$$

胶结料(沥青)体积率 VA：

$$\text{VA} = \text{VMA} - V_a \tag{4-19}$$

粗集料矿料间隙率 VCA_{mix}：

$$VCA_{mix}=1-\frac{G_m}{G_{b,ca}}\times\frac{100}{100+\omega_0}\times P'_{ca} \tag{4-20}$$

式中：$G_{b,ca}$——混合料中粗集料的毛体积密度；

P'_{ca}——矿料中粗集料的质量百分率。

从以上的计算公式可以看出，确定混合料的体积参数最主要的问题是密度问题，具体有：混合料理论密度、混合料实际密度、混合料中矿料的毛体积密度、混合料中粗集料的毛体积密度等。由于废胎胶粉的掺入对混合料密度的计算带来一定的困难，其中有一些技术问题需要明确：如何确定橡胶（粉）沥青混合料的理论密度；废胎胶粉在参数计算中如何考虑；为了准确计算混合料中矿料毛体积密度，如何得到矿料中细集料的毛体积密度等。以下将分别针对这些问题作进一步探讨分析。

(1)关于混合料理论密度测定

废胎胶粉沥青混合料理论密度的确定是混合料性能研究首先遇到的问题。当前理论密度的确定方法有两种，一是通过石料、沥青、胶粉的密度，按照各自的掺加比例计算出相应的理论密度；二是采用真空方法实际测量混合料的理论密度。前者称为计算法，后者称为实测法。

对于计算法，需要得到比较准确的矿料密度、沥青密度、废胎胶粉密度，或橡胶沥青的密度，但在实际的操作过程中存在一些技术困难。

首先，对于干拌法的生产工艺而言，由于拌和过程中废胎胶粉和沥青会产生一定程度的反应，而且反应程度不好掌握，在反应过程中废胎胶粉和沥青的密度会产生变化，因此直接通过废胎胶粉和沥青的密度计算混合料的密度是不合适的。

再者，在上文介绍废胎胶粉密度测定方法时指出，由于废胎胶粉与沥青的相互作用，其密度的大小受到基质沥青品质的影响，相同的橡胶粉在不同沥青中的密度是不一样的；同时也受到加工方法的影响（如反应时间、反应温度）。因此，在实际工程中准确测定废胎胶粉的密度比较困难。

其次，根据美国 Superpave 的有关研究成果和国内的认识，考虑到矿料存在一定的吸油性，混合料的理论密度为混合料的表观密度和毛体积密度的加权平均，计算公式为：

$$G_{mm}=a\times G_{a,m}+b\times G_{b,m} \tag{4-21}$$

式中：G_{mm}——混合料的最大理论密度；

$G_{a,m}$——混合料的表观密度；

$G_{b,m}$——混合料的毛体积密度；

a、b——为加权系数，且 $a+b=1$。

混合料理论密度计算的准确性，关键在于 a、b 系数的取值。不同石料的吸油性不同,因此 a、b 系数也不同;对于同一种石料,由于级配的变化,粗细集料的比例不同,也会导致 a、b 系数的变化。

那么,对于一种石料、一种级配而言,a、b 应该取何值合适呢?这里隐含着一个标准问题。a、b 的最佳取值应该使得计算的理论密度与真实的混合料密度最为接近为宜。那么如何得到混合料的真实密度呢?现有的试验方法只有通过真空法测量,当然真空法本身也存在一定的试验误差,只有通过反复试验以减少试验误差,得到近似的混合料真实密度。

表 4-22 为一种混合料在不同油石比下用真空法测定的混合料理论密度和采用不同的 a、b 系数得到的相应的计算理论密度。图 4-5 为相应的在不同的 a、b 系数下,计算理论密度与真空法密度的误差曲线。从曲线形状可以清楚地看出,当 $a:b=3:7$ 时,两者的误差最小,即计算的理论密度最接近于混合料的真实密度。

真空法和理论计算法比较确定矿料毛体积密度与视密度的比例 表 4-22

油石比(%)	真空法测混合料密度(g/cm^3)			理论计算密度(g/cm^3)			
	密度 1	密度 2	平均	5∶5	4∶6	3∶7	2∶8
5.1	2.643 7	2.629 2	2.636 5	2.615 9	2.624 0	2.630 5	2.637 0
5.4	2.617 4	2.620 5	2.619 0	2.604 5	2.612 5	2.618 9	2.625 4
5.7	2.602 8	2.609 3	2.606 1	2.593 2	2.601 1	2.607 5	2.613 9
平均误差				0.015 97	0.007 95	0.002 47	0.004 93

图 4-6 为另一组试验曲线,采用同一种石料和 3 种不同的级配得到的最大理论密度的误差曲线。由图看出,由于 3 个级配不同,a、b 比例也不同。级配 1 的合理比例为 $a:b=25:75$,级配 2 的合理比例为 $a:b=30:70$,级配 3 的合理比例为 $a:b=40:60$。

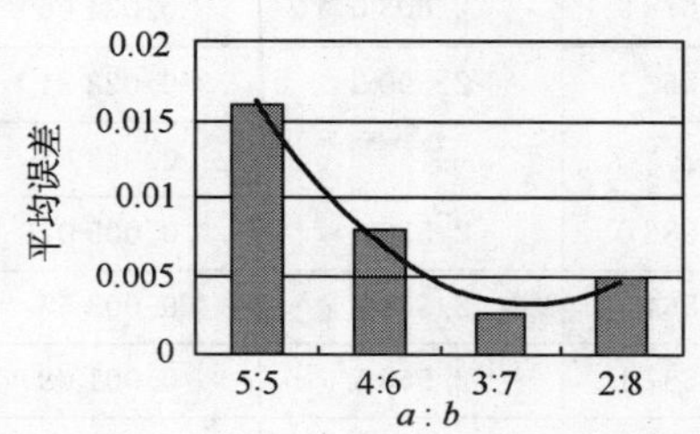

图 4-5 石料不同实密度和毛体积密度比例计算的混合料理论密度误差

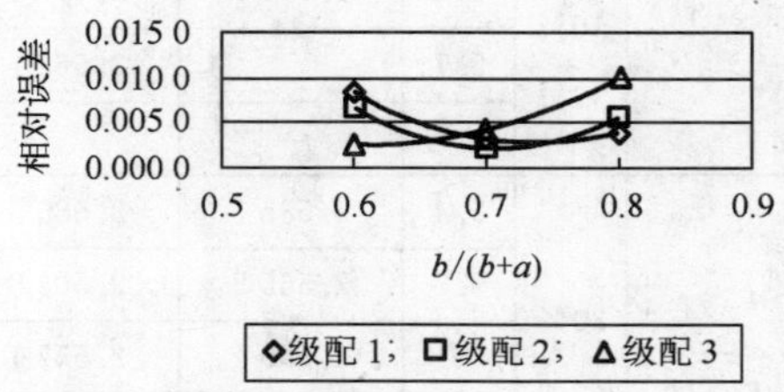

图 4-6 3 种级配混合料最大理论密度的误差曲线

即使确定了试验混合料的 a、b 系数,当掺加的废胎胶粉产生变化时,计算的理论密度与真空法实测的理论密度之间的误差也会产生变化,如表 4-23 所示。首先采用普通重交沥青测定出某种混合料级配的 a、b 比例为 3∶7,然后按照这个比例计算出不同目数、不同掺量废胎胶粉混合料的理论密度，并通过真空法实测相应的理论密度，最后计算出两者相应的误差。

不同目数和掺量废胎胶粉混合料真空法和计算法理论密度的比较 表 4-23

目数	掺量	油石比(%)	实测密度(g/cm^3)			计算理论密度(g/cm^3)	误 差
			样本 1	样本 2	平均值		
40 目	10%	4.8	2.615 6	2.612 1	2.613 9	2.629 1	0.015 18
		5.1	2.601 6	2.590 4	2.596 0	2.616 7	0.020 71
		5.4	2.580 2	2.584 1	2.582 2	2.604 6	0.022 37
		5.7	2.574 3	2.575 4	2.574 9	2.592 6	0.017 72
		平均					0.019 00
	20%	5.4	2.576 0	2.579 7	2.577 8	2.590 5	0.012 64
	30%	5.4	2.558 3	2.566 3	2.562 3	2.576 7	0.014 40
80 目	30%	5.4	2.551 7	2.553 0	2.552 4	2.572 1	0.019 72
		5.7		2.536 3	2.536 3	2.558 9	0.022 63
		6	2.518 4	2.516 2	2.517 3	2.545 9	0.028 60
		平均					0.023 65
	20%	4.8	2.599 5	2.594 9	2.597 2	2.613 2	0.016 06
		5.1	2.579 5	2.582 2	2.580 8	2.600 2	0.019 35
		5.4	2.560 4	2.561 6	2.561 0	2.587 3	0.026 33
		5.7	2.547 3	2.555 2	2.551 3	2.574 7	0.023 45
		6	2.538 1		2.538 1	2.562 3	0.024 18
		平均					0.017 04
	10%	5.1		2.595 8	2.595 8	2.615 2	0.019 35
		5.4	2.578 7	2.579 1	2.578 9	2.603 0	0.024 06
		5.7		2.562 7	2.562 7	2.590 9	0.028 24
		平均					0.023 88
120 目	30%	5.4	2.585 7	2.586 3	2.586 0	2.580 9	0.005 07
		5.7	2.565 2	2.563 8	2.564 5	2.568 1	0.003 57
		6	2.555 1	2.557 1	2.557 1	2.555 5	0.001 68
		平均					0.003 44
	20%	5.4		2.595 7	2.595 7	2.593 3	0.002 36
	10%	5.4	2.600 4	2.608 3	2.604 3	2.606 0	0.001 66

从表中数据看出，由于废胎胶粉的目数不一样，掺量不一样，误差水平也不一样，120 目废胎胶粉混合料的误差最小，其次是 40 目废胎胶粉混合料，而 80

目废胎胶粉混合料的密度误差最大。

进一步根据表 4-23 的试验数据，按照混合料密度的计算公式，反算废胎胶粉的密度，见表 4-24。当假定沥青密度不变时，计算出废胎胶粉的密度随着油石比的变化而变化。从表中计算结果看出，当油石比逐渐增加时，废胎胶粉的密度逐渐减小；废胎胶粉掺量逐渐增加时，废胎胶粉的密度逐渐增加。废胎胶粉密度的变化说明其与混合料拌和时，废胎胶粉密度的不唯一性，也进一步说明之间作用的复杂性。

根据混合料最大相对密度反算废胎胶粉密度 表 4-24

80 目胶粉反算密度(g/cm^3)						
油石比	4.8%	5.1%	5.4%	5.7%	6.0%	平均
30%			0.962 2	0.943 5	0.902 0	0.935 9
20%	0.907 6	0.875 7	0.810 8	0.850 8	0.792 9	0.847 6
10%		0.698 0	0.647 5	0.612 1		0.652 5
120 目胶粉反算密度(g/cm^3)						
油石比			5.4%	5.7%	6.0%	平均
30%			1.422 5	1.269 8	1.354 3	1.348 9
20%			1.391 4			1.391 4
10%			1.250 6			1.250 6
40 目胶粉反算密度(g/cm^3)						
油石比	4.8%	5.1%	5.4%	5.7%		平均
30%			1.064 6			1.064 6
20%			1.017 9			1.017 9
10%	0.781 8	0.701 0	0.691 0	0.775 8		0.737 4

综上所述，橡胶(粉)沥青混合料理论密度的确定一般不宜采用计算方法，而应直接采用真空方法测量。为了消除真空方法试验过程中的误差影响，应进行必要的平行试验，且平行试验的误差小于规定的误差要求。

(2)细集料毛体积密度的确定

在计算混合料矿料间隙率 VMA 时，需要计算矿料的毛体积密度，其中包括细集料的毛体积密度。根据目前测试手段，对 0.3mm 以下的细集料一般仅能测定表观密度(或视密度)，而难以测定相应的毛体积密度或表干密度。这将影响混合料理论密度和混合料矿料间隙率计算的准确性。本研究提出一种方便、有效的毛体积密度的推算方法。

对于同种石料的不同粒径的密度一般没有良好的规律性，石料的密度并不是随着粒径的增加而减小，也不是随着粒径的减小而减小。对于单一均质的材料，粒径越小，由于破碎面的增加，其密度将会逐渐减小。但是对于天然石料，成分并不单一。在石料的自然形成过程中，其中含有许多不同的矿物成分，石料的粒径减小，密度呈不规律的变化。但是有一点规律是明确的，即石料的吸水率随着粒径的减小，由于比表面积的增加而增大。图 4-7 为某种石料粒径大小与吸水率的试验结果，采用半对数模型、回归两者的关系，得到了良好的相关系数（相关系数达到了 0.947 1）。

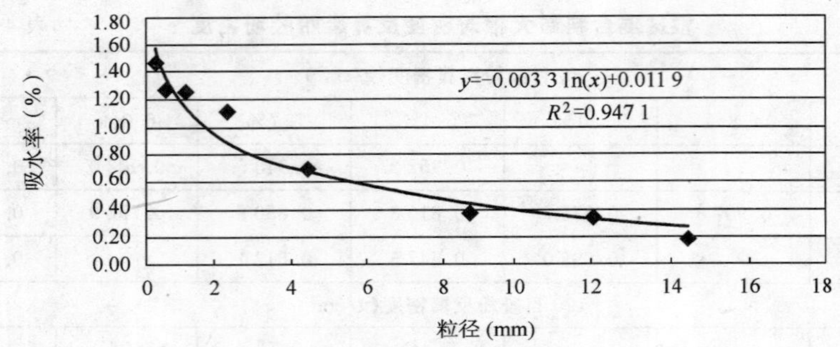

图 4-7　各档石料吸水率的变化曲线

这样，在石料密度试验中，只要测量得到 0.3mm 以上石料的吸水率，然后按如下半对数模型，得到回归关系式。以此为基础，外推得到 0.075mm 和 0.15mm石料的吸水率，见式(4-22)。

$$\omega = A\ln(\phi) + B \tag{4-22}$$

式中：ω——某个粒径石料的吸水率；

ϕ——石料的粒径尺寸。

最后，根据石料吸水率与表干密度、表观密度、毛体积密度的关系，推算出 0.15mm、0.075mm 粒径细集料的毛体积密度，计算公式见式(4-23)。

$$G_c = \frac{1}{1-\dfrac{1-1/G_a}{1+\omega}} \tag{4-23}$$

$$G_b = \frac{G_c}{1+\omega} \tag{4-24}$$

式中：G_a——矿料的表观密度，或视密度(g/cm³)；

G_b——矿料的毛体积密度(g/cm³)；

G_c——矿料的表干密度(g/cm³)。

(3)马歇尔击实试验分析

表 4-25 为一组不同废胎胶粉剂量的橡胶沥青混合料(公称最大粒径为10mm)马歇尔击实试验结果。图 4-8 为相应的油石比(结合料比)与空隙率的关系曲线,图中还列出相同级配和矿料采用 90 号沥青和 SBS 改性沥青混合料的曲线。

B 级配混合料不同废胎胶粉掺量的马歇尔击实试验结果 表 4-25

胶粉掺量	油石比	蜡封密度 (g/cm^3)	理论密度 (g/cm^3)	空隙率 (%)	VCA_{mix} (%)	VA(%)	VMA(%)	VFA(%)
15%	5.1	2.407 8	2.604 2	7.54	41.04	12.39	19.93	62.17
	5.4	2.413 2	2.597	7.08	40.91	12.90	19.98	64.56
	5.7	2.426 2	2.587 9	6.25	40.59	13.53	19.78	68.40
	6	2.438 6	2.576	5.34	40.29	14.26	19.60	72.76
17%	5.1	2.402 8	2.602 5	7.67	41.16	12.43	20.10	61.84
	5.4	2.388 6	2.596 3	8.00	41.51	12.80	20.80	61.54
	5.7	2.418 1	2.588 8	6.59	40.79	13.45	20.05	67.08
	6	2.429 9	2.577 1	5.71	40.50	14.17	19.89	71.24
19%	5.1	2.388 2	2.600 4	8.16	41.52	12.43	20.59	60.37
	5.4	2.395 5	2.592 5	7.60	41.34	12.97	20.57	63.05
	5.7	2.407 8	2.589 9	7.03	41.04	13.36	20.39	65.52
	6	2.412 1	2.568 8	6.10	40.93	14.37	20.47	70.20
21%	5.1	2.375 5	2.598	8.56	41.83	12.44	21.01	59.21
	5.4	2.374 1	2.596	8.55	41.87	12.73	21.28	59.82
	5.7	2.385 6	2.587	7.79	41.58	13.34	21.12	63.16
	6	2.401 1	2.574	6.72	41.20	14.12	20.83	67.79

从表中数据可以清楚地看出,随着废胎胶粉掺量的增加,相同油石比下混合料的空隙率和矿料间隙率均有不同程度的增加。这是由于随着废胎胶粉的增加,橡胶沥青的黏度逐渐增加,导致矿料表面的沥青膜厚度增加,将混合料骨架结构撑开,从而使得在相同油石比下混合料的密实程度逐渐降低。另外,从图中可以更清楚地看出,在相同油石比下,SBS 改性沥青混合料的密实程度略低于 AH-90 号沥青混合料,而明显好于橡胶沥青混合料。这预示着,当采用设计空隙率确定混合料油石比时,橡胶沥青混合料的油石比将明显高于 SBS 改性沥青混合料。

表 4-26 为另一组不同废胎胶粉剂量的橡胶沥青混合料(公称最大粒径为13.2mm)的马歇尔击实试验结果。图 4-9 为相应的空隙率与油石比的关系曲线。从图表数据看出,与上面 10 型混合料有类似的规律,即废胎胶粉的掺量越高,橡胶沥青的黏度越大,相同油石比条件下混合料的空隙率越大。

从表 4-25 和表 4-26 中数据还可看出，相同油石比时，废胎胶粉的掺量越高，混合料的饱和度越低。

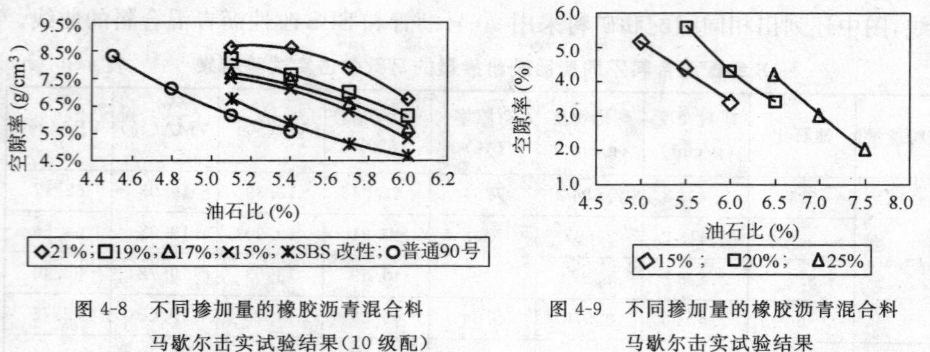

图 4-8 不同掺加量的橡胶沥青混合料马歇尔击实试验结果（10 级配）

图 4-9 不同掺加量的橡胶沥青混合料马歇尔击实试验结果

不同胶粉掺量橡胶沥青混合料马歇尔击实试验结果　表 4-26

油石比 (%)	理论密度 (g/cm³)	毛体积密度 (g/cm³)	空隙率 (%)	VMA (%)	VFA (%)
15%废胎胶粉					
5.0	2.601	2.466	5.2	16.3	68.3
5.5	2.585	2.470	4.4	16.6	73.2
6.0	2.566	2.480	3.4	16.7	79.8
20%废胎胶粉					
5.5	2.590	2.445	5.6	17.4	67.9
6.0	2.570	2.461	4.3	17.3	75.4
6.5	2.553	2.467	3.4	17.5	80.8
25%废胎胶粉					
6.5	2.553	2.446	4.2	18.2	76.9
7.0	2.535	2.458	3.0	18.2	83.3
7.5	2.517	2.467	2.0	18.3	89.1

以上介绍了湿拌工艺的橡胶沥青混合料体积指标的变化规律，对于干拌工艺的废胎胶粉沥青混合料也有类似的规律。

表 4-27 为一组采用干拌工艺生产的废胎胶粉沥青混合料马歇尔击实试验的结果。采用 10 型混合料。试验分别采用 40 目、80 目、120 目 3 种不同的废胎胶粉，同时分别按照 5%、10%、20%和 30% 4 种不同的掺量（外掺）分别进行马歇尔击实，并计算相关的体积参数，废胎胶粉按照结合料计算。表中的油石比是纯沥青的油石比，当计算混合料矿料间隙率时，结合料含量＝油石比×（1＋废胎胶粉掺量），VA 也不单是沥青的体积率，而是结合料体积率。

干拌工艺废胎胶粉沥青混合料马歇尔试验数据汇总表　　表 4-27

目数	掺量（%）	油石比（%）	实测密度（g/cm³）	理论密度（g/cm³）	孔隙率（%）	VA（%）	VMA（%）	VFA（%）	VCA（%）
不加废胎胶粉		5.1	2.4963	2.6174	4.63%	11.76	15.16	71.76	42.61
		5.4	2.5104	2.6060	3.67%	12.49	14.93	77.29	42.28
		5.7	2.5225	2.5947	2.78%	13.21	14.76	82.59	42.01
40目	5	5.1	2.4762	2.6106	5.15%	10.90	16.05	67.93	43.07
		5.4	2.4971	2.5989	3.92%	11.68	15.59	74.89	42.59
		5.7	2.5017	2.5873	3.31	12.38	15.69	78.91	42.48
	10	5.1	2.4783	2.6038	4.82	11.36	16.18	70.22	43.02
		5.4	2.4931	2.5918	3.81	12.14	15.94	76.11	42.68
		5.7	2.4959	2.5656	2.72	13.39	16.11	83.13	42.62
	20	5.1	2.4556	2.5905	5.21	12.14	17.35	69.99	43.54
		5.4	2.4661	2.5780	4.34	12.94	17.28	74.88	43.30
		5.7	2.4729	2.5656	3.61	13.71	17.33	79.15	43.14
	30	5.4	2.4383	2.5644	4.92	13.71	18.62	73.60	43.94
		5.7	2.4474	2.5515	4.08	14.53	18.61	78.07	43.73
		6	2.4533	2.5389	3.37	15.34	18.71	81.97	43.60
80目	5	5.1	2.4738	2.6098	5.21	10.92	16.13	67.69	43.13
		5.4	2.4806	2.5981	4.52	11.63	16.15	72.00	42.97
		5.7	2.5030	2.5865	3.23	12.42	15.65	79.37	42.45
	10	5.1	2.4742	2.6023	4.92	11.40	16.32	69.83	43.12
		5.4	2.4768	2.5902	4.38	12.12	16.49	73.46	43.06
		5.7	2.4986	2.5784	3.09	12.93	16.02	80.69	42.55
	20	5.1	2.4526	2.5875	5.22	12.24	17.45	70.12	43.61
		5.4	2.4571	2.5748	4.57	13.01	17.58	73.99	43.51
		5.7	2.4616	2.5656	4.05	13.65	17.71	77.10	43.41
	30	5.1	2.3999	2.5730	6.73	12.88	19.61	65.69	44.82
		5.4	2.4195	2.5598	5.48	13.77	19.25	71.53	44.37
		5.7	2.4283	2.5467	4.65	14.60	19.25	75.84	44.17
		6	2.4348	2.5339	3.91	15.42	19.33	79.76	44.02

续上表

目数	掺量（%）	油石比（%）	实测密度（g/cm³）	理论密度（g/cm³）	孔隙率（%）	VA（%）	VMA（%）	VFA（%）	VCA（%）
120 目	5	5.1	2.491 9	2.611 3	4.57	10.95	15.52	70.54	42.71
		5.4	2.506 2	2.599 6	3.59	11.69	15.29	76.50	42.38
		5.7	2.514 6	2.588 1	2.84	12.42	15.25	81.40	42.19
	10	5.1	2.502 0	2.605 2	3.96	11.42	15.38	74.24	42.48
		5.4	2.510 0	2.593 3	3.21	12.16	15.37	79.12	42.29
		5.7	2.502 7	2.581 5	3.05	12.83	15.88	80.78	42.46
	20	5.1	2.475 9	2.593 2	4.52	12.14	16.67	72.86	43.08
		5.4	2.483 8	2.580 8	3.76	12.92	16.68	77.48	42.89
		5.7	2.491 9	2.568 6	2.98	13.71	16.69	82.12	42.71
	30	5.4	2.458 5	2.581 4	4.76	13.19	17.95	73.46	43.48
		5.7	2.463 0	2.555 9	3.63	14.46%	18.09	79.92	43.37
		6	2.471 2	2.543 4	2.84	15.28%	18.12	84.32	43.19

根据表中试验数据，对比所有混合料中都使用的5.4%、5.7%两个沥青油石比下混合料的体积指标变化情况。将相应的5.4%和5.7%油石比下混合料的空隙率、矿料间隙率、粗集料矿料间隙率和饱和度平均，然后汇总于表4-28中。并根据废胎胶粉目数和掺量的变化绘制各个体积指标的变化曲线，见图4-10～图4-13。

5.4%和5.7%油石比下，干拌工艺混合料体积指标汇总表 表4-28

废胎胶粉掺量（%）	40 目	80 目	120 目	废胎胶粉掺量（%）	40 目	80 目	120 目
	孔隙率（%）				VFA（%）		
0	3.23	3.23	3.23	0	79.94	79.94	79.94
5	3.61	3.88	3.21	5	76.90	75.68	78.95
10	3.26	3.74	3.13	10	79.62	77.07	79.95
20	3.98	4.31	3.37	20	77.01	75.55	79.80
30	4.50	5.07	4.20	30	75.84	73.69	76.69
	VMA（%）				VCA（%）		
0	14.84	14.84	14.84	0	42.14	42.14	42.14
5	15.64	15.90	15.27	5	42.54	42.71	42.28
10	16.03	16.26	15.63	10	42.65	42.81	42.38
20	17.30	17.64	16.69	20	43.22	43.46	42.80
30	18.62	19.25	18.02	30	43.84	44.27	43.43

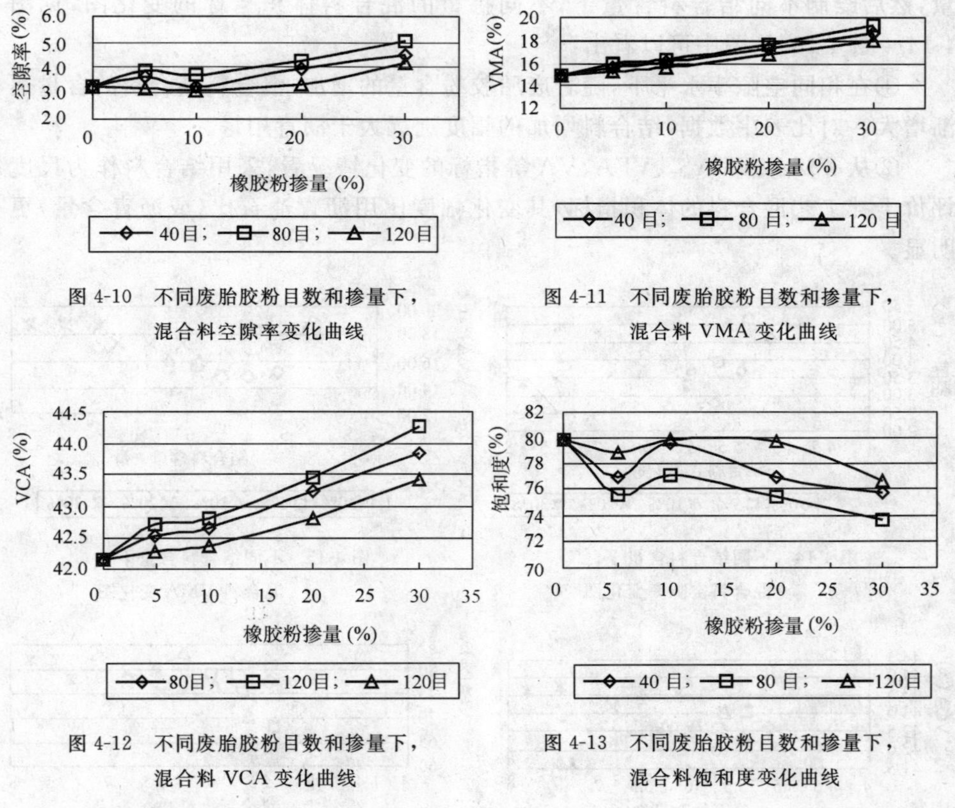

图 4-10 不同废胎胶粉目数和掺量下，混合料空隙率变化曲线

图 4-11 不同废胎胶粉目数和掺量下，混合料 VMA 变化曲线

图 4-12 不同废胎胶粉目数和掺量下，混合料 VCA 变化曲线

图 4-13 不同废胎胶粉目数和掺量下，混合料饱和度变化曲线

从绘制的曲线看出：

①在相同沥青用量的条件下，随着废胎胶粉掺量的增加，总体来说，混合料的空隙率逐渐增加。但在废胎胶粉掺量为 5％时出现明显波动，此时混合料的空隙率大于 10％掺量，这个现象有待深入分析，从其他几张图中看到，此时混合料的体积指标出现异常的变化趋势。

②在相同沥青用量的条件下，随着废胎胶粉掺量的增加，混合料的矿料间隙率和粗集料矿料间隙率均逐渐增加，同时混合料的饱和度逐渐下降。

③从废胎胶粉的目数情况看，120 目废胎胶粉混合料的空隙率、矿料间隙率、粗集料矿料间隙率最小，而 80 目废胎胶粉混合料则最大，40 目居中。因此，废胎胶粉的粒径大小与混合料密实程度没有必然关系，并不是废胎胶粉越细混合料越密实，废胎胶粉越粗混合料越不密实，这很可能与混合料本身的级配有较大关系。

为了与湿拌工艺的橡胶沥青混合料的体积指标进行对比，以 40 目废胎胶粉混合料为例，将各组混合料的油石比乘以相应的废胎胶粉掺量折算成结合料含量，然后绘制不同结合料含量下，不同掺量的混合料体积指标的变化图，见图4-14～图4-18。从图中可以看出：

①在相同空隙率水平下，随着废胎胶粉含量的增加，混合料结合料的含量逐渐增大。对比表中数据，结合料增加的幅度远远大于沥青用量。

②从 VMA、VCA_{mix}、VFA、VA 等指标的变化情况看，采用结合料作为尺度评价干拌工艺混合料的体积指标，其变化幅度比用沥青油石比（或沥青含量）更明显。

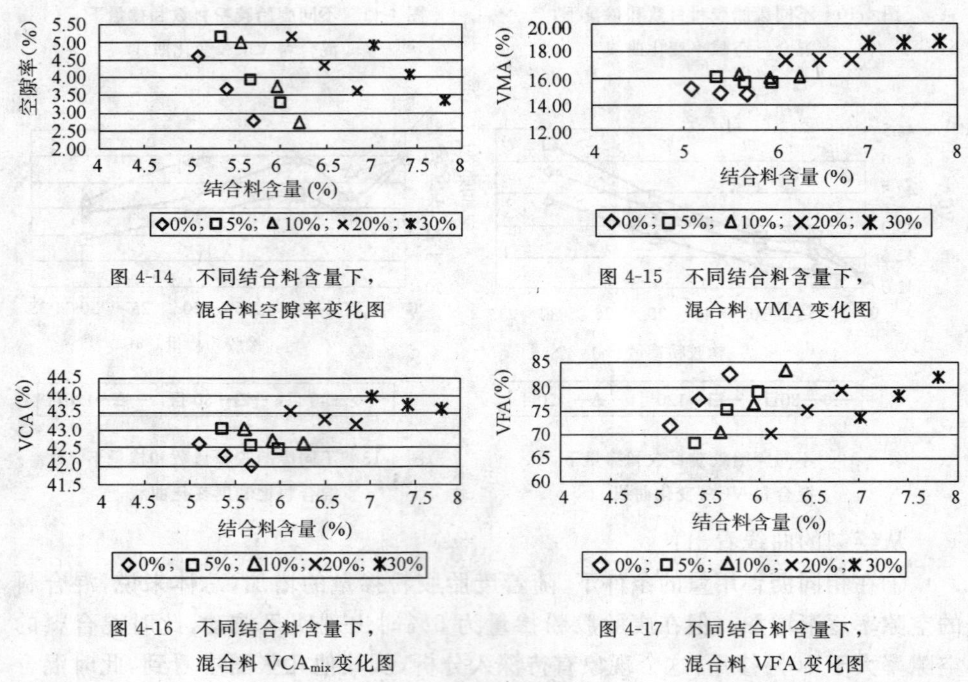

图 4-14 不同结合料含量下，混合料空隙率变化图

图 4-15 不同结合料含量下，混合料 VMA 变化图

图 4-16 不同结合料含量下，混合料 VCA_{mix}变化图

图 4-17 不同结合料含量下，混合料 VFA 变化图

采用结合料含量尺度，与上文中 10 级配湿拌工艺的橡胶沥青混合料的体积指标进行对比。图 4-19 为干拌工艺混合料按照 4％设计空隙率确定的不同混合料的胶结料含量和湿拌工艺混合料（B 级配）按照 6％设计空隙率确定的不同混合料的胶结料含量的变化曲线对比图。从图中可以清楚地看到，当废胎胶粉掺量较高时（大于 20％），湿拌工艺的橡胶沥青黏度急剧增加，导致混合料中的胶结料含量迅速增加，超过干拌工艺的混合料。

也就是，在高掺量时，干拌工艺使用的沥青少于湿拌工艺。这是由于此时干拌工艺的废胎胶粉来不及与沥青产生充分的溶胀，一部分废胎胶粉直接填充混合料，而湿拌工艺废胎胶粉与沥青溶胀后，结合料的黏度很高，导致沥青用量增加。对于干拌工艺的混合料，可以充分发挥拌和过程中结合料黏度低的特点，在实际工程中掺加高比例的废胎胶粉，而湿拌工艺则难以做到。

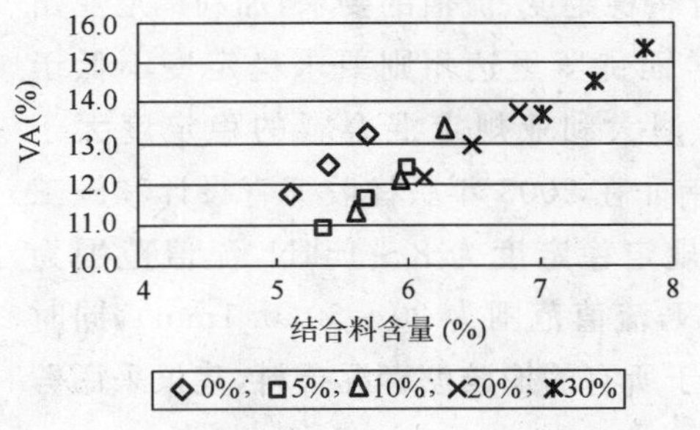

图 4-18　不同结合料含量时，混合料 VA 变化图

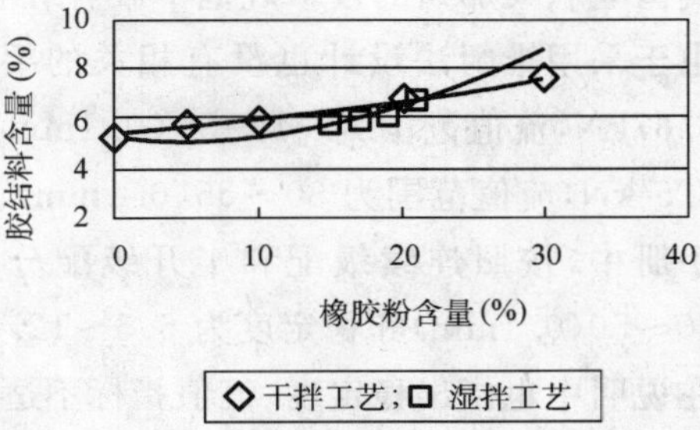

胶结料含量 (%)

橡胶粉含量 (%)

◇干拌工艺；□湿拌工艺

图 4-19　不同拌和工艺混合料的胶结料含量对比

图 4-20 和图 4-21 为干拌工艺和湿拌工艺混合料在废胎胶粉不同掺量的条件下，VMA 和 VCA_{mix} 的变化曲线。从变化曲线的线性拟合方程可以看出，湿拌工艺混合料的斜率均大于干拌工艺混合料，这说明，湿拌工艺混合料体积参数对废胎胶粉掺量变化的敏感程度大于干拌工艺混合料。这也与两种工艺中废胎胶粉的作用机理有关。

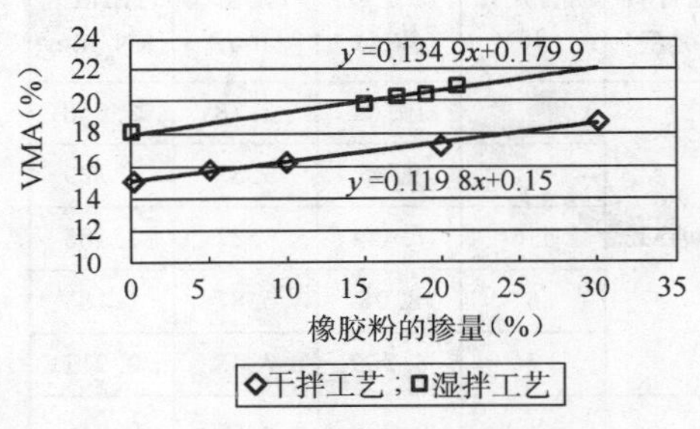

图 4-20　不同工艺混合料 VMA 对比

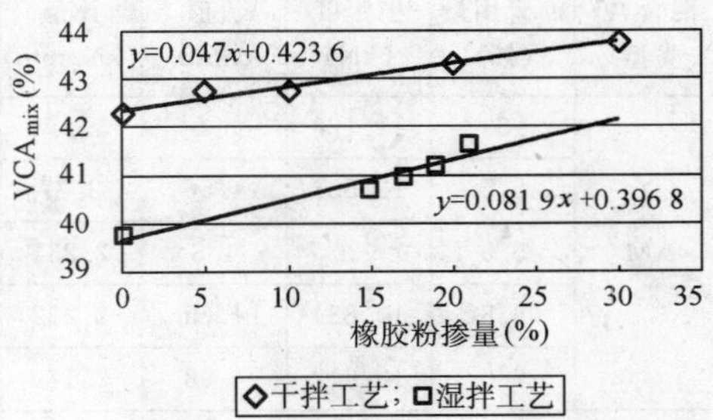

图 4-21　不同工艺混合料 VCA_{mix} 对比

2. 力学指标分析

在马歇尔试验中，稳定度和流值是两个常用的混合料力学性能指标。橡胶(粉)沥青混合料采用粗集料断级配的形式，与其他断级配混合料，如 SMA、SAC 等类似，具有流值较大、稳定度较低的特点。

以色列专家 Arieh Sidess 和 Jacob Uzan 在总结橡胶沥青混合料(RUMAC)的力学性能时指出：废胎胶粉沥青混合料的稳定度比一般混合料低，流值比一般混合料大。前者降低 60％左右，后者增加 4.2 倍；橡胶沥青混合料的回弹模量比一般混合料降低 50％；湿法橡胶沥青混合料的抗静态蠕变能力与一般沥青混合料基本类似，干法则略逊于湿法；湿法混合料的抗永久变形能力好于一般的沥青混凝土，而干法混合料则不如一般的沥青混合料。

国外有关橡胶沥青混合料的技术规范中，对稳定度和流值有不同的要求，如美国亚利桑那州的技术规范中没有对混合料稳定度、流值的要求，加利福尼亚州由于采用维姆法设计也没有相关的要求，而佛罗里达州则要求稳定度不低于6.67kN，流值范围为31～55(0.1mm)。澳大利亚规定混合料的稳定度大于2.5 kN，流值范围为30～55(0.1mm)。南非在2003年版橡胶沥青设计和施工手册中，按照连续级配和半开级配分别规定稳定度为8～15kN，流值范围为20～50(0.1mm)和稳定度为6.5～12.5kN，流值范围为20～50(0.1mm)，同时在说明中也指出稳定度、流值指标不适合于所有的橡胶沥青混合料，建议采用劈裂试验来代替。

意大利学者Gaetano Di Mino等人对两种级配类型的混合料，采用干拌工艺研究废胎胶粉和橡胶颗粒对混合料马歇尔稳定度和流值的影响，表4-29和表4-30为有关的试验结果。表中AM代表普通沥青混合料，RAM代表橡胶沥青混合料，RAM1代表掺加的废胎胶粉占整个矿料质量的1%，以此类推。RAM1.5*表示这种混合料采用湿拌工艺生产。

橡胶混合料级配1稳定度、流值试验对比　　表4-29

混合料类型	沥青用量(%)	稳定度(kN)	流值(mm)	比值(kN/mm)	混合料类型	沥青用量(%)	稳定度(kN)	流值(mm)	比值(kN/mm)
AM	5	11.128	3.5	3.178	RAM2	4	10.01	3.78	2.648
	5.5	12.537	4.56	2.77		5	9.35	5.43	1.729
	5.5	9.939 7	4.3	2.231		5.5	7.424	6.27	1.185
	5.8	10.834	4.65	2.232		6	8.07	6.87	1.183
	6.5	10.812	4.98	2.179		7	6.759	7.43	0.911
RAM1	4	11.685	4	2.914	RAM2.5	4	9.889	3.65	2.719
	5	9.767	5.1	1.931		5	9.608	5.12	1.885
	5.5	9.8	5.67	1.729		5.5	7.402	5.55	1.352
	6	8.587	6	1.431		6	7.571	6.8	1.113
	7	6.869	7.1	0.971		7	6.13	7.57	0.812
RAM1.5	4	11.95	4.07	2.94	RAM3	4	8.424	3.73	2.258
	5	8.849	4.97	1.716		5	8.411	5.08	1.658
	5.5	9.007	5.35	1.679		5.5	6.132	5.7	1.098
	6	7.74	5.73	1.349		6	7.023	6.95	1.014
	7	6.661	7.27	0.916		7	5.281	7.5	0.707

橡胶混合料级配 2 稳定度、流值试验对比 表 4-30

混合料类型	沥青用量（%）	稳定度（kN）	流值（mm）	比值（kN/mm）
AM	4.5	12.196	3.5	3.485
	5	11.455	3.58	3.2
	4.3	14.109	3	4.703
	5.5	12.843	3.33	3.857
RAM1	4.5	13.349	3.3	4.045
	5	11.281	3.65	3.091
	5.5	9.753	3.7	2.636
	6	11.621	4.53	2.565
	6.5	9.797	4.3	2.278
RAM1.5	4.5	12.478	3.73	3.345
	5	10	4.17	2.398
	5.5	10.28	4.53	2.269
	6	8.656	4.41	1.963
	6.5	7.419	4.78	1.552
RAM1.5*	4.5	11.053	4.12	2.686
	5	10.642	4.33	2.455
	5.5	8.84	4.17	2.136
	6	8.286	4.95	1.707
	6.5	8.692	5.32	1.635
RAM2	4.5	14.877	3.35	4.441
	5	11.424	3.9	2.929
	5.5	9.07	4.3	2.109
	6	8.873	4.45	1.994
	6.5	8.711	5	1.742
RAM2.5	4.5	14.96	3.27	4.575
	5	14.246	3.43	4.153
	5.5	9.517	4.56	2.082
	6	9.098	5.7	1.596
	6.5	7.014	5.73	1.224
RAM2.5*	4.5	9.371	3.93	2.883
	5	8.761	4.67	1.881
	5.5	8.332	5.87	1.425
	6	6.822	4.55	1.557
	6.5	7.035	5.66	1.17
RAM3	4.5	13.122	3.57	3.676
	5	11.966	3.7	3.234
	5.5	8.335	5.35	1.558
	6	6.909	5.67	1.219
	6.5	6.447	5.7	1.131

从以上数据看出，橡胶（粉）沥青混合料的稳定度一般低于普通沥青混合料，且流值增大。在相同油石比下，随着废胎胶粉剂量的增加，混合料的稳定度逐渐降低，流值逐渐增大。

如何分析橡胶（粉）沥青混合料的稳定度和流值等力学参数呢？图 4-22 是采用 MTS 试验系统测量的一种典型的废胎胶粉沥青混合料稳定度试验曲线。从曲线看出，废胎胶粉沥青混合料在加载初期，流值变形随着荷载的增加，迅速增长（第一阶段），当荷载达到一定水平后，流值增长的速度明显减缓（第二阶段），当荷载达到最大值时，流质变形已达到了 8～10mm，有的试件流值更高。这就给传统马歇尔试验确定试件的稳定度和流值带来一定困难。如果仍采用稳定度最大时的变形作为流值水平，将导致废胎胶粉混合料的流值水平很高，造成这种混合料变形较大的假象，与实际情况相反。如何解决稳定度和流值的确定问题呢？图中分别采用了 3 种方法确定混合料的稳定度、流值问题。

第一种方法由试验曲线可以看出，在整个加载过程中，试件存在一个明显的屈服阶段（第二阶段），此时，尽管荷载仍在增加，但增加的幅度较小；相反，试件变形增加很大。根据材料力学的原理，可以取此时试件的屈服强度作为试件的稳定度水平。具体的方法是作出第一、第二阶段的变形曲线的切线，其交点即为相应的屈服点（图中 A 点），屈服点所对应的强度为屈服强度，即稳定度水平。

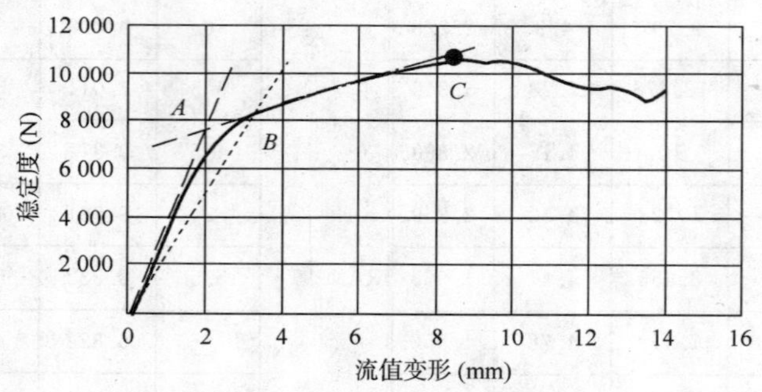

图 4-22　橡胶（粉）沥青混凝土稳定度试验曲线

第二种方法是参照有关方法，以试件的第一阶段变形曲线为基准，作一条相关系数为 95％的割线，割线与变形曲线的交点作为试件的破坏点，并读取相应的稳定度、流值。

第三种方法仍采用传统的马歇尔试验的取值方法，以荷载最大点为稳定度，对应值为流值。

表 4-31 为一组干拌法混合料马歇尔稳定度试验结果的汇总表，按以上 3 种方法分别确定混合料的流值和稳定度。试验采用 4 种混合料：不掺加胶粉，采用 AH-70 号沥青、掺加 10％ 80 目胶粉，采用 AH-70 号沥青、掺加 20％ 80 目胶粉，采用 AH-70 号沥青、掺加 30％ 80 目胶粉，采用 AH-70 号沥青；每种混合料采用 3 个油石比，每个油石比 4 个试件。

从表 4-31 中数据结果看，第一种方法确定的稳定度和流值均最小，第三种方法最大，第二种方法居中。

具体来说,第一种、第二种方法稳定度和流值随胶粉掺量增加的变化规律比较一致,即随着胶粉掺量的增加,混合料稳定度逐渐降低,同时流值也逐渐减小;而传统方法,混合料流值随掺量增加逐渐增大,稳定度的变化规律不明显。相比较来说,第一、二种方法确定的稳定度、流值与废胎胶粉混合料所表现出的实际路用性能比较一致,即:尽管废胎胶粉混合料强度略有降低,但其抗变形能力明显增强。

橡胶(粉)沥青混合料不同稳定度、流值确定方法的计算结果(一) 表 4-31

方法		第二种方法		第三种方法		第一种方法	
内容		95%相关系数		传统马歇尔法		屈服点确定	
混合料	油石比(%)	流值(mm)	稳定度(N)	流值(mm)	稳定度(N)	流值(mm)	稳定度(N)
不加	5.1	2.94	7 898	8.98	10 350	1.95	7 700
	5.4	3.36	8 867	8.49	10 539	2.10	8 375
	5.7	3.01	8 667	7.58	10 133	1.90	8 425
	平均值	3.11	8 477	8.35	10 341	1.98	8 167
80 目+10%	5.1	2.33	7 904	9.08	10 874	1.70	8 100
	5.4	2.72	8 495	8.68	10 431	1.83	8 350
	5.7	2.85	7 809	10.00	10 187	1.85	7 700
	平均值	2.64	8 069	9.25	10 497	1.79	8 050
80 目+20%	5.4	2.16	7 273	13.23	10 237	1.48	7 675
	5.7	2.38	7 813	11.70	10 499	1.63	8 150
	6	2.81	8 060	11.83	10 490	1.85	7 900
	平均值	2.45	7 715	12.25	10 409	1.65	7 908
80 目+30%	5.5	2.11	7 309	12.25	10 332	1.45	7 575
	5.8	2.37	7 180	11.92	10 023	1.63	7 500
	6.1	2.78	7 138	11.50	9 970	1.78	6 925
	平均值	2.42	7 209	11.89	10108	1.62	7 333

表 4-32 为另一组湿拌法橡胶沥青混合料稳定度、流值的测定数据。表4-33为相同掺量不同目数的胶粉混合料稳定度、流值的测定数据。

橡胶(粉)沥青混合料不同稳定度、流值确定方法的计算结果(二) 表 4-32

方法		第二种方法		第三种方法		第一种方法	
内容		95%相关系数		传统马歇尔法		屈服点确定	
混合料	油石比(%)	流值(mm)	稳定度(N)	流值(mm)	稳定度(N)	流值(mm)	稳定度(N)
不加	5.1	2.94	7 898	8.98	10 350	1.95	7 700
	5.4	3.36	8 867	8.49	10 539	2.10	8 375
	5.7	3.01	8 667	7.58	10 133	1.90	8 425
	平均值	3.11	8 477	8.35	10 341	1.98	8 167
SK5%	4.80	2.28	8 415	6.43	10 407	1.75	9 150
	5.1	2.42	8 876	10.41	11 370	1.73	9 550
	5.4	2.57	7 676	9.97	9 428	1.78	7 700
	5.7	2.94	8 656	9.97	11 487	1.95	8 750
	平均值	2.64	8 403	10.11	10 62	1.82	8 667
SK15%	5.4	2.68	8 519	8.27	10 470	1.98	8 800
	5.7	2.39	7 751	8.86	9 860	1.85	8 575
	6	2.47	8 064	11.02	11 018	1.98	9 238
	6.3	2.87	7 935	9.45	10 367	2.05	8 150
	6.6	2.53	8 079	12.13	11 701	1.83	8 450
	平均值	2.62	8 026	10.87	11 029	1.95	8 613

橡胶(粉)沥青混合料不同稳定度、流值确定方法的计算结果(三) 表 4-33

混合料	不加		+20% 40 目		+20% 80 目		+20% 120 目	
油石比(%)	稳定度(kN)	流值(mm)	稳定度(kN)	流值(mm)	稳定度(kN)	流值(mm)	稳定度(kN)	流值(mm)
	第三种方法:传统马歇尔取值方法							
4.1	12.28	5.63						
4.4	11.86	6.93	8.83	7.09	8.89	7.43	9.62	7.11
4.7	10.22	4.85	10.65	7.59	9.91	9.89	10.22	7.87
5	11.05	5.95	9.17	6.70	8.40	8.16	10.08	9.39

续上表

混合料	不加		+20% 40目		+20% 80目		+20% 120目	
油石比（%）	稳定度（kN）	流值（mm）	稳定度（kN）	流值（mm）	稳定度（kN）	流值（mm）	稳定度（kN）	流值（mm）
第三种方法：传统马歇尔取值方法								
5.3			8.91	8.08	8.84	8.01	10.37	7.86
平均值	11.35	5.84	9.39	7.37	9.01	8.37	10.07	8.06
第一种方法：屈服强度方法								
4.1	9.60	1.63						
4.4	8.47	1.67	7.13	1.60	6.60	1.60	7.53	1.73
4.7	7.60	1.53	8.20	1.80	7.33	1.70	7.90	1.40
5	8.33	1.60	7.43	1.73	5.97	1.50	8.17	1.70
5.3			6.87	1.63	6.23	1.43	7.73	1.83
平均值	8.50	1.61	7.41	1.69	6.53	1.56	7.83	1.67

通过以上的试验数据可以看出，无论从力学原理还是废胎胶粉混合料实际路用性能角度，第一种方法确定的混合料稳定度和流值是最合理的。传统的稳定度流值确定方法已不适用于废胎胶粉混合料。第二种方法尽管力学概念并不十分明确，但确定的稳定度、流值的规律基本与第一种方法一致，数值也比较接近。推荐采用第一种方法确定废胎胶粉混合料的稳定度、流值。

将这些试验统计分析，汇总于表4-34。由此可以得到废胎胶粉混合料的稳定度、流值的规定范围：稳定度大于6.5kN，流值小于2.3mm。

橡胶（粉）沥青混合料不同稳定度、流值确定方法汇总表 表4-34

方法	第一种方法		第二种方法		第三种方法	
内容	屈服点确定		95%相关系数		传统马歇尔法	
指标	流值（mm）	稳定度（N）	流值（mm）	稳定度（N）	流值（mm）	稳定度（N）
样本量	84	84	148	148	148	148
最小值	1.40	5 967	2.11	7 138	4.85	8 398
最大值	2.98	9 600	3.36	8 876	13.23	12 284
平均值	1.78	7 933	2.63	8 017	8.93	10 261
标准差 σ	0.27	829.47	0.32	537.29	2.05	873.81
加1.645倍 σ	2.22	9 298	3.15	8 901	12.31	11 698
减1.645倍 σ	1.34	6 569	2.11	7 133	5.55	8 823

第三节　使用性能分析

由于废胎胶粉在沥青混合料中的作用,橡胶(粉)沥青混合料具有一些特有的路用性能。国内外室内外试验研究表明,其主要表现在具有良好的抗疲劳能力、抗温度裂缝能力和抗反射裂缝能力。同时,对沥青混合料的高温性能、水稳定性能也有不同程度的影响。此外,橡胶(粉)沥青混凝土是一种典型的低噪声的沥青混凝土,国际上常用作沥青路面的表面层,以降低行车噪声对周围环境的影响。

2003 年版的南非橡胶沥青设计和施工技术手册中综合比较了几种不同橡胶沥青混合料的使用性能,见表4-35。表中对连续级配、开级配、半开级配和SMA 4 种不同级配橡胶沥青混合料的抗车辙能力、耐久性、抗滑性、抗水损能力、降噪声能力以及设计和施工的难易程度进行了综合比较和排序,1 代表差,5 代表好。从表中看出不同级配橡胶沥青混凝土的使用性能有明显差别,各有特点。在实际工程中应根据工程需要有所选择。

不同混合料类型的性能比较　　表 4-35

级配和结合料	应　用	性能比较						
		设计难易	抗车辙能力	耐久性和抗疲劳能力	抗滑能力	抗水损坏	降噪声效果	施工难易程度
连续级配、橡胶沥青	柔性路面和罩面	2	3	4	3	2	4	2
SMA、橡胶沥青	抗车辙面层	3	5	4	4	4	4	4
开级配、橡胶沥青	功能型面层	3	5	3	4	1	5	4
半开级配、橡胶沥青	柔性路面和罩面	3	5	5	3	4	4	3

再者,对于干拌工艺生产的废胎胶粉沥青混合料与湿拌法生产的橡胶沥青混合料,由于废胎胶粉在混合料中的作用有一定差异,即使在相同废胎胶粉、相同掺量的条件下,两者也表现出不同的技术特性。在实际工程中宜根据具体情况,选择合理的生产工艺。

本节将着重对橡胶(粉)沥青混凝土的使用性能进行较为详细的介绍。

一、高温性能

高温性能是沥青混合料基本的路用性能,特别是针对我国当前的交通环境,一些路段仅使用了 1～2 年,没有产生其他的病害,但车辙问题却比较突出。因此在使用橡胶(粉)沥青混合料时,其高温性能的评价必不可少。

美国亚利桑那州 MonaNourelhuda 等人分别采用橡胶沥青和一般沥青混凝土进行 1∶10 的足尺车辙试验对比。非橡胶沥青混凝土采用 5.6%油石比,并掺加 1%水泥;橡胶沥青混凝土采用 8.2%油石比,并掺加 1.5%水泥。采用汽车荷载模拟设备(Model Mobile Load Simulator, MMLS)分别施加 67kN(轻荷载)和 89kN(重荷载)两种不同的荷载进行车辙试验,见图 4-23～图 4-26。

图 4-23　足尺试验用试件

图 4-24　足尺试验用设备(MMLS)

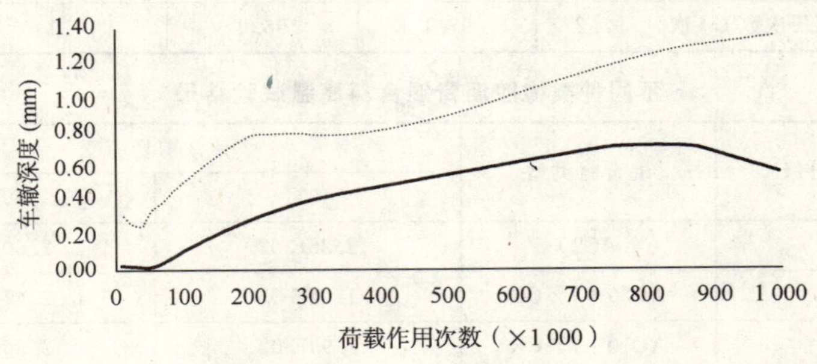

图 4-25　轻荷载条件下车辙试验曲线

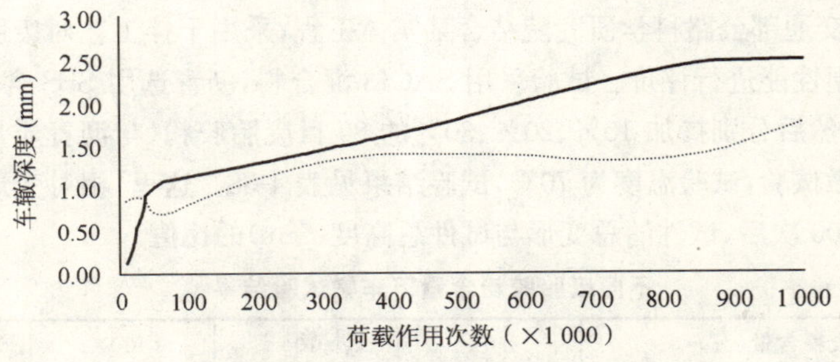

图 4-26　重荷载条件下车辙试验曲线

图 4-25 和图 4-26 分别为轻荷载和重荷载条件下,两种混合料车辙试验的变化曲线。图中实线为一般沥青混凝土,虚线为橡胶沥青混凝土。从曲线变化规律看出,当轻荷载时,橡胶沥青混凝土的车辙深度大于一般沥青混凝土,当重荷载时,橡胶沥青混凝土的车辙深度小于一般沥青混凝土。由此该研究人员认

为，橡胶沥青混凝土具有良好的抗重载能力。南非的研究人员也有类似的结论。

Gajanan S. Natu 学者分别针对 AC10 和 AC20 两种不同的基质沥青，分别掺加 7%和 14%的废胎胶粉加工成橡胶沥青，然后采用旋转压实试验方法进行混合料试验，试验结果见表 4-36。并进行了 40℃和 60℃两种不同条件下的混合料高温试验，试验结果见表 4-37 和图 4-27。从试验结果看出，随着废胎胶粉掺量的增加，在两个不同温度条件下混合料的高温性能得到明显的改善。

不同种类橡胶沥青混合料旋转压实试验结果 表 4-36

混合料性能	AC20	AC10+7%CR	AC20+7%CR	AC10+14%CR	标准
空隙率(%)	4.0	4.0	4.0	4.0	4.0
VMA(%)	15.3	15.8	15.9	16.5	最小 15.0
VFA(%)	73.8	74.7	74.8	75.8	65~75
粉胶比	1.0	0.9	1.0	1.0	0.6~1.2
G_{mm}(%)，初始碾压次数 8 次	87.5	88.2	88.1	88.3	<89
G_{mm}(%)，最大碾压次数 174 次	97.2	97.1	96.9	97.1	<98

不同种类橡胶沥青混合料高温试验结果 表 4-37

高温 PG 分级	混合料类型	永久剪切应变	
		40℃	60℃
PG67	AC20	2.26E-02	2.60E-02
PG70	AC20+7%CR	1.04E-02	2.47E-02
PG64	AC10+7%CR	1.99E-02	2.56E-02
PG76	AC10+14%CR	0.94E-02	2.31E-02

2000 年交通部公路科学研究院结合某实体工程，采用干拌工艺对废胎胶粉沥青混合料的高温性能进行评价。试验采用 SAC13 混合料，沥青选用 SBS 含量为 4.5%的改性沥青，然后分别掺加 10%、20%、30%的 80 目废胎胶粉(与沥青质量比)，进行混合料的车辙试验，试验温度为 70℃，试验结果见表 4-38。这里，相对变形是指车轮连续作用 3 000 次后，试件的总变形与试件总高度(5cm)的比值。

不同废胎胶粉含量下车辙试验结果 表 4-38

废胎胶粉含量(%)	0	10	20	30
动稳定度(次/mm)	1 468	2 795	3 407	3 870
相对变形(%)	7.25	4.03	3.59	3.45

由以上试验看出，随着废胎胶粉含量的增加，混合料的动稳定度明显增加，相对变形减少。如：废胎胶粉含量为 10%时，混合料的动稳定度增加近 1 倍；当废胎胶粉含量为 20%时，相对变形减少近一半。由此说明，添加废胎胶粉后对

沥青混合料的高温稳定性明显改善，特别是在超高温的条件下，比 SBS 改性沥青更具有良好的抗车辙能力。

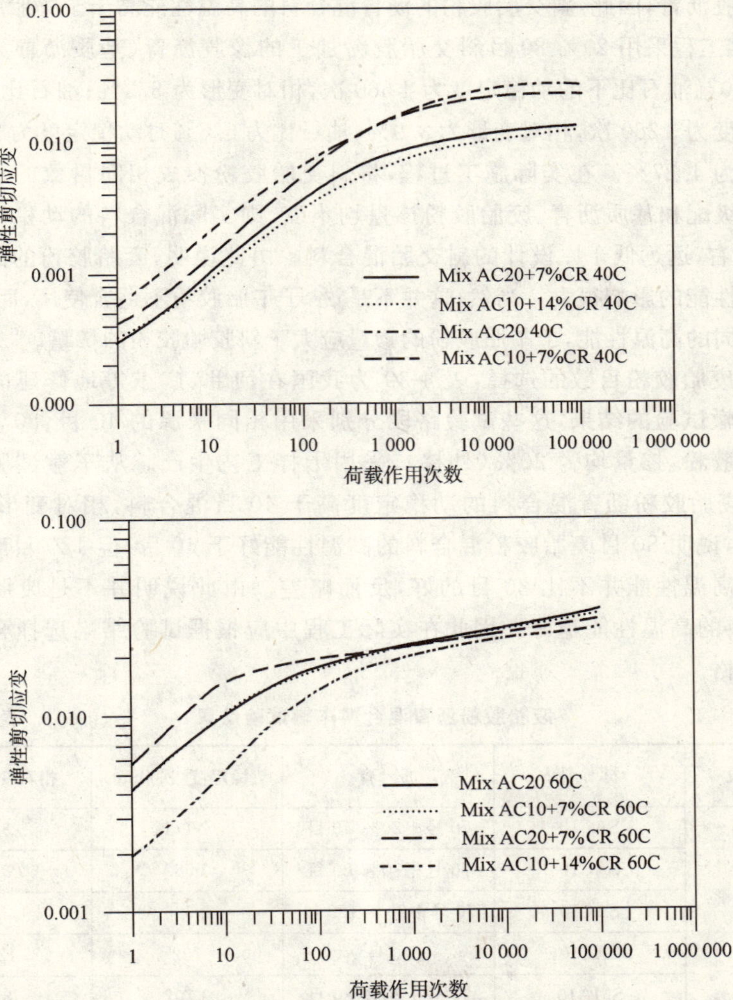

图 4-27　不同种类橡胶沥青混合料高温试验曲线(40℃和 60℃条件)

通过以上试验说明，无论是干拌工艺还是湿拌工艺，橡胶(粉)沥青混凝土都具有良好的高温抗车辙能力，尤其在超重载和超高温条件下尤为突出。

下面将着重讨论橡胶(粉)沥青混合料改善高温性能的影响因素以及相应的作用机理。

1. 废胎胶粉沥青混凝土高温性能的影响因素

根据国内外相关研究结论，影响橡胶(粉)沥青混凝土高温性能的因素主要有：废胎胶粉的品种，废胎胶粉的掺量，混合料的级配，采用的工艺等几方面。

(1)废胎胶粉的品种

上文已介绍了,在相同条件下由斜交胎胶粉加工的橡胶沥青黏度高于子午胎胶粉的性胶沥青,因此,斜交胎胶粉的沥青混合料的高温性能高于子午胎胶粉混合料。如:某工程采用20% 80目斜交胎胶粉加工的橡胶沥青(基质沥青为AH-70号),在6.0%油石比下的动稳定度为4 660次,相对变形为3.2%;油石比为6.3%时动稳定度为3 260次,相对变形为3.9%;油石比为6.6%时动稳定度为2 981次,相对变形为4.37%。在实际施工过程,将斜交胎胶粉换成相同目数的子午胎胶粉,石料、级配和基质沥青、废胎胶粉掺量均不变,则实际混合料的动稳定度仅有2 000次左右,远远低于原设计的斜交胎混合料。由此说明,废胎胶粉的品种对混合料高温性能的影响很大。当然,这并不是说,子午胎胶粉不适合使用,而是说,为了达到相同的高温性能,子午胎胶粉的掺量应大于斜胶胎胶粉的掺量。

对于废胎胶粉目数的选择,表4-39为我国在河北、广东等地修建的试验路段现场车辙试验的结果,这些试验路段分别采用相同来源的40目、80目和120目的废胎胶粉,掺量均为20%(外掺),采用干拌工艺生产。从车辙试验的结果看,80目废胎胶粉沥青混合料的动稳定度高于40目混合料,相对变形小于40目混合料,说明80目废胎胶粉混合料的高温性能好于40目;但120目废胎胶粉混合料的高温性能并不比80目的好,反而略差。由此说明并不是废胎胶粉越细,混合料的高温性能越好。因此在实际工程中应根据试验结果选择合理的废胎胶粉规格。

废胎胶粉沥青混合料车辙试验结果 表4-39

试验路段	材 料	沥 青	动稳定度(次/mm)	相对变形(%)
试验路段一	SAC10	70号+20% 40目	2 171	5.2
	SAC10	70号+20% 80目	3 589	3.5
	SAC10	70号+20% 120目	2 395	3.8
	SAC10	70号	702	12.2
	SMA10	70号+20% 80目	3 702	3.7
	SMA10	70号	441	19.5
试验路段二	SAC10	AH70号+20% 40目	2 667	4.72
	SAC10	AH70号+20% 80目	3 572	3.70
	SAC10	AH70号+20% 120目	3 448	3.95
试验路段三	SAC10	AH70号+20% 80目	3 424	3.21

(2)废胎胶粉的掺量

表4-38中已说明了废胎胶粉掺量对混合料高温性能的影响。表4-40~表

4-42为一组干拌工艺和湿拌工艺橡胶(粉)沥青混合料不同掺量条件下车辙试验结果。从试验结果看，废胎胶粉掺量越高，混合料的高温性能越好。废胎胶粉掺量的大小是影响混合料高温性能最主要的因素。

干拌常温法废胎胶粉混合料车辙试验结果(相对变形指标)　表 4-40

废胎胶粉剂量(%)	0	5	10	20	30
70 号+120 目(%)	14.64	13.47	11.46	7.71	4.99
改性+40 目(%)	—	1.57	1.60	1.32	1.07

干拌冷冻法废胎胶粉混合料车辙试验结果　表 4-41

品　种	掺加剂量(%)	动稳定度(次/mm)	相对变形(%)
不加	0	586	6.73
80 目	10%	2 085	3.28
	20%	3 020	2.08
	30%	3 564	2.07
120 目	10%	1 260	3.44
	20%	3 111	1.97
	30%	5 025	1.53

湿拌常温法废胎胶粉混合料车辙试验结果　表 4-42

混合料类型	动稳定度(次/mm)	相对变形(%)
SK70+20%废胎胶粉干拌	3 842	3.43
SK70+15%废胎胶粉湿拌	2 413	4.94
SK70+10%废胎胶粉湿拌	1 722	5.94
SK70+5%废胎胶粉湿拌	820	9.44

但在实际工程中废胎胶粉掺量过高会带来一些副作用。目前国际上橡胶沥青中胶粉掺量一般为 20%±2%(内掺)，相当于我国通常采用的外掺 22%～28%，同时考虑我国的废胎胶粉主要为斜交胎胶粉，而国外基本为子午胎胶粉，我国超重载交通比较严重，且分布不均匀，因此，从改善沥青混合料高温性能角度出发，我国废胎胶粉的掺量宜控制在 20%～30%(外掺)的范围。对于具体工程，则应通过具体的试验数据进行选择。

(3)适用工艺

在相同废胎胶粉品种和掺量的条件下，湿拌工艺的橡胶沥青混合料与干拌工艺法的废胎胶粉沥青混合料的高温性能有所差别。国外有些专家认为，湿法混合料的抗永久变形能力好于一般的沥青混凝土，而干法混合料则不如一般的沥青混合料，而国内的试验和工程经验却恰恰相反，干拌工艺生产的混合料好于湿拌法。

上文在分析橡胶(粉)沥青混合料体积指标时已说明，在废胎胶粉较高掺量的条件下，在相同混合料空隙率条件下，湿拌工艺混合料的沥青用量高于干拌工艺的混合料。这样对混合料的高温性能的改善可能产生不利的影响。表 4-43 为一组采用湿拌工艺生产的橡胶沥青混合料车辙试验结果，废胎胶粉的掺量一般为外掺 20%。混合料试验的空隙率水平为 6%～8%(按现场压实度 98%标准成型试件)，试验采用的级配为 SAC10、SAM13、SAC16 等，试验温度 60℃。从试验结果看，由于结合料的不同，矿料级配的变化以及石料品种的不同，混合料的高温稳定性能有较大的差异，动稳定度低的仅 2 000 次/mm 左右，高的近 7 000次/mm，相差 3.5 倍，平均为 3 000 次/mm，这个指标相当于现行车辙试验标准(不考虑现场压实度水平，试验条件为 100%压实度)的 5 000 次/mm 左右。从相对变形指标看，最小的相对变行为 2.16%，最高为 5.5%，相差 2.5 倍左右，平均为 4.12%。

橡胶沥青混合料车辙试验结果(湿拌) 表 4-43

试验路段	级配	石料	沥青	油石比(%)	动稳定度(次/mm)	相对变形(%)
南雁路	SAC16	钢渣骨料，细集料为石灰岩	90 号+20% 80 目	5.4	6 933	2.16
				5.7	4 134	3.32
顺平辅线	SMA13	玄武岩骨料，石灰岩细集料	90 号+10% 40 目	—	1 280	—
			90 号+15% 40 目	—	2 180	—
			90 号+19% 40 目	—	2 270	—
	SAC10	玄武岩骨料，石灰岩细集料	90 号+20% 40 目	6.0	2 131	5.0
				6.3	2 295	4.7
				6.6	1 979	5.3
	SAC10(完全断)			6.0	3 733	3.2
				6.3	2 696	4.6
				6.6	2 172	5.5
京秦高速	SAC10	玄武岩石料	70 号+20% 80 目	6.3%	3 262	3.90
				6.6	2 981	4.37
中山 105	SAC10	花岗岩石料	70 号+20% 80 目	6.0%	4 668	3.27

这与表 4-39～表 4-42 中干拌工艺混合料车辙试验结果相比(废胎胶粉掺量外掺 20%)。动稳定度低的仅 2 171 次/mm 左右，高的近 3 702 次/mm，相差 1.5 倍，平均为 3 110 次/mm；相对变形指标，最小的相对变形为 1.97%，最高为 5.2%，相差 2.6 倍左右，平均为 3.58%。从相对变形指标看出，干拌工艺混合料的高温性能好于湿拌工艺的混合料。同时考虑到干拌工艺的胶粉掺量可以进一步增加，达到 30%，甚至更高，混合料的高温性能可以进一步提高。

另外，在实际工程中，某些特殊情况需要采用复合改性技术提高混合料的高温性能，如基质沥青采用SBS改性沥青，此时采用干拌工艺比湿拌工艺更容易施工。因为SBS改性沥青与废胎胶粉拌和生产橡胶沥青的黏度很大，施工成本高，难度大。

再者，结合废胎胶粉与沥青的作用机理，干拌工艺时废胎胶粉也会吸收沥青中的轻质油分，导致沥青老化进程的加快，为了避免这种不利影响，同时充分发挥废胎胶粉混合料的高温性能，一般建议将干拌法生产的混合料用于中、下面层，而表面层混合料可采用湿拌法。

(4)混合料级配

智利学者 Julio Torrejon Olmos 等人对比了传统密实型混合料与断级配沥青混合料的抗塑性变形能力，采用 NLT173 试验方法。试验对比了普通沥青和橡胶沥青两种结合料，分别计算 30～45min、75～90min 和 105～120min3 个时间段混合料的变形速率，试验结果见表 4-44。

从表中数据看出，当采用橡胶沥青时，断级配混合料的变形速率明显小于传统的密实型混合料。在 30～45min 时间段内，连续级配混合料的变形率相当于断级配的 2.3 倍，在 75～90min 时间段内，相当于 3.7 倍，在 105～120min 相当于 4.0 倍。倍数随着作用时间的增加而逐渐增加，说明采用断级配后，抗车辙的耐久性比连续的密级配要好。

不同级配混合料高温试验结果对比 表 4-44

时间段	传统密实型混合料 1/1 000(mm/min)		断级配沥青混凝土 1/1 000(mm/min)	
	普通沥青	橡胶沥青	普通沥青	橡胶沥青
30～45min	破坏	12.2	16.8	5.3
75～90min	—	11.6	16.1	3.1
105～120min	—	11.1	12.7	2.8

表 4-45 为 3 种 10 型混合料级配。其中级配 1 的 4.75mm 以上的碎石含量为 70%，级配 2 的 4.75mm 以上的碎石含量为 65%，级配 3 为完全断级配，4.75mm以上的碎石含量为 70%，同时 4.75～2.36mm 之间的碎石含量为 0%。

3 种 10 型混合料级配 表 4-45

孔径(MM)	13.2	9.5	4.75	2.36	1.18	0.6	0.3	0.15	0.075
级配 1(%)	100	97.5	30	24	19	16	12	10	8
级配 2(%)	100	97.5	35	27	21	17	13	10	8
级配 3(%)	100	97.5	30	30	23	18	14	10	8

首先，选择一种玄武岩石料，对级配1和级配2混合料的高温性能进行比较。筛分试验表明该石料的4.75～9.5mm的主骨料偏细(9.5～7.2mm与7.2～4.75mm的比例为1：3.4)。在保证原有级配中碎石含量不变的条件下，将9.5～7.2mm与7.2～4.75mm的比例人为调整为1：1。同时，橡胶沥青中废胎胶粉的掺量分别为25%和20%，则共分5种不同情况的混合料。通过马歇尔试验，按照设计空隙率为4%确定混合料的最佳油石比和毛体积密度，然后按照压实度98%的标准进行混合料的车辙试验(试验温度为60℃)，试验结果见表4-46。

几种10型混合料车辙试验结果 表4-46

级配	胶粉掺量	4.75～7.2：7.2～9.5	动稳定度(次/mm)	相对变形(%)
级配2	80目+20%	原始	2 046	5.04
级配2	80目+25%	原始	3 757	3.62
级配2	80目+20%	1：1	2 073	4.13
级配1	80目+20%	1：1	1 757	5.35
级配1	80目+20%	原始	1 510	6.74

表中试验采用的是90号基质沥青，针入度为88，属于偏软的90号沥青，因此整体的混合料高温性能并不很高，但也能从中看出明显的规律。首先废胎胶粉掺量对混合料的高温性能的影响最大，25% 80目废胎胶粉采用级配2的混合料的动稳定度最高。

其次，对于级配1和2，调整主集料中4.75～7.2mm的含量，在保证4.75～9.5mm含量不变的前提下，增加7.2～9.5mm的碎石含量，对改善混合料的高温性能十分有利，这点从相对变形指标看尤为明显。级配1的相对变形由6.74%减小到5.35%，级配2的相对变形由5.04%减小到4.13%。

再者，相同橡胶沥青的条件下，级配2的高温性能优于级配1。这是一个值得研究的问题。级配1混合料的粗集料含量明显高于级配2，也就是级配1的骨架结构优于级配2，但为什么级配1的高温性能反而不如级配2呢？初步分析认为，这是由于细集料对混合料高温性能的影响造成的。从骨架计算结果看，级配1的骨架结构优于级配2，但是从最终确定的油石比(设计空隙率均为5%)情况看，级配1高于级配2，说明级配1中的空隙中的自由沥青含量高于级配2，从而导致级配1的高温性能降低。这是混合料级配设计中的新课题，已超出本项目研究的范围。但从中也说明，对于橡胶沥青混合料的级配仍有一些问题需要深入研究，在实际工程中，为了选择高温性能最佳的混合料级配还需要大量的试验对比分析。

采用另一种石料，针对级配 1 和级配 3 的高温性能进行比较，车辙试验结果见表 4-47。

不同级配规律的橡胶沥青混合料高温性能比较 表 4-47

油石比	6.0%		6.3%		6.6%	
指标	动稳定度（次/mm）	相对变形（%）	动稳定度（次/mm）	相对变形（%）	动稳定度（次/mm）	相对变形（%）
级配 1	2 131	5.0	2 295	4.7	1 979	5.3
级配 3	3 733	3.2	2 696	4.6	2 634	4.0

2. 废胎胶粉改善沥青混合料高温性能的机理分析

一般来说，改善沥青混合料的高温稳定性主要从提高沥青混合料的内摩擦角和提高沥青混合料本身的黏聚力两方面入手，具体就是，改善沥青混合料的骨架结构，增强石料之间的嵌挤强度；同时增加混合料胶结料的黏度。

(1)橡胶沥青的高黏度

美国亚利桑那州研究人员 Kamil E. Kaloush 等人采用几种橡胶沥青与 PG76-16 沥青进行比较，绘制了 15～170℃时的黏度曲线，见图 4-28。图中 AR 表示橡胶沥青。从图中曲线形状看出，橡胶沥青的低温黏度低于 PG76-16，高温黏度大于 PG76-16。这说明橡胶沥青的高低温的敏感性好于普通沥青 PG76-16，预示着其混合料的高低温性能好于 PG76-16 混合料。

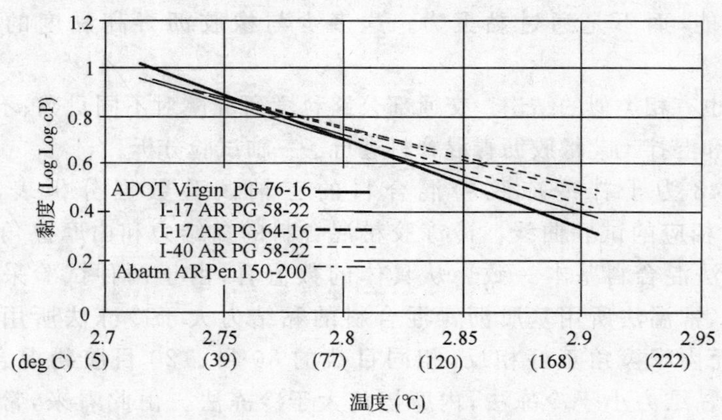

图 4-28 橡胶沥青与其他沥青的黏度随温度的变化曲线

(2)三轴试验分析

该研究人员还针对亚利桑那州传统的沥青混合料(SRB)、橡胶沥青混凝土(ARAC)、橡胶沥青开级配磨耗层(AR-ACFC)和加拿大的一种橡胶沥青混合料

(AlbertaAR)进行三轴试验，测定混合料的黏聚力和内摩擦角。试验温度为37.8℃，侧向压力分别为138kPa和276kPa，轴向荷载采用变形控制，应变率为1.27mm(mm/min)。试验结果见图4-29。

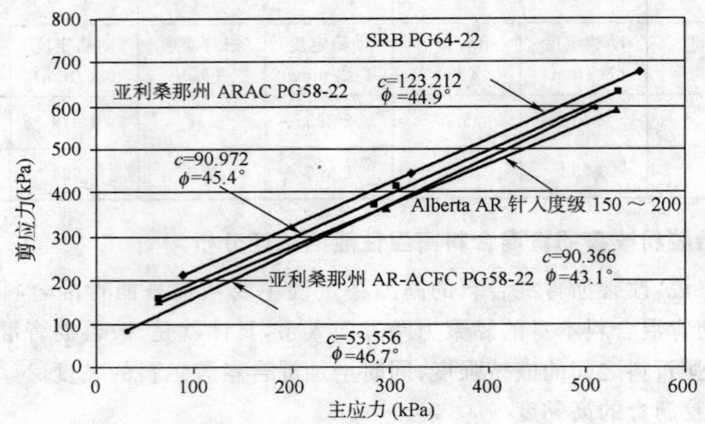

图4-29　4种沥青混凝土三轴试验曲线对比图

从图4-29中曲线和数值可以看出，橡胶沥青混合料的黏聚力小于非橡胶沥青的混合料，但亚利桑那州橡胶沥青混合料的内摩擦角大于非橡胶沥青混合料。这反映出橡胶沥青混合料主要是通过提高混合料的内摩擦角的措施改善混合料的高温性能，而不是通过黏聚力。这多少与橡胶沥青高黏度的特点有些矛盾。

我国也有相类似的结论。交通部公路科学研究院对不同目数、不同掺量的干拌工艺和湿拌工艺橡胶沥青混合料进行了三轴试验分析。

表4-48为干拌冷冻胶粉混合料的三轴试验数据分析表，图4-30、图4-31为相应的试验曲线。冷冻胶粉混合料的黏结力和内摩擦角的变化规律与常温法混合料基本一致。从具体的数值看，由于两种试验采用不同的基质沥青，常温法所用基质沥青混合料的黏结力大于冷冻法所用基质沥青混合料，而内摩擦角正好相反，相同目数的80目、120目胶粉混合料，常温法混合料黏结力小于冷冻法，内摩擦角大于冷冻法。由此看来，常温法胶粉优于冷冻法胶粉的内摩擦角角度；黏结力则是冷冻法优于常温法。究其原因，主要是与两种粉碎方法的胶粉颗粒形状有关系。冷冻法胶粉的粒径形状比较好，在混合料中吸附的沥青比较少，石料与石料间的沥青膜比较厚，混合料的黏结力较高。相反，常温法粉碎的胶粉毛刺比较多，这样有利于提高混合料的内摩擦角。

干拌法的废胎胶粉混合料三轴数据分析表　　表 4-48

废胎胶粉	常温粉碎废胎胶粉					冷冻粉碎废胎胶粉				
参数	相关系数	斜率	截距	c	ϕ(°)	相关系数	斜率	截距	c	ϕ(°)
0%	0.891 2	1.987 6	1.633	0.58	19.36	0.942 6	2.044 7	1.561	0.55	20.12
40+10%	0.910 8	2.241 3	1.516	0.51	22.57					
40+20%	0.961 7	2.433 1	1.218	0.39	24.73					
40+30%	0.993 2	2.579 5	1.315	0.41	26.24					
80+10%	0.947 5	2.237 2	1.733	0.58	22.53	0.960 2	2.218 8	1.596	0.54	22.31
80+20%	0.989 3	2.568 5	1.404	0.44	26.13	0.947 7	2.518 4	1.506	0.47	25.63
80+30%	0.970 4	2.742 6	1.278	0.39	27.81	0.993 9	2.727 2	1.518	0.46	27.67
120+10%	0.979 8	2.299 3	1.793	0.59	23.25	0.926 8	2.413 4	1.563	0.50	24.52
120+20%	0.999 9	2.7454	1.605	0.48	27.84	0.994 1	2.471 3	1.571	0.50	25.14
120+30%	0.998 6	2.572 2	1.364	0.43	26.17	0.984 4	2.320 4	1.582	0.52	23.49

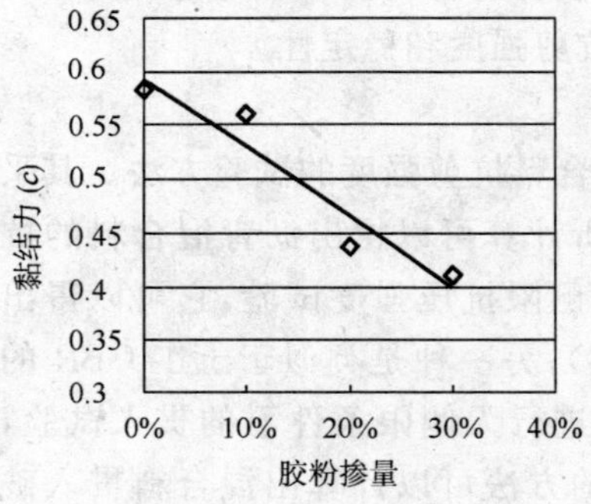

图 4-30　胶粉掺量对黏结力的影响

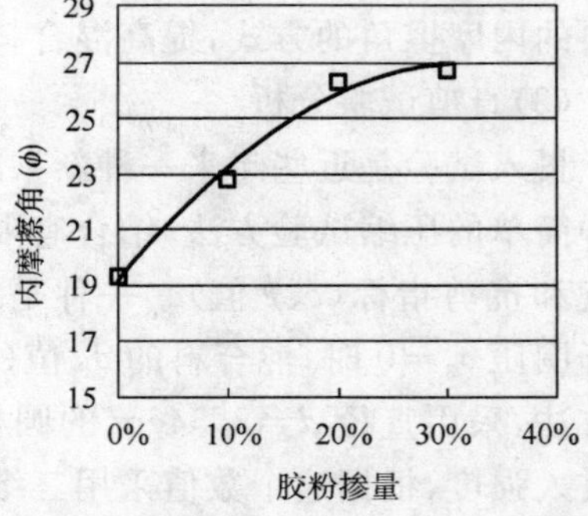

图 4-31　胶粉掺量对内摩擦角的影响

表 4-49 为湿拌法橡胶沥青混合料与 SBS 改性沥青混合料三轴试验的数据分析表。试验采用的基质沥青是 SK 的 AH-70 号。由数据看出，随着废胎胶粉掺量的增加，湿拌法混合料的黏结力逐渐降低，内摩擦角逐渐增加。这点与干拌法胶粉混合料的规律是一致的。具体来说，对于黏结力，SBS 改性沥青混合料最高，其次是重交沥青混合料，橡胶沥青混合料最低；对于内摩擦角，橡胶沥青混合料最高，其次为 SBS 改性沥青，重交沥青混合料最低。

湿拌法废胎胶粉混合料三轴数据分析表 表 4-49

混合料类型	相关系数	斜率	截距	c	ϕ(°)
SBS	0.951 1	3.159 2	2.326	0.65	31.34
SK0	0.999 9	3.095 5	1.997	0.57	30.84
SK5%	0.986 5	3.164 3	1.920	0.54	31.38
SK10%	0.956 7	3.483 1	2.026	0.54	33.70
SK15%	0.949 4	3.797 7	1.854	0.48	35.74

以上试验结果说明，橡胶颗粒在混合料中增加了混合料骨料间的磨阻。但另一方面，由于在石料和沥青之间增加了废胎胶粉，尽管混合料的沥青比没有胶粉前有所增加，但由于胶粉粒度细，比表面积大，混合料石料表面的沥青膜实际上变薄，混合料的黏结力降低。这种现象不仅是干拌法混合料存在，湿拌法橡胶沥青混合料同样存在。说明对于湿拌法混合料的橡胶沥青，废胎胶粉与沥青质检作用是有限的，在沥青中仍存在相当一部分独立的橡胶颗粒，只不过在橡胶沥青的加工过程中，沥青与胶粉有着较长的拌和时间，沥青与胶粉颗粒之间的相互作用不可否认。从黏结力和内摩擦角的变化幅度可以看出，湿拌混合料黏结力的下降幅度小于干拌，同样干拌混合料内摩擦角的增加幅度也大于湿拌。

总之，从以上三轴试验结果看，废胎胶粉沥青混合料主要是通过提高沥青混合料的内摩擦角的方式，提高混合料的高温抗剪强度和稳定性。

(3)直剪试验分析

贯入试验是近些年来一种新兴的研究混合料抗剪强度的试验方法。其采用两种简单的压缩试验方法，结合有限元的分析计算可以得出沥青混合料的抗剪强度和抗剪指标(c、ϕ 值)。一种是常用的无侧限抗压强度试验，它可以得出相当于围压 $\sigma_3=0$ 时，混合料的 σ_1 值(抗压强度)；另一种是类似于土工 CBR 的试验方法，采用直径 $d=2.54$cm 的圆柱形压头进行无侧限条件下的贯入试验，得到贯入强度，根据这个数值采用三维有限元的方法可以计算出混合料贯入破坏时的 σ_{1g} 和 σ_{3g}。由此得到摩尔—库仑圆上的两个极限状态的点，就可以计算出材料的抗剪强度参数。

具体来说：对于抗压强度试验，试件的 $\sigma_3=0$；$\sigma_1=F/S$，F 为试件的抗压强度；对于贯入试验，$\sigma_3=F_g\cdot\alpha_3$，$\sigma_1=F_g\cdot\alpha_1$，$F_g$ 为贯入强度，α_1、α_3 是采用三维有限元计算出的应力系数。

表 4-50 为干拌常温废胎胶粉混合料分别在 25℃、40℃、60℃ 3 种温度条件下进行的贯入试验结果。表 4-51 为分别按掺量和目数分析的这种材料的 c、ϕ 值(3 种温度的平均值)。

干拌法常温废胎胶粉混合料不同温度条件下的贯入试验结果 表 4-50

试验温度	25℃				40℃				60℃			
混合料类型	抗压(MPa)	贯入(MPa)	c 值	ϕ 值(°)	抗压(MPa)	贯入(MPa)	c 值	ϕ 值(°)	抗压(MPa)	贯入(MPa)	c 值	ϕ 值(°)
不掺加	1.800	6.427	0.382	44.04	0.832	2.915	0.177	43.82	0.426	1.124	0.101	39.12
40+10%	1.672	5.834	0.357	43.76	0.687	2.691	0.142	45.07	0.308	1.058	0.066	43.57
40+20%	1.531	5.510	0.324	44.13	0.579	2.534	0.117	46.09	0.120	0.398		
40+30%	1.206	5.961	0.237	47.02	0.558	2.367	0.113	45.82	0.171	0.695	0.035	45.40
80+10%	1.766	6.800	0.367	44.88	0.678	2.200	0.148	42.80	0.200	0.692	0.043	43.65
80+20%	1.599	6.300	0.330	45.12	0.640	2.000	0.142	42.25	0.196	0.528	0.046	39.61
80+30%	1.377	5.800	0.280	45.75	0.450	1.516	0.097	43.32	0.086	0.163		
120+10%	1.882	7.526	0.387	45.27	0.936	3.161	0.202	43.34	0.420	1.031	0.104	37.46
120+20%	1.850	7.996	0.374	45.98	0.830	3.056	0.174	44.40	0.305	1.065	0.065	43.76
120+30%	1.727	7.630	0.348	46.16	0.722	3.021	0.147	45.70	0.260	0.930	0.055	44.05

从强度试验结果看，在 3 个温度条件下，3 种目数的胶粉混合料随着废胎胶粉用量的增加都存在下降的趋势，不论是抗压强度和还是贯入强度。

干拌法常温废胎胶粉混合料贯入试验分析结果 表 4-51

混合料类型	试验温度 25℃		试验温度 40℃		试验温度 60℃	
	c 值	ϕ 值(°)	c 值	ϕ 值(°)	c 值	ϕ 值(°)
0%	0.382	44.04	0.177	43.82	0.101	39.12
10%	0.370	44.64	0.164	43.73	0.071	41.56
20%	0.343	45.08	0.144	44.24	0.056	41.69
30%	0.288	46.31	0.119	44.94	0.045	44.73
40 目	0.306	44.97	0.124	45.66	0.051	44.49
80 目	0.326	45.25	0.129	42.79	0.044	41.63
120 目	0.370	45.80	0.174	44.48	0.075	41.76

与三轴试验一样，贯入试验表现出废胎胶粉的掺量对混合料的 c、ϕ 值影响远大于目数的影响。在 3 个温度下，随着废胎胶粉掺量的增加混合料的 c 值下降，ϕ 值提高。

随着温度的增加，混合料的 c、ϕ 值均有不同程度的下降。在高温条件下胶粉混合料的 ϕ 值仍明显大于无胶粉的混合料，而胶粉混合料的 c 值下降幅度增加。这也是由于胶粉混合料沥青膜偏薄的原因。

从目数角度看，120 目胶粉混合料的 c 值大于 80 目大于 40 目；40 目胶粉混合料的 ϕ 值大于 120 目大于 80 目。

表 4-52 为干拌冷冻胶粉混合料贯入试验的结果，表 4-53 为其 c、ϕ 值的分析结果。从数据看，胶粉剂量的影响与常温胶粉混合料有着完全一致的规律；但目数的影响并不一致。120 目胶粉混合料的 c 值大于 80 目，而 ϕ 值小于80 目。

干拌法冷冻废胎胶粉混合料不同温度条件下的贯入试验结果　　表 4-52

试验温度	25℃				40℃				60℃			
混合料类型	抗压 (MPa)	贯入 (MPa)	c	ϕ (°)	抗压 (MPa)	贯入 (MPa)	c	ϕ (°)	抗压 (MPa)	贯入 (MPa)	c	ϕ (°)
0%	2.093	8.234	0.432	45.10	0.932	3.464	0.195	44.51	0.600	2.110	0.128	43.86
80+10%	1.949	7.934	0.399	45.44	0.816	3.107	0.170	44.77	0.349	1.348	0.073	44.90
80+20%	1.805	7.092	0.373	45.09	0.748	2.818	0.156	44.64	0.233	0.999	0.047	45.91
80+30%	1.749	7.689	0.352	46.13	0.760	2.570	0.164	43.36	0.166	0.774	0.033	46.59
120+10%	1.987	7.550	0.414	44.74	0.933	3.475	0.196	44.52	0.398	1.378	0.085	43.67
120+20%	1.941	7.337	0.405	44.68	0.754	2.922	0.156	44.95	0.297	1.015	0.064	43.50
120+30%	1.806	6.910	0.376	44.82	0.677	2.726	0.139	45.33	0.275	0.977	0.058	43.97

干拌法冷冻废胎胶粉混合料贯入试验分析结果　　表 4-53

试验温度	25℃		40℃		60℃		平均	
混合料	c	ϕ(°)	c	ϕ(°)	c	ϕ(°)	c	ϕ(°)
0%	0.432	45.10	0.195	44.51	0.128	43.86	0.252	44.49
10%	0.407	45.09	0.183	44.64	0.079	44.29	0.223	44.67
20%	0.389	44.89	0.156	44.80	0.055	44.70	0.200	44.80
30%	0.364	45.47	0.151	44.35	0.046	45.28	0.187	45.03
80 目	0.375	45.55	0.163	44.26	0.051	45.80	0.196	45.20
120 目	0.398	44.75	0.164	44.93	0.069	43.71	0.210	44.47

表 4-54 为湿拌法橡胶沥青混合料 3 种温度条件下的贯入试验结果，表 4-55 为相应的试验数据分析汇总表。对于湿拌法废胎胶粉沥青混合料，随着剂量的增加，c 值下降，ϕ 值提高。

湿拌法废胎胶粉混合料不同温度条件下的贯入试验结果　　表 4-54

试验温度	25℃				40℃				60℃			
混合料类型	抗压强度(MPa)	贯入强度(MPa)	c	φ(°)	抗压强度(MPa)	贯入强度(MPa)	c	φ(°)	抗压强度(MPa)	贯入强度(MPa)	c	φ(°)
SBS	3.29	14.16	0.666	45.94	1.24	5.10	0.253	45.54	0.72	2.24	0.158	42.25
SK0	2.25	9.22	0.461	45.48	1.07	3.80	0.228	43.93	0.46	1.74	0.097	44.62
SK5	2.93	10.14	0.627	43.66	1.16	4.04	0.247	43.75	0.67	2.01	0.151	41.51
SK10	2.75	10.48	0.574	44.76	1.12	3.95	0.238	43.91	0.62	1.85	0.140	41.48
SK15	2.41	9.22	0.503	44.79	0.92	3.32	0.194	44.21	0.44	1.57	0.092	44.15
SK20	2.37	9.07	0.494	44.80	0.72	2.05	0.166	40.57	0.24	0.49	0.065	31.91

湿拌法废胎胶粉混合料贯入试验分析结果

(3 个温度条件下的平均值)　　表 4-55

混合料类型	抗压强度(MPa)	贯入强度(MPa)	c	φ(°)
SBS	1.75	7.17	0.359	44.58
SK0	1.26	4.92	0.262	44.68
SK5	1.59	5.40	0.342	42.98
SK10	1.50	5.42	0.317	43.38
SK15	1.26	4.70	0.263	44.38
SK20	1.11	3.87	0.242	39.09

通过以上分析，发现三轴试验与贯入试验对于废胎胶粉混合料的黏结力和内摩擦角的变化规律有相近或一致的结论。

(4)蠕变试验分析

蠕变是当应力为恒定值时，应变随时间逐渐增加的现象。蠕变试验结果可反映实际沥青混合料在车轮荷载作用下变形的累积效应。应变蠕变的变化规律按蠕变现象可分为蠕变迁移、蠕变稳定、蠕变破坏 3 个阶段。

蠕变试验采用 MTS 材料试验系统完成，试验采用标准的 100mm×100mm 圆柱体试件。根据马歇尔试验结果，按照 4%孔隙率确定最佳油石比，考虑现场压实度 98%的状态，成型试件。分别对湿拌法生产的橡胶沥青混合料、干拌法常温胶粉混合料和干拌法冷冻胶粉混合料分别进行动态和静态的蠕变试验。

动态蠕变试验方法：

试验温度：40℃或 50℃；

荷载形式：正弦波；

荷载振幅：0～0.1MPa 或0～0.2MPa；

试验时间：有效试验时间 30min；

采样方法：每隔 3min 连续采集 10 个周期的荷载—变形状态，并将其平均，作为该时刻的试件蠕变水平。

静态蠕变试验方法：

试验温度：40℃或 60℃；

荷载级位：0.1MPa 或 0.2MPa；

试验时间：有效试验时间 30min；

预压条件：0.5kN 或 0.2kN 预压 1min

采样方法：每隔 3s 采集一次变形。

①湿拌法混合料

表 4-56 为湿拌法橡胶沥青混凝土各个时间段的动态及静态蠕变劲度汇总表，图 4-32 为相应的蠕变变形曲线。湿拌橡胶沥青采用 SK-70 号重交沥青，掺加的胶粉为常温粉碎的 80 目子午胎胶粉，掺量分别为 5％、10％、15％。SBS 改性沥青混凝土和 20％ 80 目干拌沥青混凝土作为两个对比样本。

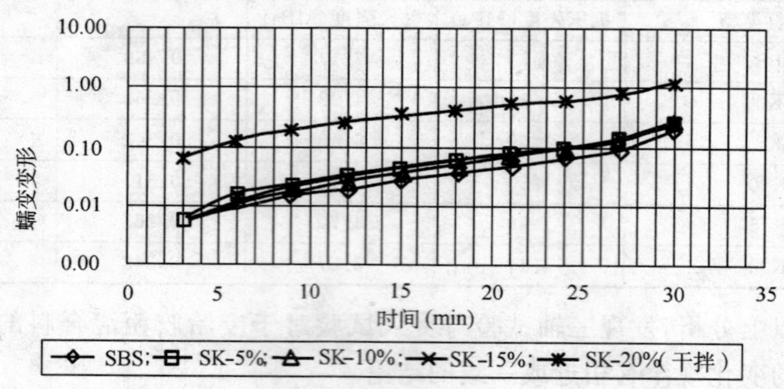

图 4-32　湿拌法废胎胶粉混合料动态蠕变曲线(0.1MPa、40℃)

从蠕变曲线看，干拌法混合料的蠕变变形最大，SBS 改性沥青混合料蠕变变形最小，对于掺加废胎胶粉的沥青混合料随着废胎胶粉掺量的增加，湿拌法混合料的蠕变变形逐渐减小。

从各个时间段的劲度模量看，3min 以后的劲度模量变化规律比较明显。SBS 改性沥青混合料最大，其次为 15％的湿拌橡胶沥青混合料，10％和 5％的居中并逐渐降低，20％干拌混合料最低，且与前面几种混合料相比数值上相差较大。这是值得注意的问题。因为从车辙试验结果表明，SBS 改性沥青混合料的动稳定度最大达到 6 369 次，其次为 20％干拌胶粉混合料，达到 3 842 次，15％湿拌混合料为 2 413 次，10％湿拌混合料为 1 722 次，5％湿拌混合料仅有 820 次。由此说明，蠕变试验结果仅对于同一类型混合料具有一定的可比性(湿拌法混合料的橡胶沥青可作为一种改性沥青看待)，并以此评价混合料的高温性能，并不能对所有混合料进行评价。

湿拌法混合料动态及静态蠕变劲度(0.1MPa、40℃) 表 4-56

时间段	时间长度(min)	SBS	SK-5%	SK-10%	SK-15%	SK-20%(干拌)
动态蠕变劲度模量(MPa)						
0′～30′	30	47.4	35.1	31.0	32.2	7.1
3′～30′	27	98.9	63.6	64.0	67.3	11.4
6′～30′	24	144.0	88.3	91.1	96.5	14.3
9′～30′	21	191.1	112.2	121.9	127.8	17.3
12′～30′	18	249.2	149.7	151.0	175.5	21.0
15′～30′	15	334.0	189.0	196.7	236.5	25.8
18′～30′	12	478.9	248.6	268.6	344.0	33.0
21′～30′	9	585.7	371.4	390.3	528.8	44.3
24′～30′	6	1032.8	547.5	725.6	826.0	65.8
27′～30′	3	1 579.6	1 504.4	1 577.7	1 857.9	132.1
静态蠕变劲度(MPa)						
0′～30′	30	14.05	23.47	12.74	7.7	15.6
3′～30′	27	103.77	74.33	76.38	63.0	93.5
6′～30′	24	152.65	104.74	115.11	97.6	132.4
9′～30′	21	211.64	135.22	152.45	129.0	187.6
12′～30′	18	252.93	181.60	194.54	179.9	214.1
15′～30′	15	364.77	228.41	219.81	223.1	252.5
18′～30′	12	433.86	384.82	286.98	316.2	438.4
21′～30′	9	566.51	491.97	415.98	442.0	782.6
24′～30′	6	668.77	562.97	614.65	761.0	844.9

表 4-56、图 4-33 为湿拌法混合料静态蠕变试验结果。从试验结果看出小荷载水平下的静态蠕变结果比较混乱。在 0～30min 期间，纯沥青的劲度模量

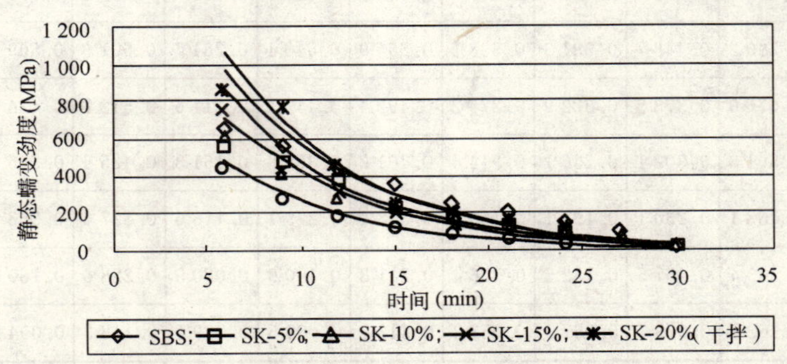

图 4-33 湿拌法废胎胶粉混合料静态蠕变劲度曲线(0.1MPa、40℃)

最大，甚至高于SBS改性沥青，这显然与实际情况相违背。直到试验进行3min以后，SBS改性沥青混合料的劲度模量达到最大，由此说明对于小荷载的静态蠕变试验需要较长时间的预压，预压时间不宜少于4min。另外，在相当长的一段时间内，5%、10%、15% 3种混合料之间的劲度模量相互关系不十分明确，说明静态蠕变试验的稳定性不如动态试验。

还有，以3～30min的劲度模量作为标准值，对比动态试验结果发现，动态试验的劲度模量明显小于静态，这与动静态模量试验结果的规律正好相反。由此说明，动态荷载作用与静态荷载作用相比，动态荷载作用下混合料的蠕变变形更大。

干拌法混合料静态蠕变的变化规律与动态一致，在所有混合料中蠕变变形量最大，蠕变劲度最小。

②干拌法——常温粉碎的废胎胶粉

试验采用40目、80目、120目3种不同的常温粉碎胶粉，掺加剂量分别为10%、20%、30%。表4-57为0.2MPa荷载水平，40℃时干拌法常温胶粉混合料的动态蠕变变形和相应的劲度模量汇总表，相应的试验曲线见图4-34、图4-35。

干拌法常温胶粉混合料动态蠕变变形(0.2MPa、40℃) 表4-57

时间(min)	不加	40目+10%	40目+20%	40目+30%	80目+10%	80目+20%	80目+30%	120目+10%	120目+20%	120目+30%
动态蠕变变形(mm)										
30	1.900 8	1.491 9	1.477 8	1.365 7	1.961 8	1.809 7	1.157 1	1.535 6	1.689 9	1.443 7
27	1.182 2	0.747 5	0.674 7	0.608 4	0.954 3	0.893 2	0.499 1	0.925 3	0.836 8	0.666 0
24	1.026 9	0.619 4	0.552 7	0.491 2	0.796 1	0.742 5	0.391 6	0.800 8	0.698 6	0.538 5
21	0.902 7	0.529 7	0.468 2	0.407 0	0.685 3	0.635 6	0.320 8	0.695 2	0.596 0	0.449 6
18	0.790 2	0.448 7	0.391 3	0.338 1	0.584 9	0.540 1	0.261 7	0.601 6	0.509 2	0.378 1
15	0.676 0	0.373 5	0.322 9	0.276 2	0.492 4	0.452 2	0.211 6	0.512 7	0.424 2	0.310 0
12	0.561 8	0.302 1	0.256 1	0.214 4	0.401 2	0.365 8	0.161 3	0.425 6	0.345 5	0.246 7
9	0.438 1	0.230 1	0.197 1	0.160 5	0.308 4	0.279 1	0.118 6	0.327 6	0.263 9	0.184 8
6	0.303 4	0.157 5	0.132 5	0.106 4	0.211 8	0.190 9	0.080 5	0.228 6	0.180 8	0.126 7
3	0.162 5	0.079 7	0.067 0	0.052 3	0.113 0	0.099 5	0.039 5	0.118 3	0.094 9	0.064 3

续上表

时间(min)	不加	40目+10%	40目+20%	40目+30%	80目+10%	80目+20%	80目+30%	120目+10%	120目+20%	120目+30%
动态蠕变劲度模量(MPa)										
30	10.5	13.4	13.5	14.6	10.2	11.1	17.3	13.0	11.8	13.9
27	16.9	26.8	29.6	32.9	21.0	22.4	40.1	21.6	23.9	30.0
24	19.5	32.3	36.2	40.7	25.1	26.9	51.1	25.0	28.6	37.1
21	22.2	37.8	42.7	49.1	29.2	31.5	62.3	28.8	33.6	44.5
18	25.3	44.6	51.1	59.1	34.2	37.0	76.4	33.2	39.3	52.9
15	29.6	53.5	61.9	72.4	40.6	44.2	94.5	39.0	47.1	64.5
12	35.6	66.2	78.1	93.3	49.9	54.7	124.0	47.0	57.9	81.1
9	45.7	86.9	101.5	124.6	64.8	71.7	168.6	61.0	75.8	108.2
6	65.9	127.0	151.0	188.0	94.4	104.8	248.5	87.5	110.6	157.9
3	123.1	250.8	298.5	382.5	177.0	201.0	505.8	169.1	210.8	311.3

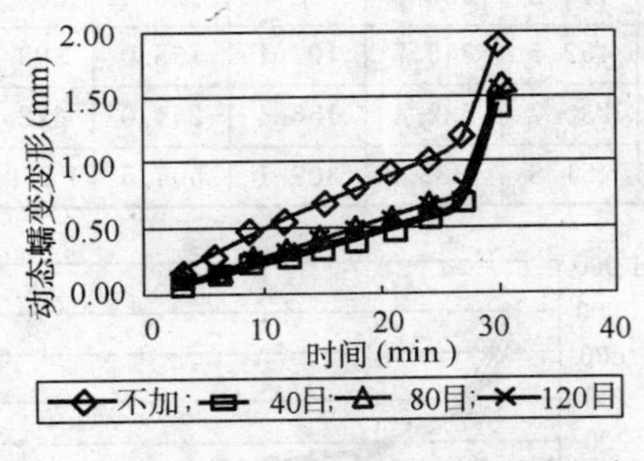

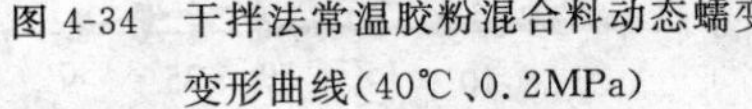

图 4-34 干拌法常温胶粉混合料动态蠕变变形曲线(40℃、0.2MPa)

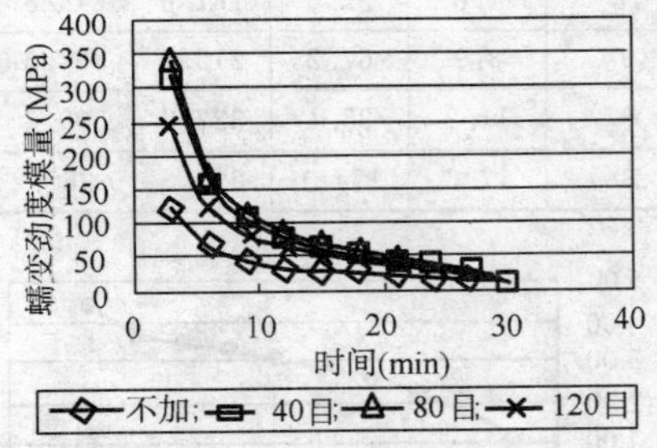

图 4-35 干拌法常温胶粉混合料动态蠕变劲度模量曲线(40℃、0.2MPa)

表 4-58 为 0.1MPa 荷载水平,50℃时干拌法常温胶粉混合料的动态蠕变变形和相应的劲度模量汇总表,相应的试验曲线见图 4-36、图 4-37。

干拌法常温胶粉混合料动态蠕变变形(0.1MPa、50℃) 表 4-58

时间(min)	不加	40目+10%	40目+20%	40目+30%	80目+10%	80目+20%	80目+30%	120目+10%	120目+20%	120目+30%
动态蠕变变形(mm)										
30	4.434 0	1.317 9	1.050 7	0.800 8	1.420 9	1.179 3	0.853 8	1.514 3	1.305 9	0.926 0
27	3.720 8	0.785 6	0.359 4	0.244 8	0.654 4	0.488 5	0.269 5	0.603 7	0.445 2	0.236 9
24	3.480 1	0.685 2	0.286 8	0.184 6	0.556 0	0.388 7	0.202 7	0.501 9	0.357 5	0.176 6
21	3.279 4	0.604 7	0.235 4	0.149 1	0.481 9	0.321 6	0.161 4	0.427 2	0.294 2	0.140 1
18	3.076 4	0.531 0	0.195 1	0.119 5	0.417 7	0.266 0	0.127 1	0.362 5	0.245 8	0.113 1
15	2.849 6	0.456 9	0.157 3	0.092 8	0.356 3	0.220 7	0.101 8	0.303 5	0.201 3	0.088 7
12	2.578 4	0.380 3	0.123 8	0.072 8	0.293 4	0.175 1	0.078 3	0.245 7	0.158 6	0.070 2

续上表

时间(min)	不加	40 目+10%	40 目+20%	40 目+30%	80 目+10%	80 目+20%	80 目+30%	120 目+10%	120 目+20%	120 目+30%
动态蠕变变形(mm)										
9	2.234 7	0.297 7	0.093 0	0.051 6	0.225 7	0.131 2	0.057 7	0.186 8	0.119 1	0.050 1
6	1.784 7	0.210 3	0.061 1	0.033 4	0.154 8	0.086 7	0.037 6	0.127 8	0.078 7	0.032 2
3	1.135 3	0.114 9	0.029 8	0.015 8	0.079 0	0.044 3	0.019 4	0.064 7	0.039 6	0.015 8
动态蠕变劲度模量(MPa)										
30	4.5	15.2	19.0	25.0	14.1	17.0	23.4	13.2	15.3	21.6
27	5.4	25.5	55.6	81.7	30.6	40.9	74.2	33.1	44.9	84.4
24	5.7	29.2	69.7	108.3	36.0	51.5	98.7	39.8	55.9	113.3
21	6.1	33.1	85.0	134.2	41.5	62.2	123.9	46.8	68.0	142.7
18	6.5	37.7	102.5	167.4	47.9	75.2	157.3	55.2	81.4	176.8
15	7.0	43.8	127.2	215.5	56.1	90.6	196.4	65.9	99.3	225.5
12	7.8	52.6	161.6	274.8	68.2	114.2	255.5	81.4	126.1	285.1
9	8.9	67.2	215.0	387.3	88.6	152.5	346.7	107.1	168.0	399.2
6	11.2	95.1	327.2	599.3	129.2	230.7	532.4	156.4	254.0	622.0
3	17.6	174.1	671.3	1 267.2	253.2	451.8	1033.2	309.1	504.5	1 268.4

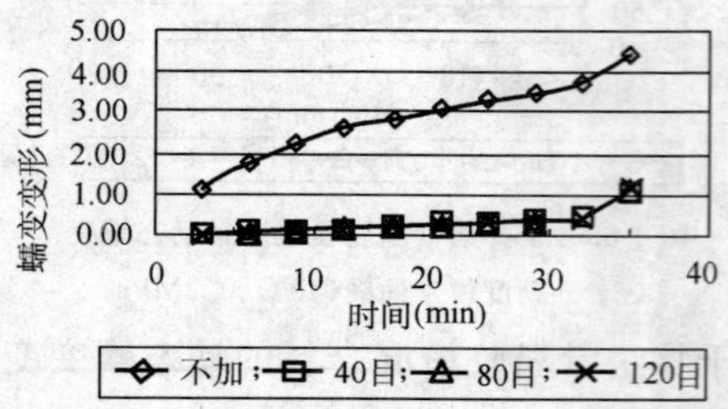

图 4-36 干拌法常温胶粉混合料动态蠕变变形量曲线(50℃、0.1MPa)

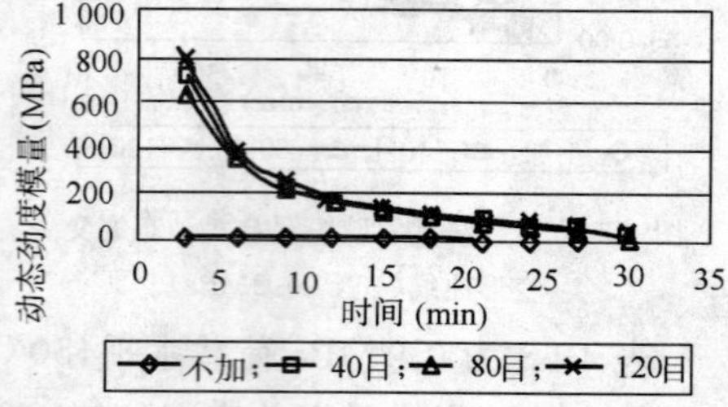

图 4-37 干拌法常温胶粉混合料动态蠕变劲度模量曲线(50℃、0.1MPa)

表 4-59、表 4-60 和图 4-38～图 4-41 为分别按目数(40 目、80 目、120 目)和掺量(10%、20%、30%)两个指标分析结果统计表。

干拌法常温胶粉混合料不同目数对混合料动态蠕变的影响 表 4-59

时间	不加	40 目	80 目	120 目	不加	40 目	80 目	120 目
动态蠕变变形(mm)								
min	0.2MPa、40℃				0.1MPa、50℃			
30	1.900 8	1.428 8	1.559 5	1.489 6	4.434 0	1.059 3	1.137 4	1.220 2
27	1.182 2	0.677 9	0.726 7	0.795 6	3.720 8	0.515 2	0.461 9	0.420 3
24	1.026 9	0.555 3	0.593 9	0.669 7	3.480 1	0.434 9	0.379 3	0.339 3

续上表

时间	不加	40目	80目	120目	不加	40目	80目	120目
动态蠕变变形(mm)								
min	0.2MPa、40℃				0.1MPa、50℃			
21	0.9027	0.4683	0.5031	0.5724	3.2794	0.3769	0.3216	0.2836
18	0.7902	0.3934	0.4233	0.4898	3.0764	0.3252	0.2724	0.2378
15	0.6760	0.3248	0.3520	0.4114	2.8496	0.2749	0.2290	0.1961
12	0.5618	0.2583	0.2813	0.3362	2.5784	0.2266	0.1858	0.1579
9	0.4381	0.1953	0.2135	0.2562	2.2347	0.1747	0.1417	0.1185
6	0.3034	0.1319	0.1462	0.1777	1.7847	0.1218	0.0962	0.0800
3	0.1625	0.0660	0.0763	0.0913	1.1353	0.0653	0.0492	0.0402
动态蠕变劲度模量(MPa)								
min	0.2MPa、40℃				0.1MPa、50℃			
30	10.5	14.0	13.7	13.4	4.5	20.1	18.7	17.4
27	16.9	29.8	30.5	25.8	5.4	53.6	52.4	58.8
24	19.5	36.5	38.1	31.1	5.7	68.8	67.3	76.6
21	22.2	43.4	45.8	36.6	6.1	83.6	82.7	94.8
18	25.3	51.9	55.3	43.1	6.5	102.5	102.6	116.0
15	29.6	63.0	67.6	51.8	7.0	129.6	126.3	145.7
12	35.6	79.7	86.9	64.0	7.8	163.7	161.9	183.2
9	45.7	105.7	116.7	84.6	8.9	227.3	217.7	253.1
6	65.9	157.5	171.4	122.7	11.2	347.2	330.8	389.2
3	123.1	316.7	341.4	240.2	17.6	720.6	643.2	788.8

干拌法常温胶粉混合料不同掺量对混合料动态蠕变的影响 表4-60

时间	0%	10%	20%	30%	0%	10%	20%	30%
动态蠕变变形(mm)								
min	0.2MPa、40℃				0.1MPa、50℃			
30	1.9008	1.6631	1.6591	1.3221	4.4340	1.4177	1.1786	0.8602
27	1.1822	0.8757	0.8016	0.5912	3.7208	0.6812	0.4310	0.2504
24	1.0269	0.7388	0.6646	0.4738	3.4801	0.5810	0.3443	0.1880
21	0.9027	0.6367	0.5666	0.3925	3.2794	0.5046	0.2837	0.1502
18	0.7902	0.5451	0.4802	0.3260	3.0764	0.4371	0.2357	0.1199
15	0.6760	0.4595	0.3998	0.2660	2.8496	0.3722	0.1931	0.0944
12	0.5618	0.3763	0.3225	0.2075	2.5784	0.3065	0.1525	0.0737
9	0.4381	0.2887	0.2467	0.1547	2.2347	0.2367	0.1144	0.0531
6	0.3034	0.1993	0.1681	0.1045	1.7847	0.1643	0.0755	0.0344
3	0.1625	0.1037	0.0871	0.0520	1.1353	0.0862	0.0379	0.0170

续上表

时间	0%	10%	20%	30%	0%	10%	20%	30%
动态蠕变劲度模量(MPa)								
min	0.2MPa、40℃				0.1MPa、50℃			
30	10.5	12.2	12.1	15.3	4.5	14.2	17.1	23.3
27	16.9	23.1	25.3	34.3	5.4	29.7	47.2	80.1
24	19.5	27.5	30.6	43.0	5.7	35.0	59.0	106.8
21	22.2	31.9	35.9	52.0	6.1	40.5	71.7	133.6
18	25.3	37.3	42.5	62.8	6.5	46.9	86.3	167.2
15	29.6	44.4	51.1	77.1	7.0	55.3	105.7	212.5
12	35.6	54.4	63.5	99.4	7.8	67.4	134.0	271.8
9	45.7	70.9	83.0	133.8	8.9	87.6	178.5	377.8
6	65.9	103.0	122.1	198.1	11.2	126.9	270.7	584.6
3	123.1	199.0	236.8	399.9	17.6	245.5	542.6	1 189.6

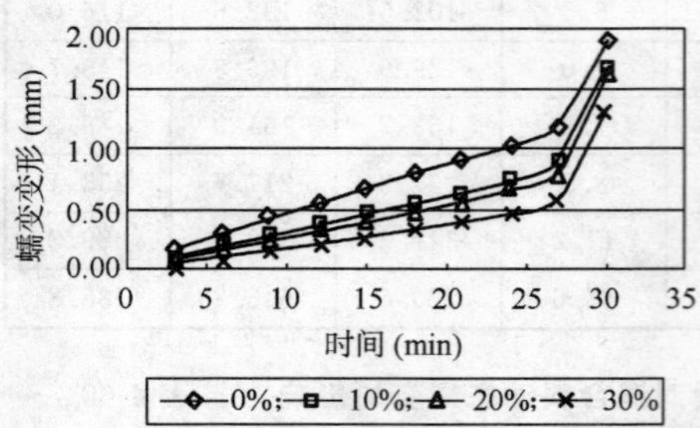

图 4-38　干拌法常温胶粉混合料不同掺量动态蠕变变形曲线(40℃、0.2MPa)

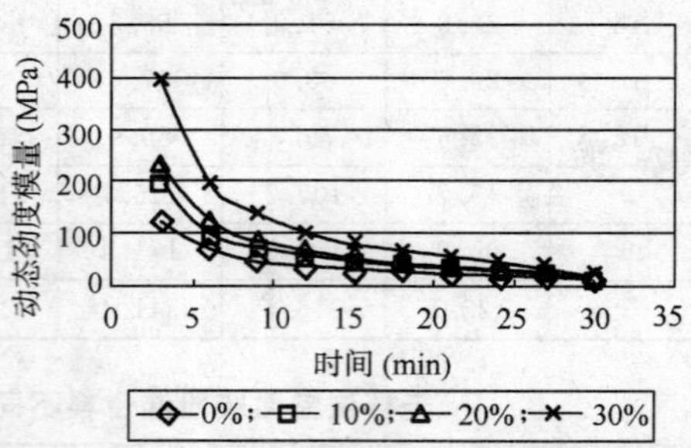

图 4-39　干拌法常温胶粉混合料不同掺量动态蠕变劲度曲线(40℃、0.2MPa)

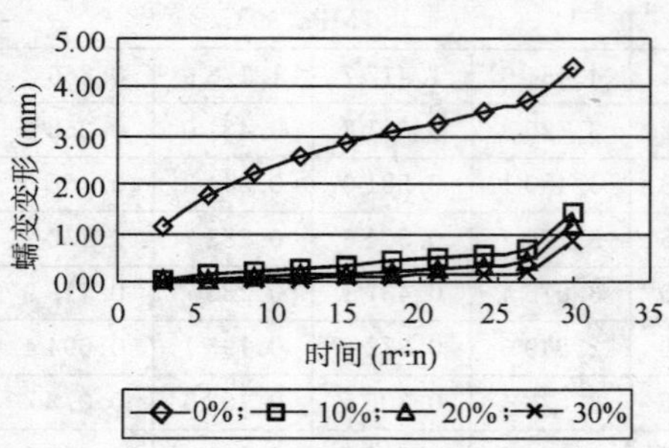

图 4-40　干拌法常温胶粉混合料不同掺量动态蠕变变形曲线(50℃、0.1MPa)

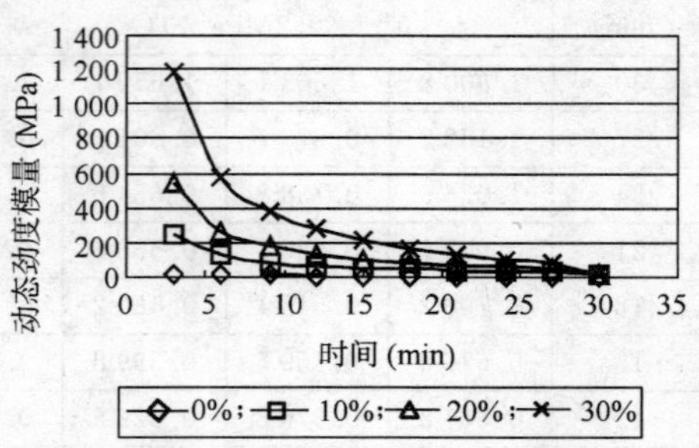

图 4-41　干拌法常温胶粉混合料不同掺量动态蠕变劲度模量曲线(50℃、0.1MPa)

从这些试验数据和结果可以得出以下结论：

a. 无论是 40 目、80 目还是 120 目胶粉，随着剂量的增加，混合料的蠕变变形逐渐减小，劲度模量逐渐增加，而且劲度模量增加幅度随着胶粉剂量的增加也在增加。

b. 从目数角度看，40℃时，80 目胶粉混合料的劲度模量最大，40 目次之，120 目最小，但到了 50℃正好相反，120 目混合料的进度模量最大，80 目最小，40 目居中。这说明混合料的劲度模量与温度水平有较大关系，不同温度条件下，混合料的劲度模量变化是不一样的。同时也说明，胶粉的目数对混合料的蠕变性能没有明显影响。

c. 对于普通沥青混合料，在 50℃、0.1MPa 时比 40℃、0.2MPa 的劲度模量明显降低，但对于胶粉混合料却正好相反，劲度模量非但没有降低，反而有明显增加。由此反映出干拌法废胎胶粉混合料不同于一般沥青混凝土优越的高温性能。

表 4-61 为 0.2MPa 荷载水平，40℃时干拌法常温胶粉混合料的静态蠕变变形和相应的劲度模量汇总表，相应的试验曲线见图 4-42、图 4-43。从试验结果看出，对于 0.2MPa、40℃条件下，除 120 目 20％和 30％掺加量的混合料蠕变变形和劲度模量有些异常外，其余 7 组数据都表现出良好的规律性，随着胶粉掺量的增加，蠕变变形小于纯沥青混合料，劲度模量大于纯沥青混合料。

干拌法常温胶粉混合料静态蠕变变形（0.2MPa、40℃）　　表 4-61

时间(min)	不加	40 目+10％	40 目+20％	40 目+30％	80 目+10％	80 目+20％	80 目+30％	120 目+10％	120 目+20％	120 目+30％
静态蠕变变形(mm)										
30	0.6866	0.5319	0.5151	0.4868	0.6727	0.6115	0.5693	0.7259	0.4052	0.7125
27	0.2799	0.1953	0.1819	0.1850	0.2937	0.2528	0.2349	0.2928	0.1410	0.3131
24	0.2053	0.1424	0.1354	0.1394	0.2211	0.1911	0.1739	0.2190	0.1010	0.2417
21	0.1627	0.1113	0.1044	0.1080	0.1790	0.1481	0.1377	0.1741	0.0750	0.1951
18	0.1318	0.0901	0.0835	0.0848	0.1436	0.1189	0.1005	0.1396	0.0600	0.1589
15	0.1060	0.0689	0.0613	0.0648	0.1155	0.0916	0.0830	0.1107	0.0471	0.1251
12	0.0830	0.0501	0.0460	0.0468	0.0841	0.0671	0.0670	0.0834	0.0354	0.0938
9	0.0615	0.0365	0.0314	0.0362	0.0600	0.0488	0.0462	0.0596	0.0260	0.0723
6	0.0414	0.0216	0.0229	0.0223	0.0392	0.0279	0.0301	0.0370	0.0175	0.0464
3	0.0187	0.0116	0.0113	0.0109	0.0190	0.0158	0.0131	0.0200	0.0079	0.0238

续上表

时间(min)	不加	40目+10%	40目+20%	40目+30%	80目+10%	80目+20%	80目+30%	120目+10%	120目+20%	120目+30%
静态蠕变劲度模量(MPa)										
30	29.1	37.6	38.8	41.1	29.7	32.7	35.1	27.6	49.4	28.1
27	71.5	102.4	110.0	108.1	68.1	79.1	85.2	68.3	141.9	63.9
24	97.4	140.4	147.7	143.4	90.5	104.6	115.0	91.3	198.0	82.8
21	122.9	179.6	191.7	185.3	111.7	135.1	145.2	114.8	266.7	102.5
18	151.7	221.9	239.6	235.8	139.3	168.2	198.9	143.3	333.6	125.8
15	188.7	290.1	326.5	308.9	173.1	218.3	241.1	180.6	425.1	159.8
12	241.0	399.0	434.5	427.7	237.8	298.2	298.5	239.8	565.3	213.2
9	324.9	547.7	636.7	552.0	333.3	409.6	432.9	335.6	768.9	276.5
6	483.2	924.6	874.3	897.4	510.4	717.8	664.7	540.5	1142.3	431.0
3	1 069.4	1 725.8	1 767.1	1 827.4	1 052.4	1 269.8	1 521.5	997.5	2 536.8	839.5

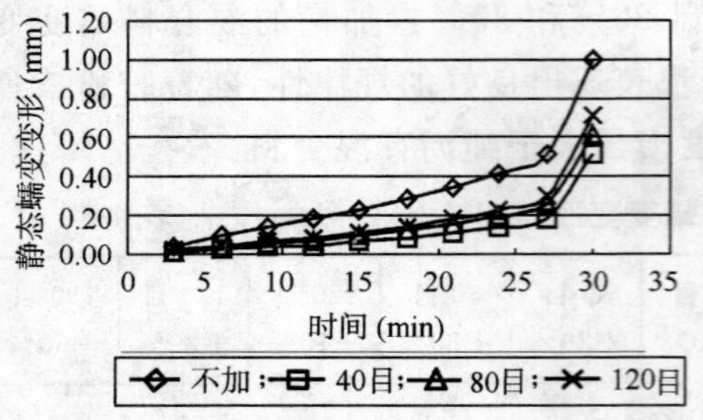

图 4-42　干拌法常温胶粉混合料静态蠕变劲度蠕变变形曲线(40℃、0.2MPa)

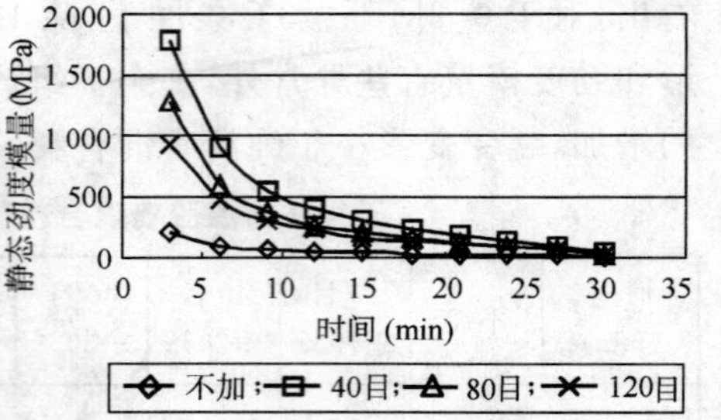

图 4-43　干拌法常温胶粉混合料静态蠕变劲度模量曲线(40℃、0.2MPa)

表 4-62 为 0.1MPa 荷载水平，60℃时干拌法常温胶粉混合料的静态蠕变变形和相应的劲度模量汇总表，相应的试验曲线见图 4-44、图 4-45。

干拌法常温胶粉混合料静态蠕变变形(0.1MPa、60℃)　　表 4-62

时间(min)	不加	40目+10%	40目+20%	40目+30%	80目+10%	80目+20%	80目+30%	120目+10%	120目+20%	120目+30%
静态蠕变变形(mm)										
30	1.005 8	0.487 2	0.422 2	0.387 3	0.625 0	0.603 5	0.585 8	0.321 8	0.307 6	0.344 8
27	0.511 7	0.154 9	0.126 5	0.120 8	0.303 6	0.231 6	0.237 2	0.079 1	0.093 8	0.044 0
24	0.413 7	0.110 7	0.090 9	0.081 7	0.240 1	0.177 5	0.179 6	0.048 3	0.066 0	0.030 3

续上表

时间(min)	不加	40 目+10%	40 目+20%	40 目+30%	80 目+10%	80 目+20%	80 目+30%	120 目+10%	120 目+20%	120 目+30%
静态蠕变变形(mm)										
21	0.345 1	0.083 1	0.068 8	0.062 8	0.198 3	0.137 8	0.139 0	0.037 2	0.049 6	0.023 1
18	0.288 0	0.059 2	0.055 8	0.045 6	0.168 8	0.108 7	0.108 8	0.027 2	0.038 1	0.015 8
15	0.233 9	0.045 2	0.045 5	0.033 6	0.140 1	0.087 2	0.085 0	0.020 7	0.028 7	0.011 3
12	0.182 5	0.030 6	0.036 4	0.021 4	0.113 0	0.065 3	0.064 7	0.014 6	0.019 7	0.009 1
9	0.137 7	0.022 4	0.027 9	0.016 7	0.084 1	0.047 6	0.047 2	0.010 1	0.011 6	0.005 4
6	0.094 9	0.012 4	0.017 0	0.012 1	0.056 6	0.028 2	0.032 8	0.008 7	0.007 6	0.003 2
3	0.045 4	0.007 1	0.008 0	0.002 9	0.030 3	0.010 8	0.016 1	0.003 4	0.003 1	0.005 4
静态蠕变劲度模量(MPa)										
30	9.9	20.5	23.7	25.8	16.0	16.6	17.1	31.1	32.5	29.0
27	19.5	64.6	79.0	82.8	32.9	43.2	42.2	126.4	106.6	227.5
24	24.2	90.3	110.0	122.5	41.7	56.3	55.7	207.0	151.5	329.9
21	29.0	120.3	145.3	159.3	50.4	72.6	71.9	269.0	201.6	432.7
18	34.7	168.9	179.2	219.3	59.3	92.0	91.9	367.0	262.3	633.9
15	42.7	221.0	219.8	297.5	71.4	114.7	117.6	484.1	347.8	881.1
12	54.8	326.5	274.7	466.6	88.5	153.1	154.5	685.0	508.1	1 099.3
9	72.6	447.0	358.3	598.7	119.0	209.9	212.0	990.7	863.1	1 840.0
6	105.4	805.4	589.0	829.0	176.7	355.1	305.1	1 145.5	1 315.0	3 099.9
3	220.3	1 407.3	1 256.4	3 453.7	330.0	926.1	622.3	2 915.2	3 221.9	1 864.0

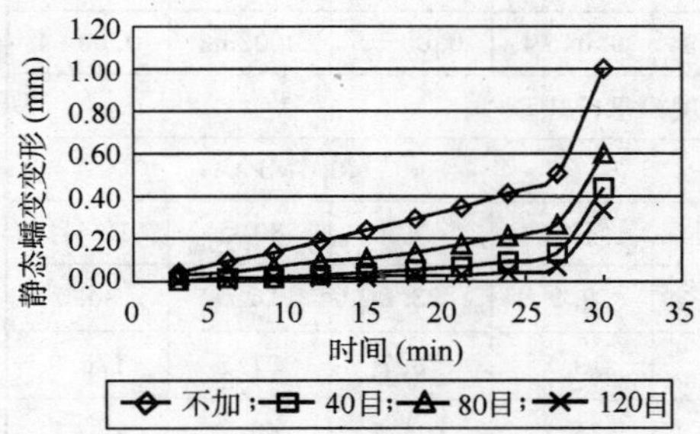

图 4-44　干拌法常温胶粉混合料静态蠕变劲度蠕变变形曲线(60℃、0.1MPa)

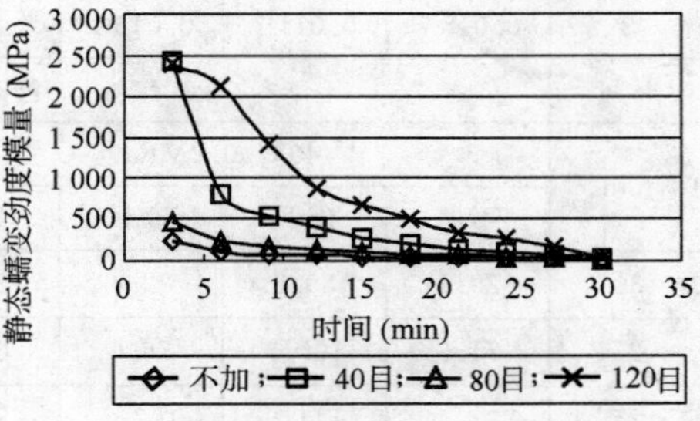

图 4-45　干拌法常温胶粉混合料静态蠕变劲度模量曲线(60℃、0.1MPa)

对于0.1MPa、60℃条件下，除120目的3组数据比较混乱，尽管劲度模量均大于纯沥青混合料，但相互之间掺量的影响规律并不明确，80目30%胶粉含量的试验结果也有些异常，40目胶粉试验结果比较正常。

总的来说，在0.2MPa、40℃条件下，40目胶粉混合料的劲度模量最大，蠕变变形最小，80目居中，120目劲度模量最小，蠕变变形最大，甚至比纯沥青混凝土的变形还大。这与动态试验有类似的规律(动态试验也是120目混合料劲度模量最小)。在0.1MPa、60℃条件下，目数对混合料蠕变影响的规律与动态时完全一致，120目时混合料的劲度模量最大，变形最小，80目混合料劲度模量最小，变形最大，40目居中。由此看来，废胎胶粉目数越细，对混合料高温性能改善越好。

表4-63、表4-64和图4-46～图4-49为分别按目数(40目、80目、120目)和掺量(10%、20%、30%)两个指标分析结果统计表。

干拌法常温胶粉混合料不同目数对混合料静态蠕变的影响 表4-63

时间 min	静态蠕变变形(mm)							
	40℃、0.2MPa				60℃、0.1MPa			
	不加	40目	80目	120目	不加	40目	80目	120目
30	0.6866	0.5093	0.6210	0.7192	1.0058	0.4372	0.6054	0.3333
27	0.2799	0.1901	0.2643	0.3029	0.5117	0.1379	0.2704	0.0615
24	0.2053	0.1409	0.1975	0.2303	0.4137	0.0962	0.2098	0.0393
21	0.1627	0.1096	0.1583	0.1846	0.3451	0.0729	0.1687	0.0301
18	0.1318	0.0875	0.1221	0.1492	0.2880	0.0524	0.1388	0.0215
15	0.1060	0.0668	0.0993	0.1179	0.2339	0.0394	0.1125	0.0160
12	0.0830	0.0484	0.0755	0.0886	0.1825	0.0260	0.0888	0.0118
9	0.0615	0.0364	0.0531	0.0660	0.1377	0.0195	0.0656	0.0078
6	0.0414	0.0220	0.0346	0.0417	0.0949	0.0122	0.0447	0.0060
3	0.0187	0.0113	0.0161	0.0219	0.0454	0.0050	0.0232	0.0044
时间 min	静态劲度模量(MPa)							
	40℃、0.2MPa				60℃、0.1MPa			
	不加	40目	80目	120目	不加	40目	80目	120目
30	29.1	39.3	32.4	27.8	9.9	23.2	16.5	30.0
27	71.5	105.3	76.6	66.1	19.5	73.7	37.5	176.9
24	97.4	141.9	102.7	87.0	24.2	106.4	48.7	268.5
21	122.9	182.5	128.5	108.7	29.0	139.8	61.2	350.8
18	151.7	228.8	169.1	134.6	34.7	194.1	75.6	500.5

续上表

时间	静态劲度模量(MPa)							
min	40℃、0.2MPa				60℃、0.1MPa			
	不加	40 目	80 目	120 目	不加	40 目	80 目	120 目
15	188.7	299.5	207.1	170.2	42.7	259.3	94.5	682.6
12	241.0	413.4	268.2	226.5	54.8	396.6	121.5	892.2
9	324.9	549.8	383.1	306.1	72.6	522.8	165.5	1 415.3
6	483.2	911.0	587.5	485.7	105.4	817.2	240.9	2 122.7
3	1 069.4	1 776.6	1 286.9	918.5	220.3	2 430.5	476.1	2 389.6

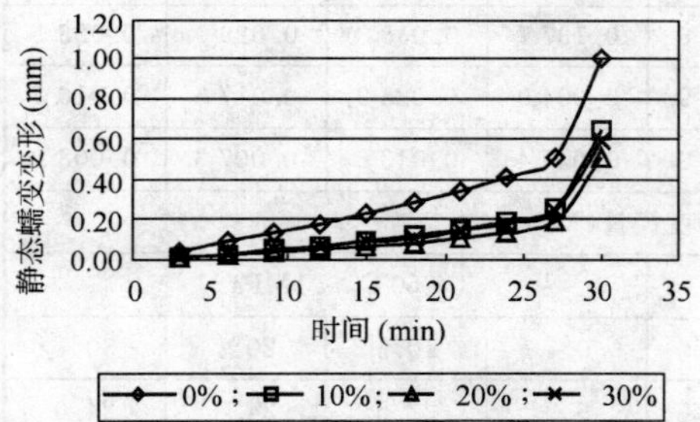

图 4-46　干拌法常温胶粉混合料不同掺量静态蠕变变形曲线(40℃、0.2MPa)

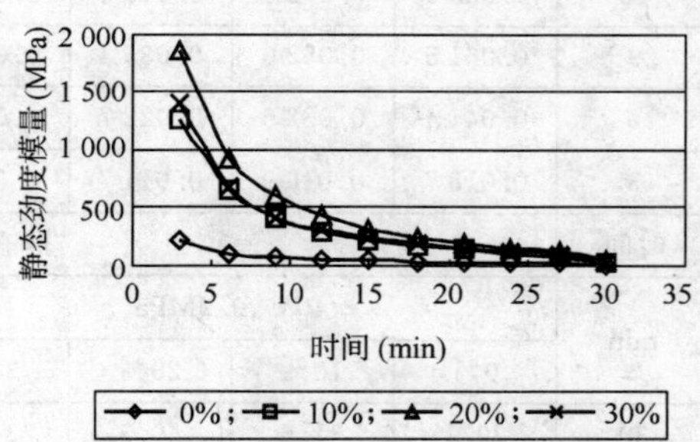

图 4-47　干拌法常温胶粉混合料不同掺量静态蠕变劲度模量曲线(40℃、0.2MPa)

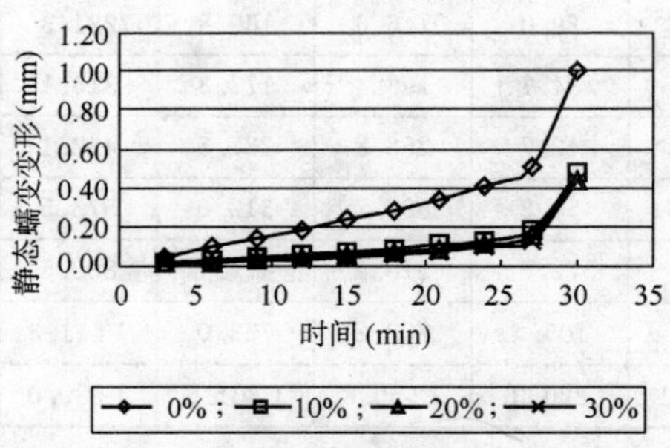

图 4-48　干拌法常温胶粉混合料不同掺量静态蠕变变形曲线(60℃、0.1MPa)

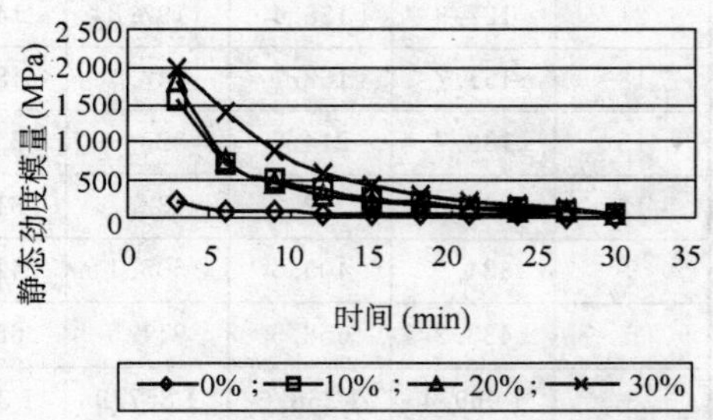

图 4-49　干拌法常温胶粉混合料不同掺量静态蠕变劲度模量曲线(60℃、0.1MPa)

另外，在 60℃时，除 120 目胶粉混合料的劲度模量比 40℃时有明显增加外(增加 167%)，其余 3 种混合料的劲度模量都不同程度的下降，以 27min(即 3～30min)的劲度模量为标准值，纯沥青混合料劲度模量下降 267%，40 目胶粉混合料平均下降 43%，80 目胶粉混合料平均下降 57%。由此看来，废胎胶粉混合料在高温条件对混合料性能的改善是明显的，只是不同目数胶粉改善的程度不同。

干拌法常温胶粉混合料不同掺量对混合料静态蠕变的影响　　表 4-64

时间	静态蠕变变形(mm)							
min	40℃、0.2MPa				60℃、0.1MPa			
	0%	10%	20%	30%	0%	10%	20%	30%
30	0.686 6	0.643 5	0.510 6	0.589 5	1.005 8	0.478 0	0.444 4	0.439 3
27	0.279 9	0.260 6	0.191 9	0.244 3	0.511 7	0.179 2	0.150 7	0.134 0
24	0.205 3	0.194 1	0.142 5	0.185 0	0.413 7	0.133 0	0.111 5	0.097 2
21	0.162 7	0.154 8	0.109 1	0.146 9	0.345 1	0.106 2	0.085 4	0.075 0
18	0.131 8	0.124 4	0.087 4	0.114 8	0.288 0	0.085 1	0.067 6	0.056 7
15	0.106 0	0.098 4	0.066 6	0.091 0	0.233 9	0.068 7	0.053 8	0.043 3
12	0.083 0	0.072 5	0.049 5	0.069 2	0.182 5	0.052 7	0.040 5	0.031 7
9	0.061 5	0.052 0	0.035 4	0.051 6	0.137 7	0.038 8	0.029 0	0.023 1
6	0.041 4	0.032 6	0.022 7	0.032 9	0.094 9	0.025 9	0.017 6	0.016 0
3	0.018 7	0.016 9	0.011 7	0.016 0	0.045 4	0.013 6	0.007 3	0.008 1
时间	静态劲度模量(MPa)							
min	40℃、0.2MPa				60℃、0.1MPa			
	0%	10%	20%	30%	0%	10%	20%	30%
30	29.1	31.6	40.3	34.8	9.9	22.5	24.3	24.0
27	71.5	79.6	110.3	85.7	19.5	74.6	76.3	117.5
24	97.4	107.4	150.1	113.7	24.2	113.0	105.9	169.4
21	122.9	135.4	197.8	144.3	29.0	146.6	139.8	221.3
18	151.7	168.1	247.1	186.8	34.7	198.4	177.8	315.1
15	188.7	214.6	323.3	236.6	42.7	258.8	227.5	432.1
12	241.0	292.2	432.7	313.2	54.8	366.7	312.0	573.5
9	324.9	405.5	605.1	420.5	72.6	518.9	477.1	883.5
6	483.2	658.5	911.5	664.3	105.4	709.2	753.0	1 411.3
3	1 069.4	1 258.6	1 857.9	1 396.1	220.3	1 550.8	1 801.5	1 980.0

从掺量角度看，由于目数对静态蠕变结果影响比较大，两种条件下的掺量影响规律并不明显，40℃条件下，20%掺量的劲度模量最大，30%次之，10%最小；60℃条件下，30%掺量的劲度模量最大，10%次之，20%最小。

再者，对比前面动态试验结果，在 0.2MPa、40℃条件下，以 27min 的劲度模量为标准值，纯沥青混合料的静态蠕变劲度模量与动态的比值为 4.23，40 目胶粉混合料为 3.53，80 目胶粉混合料为 2.51，120 目胶粉混合和料为 2.56。由此看出，掺加胶粉后混合料的动静态蠕变差异均有不同程度的减小。

③干拌法——冷冻法粉碎废胎胶粉

表 4-65 为采用冷冻胶粉的干拌沥青混合料的静态蠕变变形和蠕变劲度的汇总表。试验用基质沥青为中海 70 号，试验条件 40℃，0.1MPa。试验对比了 5 种混合料：纯沥青混合料、10% 80 目胶粉混合料、20% 80 目胶粉混合料、30% 80 目胶粉混合料、20% 120 目胶粉混合料。图 4-50、图 4-51 为相应的静态蠕变曲线和静态蠕变劲度模量曲线。

干拌冷冻胶粉静态蠕变变形数据表 表 4-65

时间(min)	不加	80 目＋10%	80 目＋20%	80 目＋30%	120 目＋20%
静态蠕变变形(mm)					
30	0.183 3	0.172 5	0.192 9	0.129 3	0.185 7
27	0.068 9	0.056 9	0.057 8	0.037 4	0.070 8
24	0.053 2	0.041 4	0.040 5	0.024 6	0.051 9
21	0.041 4	0.031 2	0.030 9	0.018 5	0.042 3
18	0.030 8	0.023 3	0.023 9	0.012 6	0.034 1
15	0.027 4	0.018 0	0.015 4	0.009 1	0.024 2
12	0.019 0	0.011 7	0.011 8	0.008 3	0.020 2
9	0.013 3	0.008 4	0.009 4	0.005 6	0.014 2
6	0.010 0	0.005 4	0.005 1	0.003 6	0.008 5
3	0.001 6	0.002 6	0.004 1	0.002 7	0.005 9
静态蠕变劲度模量(MPa)					
30	54.57	58.02	51.81	77.34	53.86
27	145.26	175.85	173.04	267.63	141.30
24	188.07	241.62	246.99	406.33	192.71
21	241.45	320.96	323.06	541.11	236.66
18	324.85	429.29	418.20	794.48	293.61
15	364.40	557.39	648.19	1097.53	413.85
12	526.92	858.20	850.36	1204.26	494.26
9	752.19	1 191.32	1 067.09	1 780.85	703.05
6	999.94	1 847.03	1 976.31	2 770.78	1 177.14
3	6 373.93	3 831.02	2 433.33	3 740.88	1 694.64

从试验数据看出，在40℃条件下，掺加胶粉混合料比纯沥青混合料的劲度模量均有不同程度的提高，30% 80目胶粉混合料的提高程度最大，10%和20% 80目混合料的劲度模量相差不多，20% 120目胶粉混合料的提高程度最低，基本与纯沥青混合料一样。根据以上试验的分析结果，并不能认为120目胶粉混合料对提高混合料蠕变劲度模量作用不大，只是在40℃的试验条件下反映出这种现象，有充分理由可以预见，在50℃或60℃以后，120目的胶粉混合料的高温性能的优势会充分体现出来。

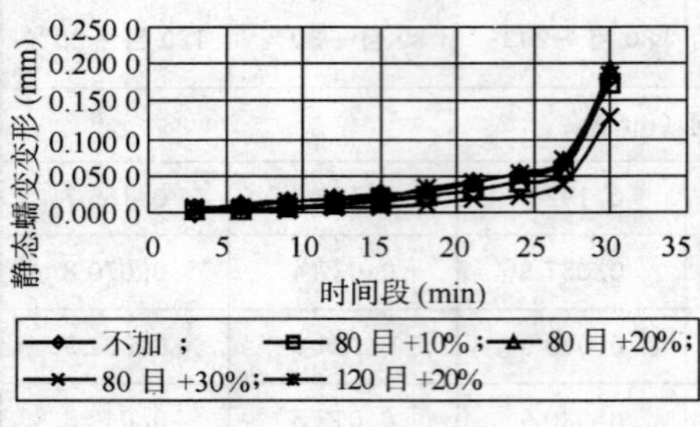

图4-50 干拌冷冻胶粉混合料静态蠕变变形曲线

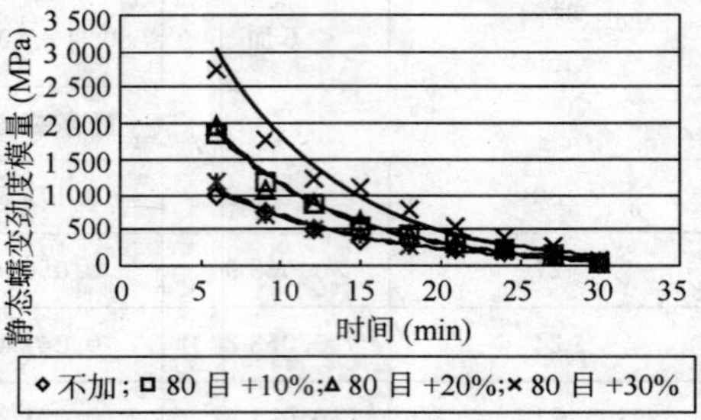

图4-51 干拌冷冻胶粉混合料静态蠕变劲度模量曲线

表4-66为干拌法冷冻胶粉混合料动态蠕变试验的蠕变变形和劲度模量统计结果。图4-52、图4-53为相应的试验曲线。

干拌冷冻胶粉动态蠕变变形数据表 表4-66

时间 (min)	80目+0%	80目+10%	80目+20%	80目+30%
动态蠕变变形(mm)				
3	0.007 8	0.004 7	0.006 1	0.000 7
6	0.012 1	0.009 5	0.011 3	0.005 3
9	0.018 5	0.015 6	0.016 6	0.009 4
12	0.025 6	0.022 2	0.024 0	0.016 5
15	0.032 9	0.029 2	0.029 6	0.020 0
18	0.041 3	0.037 9	0.037 9	0.027 4
21	0.056 3	0.048 0	0.048 5	0.036 9
24	0.071 9	0.064 1	0.062 7	0.050 8
27	0.095 9	0.088 0	0.084 0	0.072 6
30	0.165 9	0.172 1	0.158 3	0.144 0

续上表

时间 (min)	80 目+0%	80 目+10%	80 目+20%	80 目+30%
	动态蠕变劲度模量(MPa)			
3	1 028.5	1 624.2	1 269.9	
6	656.7	808.7	688.4	1 475.4
9	430.7	492.8	468.2	826.5
12	311.4	346.3	323.2	472.3
15	242.7	263.3	262.3	388.7
18	193.2	202.7	205.0	284.0
21	141.6	160.0	160.1	210.5
24	110.9	119.8	124.0	152.9
27	83.2	87.3	92.5	107.1
30	48.1	44.6	49.1	54.0

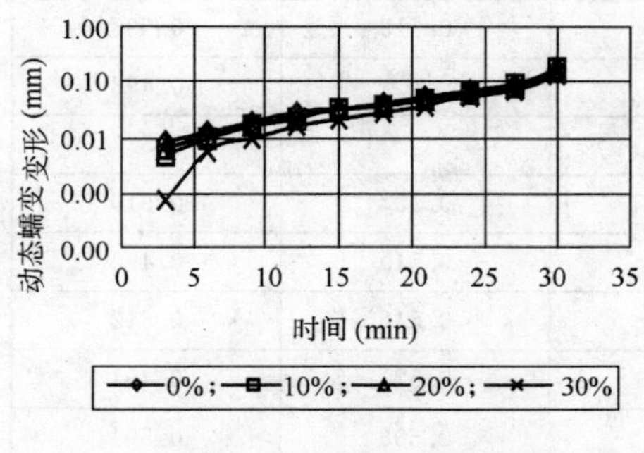

图 4-52 干拌法冷冻胶粉混合料动态蠕变变形曲线

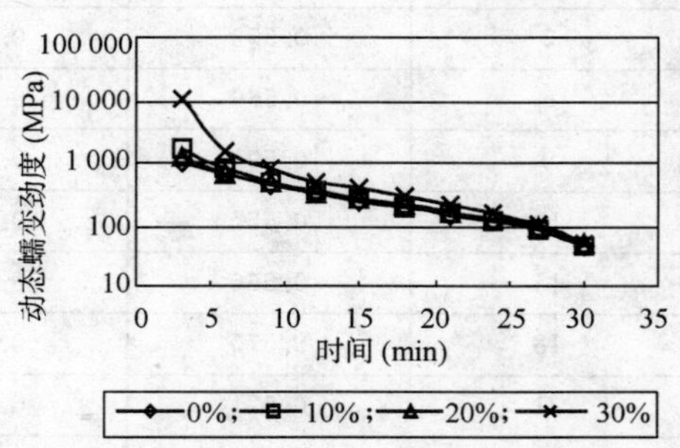

图 4-53 干拌法冷冻胶粉混合料动态蠕变劲度模量曲线

从试验数据看出,动态试验结果比静态试验的规律性要好。随着胶粉剂量的增加,混合料的蠕变变形减小,劲度模量逐渐增加。与静态模量相比,同样存在动态劲度模量低于静态劲度模量的情况。

为了进一步分析胶粉混合料动态蠕变过程中应力应变的变化情况,分别计算了每隔 3min 试件的阻尼和阻尼比,结果见表 4-67、表 4-68 和图 4-54、图 4-55。从阻尼指标看,又与荷载水平没有变化,4 种混合料在 30min 的蠕变实验过程中阻尼基本保持不变。从试验曲线看出,不掺加胶粉混合料的阻尼基本处于图的上部,说明该试件平均的阻尼比较大,而胶粉混合料的阻尼比较小,但从图中看不出胶粉掺量对蠕变阻尼的影响。

干拌胶粉混合料动态蠕变试验试件阻尼的变化情况　表 4-67

时间(min)	80 目+0%	80 目+10%	80 目+20%	80 目+30%
0	4.33	4.20	4.18	4.27
3	4.11	3.93	4.15	4.33
6	4.24	4.09		4.10
9	4.49	4.02		4.34
12	4.25	4.00	4.07	4.23
15	4.31	4.24	4.15	4.04
18	4.36	4.18	4.14	4.23
21	4.38	4.14	4.20	4.11
24	4.31	4.12	4.13	4.22
27	4.40	4.09	4.12	4.30
30	4.44	4.13	4.20	4.18

干拌胶粉混合料动态蠕变试验试件阻尼比的变化情况　表 4-68

时间(min)	80 目+0%	80 目+10%	80 目+20%	80 目+30%
0	0.574	0.549	0.529	0.535
3	0.552	0.505	0.518	0.538
6	0.566	0.532		0.493
9	0.591	0.519		0.537
12	0.557	0.528	0.507	0.510
15	0.566	0.542	0.519	0.490
18	0.575	0.532	0.515	0.512
21	0.571	0.529	0.521	0.491
24	0.549	0.527	0.508	0.501
27	0.575	0.519	0.508	0.506
30	0.588	0.516	0.518	0.504

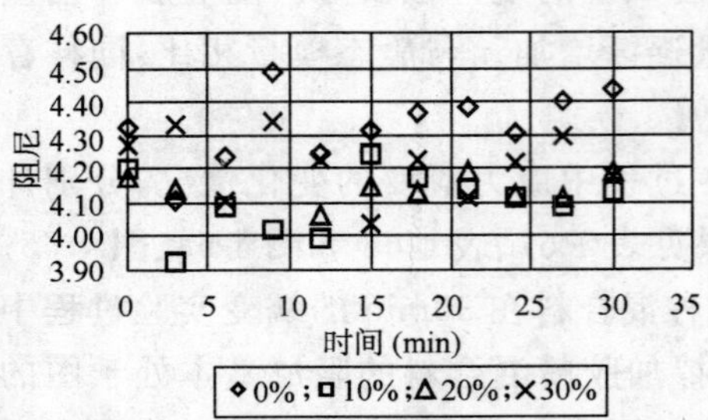

图 4-54　干拌法冷冻胶粉混合料动态蠕变试验的阻尼变化趋势

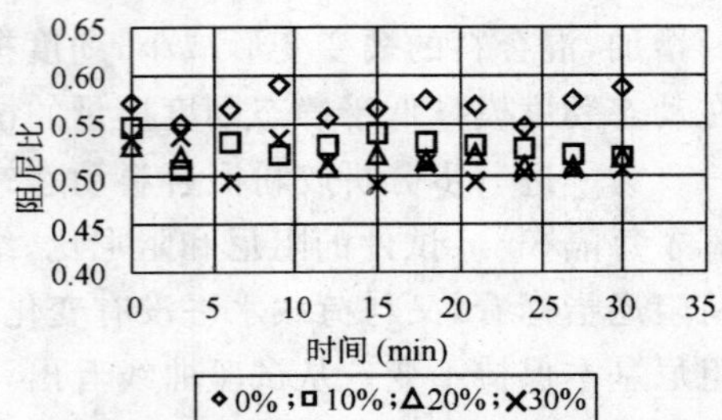

图 4-55　干拌法冷冻胶粉混合料动态蠕变试验的阻尼比变化趋势

另外，从图 4-55 中蠕变阻尼比的变化曲线则可以清楚地看出，随着废胎胶粉掺量的增加，混合料的阻尼比逐渐减小。这就解释了胶粉增加，混合料蠕变劲度模量增加的原因。

这里需要说明一下，胶粉混合料蠕变阻尼（阻尼比）试验规律与前面分级加载测定的阻尼（阻尼比）试验规律并不一致。除了试验方法不一样外，更主要的是试验温度的不同。从不同温度蠕变试验结果已经发现，胶粉混合料在高温条件下有良好的抗高温性能。此次蠕变试验的温度为 40℃，而前面分级加载的试验温度为 25℃。

二、低温性能

橡胶改性沥青及改性沥青混凝土，由于其突出的环保意义、技术前景（减薄路面、延长路面使用寿命、延缓反射裂缝、减轻行车噪声等）和潜在的经济价值，从其工业化实现开始，就吸引了大量的研究者、政府决策高层和公共事业管理机构的关注，各类相关研究和试验项目相继实施。1983 年、1985 年和 1991 年，俄勒冈州针对干法、湿法分别建设了废胎胶粉改性试验路，在前两个工程完工后接近 10 年时，俄勒冈州立大学 Lundy 等人总结认为：废胎胶粉的加入显著地改善了路面的抗裂缝特别是低温裂缝的性能。

本节将采用小梁低温弯曲试验、低温收缩试验等方法评价橡胶（粉）沥青混合料的低温性能。

1. 低温弯曲试验评价

低温弯曲破坏试验是国内外较常用的沥青混合料低温抗裂性能评价方法。此次试验采用试件尺寸为 250mm（长）×30mm（宽）×35mm（高）小梁，跨径 200mm，三分点加载，加载速率为 5mm/min，试验温度为－10℃，每组 5 个试件，具体试验结果见表 4-69，图 4-56 为相应的试验曲线。

废胎胶粉沥青混合料低温弯曲试验结果 表 4-69

混合料类型		抗弯拉强度（MPa）	弯拉应变（$\times10^{-3}$mm）	弯拉劲度模量（MPa）
不加 0%-1		5.728	1.550	2 809
常温法粉碎子午胎	40 目＋5%	10.654	5.331	2 200
	40 目＋10%	11.828	8.179	1 515
	40 目＋20%	9.486	13.08	727
	40 目＋30%	9.895	14.69	707
	120 目＋5%	7.430	1.572	4 794
	120 目＋10%	6.164	2.115	2 911
	120 目＋20%	6.427	2.458	2 619
	120 目＋30%	8.534	3.207	2 712

续上表

混合料类型		抗弯拉强度(MPa)	弯拉应变($\times10^{-3}$mm)	弯拉劲度模量(MPa)
不加 0%-2		8.080	2.427	3 320
冷冻法	80 目+5%	6.997	2.529	2 916
	80 目+10%	10.194	3.958	2 597
	80 目+20%	11.301	7.655	1 519
	120 目+10%	7.084	2.757	2 761
	120 目+20%	7.087	3.435	2 127
	120 目+30%	9.415	4.657	2 031

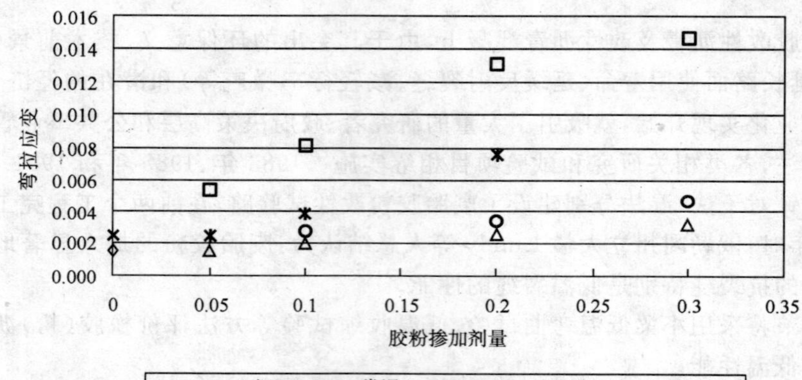

图 4-56　废胎胶粉沥青混合料低温弯曲试验曲线

上述试验结果看出：

(1)无论是掺加常温法还是冷冻法粉碎的胶粉，沥青混合料的低温弯曲性能均有所改善。

(2)不论是常温法还是冷冻法粉碎的胶粉，随着胶粉剂量的增加，沥青混合料的低温弯曲性能均有所提高。

(3)两种粉碎方法共同具有：随着胶粉目数的变细，沥青混合料的低温弯曲性能有所降低。

(4)从试验结果看，弯拉应变的数值，常温法 40 目＞冷冻法 80 目＞冷冻法 120 目＞常温法 120 目。

2. 温度收缩试验评价

本节采用两种试验方法评价废胎胶粉沥青混合料的温度收缩特性，一种是无约束温度收缩试验，另一种是有约束温度收缩试验。前者通过标准小梁试件测量在一定温度环境下试件的收缩应变水平。后者则是采用美国 Superpave 相关试验方法，在试件两端固定的条件下，测定试件在低温断裂时的温度，以此评价混合料的抗低温水平。

(1)无约束收缩

参考《公路工程沥青及沥青混合料试验规程》(T 0718—1993)的沥青混合料收缩系数试验方法,采用可以控制升降温速率和具有保温功能的高低温湿热交变试验箱,进行废胎胶粉改性沥青混合料的温缩系数试验。试验箱设定的温度波动为±0.5℃。根据试验调试,试验箱可实现的升降温速率大约在1℃/min。试验试件采用最佳油石比下的98%蜡封密度按照轮碾法成型30cm×30cm×5cm的试件,用切割机切割成23cm×3cm×3.5cm的棱柱体试件,试验前用卡尺测量试件的尺寸。在收缩仪的底面放上涂有润滑油的玻璃棒,为减少试件底面造成的束缚,本次试验采用在试件的两端都安装千分表的测量方法。测试前在试件两端贴上薄玻璃。

试验过程如下:设定温缩试验的最高温度为30℃,最低温度为−30℃。试验设定的过程是从常温按照试验仪器的可能升温速率升到试验的最高温,并在高温(30℃)保持45min,在保温的最后5min读取千分表的读数,然后按照1℃/min的降温速率用10min降到20℃,在20℃保持45min,也在最后5min内读数,以此类推,一直降到−30℃,并读取在−30℃保温45min后的千分表读数。两只千分表伸长的和为试件在降温过程中缩短的总长度。温缩变形的结果是两个千分表变形的和除以试件的长度,用百分率表示。温缩试验是将试件连同收缩仪一起放在高低温交变箱中,所测的温缩结果是混凝土相对于殷钢的收缩变形。

①干拌法——常温胶粉混合料

试验采用了常温法制作的废胎胶粉,常温法胶粉采用40目和120目,掺加的剂量分别为5%、10%、20%、30% 4种。采用北京玄武岩石料,石料的技术指标满足试验路材料的技术指标要求。沥青采用的是广东茂名的70号重交沥青。填料采用北京的矿粉。表4-70为相应试验数据结果的汇总表。

干拌法常温胶粉混合料无约束温度收缩试验结果(茂名70号沥青) 表4-70

温度(℃)	不 加	40+5%	40+10%	40+20%	40+30%	120+5%	120+10%	120+20%	120+30%
各温度区段收缩应变(%)									
30~20	0.0057	0.0047	0.0048	0.0046	0.0035	0.0090	0.0088	0.0026	0.0085
20~10	0.0101	0.0108	0.0074	0.0092	0.0096	0.0093	0.0106	0.0101	0.0112
10~0	0.0160	0.0134	0.0129	0.0129	0.0096	0.0117	0.0192	0.0200	0.0164

续上表

温度(℃)	不　加	40+5%	40+10%	40+20%	40+30%	120+5%	120+10%	120+20%	120+30%
0～−10	0.0147	0.0140	0.0170	0.0164	0.0135	0.0120	0.0158	0.0197	0.0170
−10～−20	0.0127	0.0134	0.0175	0.0179	0.0148	0.0133	0.0144	0.0160	0.0155
−20～−30	0.0084	0.0109	0.0157	0.0155	0.0100	0.0068	0.0073	0.0096	0.0097
累计温度收缩应变(%)									
20	0.0057	0.0047	0.0048	0.0046	0.0035	0.0090	0.0088	0.0026	0.0085
10	0.0158	0.0155	0.0122	0.0138	0.0131	0.0183	0.0194	0.0127	0.0198
0	0.0318	0.0289	0.0251	0.0267	0.0227	0.0300	0.0386	0.0327	0.0361
−10	0.0465	0.0429	0.0421	0.0430	0.0362	0.0419	0.0544	0.0524	0.0532
−20	0.0591	0.0564	0.0596	0.0610	0.0510	0.0552	0.0688	0.0684	0.0687
−30	0.0675	0.0673	0.0753	0.0765	0.0611	0.0621	0.0761	0.0781	0.0784
累计温度收缩应变率(%)									
20	8.4	6.9	6.4	6.0	5.7	14.5	11.6	3.4	10.9
10	23.4	23.0	16.2	18.0	21.4	29.5	25.5	16.3	25.2
0	47.1	43.0	33.3	34.9	37.1	48.3	50.8	41.9	46.1
−10	68.8	63.8	55.9	56.3	59.3	67.6	71.5	67.1	67.9
−20	87.6	83.7	79.1	79.7	83.6	89.0	90.4	87.6	87.7
−30	100.0	100.0	100.0	100.0	100.0	100.0	100.0	100.0	100.0

从试验数据看出，在−30℃～+30℃的温度变化范围，随着废胎胶粉掺加量的增加，试件的总的变形量基本上是逐渐增加的(40目30%掺量的试验结果有些异常，总变形量减小)。从各个温度区间的收缩变形看，混合料的收缩变形主要集中在−20℃～+10℃，占到总收缩应变的60%以上。40目与120目胶粉相比，在相同掺量的情况下，120目的收缩应变略大于40目胶粉混合料。另外，将相同掺量的40目与120目胶粉的温度收缩应变率平均，与不掺加胶粉混合料相比，作曲线见图4-57。从图中的趋势可以看出，随着废胎胶粉掺加量的增加，混合料最大温度收缩应变率的温度范围逐渐向低温方向发展。从这个角度看，掺加废胎胶粉有利于改善混合料的低温性能。

为进一步验证以上试验规律，采用常温40目、80目、120目废胎胶粉，在石料、级配不变的情况下，采用中海70号沥青进行温缩试验，结果见表4-71。其中80目胶粉的掺量为10%、20%、30%，40目和120目掺量均为20%。

对比表4-7中的数据，发现由于沥青的改变，相同掺量的40目和120目胶粉混合料的收缩应变明显增加，其变化的幅度明显大于胶粉掺量的影响。由此说明，对于胶粉混合料的温度收缩变形主要的影响因素是沥青的品质，其次是废胎胶粉的掺量，在 40～120 目的范围内，废胎胶粉目数的影响相对较小。

同样，与上面试验有相同的规律：随废胎胶粉的掺量，混合料的主要变形的温度区域逐渐降低，有利于改善混合料的低温性能。

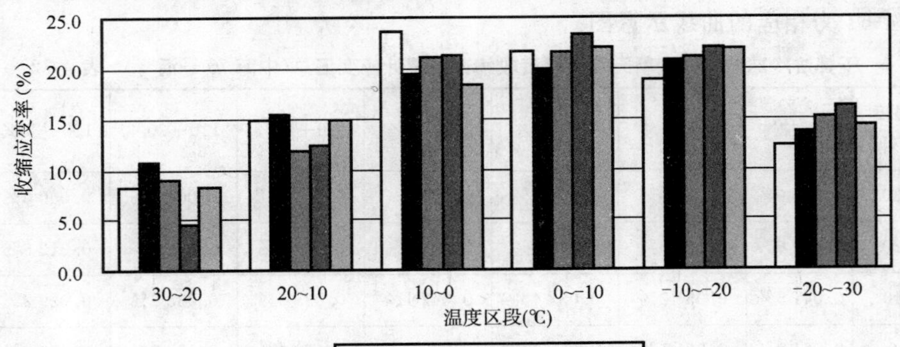

图 4-57 不同掺量的胶粉混合料在不同温度区段的温度收缩应变率图

干拌法常温胶粉混合料无约束温度收缩试验结果(中海 70 号沥青) 表 4-71

温度(℃)	不加	80+10%	80+20%	80+30%	40+20%	120+20%
各温度区段收缩应变(%)						
30～20	0.018 8	0.009 8	0.003 2	0.008 9	0.003 9	0.008 1
20～10	0.011 2	0.018 6	0.016 3	0.019 1	0.013 6	0.010 3
10～0	0.016 9	0.024 6	0.020 0	0.025 3	0.019 9	0.017 5
0～－10	0.018 8	0.022 4	0.019 6	0.024 8	0.019 9	0.018 0
－10～－20	0.015 4	0.018 2	0.017 0	0.020 3	0.017 1	0.016 5
－20～－30	0.010 4	0.012 0	0.012 2	0.014 6	0.0115	0.010 4
累计温度收缩应变(%)						
20	0.018 8	0.009 8	0.003 2	0.008 9	0.003 9	0.008 1
10	0.030 0	0.028 4	0.019 4	0.028 0	0.017 5	0.018 4
0	0.046 9	0.053 0	0.039 5	0.053 4	0.037 4	0.036 0
－10	0.065 8	0.075 4	0.059 1	0.078 2	0.057 3	0.054 0
－20	0.081 1	0.093 6	0.076 1	0.098 5	0.074 4	0.070 5
－30	0.091 5	0.105 6	0.088 2	0.113 1	0.085 8	0.080 9
累计温度收缩应变率(%)						
20	20.6	9.3	3.6	7.9	4.6	10.0
10	32.8	26.9	22.0	24.8	20.4	22.8
0	51.3	50.2	44.7	47.2	43.6	44.4
－10	71.8	71.4	66.9	69.1	66.7	66.7
－20	88.6	88.7	86.2	87.1	86.7	87.1
－30	100.0	100.0	100.0	100.0	100.0	100.0

②干拌法——冷冻胶粉混合料

与上面试验采用相同的石料、级配、沥青(中海 70 号)和拌和方法,采用冷冻法生产的废胎胶粉测定混合料的温度收缩应变,试验结果见表 4-72。图 4-58～图 4-61 为相应的曲线示意图。

干拌法冷冻胶粉混合料无约束温度收缩试验累计应变汇总(中海 70 号沥青)　表 4-72

温度(℃)	不加	80+10%	80+20%	80+30%	120+10%	120+20%	120+30%
30	0.000 0%	0.000 0%	0.000 0%	0.000 0%	0.000 0%	0.000 0%	0.000 0%
20	0.022 6%	0.024 0%	0.014 6%	0.020 5%	0.014 9%	0.016 1%	0.012 6%
10	0.041 5%	0.051 2%	0.033 4%	0.042 1%	0.035 9%	0.035 2%	0.029 2%
0	0.061 9%	0.081 1%	0.056 9%	0.068 4%	0.060 4%	0.058 3%	0.059 0%
−10	0.081 4%	0.110 1%	0.078 8%	0.095 1%	0.081 2%	0.085 0%	0.071 2%
−20	0.098 3%	0.123 4%	0.099 6%	0.119 1%	0.103 0%	0.105 3%	0.091 7%
−30	0.108 8%	0.131 0%	0.111 9%	0.133 5%	0.107 6%	0.115 6%	0.105 0%

从图表中的试验结果看,冷冻法胶粉混合料的温度收缩应变大于常温法的胶粉混合料。这是由于冷冻法和常温法胶粉品质的差别造成的。由于两类胶粉的来源不一样、粉碎工艺不一样,胶粉的级配也存在差异,导致混合料在4%空隙率水平下的最佳油石比也不同,造成了混合料的温度收缩应变水平也不一样。相同目数的胶粉混合料,冷冻胶粉比常温胶粉平均增加 0.02%的收缩应变。

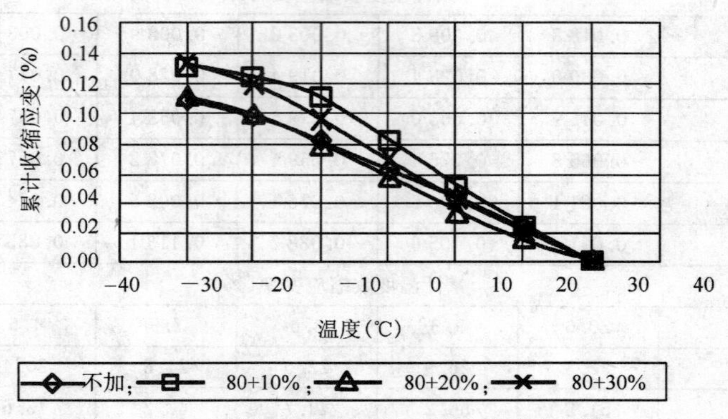

图 4-58　80 目冷冻胶粉混合料的累计收缩应变曲线

另外,从 80 目、120 目冷冻胶粉混合料累计收缩应变和应变率曲线看出,常温法胶粉混合料的规律同样适用于冷冻胶粉混合料。

③湿拌法

试验采用了常温法制作的 80 目废胎胶粉，采用衡水试验路玄武岩石料，石料的技术指标满足试验路材料的技术指标要求。沥青采用的是 SK70 号，填料采用水泥，其中 20％掺量的为干拌法生产的沥青混合料，试验结果见表 4-73，相应的试验曲线见图 4-62、图 4-63。

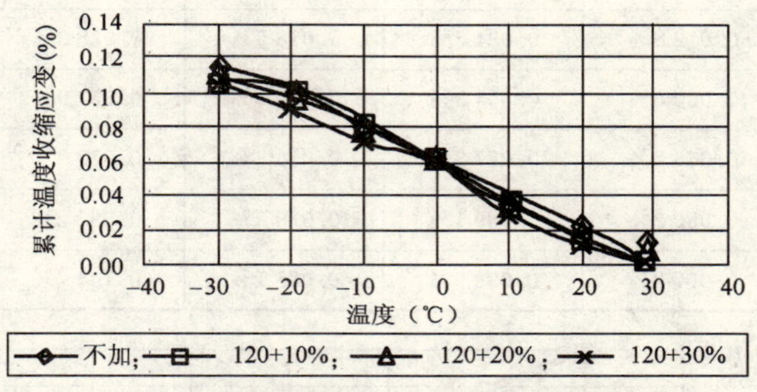

图 4-59　120 目冷冻胶粉混合料的累计收缩应变曲线

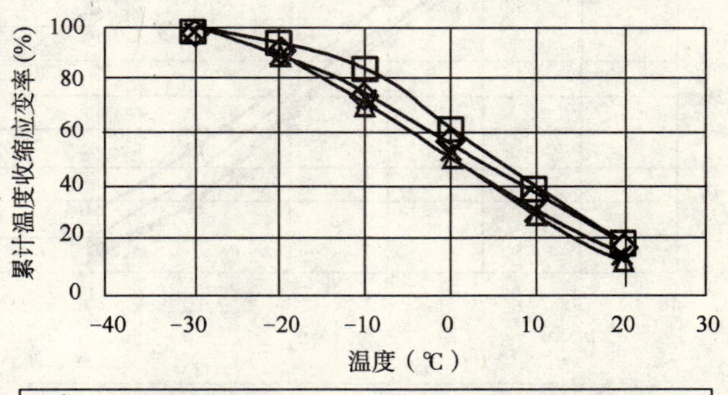

图 4-60　80 目冷冻胶粉混合料的累计收缩应变率曲线

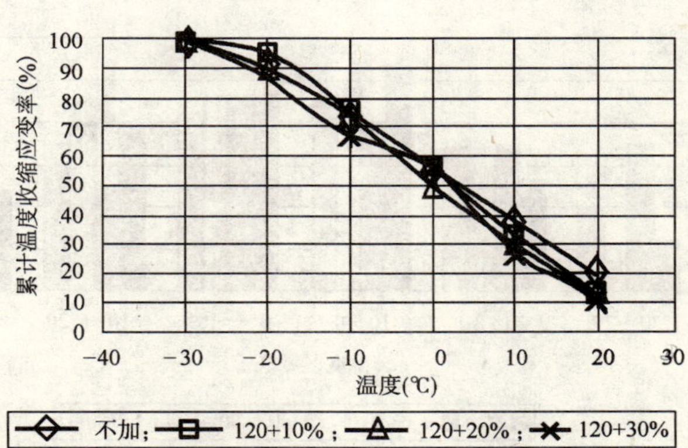

图 4-61　120 目冷冻胶粉混合料的累计收缩应变率曲线

湿拌法橡胶沥青混合料温度收缩试验汇总表　　表 4-73

温度(℃)	0%	80 目+5%	80 目+10%	80 目+15%	20%(干)
30	0%	0%	0%	0%	0.000 0%
20	0.004 0%	0.017 4%	0.002 9%	0.010 2%	0.011 2%
10	0.012 8%	0.034 5%	0.016 5%	0.028 0%	0.027 2%
0	0.030 6%	0.054 3%	0.037 0%	0.051 9%	0.050 1%
−10	0.046 2%	0.077 3%	0.056 5%	0.073 9%	0.070 1%
−20	0.059 2%	0.089 1%	0.073 3%	0.092 2%	0.087 7%
−30	0.067 2%	0.099 9%	0.085 1%	0.104 7%	0.097 7%

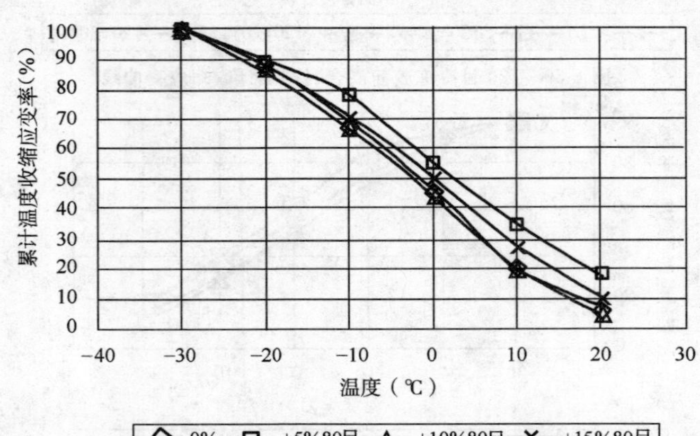

图 4-62　湿拌法 80 目胶粉混合料的累计收缩应变率曲线

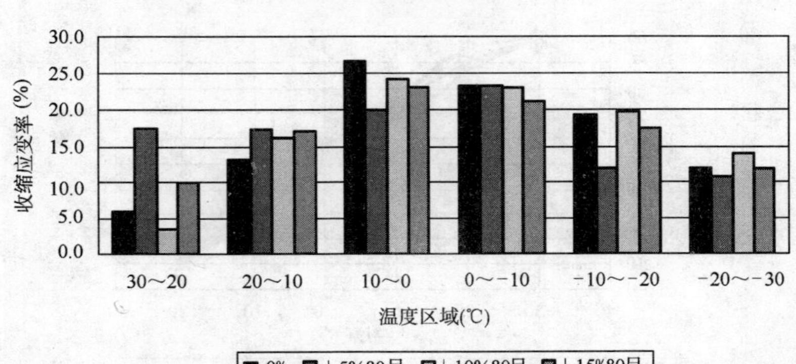

图 4-63　湿拌胶粉混合料在不同温度区段的温度收缩应变率图

从试验图表中看出，除了增加废胎胶粉后，混合料的温度收缩应变增加外，湿拌法混合料的温度收缩规律与干拌法有较明显的区别。从应变累计曲线看出，废胎胶粉混合料的曲线几乎均位于不掺加胶粉混合料的上部。也就是与干拌胶粉混合料不同，掺加胶粉后，混合料的主要变形区域并没有向低温方向移动。

(2)有约束收缩(TSRST)

本试验由长沙理工大学公路工程学院(原长沙交通学院)完成。试验采用SHRP研究成果推荐的约束试件温度应力试验(TSRST)，并按照AASHTO及ASTM规定的实验方法：将试件在2℃温度下恒温后，按照10℃/h的降温速率开始降温，测定试件约束条件下的破断温度及应力。试验采用常温法粉碎的胶粉，目数从40目到120目，掺量为混合料质量比的1.5%，作为对比，试验还针对改性沥青、SMA和SUP9.5级配的混合料进行试验，其结果见表4-74。

从试验结果看，从破断温度角度，相同级配、石料的混合料，掺加废胎胶粉后，40目胶粉混合料温度比SBS改性沥青混合料平均降低3.3℃，80目混合料平均降低4.1℃，120目胶粉混合料平均降低1.3℃；从破断应力角度，40目胶粉混合料提高0.6 MPa、80目提高1.0 MPa、120目降低0.2 MPa。从这个指标看出，干拌法胶粉混合料的低温性能总体优于改性沥青混合料，特别是80目胶粉的性能最好。另外，对比SMA和SUP9.5混合料，胶粉混合料的优势也十分明显。

废胎胶粉沥青混合料低温约束试验结果(干拌) 表4-74

混合料类型	沥青	编号	破断温度(℃)	平均(℃)	破断应力(MPa)	平均(MPa)
SAC10+40目	AH-70号	1	−31.2	−33.3	3.3	4.1
		2	34.0		4.8	
		3	34.1		4.1	
SAC10+80目	AH-70号	1	−34.5	−34.1	4.5	4.5
		2	−33.6		4.2	
		3	−34.2		4.8	
SAC10+120目	AH-70号	1	−32.0	−31.3	3.0	3.3
		2	−30.5		3.5	
		3	−31.4		3.5	
SAC10	SBS改性沥青	1	−29.3	−30.0	3.5	3.5
		2	−30.1		3.7	
		3	−28.9		3.4	

续上表

混合料类型	沥青	编号	破断温度(℃)	平均(℃)	破断应力(MPa)	平均(MPa)
SMA10	SBS改性沥青	1	−31.1	−30.3	3.4	3.1
		2	−30.7		3.0	
		3	−29.2		3.0	
SUP9.5	SBS改性沥青	1	−33.7	31.9	5.0	3.7
		2	−30.9		2.9	
		3	−31.2		3.1	

3. 断裂力学分析

美国亚利桑那州立大学 Michael Mamlouk 教授等人,采用断裂力学的方法分析了橡胶沥青混合料低温抗裂性能。图 4-64 为采用断裂力学原理分析脆性材料和半脆性材料开裂的原理图,从图中可以看出,脆性材料的开裂过程为线性,而半脆性材料为非线性,分为裂缝稳定发展阶段和裂缝自发展阶段。对于沥青混合料材料,即使在低温条件下,一般也处于半脆性材料状态,除非在极端低温状态才表现出脆性材料状态。

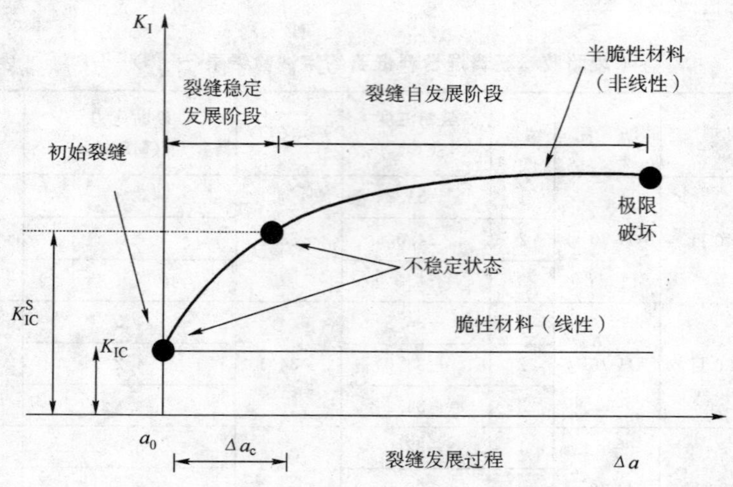

图 4-64 脆性和半脆性材料裂缝发展过程

杨氏模量是反映混合料劲度大小的一个参数。标准应力密度因子(Critical Stress Intensity Factor KIC_S)是评价裂缝在不稳定发展阶段中,有效裂缝长度的应力密度参数。标准裂缝开口距离(Critical Crack Tip Opening Displacement

$CTOD_C$)是裂缝在不稳定发展阶段,裂缝开口的长度,这是评价脆性材料的指标,当其为零时,表明裂缝在材料中的扩展无限小。劲度(G_f)是指在整个断裂试验过程中,每次荷载循环过程中吸收的能量。图 4-65 为裂缝实验装置图,图 4-66为裂缝实验过程中典型的荷载—CMOD 曲线。

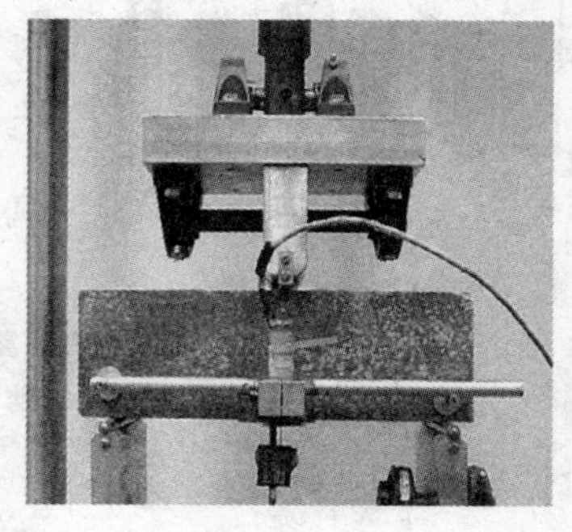

图 4-65 实验装置图

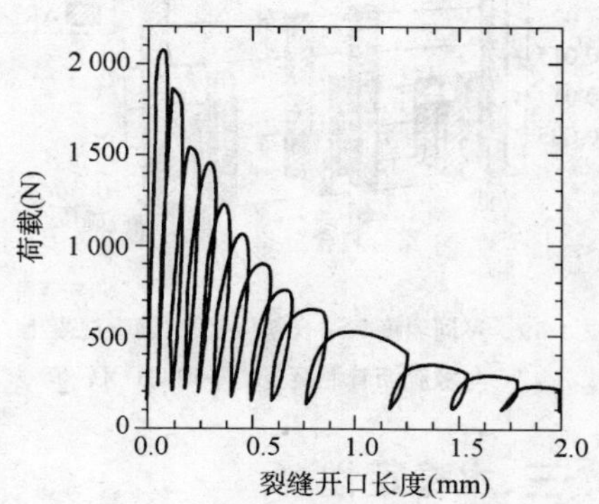

图 4-66 裂缝试验过程中典型的荷载—CMOD 曲线

图 4-67～图 4-70 为沥青混合料与橡胶沥青混合料断裂试验的有关参数分析图。其中试验温度低温为－7℃,中温为－1℃;沥青混凝土结合料含量从低到高依次为 4%、5%和 6%,橡胶沥青混凝土结合料含量从低到高依次为 7%、8%和 9%。

从图 4-68 可看出,在不同的温度和结合料含量条件下,橡胶沥青混合料的杨氏模量均高于一般沥青混合料;橡胶沥青混合料的 KIC_S 值基本小于一般沥青混合料,特别是在低温条件下;在中温条件下,橡胶沥青混合料的 $CTOD_C$ 值一般高于一般沥青混合料橡胶沥青混合料,但在低温条件下则明显降低;橡胶沥

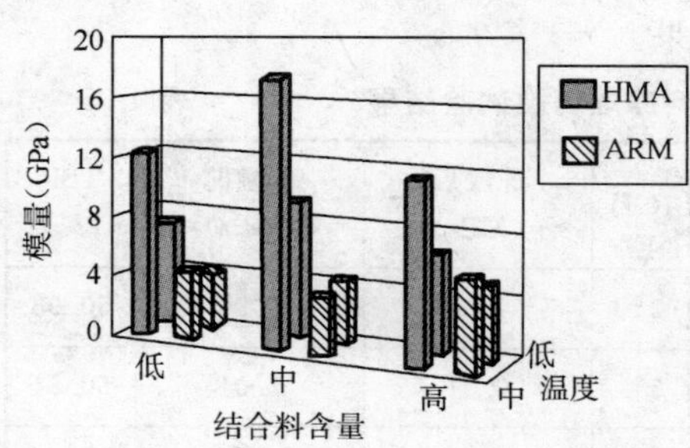

图 4-67 不同温度和结合料含量下,沥青混凝土与橡胶沥青混凝土的平均模量

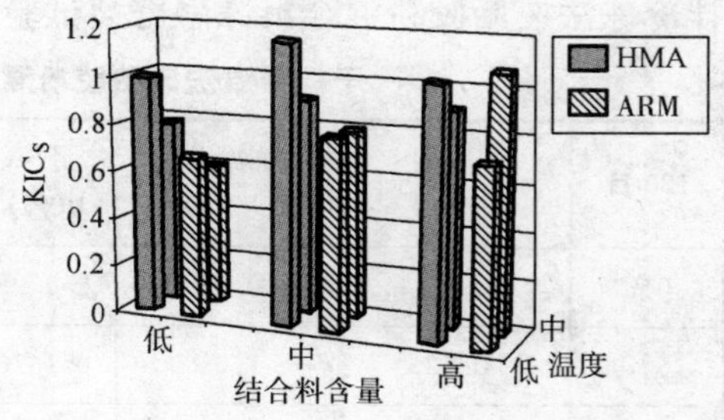

图 4-68 不同温度和结合料含量下,沥青混凝土与橡胶沥青混凝土的平均 KIC_S 值比较

青混合料的劲度一般高于一般沥青混合料。通过以上试验说明，橡胶沥青混合料比一般沥青混合料具有更好的低温性能。

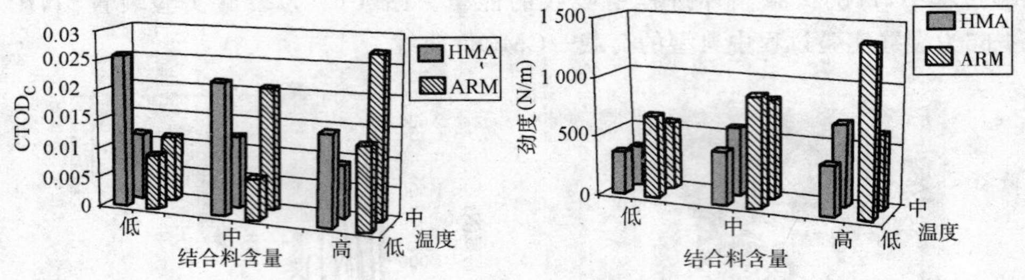

图 4-69　不同温度和结合料含量下，沥青混凝土与橡胶沥青混凝土的平均 CTODc 值

图 4-70　不同温度和结合料含量下，沥青混凝土与橡胶沥青混凝土的平均劲度

三、水稳定性

水损害是沥青路面的主要病害之一。所谓水损害是沥青路面在水或冻融循环的作用下，由于汽车车轮动态荷载作用，进入路面空隙中的水不断产生冻水压力或真空负压抽吸的反复循环作用，水分逐渐渗入沥青与集料的界面，使沥青黏附性降低并逐渐丧失黏结力，沥青膜从石料表面剥离。本研究结合室内试验和试验路建设，对沥青混合料进行冻融劈裂试验、浸水马歇尔试验及飞散试验（针对开级配）。

1. 冻融劈裂试验

本次试验采用静压法成型 100mm×100mm 的标准圆柱体试件，并在成型时考虑了 98%的现场压实度，以便于更好地模拟现场情况。

表 4-75、图 4-71 及表 4-76、图 4-72 分别为干拌常温法废胎胶粉混合料和干拌冷冻法废胎胶粉混合料冻融劈裂试验结果。

干拌常温法废胎胶粉混合料冻融劈裂试验结果　　表 4-75

120 目	冻融后（MPa）	冻融前（MPa）	TSR（%）	40 目	冻融后（MPa）	冻融前（MPa）	TSR（%）
0%	0.49	0.96	50.98	0%	0.94	0.96	50.98
5%	0.52	1.01	51.78	5%	0.51	1.01	50.84
10%	0.48	0.98	49.52	10%	0.35	0.91	38.81
20%	0.39	0.83	47.42	20%	0.30	0.89	34.16
30%	0.40	0.89	45.14	30%	0.28	0.84	33.46

从表 4-75 中数据看出，干拌常温法废胎胶粉混合料在冻融循环前，强度与不掺加废胎胶粉混合料劈裂强度相当，经冻融循环后，劈裂强度有所下降。

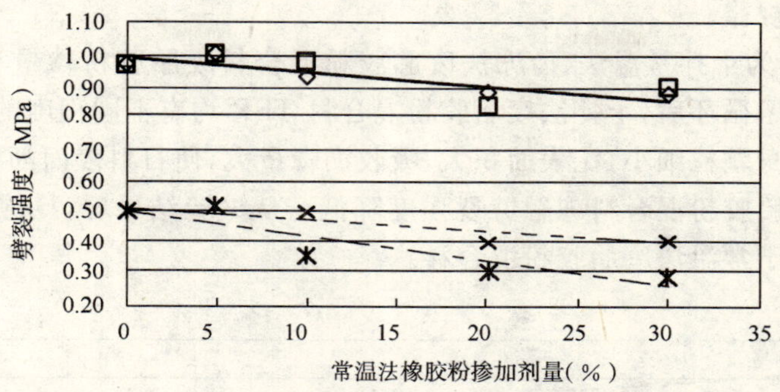

图 4-71 干拌常温法废胎胶粉混合料废胎胶粉掺量与劈裂强度

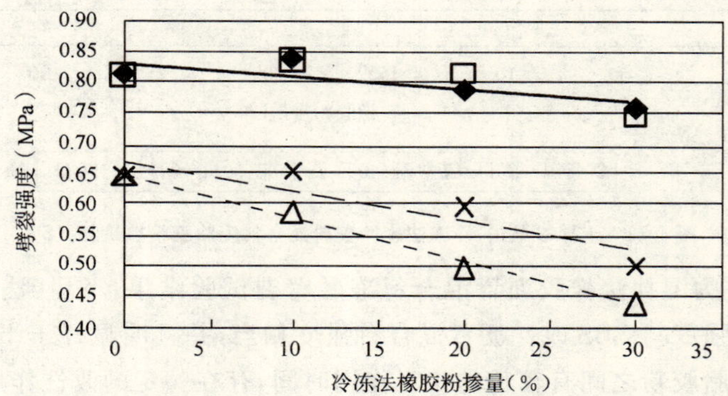

图 4-72 干拌冷冻法废胎胶粉混合料废胎胶粉掺量与劈裂强度

干拌冷冻法废胎胶粉混合料冻融劈裂试验结果 表 4-76

混合料类型	冻融前（MPa）	冻融后（MPa）	TSR（%）
不加	0.81	0.65	79.72
80+10%	0.84	0.58	69.56
80+20%	0.79	0.49	62.75
80+30%	0.75	0.44	57.63
120+10%	0.84	0.65	78.10
120+20%	0.81	0.59	73.00
120+30%	0.75	0.50	66.68

干拌冷冻法废胎胶粉混合料，冻融前劈裂强度与不掺加废胎胶粉混合料无明显差别，经冻融循环后，劈裂强度明显降低，与干拌常温法废胎胶粉混合料表现出相同的规律。

图 4-73 为干拌常温法、冷冻法废胎胶粉混合料废胎胶粉掺量与 TSR 关系图。经过冻融循环后，干拌法废胎胶粉混合料 TSR 均有不同程度的下降。由于废胎胶粉本身颗粒细小，比表面积大，吸收沥青量大，使石料表面沥青膜减薄，致使干拌法废胎胶粉混合料冻融劈裂强度降低。从试验结果看，冷冻法废胎胶粉混合料略好于常温法废胎胶粉混合料。

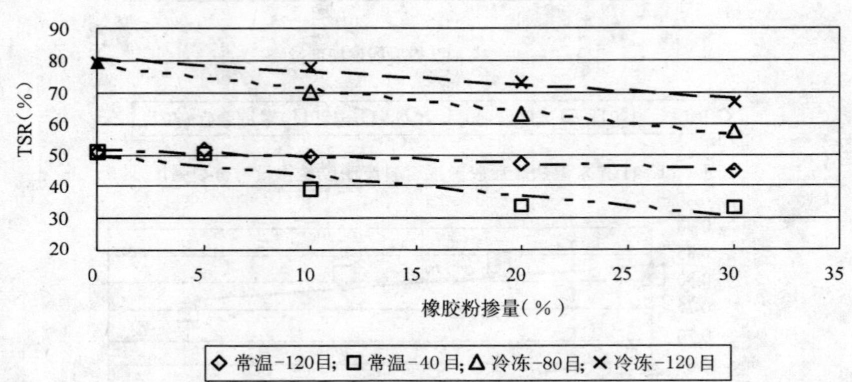

图 4-73 干拌常温法、冷冻法废胎胶粉混合料废胎胶粉掺量与 TSR

表 4-77 为湿拌法橡胶沥青混合料冻融劈裂试验结果。湿拌法橡胶沥青混合料的劈裂强度与 SBS 改性沥青混合料强度相当，并且明显好于干拌法。湿拌法沥青与废胎胶粉之间有较长的相互作用时间，存在一定的改性作用，改善了沥青混合料的 TSR 值。

湿拌橡胶沥青混合料冻融劈裂试验结果 表 4-77

沥青类型	冻融前(MPa)	冻融后(MPa)	TSR(%)
SK70+20%废胎胶粉干拌	0.78	0.48	61.64
SK70+15%废胎胶粉湿拌	0.82	0.62	75.87
SK70+10%废胎胶粉湿拌	0.85	0.67	78.44
SK70+5%废胎胶粉湿拌	0.93	0.70	75.35
SBS 改性沥青	0.92	0.69	74.73

表 4-78、表 4-79 分别为四川试验路与广东试验路冻融劈裂试验结果。试验中为提高沥青与石料之间的黏附性，采用水泥替代部分或全部矿粉。

四川试验路沥青混合料冻融劈裂试验结果 表 4-78

级　配	沥　青	冻融前(MPa)	冻融后(MPa)	TSR(%)
SAC10	AH70 号+20%80 目	0.870	0.627	72.13
SAC10(完全断)	SBS 改性沥青	1.204	0.996	82.77

从四川试验路试验结果看,冻融前后 SBS 改性沥青混合料的劈裂强度均要好于废胎胶粉沥青混合料。

广东试验路沥青混合料冻融劈裂试验结果 表 4-79

级　配	沥　青	冻融前强度(MPa)	冻融后强度(MPa)	TSR(%)
SAC10	AH70 号+20%40 目	0.73	0.60	81.7
SAC10	AH70 号+20%80 目	0.66	0.51	76.8
SAC10	AH70 号+20%120 目	0.77	0.60	77.3
SAC10	SBS 改性沥青	0.73	0.69	94.4

从广东试验路试验结果看,SBS 改性沥青混合料与废胎胶粉混合料冻融前的劈裂强度无明显差别。冻融后废胎胶粉混合料的劈裂强度衰减程度大。

2. 飞散试验

针对试验路铺筑的开级配沥青混凝土,进行了飞散试验及浸水飞散试验。采用马歇尔标准试件,75 次/面。飞散试验是将试件放入磨耗机中,不放钢球旋转 300 转后,测量试验后的质量损失。浸水飞散试验是将试件放入 60℃的水中 48h,取出在室温中晾干后,进行飞散试验。

表 4-80、表 4-81 和图 4-74~图 4-77 分别为广东试验路与四川试验路沥青混合料飞散试验及浸水飞散试验结果。

广东试验路沥青混合料飞散试验结果 表 4-80

试验项目	油石比(%)	空隙率(%)	不浸水磨耗率(%)	浸水磨耗率(%)
改性沥青	3.4	19.2	13.5	17.1
	3.7	18.3	10.6	14.0
	4.0	17.8	9.4	12.2
	4.3	17.7	7.9	11.3
平均			10.35	13.65
40 目+20%	3.4	19.6	9.6	11.8
	3.7	18.5	7.7	10.3
	4.0	17.8	5.0	10.0
	4.3	17.0	7.1	9.6

续上表

试验项目	油石比(%)	空隙率(%)	不浸水磨耗率(%)	浸水磨耗率(%)
平均			7.35	10.43
80目+20%	3.4	20.2	12.8	18.0
	3.7	19.1	8.6	11.4
	4.0	18.0	7.0	10.1
	4.3	16.4	3.9	4.9
平均			8.08	11.10
120目+20%	3.4	18.2	8.0	15.3
	3.7	17.5	11.3	13.6
	4.0	17.1	8.1	8.5
	4.3	16.6	4.8	12.9
平均			8.05	12.58

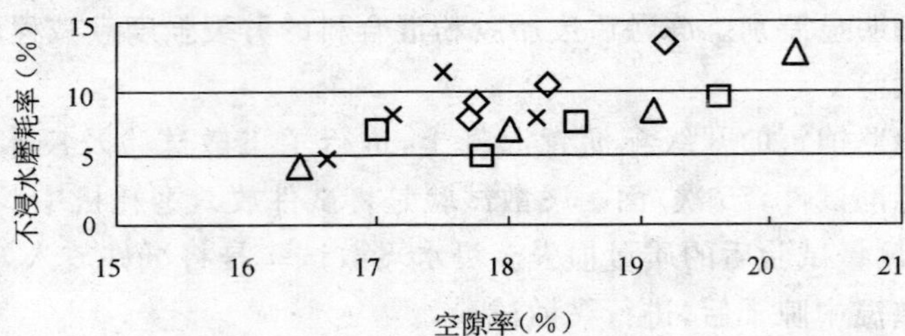

图 4-74 广东试验路沥青混合料飞散试验结果

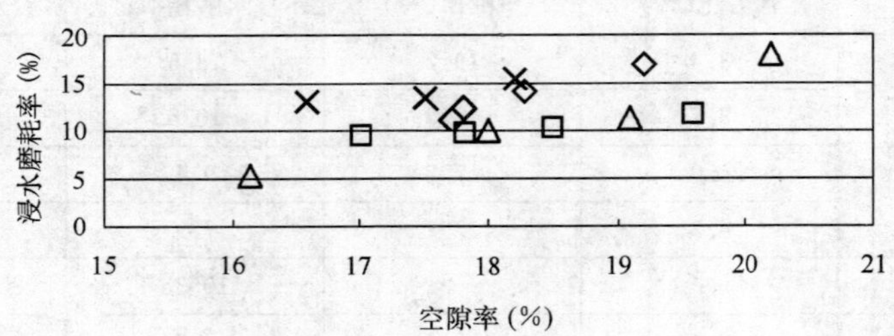

图 4-75 广东试验路沥青混合料浸水飞散试验结果

四川试验路沥青混合料飞散试验结果 表 4-81

油石比（%）	改性沥青			胶粉混合料		
	空隙率（%）	不浸水磨耗率（%）	浸水磨耗率（%）	空隙率（%）	不浸水磨耗率（%）	浸水磨耗率（%）
3	23.01	29.74	45.47	21.82	23.01	25.98
3.3	22.05	24.41	36.99	20.84	14.62	20.32
3.6	21.05	19.71	30.08	20.22	11.53	26.06
3.7	21.4	15.39	24.56	19.75	6.89	12.88
3.9	20.6	14.03	24.41	19.18	5.26	13.03
4	20.22	12.18	17.44	18.41	4.37	8.07
4.3	19.51	8.78	15	17.55	3.14	7.25
4.6	18.68	6.56	12.47	16.3	2.52	7.11

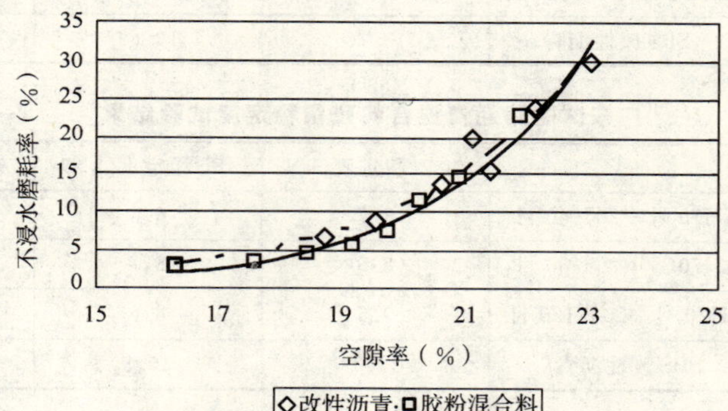

图 4-76 四川试验路沥青混合料飞散试验结果

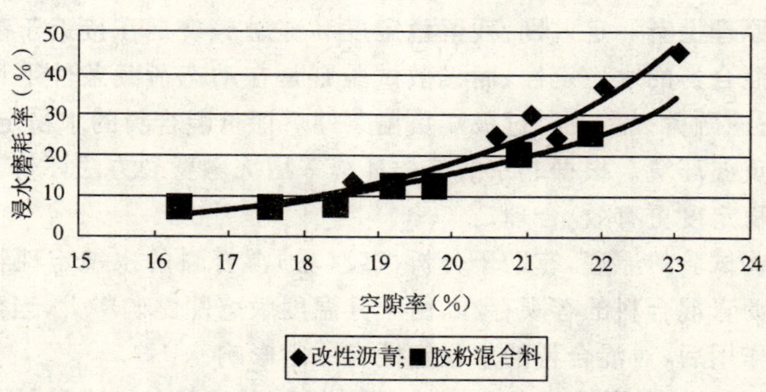

图 4-77 四川试验路沥青混合料浸水飞散试验结果

从广东及四川试验路试验结果看出，掺加废胎胶粉后混合料的磨耗率明显减小，均要好于 SBS 改性沥青混合料。掺加废胎胶粉后，增加了混合料的弹性，减小了试件的冲击力，致使试件的磨耗率降低。

3. 残留稳定度试验

沥青混合料在浸水条件下，由于沥青与矿料的黏附力降低，导致损坏，最终表现为混合料的整体力学强度降低。本研究结合四川、广东试验路马歇尔残留稳定度试验，比较SBS改性沥青与掺加废胎胶粉沥青混合料的水稳性。

表4-82、表4-83为四川、广东试验路沥青混合料残留稳定度试验结果。从表中数据看出，SBS改性沥青混合料，不论是30min还是48h稳定度均高于废胎胶粉混合料。掺加废胎胶粉后，30min马歇尔稳定度均为下降的趋势。针对四川试验路48h后稳定度提高较大，分析其原因，是由于采用水泥替代矿粉，与水发生水化反应所致，致使残留稳定度增长明显，甚至到达135%。

四川试验路沥青混合料残留稳定度试验结果 表4-82

级配	沥青	30min稳定度(kN)	48h稳定度(kN)	残留稳定度(%)
SAC10	AH70号+20%80目	7.44	10.06	135.15
SAC10(完全断)	SBS改性沥青	12.20	12.69	104.04

广东试验路沥青混合料残留稳定度试验结果 表4-83

级配	沥青	30min稳定度(kN)	48h稳定度(kN)	残留稳定度(%)
SAC10	AH70号+20%40目	8.7	6.6	75.6
SAC10	AH70号+20%80目	8.5	8.7	101.6
SAC10	AH70号+20%120目	9.5	8.6	90.5
SAC10	SBS改性沥青	11.1	10.3	92.8

评价沥青混合料的水稳定性指标主要有残留稳定度、冻融劈裂等试验方法，经过浸水或冻融后的飞散试验也可作为评价混合料水稳定性的指标。这些试验方法从试验原理上有一定差别：残留稳定度和冻融劈裂是在接近于静态荷载的状态下测定混合料的水稳定性，而飞散试验则是在动态荷载条件下评价混合料的水稳定性；冻融劈裂是在经过极端负温条件后评价混合料的水稳定性，而残留稳定度没有负温环境。根据北京的气候环境采用冻融劈裂方法评价混合料水稳定性比残留稳定度更有效、合理。

分清这些试验的原理，有助于分析橡胶(粉)混合料的水稳定性特点。首先废胎胶粉在沥青混合料的客观存在，由于其温度敏感性比矿料大，当混合料经过高低温循环作用后，对混合料的水稳定性有一定影响。

表4-84为上文提到的3个10型级配的橡胶沥青混合料冻融劈裂的试验结果。冻融试验采用98%压实度静压成型的方法成型试件，石料采用玄武岩石料，填料为一般的矿粉。从试验结果看，混合料的冻融强度比较低，最高不过50%。这说明，在这种试验条件下，评价橡胶沥青混合料的性能不理想。其原因是由于废胎胶粉在混合料中的热胀冷缩作用降低了混合料的强度，导致TSR急

剧衰减。

橡胶沥青混合料冻融劈裂试验结果 表 4-84

级配	橡胶沥青	粗集料	冻融后(MPa)	冻融前(MPa)	TSR
级配 1	80 目+20%	1:1	0.266	1.083	24.56
级配 2			0.249	1.203	20.70
级配 1	80 目+20%	—	0.383	0.997	38.42
	80 目+25%	—	0.347	0.935	37.11
级配 2	40 目+20%	—	0.368	1.085	33.92
	40 目+25%	—	0.263	0.997	26.38
	80 目+20%	—	0.323	1.123	28.76
	80 目+25%	—	0.25	1.05	23.81
级配 3	80 目+20%	—	0.3	1.211	24.77
	80 目+25%	—	0.436	0.987	44.17

表 4-85 为不同胶粉掺量的橡胶沥青，采用 13 型级配进行的冻融劈裂试验结果，试件采用马歇尔双面击实 75 次成型。

冻融劈裂试验结果 表 4-85

胶粉掺量		1	2	3	4	平均值	TSR(%)
15%	冻融(MPa)	0.405	0.406	0.405	0.464	0.420	66.9
	空隙率(%)	7.3	6.6	6.9	6.0		
	未冻融(MPa)	0.717	0.567	0.503	0.723	0.628	
	空隙率(%)	6.9	6.4	6.8	6.5		
20%	冻融(MPa)	0.441	0.504	0.371	0.350	0.417	63.8
	空隙率(%)	5.7	5.9	6.5	7.0		
	未冻融(MPa)	0.586	0.717	0.801	0.507	0.653	
	空隙率(%)	6.9	6.2	4.8	7.0		
25%	冻融(MPa)	0.497	0.460	0.522	0.479	0.489	73.6
	空隙率(%)	4.8	5.4	5.0	5.2		
	未冻融(MPa)	0.703	0.608	0.631	0.720	0.665	
	空隙率(%)	5.4	4.7	5.6	5.0		

那么如何改善和准确评价橡胶沥青混合料的水稳定性呢？下面分别从以下几方面分析。

(1)动静荷载模式的差异

表 4-86 和表 4-87 为两个实体工程中采用 SBS 改性沥青和废胎胶粉沥青生

产开级配透水沥青混凝土(OGFC)时,进行的飞散试验结果,其中浸水磨耗率是在经过高温饱水以后的飞散试验结果。从表中数据明显看到,在相同油石比水平下,废胎胶粉沥青混合料的磨耗率明显小于 SBS 改性沥青混合料,说明此时混合料的水稳定性好于改性沥青。

废胎胶粉混合料与 SBS 混合料飞散试验对比(一)　　表 4-86

胶　结　料	油石比(%)	空隙率(%)	不浸水磨耗率(%)	浸水磨耗率(%)
改性沥青	3.4	19.2	13.5	17.1
	3.7	18.3	10.6	14.0
	4.0	17.8	9.4	12.2
	4.3	17.7	7.9	11.3
+20%40 目	3.4	19.6	9.6	11.8
	3.7	18.5	7.7	10.3
	4.0	17.8	5.0	10.0
	4.3	17.0	7.1	9.6
+20%80 目	3.4	20.2	12.8	18.0
	3.7	19.1	8.6	11.4
	4.0	18.0	7.0	10.1
	4.3	16.4	3.9	4.9
+20%120 目	3.4	18.2	8.0	15.3
	3.7	17.5	11.3	13.6
	4.0	17.1	8.1	8.5
	4.3	16.6	4.8	12.9

废胎胶粉混合料与 SBS 混合料飞散试验对比(二)　　表 4-87

油石比(%)	SBS 改性沥青混合料			废胎胶粉混合料		
	空隙率(%)	不浸水磨耗率(%)	浸水磨耗率(%)	空隙率(%)	不浸水磨耗率(%)	浸水磨耗率(%)
3	23.01	29.74	45.47	21.82	23.01	25.98
3.3	22.05	24.41	36.99	20.84	14.62	20.32
3.6	21.05	19.71	30.08	20.22	11.53	26.06
3.7	21.4	15.39	24.56	19.75	6.89	12.88
3.9	20.6	14.03	24.41	19.18	5.26	13.03
4	20.22	12.18	17.44	18.41	4.37	8.07
4.3	19.51	8.78	15	17.55	3.14	7.25
4.6	18.68	6.56	12.47	16.3	2.52	7.11

图 4-78 为 OGFC10 型混合料在不同废胎胶粉掺量时进行的浸水飞散试验、冻融飞散试验等的试验结果。从图中更清楚看到，随着废胎胶粉掺量的增加，不仅浸水磨耗率逐渐降低，而且冻融磨耗率也逐渐降低。再次说明掺加废胎胶粉后，混合料的抗松散能力提高。

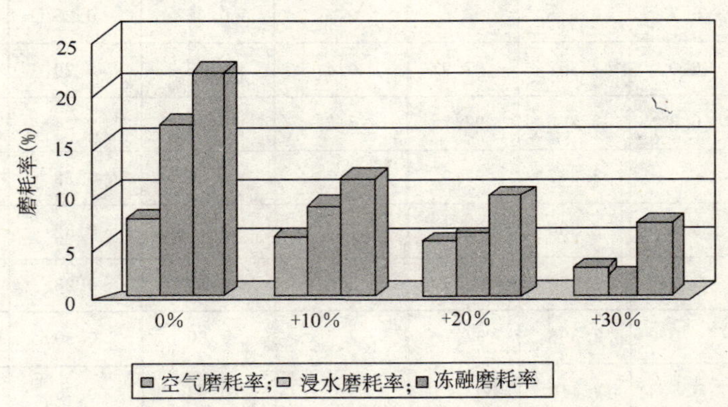

图 4-78 废胎胶粉沥青混合料飞散试验的对比图

为什么飞散试验与冻融劈裂试验结果相差较大呢？经分析，认为是由于两种试验的荷载环境不同造成的。飞散试验是试件在滚筒中不断撞击筒壁，试件承受动态荷载作用。由于混合料中掺加了废胎胶粉，增加了混合料的弹性，在撞击过程中，混合料承受的荷载被抵消了一部分，从而减小了混合料的荷载，减小了磨耗率。而冻融劈裂试验是一次性的静态荷载，废胎胶粉混合料的弹性作用无法发挥，反而由于废胎胶粉的存在降低了混合料的强度，因此对于冻融劈裂试验，废胎胶粉混合料的指标反而降低。

因此，对橡胶(粉)沥青混合料的水稳定性需要进行全面的分析，不宜单从某个试验方法简单得出结论。

(2)成型方法的影响

为了更好地反映沥青混合料在实际工程中的水稳定性，采用与现场压实度水平相一致的试件成型方法，代替以往的马歇尔击实 50 次的成型方法，由此也会大幅降低混合料的水稳定性。

表 4-88 为两种不同成型方法测定的混合料冻融劈裂的试验结果。从表中数据看出，在相同油石比下，马歇尔击实成型试件的压实度明显高于静压法 98％压实度，空隙率也明显减小，则冻融劈裂的强度比值也明显增加。静压法的 TSR 一般为 30％～50％，而马歇尔击实的 TSR 则为 70％～80％。马歇尔击实的 TSR 基本满足现行规范的要求，而静压法成型试件的 TSR 则不满足规范要求。

两种级配不同成型方法的冻融劈裂试验结果　　表 4-88

级配类型	油石比	表干密度 (g/cm³)	压实度(%)	空隙率(%)	劈裂强度(MPa)		TSR(%)
					非条件	条件	
静压成型法							
级配 1	5.7	2.358	98.6	9.3	0.66	0.28	42.0
	6.0	2.352	97.9	9.4	0.73	0.29	39.1
	6.3	2.365	97.7	8.3	0.79	0.24	30.7
	6.6	2.377	97.9	7.3	0.80	0.28	34.7
	6.9	2.380	98.1	7.0	0.79	0.32	40.8
级配 2	5.7	2.380	97.9	8.6	0.53	0.28	52.6
	6.0	2.398	97.7	7.5	0.60	0.30	49.5
	6.3	2.410	97.8	6.7	0.63	0.30	48.3
马歇尔击实双面 50 次							
级配 1	5.7	2.383	99.7	8.4	0.66	0.49	74.0
	6.3	2.390	98.8	7.3	0.69	0.56	81.3
	6.9	2.400	98.9	6.3	0.69	0.55	79.2
级配 2	5.7	2.405	99.0	7.6	0.71	0.52	73.2
	6.3	2.412	98.3	6.6	0.70	0.56	79.9
	6.9	2.413	97.9	5.6	0.74	0.53	71.7

但是，显然静压成型试件的条件与实际工程情况接近，因此其 TSR 更能反映现场混合料实际的 TSR 水平。也就是，现在规范使用的马歇尔击实成型的试件 TSR 高于实际工程水平，是一种不安全的指标，有必要进行修改。

(3)改善的措施

针对废胎胶粉混合料冻融劈裂较低的问题，在实际工程中应采取一些改进措施。工程证明比较好的措施有用水泥代替一部分矿粉，或者利用废胎胶粉中的纤维，在混合料中掺加一定比例的橡胶纤维。

在某两条试验路段中均采用了水泥替代部分矿粉的措施以改善混合料的冻融劈裂和残留稳定度指标。有关的试验数据见表 4-89 和表 4-90。从表中数据看出，橡胶(粉)沥青混合料的这两个指标有了明显的改善，基本满足了有关规范的要求。

北京南雁路混合料水稳性试验结果 表 4-89

类型	油石比(%)	方法	指标(%)
室内试验	5.4	冻融劈裂	85.20
		残留稳定度	100.35
	5.7	冻融劈裂	92.38
		残留稳定度	98.01
工程检验		冻融劈裂	87.3
		残留稳定度	93.8

北京顺平辅线混合料水稳性检验 表 4-90

类型	沥青混合料类型	冻融劈裂(%)
室内试验	SAC20(干拌)	88.3
	湿法+19%40目废胎胶粉 SMA-13	81.1
工程检验	SAC10(湿法+19%40目)	68.2
	SMA-13(SBS)	98.7
	SAC20(干拌)	91.3

为了进一步说明水泥替代的效果,表 4-91 中列出几个相关工程橡胶(粉)沥青混合料冻融劈裂的试验结果。这些工程中的石料有的是玄武岩,有的是砸制河卵石,也有的是花岗岩石料。

几个工程橡胶(粉)沥青混合料的冻融劈裂试验结果 表 4-91

类别	沥青类型	TSR(%)
工程一	SK70+20%废胎胶粉干拌	61.64
	SK70+15%废胎胶粉湿拌	75.87
	SK70+10%废胎胶粉湿拌	78.44
	SK70+5%废胎胶粉湿拌	75.35
工程二	SAC10 AH70 号+20%40 目干拌	81.7
	SAC10 AH70 号+20%80 目干拌	76.8
	SAC10 AH70 号+20%120 目干拌	77.3
工程三	SAC10 AH70 号+20%80 目干拌	72.13

此外,从路用纤维分类来看,废胎胶粉中所含纤维为聚合物化学纤维。该种纤维在国外应用较多,尤其是在桥面铺装中,因此其有优良的使用性能。这些纤维来源于轮胎,一般为聚酰胺纤维(尼龙)和聚酯纤维(涤纶),它是在橡胶破碎和旋风分离后获得的。

这些纤维本身具有一定的强度。在沥青混合料中掺用含有纤维的废胎胶粉能够增加废胎胶粉改性沥青混合料矿料表面沥青膜的厚度，有效地改善废胎胶粉混合料的水稳定性。表 4-92 为不同纤维含量的废胎胶粉混合料的冻融劈裂试验结果。试验数据表明，混合料中掺加一定纤维后 TSR 指标明显提高，而且其劈裂强度的绝对值没有降低，说明在橡胶(粉)沥青混凝土中掺加一定比例的纤维对改善其水稳定性有利。

废胎胶粉中纤维含量对混合料水稳性能的影响(冻融劈裂)　　表 4-92

纤维含量(%)		劈裂强度(MPa)	TSR(%)
0	条件	0.55	55.5
	非条件	1.00	
10	条件	0.77	72.4
	非条件	1.06	
33	条件	0.72	70.7
	非条件	1.02	

四、抗疲劳能力

沥青及混合料中掺加废胎胶粉后，对其抗疲劳性能有明显的影响。这一方面是由于废胎胶粉中本身含有一定的抗老化剂成分，如炭黑，掺加到沥青或混合料中可以提高其的抗老化性；另一方面，对于湿拌工艺，橡胶粉掺加到沥青中大大提高了沥青黏度和弹性，与混合料拌和后可增加矿料表面的沥青膜厚度，这样也可提高混合料的抗老化性。

国内外不少专家学者开展了大量的橡胶沥青混合料疲劳试验研究，有干拌工艺的混合料，也有湿拌工艺的混合料；有的采用应力控制方法，有的采用应变控制方法。同时，美国和南非的科学家还专门进行了足尺试验路的加速加载试验，以评价橡胶沥青混凝土的抗疲劳性能。总的来说，橡胶沥青混凝土的抗疲劳性能明显好于一般普通沥青混凝土，甚至好于 SBS 改性沥青。

1. ALF 足尺试验分析

美国加利福尼亚交通厅与南非公路局合作，利用南非的加速加载设备(Heavy Vehicle Simulator，简称 HVS)针对两种沥青混合料和 4 种厚度的混凝土进行加速加载试验，分别为：75mm 的密实型沥青混凝土、50mm 的橡胶沥青混凝土、38mm 的橡胶沥青混凝土和 25mm 的橡胶沥青混凝土。

表 4-93 为该试验的部分试验结果。从表中数据看出，在常温条件下，当采用 40kN 荷载时，75mm 的密实型沥青混凝土，在作用 10 万次后出现了微小裂缝，在 17.5 万次后出现了块状裂缝，当增加荷载到 80kN 继续试验，达到 20 万次后路面完全开裂。而此时 25mm 厚的橡胶沥青混凝土刚

出现细微裂缝，当作用到 23.7 万次时，75mm 密实型沥青混凝土已完全破坏，试验结束，25mm 厚的橡胶沥青混凝土则完全开裂，而此时 38mm 厚的橡胶沥青混凝土还未出现裂缝。降低试验温度，到－5℃，荷载仍为 80kN，继续试验到 25 万次，25mm 橡胶沥青混凝土完全破坏，试验结束，而此时 38mm 的橡胶沥青混凝土 1/2 的路段出现了开裂。图 4-79 为该疲劳试验的结果照片。

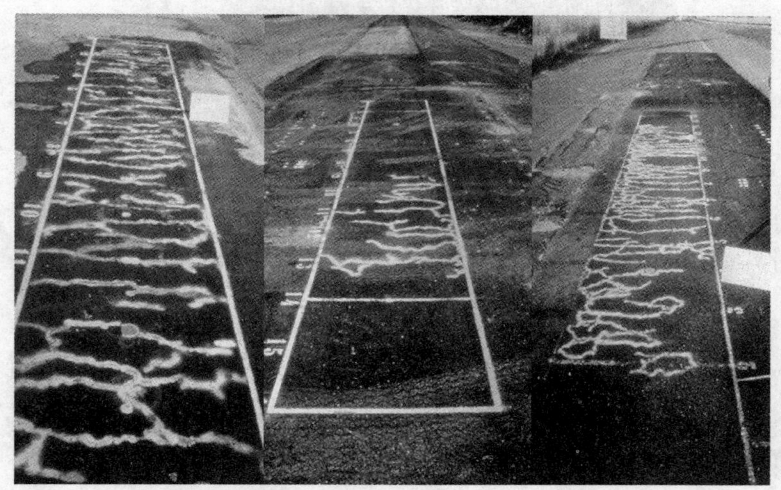

75mm传统沥青混凝土　　38mmARAC-GG　　25mmARAC-GG

图 4-79　加速加载疲劳试验结果

从这个试验结果可以看出，相当于一般沥青混凝土厚度 50% 的橡胶混凝土，其疲劳寿命与一般沥青混凝土相当。

加州、南非 ALF 试验路试验结果　　表 4-93

作用次数	荷载水平	沥青混凝土罩面(75mm)	橡胶沥青混凝土断级配(38mm)	橡胶沥青混凝土断级配(25mm)
0～100 000	40kN	出现微小裂缝	—	—
100 000～175 000	40kN	出现块状裂缝	—	—
荷载增加到 80kN				
175 000～200 000	80kN	完全开裂	—	细微裂缝
200 000～237 000	80kN	试验结束	—	完全开裂
表面温度降低到－5℃				
237 000～250 000	80kN	试验结束	1/2 路段开裂	试验结束

2002 年由美国联邦公路局组织，由美国沥青协会、国家沥青研究中心、西部研究协会、Arkansas 大学、Ohio 大学、Queens 大学、Arizona 大学和 FWD 用户组织等单位参加，采用两台 ALF 设备，联合开展了加速加载试验研究。研究的

最初目的是完善改性沥青的 Superpave 规范，同时评价 ASSTHO 力学—经验法(M-E)的路面设计指南；橡胶沥青混凝土和简单性能试验。图 4-80 为 2002 年美国 ALF 加速加载试验现场图。

图 4-80　2002 年美国 ALF 加速加载试验现场

此次试验共修建了 12 个试验路段，各种试验材料类型见表 4-94，其中有两段橡胶沥青试验段。编号为 1～6 的试验段，沥青面层铺筑厚度为 10cm，编号为 7～12 的试验段，沥青面层铺筑厚度为 15cm。

加速加载试验路段材料类型　　表 4-94

试验段编号	胶结料类型	试验段编号	胶结料类型
1	亚利桑那州橡胶沥青 PG70-22	7	PG70-22＋纤维
2	PG70-22	8	PG70-22
3	氧化沥青	9	SBS 改性沥青 PG64-40
4	SBS 改性沥青	10	氧化沥青
5	TX 后掺法橡胶沥青 TBCR	11	SBS 改性沥青
6	T-P 沥青	12	T-P 沥青

2004 年 1 月进行车辙试验，2006 年 3 月完成 100mm 路面的疲劳试验，计划 2007 年 12 月完成 150mm 路面的疲劳试验。表 4-95～表 4-97 为这些试验的初步结果。

表 4-95 为各种试验路段通过实际加载测定的路面车辙深度与采用法国车辙仪进行室内试验对比的结果。从表中数据看出，无论是现场实际的车辙深度还是室内车辙仪的试验结果，亚利桑那州橡胶沥青混合料比相同厚度的 SBS 改性沥青混合料和 PG70-22 的沥青混合料的车辙都小，是试验对比的车辙最小的混合料类型。

加速加载试验路段各种材料车辙试验对比（与法国车辙仪对比）　表 4-95

沥青混合料类型	路面厚度 100mm		路面厚度 150mm	
	法国车辙仪，车辙深度（mm），74℃	实测路面车辙深度（mm），64℃	法国车辙仪，车辙深度（mm），74℃	实测路面车辙深度（mm），64℃
亚利桑那橡胶沥青	6.9	8.8		
氧化沥青	8	13.9	8.2	15.7
PG70-22 未改性	8.6	13.3	11.1	15.7
SBS 改性沥青	13.6	12.2	11.7	13.5
PG70-22＋纤维	15.1	10.9		
三元共聚物改性	＞20.0	18.7	＞20.0	12.1
SBS PG64-40	—	—	＞20.0	18.6

表 4-96 为各种试验路段通过实际加载测定的路面车辙深度与采用德国汉堡车辙仪进行室内试验对比的结果。从表中数据看出，尽管室内汉堡车辙仪的试验结果表明，采用后掺法橡胶沥青混合料（一种橡胶沥青混合料的工艺）的作用次数比氧化沥青、PG70-22 混合料的作用次数少，但实际路面上的车辙深度却明显小于两者，是所有试验混合料类型中车辙最小的混合料。

加速加载试验路段各种材料车辙试验对比（与汉堡车辙仪对比）　表 4-96

沥青混合料类型	路面厚度 100mm		路面厚度 150mm	
	汉堡车辙仪，作用次数，64℃	实测路面车辙深度（mm），64℃	汉堡车辙仪，作用次数，64℃	实测路面车辙深度（mm），64℃
PG70-22 未改性	20 350	13.3	5 936	15.7
氧化沥青	14 900	13.9	14 090	15.7
后掺法橡胶沥青	12 590	8.8		
三元共聚物改性	9 277	18.7	6 980	12.1
SBS 改性	8 790	12.2	9 870	13.5
PG70-22＋纤维	7 020	10.9		
SBS PG64-40			5 140	18.6

表 4-97 为两种橡胶沥青混合料与 PG70-22 混合料和 SBS 改性沥青混合料加速加载疲劳试验的结果。从试验结果看出，当作用 100 000 次时，普通沥青 PG70-22 的混合料出现比较明显的裂缝，而 SBS 改性沥青混合料和亚利桑那州橡胶沥青混合料还未产生疲劳裂缝，后掺法的橡胶沥青混合料出现了轻微的疲劳裂缝。当荷载作用 300 000 次时，PG70-22 混合料和后掺法橡胶沥青混合料已完全破坏，试验终止；改性沥青混合料出现了轻微的疲劳裂缝；而亚利桑那州橡胶沥青混合料仍十分完好，没有出现问题。图 4-81 为相应的试验段裂缝水平

100mm 厚加速加载试验路段疲劳试验结果 表 4-97

车 道	混合料类型	100 000 次	300 000 次
车道 1	AZ 橡胶沥青	无裂缝	无裂缝
车道 2	PG70-22 未改性	裂缝比较严重	未达到,试验中止
车道 4	SBS 改性	无裂缝	轻微裂缝
车道 5	后掺法橡胶沥青	轻微裂缝	未达到,试验中止

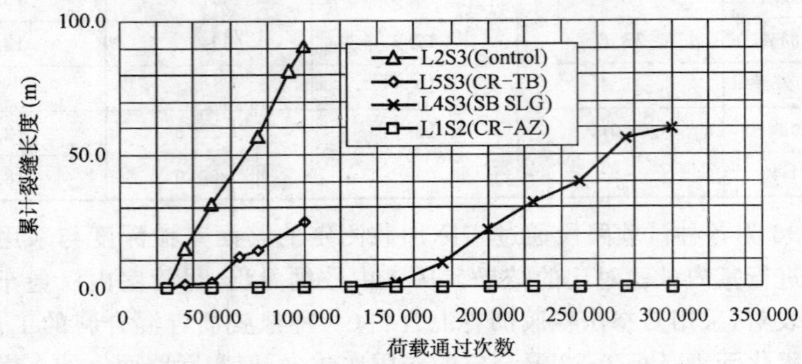

图 4-81 不同荷载作用次数下,4 种沥青混凝土的裂缝情况

随荷载作用次数增加的变化曲线。图中:L2S3(Control)为 PG70-22 沥青混凝土,L5S3(CR-TB)为后掺法橡胶沥青混凝土,L4S3(SBS LG)为 SBS 改性沥青混凝土,L1S3(CR-AZ)为亚利桑那州橡胶沥青混凝土。从这个试验看出,橡胶沥青混凝土比一般的沥青混凝土具有更好的抗疲劳能力,同时,橡胶沥青混合料的生产工艺对其疲劳寿命的高低有较大影响。

2. 室内试验分析

2001 年,美国加利福尼亚州的 Raad 等研究人员对比了加州常用的连续密级配混凝土(CAC-DG)和断级配橡胶沥青混凝土(ATHM-GG)现场老化对混合料疲劳性能的影响。室内试验从南加州已经使用 10 年的实际路段上取样,并加工成小梁,然后分别在 22℃和－2℃的条件下采用控制应变的模式测量小梁的劲度和疲劳寿命,然后与 10 年前原始状态下混合料的劲度和疲劳寿命进行对比,得到如下结论:

(1)无论是老化前还是现场老化后,ARHM-GG 在 22℃和－2℃时的劲度均比 CAC-DG 低。

(2)在 22℃时 CAC-DG 老化导致混合料的劲度降低 30%。在－2℃时,老化后比老化前劲度平均降低 12%。

(3)对于 CAC-DG 混合料疲劳寿命,老化后在－2℃时的疲劳寿命减少比 22℃时更明显。

(4)对于 ARHM-GG 混合料,在 22℃时老化前后的疲劳寿命几乎没有变化。在－2℃时老化后的疲劳寿命比老化前有明显降低，但是残留的疲劳寿命仍比 CAC-DG 混合料高。

（5）对于新建路面或加铺路面，无论是老化前还是老化后，ARHM-GG 比 CAC-DG 混合料预测的疲劳寿命更长。对于 CAC-DG 混合料老化导致其疲劳破坏，而对于 ARHM-GG 混合料老化却增加了其疲劳寿命。其疲劳受命预估模型是根据面层混合料的劲度和疲劳参数以及路面各结构层的劲度或模量建立的。尽管室内小梁试验结果表明，老化导致混合料的疲劳寿命降低，但实际工程中，路面的疲劳寿命也可能增加或降低。

美国亚利桑那州立大学 Kamil E. Kaloush 等人采用 AASHTO TP8 和 SHRP M-009 的试验方法，按照应变控制模式，从 300～1 950 微应变范围内选择 6 个级位进行疲劳试验，荷载频率为 10Hz。分别比较了 Alberta 橡胶沥青混凝土（ALR，空隙率 9.7%）、开级配磨耗层橡胶沥青混凝土（AR-ACFC，空隙率 18%）、半开级配橡胶沥青混凝土（ARAC，空隙率 11%）和 SRB（PG76-16）密实型混凝土（空隙率 7%）4 种混合料的疲劳寿命。可以看出，在相同应力水平下，橡胶沥青混合料的疲劳寿命明显高于 SBR 改性沥青混合料，且 ALR 和 AR-ACFC混合料的疲劳寿命最长，如图 4-82 所示。

美国亚利桑那州立大学的研究人员比较现场和实验室制备的橡胶沥青混合料与该州传统的沥青混合料（SRB）疲劳寿命进行对比，见图 4-83。从曲线看出，无论是室内试验还是现场取样的样品，其疲劳寿命明显好于 SRB 沥青混凝土。

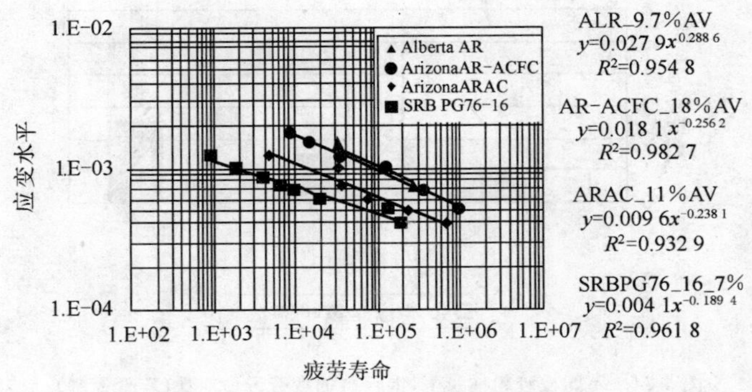

图 4-82　4 种混合料疲劳寿命比较

巴西和葡萄牙的学者 Silvrano A. Dantas Neto 等人，针对 21%和 25%两种不同配方的橡胶沥青混合料进行应变控制的疲劳试验，对比样本为 AC50/70 的普通沥青混凝土。试验分别采用 400 微应变和 800 微应变两种控制水平，试验结果见图 4-84。从图中看出，橡胶沥青混合料的疲劳寿命明显高于普通沥青混合料，当橡胶粉掺量较高时，在大应变条件下表现出更优越的抗疲劳能力。

同时，这些学者采用直径 15cm，高度为 5cm 的试件进行了重复剪切疲劳试验(RSST-CH)。试验温度为 50℃±0.5℃和 60℃±0.5℃，剪应力为 69kPa±5kPa，荷载作用时间 0.1s，间歇时间 0.6s。图 4-85 为该试验的试验结果。从试验结果看出，橡胶沥青混合料的重复荷载作用次数明显高于普通沥青混合料。当试验温度为 50℃时，21％橡胶沥青混合料的作用次数最多，当温度升高到 60℃后，25％的橡胶沥青混合料作用次数明显提高。说明当温度升高后，高剂量的橡胶沥青混混合料具有更明显的抗疲劳能力。

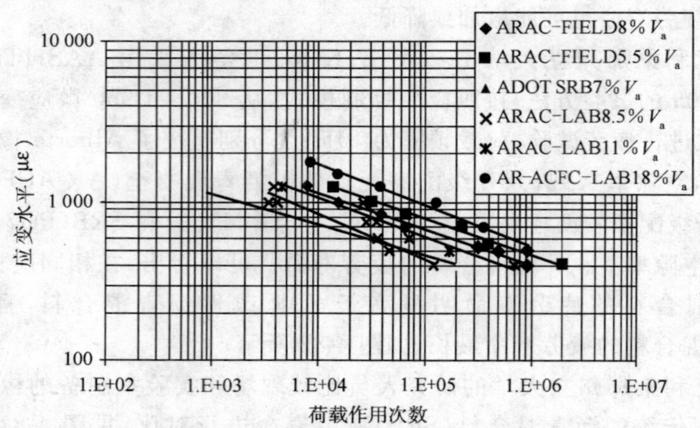

图 4-83 亚利桑那州橡胶沥青混凝土与传统沥青混凝土疲劳寿命对比

FIELD-现场结果；LAB-室内试验；V_a-空隙率

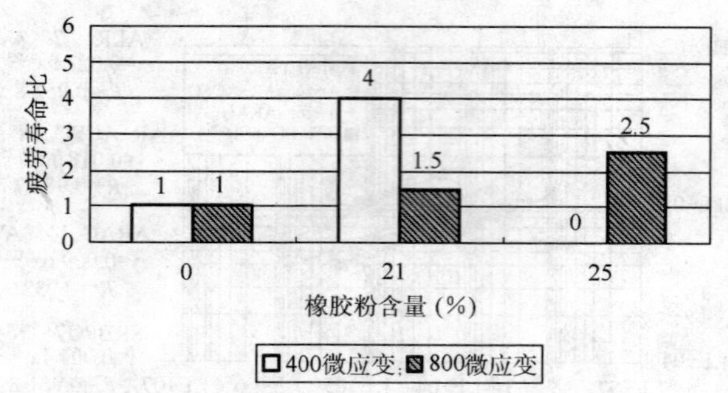

图 4-84 不同橡胶粉掺量下，混合料的疲劳寿命对比(应变控制)

表 4-98 为交通部公路科学研究院采用应力控制模式对干拌法橡胶沥青混合料进行的小梁疲劳试验结果，荷载频率采用 10Hz，图 4-86 为相应的试验曲线。从图表中数据可以看到，在相同的荷载水平下，随着橡胶粉掺量的增加，混合料的疲劳寿命逐渐增加。图 4-87 为湿拌法橡胶沥青混合料的疲劳试验结果，仍采用应力控制模式。同样，橡胶沥青混合料的疲劳寿命随橡胶粉剂量的增加而延长。

干拌法橡胶粉沥青混合料疲劳试验结果　　表 4-98

材料类型	荷载水平(kN)				回归系数		
	80	120	160	200	A	B	R^2
不加	8 875	5 417	2 418	1 081	−8 730	47 100	0.994 2
80+30%	22 208	8 575	5 373	2 219	−21 504	114 669	0.934 4
80+20%	16 569	6 690	3 767	1 512	−16 329	86 916	0.947 2
80+10%	12 285	6 156	2 994	1 397	−12 033	64 500	0.979 5

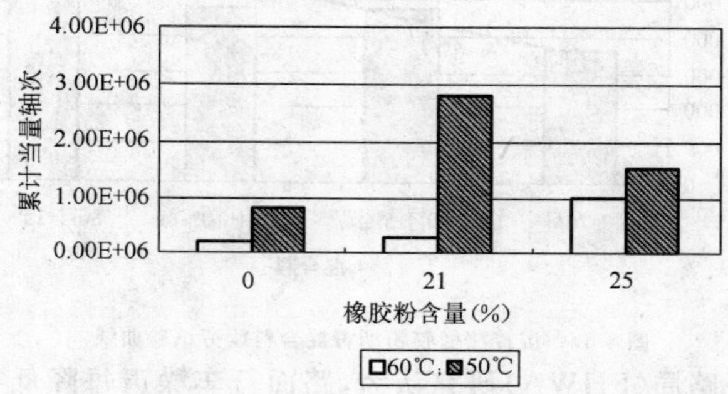

图 4-85　重复剪切疲劳试验结果

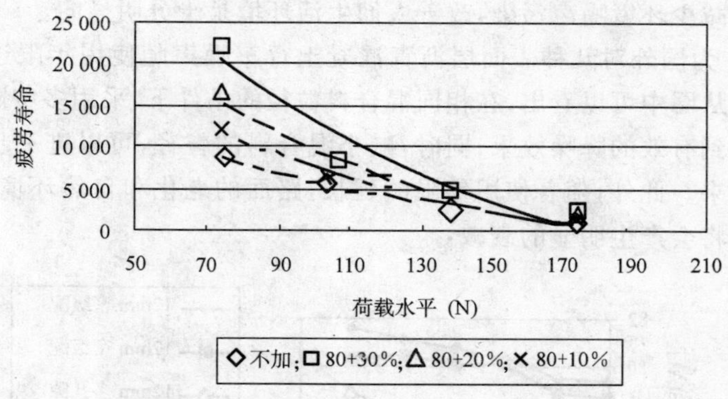

图 4-86　干拌法橡胶粉沥青混合料疲劳试验曲线

五、低噪声性能

随着生活水平质量的提高,人们对路面质量的要求已不局限于平整、舒适、耐久等方面,降低汽车在路面上行驶的噪声,保护生活环境已引起了广泛的重视。对于沥青路面来说,采用优质混合料的抗滑表层,降低汽车轮胎与路面的摩擦噪声,是其中一个主要内容。

国外对沥青路面降噪问题进行了广泛深入的研究。例如美国对沥青路面与轮胎摩擦噪声的关系已有30多年的研究历史，在近10年来建立了比较完整的大型数据库。NCHRP综合报告268总结了美国的研究成果。一般来说，路面噪声分为机械噪声和行驶噪声，机械噪声分为发动机噪声和尾气排放系统的噪声；行驶噪声分为空气动力学噪声和轮胎噪声。研究证明，当行车速度大于50mile/h，即80km/h，汽车的轮胎与路面的摩擦噪声才起主导作用。

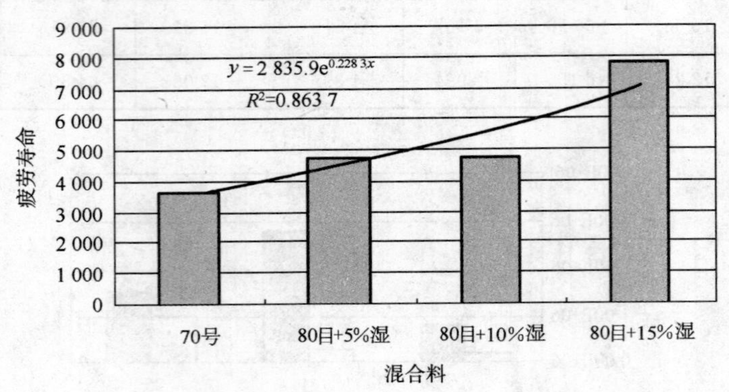

图4-87　湿拌法橡胶粉沥青混合料疲劳试验曲线

美国联邦公路局（FHWA）研究认为，路面行车噪声每降低3dB，相当于距离增加一倍，或交通量减少50%，或者减少行车速度25%。由此可以看出，降低行车噪声对减少环境噪声污染，改善人们生活环境是十分明显的。

图4-88为国外对几种表面层沥青混凝土行车噪声随使用年限逐渐变化的试验曲线。从图中可以看出，在相同混合料粒径的条件下，采用多空隙级配的混合料可以起到有效的降噪效果；同时，减小混合料的粒径，可以进一步改善混合料的降噪效果。此外，随着使用年限的延长，路面的老化和自然环境的影响，路面降噪效果将会产生明显的衰减。

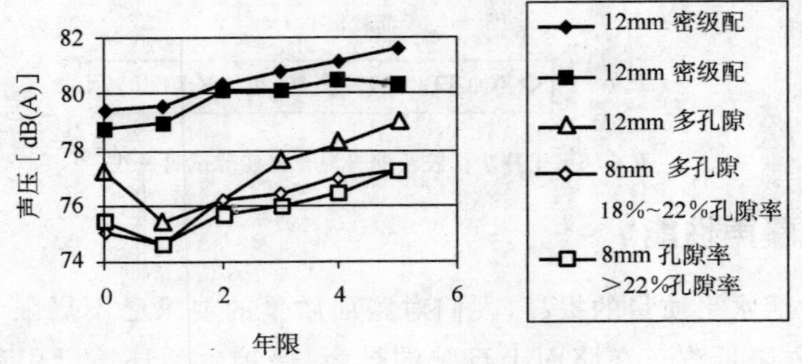

图4-88　几种表面层沥青混凝土行车噪声随使用年限逐渐变化的试验曲线

根据轮胎与汽车摩擦噪声产生的机理，目前国内外提出了3种不同的沥青混凝土降噪模式：一是多孔吸声模式，二是声波的漫反射及相互干涉模式，三是弹性模式。多孔吸声模式即利用增加沥青混凝土的空隙率，达到吸收噪声的效果，从而达到降低摩擦噪声的目的。这种混合料的现场空隙率一般为18%～22%，也就是目前国内常用的多空隙沥青混凝土(排(透)水沥青混凝土)，国外也称为开级配磨耗层(OGFC)。这种低噪声路面使用比较多的是欧洲的荷兰和亚洲的日本，以及美国的一些州和西欧的一些国家。这种路面类型不仅能够有效降低行车噪声(初期可达到6～10dB)，而且可以提高路面雨天的行车安全。这种路面也存在明显的弱点，混凝土中的空隙容易受到环境的污染而堵塞，从而使路面降噪效果衰减很快。根据有关资料，使用1～2年后可降低30%～50%。而且保持路面的降噪效果每年都需要1～2次的清孔养护，养护成本很高。因此这种低噪声路面形式适用于自然环境比较好，雨水比较多的地区。

利用声波漫反射和干涉的模式降低噪声是采用小粒径密实型混合料(设计空隙率一般为6%～8%)，增加轮胎下面覆盖的碎石颗粒数量，使得每颗石子与轮胎摩擦产生的噪声声波产生相互的干涉，从而降低噪声的强度，达到降噪效果。国外一般采用最大公称粒径为8mm左右的混凝土，摊铺的厚度也比较薄(一般为20mm左右)。2003年在第九届国际沥青路面会议上，欧洲专门发表论文指出，经过长达10年的跟踪观测，采用这种低噪声的沥青混凝土使用效果最理想。国际上比较有代表性的这种混凝土有法国的BBTM6、BBTM10和其他国家的SMA10、SAM6等。这种沥青混凝土初期的降噪效果不如多空隙沥青混凝土，一般相差1～3dB，但耐久性明显好于后者，适用的范围更加广泛。同时在使用这种混合料时应注意保持路面的抗滑性能，不能因为混合料的粒径减小而降低路面抗滑性能的要求，如法国规定当采用BBTM6型混合料时，路面的构造深度不能小于0.6，当采用BBTM10型混合料时，路面的构造深度不能小于0.8，这些指标都明显高于我国目前高速公路沥青路面构造深度的要求。

使用橡胶沥青增加沥青混凝土的弹性，降低行车噪声是路面降噪的第三种措施。早在20世纪80年代初，比利时科学家就发现橡胶沥青混凝土路面具有良好的降噪效果，是一种典型的“安静路面”。如今美国的亚利桑纳州、加利福尼亚洲、德克萨斯州等均采用橡胶沥青修建低噪声路面。表4-99为世界上一些主要国家开展橡胶沥青混凝土路面降噪研究的部分成果；表4-100专门列出美国几个州开展相应研究的部分结果。从这些数据看，橡胶沥青混凝土路面具有明显的降低行车噪声的效果，最多可降低10dB，最少也可降低2dB。

世界各国使用橡胶沥青混凝土减少噪声的效果 表 4-99

国　家	年　份	减少噪声水平
比利时	1981	8～10dB(65%～85%)
加拿大	1991	有减噪效果
英国	1998	项目尚未完成
法国	1984	2～3dB/3～5dB
德国	1980	3dB
奥地利	1988	3dB
荷兰	1988	2.5dB

美国一些州使用橡胶沥青路面的减噪效果 表 4-100

州	城　市	年　份	降噪水平
亚利桑那州	凤凰城	1990	10dB(沥青混凝土与碎石封层对比)
	图什	1989	6.7dB(沥青混凝土与水泥混凝土路面对比)
加利福尼亚州	圣克拉门多	1999	5.1～7.7dB(密实型沥青混凝土与橡胶沥青开级配磨耗层对比)
	橘子城	1992	3～5dB(橡胶沥青开级配磨耗层与密实型沥青混凝土对比)
	洛杉矶	1991	2～5dB(橡胶沥青开级配磨耗层与密实型沥青混凝土对比)

这里需要指出，不同国家和地区研究的降噪效果有比较大的差异，其中的原因是多方面的。一般来说，对噪声检测影响比较大的因素有：噪声的监测方法、试验采用的混合料类型、对比路段混合料类型、噪声检测时的周围环境等。因此，路面噪声降低的水平是一个相对数值。在实际应用时，应与当地常用的路面混凝土类型的噪声进行比较。

我国开展橡胶沥青混凝土路面降噪效果的研究是在 21 世纪初。2003 年在广东中山 105 国道上第一次进行了橡胶沥青混凝土(干拌工艺)与 SBS 改性沥青混凝土行车噪声的对比测试。试验对比的这两种沥青混凝土采用相同最大粒径的混合料，用同一个施工单位进行生产摊铺，在同一施工期限内完成，通车后交通量也基本相当。测试车采用凌志 400 型，测试方法采用路侧法。图 4-89 为橡胶沥青路面(AR 表示)与改性沥青路面(HM 表示)在不同车速时行车噪声的检测结果。从检测结果看，橡胶粉沥青混凝土的行车噪声明显小于 SBS 改性沥青混凝土，且随着车速的增加，这种差异越来越明显，在 80km/h 时，两者相差 2.5dB，当车速达到 120km/h 时，相差 5.4dB。

此次检测中还比较了检测距离对行车噪声的影响。图 4-90 为在两个不同测点，进行了测点距离与噪声水平的检测，从曲线看出，随着距离的增加，噪声水平呈抛物线下降。测点 1 的检测结果为，当测点距噪声源的距离由 3.75m 延长到 7m，噪声减少 5dB 左右；测点 2 的检测结果为，当测点距噪声源的距离由 3.75m 延长到 7m，噪声减少 6dB 左右。由此可以推断，当行车噪声减少 2～4dB，相当于噪声源的距离延长 50％左右。

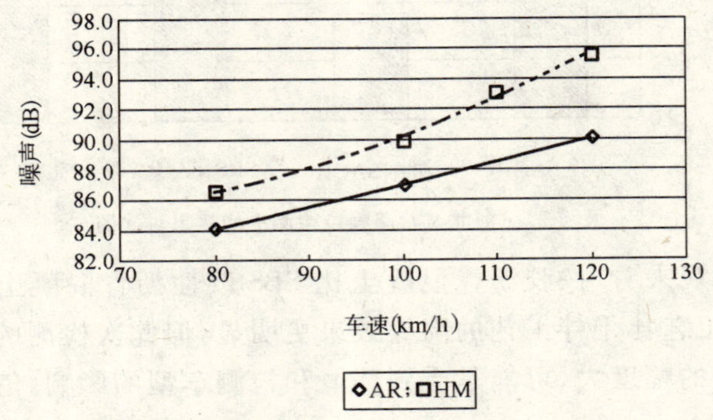

图 4-89　SBS 和橡胶粉混凝土噪声水平比较图

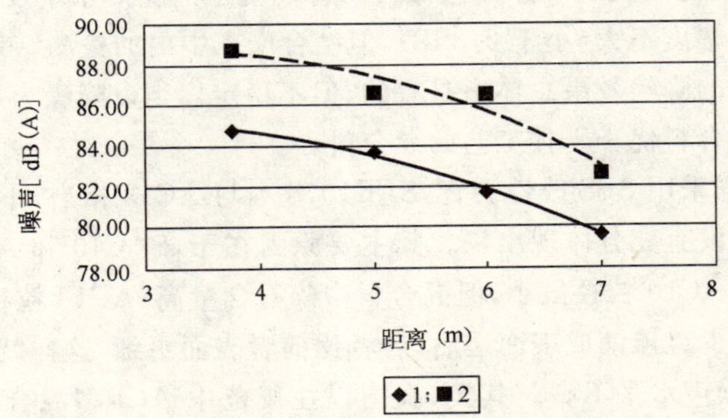

图 4-90　噪声水平与检测距离的关系

同年，交通部公路科学研究院还对河北衡小高速公路试验路路面噪声水平进行了检测。该试验路分别采用了干拌工艺的橡胶沥青混凝土（AR-SAC10 (D)）、湿拌工艺的橡胶沥青混凝土（AR-SAC10 (W)）和 SBS 改性沥青混凝土(SAC10)，生产路段采用 SBS 改性沥青混凝土（AC13）。该试验路建成通车后采用路侧法检测评价了这 4 种表面层混合料的噪声水平（测试车采用帕萨特），检测结果见图 4-91。图中噪声水平是车速分别为 80km/h、100km/h 和 120km/h噪声水平的平均值。

从图中看出，湿拌工艺橡胶沥青混凝土路面的噪声水平最低，SBS 改性沥青的 SAC10 和 AC13 噪声水平居中，且基本一致，而干拌工艺橡胶沥青混凝土的噪声水平略高。这个检测结果与广东中山的检测结果有一定差别。

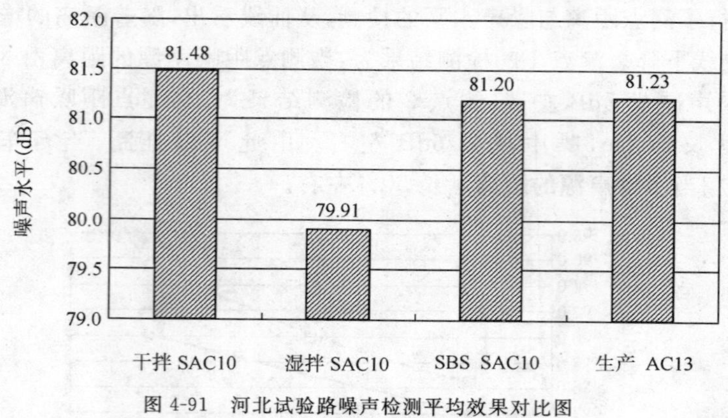

图 4-91 河北试验路噪声检测平均效果对比图

首先从宏观来看，橡胶沥青混凝土比 SBS 改性沥青混凝土有明显的降噪效果，且湿拌工艺比干拌工艺的降噪效果更明显，但此次检测的降噪幅度没有广东中山检测的幅度大，可能是受到环境和检测车型的影响，值得今后进一步分析。

其次，此次检测发现干拌工艺橡胶沥青混凝土的噪声水平反而比 SBS 混凝土略大。尽管幅度不大(小于 0.3dB)，但结合广东中山的检测结果可以认为，干拌工艺混合料的降噪效果总体上是有的，但不稳定。当以降噪为目标时，湿拌工艺橡胶沥青混合料优于干拌工艺的混合料。

再者，同样采用 SBS 改性沥青，SAC10 基本与 AC13 相当，小粒径混合料对于降噪的优势没有充分体现出来。其主要原因在于，SAC10 和 AC13 属于两种不同的级配，SAC10 粒径虽小，但混合料中碎石含量高；AC13 粒径虽大，但混合料中碎石含量少。摊铺成表面层后，后者比前者表面更细，这样就弥补了粒径大的弱点，行车噪声水平不高。其实，我国以往规范中 ACI 型混合料都有这个特点。但这不是最佳的低噪声路面，原因是这种路面的抗滑性能不足。

2004 年交通部公路科学研究院，结合北京市“废胎胶粉改性沥青应用研究”项目，在北京顺平辅线又铺设了橡胶沥青混凝土(湿拌工艺)试验路，并于同期修建的 SBS 改性沥青 SMA13 混凝土和 AC13I 型混凝土进行了行车噪声的测试。此次测试工作由中科院声学计量测试站完成。测量方法按国标 GB/T 1495—1995 机动车辆噪声进行，具体为：在测量路段上，划定 20m 长为测试段，垂直与测试段中线 7.5m 处设置测点，测量点高出测试段路面 1.2m。测试车辆为海南马自达六型三厢车，分别以 80km/h、60km/h 两个速度行驶，当通过测量段中心线时进行噪声测量。所用测量仪器为丹麦产 B&K 2203 精密声级计，测量结果见表 4-101。

3种路面类型噪声测试结果 表 4-101

级配类型	沥青	石料	声压级[80km/h、dB(A)]			
			1	2	3	平均
SAC10	橡胶沥青	玄武岩	74.5	74	75	74.5
SMA13	SBS改性	玄武岩	76	77	76.5	76.5
AC13I	普通沥青	石灰岩	74	75	75	74.7

由表中数据：在车速为80km/h时，橡胶沥青混凝土的SAC10对比于SBS改性沥青的SMA13降低2dB，而与生产路段AC13I基本相同。该结论与河北衡小高速公路试验段的结论基本一致。

根据声学计算公式(式4-25)，将SMA13路面的76.5dB与SAC10路面的74.5dB分别带入公式两边，经计算得到，SAC10路面对比于SAM13路面降低2dB，相当于减少车辆30%(仅指小汽车)。

$$\mathrm{dB(A)}_t = 10 \times \lg\left[10^{\frac{\mathrm{dB(A_1)}}{10}} + 10^{\frac{\mathrm{dB(A_2)}}{10}} + \cdots + 10^{\frac{\mathrm{dB(A_n)}}{10}}\right] \tag{4-25}$$

式中：$\mathrm{dB(A)}_t$——总的噪声水平；

$\mathrm{dB(A)}_n$——第n个声源的噪声水平。

第四节 力学性能分析

以上的试验分析表明，无论是干拌工艺还是湿拌工艺，橡胶(粉)沥青混合料具有优良的路用性能，特别是高温抗车辙能力和低温抗变形能力尤为突出。本节将从力学角度，通过对这种混合料的应力—应变分析，探讨废胎胶粉对混合料性能改善的机理。

一、应力—应变分析

研究采用MTS试验设备，按照动态分级加载的方式，通过采集各个瞬间荷载和变形，分析研究橡胶粉沥青混凝土的应力—应变特性。试验用试件采用10cm×10cm标准圆柱形试件，试验温度25℃±2℃，试验的荷载频率为10Hz，荷载波形为正弦波，试验荷载分为六级，分别为2、4、6、8、10、12kN，每级荷载作用200个周期，按0.003s的采样频率采集每级荷载的最后10个周期的荷载、变形，然后将其平均，作为该级荷载下的平均变形状态。

1.动态响应变形及修正

图4-92为某个试件多级加载后得到的荷载振幅和相应的变形振幅的试验

曲线。该曲线可用二次曲线拟合，相关性达到99%以上。从图中二次曲线回归方程看出，常数项并不为零，与常规的物理概念相违背，说明试验存在系统误差，需要进行修正。修正方法是将纵坐标平移，平移量为回归方程的常数项，这样保证回归方程的常数项为零，使得荷载为零时，变形响应也为零。

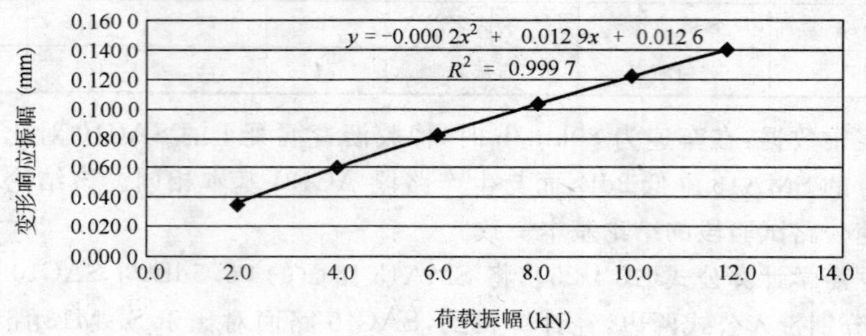

图 4-92　多级荷载作用下试件变形振幅曲线

2. 阻尼、阻尼比及相应的修正

根据每级荷载周期采集的荷载和变形可以绘出相应的荷载—变形曲线，见图 4-93。从图中看出，在每个荷载周期的加载—卸载过程中，相应的变形并不一致，形成一个滞回曲线。这反映出材料存在明显的黏弹性能。每个滞回曲线所围成的面积就是该级荷载下材料的阻尼。而该阻尼与该荷载周期最大荷载、最大变形、最小荷载、最小变形围成面积的比值称为阻尼比。材料阻尼的大小反映材料在周期荷载作用下能量的损失程度，阻尼比则反映材料能量损失与总能量的比值大小。对于同一种材料，阻尼和阻尼比的增加反映出材料的黏性增大。

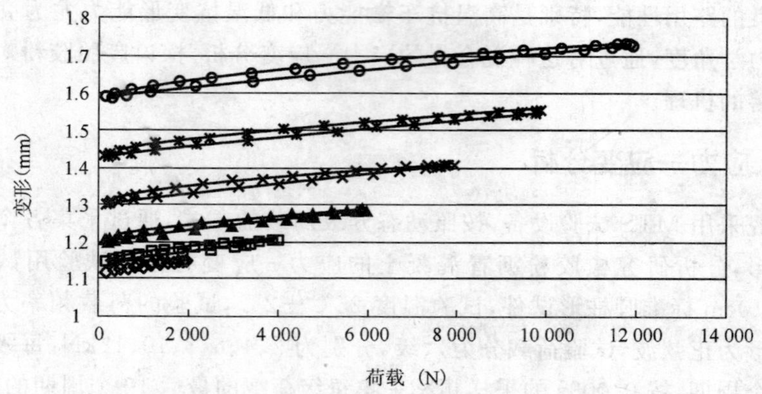

图 4-93　多级荷载作用下试件荷载—变形滞回曲线

图 4-94 为某试件在不同荷载水平下的阻尼曲线，理论证明，阻尼与荷载振幅的平方成正比，因此可以用二次曲线拟合阻尼和荷载振幅的关系。与前面荷

载振幅与变形振幅回归曲线一样，发现该曲线的常数项不为零，需要对曲线进行修正。修正的方法也是将横坐标平移，使得常数项为零，然后用修正后的阻尼计算阻尼比。

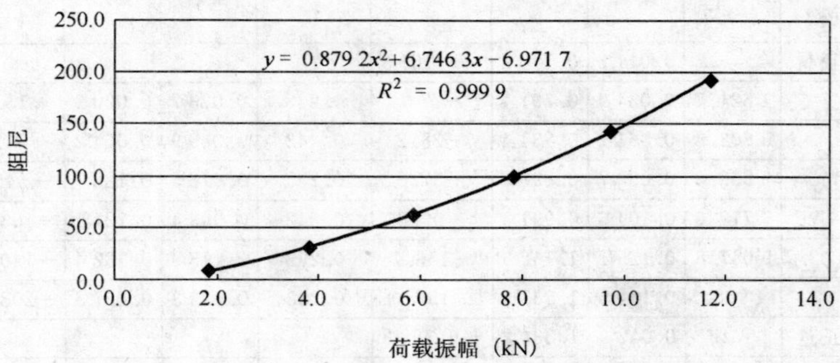

图 4-94　多级荷载下荷载振幅与试件阻尼的关系曲线

3. 应力—应变分析

表 4-102 为采用冷冻法生产的胶粉，用干拌法拌和的橡胶粉混合料试验数据的汇总表，表中荷载单位为 N，变形单位为 mm。图 4-95～图 4-97 为相应的变形振幅、阻尼和阻尼比与荷载级位的关系曲线。

干拌法橡胶粉混合料多级荷载作用下试验数据汇总　　表 4-102

材料	修正	荷载振幅	回弹变形振幅	平均变形	阻尼	阻尼比	修正变形振幅	修正平均变形	修正阻尼	修正阻尼比
不加胶粉	修正量		0.011 6	0.985 6	−3.793 3					
		1 824.1	0.034 7	1.004 8	−7.4	0.235	0.023 1	0.019 2	−11.2	0.532
		3 796.5	0.059 0	1.050 2	−26.5	0.237	0.047 4	0.064 6	−30.3	0.337
		5 909.5	0.082 3	1.126 1	−55.8	0.230	0.070 7	0.140 5	−59.6	0.285
		7 748.8	0.102 4	1.238 6	−90.2	0.227	0.090 8	0.253 0	−94.0	0.267
		9 663.6	0.122 2	1.371 1	−134.9	0.229	0.110 6	0.385 5	−138.7	0.260
		11 659.1	0.140 4	1.529 3	−184.8	0.226	0.128 8	0.543 7	−188.6	0.251
加10% 120目胶粉	修正量		0.011 1	0.997 7	−4.997 1					
		1 829.7	0.033 8	1.014 2	−7.4	0.241	0.022 7	0.016 5	−12.4	0.600
		3 806.2	0.059 5	1.057 8	−27.5	0.243	0.048 4	0.060 1	−32.5	0.353
		5 900.4	0.081 4	1.131 0	−57.7	0.241	0.070 3	0.133 3	−62.7	0.303
		7 752.8	0.101 9	1.236 9	−93.9	0.238	0.090 8	0.239 2	−98.9	0.281
		9 663.8	0.121 3	1.364 8	−138.5	0.236	0.110 2	0.367 1	−143.5	0.270
		11 677.3	0.140 6	1.522 0	−190.4	0.232	0.129 5	0.524 3	−195.4	0.258

续上表

材料	修正	荷载振幅	回弹变形振幅	平均变形	阻尼	阻尼比	修正变形振幅	修正平均变形	修正阻尼	修正阻尼比
加20%120目胶粉	修正量		0.011 2	0.770 2	−6.151 3					
		1 821.7	0.034 9	0.791 1	−7.6	0.238	0.023 7	0.020 9	−13.7	0.636
		3 808.8	0.061 1	0.834 4	−28.2	0.242	0.049 9	0.064 2	−34.3	0.361
		5 882.3	0.083 7	0.898 9	−57.8	0.235	0.072 5	0.128 7	−64.0	0.300
		7 712.6	0.104 6	0.991 3	−97.6	0.242	0.093 4	0.221 1	−103.8	0.288
		9 647.8	0.125 1	1.102 6	−143.7	0.238	0.113 9	0.332 4	−149.8	0.273
		11 708.5	0.144 5	1.237 5	−197.0	0.233	0.133 3	0.467 3	−203.2	0.260
加30%120目胶粉	修正量		0.012 9	1.334 2	−6.798 2					
		1 799.0	0.037 7	1.348 2	−9.2	0.270	0.024 8	0.014 0	−16.0	0.716
		3 763.7	0.065 0	1.398 4	−32.8	0.268	0.052 1	0.064 2	−39.6	0.404
		5 825.2	0.089 2	1.481 3	−67.9	0.261	0.076 3	0.147 1	−74.7	0.336
		7 673.7	0.111 5	1.607 0	−113.8	0.266	0.098 6	0.272 8	−120.6	0.319
		9 599.9	0.133 4	1.766 2	−165.6	0.258	0.120 5	0.432 0	−172.4	0.298
		11 642.7	0.154 2	1.961 5	−228.2	0.254	0.141 3	0.627 3	−235.0	0.286
加20%80目胶粉	修正量		0.011 4	0.778	−6.333 8					
		1 821.3	0.035 6	0.790 3	−7.9	0.243	0.024 2	0.012 3	−14.2	0.645
		3 800.6	0.061 2	0.837 0	−27.9	0.240	0.049 8	0.059 0	−34.2	0.362
		5 862.8	0.084 5	0.908 9	−59.3	0.239	0.073 1	0.130 9	−65.7	0.306
		7 708.9	0.106 2	1.019 2	−98.7	0.241	0.094 8	0.241 2	−105.1	0.288
		9 631.4	0.126 2	1.156 6	−148.5	0.244	0.114 8	0.378 6	−154.8	0.280
		11 685.1	0.145 9	1.330 0	−201.3	0.236	0.134 5	0.552 0	−207.7	0.264

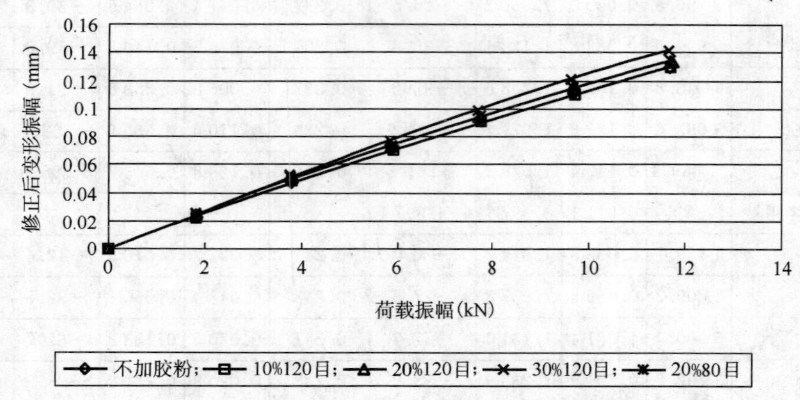

图 4-95　干拌法橡胶粉混合料荷载振幅与变形振幅关系曲线

从这些图表中可以看出，随着混合料中橡胶粉剂量的增加，各级荷载下混合料的回弹变形逐渐增大，当掺加 10％120 目胶粉时，各级荷载下混合料的回弹变形与未掺加胶粉混合料的比值平均为 1；当掺加 20％120 目胶粉时，比值达到 1.033；当掺加 30％胶粉时，比值达到了 1.087，说明由于胶粉掺量的增加，混合料的弹性逐渐增大。当掺加 20％80 目胶粉时，变形比值为 1.043，说明橡胶粉粒径的增大，混合料的弹性略有增加。

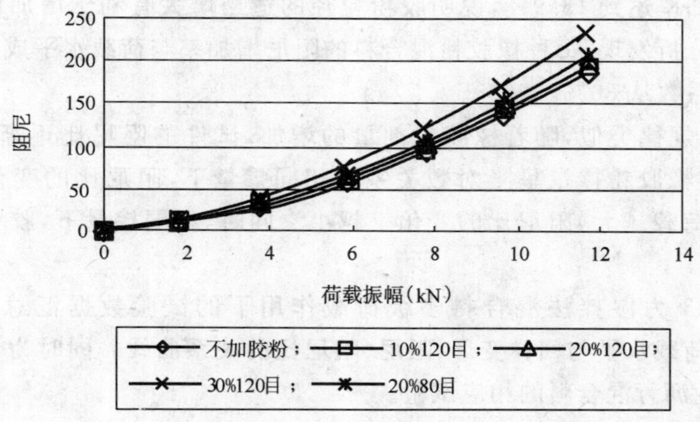

图 4-96　干拌法橡胶粉混合料荷载振幅与试件阻尼的关系曲线

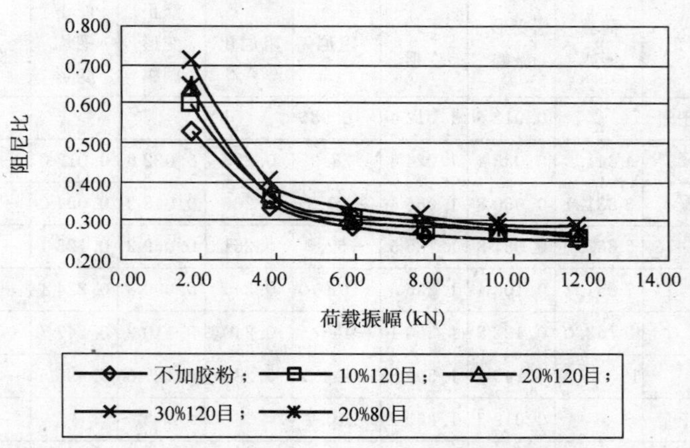

图 4-97　干拌法橡胶粉混合料荷载振幅与试件阻尼比的关系曲线

从平均变形水平（即各级荷载下，每个周期变形响应波形的波峰、波谷的平均值）看，对于 120 目胶粉，当掺加 10％时，混合料的平均变形比普通沥青混凝土明显减小，当掺加 20％时，平均变形进一步减小，但当掺加量达到 30％时，混合料的平均变形突然增加。一般来说，平均变形小说明混合料的承载能力大，因此，从这个指标看，橡胶粉混合料的承载能力与一般沥青混凝土基本相当。

从阻尼角度看，随橡胶粉剂量的增加，混合料的阻尼逐渐增大，说明混合料的黏性增大。对于120目胶粉，当掺加10%时，各级荷载下试件阻尼平均增加5.9%；当掺加20%时，阻尼平均增加11.5%；当掺加30%时，阻尼平均增加29.3%。阻尼的增加与橡胶粉掺量呈对数关系。

对比于80目胶粉，相同的掺量情况下，80目胶粉混合料的阻尼略大于120目，阻尼增加率达到13.9%，说明胶粉粒径的适当增大有利于增加混合料的黏度。另外，分析发现，每种橡胶粉混合料的阻尼增加率与荷载水平成良好的对数关系，相关系数从80%～96%。

与阻尼规律类似，随着橡胶粉剂量的增加，试件的阻尼比逐渐增大，阻尼比的增加与橡胶粉掺量呈半对数关系。相同掺量下，阻尼比的变化与荷载级位有关系，荷载越大，阻尼比的变化率越小。同时，相同掺量下，胶粉越粗阻尼比越大。

表4-103为湿拌法混合料多级荷载作用下的试验数据汇总，图4-98～图4-100为荷载水平与回弹变形、阻尼、阻尼比的关系曲线。同时为了对比进行了SBS改性沥青混合料的相应试验。

湿拌法橡胶粉混合料多级荷载作用下试验数据汇总 表4-103

材料	修正	荷载振幅	变形振幅	平均变形	阻尼	阻尼比	修正变形振幅	修正平均变形	修正阻尼	修正阻尼比
加5%80目胶粉	修正量		0.012 6	1.012 4	−6.986					
		1 841.0	0.035 4	1.024 4	−8.9	0.273	0.022 8	0.012 0	−15.9	0.757
		3 831.1	0.060 8	1.066 4	−31.1	0.266	0.048 2	0.054 0	−38.1	0.412
		5 867.0	0.081 8	1.135 5	−62.8	0.261	0.069 2	0.123 1	−69.7	0.343
		7 851.3	0.103 4	1.236 5	−100.0	0.246	0.090 8	0.224 1	−107.0	0.300
		9 752.0	0.122 8	1.360 1	−143.5	0.240	0.110 2	0.347 7	−150.5	0.280
		11 685.9	0.140 4	1.509 0	−191.3	0.233	0.127 8	0.496 6	−198.3	0.265
加10%80目胶粉	修正量		0.012 3	1.260 7	−10.1					
		1 818.5	0.037 2	1.276 5	−10.2	0.301	0.024 9	0.015 8	−20.3	0.896
		3 807.7	0.063 3	1.322 7	−35.5	0.295	0.051 0	0.062 0	−45.6	0.469
		5 876.7	0.087 4	1.400 2	−72.0	0.281	0.075 1	0.139 5	−82.1	0.372
		7 719.4	0.107 9	1.522 0	−112.9	0.271	0.095 6	0.261 3	−123.0	0.333
		9 649.6	0.127 9	1.670 3	−154.2	0.250	0.115 6	0.409 6	−164.2	0.295
		1 1697.1	0.146 6	1.849 1	−210.9	0.246	0.134 3	0.588 4	−221.0	0.281

续上表

材料	修正	荷载振幅	变形振幅	平均变形	阻尼	阻尼比	修正变形振幅	修正平均变形	修正阻尼	修正阻尼比
加15%80目胶粉	修正量		0.010 5	0.912 4	−12.2					
		1 812.5	0.037 1	0.912 9	−10.0	0.297	0.026 6	0.000 5	−22.2	0.921
		3 777.5	0.066 1	0.955 3	−37.5	0.300	0.055 6	0.042 9	−49.7	0.473
		5 868.3	0.091 0	1.031 5	−74.4	0.279	0.080 5	0.119 1	−86.6	0.367
		7 706.4	0.113 2	1.152 9	−116.9	0.268	0.102 7	0.240 5	−129.1	0.326
		9 652.3	0.133 5	1.313 7	−166.8	0.259	0.123 0	0.401 3	−179.0	0.302
		11 732.2	0.153 7	1.519 5	−221.2	0.245	0.143 2	0.607 1	−233.4	0.278
SBS改性沥青	修正量		0.010 8	0.644 9	−8.0					
		1 829.1	0.035 2	0.663 2	−8.4	0.260	0.024 4	0.018 3	−16.3	0.733
		3 782.0	0.061 0	0.702 5	−30.4	0.264	0.050 2	0.057 6	−38.4	0.405
		5 865.0	0.084 6	0.763 0	−61.3	0.247	0.073 8	0.118 1	−69.3	0.320
		7 720.7	0.104 8	0.852 0	−98.3	0.243	0.094 0	0.207 1	−106.3	0.293
		9 654.7	0.124 7	0.959 9	−144.5	0.240	0.113 9	0.315 0	−152.5	0.277
		11 666.9	0.143 2	1.085 1	−191.9	0.230	0.132 4	0.440 2	−199.9	0.259

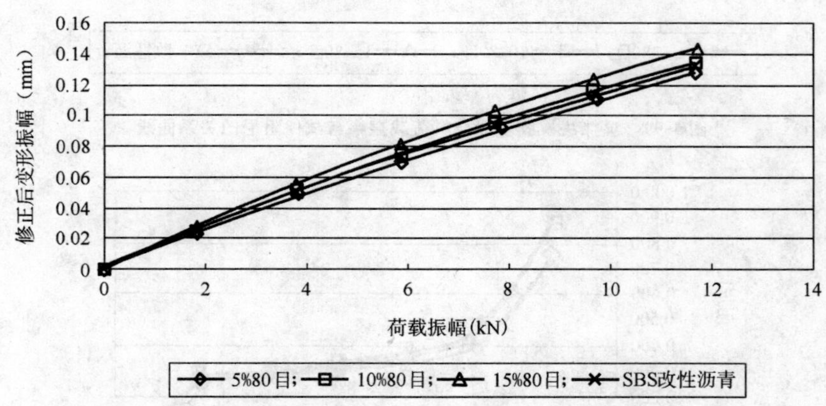

图 4-98　湿拌法橡胶粉混合料荷载振幅与变形振幅关系曲线

从回弹变形角度看，随着胶粉掺量的增加，混合料的弹性变形逐渐增大，SBS 改性沥青混合料的弹性变形介于 5%～10%的橡胶沥青混合料之间，靠近于 10%。说明胶粉增加对于混合料弹性的改善优于 SBS 改性沥青。

从平均变形角度看，SBS 改性沥青混凝土的平均变形最小，基本上与 5%的橡胶沥青混凝土接近，从 5%～15%，随橡胶粉掺量的增加，混合料的平均变形逐渐变大。

从阻尼角度看，SBS改性沥青混合料的阻尼略大于5%的橡胶沥青，明显小于10%和15%。胶粉剂量越大，阻尼越大。

从阻尼比角度看，SBS改性沥青混凝土的阻尼比略大于5%的橡胶沥青混合料，却明显小于10%和15%的橡胶沥青混合料，胶粉剂量越大，混合料的阻尼比越大。

通过以上试验结果分析，发现无论是干拌法还是湿拌法橡胶沥青混合料在动态荷载作用下，表现出的应力—应变关系与一般的沥青混凝土有较大的不同。试验结果表明，橡胶沥青混凝土随着胶粉剂量的增加，表现出较大的弹性。在荷载作用下，路面材料弹性的增加对于改善路面的行驶舒适性、减少行车噪声十分有利，同时也有利于改善路面材料的受力环境。

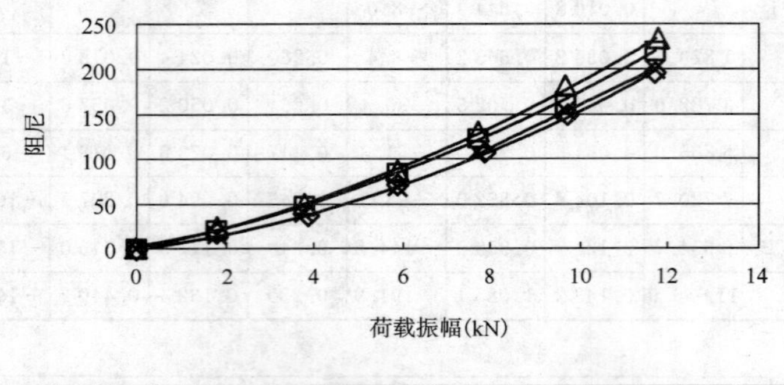

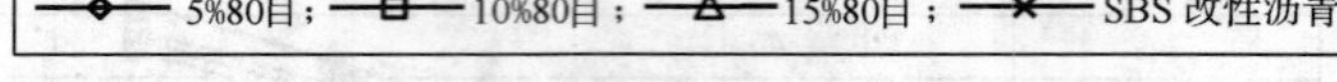

图 4-99　湿拌法橡胶粉混合料荷载振幅与试件阻尼的关系曲线

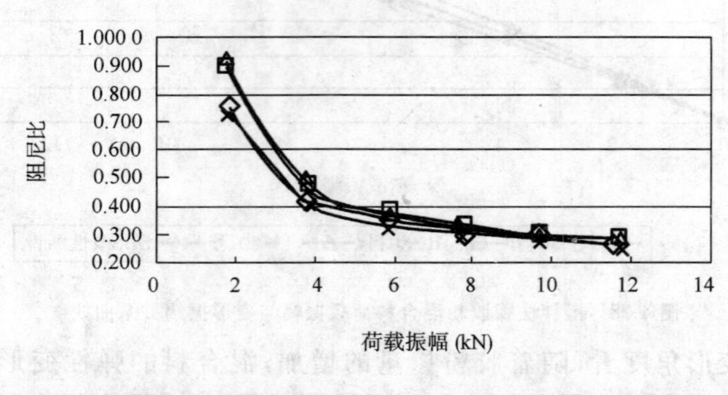

图 4-100　湿拌法橡胶粉混合料荷载振幅与试件阻尼比的关系曲线

对于橡胶粉混合料阻尼和阻尼比的增加是值得深入研究的问题。混合料阻尼增加，反映出混合料黏度的增加。黏度增加有利于改善混合料的高温稳定性。但是，从试验结果看 SBS 改性沥青的黏度基本与 5%橡胶沥青混合料相当，但是从车辙试验结果看，SBS 混合料的动稳定度不仅明显大于 5%橡胶沥青混合料，而且也高于 10%、15%的橡胶沥青混凝土。结合前面的车辙试验结果，发现对于同一类型混合料，阻尼大小与高温车辙有良好的相关性，如对于干拌法混合料车辙和阻尼的相关系数达到了 95%，对于湿拌法混合料的车辙与阻尼相关系数达到 99%，但是如果将两者结合在一起，则相关系数不到 50%。由此看出，阻尼作为评价混合料高温性能存在一定的局限性。

二、橡胶粉混合料动静态模量

美国亚利桑那州研究人员 Kamil E. Kaloush 等人分别对几种橡胶沥青混合料和其他试验路或实体工程中的混合料进行动态回弹模量试验，并分为无侧限和有侧限两种试验条件，试验结果见表 4-104 和表 4-105。从表 4-104 中数据看出，当无侧限条件下，橡胶沥青混合料的动态回弹模量比较低，在 11 种混合料中排在最后。但当有侧限条件下，橡胶沥青混合料的动态回弹模量明显增加，在 9 种混合料中排在第 2 和第 3。该研究认为这是由于橡胶粉在混合料中的作用引起的，并指出有侧限的动态回弹模量比无侧限的动态回弹模量更能有效反映混合料的路用性能。

橡胶沥青混合料与其他混合料动态回弹模量试验(无侧限) 表 4-104

混合料类型	结合料类型	AC(%)	VA(%)	级配类型	E(MPa)	R	排序
I-17 PG 64-16	64-16(R)	8.9	5.5	19.0mm① GG	3 423	4.02	1
Wes Track Sect. R4	64-22	5.3	6.6	19.0mm②	2 857	3.35	2
Wes Track Sect. R23	64-22	5.8	4.9	19.0mm CDGM	2 284	2.68	3
I-17 PG 58-22	58-22(R)	7.5	8.0	19.0mm GG	2 068	2.43	4
ALF Lane 8	Novophalt	4.7	11.9	19.0mm DGM	1 865	2.19	5
ALF Lane 12	AC-20	4.1	7.4	37.5mm DGM	1 502	1.76	6
ADOT Conventional[1]	64-22	4.1	10.5	19.0mm DGM	852	1.00	7
MnRoad Sect. 20	PEN 120/150	6.1	6.3	12.5mm DGM	803	0.94	8
Alberta Rubber	Pen 150-200(R)	8.9	9.7	19.0mm GG	775	0.91	9
ARAC	58-22(R)	6.8	10.9	19.0mm GG	747	0.88	10
AR-ACFC	58-22(R)	8.8	17.6	9.0mm OG	705	0.83	11

注：①19.0mm 表示公称最大粒径为 19mm 的混合料级配。

②FDGM-细的密实级配混合料；CDGM-粗的密实级配混合料；GG-断级配混合料；DGM-密实级配混合料。

橡胶沥青混合料与其他混合料动态回弹模量试验(有侧限)　表 4-105

混合料类型	结合料类型	AC(%)	VA(%)	级配类型	E^*(MPa)	R	排序
I-17 PG 64-16	64-16(R)	8.9	5.5	19.0mm GG	6 524	1.08	1
AR-ACFC	58-22(R)	8.8	17.6	9.0mm OG	6 112	1.02	2
ARAC[1]	58-22(R)	6.8	10.9	19.0mm GG	6 021	1.00	3
Wes Track Sect. R4	64-22	5.2	6.6	19.0mm FDGM	5 672	0.94	4
I-17 PG 58-22	58-22(R)	7.5	8.0	19.0mm GG	5 211	0.87	5
ALF Lane 12	AC-20	4.1	7.4	37.5mmDGM	4 638	0.77	6
Alberta Rubber	Pen 150-200(R)	8.9	9.7	19.0mm GG	4 044	0.67	7
Wes Track Sect. R23	64-22	5.8	4.9	19.0mm CDGM	3 618	0.60	8
ALF Lane 8	Novophalt	4.8	7.7	19.0mm DGM	2 193	0.36	9

交通部公路科学研究院采用无侧限模式，对橡胶粉沥青混合料动静态模量进行了大量的试验研究，试验均采用 10cm×10cm 圆柱形试件，试验温度 25℃±2℃。动态试验采用 MTS 试验系统，荷载波形为正弦波，荷载频率 10Hz，采用分级连续加载方式。

1. 干拌法——常温橡胶粉混合料

表 4-106、表 4-107 为采用干拌工艺的 40 目、120 目常温法粉碎胶粉混合料的动静态模量试验结果的汇总表。橡胶粉掺加的剂量分别为 0%、5%、10%、20%、30%(与沥青的重量比)。图 4-101～图 4-104 为相应的模量曲线图。

40 目胶粉混合料动、静态模量试验结果汇总表　表 4-106

荷载级位(MPa)	无胶粉		40 目+5%		40 目+10%		40 目+20%		40 目+30%	
	平均值(MPa)	变异系数	平均值(MPa)	变异系数	平均值(MPa)	变异系数	平均值(MPa)	变异系数	平均值(MPa)	变异系数
动态模量										
0.25	1 098	4.42%	1 220	6.37%	1 136	2.26%	1 086	3.43%	960	3.60%
0.5	1 092	4.75%	1 247	3.40%	1 190	4.50%	1 094	3.87%	924	4.71%
0.75	1 151	3.66%	1 269	4.43%	1 210	2.04%	1 137	3.46%	989	4.28%
1	1 209	3.09%	1 303	3.07%	1 245	0.86%	1 181	1.86%	1 035	3.92%
1.25	1 266	2.09%	1 327	2.80%	1 280	1.58%	1 222	1.81%	1 088	4.79%
1.5	1 309	2.16%	1 361	2.41%	1 325	1.38%	1 264	1.44%	1 123	4.72%
静态模量										
0.25	532	4.99%	551	8.10%	510	4.48%	472	6.55%	408	7.05%
0.5	523	3.65%	546	4.45%	505	2.71%	458	5.53%	396	8.40%
0.75	582	4.59%	605	4.51%	559	3.43%	515	4.90%	447	8.46%

续上表

荷载级位(MPa)	无胶粉		40目+5%		40目+10%		40目+20%		40目+30%	
	平均值(MPa)	变异系数	平均值(MPa)	变异系数	平均值(MPa)	变异系数	平均值(MPa)	变异系数	平均值(MPa)	变异系数
静态模量										
1	642	3.16%	671	4.19%	626	2.74%	586	4.21%	504	7.49%
1.25	711	3.02%	738	5.01%	683	2.88%	647	3.00%	553	6.11%
1.5	761	3.36%	803	9.97%	743	2.85%	706	2.76%	604	7.38%

120目胶粉混合料动、静态模量试验结果汇总表 表4-107

荷载级位(MPa)	无胶粉		120目+5%		120目+10%		120目+20%		120目+30%	
	平均值(MPa)	变异系数	平均值(MPa)	变异系数	平均值(MPa)	变异系数	平均值(MPa)	变异系数	平均值(MPa)	变异系数
动态模量										
0.25	1 098	4.42%	1 196	3.62%	1 355	7.91%	1 200	2.96%	1 092	4.41%
0.5	1 092	4.75%	1 227	2.49%	1 384	8.24%	1 246	2.72%	1 108	4.11%
0.75	1 151	3.66%	1 267	2.44%	1 403	7.61%	1 250	2.32%	1 147	2.65%
1	1 209	3.09%	1 287	1.24%	1415	6.41%	1 300	2.01%	1 179	2.62%
1.25	1 266	2.09%	1 339	1.31%	1 433	6.48%	1 327	1.37%	1 199	1.62%
1.5	1 309	2.16%	1371	0.91%	1 458	5.78%	1 362	0.83%	1 244	2.18%
静态模量										
0.25	532	4.99%	612	14.19%	768	21.96%	562	16.97%	501	4.43%
0.5	523	3.65%	612	15.34%	808	25.87%	558	19.73%	494	5.36%
0.75	582	4.59%	676	14.75%	855	25.85%	625	18.81%	549	5.59%
1	642	3.16%	757	15.60%	942	24.93%	691	18.83%	605	4.49%
1.25	711	3.02%	808	14.35%	1 015	25.68%	751	18.50%	654	5.34%
1.5	761	3.36%	890	15.58%	1 100	27.90%	824	20.05%	709	6.24%

从试验结果可以看出，当采用较粗的40目胶粉时，当掺加5%橡胶粉时，混合料的动静模量均达到最大值，之后，随着橡胶粉掺加剂量的增加，混合料的模量逐渐下降。这是由于当混合料中橡胶粉剂量较少时，混合料原有的骨架结构基本保持原有不变，橡胶粉的填充作用是混合料更加密实，强度增加，相同荷载水平下的回弹响应变形减小，模量增加。

当橡胶粉的掺量增加以后，对原有混合料的骨架结构产生较大影响，橡胶颗粒的弹性作用在沥青混凝土中逐渐显现，并逐渐增强，导致在相同荷载水平下，混合料的弹性明显增加，相应的回弹模量逐渐减小。

对于精细的120目橡胶粉,也存在类似的原因导致出现类似的现象。不同之处在于,40目胶粉混合料回弹模量最大值出现在5%左右,而精细120目胶粉当掺加剂量达到10%时回弹模量达到最大值。只是由于胶粉颗粒粒径不同而造成的,胶粉越细达到模量最大值时掺加的剂量越大;相反,当胶粉越粗时,达到模量最大值时的掺量越少。可以推断,当胶粉颗粒粗时(如20目以上),不论混合料中掺加多少橡胶粉,混合料的回弹模量都将降低,在混合料中掺加胶粉导致混合料弹性增加,模量降低是一个必然趋势。

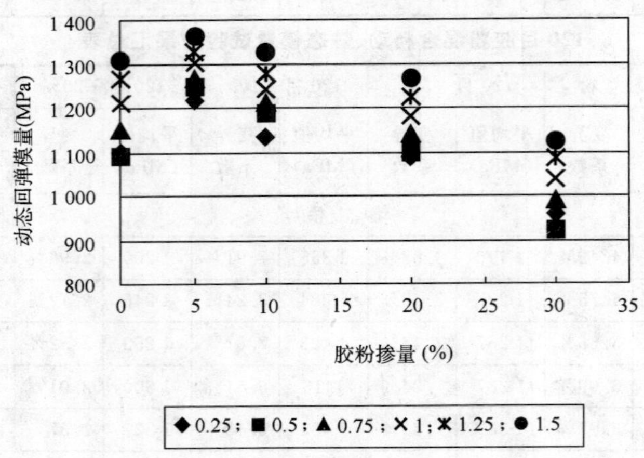

图 4-101　40 目干拌法常温胶粉混合料,胶粉掺量与动态模量的关系曲线

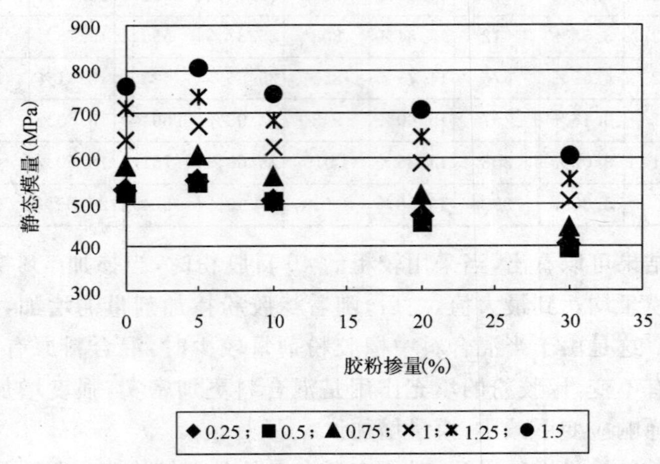

图 4-102　40 目干拌法常温胶粉混合料,胶粉掺量与静态模量的关系曲线

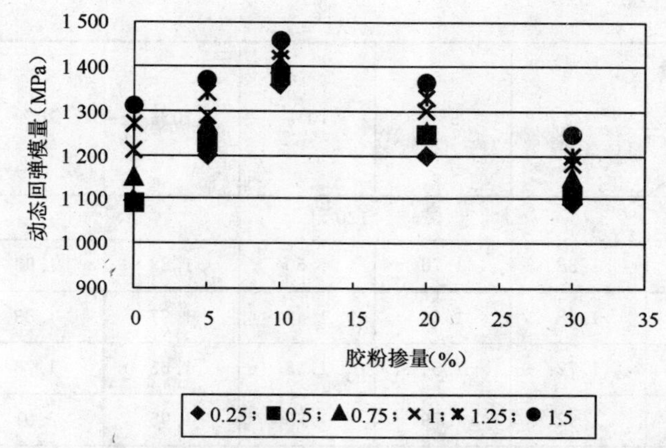

图4-103 120目干拌法常温胶粉混合料,胶粉掺量与动态模量的关系曲线

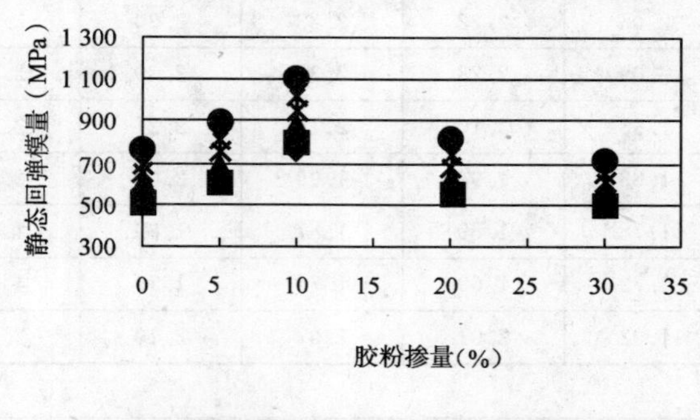

图4-104 120目干拌法常温胶粉混合料,胶粉掺量与静态模量的关系曲线

表4-108为两种常温法橡胶粉混合料动、静态模量比值的汇总表,图4-105为相应的变化曲线。从图表中可以看出,随着橡胶粉剂量的增加,相同混合料动、静态模量的比值逐渐增加(个别点除外),由此说明,随着橡胶粉剂量的增加,混合料的动态效应逐渐增大。再有,随着荷载水平的提高混合料动、静态模量比值逐渐减小。

干拌法常温橡胶粉混合料动、静态模量比汇总表 表4-108

胶粉掺量 / 荷载级位(MPa)	0%	5%	10%	20%	30%	平均
120目						
0.25	2.06	1.95	1.76	2.14	2.18	2.02
0.5	2.09	2.00	1.71	2.23	2.24	2.06
0.75	1.98	1.87	1.64	2.00	2.09	1.92

续上表

荷载级位(MPa) \ 胶粉掺量	0%	5%	10%	20%	30%	平均
120 目						
1	1.88	1.70	1.50	1.88	1.95	1.78
1.25	1.78	1.66	1.41	1.77	1.83	1.69
1.5	1.72	1.54	1.33	1.65	1.76	1.60
平均	1.92	1.79	1.56	1.95	2.01	
40 目						
0.25	2.06	2.22	2.23	2.30	2.35	2.23
0.5	2.09	2.28	2.36	2.39	2.33	2.29
0.75	1.98	2.10	2.16	2.21	2.21	2.13
1	1.88	1.94	1.99	2.02	2.06	1.98
1.25	1.78	1.80	1.87	1.89	1.97	1.86
1.5	1.72	1.69	1.78	1.79	1.86	1.77
平均	1.92	2.01	2.07	2.10	2.13	1.92

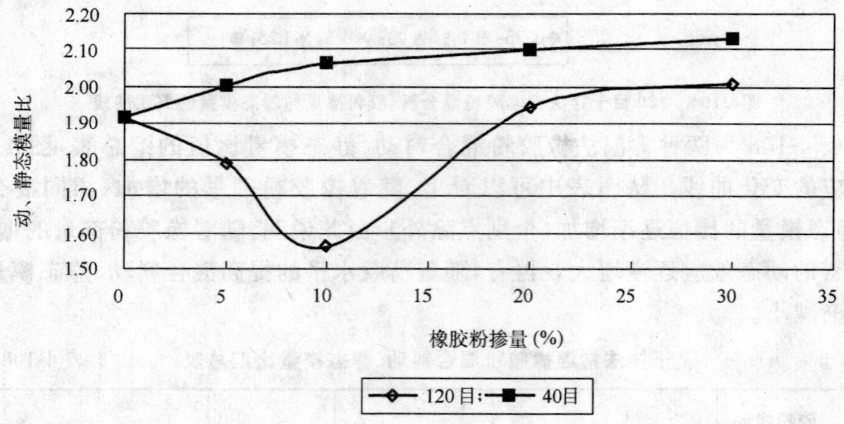

图 4-105　干拌法常温胶粉混合料，动、静态模量比的变化曲线

2. 干拌法——冷冻胶粉混合料

表 4-109 为采用干拌法工艺的 80 目、120 目冷冻粉碎胶粉混合料的动、静态模量试验结果的汇总表。橡胶粉掺加的剂量分别为 0%、10%、20%、30%(与沥青的质量比)。图 4-106～图 4-109 为相应的模量曲线图。

冷冻橡胶粉混合料动、静态模量试验结果　　表 4-109

荷载级位 (MPa)	0		120 目+10%		120 目+20%		120 目+30%	
	平均值	变异系数	平均值	变异系数	平均值	变异系数	平均值	变异系数
动态模量(MPa)								
0.25	1 045	7.73%	1 152	7.31%	1 009	11.14%	944	2.25%
0.5	1 086	7.27%	1 159	6.22%	1 035	11.94%	956	9.11%
0.75	1 116	6.75%	1 211	6.10%	1 062	10.12%	996	4.34%
1	1 150	4.73%	1 219	4.04%	1 109	9.01%	1 039	2.33%
1.25	1 173	3.29%	1 255	3.01%	1 147	7.53%	1 087	3.67%
1.5	1 226	2.39%	1 289	2.93%	1 191	6.56%	1 126	3.34%
静态模量(MPa)								
0.25	436	3.79%	471	8.89%	460	8.02%	390	9.21%
0.5	454	4.75%	488	11.54%	462	7.70%	374	4.70%
0.75	523	2.81%	544	8.64%	510	7.30%	424	6.89%
1	591	3.09%	614	8.77%	573	5.82%	482	6.03%
1.25	673	3.22%	687	8.72%	632	5.21%	533	6.25%
1.5	788	5.44%	775	10.12%	689	4.25%	580	4.95%
荷载级位 (MPa)			80 目+10%		80 目+20%		80 目+30%	
			平均值	变异系数	平均值	变异系数	平均值	变异系数
动态模量(MPa)								
0.25			1 018	5.87%	1 065	2.60%	974	3.45%
0.5			1 066	2.57%	1 097	2.19%	1 054	8.60%
0.75			1 090	2.41%	1 115	2.31%	1 069	6.33%
1			1 143	2.81%	1 151	1.64%	1 089	4.26%
1.25			1 173	2.42%	1 196	1.13%	1 133	3.60%
1.5			1 234	1.61%	1 226	1.55%	1 167	2.76%
静态模量(MPa)								
0.25			416	6.80%	434	6.17%	356	7.54%
0.5			432	5.48%	436	5.33%	381	9.31%
0.75			498	5.24%	487	4.50%	438	9.79%
1			564	3.30%	554	4.49%	506	11.53%
1.25			650	1.87%	617	5.14%	580	15.30%
1.5			755	2.51%	684	5.08%	726	28.97%

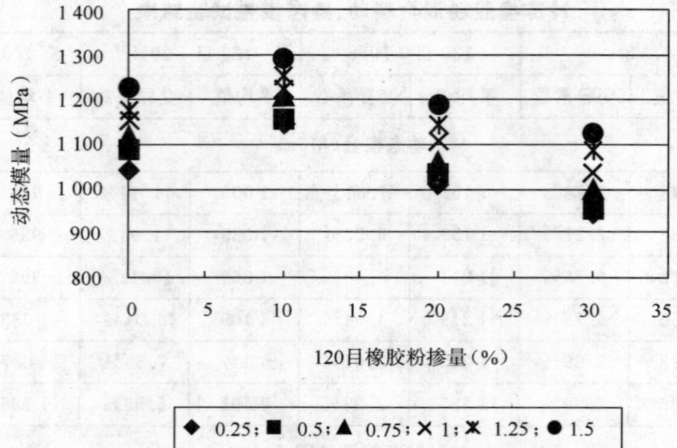

图 4-106　120 目干拌法冷冻胶粉混合料，胶粉掺量与动态模量的关系曲线

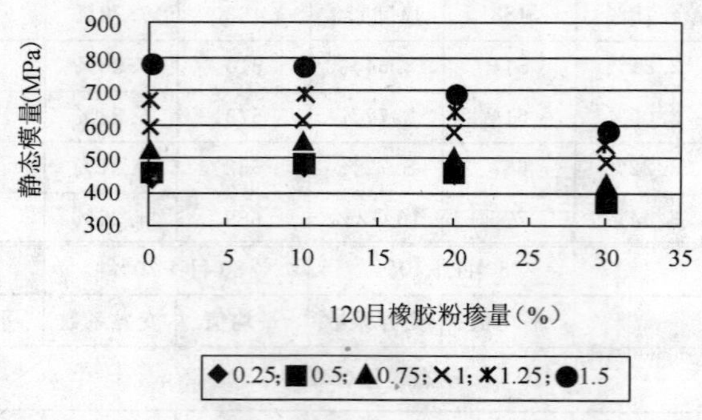

图 4-107　120 目干拌法冷冻胶粉混合料，胶粉掺量与静态模量的关系曲线

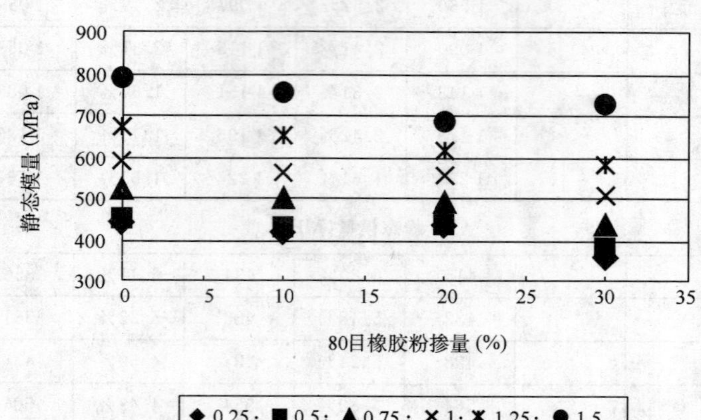

图 4-108　80 目干拌法冷冻胶粉混合料，胶粉掺量与静态模量的关系曲线

从试验结果可以看出，采用120目橡胶粉时，当掺加10%橡胶粉时，混合料的动、静态模量均达到最大值，之后，随着橡胶粉掺加剂量的增加，混合料的动、静态模量逐渐下降。采用80目橡胶粉时，混合料静态模量所表现出的规律比较混乱，动态模量整体出现减小的趋势。

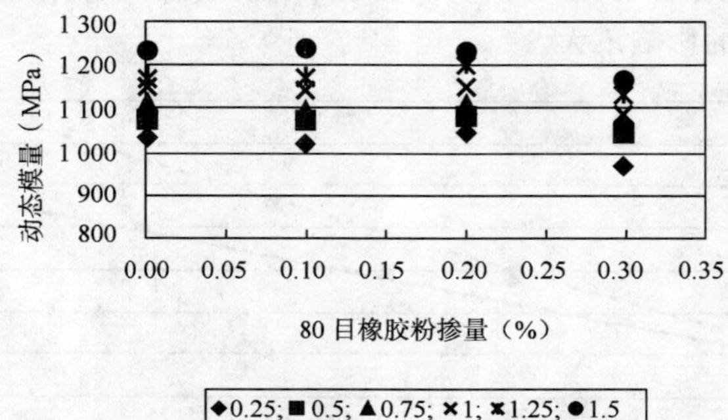

图4-109　80目干拌法冷冻胶粉混合料，胶粉掺量与动态模量的关系曲线

表4-110为两种冷冻法橡胶粉混合料动、静态模量比值的汇总表，图4-110为相应的变化曲线。

干拌法冷冻橡胶粉混合料动、静态模量比汇总表　　表4-110

设计荷载(MPa) \ 橡胶粉掺量	0	10%	20%	30%	平均
120目					
0.25	2.39	2.44	2.19	2.42	2.36
0.5	2.39	2.38	2.24	2.56	2.39
0.75	2.13	2.23	2.08	2.35	2.20
1	1.94	1.98	1.94	2.16	2.01
1.25	1.74	1.83	1.82	2.04	1.86
1.5	1.56	1.66	1.73	1.94	1.72
平均	2.03	2.09	2.00	2.24	
80目					
0.25	2.39	2.45	2.46	2.74	2.51
0.5	2.39	2.47	2.52	2.77	2.54
0.75	2.13	2.19	2.29	2.44	2.26
1	1.94	2.03	2.08	2.15	2.05
1.25	1.74	1.81	1.94	1.95	1.86
1.5	1.56	1.63	1.79	1.61	1.65
平均	2.03	2.09	2.18	2.28	

从图表中可以看出，随着橡胶粉剂量的增加，相同混合料动、静态模量的比值逐渐增加(个别点除外)，由此说明，随着橡胶粉剂量的增加，混合料的动态效应逐渐增大。此外，随着荷载水平的提高混合料动、静态模量比值逐渐减小。结合常温法橡胶粉混合料动、静态模量试验结果，发现橡胶粉目数的大小对混合料动、静态模量比值的影响不大。

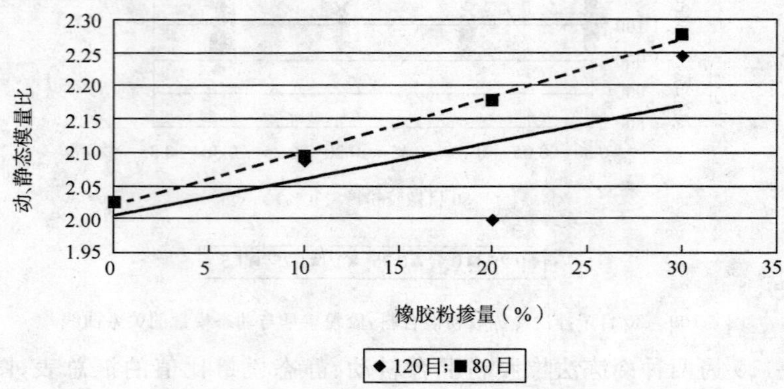

图 4-110　干拌法冷冻胶粉混合料，动、静态模量比的变化曲线

3. 湿拌法

表 4-111 为采用湿拌法工艺的橡胶粉改性沥青混合料的动、静态模量试验结果的汇总表，其橡胶粉掺加的剂量分别为 5%、10%、15%(与沥青的重量比)。

湿拌法橡胶沥青混合料动、静态模量试验汇总表　　表 4-111

荷载级位(MPa)	AH70 号+5%	AH70 号+10%	AH70 号+15%	SBS
静态模量(MPa)				
0.25	596	602	642	600
0.50	556	562	565	541
0.76	603	600	599	590
1.01	647	632	633	639
1.27	673	657	641	656
1.52	693	665	635	673
动态模量(MPa)				
0.25	1 030	931	869	955
0.50	1 012	951	866	959
0.76	1 080	997	929	1 013
1.01	1 101	1 029	956	1 046
1.27	1 127	1 064	1 000	1 080
1.52	1 164	1 110	1 043	1 123

续上表

荷载级位(MPa)	AH70 号+5%	AH70 号+10%	AH70 号+15%	SBS
动、静态模量比				
0.25	1.73	1.55	1.35	1.59
0.50	1.82	1.69	1.53	1.77
0.76	1.79	1.66	1.55	1.72
1.01	1.70	1.63	1.51	1.64
1.27	1.67	1.62	1.56	1.65
1.52	1.68	1.67	1.64	1.67
平均	1.73	1.64	1.52	1.67

从试验结果可以看出,SBS 改性沥青混合料与 AH70 号+10%混合料动、静态模量相当。随着橡胶粉掺加剂量的增加,混合料的动态模量逐渐下降,静态模量表现出的规律比较混乱,动、静态模量比逐渐减小。动、静态模量比表现出与干拌法相反的规律。湿拌法改性沥青混合料随着胶粉掺量的增加,没有表现出干拌法逐渐增强的动态效应。由于橡胶粉掺入沥青中制成橡胶粉与沥青的共混物,成为橡胶改性沥青,橡胶粉在与沥青拌和过程中既存在化学反应也存在物理作用,不同于完全的化学改性,也不同于完全的物理填充作用。

三、橡胶粉混合料强度试验研究

意大利学者 Gaetano Di Mino 对不同橡胶粉掺量下混合料的劈裂强度进行试验测定,见图 4-111。从图中可以明显看出,随着橡胶粉掺量的增加,混合料的劈裂强度逐渐降低。

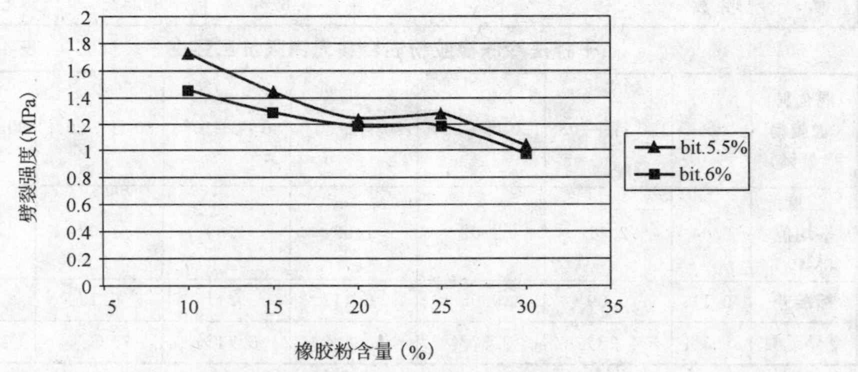

图 4-111　不同橡胶粉含量的混合料劈裂试验结果

同样,智利学者采用 18%的橡胶粉和 82%的基质沥青在 180℃的条件下加工成橡胶沥青(反应时间:60min,搅拌桨转速:500r/min),分别生产出连续级配的密实型混合料和断级配的混合料，与普通沥青混合料进行强度对比试验，试验结果见表 4-112。可以看出无论是密实型混合料还是断级配混合料，橡胶沥青的混合料强度均略小于普通沥青混合料。

不同级配的橡胶沥青混合料与普通沥青混合料的强度试验对比　表 4-112

混合料类型	传统密实型混合料（kg/cm³）		断级配沥青混凝土（kg/cm³）	
沥青种类	普通沥青	橡胶沥青	普通沥青	橡胶沥青
25℃常温条件	8.27±0.26	7.45±0.43	9.58±0.58	8.18±0.56

以下将结合交通部公路科学研究院的有关无侧限抗压强度试验、劈裂强度试验结果，分析干拌法橡胶粉混合料及湿拌法橡胶粉混合料的强度特征。

1. 抗压强度

表 4-113、表 4-114 为干拌法常温橡胶粉混合料、冷冻橡胶粉混合料无侧限抗压强度试验结果，表 4-115 为湿拌法橡胶粉混合料无侧限抗压强度试验结果，其试验温度为 25℃。

干拌法常温橡胶粉混合料无侧限抗压强度　表 4-113

混合料（橡胶粉掺量%）	0%	120 目+5%	120 目+10%	120 目+20%	120 目+30%
强度平均值（MPa）	3.14	2.94	2.98	2.60	2.52
标准差	0.09	0.17	0.13	0.20	0.15
变异系数	2.70%	5.88%	4.44%	7.66%	5.82%
混合料（橡胶粉掺量%）	0%	40 目+5%	40 目+10%	40 目+20%	40 目+30%
平均值（MPa）	—	—	2.66	2.37	2.30
标准差	—	—	0.17	0.19	0.11
变异系数	—	—	6.52%	8.24%	4.93%

干拌法冷冻橡胶粉混合料无侧限抗压强度　表 4-114

混合料（橡胶粉掺量%）	0%	120 目+10%	120 目+20%	120 目+30%	80 目+10%	80 目+20%	80 目+30%
强度平均值（MPa）	2.04	2.11	2.02	1.93	1.89	1.92	1.74
标准差	0.11	0.09	0.05	0.11	0.11	0.15	0.18
变异系数	5.53%	4.28%	2.57%	5.65%	5.71%	7.63%	10.17%

干拌法橡胶粉混合料，当混合料中橡胶粉掺量较少时，混合料原有的骨架结构基本保持原有不变，橡胶粉填充于骨架空隙中，使混合料强度下降趋势不明显。随着橡胶粉掺量的增加，无侧限抗压强度呈现明显的下降趋势。

湿拌法橡胶粉混合料无侧限抗压强度 表4-115

混合料(橡胶粉掺量%)	80目+5%	80目+10%	80目+15%	SBS
抗压强度(MPa)	2.930 6	2.756 1	2.425 6	3.372 5

SBS改性沥青混合料抗压强度明显高于湿拌法橡胶粉混合料，且橡胶粉混合料随着橡胶粉掺量的增加，无侧限抗压强度呈现明显的下降趋势。说明橡胶粉掺入沥青中制成橡胶粉与沥青的共混物，橡胶粉在与沥青拌和过程中既存在化学反应也存在物理作用，不能完全将它们分隔。

由此看出无论干拌法还是湿拌法橡胶粉混合料，无论是常温法粉碎的胶粉还是冷冻法粉碎的胶粉，无论掺加何种目数的胶粉，混合料的强度都有不同程度的降低，且随着胶粉掺量的增加，强度降低幅度增大。

2. 劈裂强度

本次劈裂强度试验采用静压法成型100mm×100mm的标准圆柱体试件，并在成型时考虑了98%的现场压实度，以便于更好的模拟现场情况。

表4-116、表4-117分别为干拌法常温橡胶粉混合料和干拌法冷冻橡胶粉混合料冻融劈裂试验结果。

干拌法常温橡胶粉混合料劈裂试验结果 表4-116

类　型	劈裂强度(MPa)	类　型	劈裂强度(MPa)
0%	0.96	0%	0.96
120目+5%	1.01	40目+5%	1.01
120目+10%	0.98	40目+10%	0.91
120目+20%	0.83	40目+20%	0.89
120目+30%	0.89	40目+30%	0.84

干拌法冷冻橡胶粉混合料劈裂试验结果 表4-117

混合料类型	劈裂强度(MPa)	混合料类型	劈裂强度(MPa)
0%	0.81	120目+10%	0.84
80目+10%	0.84	120目+20%	0.81
80目+20%	0.79	120目+30%	0.75
80目+30%	0.75		

从表4-116和表4-117中数据可以看出，干拌法常温、冷冻橡胶粉混合料强度与不掺加橡胶粉混合料劈裂强度相当，无明显差别。因为常温法与冷冻法橡胶粉混合料采用沥青不同，所以劈裂强度在绝对值上不具有可比性，仅相对于不掺加橡胶粉混合料的强度。

表4-118为湿拌法橡胶沥青混合料劈裂试验结果。湿拌法橡胶沥青混合料的劈裂强度与SBS改性沥青混合料强度相当，并且明显好于干拌法。湿拌法沥

青与橡胶粉之间有较长的相互作用时间，存在一定的改性作用，改善了沥青混合料的劈裂强度。

湿拌法橡胶沥青混合料劈裂试验结果 表 4-118

类　　型	劈裂强度(MPa)	类　　型	劈裂强度(MPa)
SK70＋20％橡胶粉干拌	0.78	SK70＋5％橡胶粉湿拌	0.93
SK70＋15％橡胶粉湿拌	0.82	SBS 改性沥青	0.92
SK70＋10％橡胶粉湿拌	0.85		

第五章 橡胶沥青及混合料施工工艺要求

前面几章介绍了橡胶沥青及混合料的技术性能和特点,从中发现其与其他沥青及混合料(包括 SBS 改性沥青混凝土)相比具有明显的技术特色和良好的路用性能。在实际工程中,为了充分发挥这种材料的路用特性,仍需要完善的设计和严格的施工工艺要求作保障,否则事与愿违。

在生产过程中,由于在高温条件下,橡胶粉与沥青一直处在反应的不稳定状态,为了确保橡胶沥青及混合料的生产质量,橡胶沥青及混合料的施工工艺比一般的沥青混合料要求要严格。国外许多国家对橡胶沥青及混合料的生产、施工均有明确的工艺要求,本章将主要介绍这方面的情况,同时,结合我国的工艺水平和施工条件,介绍橡胶沥青及混合料在具体的工程实践应用过程中的设计、施工的工艺要求以及相应的质量控制手段。具体包括:橡胶沥青,橡胶沥青的碎石封层或应力吸收层(又可称为防水黏结层),以及橡胶(粉)沥青混凝土(包括干拌工艺和湿拌工艺)3 部分。

第一节 橡胶沥青的生产

橡胶沥青的加工与一般改性沥青的加工既有相似之处,也有明显的不同。两者都需要有专门的加工设备,在加工过程中均需要一定的反应过程。但由于橡胶粉与沥青反应的特殊性,在加工过程中,对加工温度、反应时间尤需强调;从加工设备角度看,由于橡胶颗粒比较大,且不会溶解在沥青中,常用于改性沥青加工的胶体磨设备并不适合于橡胶沥青的生产。因此,国内外一般采用剪切和搅拌的工艺进行加工。本节将主要介绍橡胶沥青加工的工艺技术及质量控制手段。

一、橡胶沥青设计

与其他改性沥青生产一样,为了满足工程需要,橡胶沥青生产之前需要进行必要的结合料设计,又称配方设计。表 5-1 和表 5-2 分别为美国有关部门对其主要橡胶沥青生产商和试验室进行的橡胶沥青结合料设计情况调查汇总表。从表中可以明确看到,所有生产商都对需要且有必要进行的结合料进行了设计,这对提高橡胶沥青性能是有帮助的,同时,基本上每个项目都要根据不同的使用要求和原材料情况进行结合料设计。

美国主要橡胶沥青生产厂家进行橡胶沥青结合料设计的调查(一)　表 5-1

问题	供应商			私人试验室		
	FNF	ISS	Meadow Valley	Law Engineering	Western Technologies	Speedie & Associates
a. 是否进行结合料设计	是,使用私人试验室	是,使用私人试验室	是,使用私人试验室	是	是	是
b. 使用什么程序	经验和试验室手册	经验和试验室手册	经验和试验室手册	经验和试验室手册	经验	经验和试验室手册
c. 结合料设计时,进行哪些试验						
黏度	√	√	√	√	√	√
回弹	√	√	√	√	√	√
软化点	√	√	√	√	√	√
锥(针)入度	√	√	√	√	√	√
其他	延度	—	—			延度,残留针入度和回弹
d. 是否经常进行结合料设计	一般每个项目	每个项目	每次沥青和橡胶粉变化时	正常每个项目,除非短期的小项目	每个项目,包括沥青或橡胶粉变化时的小项目	每个项目或者橡胶粉或沥青变化时
e. 结合料设计由谁承担						
委托一个实验室	是	是	是	是(ARML)	是(ARML)	是
有证书的技术单位	是	是	是	是(NICET)	是(NICET)	是
f. 结合料设计是否需要扩展油	不需要	不需要	不需要	不需要(在 AZ)需要(在 CA)	需要(在 AZ)	根据项目需要
g. 结合料设计是否能提高性能	是	是	是	—	是	是,90%倍
h. 如何使结合料性能与现场性能相关	随时的现场调查	根据现场的数据资料	迄今为止没问题			
i. 是否需要新的结合料设计方法	不需要	不需要	不需要	需要,总需要进一步提高	不需要	需要,材料试验方法的标准化

美国主要橡胶沥青生产厂家进行橡胶沥青结合料设计的调查(二)　表 5-2

问题	加利福尼亚供应商				得克萨斯州	新英格兰
	Granite	Silvia	MAI	WSS	Cox Paving	其他所有州
a. 是否进行结合料设计	是，当需要时聘请私人试验室，否则由公司内部试验室设计	是，使用私人试验室	是，使用私人试验室	是，使用私人试验室	是，使用私人试验室	是，由公司内部试验室设计
b. 使用什么程序	试验室手册	经验和试验室手册	经验	试验室手册	经验和试验室手册	试验室手册
c. 结合料设计时，进行哪些试验						
黏度	√	√	√	√	√	√
回弹	√	√	√	√	√	√
软化点	√	√	√	√	√	√
锥(针)入度	√	√	√	√	√	√
其他	—	—	—	—	—	—
d. 是否经常进行结合料设计	每个项目开始时	当基质沥青发生变化时	当基质沥青发生变化时	每个项目	每个项目	当基质沥青发生变化时
e. 结合料设计由谁承担	根据是否委托私人试验室，Granite 自己试验室不需委托					公司内部试验不需要证书
委托一个试验室		是	是	是	是	
有证书的技术单位		是	是	—	是	
f. 结合料设计是否需要扩展油	不需要(在 AZ)需要(在 CA)	需要	需要	需要	不需要	不需要
g. 结合料设计是否能提高性能	是	是	是	是	是(90%)	是(90%)
h. 如何使结合料性能与现场性能相关	随时的现场调查和反映的问题	随时的现场调查，在一部分的项目中存在问题	所有项目每年的现场调查	随时的现场调查	每年的现场调查＋问题反馈	随时的现场调查
i. 是否需要新的结合料设计方法	不需要	不需要	不需要	不需要	不需要	不需要

我国橡胶沥青加工生产前，也同样应根据实际工程的技术要求进行相应的配方设计。比如：当橡胶沥青用于应力吸收层、碎石封层或多空隙沥青混合料时，橡胶粉的颗粒可比较粗，最大粒径达到10～20目，当用于密实型混合料时，橡胶粉的粒径比较细，一般不超过30～40目。又如当采用AH-90号基质沥青加工橡胶沥青时，橡胶粉的掺量一般略高于AH-70号基质沥青的橡胶沥青。再如，当选用天然胶含量比较低的子午胎橡胶粉时，在相同的技术标准要求下，其掺量应略高于天然胶含量较高的斜交胎胶粉。

根据我国工程特点，和国外橡胶沥青生产的经验，其配方设计需要确定的技术内容有以下几方面：

(1)橡胶沥青的技术指标；

(2)基质沥青的标号及品质；

(3)橡胶粉的品种、目数及掺量；

(4)是否需要添加剂，以及添加剂的品种、掺量；

(5)橡胶沥青的加工时间和加工温度。

图5-1为橡胶沥青配方设计的流程图，共分为4步。

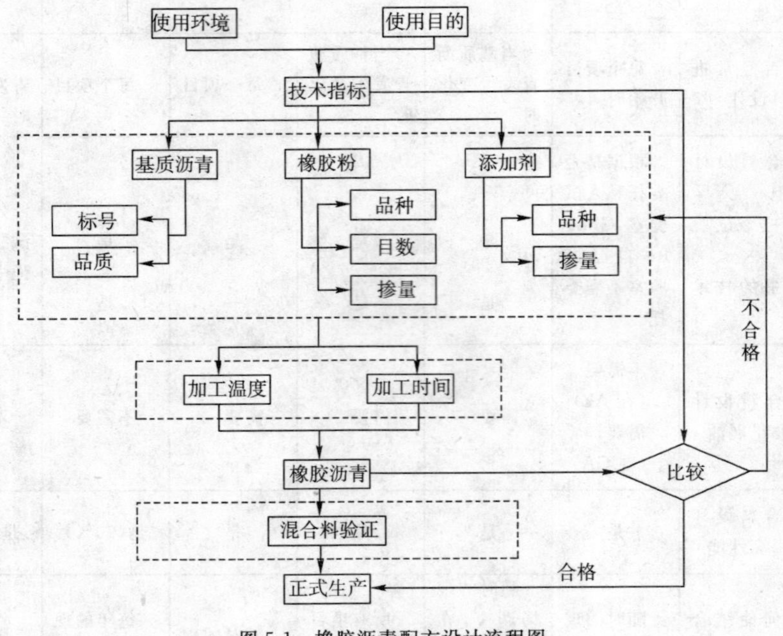

图5-1 橡胶沥青配方设计流程图

第一步为选择橡胶沥青的技术指标。根据工程的自然环境、交通特点和使用目的，选择橡胶沥青的技术标准。

第二步为材料配方选择。具体包括基质沥青、橡胶粉和添加剂3种材料，其中添加剂为选择性选用。基质沥青一般选用我国现行规范中的 AH-70 号或 AH-90 号。橡胶粉主要包括斜交胎、子午胎胶粉的选择，橡胶粉目数范围的选择，橡胶粉掺量的选择(一般不低于外掺的 20%)。在实际工程中一般选择 3～4 种材料配方组合进行设计和技术比较，并从中选择一个最佳的配方组合。在选择材料配方时考虑 3 方面因素：一是橡胶沥青满足技术要求；二是工程造价经济；三是易于施工。

第三步为施工参数的选择。主要是加工温度和加工时间。橡胶沥青的加工温度一般不低于 180℃，且不超过 210℃。加工时间一般为 45min～2h。橡胶沥青的加工温度和时间的确定对其最终的品质有至关重要的影响。

第四步为橡胶沥青品质的验证。当用于应力吸收层或碎石封层等热洒铺工艺时，可直接检验生产的橡胶沥青的技术指标，是否满足相关的技术要求，如不满足需要重新调整材料配方或施工参数。如用于混合料生产，则不仅检验橡胶沥青的品质，还需要进行相关的混合料试验检验。当一切检验合格后方可最终确定橡胶沥青的材料配方和施工参数。

二、橡胶沥青的加工流程

图 5-2 为橡胶沥青加工的一般流程，包括原材料的准备、沥青和橡胶粉的预混合以及橡胶沥青的反应 3 个过程。首先将橡胶粉与沥青(有些还掺加一定比例的添加剂)在一定温度条件下进行混合，其中基质沥青和橡胶粉是橡胶沥青加工的两种基本成分，而扩展油或聚合物则为辅助材料，在实际工程中可根据橡胶粉的技术性能和橡胶沥青的技术要求选择添加。橡胶粉和沥青在混合罐中通过高速剪切或搅拌方式经过短暂的初步预混(时间一般为 1～2min)，然后将混合

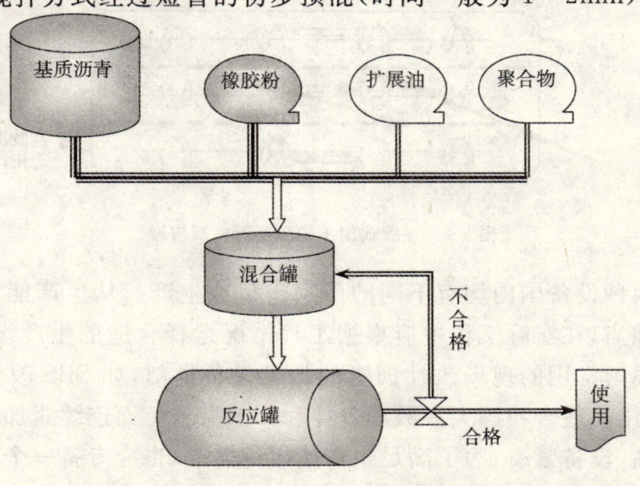

图 5-2 橡胶沥青的加工流程图

物输送到反应罐中，在规定的时间和温度下进行反应，其间不断监测橡胶沥青的品质（主要是黏度指标），当反应结束后，检验橡胶沥青是否满足有关的技术要求，如合格则可用于生产或施工；否则，需要重新调整橡胶沥青的配比，进一步加工。

目前国际上有两种类型的橡胶沥青加工设备：一种是间歇式的加工设备，一种是连续式的加工设备。所谓间歇式的加工设备，是根据反应罐的大小和实际工程量的需要，分批次加工橡胶沥青。橡胶粉按照设计比例的要求一次性加入到橡胶沥青的反应罐中，经过与沥青的搅拌、反应生产出一个批次的橡胶沥青（一般 10～15t）。然后将橡胶沥青输送到其他罐中或设备中，再生产下一批次的橡胶沥青，见图 5-3。

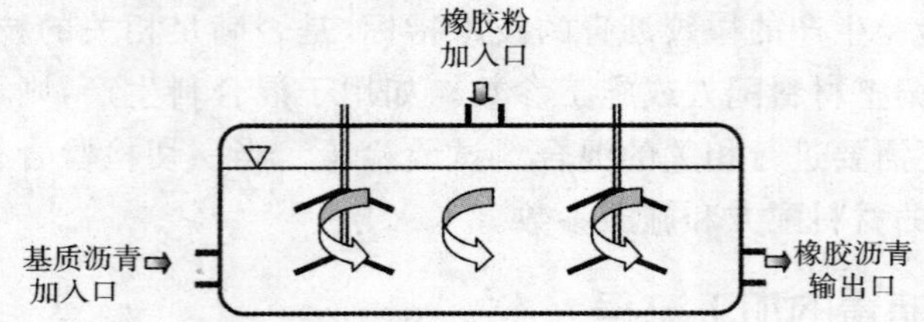

图 5-3　间歇式加工橡胶沥青搅拌及反应罐

连续式的生产设备是将橡胶粉与基质沥青连续不断地输送到一个高速搅拌剪切罐中，然后经过短时间的预搅拌或初搅拌（时间一般为 1min 左右），使橡胶粉均匀分散到沥青中，然后再输送到反应罐中。在反应罐中橡胶沥青按照一个固定的循环路线和流动速度，经过搅拌、反应，最终生产出成品的橡胶沥青，如此连续不断，见图 5-4。国际上也有将混合罐和反应罐合二为一的加工方式。

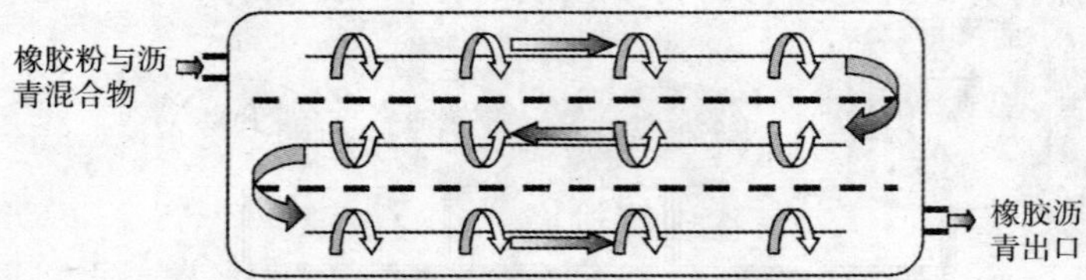

图 5-4　连续式加工橡胶沥青的反应罐

目前这两种设备国内均有不同的厂家进口或生产。从生产能力角度，这两种设备基本相当，在实际工程中应根据工程情况选择合适的生产设备。间歇式生产设备与我国常用的现场改性沥青的加工设备类似，如 SBS 改性沥青、湖沥青的加工等，比较适合我国大多数沥青拌和厂的需求。而连续式加工设备，自动化程度比较高，设备紧凑，为了满足生产使用的需要，也应专备一个存储罐，用于橡胶沥青短时间的存储。

三、橡胶沥青的加工参数

为了生产出符合技术要求且质量稳定的橡胶沥青，在加工过程中应注意各个关键工序技术重点，主要包括：橡胶沥青的配方、橡胶沥青的反应温度、反应时间以及存储条件等方面，以下将分别进行讨论。

1.橡胶沥青的配方

加工橡胶沥青的原料主要有基质沥青和橡胶粉（或橡胶颗粒），根据工程需要或技术指标的要求，有时需要添加某些聚合物（如 SBS 或 PE 等，以及高天然胶含量的橡胶粉），或者一定比例的轻质油分（又称扩展油）。如，美国加利福尼亚州使用两种类型的橡胶沥青：类型 I 和类型 II。类型 I 的橡胶沥青主要由沥青和轮胎胶粉组成，其中不含高天然胶含量的胶粉和扩展油。这种结合料同时也主要用于亚利桑那州，自 20 世纪 90 年代中期以后这种橡胶沥青在加州已不使用。类型 II 的橡胶沥青是由沥青、橡胶粉和高天然胶胶粉、扩展油组成。这种结合料在亚利桑那州和加州均有使用。而南非的橡胶沥青设计施工手册（2003 年）中指出橡胶沥青采用针入度 60/70 和 80/100 两种基质沥青，加入 2％的扩展油和 18％～24％的橡胶粉。我国 20 世纪 90 年代中期，天津公路局采用普通沥青加入橡胶粉和 PE 的技术生产橡胶（改性）沥青，现在国内也有单位采用普通沥青加入橡胶粉和 SBS 的技术生产橡胶（改性）沥青。由此看出，各个地区和国家，根据各自的实际情况和工程需要采用不同的原材料类型生产橡胶沥青。

加州使用高天然胶含量的橡胶粉问题是值得注意的。澳大利亚的橡胶沥青设计施工规范中指出，天然橡胶的溶解性和兼容性比合成橡胶好。当溶解条件比较苛刻，橡胶的组成影响橡胶沥青的弹性恢复能力。我国科研部门的试验研究也表明，高天然胶含量的斜交胎胶粉加工的橡胶沥青的技术性能好于高合成胶含量的子午胎胶粉的橡胶沥青。国外的橡胶粉主要来源于子午胎轮胎（90％以上），因此美国有些州提出需要加入高天然胶的胶粉，并占到整个胶粉含量的 1/5 左右。而我国的斜交胎轮胎的胶粉比较多，占目前国内橡胶粉产量的 50％以上，因此我国的橡胶沥青加工过程中并不一定需要再掺加高天然胶的胶粉。另外，由于我国轮胎行业的产业政策的变化，子午胎将会取代斜交胎成为我国废胎胶粉的主要来源。届时，将根据橡胶沥青的性能和路用要求适当调整其配方。

对于扩展油问题，在国外许多规范和技术文件中均有提到，其实际上是一种芳香类的轻质油分。由于橡胶粉和沥青的反应过程中，橡胶粉会吸收沥青中一部分的轻质油分（即芳香分），产生溶胀，为了弥补沥青中轻质油分的过度损失，需要掺加一部分的扩展油。扩展油的主要作用是兼容性（compatibilizing），促进橡胶粉的膨胀和内部反应。但掺加的比例各国、各地区并不一样。加利福尼亚州提出掺加 2.5％～6％的扩展油，南非为 2％～4％的扩展油，欧洲有的国家为

1%。扩展油的掺加量与橡胶粉的类型、掺量以及基质沥青的品质有关。我国目前生产的橡胶沥青掺加扩展油的并不多。

对于橡胶粉的掺量问题，美国 ASTM 规定橡胶沥青中橡胶粉掺量至少为 15%（内掺法计算，即橡胶粉与橡胶沥青结合料的质量比），美国各州的要求在 17%～20%之间，在南非，橡胶粉剂量在 18%～24%，而澳大利亚，对于洒布用沥青橡胶，胶粉剂量根据使用环境不同，从 5%到 25%；对于混合料用沥青橡胶，胶粉剂量在 25%左右。我国橡胶粉掺量根据实际工程技术要求的需要，采用外掺法计算一般为 20%～25%左右（相当于内掺计算的 17%～20%）。这里需要指出橡胶粉掺量提高固然对橡胶沥青的路用性能提高有好处，但是橡胶粉掺量过高，橡胶沥青的黏度急剧增加，给施工和混合料拌和带来一定困难，因此从施工角度需要控制橡胶粉掺加的上限。另外，通过试验表明，来自于不同轮胎的橡胶粉，在相同的技术要求下，掺加的剂量是不同的。国内某工程橡胶沥青的技术要求为 180℃的黏度不低于 1.5Pa・s，当采用 80 目的斜交胎橡胶粉，掺量为 20%（外掺）时，黏度达到 1.7～2.2Pa・s，满足设计要求，而采用相同目数的子午胎胶粉时，橡胶粉的掺量需要达到 22%～24%（外掺）才能满足设计要求。因此，在实际工程中，橡胶粉的掺量要求是相对的，为了满足技术要求，可根据工程选用的材料进行适当调整。

2. 混合及反应温度

一般，普通的重交沥青在拌和场的存储温度为 130～140℃左右，当生产混合料时，沥青罐中的沥青温度要加热到 150～160℃。但这个温度仍不能满足加工橡胶沥青的需要，需要进一步升温到 180℃以上。因此，需要专门的加热设备，将基质沥青在从存储罐中输入到混合罐的过程中将温度升高到规定的温度范围。不同的国家或地区有不同的温度范围要求。如南非规定温度范围为 180～210℃；澳大利亚规定为不低于 180℃，同时认为温度高于 200℃会导致天然橡胶的老化；美国的加利福尼亚州的温度范围是 190～218℃，得克萨斯州为 175～215℃，亚利桑那州为 163～191℃；而南美的智利规定为 180～200℃。

基质沥青的加热温度与橡胶粉的掺量有一定关系，橡胶粉的掺量高，为了便于橡胶粉与沥青的混合，沥青的温度需要适当提高。由于基质沥青从存储罐到混合罐的升温时间比较短（一般为几分钟），尽管升温比较高，对基质沥青本身的老化作用并不大，当与橡胶粉混合后，这种老化作用可以忽略。

但基质沥青的升温需要考虑对橡胶粉的影响。由于在这么高的温度下混合，橡胶粉将会产生脱硫反应，即橡胶粉分子结构中的硫化键在高温条件下打开，一部分的硫将会游离出来，而橡胶分子的活性增强，更易于沥青反应。这个反应过程十分复杂，且难以控制，既有有利的一方面，也有不利的一方面。其主要不利体现在降低橡胶沥青的黏度，增加橡胶沥青质量稳定的不确定性。因此需要控制基质沥青的升温幅度。

在本书“橡胶沥青技术性能分析”一章中，专门介绍了加工温度对橡胶沥青性能的影响，指出加工温度对橡胶沥青的黏度十分敏感。因此，温度是工艺控制的关键。当前国际上橡胶沥青的反应温度多是根据经验给定，以橡胶粉在沥青中分散且不要产生太严重的脱硫反应（黏度处在相对较高的情况）为依据。由于橡胶粉不能加热，基质沥青的加热温度要略高于反应温度。

3. 搅拌方式

在橡胶粉与沥青的混合过程中，一般通过高速剪切装置将橡胶粉迅速地分散到沥青中。南非规定的剪切速率为 3 000r/min，智利为 500r/min，美国得克萨斯州采用2 000～2 500r/min。值得说明的是，这个混合过程根据不同的生产设备原理，有些国家或地区没有固定的要求。根据我国的经验，可以采用简易的加工设备。即将橡胶粉直接投放到反应罐中，将橡胶粉与沥青的混合和反应过程合并，加强反应罐中橡胶沥青的拌和能力，同样可以生产出符合标准的橡胶沥青。

4. 反应时间

在本书“橡胶沥青技术性能分析”一章中也指出，除反应温度外，反应时间是影响橡胶沥青性能的另一个非常重要的参数。

当前不同国家和地区由于客观条件不一致，以及对橡胶沥青反应机理的认识不同，采用的反应时间并不相同。不同国家和地区采用的反应时间并不相同。如南非规定的反应时间为 1～4h；澳大利亚为 1～2h；美国加利福尼亚州为不小于 45min，得克萨斯州为不小于 30min，亚利桑那州为 1h；智利为 1h。反应时间的长短与橡胶沥青的品质有关系，由于在整个加工过程中，橡胶粉与沥青的反应从未终止，反应时间只是控制橡胶沥青质量相对稳定的阶段。

国际上有些国家和地区，根据橡胶沥青实际的使用情况，提出一种区别于传统的橡胶沥青加工方式，即所谓的集中拌和生产方式（Terminal Blend）。这种生产方式可以使用较低橡胶粉掺量，拌和采用高速剪切的方式，反应时间一般为 10～20min。在这样短的时间内，橡胶粉与沥青还不可能充分的反应，但经过与混合料的拌和，直至摊铺到路面上，其中间至少需要 1～2h，且温度一般在 180℃左右，利用这段时间使橡胶粉与沥青进一步反应，最终形成橡胶沥青的混合料。这样施工的优点在于大大降低了橡胶沥青的加工成本，缺点是橡胶沥青的反应过程控制难度比较大，对最终产品质量的稳定性带来隐患。

5. 橡胶沥青的存储

大量试验结果表明，橡胶沥青的性能指标随反应时间的增长一直在持续变化，并没有达到稳定不变。一般来说只要橡胶沥青在液体状态下存储，其内部的化学反应就一直存在。这就说明橡胶沥青不适合在高温下长期存储，因此沥青橡胶的生产一般采用现场加工方法。当由于客观因素（如下雨，拌和机故障），不能及时使用时，就涉及沥青橡胶的储存问题。橡胶沥青在保存时需要不断搅拌，国外橡胶沥青技术的应用指南中都明确规定了储存温度及时间、容许再加热次数、再加热的措施等，并明确表明橡胶沥青在存储过程中性能会变化，经存储过的橡胶沥青再使用时，必须检测橡胶沥青的技术性能的主要指标，不合格时须采取一些弥补措施。美国的规范要求，在反应 45min 后取样进行技术性能测试，但为了保障施工时的技术性能一些施工单位在试验室设计时按照规定的时间间隔取样进行物理性质检测，描绘 24h 内的橡胶沥青的技术性能指标，以保证在使用时，橡胶沥青的技术性能符合规范要求。

美国加利福尼亚州规定在加工完成后 4h 内使用，当温度低于 190℃时，需要再次升温，容许两次加热循环。要求再次升温后的沥青橡胶满足所有指标，如不满足，需要加入少量胶粉（10%），再次反应 45min；亚利桑那州要求在混合料生产过程中，沥青橡胶的温度应始终保持在 163～191℃。不容许在这一温度下保持 10h，如超过 10h 应冷却到 163℃以下，使用前再升温，并只容许一次循环。不容许在 121℃以上保持 4t；得克萨斯州要求沥青橡胶在 177℃以上储存不应超过 8h，如超过 8h，在使用前应检测黏度是否满足要求；佛罗里达州不容许在 175℃以上保存 6h。

南非规定，沥青橡胶在加工完成后，使用前要储存 4h，对于添加延展油的储存温度在 160℃以上，添加扩展油的储存温度 190℃以上。并要求在橡胶沥青出厂前 5min 测试橡胶沥青的黏度，合格方可使用。

根据我国的施工现状，橡胶沥青原则上应在 24h 内使用完毕。当由于不可抗力，如需临时存储时，应将橡胶沥青的温度降到 145～155℃范围内存储，存储时间一般不超过 3d。在存储期间应检测橡胶沥青的技术指标。当经过较长时间存储，再次使用前，应检测橡胶沥青的指标，是否满足技术要求。

6. 橡胶沥青生产主要参数

一般来说橡胶沥青的性能级别取决于橡胶粉的掺量和加工工艺，有关橡胶沥青的搅拌速率、反应温度、反应时间等参数都是经验性的，橡胶沥青中橡胶粉的掺量和基质沥青的性能有关，需要通过试验和实践得到。表 5-3 为国际上应用橡胶沥青较多的国家的橡胶沥青加工工艺主要参数汇总。由表可以得到以下结论：

橡胶沥青生产工艺主要参数 表 5-3

国家和地区	反应温度（℃）	反应时间（min）	加工方式	储存
南非	180～210	60～240	在小罐中高速剪切（3 000r/min）1～2min	不加延展油 160℃；加延展油 190℃，<4h，出厂前 5min 测黏度

续上表

国家和地区	反应温度(℃)	反应时间(min)	加工方式	储存
澳大利亚	＞180	＞60	剪切或搅拌	现场搅拌的橡胶沥青不应存储过夜
美国加利福尼亚州	190～218	＞45	高速剪切＋简单搅拌（螺旋桨的简单搅拌设备）	＜4h，低于190℃时升温，且检查性能指标
美国得克萨斯州	175～215	＞30	—	在177℃以上储存不应超过8h
美国亚利桑那州	163～191	60	—	＜10h，在121℃下小于4d
智利	180～200	60	500r/min	—

(1)加工温度都规定在180℃以上；

(2)反应时间为1h左右；

(3)以简单搅拌为主，有些国家和地区附加的高速剪切设备对橡胶粉进行分散均质；

(4)现场现用，限制存储。

根据我国橡胶粉技术特点、原材料情况和使用性能要求以及工程的实践经验和教训，借鉴国外的相关经验，提出我国橡胶沥青生产的推荐工艺参数，见表5-4。

我国橡胶沥青生产工艺主要参数(推荐) 表5-4

内容	要求
基质沥青选择	AH-70号或AH-90号
基质沥青加温温度	180～190℃
橡胶粉粗细	30～80目
橡胶粉掺量	20%～26%(外掺)。相同技术要求下，子午胎胶粉比斜交胎胶粉高2%左右
反应温度	180～200℃。橡胶沥青黏度高时，取上限，反之取下限
反应时间	45～60min
搅拌方式	高速剪切或简单搅拌
存储要求	原则当天加工当天使用，如需短期存储时，温度宜在145～155℃之间存储，并加以搅拌，当再次使用时，应检查橡胶沥青的技术指标，如不满足可再次以一定比例掺加橡胶粉

四、橡胶沥青的质量控制

橡胶沥青的质量控制分为3个方面：一是橡胶粉的质量控制，二是基质沥青的质量控制，三是对成品橡胶沥青的质量控制。

美国俄勒根州州立大学土木工程系 R. Gary Hicks 教授和内华达州州立大学土木工程系的 Jon A. Epps 教授通过对美国各州主要的橡胶沥青生产厂家进行调查。受调查的各个厂家根据多年橡胶沥青及混合料生产和使用的经验，对影响橡胶沥青及混合料质量的各种影响因素的重要性进行排序，见表 5-5 和表 5-6。

橡胶沥青结合料的重要系数排序

表 5-5

项 目	亚利桑那州生产商			加利福尼亚州生产商					其他生产商		合计
	FNF	ISS	Meadow Valley	FNF	Granite	Silvia	MAI	WSS	Cox Paving	其他州	
沥青来源和等级	1	3	3	1	2	1	1	1	1	3	17
胶粉来源和级配	3	2	3	3	2	2	1	1	2	2	21
胶粉含量	2	3	3	2	2	1	1	2	2	1	19
拌和方法和设备	4	1	1	4	1	2	1	2	1	2	18
反应时间和温度	1	1	2	1	1	1	1	1	2	3	14
结合料设计	4	1	1	4	2	1	1	1	2	1	18
添加剂(扩展油)	5	5	—	5	2	2	1	3	5	5	33

影响橡胶沥青混合料性能的因素排序

表 5-6

项 目	亚利桑那州生产商			加利福尼亚州生产商					其他生产商		合计
	FNF	ISS	Meadow Valley	FNF	Granite	Silvia	MAI	WSS	Cox Paving	其他州	
橡胶沥青	2	1	3	2	2	1	1	该公司只用于碎石封层工程	1	1	13
集料	2	1	1	2	2	1	1		2	1	12
混合料设计	3	1	2	3	2	1	1		1	1	14
施工程序，包括施工期间的气候	1	1	4	1	1	1	1		1	1	11
质量控制和质量管理	3	1	4	3	2	1	1		3	2	18
结构设计，包括原有路面的状况	4	1	4	4	1	1	1		4	2	20

计分越少，说明重要程度越高。从表 5-5 可知，影响橡胶沥青质量的各种因素由重到轻依次为：反应时间和反应温度、沥青的来源和等级、拌和方法和设备、结合料设计、橡胶粉含量、橡胶粉来源和级配，以及添加剂。从表 5-6 可知橡胶沥青对混合料的影响总积分为 14(将各个厂家的排序累加得到)，集料对混合料性能影响的总积分为 13，施工程序的影响积分为 15，质量控制和质量管理的积分为 20，结构设计积分为 22。由此可见，当橡胶沥青用于混合料时，其质量对混

合料最终的质量影响十分重要。

1. 橡胶粉的质量控制

由于我国目前废轮胎的回收体系还不十分完善，加之各方面的利益驱使，用于加工橡胶粉的废轮胎来源不稳定，有的是胎面胶，有的是胎侧胶；有的是子午胎，有的是斜交胎；有的是小车轮胎，有的是载货汽车轮胎；这都将会导致橡胶粉的品质不稳定，并直接会影响到橡胶沥青或混合料的品质。

因此，为了确保废胎橡胶粉在沥青路面的成功使用，规范橡胶粉的加工和品质是必要的。表 5-7 为美国主要橡胶沥青生产厂家对橡胶粉质量控制的技术内容汇总表。从表中看出由于美国废轮胎回收体系比较健全，橡胶粉的加工生产比较规范，因此，橡胶沥青的生产厂家对橡胶粉的质量控制主要是以橡胶粉生产厂家的检测结果和第三方的检测结果作为依据，而厂家一般不再进行质量检测，或者进行一些简单的物理指标试验。

对于我国来说，在施工现场（拌和厂或加工厂）对橡胶粉的化学指标进行检测比较困难，缺乏相关的检测手段，因此可以委托具有检测资质的有关单位完成。同时，在橡胶粉进场之前，橡胶粉生产厂家应提供完整的检测报告。对于橡胶粉物理指标的检测则应在施工现场完成，橡胶粉具体的质量控制要求如下。

首先，废胎橡胶粉应满足第二章提出的路用橡胶粉的物理和化学指标，并优选天然胶含量较高的斜交胎胶粉，采用常温研磨工艺加工。

其次，在整个施工过程中应通过合同约束、质量抽检等手段，确保橡胶粉的质量稳定。橡胶粉按每 10t 抽检一次物理指标，每 50t 抽检一次化学指标。化学指标的检测应由业主、监理和施工单位三方联合送到具有相应资质和检测能力的单位进行。当由于某些因素橡胶粉的品质发生改变（如目数、胎源等），应重新进行橡胶沥青和混合料的试验分析，及时调整配合比和油石比。

再者，由于橡胶沥青混合料的油石比一般比较大，当此时由于橡胶粉的掺量不足，导致橡胶沥青的黏度降低，则混合料在使用过程中极易产生高温稳定性不足等方面的病害。因此严格控制橡胶粉的掺加剂量是必需的，宜高不宜低。按照设计掺量，允许正误差 2%，不允许出现负误差。

2. 基质沥青的质量控制

影响橡胶沥青品质的另一个材料因素是基质沥青的质量，因此加强对基质沥青的质量控制有利于稳定橡胶沥青的质量。我国高等级公路常用的 AH-70 号和 AH-90 号重交沥青均可用于橡胶沥青的加工。基质沥青的质量控制内容主要包括：基质沥青的取样和基质沥青的试验内容和标准两方面内容。表 5-8 为美国主要橡胶沥青生产商对基质沥青的控制要求。

美国主要橡胶沥青生产厂对橡胶粉的质量控制程序汇总

表 5-7

问题	亚利桑那州			加利福尼亚州					其他州	
	FNF	ISS	Meadow Valley	FNF	Granite	Silvia	MAI	WSS	所有州	Cox Paving
a. 橡胶粉从哪里取样	一般不取样	从包装袋或漏斗中	不取样	一般不取样	不取样	从包装袋或漏斗中	一般不取样	从漏斗	从包装袋	从漏斗
b. 是否经常对橡胶粉进行取样	根据需要	根据需要或新的供应商	不取样	根据需要	当存在问题时	每个卡车	当存在问题时	每周	到货时	每天
c. 是否进行质量控制试验	没有	是，级配、金属、纤维、含水量	没有	没有	没有	没有	没有	没有	是，级配	没有
d. 是否采用胶粉供应商的试验结果代替自身的质量控制	是，根据规范	是，根据规范	是，根据规范	是	是，根据规范	是，根据规范	是	是	是	是
e. 是否采用公共部门的胶粉试验结果代替自身的质量控制	是	是，变化有关部门	是	是	是	是，作为处罚依据	是	不是	不是	不是

美国主要橡胶沥青生产厂家对基质沥青的质量控制要求汇总

表 5-8

问题	亚利桑那州			加利福尼亚州					其他州	
	FNF	ISS	Meadow Valley	FNF	Granite	Silvia	MAI	WSS	所有州	Cox Paving
a. 沥青从哪里取样	从运输车	从运输车	从运输车	从运输车	从运输车	从运输车	从运输车	从加热罐	从加热罐	从加热罐或运输车
b. 是否经常 沥青取样 沥青试验	每天 如果需要	每天	每天	每天 如果需要	每天	每批	每天	每周	每周	每周
c. 沥青取样温度(℃)										
平均值	177	—	157	196	204	193	204	210	149	196
最小值	168	143	149	191	191	177	196	199	135	182
最大值	204	160	166	210	213	218	218	218	163	210
d. 什么试验需要质量控制	没有，依据规范	没有，依据规范	没有，依据规范	没有，依据规范	没有，依据规范	没有，依据规范	没有，依据规范	没有，依据规范	没有，依据规范	没有，依据规范
e. 使用沥青的来源有几种	1～3	1～3	>3	1～3	>3	1～3	1	1	1～3	1～3
f. 能否使用所有来源的沥青	不是	不是	是	是	是	是	是	不是	是	不是
g. 是否使用沥青供应商的试验结果代替自身的质量控制	是	是	是	是	是	是	是	是	是	是
h. 是否使用公共部门的试验结果代替自身的质量控制	是	是，如果有问题	是，如果有问题	是	是	是	是	不是	不是	不是

从基质沥青的取样要求看，大部分厂家要求每天从运输车中取样进行抽检，并严格规定了取样温度。然后按照相关的规范标准进行试验检测。并且绝大部分厂家采用沥青供应商和公共部门的试验结果代替自身的检测。这与美国公路部门具有较为完善的沥青质量控制体系有关，在我国目前还难以实现。值得注意的是，尽管有相当多的厂家认为所有的基质沥青均可加工橡胶沥青，绝大部分橡胶沥青生产商往往固定选择1～3种基质沥青。

3. 橡胶沥青的质量控制

由于废胎胶粉与沥青的反应机理十分复杂，在生产过程对橡胶沥青品质影响的因素也比较复杂，尽管严格控制了废胎胶粉、基质沥青等原材料的技术性能，仍需要时刻对成品橡胶沥青的质量进行监控。表5-9为美国主要橡胶沥青厂商对成品橡胶沥青的质量控制调查统计表。从表中可以看出，橡胶沥青的质量控制要求是比较高的，特别是对于橡胶沥青的抽样时间、检测温度提出了明确的要求。从现场质量控制的手段看，主要依靠手持式旋转黏度计，如图5-5和图5-6所示。

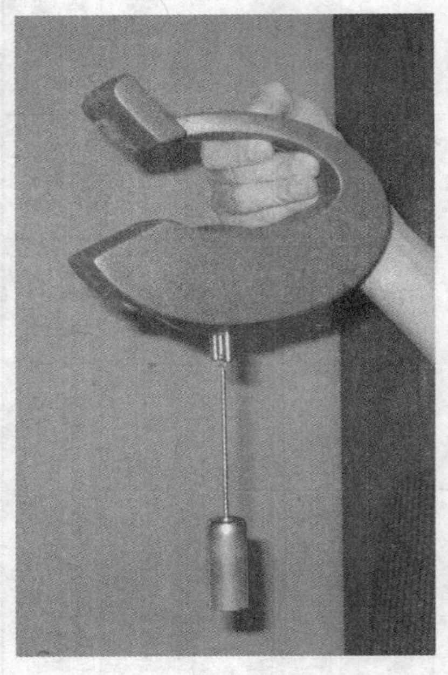

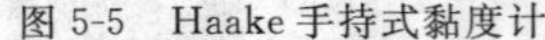

图5-5　Haake手持式黏度计

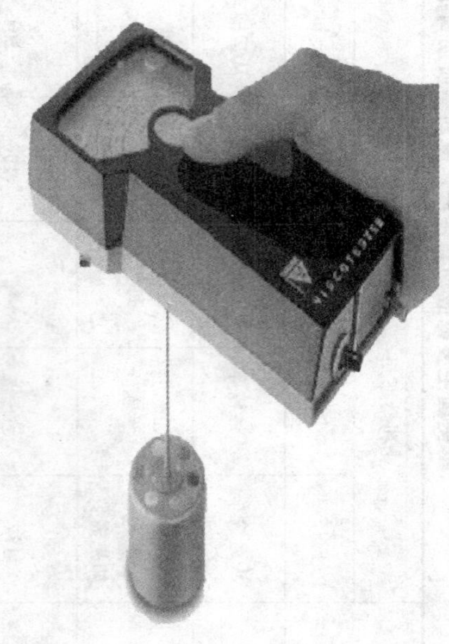

图5-6　理因手持式黏度计

第四章介绍了黏度对橡胶沥青品质的影响，控制其在某一个技术水平下，并保持稳定状态，对确保其路用性能的稳定十分必要。而且黏度检测相对于其他的性能指标检测（如针入度、软化点、延度、弹性恢复、老化等指标）具有检测快速的特点，便于及时发现问题，利于现场的质量控制。

美国主要橡胶沥青生产商对橡胶沥青质量控制调查

表 5-9

问题	亚利桑那州生产商			加利福尼亚州生产商					其他生产商	
	FNF	ISS	Meadow Valley	FNF	Granite	Silvia	MAI	WSS	Cox Paving	其他所有州
a. AR从哪取样	拌和罐	拌和罐	拌和罐	拌和罐	存储罐	存储罐的管线	拌和罐	存储罐	拌和罐、存储罐或管线	存储罐
b. 取样和使用时间(min)										
取样(min-avg-max)	50-60-70	40-60-80	60-75-90	30-45-60	45-??	45-??-120	45-??-50	45-??-60	30-??-90	30-60-90
使用(min-avg-max)	60-90-120	60-90-120	60-90-180	45-??-120	45-??-180	60-??-240	50-??-180	—	90-??-360	
c. 反应和存储温度(min-avg-max)	163-177-188	163-177-191	163-177-191	188-193-204	191-196-204	191-196-204	191-204-218	191-199-204	177-182-193	177-191-204
d. 质量控制的取样频率	每批次	每批次	每批次	每批次	每批次	每批次	每批次	每天	每批次	每天
e. 质量控制试验手段①	Haake 黏度 177±3	Haake 黏度 177±11	Haake 黏度 177±6	Haake 黏度 191±3	Haake 黏度 191±0.5	Haake 黏度 191±3	Haake 黏度 204±11	Haake 黏度 199±6	Haake 黏度 177±??	Haake 黏度 191±6
f. 质量管理的试验手段	由 ADOT 颁布的规范试验	规范试验，需要时	规范试验，需要时		黏度和 DSR	黏度和 DSR	黏度和 DSR	黏度	黏度	没有
g. 质量管理的取样频率	每批次	每 2d	需要时	每批次	每天	根据不同地区确定，不定	每批次	每天	每天	没有
h. 实施质量管理的地方	同质量控制	同质量控制	同质量控制	同质量控制	同质量控制	同质量控制	同质量控制	同质量控制	同质量控制	没有
i. 是否统计分析 AR 的性能变化	没有	有	没有	没有	有	没有	没有	没有	没有	没有

注：①各州规定不一样：AZ=350 ℉，CA=375 ℉，TX=350 ℉，MS=375 ℉。

橡胶沥青的黏度检测分为:橡胶沥青加工过程的检测、存储过程中的检测和生产使用过程中的检测3个阶段。加工过程中的检测主要目的有两方面:一是判定加工的橡胶沥青黏度是否满足设计的技术要求,二是控制整个加工过程中其品质的稳定。如采用连续式的橡胶沥青加工设备生产,每隔15～20min从生产罐中抽取样品进行检测,如采用间歇式的生产设备,每罐抽检一次。每次检测平行试验应不少于3个样本,见图5-7。

图5-7　用手持式黏度计对橡胶沥青进行现场检测

橡胶沥青一般生产后立即使用,不要求较长时间的存储,但在实际施工过程中,由于施工工序的衔接和一些因素的影响(如降雨、设备故障等),难免会需要短期的存储。因此,在橡胶沥青的存储过程中,需要通过对其黏度的检测,控制其品质的变化。当黏度低于设计要求的范围时,需要进行必要的处理,如再次添加一定比例的橡胶粉。

在橡胶沥青使用或生产混合料时,对橡胶沥青黏度的监测也是必要的。特别使采用间歇式生产设备生产混合料时,橡胶沥青需要在一个临时的存储罐中进行短期存储,因此,需要从这个储油罐中提取样品进行检测。每隔一定时间抽取一次样本。

表5-10为美国加利福尼亚州橡胶沥青生产记录表。该记录表中记录了橡胶沥青生产过程中的所有材料参数和黏度检测的试验结果。这将有助于橡胶沥青的生产人员、质量控制人员以及业主对每一批次的橡胶沥青进行严格的质量控制和管理,值得借鉴。

橡胶沥青生产记录表(加利福尼亚州)　　表5-10

项目名称/序号	
日期	
橡胶沥青生产者	
试验人员	

续上表

<table>
<tr><td colspan="4">橡胶沥青胶结料配方：</td><td colspan="3">混合比例：</td></tr>
<tr><td colspan="3">沥青来源</td><td></td><td colspan="2"></td><td></td></tr>
<tr><td colspan="3">添加剂来源</td><td></td><td colspan="2">占橡胶沥青百分比</td><td></td></tr>
<tr><td colspan="3">橡胶粉来源</td><td></td><td colspan="2">占橡胶沥青百分比</td><td></td></tr>
<tr><td colspan="3">富含天然胶胶粉来源</td><td></td><td colspan="2">占橡胶沥青百分比</td><td></td></tr>
<tr><td colspan="3">改性剂来源</td><td></td><td colspan="2">占橡胶沥青百分比</td><td></td></tr>
<tr><td colspan="7">黏度试验记录：</td></tr>
<tr><td>循环开始时间</td><td>批次序号</td><td>橡胶沥青储罐温度(℃)</td><td>黏度试验温度(℃)(190±2℃)</td><td>测试的黏度(Pa·s)</td><td>试验时间</td><td>备 注</td></tr>
<tr><td></td><td></td><td></td><td></td><td></td><td></td><td></td></tr>
<tr><td></td><td></td><td></td><td></td><td></td><td></td><td></td></tr>
<tr><td></td><td></td><td></td><td></td><td></td><td></td><td></td></tr>
<tr><td></td><td></td><td></td><td></td><td></td><td></td><td></td></tr>
<tr><td colspan="7">黏度计生产型号及系列号：</td></tr>
</table>

第二节　碎石封层在SAMI中的应用

一、概述

碎石封层是一种在喷洒沥青类结合料后，立即撒铺一定粒径的粗集料，经碾压而形成的薄层封层。撒铺的碎石既提供对沥青的保护，也给行驶车辆提供必要的粗糙度，以保证安全行驶。碎石封层的主要作用是封闭表面细小裂缝，阻止水侵入路面，损坏基层与路基。该技术产生于20世纪20年代，起初主要作为小交通量道路的表面层，目前他已被广泛用于各种交通量道路的预防性养护。橡胶沥青碎石封层于20世纪60年代中期开始使用，也被称为应力吸收层(SAM)和应力吸收中间层(SAMI)。橡胶沥青碎石封层以其优良的使用性能被美国、南非及澳大利亚等国家而广泛用于道路表面性能恢复、应力吸收层、路面及桥面防水等工程。

南非的路面结构广泛采用非稳定粒料基层的薄面层形式，该种路面结构更敏感于水破坏，因此路面结构的防水极为重要。橡胶沥青碎石封层因其有着优良的防水与延缓反射裂缝作用，而广泛用于路面结构表面及路面结构层中。南非的应用表明：橡胶沥青碎石封层较普通沥青及聚合物改性沥青碎石封层均表现好，也更经济，更适于重交通。在南非，传统的碎石封层寿命为5～8年，而橡胶沥青碎石封层为15～20年。南非最早的橡胶沥青碎石封层建于1986年，目前仍使用状况良好。美国亚利桑那州的应用表明：橡胶沥青碎石封层作为应力吸收层，可以延缓反射裂缝达15年以上。

美国的Oregon，Beecroft等人对Klamath and Lake Counties的3个橡胶沥青碎石封层工程和3个桥面工程进行了3年后的跟踪观测，对比结果表明：橡胶沥青碎石封层具有极佳的使用效果。美国的Maghsoud Tahmoressi等评价18个橡胶沥青碎石封层路段及对比路段（聚合物改性沥青、改性乳化沥青及普通沥青碎石封层），这些工程有低交通量的农村道路、城市道路及重交通的州际公路。基于这个研究得到以下结论：橡胶沥青封层有着优秀的抗反射裂缝能力；由于橡胶沥青的高弹性性能及高洒布剂量，橡胶沥青碎石封层有极佳的碎石黏结力。

20世纪80年代末，碎石封层作为应力吸收层的应用技术引入我国，先后在广东惠州试验路（1986年），正定试验路（1988年）使用。其中，广惠试验路使用了橡胶沥青，所掺加胶粉为16～30目，掺量为25%（内掺），洒布量为3.5kg/m^2；而正定试验路采用SBS改性沥青，用量为2.4kg/m^2，其上撒布的10～20mm碎石，覆盖60%。早期的碎石封层（包括重交沥青、SBS改性沥青）一般多用于半刚性基层顶面，由于沥青洒布设备没有加热系统，且洒布精度不够，当洒布量过大时，常通过多撒铺碎石来弥补，影响了其使用性能。因此，该技术没有得到大规模推广应用。90年代末，随着我国对进口设备的引进及生产设备的国产化，SBS改性沥青碎石封层得到了广泛的应用。如广东京珠逸仙大道水泥混凝土路面沥青加铺工程（1999年）、京沪高速公路沧州段（2000年）、马房大桥钢桥面铺装及商开高速公路（2001年）、广深高速公路罩面工程（2002年）等。进入21世纪以后，随着西部交通科技项目“废旧橡胶粉用于筑路的技术研究”的实施及国内对橡胶沥青加工、洒布设备的引进，河北京秦高速公路罩面（2004年）、北京顺义顺平路辅线（2004年）、广东中山105国道板芙段（2005年）、北京门头沟南雁路（2005年）、北京看丹桥与四元桥（2006年）铺筑了橡胶沥青碎石封层的试验路与实体工程。与此同时，国内也针对橡胶沥青洒布的堵孔、易离析、洒布黏度高等问题，研发出国产的橡胶沥青洒布专用设备。橡胶沥青碎石封层的施工质量、速度得到了大幅度的提高。目前，橡胶沥青碎石封层作为应力吸收层、防水黏结层及路面磨耗层而广泛用于沥青路面新建与改建、沥青混凝土桥面铺装、水泥混凝土路面沥青加铺等工程。

与其他碎石封层相比，橡胶沥青碎石封层具有：防水性能好、抗反射裂缝能力强、耐久性好等优点。以上这些特性通过以下3个方面来实现。

首先，橡胶沥青有着优良的黏弹性性能。图5-8为普通沥青与橡胶沥青的荷载—变形曲线，曲线下的面积代表了破坏前蓄积的能量，由对比可以看出：橡胶沥青破坏前蓄积的能量大于普通沥青30%～50%。

其次，由于橡胶沥青温度敏感性降低，其洒布量并不是一个很关键的指标，从最佳性能出发，橡胶沥青封层洒布量高于其他封层，以公称 12.5mm 的碎石封层为例，当采用乳化沥青时，洒布量为 1.4～1.8kg/m^2，采用聚合物改性沥青(SBS、SBR、EVA 等)时，洒布量为 1.6～2.0kg/m^2，而橡胶沥青的洒布量为 2.0～3.0kg/m^2。

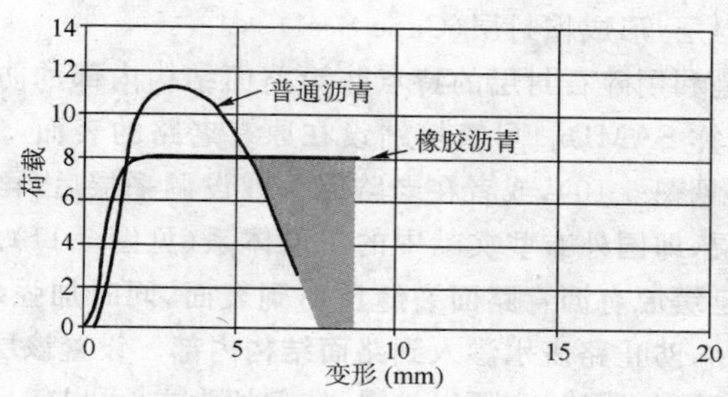

图 5-8　橡胶沥青与普通沥青的荷载—变形曲线

另外，橡胶粉作为轮胎的产品，包含一些添加剂，这些添加剂使得橡胶沥青比普通沥青及其他改性沥青有着突出的抗老化性能，并保持长期的黏弹性性能，进而进一步提高耐久性及减少维修。

国内外的实际工程表明，橡胶沥青碎石封层的具体有如下特点：

(1)改善路面的抗磨损能力，特别是在下雪地区；

(2)减少路面的老化；

(3)提高路面的耐久性；

(4)增加路面的疲劳寿命；

(5)改善路面石料的保持能力；

(6)提高路面抗反射裂缝能力；

(7)缩短施工时间；

(8)节约能源和自然资源；

(9)降低养护费用。

二、碎石封层设计

橡胶沥青碎石封层可作为一种性能优异沥青路面功能层，主要用于高等级公路的养护罩面，减少路面裂缝，改善结构层之间的黏结，路面结构防水等。具体分为两种情况，一是直接用于老路或新路的表面层，作为碎石封层(见图5-9)，具有良好的路面抗滑性能和防水、防裂功能，

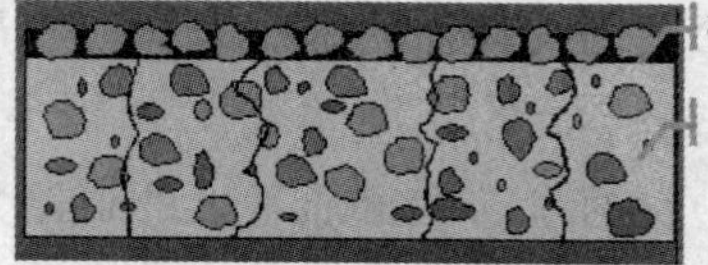

图 5-9　碎石封层示意图

且施工方便、工程造价低。国外有些国家将其作为高等级公路的表面层，如澳大利亚，在我国作为低等级公路的路面黑色化，或低交通流量的路面抗滑表层具有良好的使用前景。这种结构在使用过程中也应注意几个问题：一是路面噪声比较大，一般不适合于在城市或人口稠密的地区使用；二是在使用初期，会有一些碎石被高速行驶的汽车轮胎带走，影响交通安全。为避免以上问题可以在其上面铺设一层稀浆封层，形成帽封层(Cape Seal)。

第二种情况是利用碎石封层的特点作为路面结构内部的防水黏结层，或称为应力吸收层(简称 SAMI)。可直接铺设在原有老路的表面，然后再在其上直接铺设抗滑表层(见图 5-10)，或者在老路面上铺设调平层后，再铺设该功能层，然后铺设抗滑表层，即国外有些文献中的三层体系(见图 5-11)。铺设这个功能层的主要目的是延缓原有沥青路面裂缝反射到表面，同时加强新铺装的沥青混凝土与老路的黏结，防止路表水渗入到路面结构内部。设置该层后，新加铺的抗滑表层的设计目标更加明确，主要以抗滑、抗剪切为主，可以使用密级配、半开级配，甚至开级配。该层在设计时一般不单独计算厚度，撒布的碎石将与上面的沥青混凝土融为一个整体。从抗反射裂缝角度，国外的研究表明，1 层 SMAI 大致相当于 52mm 的沥青混凝土的抗裂效果，同时文献也指出，根据最近的研究表明，这个数据相当保守。

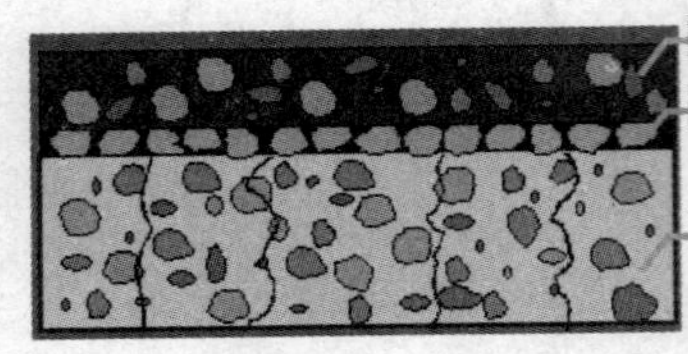

图 5-10　应力吸收层示意图

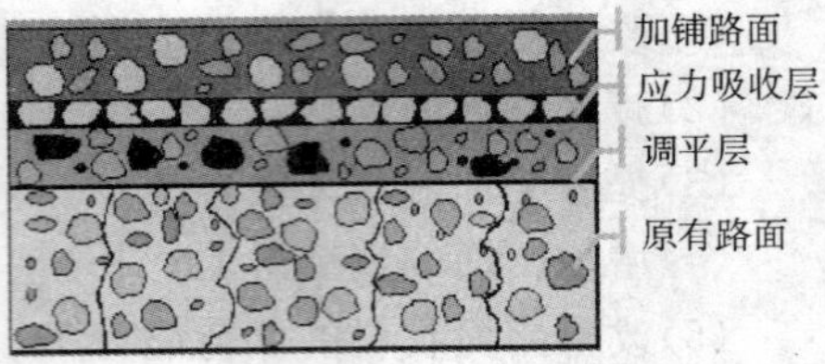

加铺路面
应力吸收层
调平层
原有路面

图 5-11　应力吸收层示意图(三层体系)

1. 设计方法

碎石封层的设计方法分为经验法与理论法两大类，最早的碎石封层设计方法是 Hanson 于 1934 年提出的，目前许多的碎石封层设计方法都是基于该法发展而来。目前，多数的碎石封层设计方法是基于实践的经验法，而非理论法。它们都包括：路况调查、结合料的选择与用量，碎石粒径及撒铺量的确定等一系列过程。其沥青的洒布量与碎石的撒铺率受以下因素影响：

(1)路面的表面状况。老化程度严重或构造深度较大时会吸收更多沥青，应加大沥青洒布量。

(2)交通量。在交通量大的道路为减少由于松动碎石带来的危险，宜采用粒径较小的碎石；对于交通量小的道路，沥青洒布量可以适当增加。

(3)气候环境。在寒冷地区，可以适当提高沥青的洒布量。

(4)碎石粒径。采用大粒径碎石,应相应增加沥青洒布量,以保证碾压后碎石嵌入沥青深度达50%~70%。

(5)碎石级配。单一粒径碎石比有级配碎石要求的沥青洒布量要大。

如澳大利亚橡胶沥青碎石设计方法中,根据使用场合的不同规定了相应的结合料洒布量与碎石粒径,见表5-11。

澳大利亚橡胶沥青碎石封层技术要求 表5-11

使 用 场 合	碎石粒径(mm)	洒布量(L/m²)
用于老封层加铺	10	2.0
	14	2.5
	16	3.0
用于老沥青混凝土路面加铺	10	1.5
	14	2.0
	16	2.5
桥面防水层	5	1.5~1.8

表中数据表明:随撒铺碎石粒径增加,沥青洒布剂量增加;针对不同的下层粗糙度,沥青洒布量不同,粗糙时剂量大。另外,澳大利亚还规定,使用10mm、14mm、16mm 3种粒径碎石应进行沥青预拌,而用于桥面防水的小粒径碎石则不需要。

由于我国目前道路交通重载、超载的现实情况,为避免日后的泛油,橡胶沥青碎石封层的结合料洒布量不宜太大,而碎石的粒径、撒铺量则不宜太小。近年来,国内几个工程的橡胶洒布量在2.0~2.8kg/m² 之间。

2. 材料要求

(1)对橡胶沥青的要求

橡胶沥青由基质沥青、胶粉及添加剂组成。各部分材料的品质与比例,严重影响着橡胶沥青的品质。橡胶沥青的选择受老路表面状况、碎石尺寸与级配、与石料的相容性及气候条件影响。绝大多数国家对洒布用与混合料用橡胶沥青的指标要求不加区分,个别国家仅是在两者的配方上给出不同的要求。如南非对于混合料用橡胶沥青,其基质沥青为B12、B8(针入度分别为60/70、80/100)两种,用于洒布时,采用80/100、150/200两种针入度级沥青;而澳大利亚,对于洒布采用C170,用于热拌混合料采用C170、C230。这两个国家的共同点是:用于洒布时的基质沥青相对于混合料的偏软。同时,澳大利亚还将胶粉分为洒布用橡胶粉与混合料用橡胶粉两种,与后者相比前者要粗。

根据国外情况,洒布用与混合料用橡胶沥青有以下差别:

①洒布用橡胶沥青使用较粗橡胶粉(2.0mm);

②为进一步提高结合料的黏性和黏弹性，洒布用橡胶沥青可使用较高的橡胶粉掺量（>20%）。因此，我国加工橡胶沥青的基质沥青宜采用90号沥青或70号沥青，橡胶粉的目数宜为30～40目，掺量一般为20%～25%（外掺）。

(2)对碎石的要求

对于碎石的要求，主要有碎石的粒径、洁净度及粒形等。碎石粒径的选择主要考虑交通量与设计速度。美国对于低交通量（小于5 000辆/d）与低速（小于75km/h）道路上，采用9.5mm与12.5mm碎石；在大交通量与高速交通道路上，通常采用公称粒径为9.5mm的碎石；另外，9.5mm的碎石也经常用于应力吸收中间层SAMI，见表5-12。

美国亚利桑那州橡胶沥青碎石封层的碎石级配要求 表5-12

孔径(mm)		15.5	12.5	9.5	4.75	2.36	0.075
通过率(%)	9.5	—	100	70～100	0～10	0～5	0～1
	12.5	100	95～100	0～20	0～5	0～2	0～1

南非的橡胶沥青碎石封层设计方法的理论基础是Hanson的空隙填充理论。单层封层所用碎石粒径有26.5mm、19.0mm、13.2mm、9.5mm 4种；双层封层的碎石粒径为19.0mm加9.5mm，见表5-13。对小于9.5mm的碎石，由于空隙较小、结合料洒布量高，易导致泛油而很少采用。

南非橡胶沥青碎石封层的碎石级配要求 表5-13

筛孔(mm)	通过率(%)				
	26.5	19.0	13.2	9.5	6.7
37.5	100	—	—	—	—
26.5	85～100	100	—	—	—
19.0	0～30	85～100	100	—	—
13.2	0～5	0～30	85～100	100	—
9.5	—	0～5	0～30	85～100	100
6.7	—	—	0～5	0～30	85～100
4.75	—	—	—	0～5	0～30
粉料含量(0.042 5mm)不大于	0.5	0.5	0.5	0.5	0.5

国外的橡胶沥青碎石封层所用的碎石以单一粒径碎石为主，同时控制其中的小碎石与粉料含量。对于我国，当应用于基层时，石料的粒径宜为16～19mm，当用于上面层底面时，石料粒径宜为上面层厚度的1/3～1/2，碎石的撒

布量一般为满铺的60%～70%；当用于表面时，碎石粒径宜为13.2mm或9.5mm，碎石的撒布量为满铺。

三、工艺流程

不论是橡胶沥青的碎石封层还是应力吸收层，其路面中的功能作用是一样或类似的。其基本施工流程分为3步：橡胶沥青的洒铺、规格石料的撒布以及胶轮碾压成型（图5-12）。

图5-13～图5-16为一组橡胶沥青应力吸收层（防水黏结层）现场施工的流程图。当用于碎石封层使用时，其撒布碎石的密度需要加大，达到满铺一层的标准。

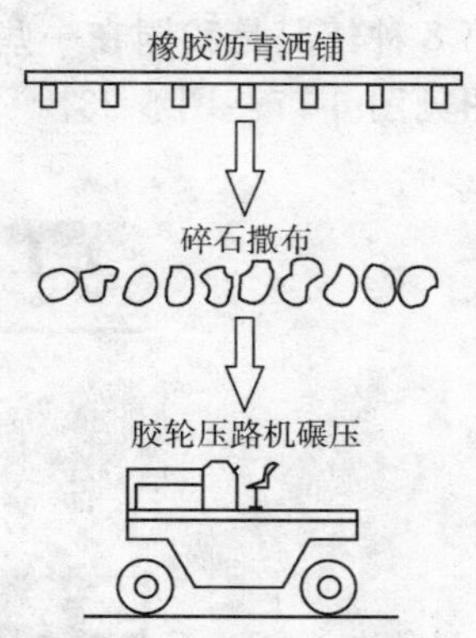

图5-12 碎石封层和应力吸收层工艺流程示意图

图5-13 橡胶沥青的洒铺

图5-14 撒布规格石料

图5-15 胶轮压路机碾压

图5-16 最终的施工效果（应力吸收层）

碎石封层根据不同的应用情况和使用条件，在基本的施工工序的基础上，结合乳化沥青、稀浆封层、土工织物等技术，发展出一系列的专门工艺。美国NCHRP总结了世界各国碎石封层的应用情况，分为以下7种封层类型，下面的第 8 种情况是我国在一些省份使用的一种新类型的封层技术。相应的结构示意图见图 5-17～图 5-23。

图 5-17 单层碎石封层(Single Chip Seal)

图 5-18 双层碎石封层(Double Chip Seal)

图 5-19 嵌挤封层(Racked-in Seal)

图 5-20 帽封层(Cap Seal)

图 5-21 倒装封层(Inverled Seal)

图 5-22 三明治封层(Sandwich Seal)

图 5-23 土工织物封层(Geotextile Seal)

(1)单层碎石封层(Single Chip Seal)；

(2)双层碎石封层(Double Chip Seal)；

(3)帽封层(Cap Seal)；

(4)嵌挤封层(Racked-in Seal)；

(5)三明治封层(Sandwich Seal)；

(6)倒装封层(Inverled Seal)；

(7)土工织物封层(Geotextile Seal)。

单层碎石封层是使用最广泛的一种封层类型，它由一层沥青结合料和一层单粒径的碎石组成，适用于一般的道路情况。

双层碎石封层是一种加强型的封层类型，由两层沥青结合料和两层碎石组成。与单层碎石封层相比，这种封层的行车噪声低，并提供更好的路面防水功能，提高路面的耐久性，因此适合于重交通路段。

嵌挤封层是在单层封层施工后撒一层小粒径碎石，以便在洒铺的沥青间黏结、固定，防止较大的碎石颗粒在行车荷载作用下产生移动或松动。

帽封层是在碎石封层上面摊铺一层稀浆封层。该技术最早产生于南非，后来北美等国家也相继应用。南非一般撒布 19mm 左右的碎石，而北美国家一般撒布粒径更小一些的碎石。这种结构也是一种加强型的封层结构，具有良好的抗剪切能力。

倒装封层是将大粒径的封层置于小粒径封层的上面，因此也是一种双层封层。这种结构大多应用于老路面泛油比较严重的路段。

三明治封层是在撒布的两层碎石之间洒铺一层沥青胶结料，且大粒径碎石在下面。这种结构主要用于原有老路表面磨损比较严重的路段。

土工布封层和玻璃纤维格栅封层是在碎石封层底下加铺土工布或玻璃纤维格栅，其主要目的是延缓老路表面的反射裂缝的产生。

不论哪种碎石封层，其基本施工流程分为 3 步：沥青的洒铺、规格石料的撒布以及胶轮碾压成型。

图 5-24 和图 5-25 为这 8 种碎石封层的施工流程图。值得指出的是，除了三明治封层的第一层碎石撒布后采用钢轮压路机碾压外，其余均采用胶轮压路机碾压。同时为了保证施工质量和均匀性，沥青洒铺和碎石撒布均采用专用机械化施工。

图 5-26 为美国某罩面工程采用橡胶沥青应力吸收层技术进行老路改造工程的对比照片。图 5-27 为澳大利亚一条干线公路采用橡胶沥青碎石封层技术修建的表面层。图 5-28 为雾封层技术与碎石封层技术相结合作为路面抗滑表层使用的照片。

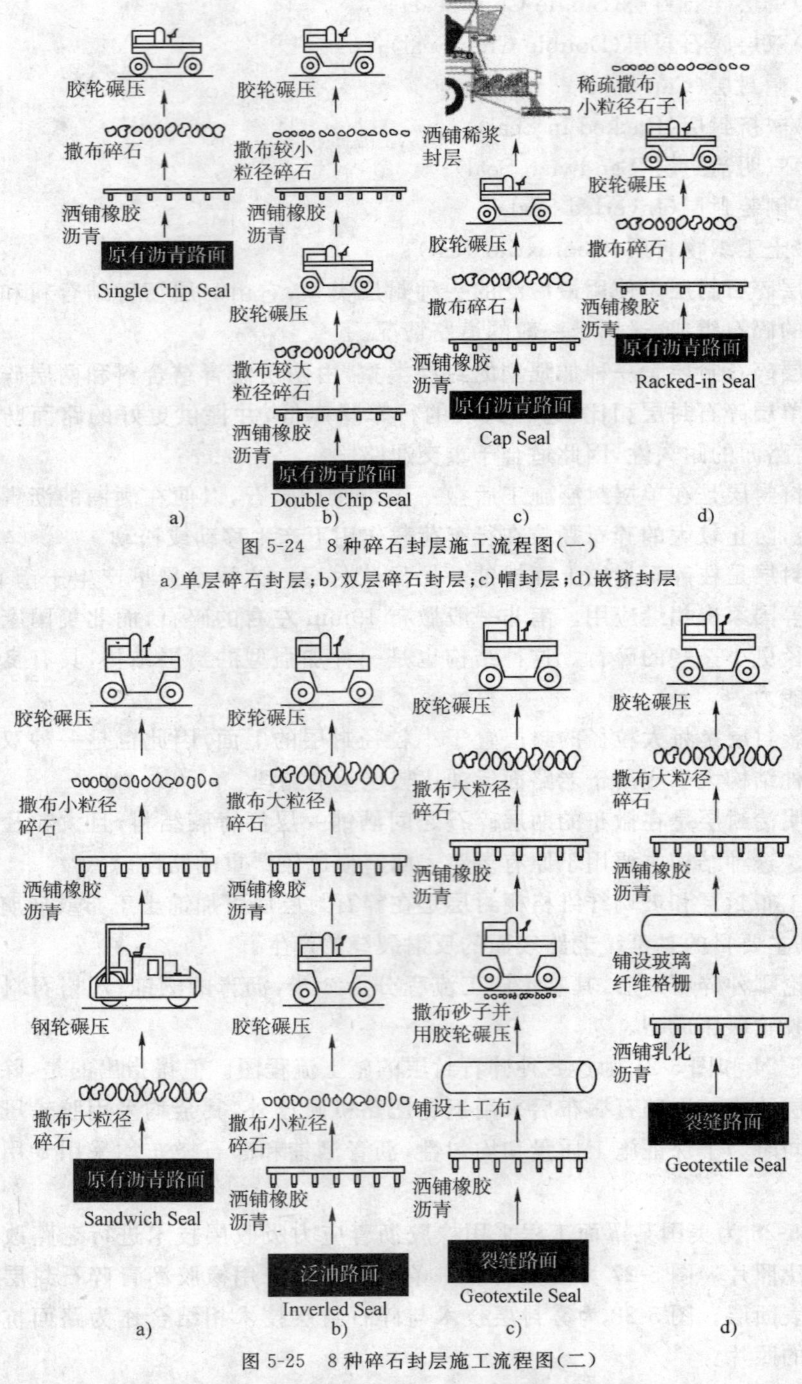

图 5-24 8 种碎石封层施工流程图(一)

a)单层碎石封层;b)双层碎石封层;c)帽封层;d)嵌挤封层

图 5-25 8 种碎石封层施工流程图(二)

a)三明治封层;b)倒装封层;c)土工织物封层;d)玻纤格栅封层

a)

b)

图 5-26　美国某罩面工程采用应力吸收层

a)原有路面；b)铺设应力吸收层后

图 5-27　澳大利亚某干线公路表面的碎石封层

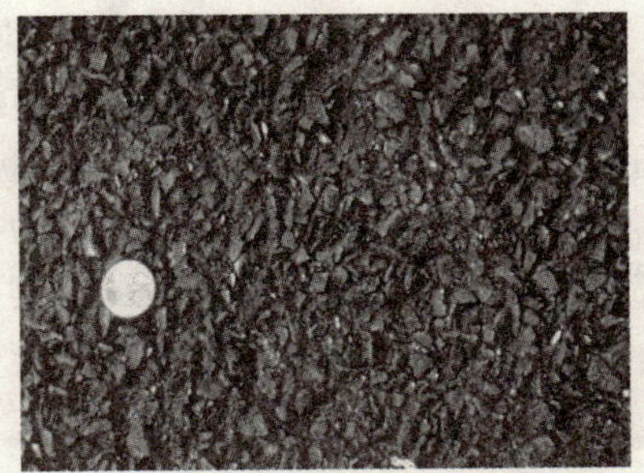

图 5-28　铺设碎石封层后，表面做雾封层

四、关键工艺要求

好的设计思想需要有好的工艺技术作为保障。实践证明，无论是碎石封层还是应力吸收层，如果没有良好施工工艺措施，不但不能发挥其本身的优越的路用性能，反而会给路面结构带来新的病害。橡胶沥青是一种性能优异的作为沥青路面结构层之间的防水黏结材料，在国际上被广泛应用。结合相关工程和大量的试验路经验，总结出橡胶沥青防水黏结层的关键工艺要求有以下几方面。

1. 原有路面的处理

原有路面的清理和处理。当用于老路改建罩面时，原有老路需要进行必要的处理，如路面结构的补强，坑洞、车辙的修补、封缝等。同时，下承层的清扫也是必要的(图 5-29)。在施工封层或应力吸收层前路面应保持干净、干燥和粗糙的界面状态。当下承层为沥青混凝土时，在清扫时应避免用水冲洗。

2. 橡胶沥青的洒布

为了保证橡胶沥青防水黏结层施工的质量，应采用专业的机械化施工队伍。

在黏结防水层施工前应对施工现场进行认真的清理。在洒布橡胶沥青前，对施工断面进行最后一次拉网式清理。施工人员排成一排，采用便携式空压机，对施工断面进行清理，将路表面的污染清理干净。

a)

b)

图 5-29　下承层路面清扫施工现场图

a)机械清扫；b)人工清扫

当原路面污染比较严重时，在清理时应尽量避免施工对周围环境的影响，可采用专用的具备洒水、洗尘功能的道路清扫车，必要时也可采用洒水清洗，但应严格控制待路面彻底干燥后(一般为洒水清扫 24h 后)，方可施工防水黏结层。

针对洒油工序，还需要做如下准备工作：决定洒布车车速与泵速、确保洒布嘴的有效工作、确定沥青的洒布温度、确定洒布宽度及纵向搭接的位置、准备用于处理横向搭接的土工布或油毡等。

(1)洒布设备的准备

橡胶沥青的洒布应采用专用的，可有效控制洒布剂量的，具有加温、保温和搅拌功能的洒布设备。

洒布设备在施工前应进行认真清理，将储油罐中的残油清除干净。

在正式洒布前应进行试洒。

严格清理有关的施工机械，特别是沥青洒布车和碎石撒布车的车轮，严禁将污染物带上施工断面。

(2)橡胶沥青的洒布量

橡胶沥青的洒布量应根据沥青的黏度水平、洒铺的层位等因素确定。黏度越高，洒布量越大。当在基层顶面洒布时洒布量略高于在表面层下面的洒布量。在基层顶面洒布橡胶沥青的洒布量一般为 2.2～2.6kg/m^2，在表面层下面洒布的橡胶沥青的洒布量一般为 1.8～2.2kg/m^2。

(3)橡胶沥青的喷洒

在橡胶沥青洒铺前应对下承层进行认真的处理，保持干净、干燥。在施工期间，如遇下雨，应在下承层表面充分干燥的条件下洒铺。

在洒铺过程中，洒布车应保持匀速行驶，稳定的转速，以保证洒铺的均匀。橡胶沥青的洒铺温度为 180～190℃。

在沥青洒铺过程中应注重接头的施工处理，具体分为横向接头和纵向接头。在横向接头的位置，再次施工时既要与前次施工处紧密衔接，同时也要避免与前次施工断面重叠。因此，当每次洒铺前应用油毛毡或铁皮将已洒铺的路段遮挡覆盖，避免再次洒铺时造成沥青的重叠。

在确定纵向接缝位置的施工要求时，首先分析沥青洒铺的原理。沥青洒铺时通过喷头洒成扇形，相邻的两个喷头洒铺的沥青相互重叠，重叠后的洒铺沥青量即为设计的标准用量。图5-30为橡胶沥青喷洒示意图，a、b为两个相邻的喷头，两个喷头洒铺的沥青相互重叠，重叠的宽度为d_0，该宽度范围内的沥青洒铺量为设计要求的洒铺量。假设每个喷头沥青洒铺量相同，则外侧的b喷头未重叠的d宽度范围内的洒铺沥青仅为设计要求的一半。因此，在第二次洒铺时，在纵向应与前次洒铺的沥青重叠宽度d。宽度d一般为两个相邻喷头的间距。

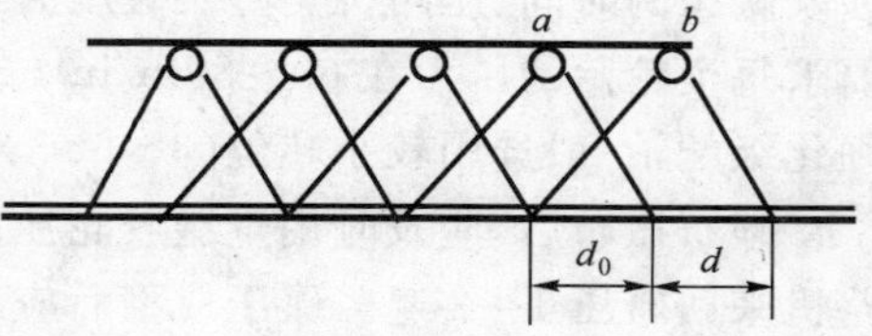

图5-30 橡胶沥青喷洒示意图

3. 碎石的撒布

撒布的碎石宜进行筛分，保证碎石的单一粒径，超粒径范围的石料含量不应超过10%。撒布的碎石应达到干燥、干净的状态。对于高等级道路，或碎石的粉尘含量比较高时，碎石需要进行水洗，并晾干。处理好的碎石应单独堆放在硬化的场地，并做好防尘、防雨，避免二次污染，以备施工使用。对于高等级道路施工，在撒布前，碎石宜通过拌和楼进行预拌。其目的，一是消除撒布时粉尘对环境的污染，二是提高碎石的撒布温度，有利于与防水黏结层的结合。碎石的撒布温度不宜低于80℃。预拌沥青可采用普通沥青，油石比一般为0.5%。

碎石的试撒主要确定撒布车料斗的倾角、车速和标准的撒布量。在一般的设计中，碎石的撒布要求是按照面积的标准给出的(如满铺的60%)，为了便于工程计量需要得到每平方米的撒布公斤量。这是通过实际工程中试撒得到的，并经过监理和业主的确认，作为今后工程计量的标准。当采用石灰岩石料，规格为13.2～16mm时一般撒布量为10～12kg/m^2；规格为16～19mm时一般撒布量为12～14kg/m^2；

在喷洒橡胶沥青后应及时撒布碎石，以便沥青和撒布的石料能有效的黏结、固定。在大规模施工时，根据施工效率，一般1台洒油车配备2台碎石撒布车。

保证施工质量，撒布碎石时，除了施工设备配备的操作手外，每台碎石洒布车应再配备1～2名清洁工，跟随在撒布车后，将散落在外边的碎石清扫干净。

根据撒布碎石的原理和意义，灵活掌握碎石撒布的位置。在靠近路缘石和边缘20cm左右的宽度，在不影响摊铺机械运行的位置可不撒碎石，更便于层间的黏结。

为了避免碎石撒布车与黏层沥青产生粘连，碎石洒布车的载重轮可略微喷洒水,但洒水量需要严格控制,以浸润轮胎为标准,不可造成水在黏结层上流淌。

在撒布碎石施工中,为了保证撒布的均匀性,应注意撒布车辆在起动阶段、纵横向的交接位置,不能出现重叠现象;如造成重叠,应在胶轮碾压前及时处理。

4. 碾压

碎石封层碾压的目的是:使撒铺的碎石移动到稳定状态,趋向最小尺寸;使碎石侵入沥青中一定深度;使碎石相互嵌锁(针对用表面的碎石封层)。该过程涉及碾压的时间、压路机类型及碾压的工艺等问题。一般多用胶轮压力机,一般要求每个轮胎的压力在 60～80lb/in^2(磅/平方英寸)。双钢轮压力机压碎碎石,细化级配,一般选用较小吨位(3～6t),对车辙等不理想。

碎石撒布后,应及时用重型胶轮压路机紧跟碎石撒布车碾压成型。胶轮压路机来回碾压 1～2 遍。碾压成型后应尽快安排沥青混合料的摊铺,间隔时间不宜超过 24h,其间应临时封闭交通,避免防水黏结层的二次污染。

第三节　橡胶(粉)沥青混合料的生产工艺要求

橡胶沥青混合料生产工艺包括混合料配合比设计要求,混合料拌和生产工艺要求和质量控制等 3 个方面的内容。

尽管橡胶沥青混合料与其他沥青混凝土的生产工艺流程基本一样,但由于橡胶沥青具有的高黏度特点和橡胶粉在矿料级配中的填充作用(不论干拌工艺,还是湿拌工艺),使得橡胶沥青混合料的生产又有一定的特殊性。

一、混合料配合比设计要求

1. 原材料技术要求

橡胶沥青混合料的原材料包括:橡胶沥青(湿拌工艺)、沥青和橡胶粉(干拌工艺)、粗集料、细集料、填料等。上文已介绍了橡胶沥青、沥青和橡胶粉等的技术要求,这里就不再赘述。

橡胶沥青中使用的矿料和填料要求原则上遵循我国现行《沥青路面施工技术规范》中的相关要求。同时,根据大量的实践经验和试验分析论证,对其中某些技术要求进行补充,具体有:

(1)粗集料碎石当用于表面层的细粒式混合料时,即 10 型和 13 型,混合料中的碎石主要是小于 9.5mm 的碎石,因此,其针片状指标要求为:对于高速公路、一级路不大于 15。

(2)当使用 10 型混合料时,为了有效控制级配,在 9.5～4.75mm 之间增设 7.2mm 的控制筛孔,并建议 7.2～9.5mm 与 4.75～7.2mm 的比例在 1∶1～2∶1之间。

(3)细集料，当用于重载交通的道路和表面层混合料时，为了提高混合料的高温稳定性，不宜掺加天然砂。如为了调整级配确需掺加时，掺加量不宜大于矿料总重的8%。同时，在表面层混合料使用时，为了改善混合料的水稳定性，0.3mm以下宜采用石灰岩石料。

(4)填料，为了改善橡胶沥青混合料的水稳定性，可采用水泥或消石灰代替或部分代替矿粉。消石灰的掺量为矿料总重的1%～2%，水泥可全部替代矿粉。

2.配合比设计流程

在实际工程中橡胶(粉)沥青混合料的配合比设计流程与一般的沥青混合料和改性沥青混合料的流程基本一样(图5-31)，一般应分为以下4个步骤。

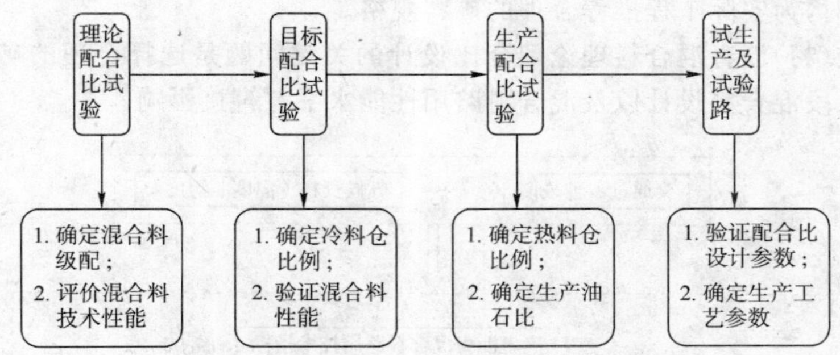

图5-31　橡胶(粉)沥青混合料配合比设计流程

第一步：理论配合比设计试验阶段。该阶段试验主要的目标是根据当地的气候和交通环境及石料情况，确定混合料的技术要求，进而选择材料，确定混合料的级配、评价混合料的技术性能。该阶段试验主要在试验室完成。

第二步：进行目标配合比试验。该阶段试验主要目的是根据上阶段试验确定的混合料级配和材料，确定拌和楼冷料仓的比例，并验证混合料的主要技术指标。该阶段试验应在拌和场的试验室完成。

第三步：进行生产配合比试验。该阶段试验主要目标是确定拌和楼热料仓的比例，并确定混合料实际生产的油石比。该阶段试验应在拌和场完成。

第四步：进行试生产并铺筑试验路段。该阶段主要目标是验证混合料配合比的设计参数，如：冷热料仓的比例在实际生产中是否合适，是否会出现严重的等料、溢料现象，如有则需要及时调整；生产出的混合料技术指标是否满足设计要求等。同时确定大规模生产的工艺参数，如：拌和的温度、运输的车辆、摊铺的温度、混合料的松铺系数、碾压机械的配套及碾压程序等。

3.理论配合比设计

理论配合比设计应按图5-32所示的流程进行。首先根据被设计路段所处的地理环境和交通荷载水平，确定混合料的技术性能指标，如高温性能指标、水稳定性能指标和低温性能指标等。

然后根据这些指标的高低水平,选择是否使用橡胶(粉)沥青混合料以及类型。一般来说,宜将湿拌工艺的橡胶沥青混合料用于表面层,利用其低温抗裂性能优越的特点,减少路面的裂缝,利用其有效的降噪效果,改善路面的行驶舒适性;宜将干拌工艺的橡胶粉沥青混合料用于中、下面层,主要利用其优越的高温抗车辙能力,改善沥青面层结构的高温稳定性;同时,初步确定橡胶粉的掺量水平(一般掺量不宜低于20%),在实际工程中应选择2～3种橡胶粉的掺量进行平行的对比试验,选择技术可靠、经济的技术方案。

最后,通过原材料试验和混合料试验,选择橡胶(粉)沥青混合料的原材料及矿料级配曲线,并通过反复的试验论证,选择的混合料应能满足规定的技术要求指标,同时,为实际工程推荐合理的矿料规格。

橡胶(粉)沥青混合料理论配合比设计的关键问题是选择合理的矿料级配,其对下阶段混合料设计以及混合料路用性能水平有直接影响。

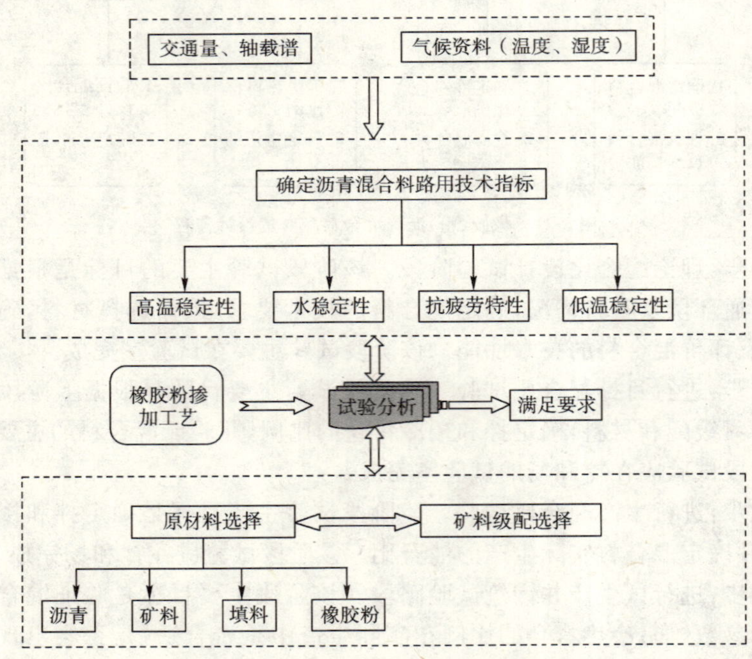

图5-32　橡胶(粉)沥青混合料理论配合比设计流程

国外橡胶(粉)沥青混合料的配合比设计主要采用马歇尔击实试验方法,美国有些州也采用维姆法或Superpave的设计方法。表5-14中汇总了一些国外橡胶沥青混合料的设计指标,其中,美国给出的沥青用量范围明显高于南非。

国外橡胶沥青混合料技术标准汇总 表 5-14

标　　准	美　国			澳大利亚	南　非	
	亚利桑那州	加利福尼亚州	佛罗里达州		连续	半开
空隙率(%)	4.5～6.5	3.0～4.0	4.0～6.0	5.0～6.5	2.0～6.0	3.0～7.0
沥青用量(%)	5.5～9.5	7.0～8.0	5.0～6.0	10.0～12.0	6.5～8.0	6.5～8.0
VMA(%)	>19.0	—	>15.5	>27.0	>17.0	—
稳定度	—	—	6.67(1 500lb)	>2.5	8.0～15.0	6.5～12.5
流值	—	—	31～55 8～14(10^{-2}in)	3.0～5.5	2.0～5.0	2.0～5.0
沥青吸入量	0～1.0	—	—	—	—	—
TSR(%)	—	>80	—	—	—	—
劈裂强度	—	—	—	—	>0.55	>0.60

注：表中 lb 为磅，1 lb=0.453 592 37kg；in 为英寸，1in=0.025 4m。

我国橡胶(粉)沥青混合料设计方法也宜采用马歇尔击实试验方法，在有条件的地区也可使用旋转压实的试验方法，混合料马歇尔击实试验的技术指标要求见表 5-15。

橡胶(粉)沥青混合料马歇尔试验参数要求 表 5-15

混合料类型	密实型混合料	开级配型混合料
马歇尔击实次数	75 次	75 次
稳定度(流值为 3mm)	>8kN	>5kN
矿料间隙率	见说明	—
设计空隙率	3%～5%	18%～24%
饱和度	70%～85%	—

(1)击实次数：橡胶沥青混合料无论作为表面层还是用于中下面层，无论是密实型混合料，还是开级配混合料，均采用两面击实，次数为 75 次。

(2)稳定度和流值：大量的试验表明，断级配混合料的流值比较大，例如：SMA 混合料。这是由于断级配本身的特性造成的，流值大并不意味着混合料的抗变形能力弱；相反，车辙试验表明这种混合料的高温稳定性良好。这对于橡胶(粉)沥青混合料同样如此。因此，采用流值为 3mm 时的稳定度满足要求。

(3)设计空隙率：对于密实型混合料，当用于中下面层时，设计空隙率为 3%；当用于表面层混合料时，中粒式混合料的设计空隙率为 4%，细粒式混合料的设计空隙率为 5%。对于开级配混合料，用于表面层混合料设计空隙率为 18%～20%，中下面层为 20%～24%。

(4)沥青混凝土的矿料间隙率(VMA)宜符合表 5-16 的要求。

混合料 VMA 技术要求　　表 5-16

集料最大粒径(mm)	31.5	26.5	19	16	13.2	9.5
VMA 不小于(%)	12.5	13	14	14.5	15	16

此外，本书第四章中提供了橡胶沥青混合料的推荐级配(包括干拌工艺和湿拌工艺)。由于我国幅员广阔，不同地区石料的品种、破碎方式、级配规律都不尽相同，因此这些级配在实际使用过程中可作为混合料理论配合比设计阶段的初设级配，通过混合料试验验证其级配的骨架性和混合料的力学性质，再进一步完善优化。

另外，上文已介绍，橡胶粉与沥青的作用机理比较复杂，相同类型、掺量的橡胶粉掺入不同标号的基质沥青后的密度并不相同；同时，橡胶沥青的密度难以直接通过橡胶粉密度和沥青直接准确计算得到。因此，橡胶沥青密度应直接检测。同样，在干拌法橡胶粉沥青混合料的生产过程中，橡胶粉与沥青和矿料在高温时拌和，尽管时间较短，但沥青与橡胶粉仍会产生一些反应，导致橡胶粉密度的变化。因此，即使干拌法橡胶粉混合料，直接通过橡胶粉密度计算混合料的密度仍存在一些偏差。故宜采用真空法测定混合料的理论密度。

4. 目标配合比设计

根据理论配合比设计确定的混合料级配规律，并结合实际工程的矿料类型进行筛分试验，确定混合料冷料仓的比例，进一步验证混合料的性能。这就是目标配合比设计阶段的主要任务。为了确保设计结果的可靠，该阶段试验应在拌和厂现场完成。

目标配合比的主要流程及内容有：

(1)对生产用石料和沥青进行性能检测。

(2)对石料进行筛分，根据理论配合比确定的级配曲线，确定各档石料的比例。级配宜控制在容许的范围内。如掺配的级配不能满足设计要求，需调整石料的生产。

(3)调整好级配后，进行马歇尔击实试验，确定混合料的油石比，并进行混合料的性能验证。

(4)为了保证级配掺配的稳定，选用 10 型级配时，不少于 3 档石料，4 个冷料仓；选用 13～16 型级配时，不少于 4 档石料，4～5 个冷料仓；选用 20～25 型级配时，不少于 5 档石料，5～6 个冷料仓。

目标配合比设计过程中如发现原材料的级配不能满足要求时，应及时通知碎石场，调整筛孔的孔径。如：某地区生产的 5～10mm 规格的玄武岩石料大多是为了生产 SMA-13 混合料而确定的筛孔，通过试验发现，这些碎石偏细，不利于生产 10 型混合料，建议应将上层筛孔放大 2mm。同时，建议增设 8mm 筛孔，生产 5～7.5mm 的石料。

当对细集料混合料进行目标配合比设计时应充分利用冷料仓,使各个料仓的进料速度均衡。

5. 生产配合比设计

根据以上两阶段试验结果,进一步确定拌和楼热料仓的范围和比例,以及混合料的生产油石比,是生产配合比设计的主要目的。

热料仓筛分的主要流程及内容有:

(1)根据级配特性,确定混合料热料仓的范围,即热料仓的筛孔范围,生产过程中热料仓的使用不宜少于 4 个。

(2)进行热料仓筛分,确定热料仓比例。首先应将拌和楼中的杂料清理干净,并检查筛孔是否破损,如破损应及时修补。

(3)单热料仓筛分。按照目标配合比确定的冷料仓比例上料,同时应将石料加热到正常生产时所需的温度,并打开除尘口,正常除尘。此时,不喷沥青、不掺加填料,如干拌法工艺,不掺加橡胶粉。在进行生产配合比时,每盘料不宜少于 1t。将头两盘料当作废料,弃掉。用铲车接取第三盘各个热料仓的石料,并分别堆放在干净的硬化地面上。将石料拌匀后用四分法取料,进行筛分。按理论配合比级配曲线掺配,初步确定热料仓的比例。

(4)混合仓筛分。按照单仓筛分初步确定的各个热料仓的比例,各个热料仓同时出料,验证混合料热料仓掺配比例是否合适。此时,不宜掺加填料、沥青。混合仓筛分应重复 2～3 遍,每次每盘料不宜少于 1t。

(5)喷油、抽提筛分。当混合料料仓筛分结果合格后,可加入填料、沥青等,按照正常生产的情况进行试生产,并进行抽提筛分,最终验证混合料的生产级配。

生产配合比设计过程中应与拌和楼紧密配合,做到料仓供料均匀、平衡,避免大规模生产中发生等料、溢料的问题。

由于橡胶粉在沥青混合料中的存在,为了准确测定混合料的油石比,生产过程中宜采用燃烧法检测油石比。确定生产用橡胶沥青混合料的油石比(结合料比),首先需要对油石比进行二次标定。

(1)油石比的第一次标定。在生产配合比设计阶段,需要对燃烧炉进行标定。

按理论级配及 4 种不同的油石比(其中一个为最佳油石比),拌制标准混合料,每份混合料质量为 1 000～2 000g。每个油石比不少于 2 个平行试验样本。用燃烧法分别测定混合料的油石比。绘制理论设定油石比与燃烧法测定的油石比的关系曲线,作为生产过程中油石比检测的修正曲线。当混合料的级配改变或橡胶粉的掺量改变时,需重新进行油石比的标定。

(2)油石比的第二次标定。在对燃烧炉标定的基础上，对拌和楼的喷油精度进行标定。

拌和楼在正常的生产状态下，按照生产配合比确定的混合料级配，分别按照最佳油石比、最佳油石比＋0.3％、最佳油石比－0.3％ 3 个不同的油石比水平喷油，分别生产不少于 1t 的混合料，每个油石比的混合料分别取两份进行燃烧法测定油石比，取两者的平均值，并经过修正，作为该设定油石比下拌和楼的实际油石比。设定油石比与实际油石比的差即为拌和楼的喷油误差。

生产油石比的确定。根据室内马歇尔试验确定的混合料最佳油石比，为改善表面层混合料的高温稳定性，在实际生产中可比最佳油石比降低 0.2％～0.3％。则拌和楼实际生产中设定的油石比应为：

$$\left(\begin{matrix}\text{表面层混合料的}\\\text{设定油石比}\end{matrix}\right)=\text{最佳油石比}-(0.2\%\sim0.3\%)\left(\begin{matrix}\text{拌和楼的}\\\text{喷油误差}\end{matrix}\right)$$

$$\left(\begin{matrix}\text{中下面层混合料}\\\text{的设定油石比}\end{matrix}\right)=\text{最佳油石比}-\left(\begin{matrix}\text{拌和楼的}\\\text{喷油误差}\end{matrix}\right)$$

6. 试验路段验证

铺筑试验路段是橡胶沥青混合料配合比设计不可缺少的重要环节。对于高速公路和一级公路的橡胶(粉)沥青路面在施工前应铺筑试验段，其他等级公路在缺乏施工经验或初次使用重大设备时，也应铺筑试验段。通过试验路的铺筑应达到以下目的：

(1)验证混合料配合比设计；

(2)检验机械设备运转是否正常，是否满足正常工程的要求；

(3)检验各个工艺流程；

(4)确定施工参数，如混合料的松铺系数、合理的碾压次数等；

(5)检查热料仓在大规模生产过程中，各个料仓是否均衡。如有严重失衡现象，如等料、溢料严重，需及时与实验室配合，调整料仓的比例。

试验路段的长度应根据试验目的确定，通常宜为 100～200m，宜选在正线上铺筑。试验路段的铺设应按照正常生产施工时的条件，在各种机械设备、人员到位的条件下，方可开工。试验路段应在生产配合比完成后，经业主和监理同意后，方可开工。

试验路施工应严格按照生产配合比确定的配比参数，按照正常的施工状态(包括施工机械和人员)进行施工。橡胶(粉)沥青混合料性能试验的材料应从摊铺现场取料。在混合料拌和过程中，应注意热料仓的进料是否均衡。在级配范围允许的条件下，确定是否需要调整热料仓比例，并进行相应的混合料性能试验。

试验路铺设完成后应及时做好相关的试验总结，应包括以下几方面主要内容：

(1)完整的配合比设计资料(理论配合比资料、目标配合比资料、生产配合比资料)；

(2)试验路施工参数:拌和温度、拌和时间、运输情况、摊铺情况、松铺系数、碾压机械的组合和碾压次数；

(3)工程质量检测:生产混合料的级配、油石比、马歇尔试验、水稳定性试验结果、车辙试验结果、压实度水平和现场空隙率、平整度水平；

(4)评判是否满足设计要求以及改进措施；

(5)制定正式施工的工艺手册。

二、混合料拌和生产工艺要求

1. 拌和厂的准备

拌和厂的设置必须符合国家有关环境保护、消防、安全等规定。拌和厂与工地现场距离应充分考虑交通堵塞的可能,确保混合料的温度下降不超过要求,且不致因颠簸造成混合料离析。拌和厂应具有完备的排水设施。各种集料必须分隔储存,细集料场应设防雨顶棚,料场及场内道路应做硬化处理,严禁泥土污染集料。

橡胶沥青混合料可采用间歇式拌和机或连续式拌和机拌制。高速公路和一级公路宜采用间歇式拌和机拌和。连续式拌和机使用的集料必须稳定不变,一个工程从多处进料、料源或质量不稳定时,不得采用连续式拌和机。

沥青混合料拌和设备的各种传感器必须定期检定,周期不少于每年一次。冷料供料装置需经标定得出集料供料曲线。

间歇式拌和机的总拌和能力满足施工进度要求。拌和机除尘设备完好,能达到环保要求。冷料仓的数量满足配合比需要,通常不宜少于5～6个。冷料仓之间的隔板高度不宜低于70cm,避免在生产过程中造成料仓中原材料的混杂。

拌和机的矿粉仓应配备振动装置以防止矿粉起拱。添加消石灰、水泥等外掺剂时,宜增加粉料仓,也可由专用管线和螺旋升送器直接加入拌和锅,若与矿粉混合使用时应避免二者因密度不同发生离析。

拌和机必须有二级除尘装置,一级除尘部分可直接回收使用,二级除尘部分可进入回收粉仓使用(或废弃)。对因除尘造成的粉料损失应补充等量的新矿粉。

2. 干拌工艺

对于干拌法施工有两个主要的关键环节不同于一般的沥青混凝土。一是橡胶粉添加的准确,二是拌和温度和拌和时间。

在实际工程中,干拌法橡胶粉的添加方式主要有两种(见图5-33、图5-34),

一是在拌和前，生产单位根据拌和楼每盘料的质量，按照橡胶粉的添加比例，事先将橡胶粉分装成袋，然后由工人在混合料拌和过程中从拌和楼的观察孔投放到拌和缸中搅拌。这种方法控制剂量比较准确，对于小规模的试验路工程来说，不失为一种简便、可靠的添加方式。另一种添加方式是采用螺旋推进器的方式。按照设定的添加量，确定螺旋推进器的转速，在混合料拌和过程中连续添加橡胶粉。第二种方式比第一种方式应该是一个进步，它大大降低了工人的劳动强度，确保生产施工的安全，适合于大规模生产施工使用。同时也应看到，对于第二种添加方式，由于目前的添加橡胶粉的控制是相对独立于拌和楼控制系统的装置，因此在拌和楼生产过程中无法根据拌和楼的情况及时调控添加设备(主要指添加剂量的变化)，结果经常会发生橡胶粉添加不及时或添加过量的现象(这可以直接从生产出的混合料光泽度看出)，导致生产出的混合料拌和不均匀。

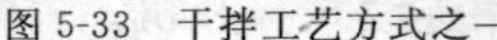
图 5-33　干拌工艺方式之一

图 5-34　干拌工艺方式之二

干拌法施工过程，橡胶粉是在常温条件下加入拌和锅中，且橡胶粉的密度小、体积大、吸热能力强，为了保证混合料的高温拌和效果，需要提高石料的加热温度。干拌工艺的石料加热温度比一般改性沥青混合料提高 10℃左右，一般为 190～200℃。此外，应适当延长拌和时间，特别是橡胶粉与石料的干拌时间(干拌时间一般为 20s)，使得橡胶粉充分分散到石料中，再与沥青拌和。因此，干拌工艺混合料的总拌和时间不宜低于 50～60s，同时出料温度不宜低于 180℃。

3. 湿拌工艺

橡胶沥青的生产是湿拌法橡胶沥青混合料施工的关键环节之一，有关技术问题前文已经叙述。

根据我国的工程经验，橡胶沥青混合料的拌和温度控制：石料的加热温度为 180～190℃，沥青的加热温度为 175～180℃。当橡胶沥青黏度大于 2.5Pa · s 时，其加热温度应提高 5～10℃。当气温较低或刚开机拌和时，为了保证出料温度，石料的加热温度可提高至 200～210℃。在生产几盘料后，根据出料温度情况再适当降低石料加热温度，但不得低于上述要求。橡胶沥青混合料的拌和时间不应低于 50s(包括湿拌和干拌时间)。

第四节　橡胶(粉)沥青混合料的摊铺、碾压工艺

一、橡胶(粉)沥青混合料的运输

热拌橡胶(粉)沥青混合料宜采用较大吨位的运料车运输,但不得超载运输,或紧急制动、急弯掉头使透层、封层造成损伤。运料车的运力应稍有富余,施工过程中摊铺机前方应有运料车等候。对高速公路、一级公路,待等候的运料车宜多于5辆后开始摊铺。

运料车每次使用前后必须清扫干净,在车厢板上涂一薄层防止沥青黏结的隔离剂或防黏剂,但不得有余液积聚在车厢底部。从拌和机向运料车上装料时,应多次挪动汽车位置,平衡装料,以减少混合料离析。运料车运输混合料宜用苫布或棉被覆盖保温、防雨、防污染,并直到摊铺前方可将覆盖物打开。

摊铺过程中运料车应在摊铺机前100～300mm处停住,空挡等候,由摊铺机顶上运料车,料车边前进边缓缓卸料,应避免料车撞击摊铺机。在有条件时,运料车可将混合料卸入转运车经二次拌和后向摊铺机连续均匀地供料。运料车每次卸料必须倒净,如有剩余,应及时清除,防止硬结。

由储料仓向运料车装混合料时,要尽量缩短储料仓出料口到车厢板的距离,要分别在车厢的不同位置分次卸料。如先在车厢的后部装一部分料,再在车厢的前部装一部分料,然后再在车厢中部装一部分料。如车厢的容量大,可以分成5次装料,先在车厢后部装两堆料,再在车厢前部装两堆料,最后在车厢中间装一堆料。这样可减轻装料过程中集料的离析现象。

摊铺机的摊铺速度应与拌和机的正常生产能力,或每小时的产量相匹配。运料车需要有足够的数量,能将拌和机生产的混合料及时送到铺筑现场。

现场应设专人指挥运料车就位,并使其配合摊铺机卸料。

二、橡胶(粉)沥青混合料的摊铺

橡胶(粉)沥青混合料的摊铺宜使用履带式摊铺机。在开始摊铺沥青混合料前1h,就应加热摊铺机的分料器和熨平板等有关装置。

运料车向摊铺机受料斗中卸料时,要根据受料斗的容量,尽可能快速一次将受料斗装满,以减少集料离析。但要注意不要一次卸料过多,使料溢出料斗,散落到待铺下承层上。

应将散落在下承层上的沥青混合料,用铁锹铲出放到受料斗内,不能将料就地铲开摊薄铺平。因摊成的薄层料的温度下降很快,摊铺机铺上新混合料和碾压后,实际上会导致沥青混凝土层局部的不均匀性。散落在下承层上的少量沥

青混合料,应铲起甩出路外。

受料斗中的沥青混合料要及时送到后面分料室中。分料室的螺旋分料器要及时将料分向两侧,直到混合料的高度达到全长螺旋分料器的3/4高度,即混合料的高度要超过螺旋分料器的转轴并将上部分料器淹埋1/2。然后再开始摊铺。在摊铺过程中,受料斗中的沥青混合料要连续不间断地向后面分料室送料,螺旋分料器也要不间断地将混合料向两侧分布,并始终保持螺旋分料器周围混合料的高度。混合料的高度不能忽高忽低,分料器的转轴不能时隐时现,也不能使转轴的两端在混合料内,中间外露,或中间在混合料内,两端外露。因为,这些现象都将影响铺成沥青混凝土的均匀性和平整度。

在受料斗内混合料不多时,指挥人员应估计运料车中剩余混合料能否一次卸完到受料斗中。如能一次卸完,应指挥运料车驾驶员将混合料一次卸入受料斗中。但要注意不使混合料溢出受料斗和散落在下承层上,同时指挥卸完料的运料车尽快离开摊铺机,并指挥待卸料的运料车尽快后退到摊铺机受料斗前,准备卸料。

受料斗两侧翼板内的混合料,常是粗颗粒较多的离析混合料。当料斗中间部分混合料较少时,摊铺机操作员习惯上会将两侧翼板内的离析混合料向中间翻倒。如果这部分混合料被单独送到分料室中,并摊铺在下承层上,则摊铺机后面接近两侧铺成的沥青混凝土会产生片状离析现象。为避免发生上述现象,指挥人员要指挥已到受料斗前待卸料的运料车在受料斗中部离析混合料还没有被向后面分料室输送前,及时向受料斗中卸入新混合料,使新混合料与原离析混合料一起被送到分料室中,并由螺旋分料器将新旧混合料分散开。这样能减少集料离析现象。

为避免发生上面所说的片状离析现象,也可以不将两侧翼板内的离析混合料向中间翻倒。中间混合料不足时,运料车及时向受料斗内倾卸混合料。在中断摊铺时,将两侧翼板内的混合料废弃不用。

摊铺机必须缓慢、均匀、连续不间断地摊铺,不得随意变换速度或中途停顿,以提高平整度,减少混合料的离析。摊铺速度宜控制在1~3m/min。当发现混合料出现明显的离析、波浪、裂缝、拖痕时,应分析原因,予以消除。

摊铺机应采用自动找平方式,下面层或基层采用钢丝绳引导的高程控制方式,上面层宜采用平衡梁或雪橇式摊铺厚度控制方式,中面层根据情况选用找平方式。直接接触式平衡梁的轮子不得黏附沥青。

橡胶沥青路面施工的最低气温应不低于15℃,寒冷季节遇大风降温,不能保证迅速压实时不得铺筑橡胶(粉)沥青混合料。热拌沥青混合料的最低摊铺温度根据铺筑层厚度、气温、风速等确定,其下卧层表面温度不得低于表5-17的要求。每天施工开始阶段宜采用较高温度的混合料。

橡胶(粉)沥青混合料的最低摊铺温度 表 5-17

下卧层的表面温度(℃)	相应于下列不同摊铺层厚度的最低摊铺温度(℃)		
	<50mm	(50～80)mm	(80～100)mm
10～15	172	165	160
15～20	167	160	155
20～25	160	155	150
>25	155	155	150

为了减少摊铺过程的离析问题，提高路面的摊铺质量，宜采用运料转输车配合摊铺使用。橡胶(粉)沥青混合料的松铺系数应通过试验路段的试铺、试压确定。

三、橡胶(粉)沥青混合料的压实

橡胶(粉)沥青混凝土的压实层最大厚度不宜大于 100mm。橡胶(粉)沥青路面施工应配备足够数量的压路机，选择合理的压路机组合方式及初压、复压、终压(包括成型)的碾压步骤，以达到最佳碾压效果。高速公路铺筑双车道沥青路面的压路机数量不宜少于 5 台。施工气温低、风大、碾压层薄时，压路机数量应适当增加。

压路机轮上的淋水喷头，应疏通、调试好，应能够有效控制喷水量。在碾压过程中，根据情况应随时调整喷水的大小，且不得过度喷水碾压。同时，给压路机添水的水车，应随时跟在压路机后面，停放在已碾压好路段的旁边，便于压路机及时加水。

在整个碾压过程中，应有专人指挥，负责碾压各个阶段的衔接。压路机应以慢而均匀的速度碾压，压路机的碾压速度应符合表 5-18 的规定。压路机的碾压路线及碾压方向不应突然改变而导致混合料推移。碾压区的长度应大体稳定，两端的折返位置应随摊铺机前进而推进，横向不得在相同的断面上。

压路机碾压速度(km/h) 表 5-18

压路机类型	初压		复压		终压	
	适宜	最大	适宜	最大	适宜	最大
钢筒式压路机	2～3	4	3～5	6	3～6	6
轮胎压路机	2～3	4	3～5	6	3～6	8
振动压路机	2～3 (静压或振动)	3 (静压或振动)	3～4.5 (振动)	5 (振动)	3～6 (静压)	6 (静压)

橡胶(粉)沥青混凝土的碾压温度的高低与橡胶沥青的黏度有关，黏度越大，碾压温度越高。一般橡胶(粉)沥青混凝土的初压温度不宜低于 155℃，复压温

度不宜低于 135℃,终压的结束温度不宜低于 90℃。当混合料的摊铺厚度大于 80mm 时,初压温度不宜低于 150℃。

橡胶(粉)沥青混合料的初压应符合下列要求:

(1)初压应紧跟在摊铺机后进行,并保持较短的初压区长度,以尽快使表面压实,减少热量散失。对摊铺后初始压实度较大,经实践证明采用振动压路机或轮胎压路机直接碾压无严重推移而有良好效果时,可免去初压,直接进入复压工序。

(2)橡胶(粉)沥青混合料可采用重型胶轮压路机进行初压 1～2 遍,以提高碾压混合料的密水性。压路机吨位应不小于 25t,碾压前,应将轮胎清理干净,并用水与煤油(或柴油)的混合液(比例 1∶1 左右)擦拭轮胎。在整个碾压过程中,轮胎压路机不可洒水,以保持高温碾压。同时每个压路机跟着 1 名工人,用拖把沾混合液不时擦拭轮胎,防止黏轮。

(3)当采用振动压路机初压时,可直接采用"高频、低振"的模式进行碾压 1～2遍。碾压时应将压路机的驱动轮面向摊铺机,从外侧向中心碾压,在超高路段则由低向高碾压,在坡道上应将驱动轮从低处向高处碾压。在整个碾压过程中应控制钢轮上的洒水量,以刚好不黏轮的洒水量为宜。

(4)初压后应检查平整度、路拱,有严重缺陷时进行修整乃至返工。

橡胶(粉)沥青混合料的复压应符合下列要求:

(1)复压应紧跟在初压后进行,且不得随意停顿。压路机碾压段的总长度应尽量缩短,通常不超过 50m。采用不同型号的压路机组合碾压时宜安排每一台压路机做全幅碾压,防止不同部位的压实度不均匀。

(2)宜优先采用振动压路机复压。钢轮压路机的静压力应不低于 11t。振动压路机的振动频率宜为 35～50Hz,振幅宜为 0.3～0.8mm。层厚较大时选用高频率大振幅,以产生较大的激振力,厚度较薄时采用高频率低振幅,以防止集料破碎。相邻碾压带重叠宽度为 100～200mm。振动压路机折返时应先停止振动。

(3)当采用三轮钢筒式压路机时,总质量不宜小于 12t,相邻碾压带宜重叠后轮的 1/2 宽度,并不应少于 200mm。

(4)对路面边缘、加宽及港湾式停车带等大型压路机难于碾压的部位,宜采用小型振动压路机或振动夯板作补充碾压。

橡胶(粉)沥青混合料的终压应紧接在复压后进行,如经复压后已无明显轮迹时可免去终压。终压可选用双轮钢筒式压路机或关闭振动的振动压路机碾压不宜少于两遍,至无明显轮迹为止。

在复压结束后,应由施工人员用 3m 直尺检测路面的纵向平整度,结合终压及时修补,以保证良好的平整度水平。

第六章 国内外橡胶沥青路面使用性能介绍

废胎胶粉在沥青路面中的使用已有半个多世纪的历史，从20世纪40年代的干拌工艺的使用，到60年代湿拌工艺的发明使用，再到80、90年代世界各国的推广使用，橡胶沥青及混凝土经历了一个逐步完善、发展的过程。

本书前几章通过一系列的室内外试验说明了废胎胶粉按照一定的工艺要求掺加到沥青或沥青混合料中，对改善其路用性能有显著的作用。本章将着重介绍国内外一些典型的试验路或实体工程，从而反映出橡胶沥青和橡胶(粉)沥青混合料实际的路用性能。这些工程有些是经过长达十多年的使用考验，有的仅仅1～2年；其中有不少成功的经验，同时也暴露出一些问题。通过正反两方面的介绍，力争全面反映其实际的使用水平，同时也为更好地使用橡胶沥青或混合料提供有力的帮助。

我国从20世纪80年代中后期开始橡胶粉改性沥青技术的研究，其间经历了一些波折，到90年代后期才又迎来了第二个高潮，目前仍处在逐步推广阶段。国外橡胶沥青路面使用的经验和教训有利于我国橡胶沥青路面健康发展，同时由于我国这方面技术发展比较短，且幅员辽阔，气候和交通环境比较复杂，又有自身的建设特点，在使用初期出现这样或那样的问题也是正常现象。通过不断的实践，及时总结经验和教训是发展我国橡胶沥青路面技术的必经之路。本章分为国外(以美国各州的使用情况为主)橡胶沥青路面使用性能和国内橡胶沥青路面使用性能两部分。

第一节 国外橡胶沥青路面使用性能介绍

美国是世界上最早使用橡胶沥青路面的国家，本节将主要介绍美国亚利桑那州、得克萨斯州、加利福尼亚州、佛罗里达州、路易斯安纳州、爱荷华州、俄勒冈州等发展橡胶沥青技术过程中修建的一些试验路或实体工程，以及相关的一些研究结论，其中有成功的经验，也有否定的看法，这些成果的介绍将有助于我国开展这方面技术的研究应用。

一、亚利桑那州橡胶沥青试验路

亚利桑那州是美国使用橡胶沥青最早的州，早在20世纪60年代初，凤凰城的材料工程师 MacDonald 就研究开发橡胶沥青技术，并申请了发明专利，该专利有效期截至 1992 年。1964 年，在亚利桑那州交通厅(ADOT)的推动下，橡胶沥青作为一种养护的辅助措施使用。到 1968 年，通过试验，加入一种稀释剂，使得橡胶粉颗粒可以有效地与沥青混合。从 1968～1972 年，该州先后在 6 个项目中使用橡胶沥青碎石封层。1972 年 ADOT 使用橡胶沥青封层或 SAM，实施了第一个现场试验。从 1974～1989 年，该州有近 660mile[1] 的州公路使用了 SAM 或 SAMI。除了减少反射裂缝外，使用 AR 作为路面结构的防水层。在一些项目中用 AR 控制路基的含水量，防止黏性土的翻浆或承载能力的降低，并取得了成功的经验。

自 1988 年以来，亚里桑那州已经建设了 2 500km 使用良好的橡胶沥青路面，消耗废旧轮胎 8 500 000 条。亚利桑那州的橡胶沥青结合料组成一般采用 80%的基质沥青+20%的橡胶粉。根据路面类型、现场条件和气候条件，采用两种橡胶沥青混合料。一种是作为抗滑表层的开级配混合料，设计空隙率不小于 15%，结合料含量不小于 9%；另一种是密级配混合料，设计空隙率为 5%左右，这种混合料的细集料比较少，形成类似于 SMA 的断级配形式，结合料含量一般为 7.5%～8.5%。

亚利桑那州橡胶沥青开级配磨耗层(AR-ACFC)可直接用于水泥混凝土路面和沥青混凝土面层上。当直接加铺在水泥混凝土面层上时，设计厚度为 25mm；当在沥青混凝土面层上时，设计厚度为 37.5mm。密级配橡胶沥青混凝土(ARAC)同样可用于这两种路面罩面，根据需要也可在 ARAC 上面再加铺 12.5mm 厚的 AR-ACFC，ARAC 的设计厚度通常小于 50mm，一般为 25～37.5mm，同时设置两层橡胶沥青应力吸收层。

1. 亚利桑那州 Dewey-Yarber 橡胶沥青试验路

在第 78 届 TRB 年会上，美国亚利桑那州的 George B. Way 和 Douglas A. Forstie 发表文章，对该州的 Dewey-Yarber 橡胶沥青试验路段进行了介绍。

Dewey-Yarber 试验路位于亚利桑那州的 Dewey 和 17 号州际公路之间的干线公路 SR169 上，1977 年建成通车。其目的是探讨橡胶沥青应力吸收中间层(SAMI)加薄层沥青混凝土的路面结构对于低交通量道路的适用性。因此，部分路段设置了橡胶沥青 SAMI，部分路段没有。SAMI 所用橡胶沥青的配比为：75%AR1000 沥青+25%橡胶粉，橡胶粉 2.36mm(8 号)的通过率为 100%，0.425mm(40 号)通过率不超过 10%。

试验路所在地海拔为 1 372m，夏季最高气温为 38℃，冬季最低气温为-23℃。年均降雨量为 430mm，年均降雪量为 300mm。1977 年的交通量

---

[1] 1mile=1 609.344m。

为1 000辆/d，到 1999 年增加到 5 000 辆/d，年累计标准轴载从 1977 年的 8 000次/年（80kN），增加到 1999 年的 90 000 次/年。试验路分为 6 段，分别如下。

试验段 1（K5.0～K9.6）：为处置路基土，压实度为 100%（按 AASHTO T－99最大密度），其上为 50mm 的热拌沥青混凝土，路基顶面未设置橡胶沥青应力吸收层。沥青混凝土所用结合料为 AR2 000。

试验段 2（K9.6～K10.3）：路基顶面以下 150mm 采用 3%石灰＋12.5%粉煤灰处置，其上洒铺橡胶沥青应力吸收层 SAMI，然后铺装 25mm 的 OGFC。其中，处置层的压实度为 100%（AASHTO T－99 最大密度），1 年后的钻芯强度平均为 7.6MPa；橡胶沥青的洒铺量 2.7L/m^2，其上撒布 11.9kg/m^2 的 9.4mm 单一粒径碎石；沥青混合料的油石比为 6%，结合料为 AR2 000。

试验段 3（K10.3～K11）：路基顶面以下 150mm 采用 4.5%水泥处置，然后加铺 SAMI 和 25mm OGFC。其中，水泥处置层的压实度 100%（AASHTO T－99 最大密度），1 年后的钻芯抗压强度 4.1MPa，SAMI 及 OGFC 的具体参数同试验段 2。

试验段 4（K12.5～K14.3）：路基土为处置，压实度为 100%（按 AASHTO T－99 最大密度），然后加铺 SAMI 和 OGFC，具体参数同试验段 2。

试验段 5（K11.9～K12.5）：基本同试验段 4，区别在于将 SAMI 放在路基内部 0.6m 处。

试验段 6（K14.3～K14.6）：与试验段 1 基本相同，主要区别为路基采用 Enzyme 压路机辅助碾压。

对于干线公路 SR169，亚里桑那的传统路面结构形式为：100mm 的热拌沥青混凝土和 100mm 的级配碎石基层＋350mm 基层，本试验路各段的路面结构层厚度在 25～175mm 之间。试验路的路基有两种不同的土质：从 K5.0～K11.1 的路基土为粉土，塑性指数为 7，0.075mm 的通过率为 13%，土基模量 22 000psi；从 K11.1～K14.6 路基土为黏性土，塑性指数 20，0.075mm 通过率为 27%，土基模量 10 000psi（1psi＝6 894.76Pa）。

试验路段在 1977 年建成后，到 1978 年，其中一些试验路段出现了破坏现象，主要原因是路面结构的承载能力不足。试验段 4、5 和 6 首先出现了破坏，这 3 段在 1981 年采用 150mm 的水泥稳定路基和 SAMI 以及 50mm 沥青混凝土和封层重新维修。试验段 1 比前面 3 段破坏略晚，1985 年采用 50mm 沥青混凝土改建，但路基上未采用 SAMI 进行封闭。最近的罩面采用 150mm 6%的水泥稳定路基＋SAMI＋87.5mm 的热再生沥青混凝土，然后在其上面铺筑封层。第 2、3 试验段在通车 12 年后，即 1989 年才出现明显的裂缝；路面平整度到 1993 年一直在 100in/mile 以下；抗滑系数（Mu Meter 数值）22 年来一直在 43 以上，保持良好状态；使用 22 年后车辙深度小于 6mm。到 1999 年，这两段才加铺了

50mm 沥青混凝土+50mm 断级配橡胶沥青混凝土。

从这个试验路段的 22 年来的使用情况可以看出：

(1)不论使用何种路面材料，保证路面结构的承载能力是延长路面使用寿命的首要前提条件，采用半刚性基层是一个有效的技术手段。

(2)在薄的沥青面层和半刚性基层之间设置橡胶沥青应力吸收层(SAMI)，对减少路面裂缝，延长路面使用寿命是有利的，而且可以减少沥青面层的厚度，具有明显的经济效益。

2. 亚利桑纳州 14 条橡胶沥青路面的评价

21 世纪初，亚利桑那州交通厅和美国橡胶沥青协会联合对亚利桑那州 1992 年以前修建的 14 条橡胶沥青路面工程进行了总结、回顾。这 14 条路段共分为 3 组：第一组为原有水泥路面上加铺 AR-ACFC，第二组为原有沥青路面上加铺 AR-ACFC，第三组为在沥青路面上加铺 ARAC。具体的路段、名称、里程和施工年限见表 6-1。这些路段分布在亚利桑那州各种交通环境和气候环境中，其中有沙漠气候(最高温度 51.1℃，年降雨量 100mm)，也有重冰冻地区(最低气温-35℃，年降雪量 2500mm 以上，年降雨量 700mm 以上)。

亚利桑那州 1992 年以前修建的橡胶沥青路面汇总 表 6-1

类型	编号	路段名	位　置	里　程	施工年份
水泥路面上加铺 AR-ACFC	1	I-19	Tucson South	MP58~60	1988
	2	I-19	Irington Road	MP60~64	1991
	3	I-17	Buckeye Rd.	MP198.2~199.8	1990
	4	I-40	Walnut Canyon	MP195.08~205.2	1990
柔性路面上加铺 AR-ACFC	5	I-8	Aztec County Line	MP 72~82	1990
	6	SR-68	Bullhead City-Kingman	MP8.1~13	1991
	7	SR-77	Glenn Street to Rillito Street Bridge	MP69.3~71.8	1990
柔性路面上加铺 AR-AC	8	Glendale	51st Ave, Northen-Butler		1991
	9	Glendale	Camelback Road, 43rd-75th Ave		1991
	10	SR-77	Ina Road-Canada del Oro	MP74.9~79.1	1990
	11	SR-260	Lakeside-Pinetop	MP351~354	1991
	12	SR-160	Long House Valley	MP365.0~372.5	1989
	13	SR-264	SR 87-Pollaca Wash	MP384~392.3	1989
	14	SR-191	Klagetoh-Ganado	MP397.0~402.7	1991

表6-2为这14条路段使用9～12年后的使用性能和养护费用汇总表。从表中可以清楚看到，这些路段采用橡胶沥青混凝土罩面后比罩面前的实用性能有大幅度提高，同时养护费用明显降低。如果参照罩面前的路面状态，可以推算，橡胶沥青路面的使用寿命还可以大幅度增加，远不止9～12年。下面分别介绍几条主要路段的具体情况。

亚利桑那州14条橡胶沥青路面使用情况汇总表　　表6-2

类型	路段	条件	IRI	抗滑系数	车辙(in)	裂缝率(%)	养护费[美元/(英里车道·年)]
水泥混凝土路面罩面	1	罩面前	172	38	—	6	857
		罩面12年后	70	64	0.11	1	50
	2	罩面前	209	36	—	6	1 476
		罩面9年后	72	65	0.1	2	50
	3	罩面前	179	28	—	—	1 200
		罩面10年后	65	57	0.11	0	256
	4	罩面前	160	41	—	9	6 227
		罩面10年后	63	65	0.11	0	800
柔性路面采用AR-ACFC罩面	5	罩面前	70	38	0.36	3	1 841
		罩面10年后	46	60	0.05	3	126
	6	罩面前	115	57	0.35	55	1 500
		罩面9年后	75	63	0.27	1	150
柔性路面采用AR-AC罩面	10	罩面前	54	58	0.15	7	7 971
		罩面10年后	53	62	0.17	1	394
	11	罩面前	80	46	0.25	2	2 500
		罩面10年后	65	55	0.12	1	650
	12	罩面前	211	66	0.29	22	4 900
		罩面10年后	128	69	0.16	6	980
	13	罩面前	209	36	—	6	1 476
		罩面9年后	72	65	0.1	2	50
	14	罩面前	105	36	—	19	5 972
		罩面9年后	86	65	0.17	1	205

路段1

位于海拔788m，年最高气温43.9℃，最低气温－8.9℃。年均当量轴次400 000ESAL，至今的累积当量轴次4 800 000ESALs。原有水泥混凝土路面修建于1965年，路面宽度为7.3m，厚度为225mm。

1988 年，采用 25mm 的 AR-ACFC 罩面。橡胶沥青混合料原设计的结合料含量为 10%，其中矿料体积占 55%，结合料体积占 25%，设计空隙率为 20%，使用 12 年后混合料空隙率降低到 15%。原有基质沥青的针入度为 48，软化点为 60℃；12 年后针入度降低为 22，软化点提高到 71.1℃。这说明橡胶沥青有良好的抗老化性能。

路段 3

位于海拔为 340m，夏季最高温度 50℃。通车 10 年来，单车道累计标准轴载作用次数为 2 100 000ESALs。原有路面修建于 1960 年，路面宽度 11m，3 车道，板厚为 225mm。1990 年，该路段采用 25mm 的 AR-ACFC 罩面，2000 年路况调查表明：

①所有接缝位置产生了反射裂缝，但在行车道上的裂缝比较细小；

②产生了 3 个坑槽；

③路面的降噪效果仍然十分明显；

④路面平整度比较好，没有明显的车辙；

⑤路面颜色仍旧比较黑。

路段 4

该路段地处海拔 2 134m 的山区，冬季最低气温－34.4℃，最高气温一般不超过 32℃，年降雪量 2 500mm，年降雨量 700mm，所处地区属于美国 LTPP 计划中的"湿冻气候片区"。I-40 是美国东西物流的重要枢纽，交通量比较大，1989 年的交通量为 1 500 000ESALs，到 1998 年增长为 2 500 000ESALs，其中 35%为大型载货汽车。

原路面建于 1969 年，水泥混凝土板厚为 225mm。由于基层的问题，到 1974 年出现了比较严重的病害，到 1980 年路面的裂缝率达到了 9%。后来采用橡胶沥青路面形式进行维修，加铺的结构为：37.5mm 的传统沥青混凝土＋50mm 的 ARAC＋12.5mm 的 AR-ACFC。与传统的改建方式相比，该种加铺结构降低工程费用 18 000 000 美元，施工工期也从 4 年缩短到 6 个月。到 2000 年路况调查时，路面仍没有出现反射裂缝，行驶状态良好。

路段 5

该路段所在地属于极端的沙漠地区，海拔高度为 265m，夏季最高气温为 49℃，是美国最热的地区之一。老路为沥青路面结构，1999 年路面破坏产生严重的裂缝破坏，车辙深度达 9mm，加铺的路面结构为 100mm 的传统沥青混凝土＋12.5mm 的 AR-ACFC。

路段 6

该路段所在地属于极端高温地区，夏季最高气温 51℃，冬季最低气温－10℃。该路段属于轻交通路段，交通量为 110 000ESALs。原有沥青路面破损比较严重，裂缝率达到55%，在1991年采用12.5mm的AR-ACFC加铺后，使用5年后没有产生反射裂缝，在随后的3年中仅产生了1%的裂缝。

路段10

该路段属于城市道路，罩面厚度为12.5mm。所用混合料的最大公称粒径10mm，结合料含量8.8%，设计空隙率6%，矿料间隙率为23.4%。

路段12

该路段所在地处于沙漠地区，海拔1 524m，有记录的最高气温42.8℃，最低气温－28.9℃，年降雪量127mm，降雨量188mm，冰冻指数550。老路的路面结构为：150mm的级配碎石基层＋62.5mm的传统沥青混合料。1998年采用37.5mm的ARAC对其进行加铺，ARAC采用AC-10级配，沥青含量为6.7%。该路段交通量为90 000ESALs/年。

路段13

该路段所在地处于高原沙漠地区，海拔1 932m，有记录的最高气温38.9℃，最低气温－32.8℃，年降雪量737mm，降雨量277mm，冰冻指数800。老路的路面结构为：100mm的级配碎石基层＋75mm的传统沥青混凝土。1989年，采用37.5mm的断级配橡胶沥青混合料进行加铺，级配为AC-10，结合料含量6.5%。该路段交通量为30 000ESALs/年。加铺前老路的裂缝率达10%，加铺8年后裂缝率为7%。

路段14

该路段所在地属于沙漠地区，最高气温41.7℃，最低气温－32.8℃，年降雪量737mm，降雨量277mm。老路的路面结构为：100mm的级配碎石基层和＋75mm传统沥青混凝土。在加铺前老路的裂缝率达19%，车辙深度达75mm。1991年采用37.5mm的断级配橡胶沥青混合料进行加铺，级配为AC-10，结合料含量6.5%，同时掺加1%的水泥作为抗剥落剂。实际施工的结合料含量为6.5%～6.7%，VAM大约为18%，空隙率为3.8%～4.7%。使用8年后，路面裂缝率不到1%，车辙深度为4.25mm。

小结

通过以上实体工程的使用情况亚利桑那州交通厅认为：

(1)对于水泥混凝土路面的罩面，从技术和经济角度考虑，AR-ACFC是一种最好的选择材料。

(2)橡胶沥青在寒冷潮湿地区及炎热干旱地区都有成功的使用经验。

(3)无论在轻交通条件下，还是在重交通条件下，橡胶沥青路面均表现出良好的路用性能。

(4)AR-ACFC有较高的沥青含量(平均为9%)，比沥青含量较低的ARAC有更好的抗反射裂缝的能力，同时抗老化性能也有所提高。

(5)无论采用 AC-10 还是 AC-20 的基质沥青，均没有产生结合料剥落现象；同时所有项目也没有产生泛油等病害。即使在结合料含量为 10%时，混合料也表现出良好的抗车辙能力。

(6)反射裂缝主要由环境引起，表现为横向裂缝。

(7)采用橡胶沥青后，荷载引起的裂缝明显减小，且裂缝宽度也减小。

(8)采用橡胶沥青混凝土后，在重交通条件下，反射裂缝减少。且疲劳与荷载相关的结构破坏几乎没有发现。即使在个别地方发现了疲劳或结构破坏，路面的裂缝也很小，并没有引发其他病害，不需要养护。

(9)在低流量的 ARAC 路面出现了反射裂缝，裂缝也是很干净的，没有产生其他病害，仍保持良好的使用性能。

(10)所有用于橡胶沥青混合料的矿料不含塑性，塑性指数为 0。

最后建议：

(1)在低流量的道路上增加结合料含量，避免老化现象发生。

(2)在轻交通和寒冷地区，可考虑软一些的结合料。

(3)橡胶沥青路面应采用现场钻芯的方式评价结合料的老化程度、沥青膜的厚度、空隙率水平和沥青吸附水平。

(4)建议采用混合料的直接拉伸强度、弹性松弛等评价混合料的抗反射裂缝能力。直接拉伸强度试验可根据不同的试验温度、不同的老化条件和不同的结合料含量进行评价。

3. 亚利桑那州橡胶沥青开级配磨耗层(OGFC)12 年耐久性的成功经验

早在 1954 年，为改善沥青路面表面性能，亚里桑那州就开始使用开级配磨耗层。在多年的使用过程中，级配也在不断的调整，如图 6-1 所示。级配的变化趋势是更强调使用单一粒径的碎石，2. 36mm 筛孔的通过率也减小到 15%。目前，该州的开级配磨耗层铺装厚度为 12. 5mm，结合料为 AC20 或 PG 64-16，用量为 5. 5%～6. 5%。

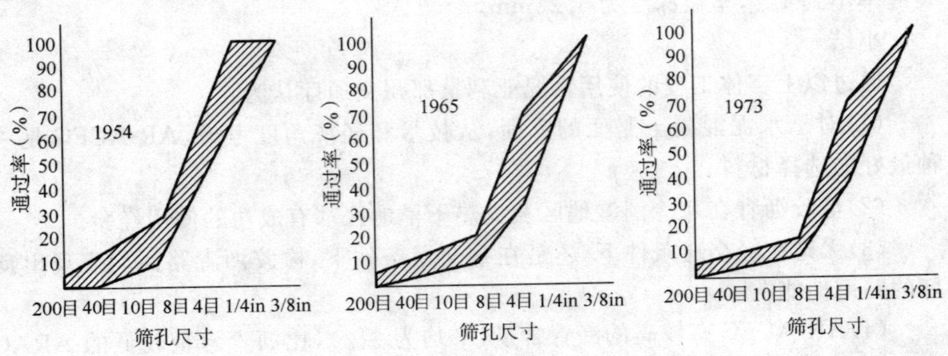

图 6-1　亚利桑那州开级配磨耗层混凝土的级配演化过程

1988 年，在亚利桑那州 Tuson 南的 I-19 州际公路上，修建了几公里长的橡胶沥青开级配磨耗层。该项目为水泥混凝土罩面工程，铺装厚度仅为 25mm，混合料的结合料用量为 10%。该路段从 1988～1999 年没有产生裂缝，1999 年的评价表明该路段不需要进行养护。之后该州采用橡胶沥青，修建了几十个类似的项目。作为这项工作的拓展，1990 年在 Flagstaff 附近的 I-40 州际公路上修建断级配的 ARAC 罩面工程。该路段作为 SHRP 项目的 ADOT 试验路段，结构层为 50mmARAC＋12.5mmAR-OGFC，ARAC 的结合料用量为 5%～7%。到 1999 年 5 月裂缝调查发现，该路段的裂缝情况相当于 100mm 厚传统路面的 1/3，200mm 厚传统路面的 1/2。

对于老路改造工程，AR-ACFC 既适于水泥混凝土路面，也适于沥青路面。对于水泥混凝土路面，一般的铺装厚度为 25mm；对于沥青混凝土路面，一般的铺装厚度为 12.5mm。对于破坏严重的路段，可先铺装 37.5～50mm 的 AR-ACAC。亚利桑那州的橡胶沥青开级配磨耗层混凝土一般掺加 1%的消石灰作为填料，采用传统的摊铺机摊铺，钢轮压路机碾压成型。在过去，有时采用撒铺细沙（1kg/m^2）的方式作为隔离剂，目前已改为洒石灰水（一水车中加入 1 袋石灰）。

ADOT 从 1972 年以后，比较了采用传统沥青混凝土罩面和橡胶沥青混凝土罩面的使用性能。图 6-2～图 6-5 为亚利桑那州橡胶沥青混凝土和传统沥青混凝土两种材料的磨耗层长达 12 年的使用性能对比。从图中看出，无论是从路面抗裂性能、抗车辙能力，还是平整度水平、抗滑能力，橡胶沥青混凝土都明显好于传统的沥青混凝土。

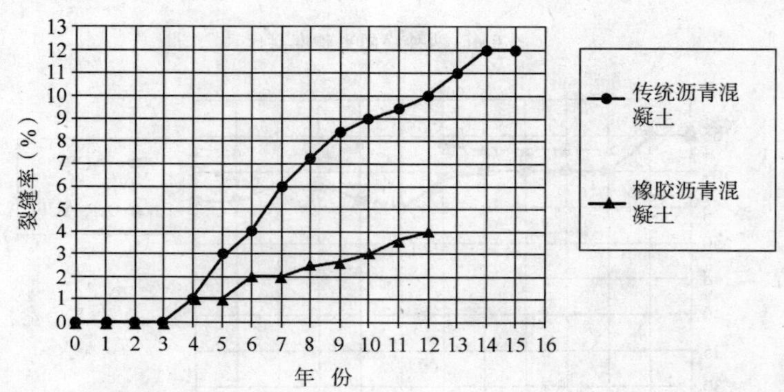

图 6-2　两种路面抗裂性能对比

总结十多年橡胶沥青混凝土的使用经验，亚利桑那州认为：

（1）橡胶沥青混合料增加沥青膜到 19～36μm，而一般密实型混合料为 9μm。

(2)在一般的山区,选用 PG58-22(AC-10)或 PG64-16(AC-20);在沙漠地区选用 PG64-16。在高温地区,使用橡胶粉掺量为 20%的橡胶沥青,可改善沥青的温度敏感性,提高黏度。但对于寒冷地区,橡胶沥青的特性接近 AC—10。按照 SHRP 的 PG 分级,橡胶沥青可以达到 PG70-22 或 PG82-28。

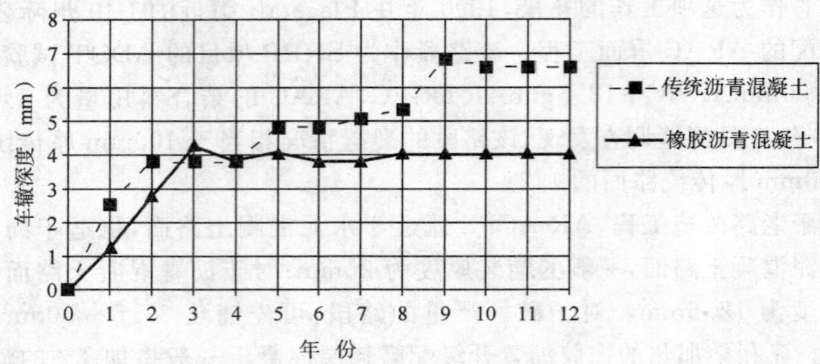

图 6-3 两种路面车辙深度对比

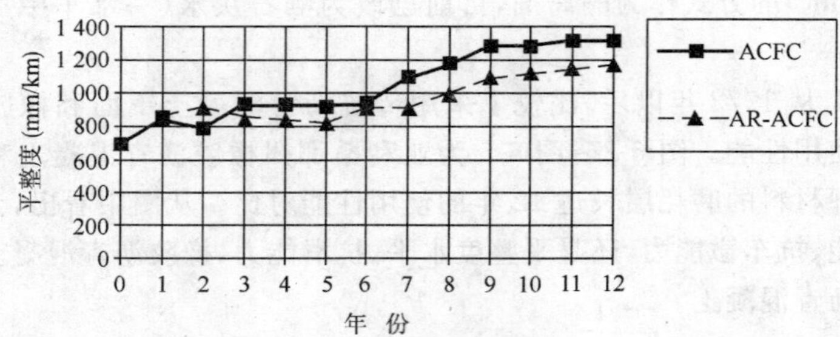

图 6-4 两种路面平整度对比

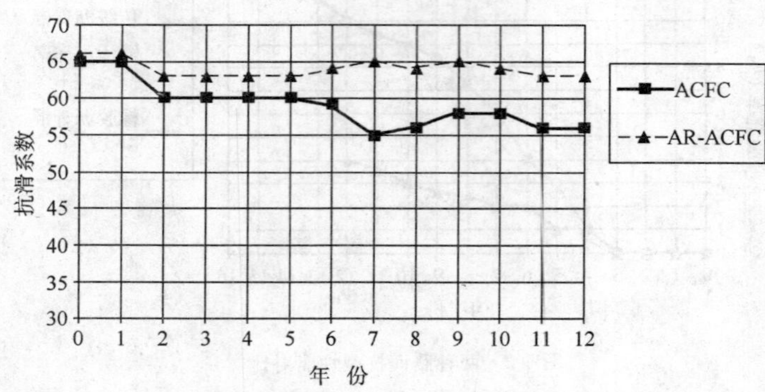

图 6-5 两种路面抗滑系数对比

(3)当用于开级配时,橡胶沥青混凝土厚度为 12.5~25mm,当用于断级配混凝土时,厚度为 25~50mm。

二、得克萨斯州橡胶沥青路面评价

得克萨斯州是美国橡胶沥青应用比较早且成功的州之一。该州第一份橡胶沥青的应用报告是1976年由Bryan和El Paso撰写的。1982年得州A&M大学的研究人员总结分析了从1976～1981年得州800mile长的封层罩面和下封层工程，认为：与传统的封层技术相比，橡胶沥青作为封层使用可有效地减少路面龟裂和磨损。

得州的橡胶沥青中橡胶粉的含量一般不少于15%，主要用于4个方面：

(1)碎石封层；

(2)下封层，主要用于路面的应力吸收层和防水层，即所谓的SAMI；

(3)热拌沥青混合料；

(4)开级配多空隙磨耗层。

2001年橡胶沥青协会和PaveTex工程与试验研究所联合对得克萨斯州橡胶沥青路面进行了评价。评价分为3个方面：一是橡胶沥青混凝土，二是橡胶沥青开级配磨耗层，三是橡胶沥青碎石封层。

表6-3为10条橡胶沥青混凝土路面，表6-4为相应的混合料设计信息。这些路段使用最长的为8年。1992年得州交通厅专门制定了适合于橡胶沥青混合料的设计程序和规范，并采用断级配混合料代替传统的密实型混合料。这些路段中Lufkin的两段出现了永久性破坏，调查发现其原因是由于水泥稳定基层受到了水破坏。另外，在Houston的路段也产生了裂缝和修补，裂缝的宽度大且深，达到了基层，这是由于基层的干缩拉伸所造成的。除此之外，其余橡胶沥青路段表现出良好的路用性能。

表6-5为5个橡胶沥青开级配磨耗层路段。从表中看出，得州最早的橡胶沥青开级配磨耗层修建于1994年Odessa。这些路段至今均表现出良好的路用性能，在Odessa和Lufkin路段中，通过观察发现，橡胶沥青结合料比传统的结合料或聚合物改性沥青结合料具有更好的抗反射裂缝和抗磨损的效果。其中一个主要原因是混合料中橡胶沥青的含量比较高，达到8.5%～9.5%，而且在9.5%含量时混合料中的结合料并没有产生流淌。

表6-6为18个橡胶沥青封层项目。这些路段橡胶沥青碎石封层有良好的抗反射裂缝的效果，橡胶沥青的洒铺用量比较高，达到1.9～2.3L/m²。这些项目同时说明，为了避免泛油现象的产生，宜撒布15.9mm(5/8in)的碎石，当碎石粒径过小时(如12.5mm)，容易引起泛油病害。如果仍撒布12.5mm的碎石，为了避免泛油需要减少橡胶沥青的洒铺用量，但是这样将会降低其抗裂的效果。

得克萨斯州橡胶沥青路面汇总表　　表 6-3

年份	区	市	公路	ADT	项目	CSJ	位置
1992	Lubbock	Parmer	US 84	3 300	CPM 52-1-28	52-1-28	从 Lariat 到 Farewell。由于磨损，已经采用封层罩面
1992	Wichita Falls	Wichita	FM 369	14 900	CRP 91(42)M	802-02	Parkway 的西南，从 Ray Road 到 Stadium
1993	Abilene	Callahan	SH 36	5 400	STP 93(115)RM	0181-02-021	靠近 FM 603 东南的从 Taylor 线的 6.8mile
1993	Lufkin	Angelina	SH 63	3 000	STP 93(142)R	0244-01-040	从 FM 2743 到 Jasper 的市道
1994	Lufkin	Nacagdoches	US 259	17 000		138-6-XX	从 US 69 的北部开始
1994	Beaumont	Hardin	US 96	30 000		65-05-117	Lumberton 的北部，从 West Chance Cut-off 到 Village Creek
1995	Houston	Fort Bend	FM 1994	1 300	AR 1965-1-5	1965-001-005	从 SH 36 的北部到靠近 FM 762 的中段
1994	Odessa	Ector	IH 20	13 200	IM 20-1(122)111	0004-07-087	从 Midliand 市道到 FM 1936 的西部
1998	Odessa	Crane	SH 385	4 700	STP 97(291)R	0600-03-016	
1999	Abilene	Nolan	IH 20	15 060	CPM 6-2-91		从 Sweekwater 到 Roscoe 的西部

得克萨斯州橡胶沥青混凝土路面设计信息汇总表　　表 6-4

公路	SH 36	US 96	FM 1994	US 84	SH 63	SH 385	IH-20	FM 369	IH 20
年份	1993	1994	1995	1992	1994	1998	1994	1992	1999
混合料	CMHB-C	CMHB-C	CMHB-C	Type C	CMHB-C	CMHB-F	CMHB-F	Type D	CMHB-F
结合料含量	8	7.1	5.8	4.2	7.3	8.3	8.5	7	8.3
橡胶粉含量	—	16	—	19	15	16	16	19	17

续上表

公　路	SH 36	US 96	FM 1994	US 84	SH 63	SH 385	IH-20	FM 369	IH 20
结合料黏度	—	4 500	—	—	—	—	—	2 550	—
软化点	—	—	—	—	—	—	—	136F	—
沥青来源	—	Exxon AC-10	Exxon AC-20	—	—	Fina AC-10	Fina AC-10	Ker McGee AC-10	Fina AC-10
橡胶粉来源	—	Tire, Inc. Salem NC	Granular Pord, Mexia	—	Granular Products	—	—	Tiregator, Mexia	—
橡胶粉类型	—	Type III			TypeII	TypeII	TypeII	TypeII	TypeII
级配									
7/8in	100	100	100	100	100	100	100	100	100
5/8in	99.4	93.4	98.1	99.8	99.7	100	100	100	100
1/2in						100	100	100	99.9
3/8in	63.6	67.9	65.7	71	56.1	97.4	97.4	96	91.1
4目	36.8	35.9	34	46.3	32.3	46.7	46.6	50	40.6
10目	14.7	17.9	18.6	31	17.2	16.9	16.9	30.4	18.9
40目	9.4	8	11.6	16.6	10.5	8.3	8.3	11.6	11
80目	7.1	6	9	6.8	7.9	6.3	6.3	5.1	
200目	5.1	4.5	7.1	2.2	6	5.4	5	2	6.9

续上表

公　路	SH 36	US 96	FM 1994	US 84	SH 63	SH 385	IH-20	FM 369	IH 20
空隙率(%)	3	3	3	4	3	3	3	4	3
VMA(%)	—	19	18	13	18.4	20.8	—	15.2	—
蠕变劲度(psi)	7 020	6 354	10 809	—	7 985	7 409	6 111	—	—
蠕变斜率 [in/(in·s)]	3	2.6	2.5	—	3.2	0.24	0.44	—	—
永久应变(in/in)	0.39	0.5	0.1	—	0.5	4	3.7	—	—
集料类型	石灰岩	石灰岩	石灰岩	玄武岩	石灰岩	石灰岩	石灰岩	砂岩/石灰岩	石灰岩
集料来源	Yates/Bridgport	Tower Rock,MO	Redland	Westem,NM	Redland,S. A.	Jones Bros.	Jones Bros.	Dolese/Perry	

得克萨斯州橡胶沥青开级配磨耗层汇总表

表 6-5

年　份	区	市	公　路	ADT	项　目	CSJ	位　置
1994	Odesse	Midland	IH 20	11 200	IM 20-1(124)154	0005-03-054	Stanton 环线。从城西 BI-20 的中段到城东中段
1995	Odesse	Martin	IH 20	11 100	IM 20-1(129)158	0005-04-055	从 CSJ005-04-0054 到 Howard 市道
1995	Lufkin	Polk	SH 146	8 300	STP 95(85) HEC,etc	0388-01-035,etc	Livingston 南,从 US 190 南的中段到 FM 1988
2000	Odesse	Ward	IH 20	5 900		0004-04-073	从 Monahans W 东到 Pyote. First half
2000	Odesse	Ward	IH 20	5 700		0004-04-075	从 Monahans W 东到 Pyote. second half

表 6-6

得克萨斯州橡胶沥青碎石封层汇总表

年份	区	市	公路	ADT	项目	CSJ	位置
1992	Bryan	Madison	FM 247	1 250	CPM-475-3-44,etc	0475-03-044,etc	
1992	Bryan	Madison	OSR,etc	470	CPM-475-3-44,etc	0475-03-044,etc	
1996	Childress	Donely	US 287	7 200	NH 96(11)R,etc	0042-07-045,etc	
1989	El Paso	Presido	US 90	770			
1995	El Paso	Culberson	IH 10	9 000			
1996	El Paso	El Paso	SH 20,etc	3 300	CPM2-3-16,etc	002-03-016,etc	
1996	El Paso	El Paso	FM 76	17 800		674-01-xxx	
2000	El Paso	Culberson	SH54	210			
1995	Odessa	Crane	US 385	1 800			
1987	San Antonio	Medina	SH 173	1 350		0421-02-xxx	
1988	San Antonio	Bexar	FM 1604	15 800			
1991	San Antonio	Bexar	SP 536	12 300	CPM 17-1-31	0017-11-031	
1996	Wichita Falls	Montague	US 287	13 200	CSR224-3-49	0224-03-49	
1993	Amarillo	Potter	FM 1061	1 600	SMERP 4800-00-011	SMERP 4800-00-011	
1993	Odessa	Ector	FM 181	1 650	SMERP 4800-00-012	SMERP 4800-00-012	
1993	Odessa	Martin	SH 349	1 800	SMERP 4800-00-013	SMERP 4800-00-013	
1993	Brownwood	Brown	US 67	3 900	SMERP 4800-00-013	SMERP 4800-00-013	
1993	Brownwood	McCullouch	US 377	2 100	SMERP 4800-00-013	SMERP 4800-00-013	

三、佛罗里达州橡胶沥青混合料路面长期使用性能评价

1988 年，佛罗里达州政府通过了参议院 1192 号法案，要求佛罗里达州交通厅调查废胎胶粉在沥青混合料中应用的可行性。根据这个法案的要求，该州交通厅从 1989～1990 年，修建了 3 条橡胶沥青混凝土的试验路段，其中两条为 OGFC，一条为密级配磨耗层。1998 年 11 月 Bouzid Choubano 等人专门编写了研究总结报告。

表 6-7 为这 3 条试验路段的信息汇总。SR-120 试验路是 1989 年 3 月修建，共有 4 段。前 3 段为橡胶沥青路面，最后 1 段为对比路段，对比路段采用传统的沥青混合料和路面结构，前 3 段橡胶沥青中均掺加了 5%的扩展油。SR-16 试验路段于 1989 年 6 月修建，路面宽度 8.4m，共有 6 个试验路段。前 4 个路段为不同橡胶粉掺量的橡胶沥青混凝土路面，橡胶沥青中没有掺加扩展油，第 5 个路段为对比路段，采用传统沥青混凝土，第 6 个路段采用干拌工艺，干拌时间 20s，湿拌时间 32s。I-95 试验路修建于 1990 年 9 月，该试验路的另一个目的是评价橡胶沥青现场加工设备在传统的工程项目中应用的可行性。在该项目中，橡胶沥青的反应时间为 45min。

佛州试验路段信息汇总表　　表 6-7

项　　目	SR-120	SR-16	I-95
地点	Gainesville	Starke	St. Johns County
混合料类型	密级配磨耗层	OGFC	OGFC
试验路长度(m)	试验段 1:1 070 试验段 2:1 070 试验段 3:760 试验段 4:1 067	试验段 1:640 试验段 2:770 试验段 3:550 试验段 4:880 试验段 5:540 试验段 6:80	试验段 1:1 600 试验段 2:1 720 试验段 3:1 680 试验段 4:1 810
总结合料含量(%)	试验段 1:7.1 试验段 2:7.3 试验段 3:8.1 试验段 4:7.0	试验段 1:8.0 试验段 2:8.4 试验段 3:11.5 试验段 4:10.3 试验段 5:6.3 试验段 6:6.9	所有路段平均为 7.17
橡胶粉含量，与总结合料比	试验段 1:3%80 目 试验段 2:5%80 目 试验段 3:10%40 目 试验段 4:对比路段	试验段 1:5%80 目 试验段 2:10%80 目 试验段 3:15%80 目 试验段 4:17%24 目 试验段 5:对比路段 试验段 6:10%80 目(干拌)	试验段 1:10%80 目 试验段 2:10%80 目 试验段 3:10%80 目 试验段 4:10%80 目

通过这些试验路得到如下主要结论：

(1)对于抗滑性能，掺加橡胶粉对混合料的现场性能没有明显的好处或不利影响；

(2)通过 Mays ride meter 检测表明，采用湿拌工艺，当橡胶粉掺量达到15%时，路面的行驶性能(Ride ratings)最好；

(3)从 SR-16 项目看，采用湿拌工艺的 OGFC 对改善路面抗裂性能有利，根据橡胶粉的掺量不同，路面的裂缝率为 1%～6%，而采用干拌工艺及对比路段的路面裂缝率为 30%；

(4)从裂缝率角度考虑，橡胶粉掺量为 10%～15%时最小，建议橡胶粉的最佳掺量为 10%～15%；

(5)对于密实型混合料，当橡胶粉掺加后减少了路面车辙。

从 1994～1998 年，该州使用了超过 2 700 000t 的橡胶沥青混合料，大约消耗了 1 200 万条废轮胎，预期每年大约 1/4 的沥青混凝土使用橡胶沥青。

四、路易斯安纳州橡胶沥青混合料路面使用经验

从 1994 年路易斯安纳州交通厅(LADOTD)开始研究不同种类橡胶(粉)沥青混凝土的长期使用性能，并与传统的沥青混凝土作比较。华裔专家黄宝山和美国专家 Louary N. Mohammad、Philip S. Graves 和 Chris Abadie 等人对研究成果进行了总结。

该研究的对象包括了美国常用的 8 种橡胶粉改性沥青技术，分别为：

(1)亚利桑那州的湿拌工艺断级配混合料；

(2)亚利桑那州的湿拌工艺 SAMI；

(3)亚利桑那州的湿拌工艺开级配磨耗层；

(4)PlusRide，干拌工艺的断级配混合料；

(5)Rouse，湿拌工艺的密级配混合料；

(6)Terminal-blended，集中拌和工艺的密级配混合料；

(7)Rouse，干拌工艺的密级配混合料；

(8)Generic，干拌工艺的断级配混合料。

研究者分别在 5 个不同的工程中，使用其中 6 个橡胶粉改性沥青技术，修建了 8 个试验路段，见表 6-8。其中，US61 试验路主要是比较传统的断级配磨耗层与亚利桑纳州两种橡胶沥青磨耗层的使用性能。LA15 试验路主要是比较传统密级配磨耗层混合料与 Rouse 湿拌工艺混合料磨耗层(其级配与传统混合料类似)和亚利桑纳州断级配混合料磨耗层的使用性能。US84 是比较传统密实型混合料与 Terminal-blended 工艺混合料的使用性能，两者采用类似的级配。

US167 试验路主要比较传统密实型磨耗层与 Generic 干拌工艺混合料和 Rouse 干拌工艺混合料(其与传统混合料级配相近)的使用性能。LA1040 试验路主要比较传统密实型磨耗层混合料与 PlusRide™干拌工艺混合料的使用性能。表 6-9 进一步明确了这 5 条试验路橡胶沥青及混合料的施工工艺、生产厂家、路段、作用和对比内容。

路易斯安纳州橡胶沥青的试验路结构汇总　　表 6-8

路线	CRM 路段 1	CRM 路段 2	对比路段
US61	1.0OGFC(17%亚利桑那,湿法)+SAMI+原有路面	1.5 断级配 WC 亚利桑那,湿法+原有路面	1.5 断级配 WC PAC40HG +原有路面
LA51	1.5 密级配 WC,10% Rouse 湿法+2.0 密级配 BC,10%Rouse 湿法	1.5 断级配 WC,17% 亚利桑那湿法+2.0 密级配 BC,PAC40HG	1.5 密级配 WC,PAC 40HG+2.0 密级配 BC,PAC 40HG
US84	1.5 密级配 WC,5% Neste Wright 湿法+2.0 密级配 BC,5% Neste Wright 湿法		1.5 密级配 WC,AC 30+2.0 密级配 BC,AC 30
US167	1.5 断级配 WC,Generic 干法+2.0 传统密级配 BC,AC30	1.5 密级配 WC,Rouse 干法+2.0 密级配 BC,Rouse 干法	1.5 传统密级配 WC,PAC 40HG +2.0 传统密级配 BC,AC 30
LA1040	1.5 断级配 WC,PlusRide 干法+2.0 传统密级配 BC,AC30		1.5 传统密级配 WC,AC 30+2.0 传统密级配 BC,AC 30

注:WC 为磨耗层;BC 为结合料层。

路易斯安纳州橡胶沥青试验路混合料设计方法　　表 6-9

工艺	厂　商	应用内容	路　段	混合料功能	对比路段混合料
湿法	ISI (ArizonaWet)	SAMI	US61	Interlayer	N/A
		开级配磨耗层	US61	WC	断级配 with PAC 40HG
		断级配	US61	WC	断级配 with PAC 40HG
			LA15	WC	级配 Type 8 with PAC 40HG
	Rouse Wet	密级配	LA15	WC,BC	Type 8 with PAC 40HG
	Neste Wright	密级配	US84	WC,BC	Type 8 with AC 30
干法	Generic Dry	断级配	US167	WC	Type 8 with PAC 40HG
	Rouse Dry	密级配	US167	WC,BC	Type 8 with PAC 40HG
	Plusride™ Dry	断级配	LA1040	WC	Type 8 with AC 30

注:WC 为磨耗层;BC 为结合料;SAMI 为应力吸收中间层;ISI 为 International Surfacing Inc;OGFC 为开级配磨耗层。

表 6-10 为这些试验路使用的沥青结合料性能的试验评价结果。表中 AC30 为黏度分级的普通沥青，PAC-40HG 为 SBS 聚合物改性沥青。表 6-11 为这些路段使用橡胶粉的筛分结果。

路易斯安纳州传统的沥青结合料与橡胶沥青性能比较 表 6-10

指　　标	AC30	AC30＋ 17%ISI	AC30＋ 10%Rouse	AC30＋ 5%NW	PAC 40HG	AASHTO 方法
基质沥青						
旋转黏度：Brookfield，(Pa・s)(135℃)	0.463	5.475	3.10	1.112	1.05	TP48
动态剪切流变，DSR，$G*/\sin\delta$(kPa)						
64℃	1.727 4		3.1	2.9		TP5
70℃	0.840 5		2.4	1.6	1.9	TP5
76℃		3.3	0.9	0.88	1.0	TP5
82℃		2.8				
RTFO(TFO 用于橡胶沥青)						
损失率(%)		0.34	0.1	0.011	0.187	TP240
64℃			6.6	4.4		TP5
70℃	2.294 2	6.7	3.2	2.2	3.2	TP5
76℃		4.8	1.7	1.3	1.9	TP5
82℃		3.8				
PAV						
DSR，$G*\cdot/\sin\delta$(kPa)@10(rad/s)(25℃)	3 628	3 564	2 123	1 353	3 175	TP5
BBR 蠕变劲度，S，(MPa)	238				99	TP5
BBR 蠕变斜率，m 值	0.310				0.452	TP5

路易斯安纳州试验路用橡胶粉筛分结果 表 6-11

产品	ISI	Rouse	Generic	Neste Wright	Plusride™
应用技术	Arizona 湿拌工艺用于断级配(US61 WC，LA 15 WC)	Rouse 湿拌工艺用于密级配混合料(LA15 WC，BC)	Generic 干拌工艺用于断级配混合料(US167)	Neste Wright 湿拌工艺用于密级配混合料(US84WC，BC)	Plusride™干拌工艺用于断级配混合料(LA1040 WC)
	Arizona 湿拌工艺用于 SAMI(US61)	Rouse 干拌工艺用于密级配混合料(US167)			
	Arizona 湿拌工艺用于 OGFC(US61)				

续上表

产品		ISI	Rouse	Generic	Neste Wright	Plusride™
通过率(%)	1/4in					100
	4 目					80
	8 目	100				
	10 目	97		100		41
	16 目	50		85		
	20 目				100	23
	30 目	10		43		
	40 目		100		80	
	50 目	5	99	10		
	80 目		94			
	100 目		83			
	200 目			3		

表 6-12 为该试验路橡胶沥青混合料马歇尔试验结果。图 6-6～图 6-15 分别为试验路各种混凝土主要路用性能试验检测的汇总图。其中有间接抗拉强度，间接拉伸应变，5℃、25℃和 40℃条件下混合料的模量试验结果，混合料的结构数，动态反算模量，平整度水平，车辙深度以及混合料空隙率水平等指标。

试验路段混合料配合比马歇尔试验结果 表 6-12

路线	级配图	指标	混合料		
			对比混合料	DCPC,17% AZ,湿法	断级配,17% AZ,湿法
US61	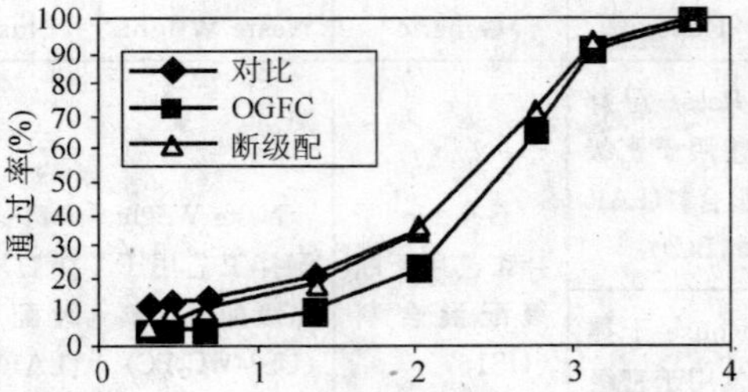 对比 / OGFC / 断级配；纵轴：通过率(%)，0～100；横轴：孔径 (0.45次方,mm)，0～4	AC%	6.3	9.0	8.4
		G_{mm}	2.368	2.302	2.312
		Air void	3.0	9.3	3.5
		VMA	17.0	26.5	18.1
		VFA	82.0	64.9	81.0
		稳定度	2 115	1 010	1 436
		流值	11	32	15

续上表

路线	级配图	指标	混合料		
LA15	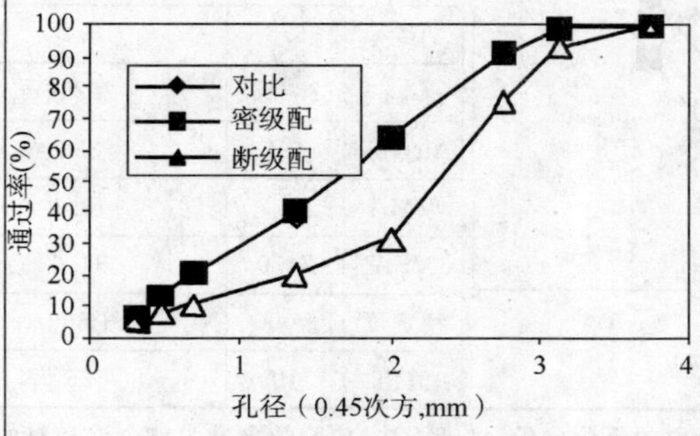 对比 密级配 断级配；通过率(%)；孔径（0.45次方,mm）		对比混合料	密级配，10%Rouse，湿法	断级配，17%亚利桑那，湿法
		AC%	4.4	4.5	7.8
		G_{mm}	2.481	2.480	2.356
		Air void	3.5	3.6	3.3
		VMA	13.0	13.3	19.6
		VFA	73.0	73.0	83.0
		稳定度	2 400	2 000	1 140
		流值	11	9	17
US84	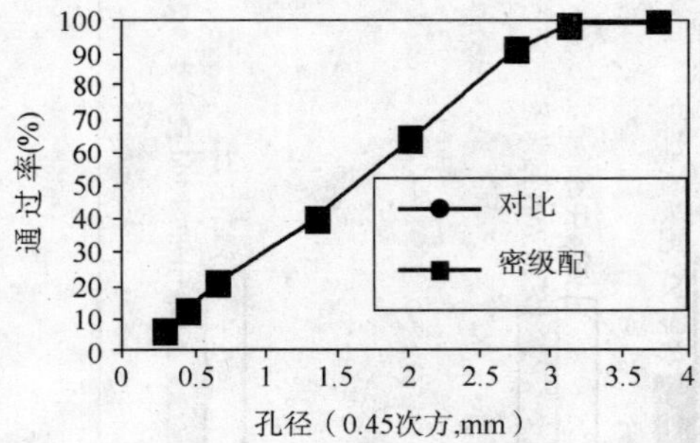 对比 密级配；通过率(%)；孔径（0.45次方,mm）		对比混合料	密级配，5%Neste Wright，湿法	
		AC%	4.2	5.4	
		G_{mm}	2.477	2.420	
		Air void	3.4	4.2	
		VMA	12.4	16.4	
		VFA	73.0	74.0	
		稳定度	2 400	2 000	
		流值	10	10	
US 167	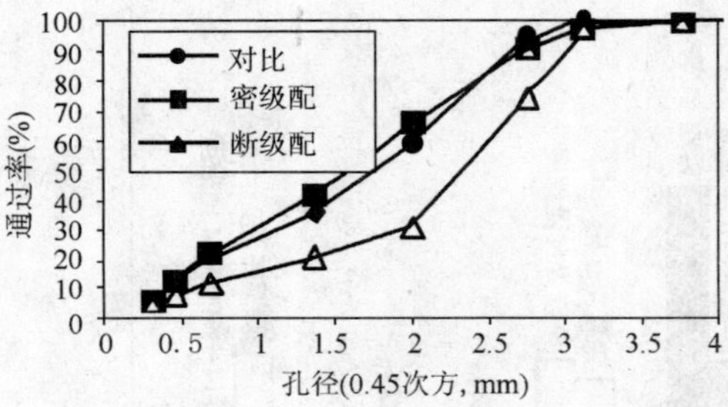 对比 密级配 断级配；通过率(%)；孔径(0.45次方, mm)		对比混合料	密级配，2% Rouse，干法	断级配，1% Cen，干法
		AC%	4.3	4.4	6.0
		G_{mm}	2.512	2.474	2.353
		Air void	3.7	3.9	3.0
		VMA	13.8	14.0	18.4
		VFA	73.0	73.0	83.7
		稳定度	2 000	2 000	1 550
		流值	11	10	16

续上表

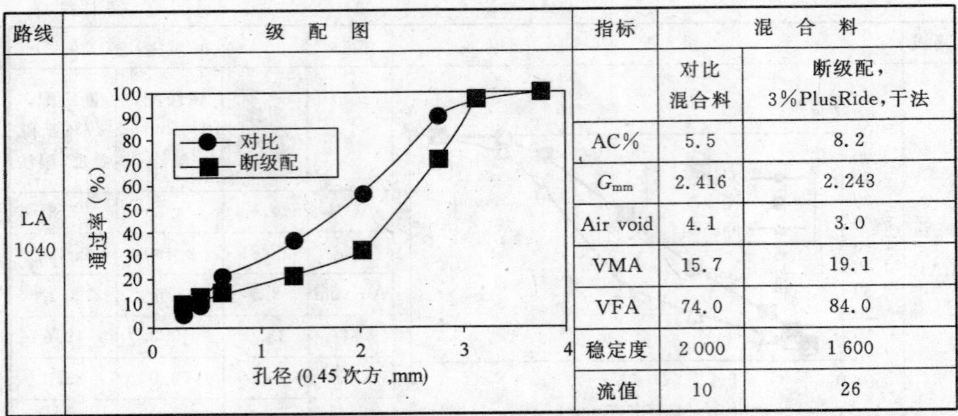

路线	级配图	指标	混合料	
			对比混合料	断级配，3%PlusRide，干法
LA 1040		AC%	5.5	8.2
		G_{mm}	2.416	2.243
		Air void	4.1	3.0
		VMA	15.7	19.1
		VFA	74.0	84.0
		稳定度	2 000	1 600
		流值	10	26

说明：对于湿法，橡胶粉含量为所有结合料的百分含量；对于干法，橡胶粉含量为整个混和料的百分含量。稳定度单位：ib(磅)；流值单位：0.01in。

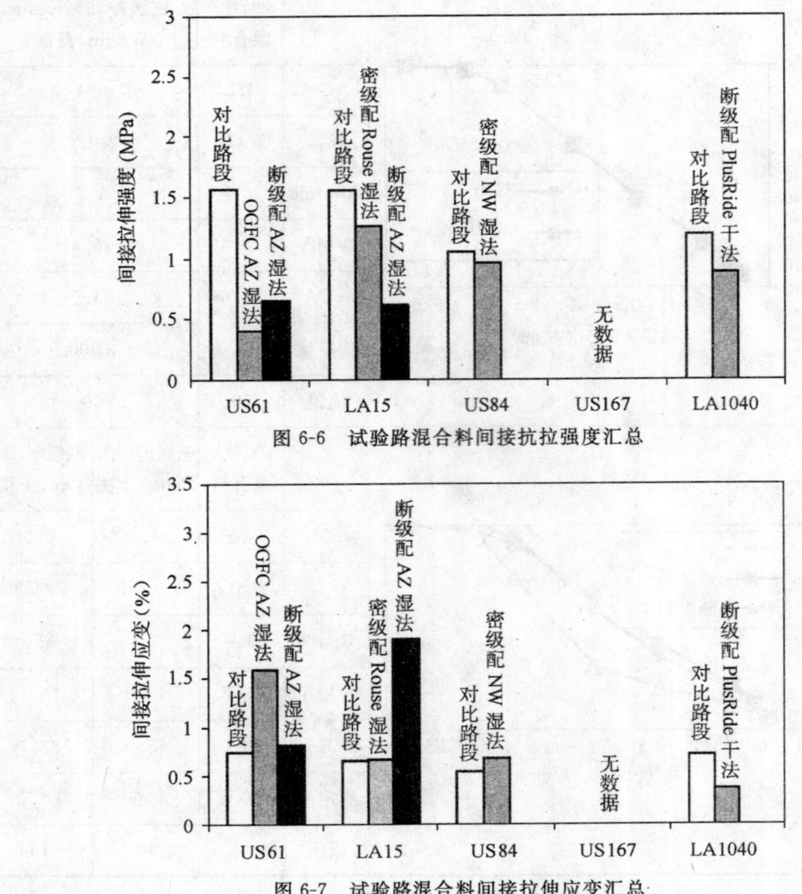

图 6-6　试验路混合料间接抗拉强度汇总

图 6-7　试验路混合料间接拉伸应变汇总

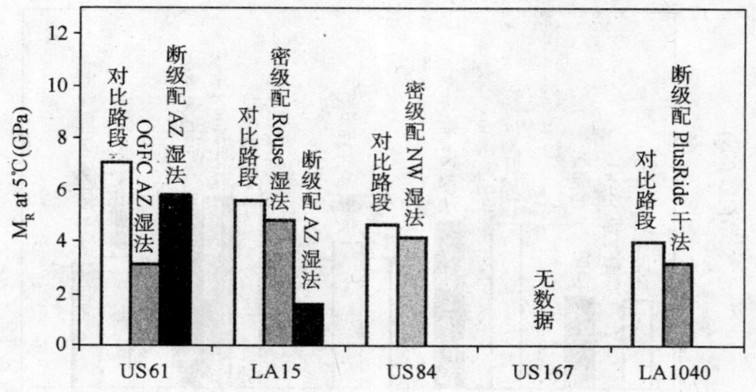

图 6-8　试验路混合料模量(5℃)汇总

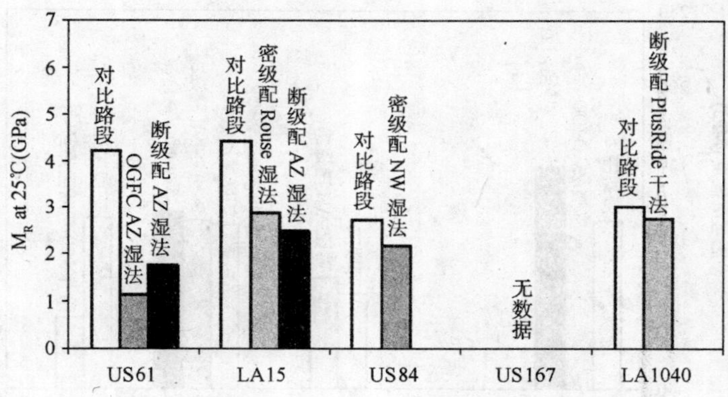

图 6-9　试验路混合料模量(25℃)汇总

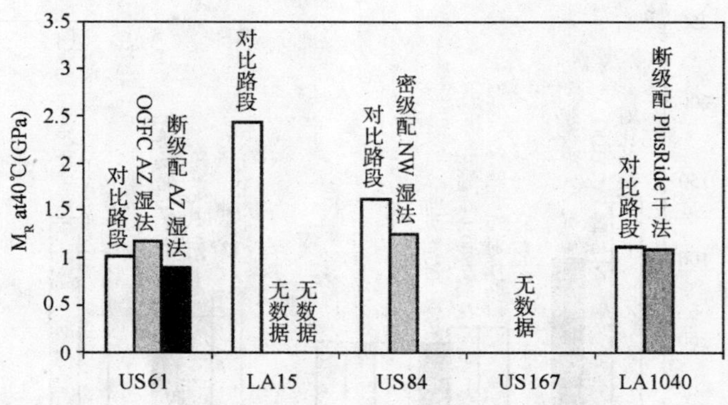

图 6-10　试验路混合料模量(40℃)汇总

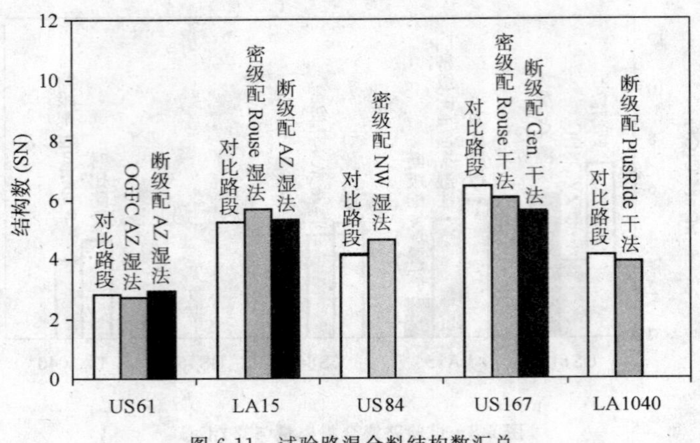

图 6-11　试验路混合料结构数汇总

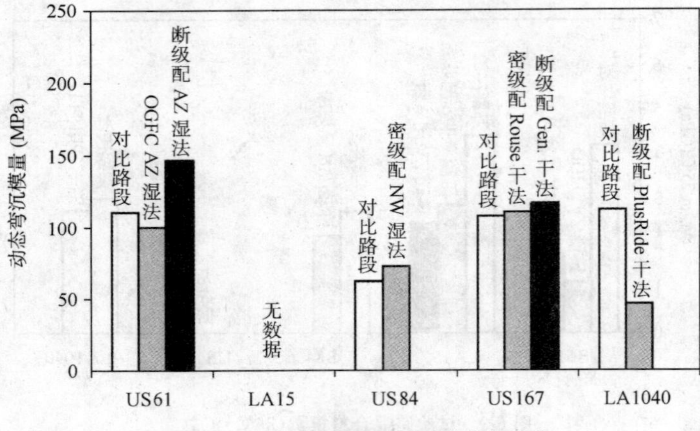

图 6-12　试验路混合料动态反算模量汇总

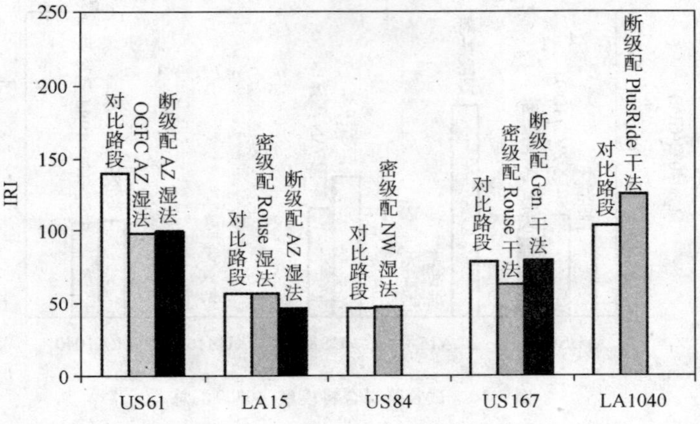

图 6-13　试验路平整度汇总

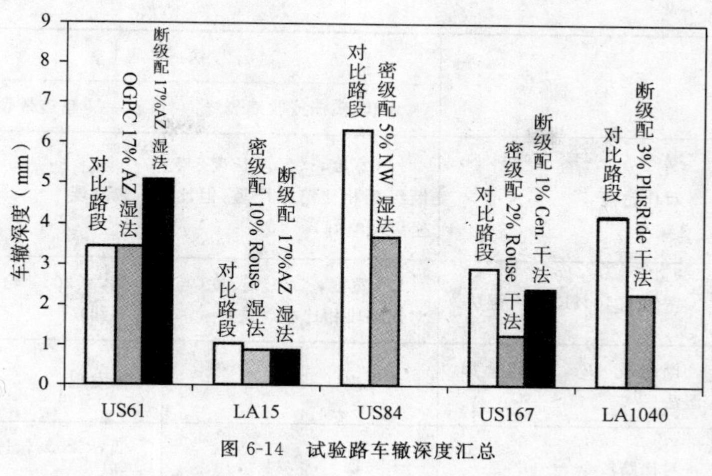

图 6-14 试验路车辙深度汇总

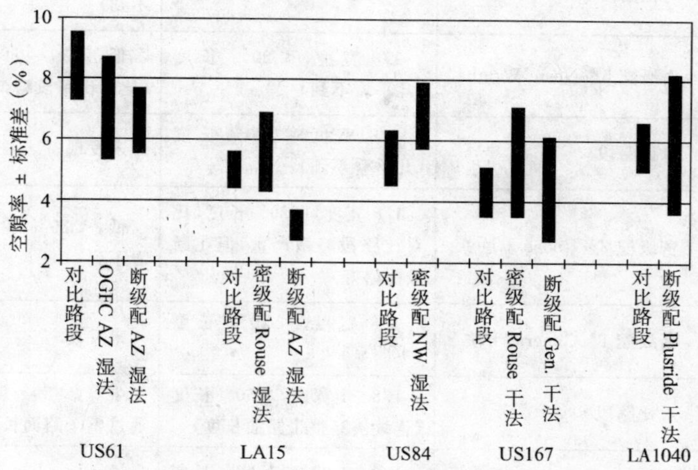

图 6-15 试验路混合料空隙率汇总

表 6-13 为试验路段使用 6～7 年后，路面病害的调查结果。表 6-14 为试验段各种技术方案造价的对比统计。根据以上的研究，路易斯安纳州认为：

试验路段使用 6～7 年后病害调查 表 6-13

路段	方案	病害	
		块状、横向或收缩裂缝	轮迹带裂缝
US61	对比路段	1/8～1 宽度，<20%长度	低，<20%轮迹带
	OGFC 17%亚利桑那，湿法	<1/8 宽度 20%～50%长度	未发现
	断级配 17%亚利桑那，湿法	1/8 宽度，<20%长度	低，<20%轮迹带

续上表

路段	方案	病害	
		块状、横向或收缩裂缝	轮迹带裂缝
LA15	对比路段	1/8 宽度，<20%长度（与断级配相比略微严重，但比密级配略好）	未发现
	密级配 10%Rouse，湿法	1/8 宽度，<20%长度（与对比路段相比略严重）	低，<20% 轮迹带（几乎看不到）
	断级配 17% 亚利桑那，湿法	未发现	未发现
US84	对比路段	未发现	低，<20%轮迹带（几乎看不到）
	密级配 5%Neste Wright	1/8 宽度，<20% 长度（几乎看不到）	低，20%～50% 轮迹带（比对比路段略微严重）
US167	对比路段	1/8 宽度，<20% 长度（几乎看不到）	未发现
	密级配 2%Rouse 干法	1/8 宽度，<20%长度（比对比路段略微严重，但比断级配略好）	低，<20% 轮迹带（几乎看不到）
	断级配 1%Generic 干法	1/8 宽度，<20% 长度（更明显）	未发现
LA1040	对比路段	1/8～1 宽度，>50%长度（连续贯穿整个路面长度）	中等，>50%轮迹带（连续通过整个路面长度）
	断级配 3%PlusRide™ 干法	1/8～1 宽度，>50%长度（连续贯穿整个路面长度，但比对比路段略好）	未发现

橡胶沥青混合料建设费用对比 表 6-14

路段	方案	生产工艺	橡胶粉铺筑里程(mile)	橡胶粉(t)	单位造价(美元/t 混合料)	与对比路段相比(%)
US61	OGFC17% AZ 湿法	湿法，在现场批次生产，17% OGFC，23% SAMI	1.0	36.5	123	360
	断级配 17% AZ 湿法	湿法，在现场批次生产，17%	4.5	129	69	176

续上表

路段	方案	生产工艺	橡胶粉铺筑里程(mile)	橡胶粉(t)	单位造价(美元/t混合料)	与对比路段相比(%)
LA15	密级配10% Rouse湿法	湿法，批次或连续生产10%	2.0	27	34	100
	断级配17% AZ湿法	湿法，现场批次生产，17%	2.0	31.5	68	200
US84	密级配5% Neste Wright湿法	中间拌和，5%	2.0	15	40	118
US167	密级配2% Rouse干法	干法，使用1%的80目橡胶粉	2.0	54	40	118
	断级配1% Generic干法	干法，使用2%，30号筛孔残留65%的橡胶粉	2.0	46	47	138
LA1040	断级配PlusRide™	干法	4.5	177	70	206
合计			20	516		

(1)通过室内试验说明，橡胶(粉)沥青混合料(无论干拌工艺还是湿拌工艺)比传统沥青混合料强度低；

(2)断级配橡胶沥青混合料比密实型橡胶沥青混合料的马歇尔稳定度低；

(3)断级配橡胶沥青混合料比传统的断级配和密实型级配的流值高，而密级配的橡胶沥青混合料与传统的混合料流值相近；

(4)橡胶沥青混合料的间接拉伸强度和模量小于传统沥青混合料；

(5)通过落锤式弯沉仪测量的 Dynaflect 结构数，密级配的湿拌工艺橡胶沥青混凝土路面比对比路段有更高的初始结构承载能力；

(6)同时，断级配干拌工艺橡胶粉混合料路面比密级配的传统混合料初始的承载能力低；

(7)使用5～7年后，橡胶沥青混凝土路面与对比路段相比有类似或略低的IRI；

(8)使用5～7年后，橡胶沥青混凝土路面与对比路段相比车辙深度相近或略低；

(9)与传统路面相比，橡胶沥青混凝土路面抗疲劳开裂能力相近或略好；

(10)一般来说,橡胶沥青混凝土比传统沥青混凝土造价增加。

五、爱荷华州橡胶沥青混凝土现场试验

1991 年,爱荷华州交通厅开始研究橡胶沥青及混凝土的路用性能,项目初期分别在 Muscatine、Dubuque、Plymouth 和 Black Hawk 市修建了试验路,项目编号分别为:HR-330、330A、330B、330C、330D,表 6-15 为这 5 条试验路段的具体位置。其中,HR-330 是在 1957 修建的 9in 水泥混凝土路面上加铺,交通量 7 490辆/d,17%为载货汽车(1988 年资料)。HR-330A 是在 1960 年代后期修建的沥青混凝土路面上加铺,6in 沥青处治基层+2.5in 沥青混凝土面层;1983 年封层表处,交通量 700 辆/d,其中 14%为载货汽车。HR-330C 是在 1972 年修建的 9in 水泥混凝土路面,交通量 3 525 辆/d,其中 15%为载货汽车。HR-330-D 为 6 车道变厚度的水泥混凝土路面,交通量 19 000 辆/d,其中 3%为载货汽车。2002 年 Edward Engle 等人编写了有关试验研究的总报告。

表 6-16~表 6-19,分别为这 5 条试验路段试验方案设置的分布表,其中有表面曾采用橡胶沥青混凝土的,也有表面层和中面层都是用橡胶沥青混凝土的路段。

1991 年修建橡胶沥青试验路汇总 表 6-15

项目	市	地点
HR-330	Muscatine	从 Muscatine 到 Blue Grass 的 US61
HR-330A	Plymouth	从 Kingsley 到 IA3 的 IA140
HR-330B	Black Hawk	从 Waterloo 城市界到 Tama 市道的 IA21
HR-330C	Dubuque	从 Cascade 到 US61 的 US151
HR-330D	Black Hawk	从 Cedar Falls 的第一街到 Waterloo 的 Green Hills 路的 IA947

HR-330 试验路段布置 表 6-16

试验段	位置	车道	混合料类型
1	129+00~150+00	EB	对比路段
2	150+00~154+00	EB、WB	面层表面洒铺橡胶屑
3	154+00~180+00	EB	表面层使用橡胶沥青混凝土
4	180+00~212+50	EB	对比路段
5	212+50~239+00	EB	中面层和表面层使用橡胶沥青混凝土
6	239+00~262+65	EB	对比路段
7	262+65~290+00	EB	表面层使用橡胶沥青混凝土
8	290+00~317+00	EB	对比路段

HR-330A 试验路段布置 表 6-17

试验段	位置	车道	混合料类型
1	375＋00～428＋00	NB、SB	中面层和表面层使用橡胶沥青混凝土
2	428＋00～481＋00	NB	表面层使用橡胶沥青混凝土
3	555＋00～582＋00	NB、SB	对比路段

HR-330C 试验路段布置 表 6-18

试验段	位置	车道	混合料类型
1	415＋00～433＋00	SB	表面层使用橡胶沥青混凝土
2	415＋00～433＋00	NB	中面层和表面层使用橡胶沥青混凝土
3	625＋00～652＋00	NB、SB	中面层和表面层使用橡胶沥青混凝土
4	365＋00～391＋50 665＋00～691＋50	NB、SB NB、SB	对比路段 对比路段

HR-330D 试验路段布置 表 6-19

试验段	位置	车道	混合料类型
1	2 360＋00～2 370＋00	EB	对比路段
2	2 370＋00～2 395＋00	EB	表面层使用橡胶沥青混凝土
3	2 395＋00～2 420＋00	EB	中面层和表面层使用橡胶沥青混凝土
4	2 420＋00～2 429＋00	EB	对比路段

这 5 条试验路均使用橡胶粉为内掺 15％的橡胶沥青，按照 ASTM D2669 的试验方法，其 175℃时的布氏黏度检测结果见表 6-20。

试验路橡胶沥青黏度实验结果 表 6-20

项目	市	胶粉含量(％)	黏度(Pa・s)
HR-330	Muscatine	15	1.100
HR-330A	Plymouth	15	1.900
HR-330B	Black Hawk	15	2.350
HR-330C	Dubuque	15	1.550

对试验路所采用的橡胶沥青混合料和传统沥青混合料进行回弹模量试验(ASTM D4123 的方法)和蠕变试验，分别计算了回弹模量和抗蠕变系数(CRF，the creep resistance factor)，相应的试验结果见表 6-21。图 6-16～图 6-18 为试验路段的裂缝、车辙、摩擦系数调查结果。

试验路橡胶沥青混合料的回弹模量和抗蠕变系数汇总 表 6-21

<table>
<tr><td colspan="2" rowspan="2">HR-330</td><td colspan="2">50 次</td><td colspan="2">75 次</td><td colspan="2">橡 胶 屑</td></tr>
<tr><td>传统混合料</td><td>橡胶沥青</td><td>传统混合料</td><td>橡胶沥青</td><td>50 次</td><td>75 次</td></tr>
<tr><td rowspan="2">回弹模量
(10^6 Psi)</td><td>实验室</td><td>0.35</td><td>0.16</td><td>0.42</td><td>0.27</td><td>0.08</td><td>0.10</td></tr>
<tr><td>现场取样</td><td>0.66</td><td>1.02</td><td>0.76</td><td>1.13</td><td>0.58</td><td>0.68</td></tr>
<tr><td rowspan="2">蠕变系数</td><td>实验室</td><td>69.0</td><td>36.7</td><td>75.2</td><td>44.1</td><td>10.2</td><td>9.7</td></tr>
<tr><td>现场取样</td><td>71.3</td><td>66.2</td><td>67.8</td><td>67.3</td><td>30.8</td><td>34.4</td></tr>
<tr><td></td><td></td><td>传统混合料</td><td>橡胶沥青</td><td>橡胶屑</td><td></td><td></td><td></td></tr>
<tr><td>回弹模量
(10^6 Psi)</td><td>钻芯</td><td>0.28</td><td>0.30</td><td>0.14</td><td></td><td></td><td></td></tr>
<tr><td>蠕变系数</td><td>钻芯</td><td>26.1</td><td>22.8</td><td>16.9</td><td></td><td></td><td></td></tr>
<tr><td colspan="2" rowspan="2">HR-330A</td><td colspan="2">50 次</td><td colspan="2">75 次</td><td></td><td></td></tr>
<tr><td>传统混合料</td><td>橡胶沥青</td><td>传统混合料</td><td>橡胶沥青</td><td></td><td></td></tr>
<tr><td rowspan="2">回弹模量
(10^6 Psi)</td><td>实验室</td><td>0.33</td><td>0.09</td><td>0.44</td><td>0.16</td><td></td><td></td></tr>
<tr><td>现场取样</td><td>0.40</td><td>0.40</td><td>0.51</td><td>0.41</td><td></td><td></td></tr>
<tr><td rowspan="2">蠕变系数</td><td>实验室</td><td>54.7</td><td>38.2</td><td>65.3</td><td>23.7</td><td></td><td></td></tr>
<tr><td>现场取样</td><td>47.8</td><td>44.3</td><td>55.9</td><td>68</td><td></td><td></td></tr>
<tr><td></td><td></td><td>传统混合料</td><td>橡胶沥青</td><td></td><td></td><td></td><td></td></tr>
<tr><td>回弹模量
(10^6 Psi)</td><td>钻芯</td><td>0.10</td><td>0.12</td><td></td><td></td><td></td><td></td></tr>
<tr><td>蠕变系数</td><td>钻芯</td><td>10.2</td><td>0.6</td><td></td><td></td><td></td><td></td></tr>
<tr><td colspan="2" rowspan="2">HR-330C</td><td colspan="2">50 次</td><td colspan="2">75 次</td><td></td><td></td></tr>
<tr><td>传统混合料</td><td>橡胶沥青</td><td>传统混合料</td><td>橡胶沥青</td><td></td><td></td></tr>
<tr><td rowspan="2">回弹模量
(10^6 Psi)</td><td>实验室</td><td>0.36</td><td>0.31</td><td></td><td>0.45</td><td></td><td></td></tr>
<tr><td>现场取样</td><td>0.63</td><td>0.88</td><td></td><td>1.04</td><td></td><td></td></tr>
<tr><td rowspan="2">蠕变系数</td><td>实验室</td><td>67.2</td><td>31.2</td><td></td><td>44.0</td><td></td><td></td></tr>
<tr><td>现场取样</td><td>71.5</td><td>55.7</td><td></td><td>68.8</td><td></td><td></td></tr>
<tr><td></td><td></td><td>传统混合料</td><td>橡胶沥青</td><td></td><td></td><td></td><td></td></tr>
<tr><td>回弹模量
(10^6 Psi)</td><td>钻芯</td><td>0.13</td><td>0.16</td><td></td><td></td><td></td><td></td></tr>
<tr><td>蠕变系数</td><td>钻芯</td><td>31.8</td><td>10.7</td><td></td><td></td><td></td><td></td></tr>
</table>

续上表

HR-330D		50次		75次			
		传统混合料	橡胶沥青	传统混合料	橡胶沥青		
	HR-330	50次		75次		橡胶屑	
回弹模量 (10^6Psi)	实验室	0.41	0.16	0.66	0.27		
	现场取样	0.76	0.68	1.02	0.80		
蠕变系数	实验室	63.7	21.6	73.2	30.0		
	现场取样	50.1	66.5	70.3	72.7		
		传统混合料	橡胶沥青				
回弹模量 (10^6Psi)	钻芯	*n/a*	0.15				
蠕变系数	钻芯	*n/a*	17.0				

注：1MPa＝145psi。

根据以上试验和现场检测结果，研究报告认为：

(1)从这些项目看，橡胶沥青混合料与传统的沥青混合料没有明显的差别。

(2)橡胶沥青磨耗层对防止反射裂缝有好处，对冬季养护有帮助，但同时也表现出与传统的混合料相比抗滑性能不足的问题。

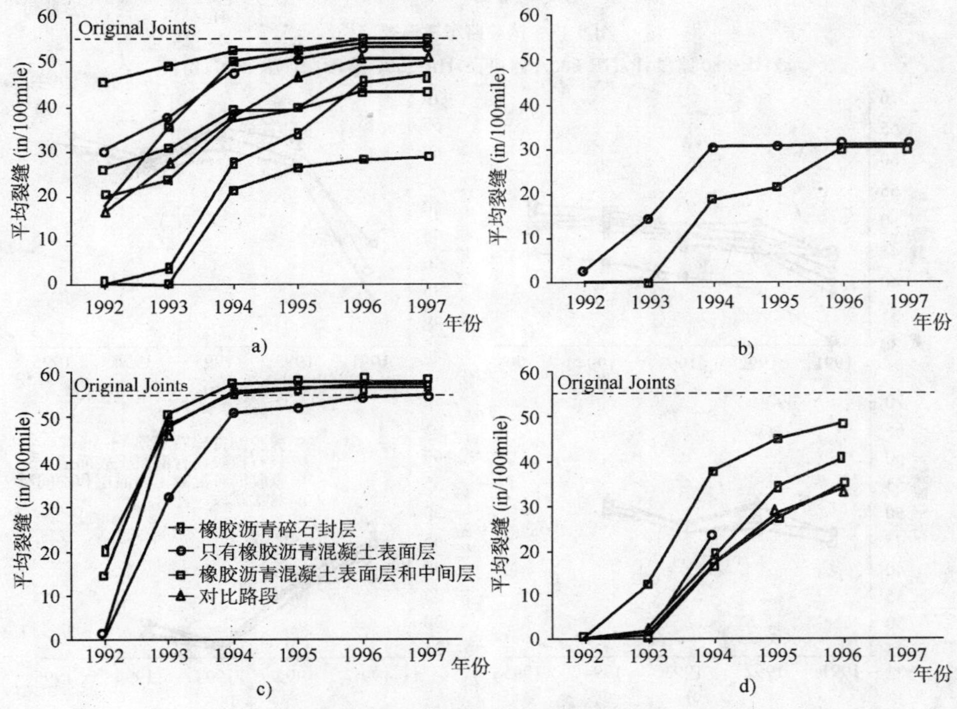

图 6-16 试验路裂缝调查结果

a) HR-330 路段；b) HR-330A 路段；c) HR-330C 路段；d) HR-330D 路段

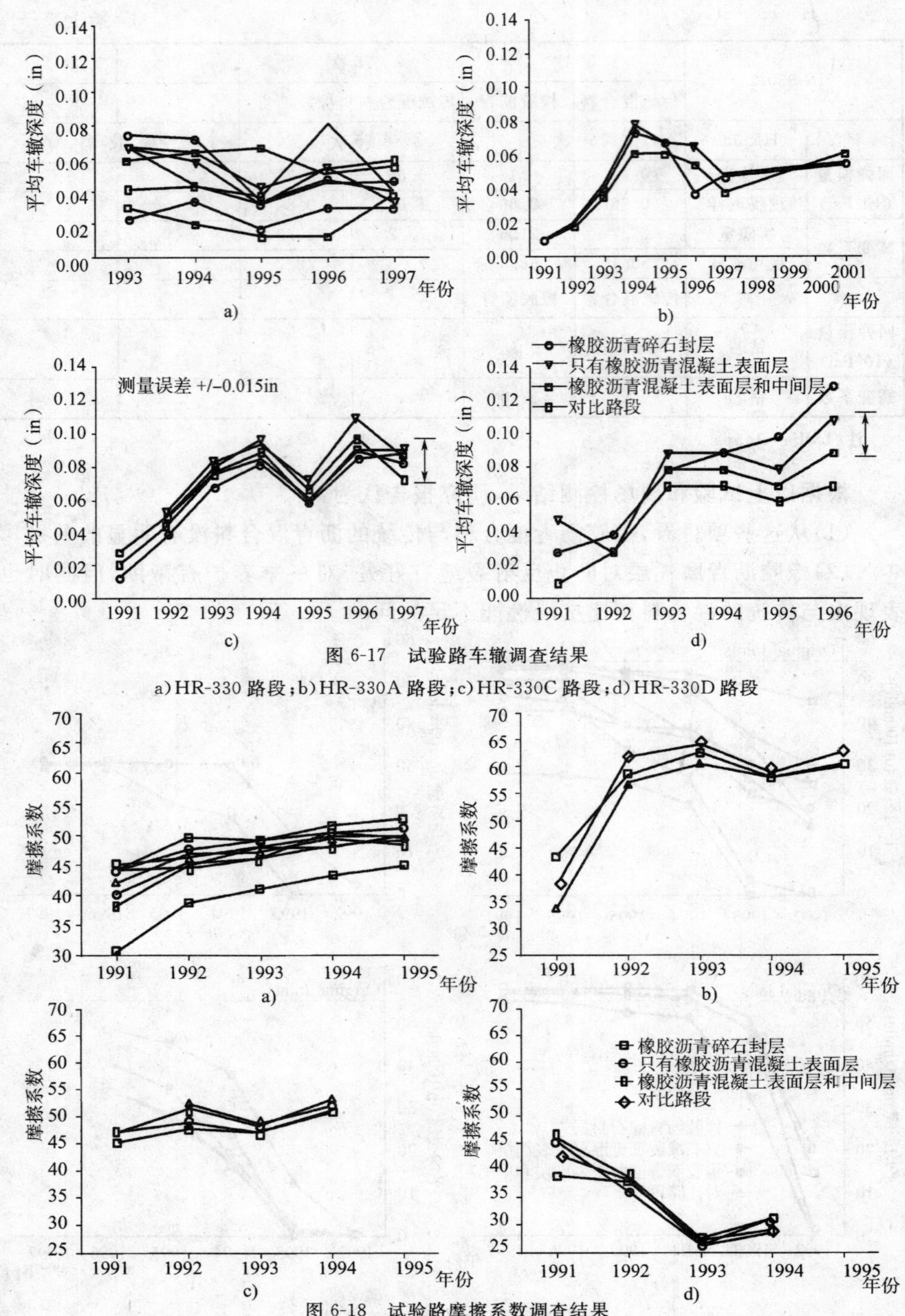

图 6-17　试验路车辙调查结果

a) HR-330 路段；b) HR-330A 路段；c) HR-330C 路段；d) HR-330D 路段

图 6-18　试验路摩擦系数调查结果

a) HR-330 路段；b) HR-330A 路段；c) HR-330C 路段；d) HR-330D 路段

六、橡胶沥青混凝土在俄勒冈州的应用

从1985～1994年间，俄勒冈州交通厅(ODOT)在13个项目中修建了17个试验路段。这些试验路采用了美国6种主要的橡胶沥青混合料(见表6-22)，生产工艺包括湿拌和干拌两种。2002年，Elizabeth A. Hunt等人对俄勒冈州的这些试验路及其他州工程的使用情况进行了总结，这些工程既包括湿拌工艺，也包括干拌工艺；级配方面既包括了密级配，也包括开级配和断级配，具体见表6-23和表6-24。并于1999年、2002年对这些工程进行了现场路况调查，有关结果见表6-25。

俄勒冈州使用的橡胶沥青混合料生产工艺 表6-22

方法	描述	说明
Arm-R-Shield	含有颗粒和溶解橡胶的改性沥青(湿法)	结合料为80%的AR4000沥青+19%橡胶粉+1%扩展油，现场加工
ISI ARC	International Surfacing Inc. Asphalt Rubber Cement含有颗粒和溶解橡胶的改性沥青(湿法)	基质沥青使用AC-5和PBA-2。配比为：77%～81%的沥青+17%～19%的橡胶粉+0%～6%的扩展油，现场加工
PRARC	Powdered Rubber Asphalt Rubber Cement含有橡胶粉的改性沥青(湿法)	基质沥青为PBA-2。79%基质沥青+15%橡胶粉+6%扩展油，现场加工
PBA-6GR	Perfoemance Based Asphalt with Ground Rubber。橡胶粉改性沥青(湿法)，与PBA-6有两种变化	加10%～12%80目的橡胶粉，沥青场集中生产
PlusRide12	干法工艺，断级配，专利设计	结合料为AC20，橡胶粉掺量为混合料质量的3%
METRO RUMAC	METRO Rubber Modified Asphalt Concrete。干法工艺，用于密级配混合料	根据沥青混合料种类的不同PBA-2,3,5掺加橡胶粉比例在1.5%～2%之间

俄勒冈州和华盛顿州交通厅的橡胶粉项目(湿法) 表6-23

施工年份	项目名称		混合料类型①	工艺	说明
	管理者	位置			
1982	WSDOT	Evergreen Point Bridge-SR-908	E	湿法(ISI)②	在严重的交通条件下使用15年，结构状况为好到一般，车辙、推移在后几年产生。开级配路面有良好的使用性能
1984	WSDOT	S-Curve/Cedar River Bridge& RR Bridge	E	湿法(ISI)②	根据PMS路面使用寿命8～9年，实际到1995年用PCCP路面重建
1986	WSDOT	Columbia R-39th Street	E	湿法(ISI)②	使用11年，使用性能不好，在使用6年后产生以车辙为主的病害

续上表

施工年份	项目名称		混合料类型①	工艺	说明
	管理者	位置			
1990	WSDOT	Armstrong Rd.	E	湿法(ISI)②	10年的使用寿命,在4年后出现中等的车辙病害
1992	WSDOT	22nd St.	E	湿法(ISI)②	9年使用寿命,没有车辙问题,比一般平均状况好,轻交通
1992	WSDOT	Lewis County Line to SR 12	开级配	PBA-6	使用性能好,9mm车辙深度
1992	WSDOT	Lewis County Line to SR 12	开级配	PBA-6GR	使用性能非常好,4mm车辙深度,WSDOT第一个PBA-6GR项目,使用大量结合料,但性能良好
1993 NB/1994SB	WSDOT	Nisqually River to Gravelly Lake	密级配	PBA-6	使用性能非常好,2～3mm车辙
1993 NB/1994SB	WSDOT	Nisqually River to Gravelly Lake	密级配	PBA-6GR	使用性能非常好,4mm车辙
1993 NB/1994SB	WSDOT	Nisqually River to Gravelly Lake	密级配	AR4000W	使用性能非常好,2～4mm车辙
1993 EB&1994WB	WSDOT	West Ellensburg I/C to Ryegrass Rest Area	开级配	PBA-6	使用性能好,3mm车辙
1993 EB&1994WB	WSDOT	West Ellensburg I/C to Ryegrass Rest Area	开级配	PBA-6GR	使用性能好,4mm车辙
1989	Jackson County	Mill Creek Drive	C	湿法(ISI)②	没有路面病害
1991	Jackson County	Butte Falls Road	Gap	湿法(ISI)②	没有路面病害和主要养护,铺设了1/2设计厚度的沥青混合料面层
1990	Linn County	Old Salem Road	Gap	湿法(ISI)②	使用性能良好,由于拓宽需要罩面
1993	Linn County	CR 648 Fish Hatchery Drive	Gap	湿法(ISI)②	没问题

注:①混合料类型:B-密实型混合料,最大粒径25mm;C-密实型混合料,最大粒径19mm;E-开级配混合料,最大粒径19mm;Gap-断级配混合料。

②湿拌工艺采用亚利桑那州工艺。

橡胶粉沥青混合料(干法),俄勒冈州和华盛顿州交通厅项目汇总 表 6-24

施工年份	项目名称		混合料类型*	工艺	说明
	管理者	位置			
1987	Benton County	Springhill Drive	Gap	Plus Ride	使用性能比传统的 AC 好
1988	Benton County	N. 19th Street	Gap	Plus Ride	产生龟裂,1995 年重建
1988	Benton County	S. 19th Street	Gap	Plus Ride	使用性能比传统的 AC 好
1990	Benton County	Alpine Cut-off	Gap	Plus Ride	使用性能好
1990	Benton County	Evergreen	Gap	Plus Ride	没问题
1986	City of Corval.	NW Garfield Ave:Kings St.-29th St.	C	Plus Ride	路面良好,有一个坑槽

注:* 混合料类型:A-密级配混合料,最大粒径 38mm;B-密级配混合料,最大粒径 25mm;C-密级配混合料,最大粒径 19mm;F-开级配混合料,最大粒径 25mm。

路况调查结果(1999 年、2002 年) 表 6-25

施工年限	项目名称	混合料类型*	工艺	评价年限	对比路段状况	试验路段状况	试验段路况描述
密级配或断级配混合料							
1985	Lava Butte-Fremont Hwy	Gap	PlusRide	14	差	很差	龟裂、块裂、75% 中等程度磨损。在前 5 年没有主要的病害报告
1985	Lava Butte-Fremont Hwy	C	Arm-R-Shield	14	差	差	有横向裂缝
1991	181st-Troutdale	B	RUMAC	6	好	差	有一些中等或严重程度的磨损
1991	Stark Street	B	RUMAC	8	一般	一般	有一些低程度磨损,修补
1991	Marine Drive	C	RUMAC	8	差	差	低程度的龟裂和纵向裂缝,1996 年西侧车道 200ft 由于磨损和坑洞进行修补。对比路段有龟裂和反射裂缝,由于交通量增长,使用寿命缩短

续上表

施工年限	项目名称	混合料类型*	工艺	评价年限	对比路段状况	试验路段状况	试验段路况描述
密级配或断级配混合料							
1992	Pacific Hwy.-42nd Street	B	RUMAC	7	一般	一般	
1992	Eastside Bypass	B	RUMAC	7	好	差	低到中等程度的磨损，轻微的车辙
1992	Lakeview Jct.-Matney Rd	B	RUMAC	7	一般	一般	低程度磨损，低到中等程度的横向裂缝
1993	Wolf Cr.-W. Fork Dairy Cr.	B	RUMAC	6	好	好	
1993	Durkee-Lime	A	RUMAC	6	NA	NA	
开级配混合料							
1991	181st-Troutdale	F	ISI	6	非常好	差	中等程度磨损，一些修补和龟裂
1992	Eastside Bypass	F	PRARC	7	一般	差	低到中等程度磨损，严重车辙
1992	Eastside Bypass	F	ISI	7	一般	差	中等程度磨损，严重车辙
1993	Kah-Nee-Ta-Pelton Dam Rd	F	PBA-6GR	6	一般	非常好	对比路段表现出低到中等程度磨损，轻微车辙
1994	Tower Rd.-Stanfield	F	PBA-6GR	5	好	非常好	对比路段表现出轻微磨损
1994	Azalea-Jump-off Joe	F	PBA-6GR	5	非常好	非常好	没有病害发现

注：* 混合料类型：A-密级配混合料，最大粒径 38mm；B-密级配混合料，最大粒径 25mm；C-密级配混合料，最大粒径 19mm；F-开级配混合料，最大粒径 25mm。

基于 1999 年的路况调查，由路面管理系统软件计算得到的各路段磨耗率见表 6-26、表6-27。考虑到路面的寿命为 15 年，所有密级配混合料的磨耗率不可接受；对于开级配，PBA-6GR混合料的磨耗率可以接受，而 ISI 与 PRARC 混合料的情况不可接受。

密实性混合料性能磨耗率 表 6-26

建设年份	项目名称	公路等级	起始桩号	结束桩号	车道	基质沥青	混合料	工艺	年限	磨耗率
1992	Eastside Bypass	50	−5.18	−5.04	EB	PBA-3	B	对比路段	7	2.9
1992	Lakeview Jct.-Matney Road	50	0.55	0.91	NB	PBA-3	B	对比路段	7	2.9
1991	181st-Troutdale	2	15.42	15.92	EB	PBA-2	B	对比路段	6	3.3

续上表

建设年份	项目名称	公路等级	起始桩号	结束桩号	车道	基质沥青	混合料	工艺	年限	磨耗率
1985	Lava Butte-Fremont Jct.	4	160.2	160.8	SB	AC-20	C	对比路段	14	3.9
1985	Lava Butte-Fremont Jct.	4	158.4	159.2	SB	AR-4000W	C	Arm-R-Shield®	10	4.1
1992	Lakeview Jct.-Matney Road	50	0.96	1.64	NB	PBA-3	B	RUMAC	7	5.8
1992	Lakeview Jct.-Matney Road	50	0.55	0.91	SB	PBA-3	B	对比路段	7	5.9
1991	Stark Street	ST	197	199	EB	PBA-2	B	对比路段	6	6.0
1991	Stark Street	ST	199	202	EB	PBA-2	B	RUMAC	6	6.4
1992	Lakeview Jct.-Matney Road	50	0.96	1.64	SB	PBA-3	B	RUMAC	7	6.7
1985	Lava Butte-Fremont Jct.	4	157.9	158.4	SB	AC-20	GAP	PlusRide 12®	10	7.1
1992	Eastside Bypass	50	−5.02	−4.49	E	PBA-2	B	ISI ARC	5	8.3
1991	Marine Drive	MD	ST41	ST46	E/W	PBA-2	C	对比路段	6	9.3
1991	Marine Drive	MD	ST66	ST72	E/W	PBA-2	C	RUMAC	6	9.6
1991	181st-Troutdale	2	16	16.84	EB	PBA-2	B	RUMAC	6	12.1

开级配混合料性能汇总 表 6-27

建设年份	项目名称	公路等级	起始桩号	结束桩号	车道	基质沥青	混合料	工艺	年限	磨耗率
1993	Ka-Nee-Ta-Pelton Dam	83	104.9	105.4	SB	NA	F	PBA6-GR	6	0
1994	Tower Road-Stanfield Jct.	2	167.2	167.4	EB	NA	F	PBA6-GR	5	0
1994	Azalea-Jumpoff Joe-Fremont Jct.	1	83.5	83.69	NB	PBA-6	F	对比路段	5	0
1994	Azalea-Jumpoff Joe-Fremont Jct.	1	78.38	80.75	NB	NA	F	PBA6-GR	5	0

续上表

建设年份	项目名称	公路等级	起始桩号	结束桩号	车道	基质沥青	混合料	工艺	年限	磨耗率
1991	181st-Troutdale	2	15.42	15.92	WB	PBA-5	F	对比路段	6	0
1994	Tower Road-Stanfield Jct.	2	163.5	167.1	EB	PBA-6	F	对比路段	5	4.0
1993	Eastside Bypass	50	−3.97	−3.83	EB	PBA-6	F	对比路段	7	4.1
1993	Eastside Bypass	50	−3.97	−3.83	WB	PBA-6	F	对比路段	7	4.6
1993	Ka-Nee-Ta-Pelton Dam	53	105.4	105.6	SB	PBA-6	F	对比路段	6	6.3
1993	Eastside Bypass	50	−4.28	−4.13	WB	PBA-2	F	ISI ARC	7	12.1
1993	Eastside Bypass	50	−4.28	−4.13	EB	PBA-2	F	PRARC	7	12.1
1991	181st-Troutdale	2	16	16.84	WB	AC-5	F	ISI ARC	6	11.3

表 6-28、表 6-29 为各路段在竣工后与 1999 年的路面摩擦系数情况表。表 6-28 为密级配混合料的结果，可以看出各路段的摩擦系数可以接受的范围，橡胶粉路段与对比路段没有明显差别。表为开级配混合料的结果，其中两个橡胶粉路段在刚竣工后摩擦系数较低，但随着时间的推移，橡胶粉路段的摩擦系数与对比路段没有明显差别。

密级配混合料的摩擦系数汇总 表 6-28

项目名称	建设年份(年)	工艺	施工后摩擦系数	1999 年摩擦系数
Lava Butte-Fremont Jct.	1985	PlusRide-12®	60	51
Lava Butte-Fremont Jct.	1985	对比路段	60	61
Lava Butte-Fremont Jct.	1985	Arm-R-Shield®	55	57
Lava Butte-Fremont Jct.	1985	对比路段	58	61
181st-Troutdale	1991	RUMAC	52	53(1997)
181st-Troutdale	1991	对比路段	51	51(1997)
Stark Street	1991	RUMAC	53	45

续上表

项目名称	建设年份(年)	工艺	施工后摩擦系数	1999年摩擦系数
Stark Street	1991	对比路段	56	38
Marine Drive	1991	RUMAC	50	40
Marine Drive	1991	对比路段	49	44
Lakeview Jct. -Matney Road NB	1992	RUMAC	55	37
Lakeview Jct. -Matney Road NB	1992	对比路段	59	31
Eastside Bypass	1992	ISI ARC	41	47
Eastside Bypass	1992	对比路段	45	48

开级配混合料摩擦系数汇总 表 6-29

项目名称	建设年份(年)	工艺	施工后摩擦系数	1999年摩擦系数
Ka-Nee-Ta-Pelton Dam	1993	PBA-6	59	47
Ka-Nee-Ta-Pelton Dam	1993	PBA6-GR	49	45
Tower Road-Stanfield Jct.	1994	PBA-6	41	40
Tower Road-Stanfield Jct.	1994	PBA6-GR	43	39
Azalea-Jumpoff Joe-Fremont Jct.	1994	PBA-6	34	43
Azalea-Jumpoff Joe-Fremont Jct.	1994	PBA6-GR	38	43
Eastside Bypass	1992	ISI ARC	51	47
Eastside Bypass	1992	PRARC	39	50
Eastside Bypass	1992	对比路段	46	53
181st-Troutdale	1991	对比路段	45	46(1997)
181st-Troutdale	1991	ISI ARC	45	46(1997)

表 6-30、表 6-31 为施工阶段、1 年及 5 年时的钻芯芯样空隙率、抗剥落的试验结果。各路段的芯样数量一般为 4 个，2 个在开始段，2 个在末尾段，均取自轮迹带上。由表看出，除 Lakeview Jct. -Matney Rd. 外，所有 RUMAC 路段在完工后的空隙率大于设计空隙率(3%～5%)，Stark Street 与 Marine Drive 两工程分别在完工 2、3 年后产生破坏，主要的破坏形式为松散、坑洞。剩余段的混合料空隙率接近设计空隙率，并没有破坏，所有混合料的抗剥落性能较好。

对于开级配路段，设计空隙率为 7%～16%，所有路段在完工后，均满足设计空隙率。Ka-Nee-Ta-Pelton Dam 工程的试验段与对比路段在完工 1 年后的空隙率均有下降。

密级配混合料空隙率　　表 6-30

项目名称	工艺	施工后空隙率(%)	1年后空隙率(%)	5年后空隙率(%)	剥落百分比
Lava Butte-Fremont Jct.	PlusRide-12®	3.7	4.4	4	N/A
Lava Butte-Fremont Jct.	对比路段	7.1	6.9	8.7	N/A
Lava Butte-Fremont Jct.	Arm-R-Shield®	6.9	5.8	7.7	N/A
Lava Butte-Fremont Jct.	对比路段	6.9	6.6	7	N/A
181st-Troutdale	RUMAC	10.3	5.6	4.3	0
181st-Troutdale	对比路段	6.9	5	8	0
Stark Street	RUMAC	11.3	3.9	5.6	10
Stark Street	对比路段	9.2	9.2	6.6	10
Marine Drive	RUMAC	8.5	5.8	8.7	10
Marine Drive	对比路段	6.2	5.5	4.3	7.5
Lakeview Jct.-Matney Rd.	RUMAC	4.4	4.7	3.4	0
Lakeview Jct.-Matney Rd.	对比路段	5.6	4.7	3.4	0
Eastside Bypass	ISI ARC	3.4	N/A	3.8	0
Eastside Bypass	对比路段	3.5	N/A	N/A	N/A

开级配混合料空隙率　　表 6-31

项目名称	工艺	施工后空隙率(%)	1年后空隙率(%)	5年后空隙率(%)	剥落百分比
Ka-Nee-Ta-Pelton Dam	PBA-6	N/A	11	7.7	0
Ka-Nee-Ta-Pelton Dam	PBA6-GR	N/A	10.9	7.5	0
Tower Road-Stanfield Jct.	PBA-6	15.5	17.6	N/A	0
Tower Road-Stanfield Jct.	PBA6-GR	11.1	14.4	N/A	0
Azalea-Jumpoff Joe-Fremont Jct.	PBA-6	9.1	14.3	N/A	0
Azalea-Jumpoff Joe-Fremont Jct.	PBA6-GR	10	16.3	N/A	0
Eastside Bypass	ISI ARC	5.9	N/A	8.9	5
Eastside Bypass	对比路段	9.2	N/A	9.4	0
181st-Troutdale	对比路段	15.7	12.8	N/A	0
181st-Troutdale	ISI ARC	12.4	8.5	N/A	0

根据 1999 年的调查结果，由路面管理系统软件计算各路段的路况性能指

数，由路况性能指数得到的对比柱状分别见图 6-19、图 6-20。图 6-19 为密级配路面的结果，可以看出，所有对比路段的路况均好于橡胶粉试验段。图 6-20 为开级配路面的调查结果，可以看出，使用 PBA-6GR 技术的路段路况优于对比路段，而使用 ISI 与 PRARC 技术的路段则不如对比路段。这种差别主要来自于使用橡胶粉的粒径不同及橡胶沥青均匀性的差异，PBA-6GR 技术使用 80 目橡胶粉，掺量为 10%～12%；而 ISI 技术使用 16 目橡胶粉，掺量为 15%～20%。

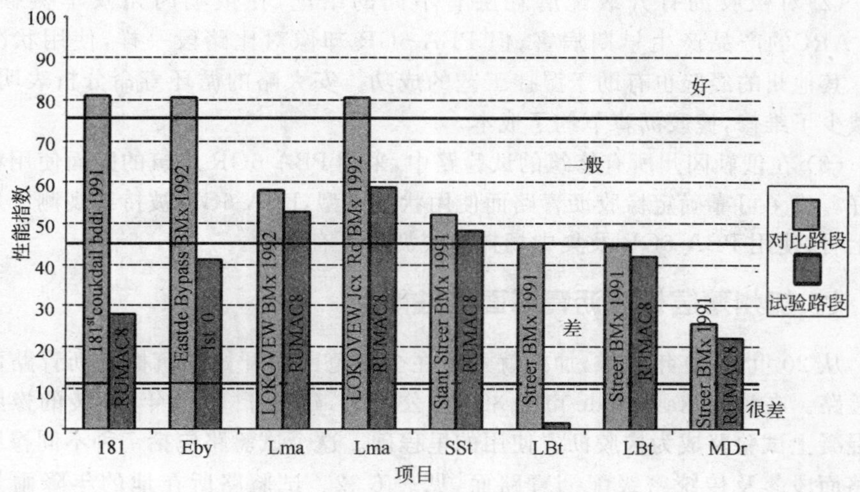

图 6-19　密级配橡胶粉项目

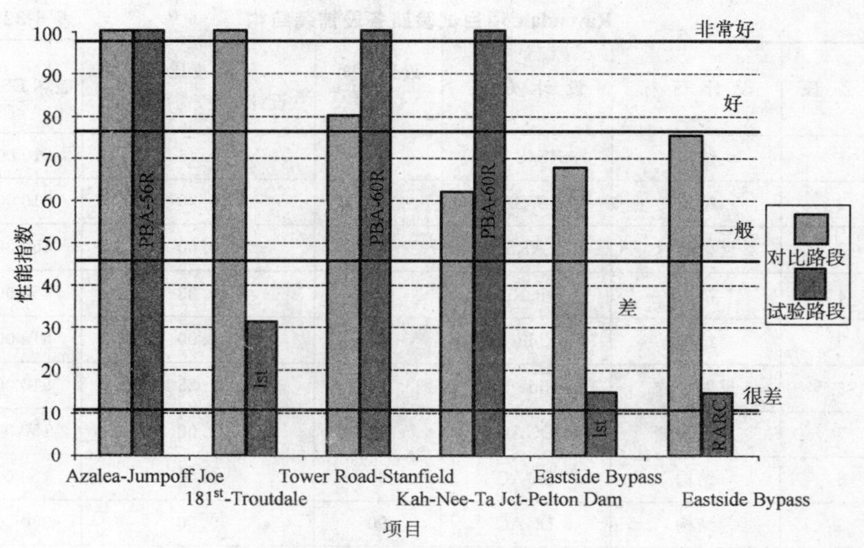

图 6-20　开级配橡胶粉项目

根据美国俄勒冈州试验路应用情况，得到以下结论：

(1)与对比路段相比，RUMAC 与 PlusRide 两种干拌法的橡胶粉沥青路面相对较差，有松散的迹象。尽管 PlusRide 在一些城市使用状况良好，但其他州却并非如此。其他州已经发现干拌法需要在材料选择、材料设计及生产中更加细心。材料不均匀是导致建设问题及早期病害的主要原因。干拌法的工程造价比传统路面增加 50%～100%。

(2)对橡胶沥青开级配磨耗层有不同的结论，在俄勒冈州及华盛顿州，ISI ARC的产品产生早期病害，但 PBA-6GR 却像对比路段一样，使用状况良好。其他州的经验也有助于湿拌工艺的成功。安大略的循环寿命分析表明，由于减少了维修，橡胶沥青节约了成本。

(3) 在俄勒冈州所有修筑的试验路中，采用 PBA-6GR 修筑的路面使用状况最好。为了可靠确定橡胶沥青路面使用状况模型，PBA-6GR 被持续观测。从造价上看，使用 PBA-6GR 及集中场拌橡胶沥青更有优势。

七、加州薄层橡胶沥青罩面的性能

从 20 世纪 70 年代末，加州就开始在全州范围内开始铺筑橡胶沥青路面的试验路。在该州 Ravendale 市的 395 号公路上，建设于 1983 年，铺装的橡胶沥青混凝土试验路成为橡胶沥青使用的里程碑。这个试验路包括 7 种不同橡胶沥青路面段落及传统密级配沥青路面，见表 6-32。试验路所在地的年降雨量为 200～255mm，夏季气温一般超过 32℃，冬季一般在 0℃以下。

Ravendale 项目试验路各段铺装结构 表 6-32

路　段	设计目标	设计方法	设计厚度(mm)	厚度比(设计厚度/需要厚度)	破坏 ESALs
1	结构	ARS/SAMI	75	0.45	510 000
2	结构	ARS/SAMI	45	0.30	510 000
3	反射裂缝	ARS	45	0.60	450 000
4	结构	PlusRide	45	0.33	450 000
5	结构	PlusRide/SAMI	45	1.00	510 000
6	反射裂缝	PlusRide/SAMI	75	1.25	510 000
7	反射裂缝	DGAC	45	1.00	150 000
8	结构	DGAC	60	0.40	150 000
9	结构	DGAC	90	0.50	350 000
10	结构	DGAC	150	1.25	510 000

1995 年，在试验路的车道中央钻取 ARS、DGAC 两路段芯样，采用 Superpave 剪切试验仪对芯样进行反射裂缝试验，试验结果见图 6-21。试验温度为 20℃，荷载模式为应变控制式。试验结果表明，ARS 混合料的抗反射裂缝性能优于 DGAC 混合料。

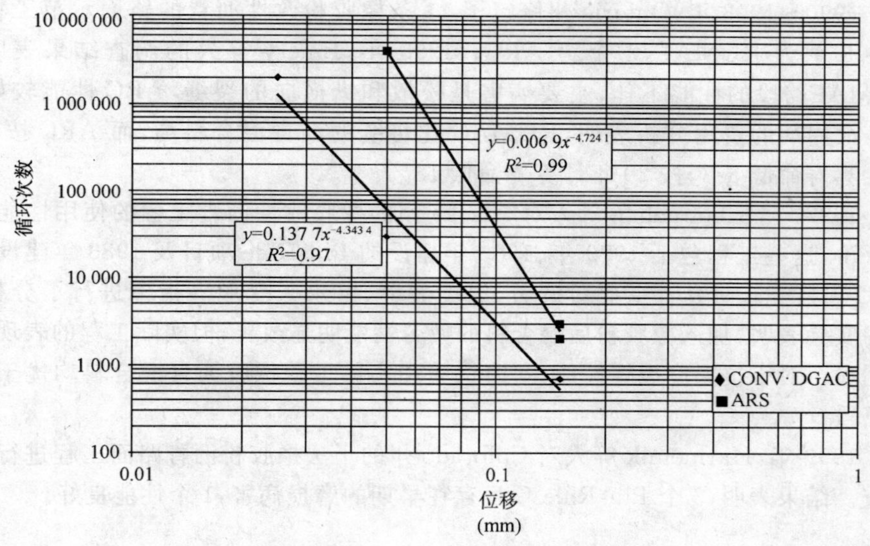

图 6-21　抗反射裂缝试验结果

经过 Ravendale 试验路及其他地区工程的实践，加州于 1992 年提出了使用橡胶沥青断级配进行就沥青路面罩面的设计指南。近年来，该指南也被用于水泥混凝土路面的罩面。指南推荐橡胶沥青断级配混凝土相对于传统密级配沥青混凝土减少厚度 50%。1992 年以后，加州在所有的改造工程中均使用了断级配橡胶沥青混凝土。根据加州多年的薄层橡胶沥青罩面实践经验，得到以下结论：

(1) 使用橡胶沥青的薄层断级配混合料的性能好于传统的非改性沥青混凝土罩面。

(2)在正确设计和严格施工的情况下，薄层的橡胶沥青混凝土罩面有良好的抗永久变形能力。

(3)当使用橡胶沥青，混合料的温度裂缝可以得到改善，这个结论与密实型混合料进行对比得到。

(4)对于断级配橡胶沥青混合料，水稳定性是一个问题，必须通过混合料设计评价。抗剥落剂需要添加，以减少水损坏。

(5)通过室内疲劳试验、反射裂缝试验及力学分析，可以得到薄层橡胶沥青路面的结构强度和反射裂缝的当量厚度。

八、美国其他州的情况

Virginia 州主要使用湿法断级配、密级配沥青混合料。1996 年，Maupin 等人对橡胶沥青路面工程的短期调查结果表明，橡胶粉路段与传统沥青混合料路面使用性能相当。橡胶粉路段增加建设费用 50%～100%。

1990～1993 年，Ontario 州修筑了 11 条橡胶粉改性沥青的路面示范工程，其中 8 个为 RUMAC，1 个为 ARC。1995 年，Emery 等人的调查结果表明，RUMAC路段的性能不佳，主要病害是松散和纵横向的裂缝，ARC 性能较好。对寿命周期的费用分析表明，RUMAC 比传统的沥青混合料高，而 ARC 按 15 年计算寿命低 5%，按 20 年计算寿命低 18%。

1997 年，Saboundjian 等人对 Alaska 州的橡胶改性沥青工程的使用性能进行评价，这些工程包括 1979 年、1985 年建设的 PlusRide 项目及 1988 年建设的 ARC 项目等。研究者主要对疲劳、温度裂缝、抗永久变形等指标进行了分析。室内实验表明，加入橡胶粉后混合料的疲劳性能明显改善，但实际工程的表现并不明显。对于抗温度裂缝性能，室内试验和实体工程橡胶沥青混合料均优于对比路段。

1999 年，Harmelink 等人对 Colorado 州的干法橡胶粉沥青路面工程进行了调查。结果表明，3 个 PlusRide 项目存在早期的磨损病害，1 个性能良好。

第二节　我国橡胶沥青路面使用性能介绍

我国废胎胶粉在沥青路面中的应用也有比较长的历史。早在 20 世纪 80 年代中期，随着我国高等级公路沥青路面建设的发展，废胎胶粉就开始研究使用。当时，由于我国的道路沥青品质不好，为了适合高等级公路沥青路面的修建，借鉴国外的先进技术，一些技术人员提出在沥青或混合料中掺加一定比例的废胎胶粉来改善沥青混合料的技术性能。

但由于当时我国废胎胶粉的加工工艺还没有过关，在常温条件下粉碎轮胎，得到的大多是 1.18mm 或 2.36mm 以上的橡胶颗粒，而生产相对较细目数的低温冷冻产品，其工艺复杂，生产成本高，橡胶粉颗粒表面光滑，不利于在公路行业应用。

橡胶颗粒主要有两种使用途径，一是与沥青直接拌和生产橡胶沥青，二是直接加入到混合料中生产橡胶粉沥青混凝土。实践证明，橡胶沥青对改善沥青路面的使用性能，特别是作为路面结构的防水黏结层或应力吸收层，使用效果十分明显。其中典型的工程有两个，一个是 20 世纪 80 年代末修建的京石高速公路正定试验段，采用澳大利亚提供的橡胶沥青在半刚性基层上面铺筑应力吸收层，然后摊铺了5cm的沥青混凝土，经过十年的大交通量的使用考验，与同期相同条件下修建的没有应力吸收层的9cm、12cm、15cm的沥青路面相比，路面的病害最少。除了与其他试验路段交界的位置出现了两条裂缝外，没有产生其他的病害。通过钻心发现，经过多年行车荷载的作用，原有的应力吸收层与沥青混凝土面层有效地结合在一起，在沥青混凝土的下面1～2cm的位置沥青含量比较高，形成一个富沥青层，很好地起到吸收半刚性基层的反射裂缝和沥青混凝土的抗疲劳作用。另一个是几乎同期修建的广东肇庆马房钢桥面铺装工程。广东肇庆马房大桥钢桥面铺装工程由同济大学和肇庆公路局联合研制了橡胶改性沥青，作为钢桥面板上的防水黏结层。

这些试验和实体工程经验在随后的高等级公路建设中并没有推广使用，原因是多方面的。首先是橡胶沥青的加工工艺没有过关，其次是缺乏大规模施工的机械设备；再加之，橡胶颗粒生产的沥青混凝土主要是在施工过程中常常出现碾压不实等问题，影响了其使用；连续级配沥青混合料橡胶颗粒的粒径偏大等也是其影响因素。因此，到20世纪90年代中期，橡胶颗粒在沥青路面中的应用已比较少。

到90年代后期，为了改善沥青路面的使用性能，降低工程造价，废胎胶粉的使用再次引起了关注。此次的使用与80年代有所不同。

首先通过我国十多年来以高速公路为代表的高等级公路建设，对沥青混凝土路面有更深层次的认识，无论是沥青胶结料的品质，还是混合料的矿料级配，以及对混合料路用性能的认识，比以往都有了长足进步。特别是粗集料断级配混合料在我国沥青路面的广泛使用，为废胎胶粉在沥青路面中的使用奠定了理论基础。

其次，从90年代初，以SBS、PE、SBR等为代表的改性沥青在我国高等级公路中的使用，不仅对改性沥青的形成原理、路用性能评价有了较全面的了解，而且对改性沥青的加工、生产和混合料施工的设备、机械、工艺等逐渐形成体系。这些都为橡胶沥青及混合料的生产和使用奠定了实践基础。

再者，在90年代中期，我国轮胎的粉碎工艺取得突破性进展，形成具有自主知识产权的常温法橡胶粉粉碎工艺。在常温条件下，可以将轮胎粉碎为80～120目的橡胶粉，这样不仅可以大大降低生产成本，改变以往橡胶粉成本过高的不足，同时常温粉碎橡胶粉的颗粒形状比冷冻法更有利于在沥青混合料中的使用，为橡胶粉在公路行业中的使用奠定了物质基础。

从90年代后期，交通部公路科学研究院开始研究橡胶粉在沥青及混合料中的应用技术。2001年交通部西部科技项目管理中心专门立项开展废胎胶粉在沥青路面中的应用研究。先后在一些等级公路上修建了橡胶沥青及混合料的试验路或实体工程，其中既有高速公路，也有重交通公路；既有在南方高温多雨地区的，也有在北方寒冷干旱地区的；既有新建工程，也有旧路改造项目，以及钢桥面铺装工程。表 6-33 列出了其中一些具有代表性的工程，以下将对其中部分主要项目分别介绍。

近年来国内完成的橡胶沥青试验路及实体工程(部分)　　表 6-33

编号	年份	地区	路段	工程类型	等级	工艺
1	2001	广东	肇庆马房大桥钢桥面铺装	改造工程	国道干线	干拌
2	2002	河北	沧州海武公路	新建工程	二级	干拌
3	2002	四川	成都(第一期)	新建工程	城市干线	干拌
4	2002	山东	京福高速公路德州段	改造工程	高速公路	干拌
5	2003	广东	中山 105 国道沙莆—细窖城区段	改造工程	一级	干拌
6	2003	山东	淄博 309 国道	改造工程	一级	干拌
7	2003	四川	成都(第二期)	新建工程	城市干线	干拌
8	2003	广东	中山 105 国道改建鸦岗段	改造工程	一级	干拌
9	2003	河北	衡小高速公路	新建工程	高速公路	干拌、湿拌
10	2003	贵州	关兴公路	新建工程	三级	干拌
11	2004	河北	京秦高速公路	改造工程	高速公路	湿拌、SAMI
12	2004	北京	顺义顺平辅线	改造工程	二级	湿拌、SAMI
13	2004	广东	中山 105 国道板芙路段	改造工程	一级	湿拌、SAMI
14	2005	北京	门头沟南雁路	改造工程	三级	湿拌、SAMI
15	2006	河北	张石高速公路	新建工程	高速公路	湿拌、SAMI
16	2006	北京	京通快速路	改造工程	高速公路	SAMI
17	2006	北京	四环路四元桥铺装	改造工程	城市快速路	湿拌、SAMI
18	2006	北京	四环路看丹桥铺装	改造工程	城市快速路	湿拌、SAMI

一、马房大桥钢桥面铺装

马房大桥位于广东省肇庆市四会县，横跨北江，是国道 324 和 321 的重要咽喉。该桥为公路、铁路两用桥，公路桥与铁路桥平行支撑在同一桥墩。马房桥为 14 孔 64m 简支钢箱梁，正交异性钢桥面板，钢桥面板厚 12mm，每隔 2m 设置一道横梁，采用开口“L”形纵肋，全长 919.6m。1984 年建成，目前变形挠度大，横向变形达到 1mm。

马房大桥位于珠江三角洲，气候属于热带海洋性类型，日平均最高气温 30.7℃，平均最低气温 10.8℃，50 年来极端最高气温 38.7℃，极端最低气温 −1.0℃，日最大降雨量 503.3mm，相对湿度 85%左右。根据大桥收费站的交通量统计资料，1997 年月平均交通量为 461 205 辆(双向)；1998 年为 547 232 辆

(双向)；1999 年 559 676 辆(双向)。2000 年初，与原马房大桥平行的一座公路桥建成通车，去广州方向的走新桥，去肇庆方向的走老桥，交通量明显增大，2000 年上半年为 324 392 辆(去肇庆方向)。

大桥刚建成时，由铁道部有关部门进行桥面的铺装设计，铺装结构为：环氧铝粉漆＋环氧煤焦油＋阿油氯丁胶乳改性沥青混凝土，铺装厚度为 7cm。通车运营 3 个月后，铺装即出现横向、斜向的裂缝，并可见到钢板。其病害主要表现为：特定的地方、特定的气候条件下产生裂缝。如：在钢板的加筋肋顶、箱梁的腹板顶部、铆接的前部(沿行驶方向)出现裂缝；每次降雨后就出现纵向车辙、推移。导致病害的原因：一方面由钢板与沥青混凝土层没有黏结好引起，另一方面也与沥青混合料抗疲劳、抗冲击、热稳性不足有关。

为此，1989 年对桥面铺装进行第一次翻修。翻修时，首先在 1 跨上铺设试验路段，其铺装方案是：环氧沥青漆＋阿油改性沥青(阿油＋PE＋20％30 目左右的橡胶粉)的黏结层＋7cm 沥青混凝土(两层)，在接头处沥青混凝土中掺加钢纤维。到第二次翻修前，试验路段除了纵向裂缝和泛油外基本完好，可以认为原有试验路段的设计方案基本上是成功的。但是，大规模施工后，效果不理想。铺装很快就产生了裂缝、推移、坑槽等病害，特别是在下雨以后破坏尤为严重，图 6-22 为马房大桥在第二次铺装前的使用状态。从图中看到铺装层的车辙、推移病害比较严重，说明现有铺装结构的高温稳定性严重不足。

图 6-22　马房大桥旧桥面状况

2000 年，交通部公路科学研究院承担了马房大桥第二次铺装改造设计。设计中采用了双层胶粉复合改性密级配 SAC 的铺装方案，同时，结合铺装工程的实施进行大量室内与现场的对比试验，这包括：使用了环氧富锌与环氧沥青漆，有无强力胶层，掺加两种纤维及不加纤维的对比，上面层预锯缝与不预锯缝处理。经过室内试验研究，最终确定的铺装主方案从下到上依次为：环氧富锌漆、改性沥青防水层、30%胶粉与 SBS 复合改性 SAC10、玻纤格栅、改性沥青防水层、30%胶粉与 SBS 复合改性 SAC13，整个铺装厚度为 8cm。

在马房桥钢桥面铺装设计中重点考虑提高高温稳定性与加强层间黏结，并采取一系列相应措施。2001 年 8 月马房大桥钢桥面铺装工程顺利完成，到 2006 年，该桥已通车 4 年多，从实际使用效果看，马房桥的铺装方案有效解决了以上问题。表 6-34 为马房桥铺装材料的室内车辙试验结果，可以看出几种掺加胶粉的混合料动稳定度水平较高。图 6-23 是马房桥行车道实测的车辙深度变化曲线，整个桥分为 3 段统计分析。总的来看，尽管马房桥的交通量很大，气候条件不利，但全桥的铺装层车辙深度都比较小。使用两年后极端最大车辙深度 5mm，3 段车辙深度平均在 2.9mm 左右。从 3 段的车辙比较看，第三段最小，第一段最大，第二段居中。从每个时间段的检测结果看，2001 年夏季通车期间，车辙发展比较快。

胶粉复合改性沥青铺装混合料车辙试验结果（70℃、0.7MPa） 表 6-34

面　层	混合料类型	动稳定度(次/mm)	相对变形(%)
下面层	SAC10+R	3 611	4.88
	SAC10+B+R	4 261	4.12
	SAC10+D+R	4 458	3.91
上面层	SAC13+R	5 185	4.42
	SAC13+B+R	3 961	4.30
	SAC13+D+R	3 801	4.51

注：B 与 D 分别为两种不同的化学纤维。

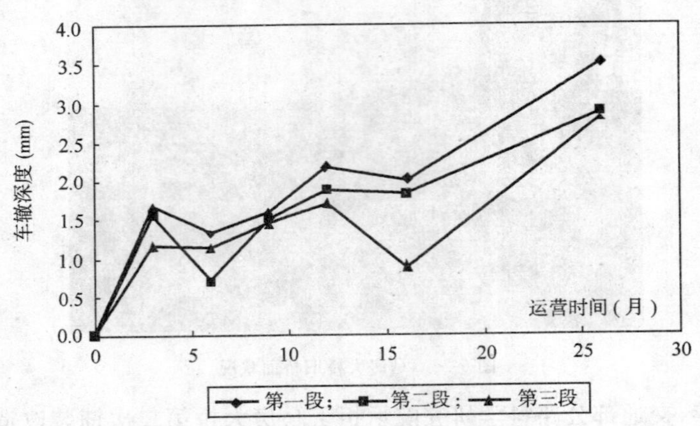

图 6-23　铺装结构车辙深度变化曲线

目前，马房桥铺装的病害是：分布于重车道、沿着轮迹带的纵向裂缝（见图 6-24），裂缝在横隔板处断开，呈不连续分布，同时裂缝的位置与纵肋一致。这种纵向裂缝的产生不但与材料本身有关，还与钢箱梁桥的结构特点及汽车轮胎边缘应力集中等因素有关。另外，当时为弥补 SBS 改性沥青的高温稳定性不足，使用了建筑用固体沥青，这也加速了裂缝的出现。在裂缝处进行跨缝钻芯(见图 6-25)，由芯样可以看出，裂缝集中于上面层。Kenji HIMENO 等人针对纵裂问题调查日本 50 多座钢桥面铺装的使用情况，也得到了相同的结论。

图 6-24　马房桥铺装纵向裂缝

图 6-25　马房桥铺装纵缝处芯样

二、河北正港公路试验路

正港公路为正定到黄骅港的省道，设计标准为二级公路，路面宽度 11.5m。该公路所经过地区属于暖温带季风气候，年平均气温 12.3℃，一月平均气温 −4.6℃，七月平均气温 26.7℃，极限最高气温 42.1℃，极端最低气温 −21℃，年平均降雨量 657mm，无霜期 210d，冰冻深度 50cm。正港公路的单车道累计设计标准轴次为 22.84 万次，一般路段的路面结构为：4cmAC16I＋5cmAC25I＋15cm 水泥稳定级配碎石＋30cm 石灰土。

试验路位于正港公路的沧州段(见图 6-26)，桩号为 K71＋080～K75＋000，全长 3.9km，主要采用干拌法橡胶沥青路面技术，具体研究内容为：

图 6-26　河北正港橡胶沥青路面试验路

(1)研究不同目数(40目、80目、120目)的橡胶粉沥青混合料的路用性能及对干拌工艺的适用性,并对比于SBS改性沥青混合料;

(2)研究SAC10与SMA10两种间断级配对于干拌橡胶粉沥青混合料的适用性;

(3)研究用胶粉代替纤维对于SMA沥青混合料的适用性,进而降低SMA造价;

(4)研究橡胶颗粒在水泥稳定碎石基层中的应用。

试验路的下面层统一为重交沥青SAC16,上面层根据研究目的不同,共有9种材料,见表6-35及图6-27。

正港试验路各段上面层沥青混凝土　　表6-35

段落	级配	沥青	石料	外掺料	厚度(mm)	长度(m)
第一段	SAC10	重交70号	石灰岩	80目胶粉	25	514
第二段	SAC10	重交70号	石灰岩	80目胶粉	20	271
第三段	SMA10	重交70号	玄武岩	80目胶粉	20	427
第四段	SMA10	重交70号	玄武岩	80目胶粉+纤维	20	637
第五段	SMA10	SBS改性	玄武岩	纤维	20	461
第六段	SAC10	SBS改性	玄武岩	—	20	390
第七段	SAC10	重交70号	玄武岩	40目胶粉	25	425
第八段	SAC10	重交70号	玄武岩	80目胶粉	25	470
第九段	SAC10	重交70号	玄武岩	120目胶粉	25	325

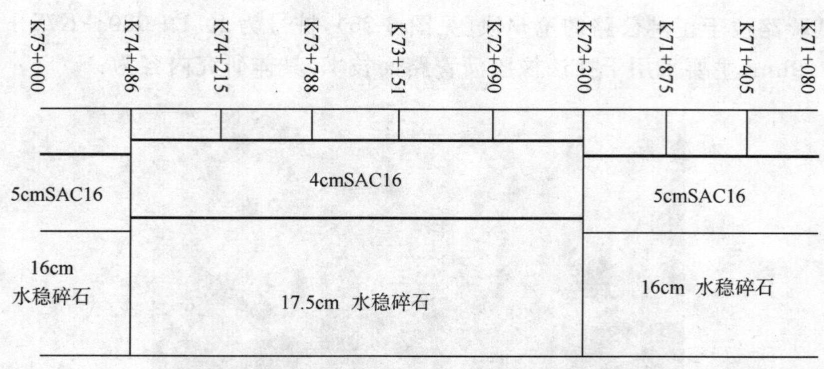

图6-27　河北正港试验路路面结构布置图

正港试验路采用的两种沥青为重交70号沥青、SBS改性沥青,实测指标见表6-36和表6-37。

普通沥青试验结果 表 6-36

试验项目			实测值	技术要求
针入度(25℃,100g,5s)		(0.1mm)	56	50～70
延度(5cm/min,15℃)		不小于(cm)	143	100
软化点(环球法)		不小于(℃)	46	50
闪点(COC)		不小于(℃)	—	230
含蜡量(蒸馏法)		不大于(%)	—	3
溶解度(三氯乙烯)		不小于(%)	—	99.0
薄膜加热试验(163℃,5h)	质量损失	不小于(%)	0.10%	0.8
	针入度比	不小于(%)	69.23%	55
	延度(25℃)	不小于(cm)	≥150	50
	延度(15℃)	不小于(cm)	57	实测记录

改性沥青试验结果 表 6-37

试验项目			实测值
针入度(25℃,100g,5s)		(0.1mm)	73
针入度指数			−0.03
延度(5cm/min,15℃)		(cm)	51
软化点(环球法)		(℃)	83
弹性恢复(25℃)		(%)	96.7%
薄膜加热试验(163℃,5h)	质量损失	(%)	0.08%
	针入度比	(%)	65.75%
	延度(5℃)	(cm)	24.5

由以上试验数据看出:普通沥青软化点偏低(未达到试验路对普通沥青的要求),即沥青结合料的高温指标偏低,这必然会导致其混合料高温稳定性不足,随后的车辙试验结果也证明了这一点。

试验路采用的表面层混合料级配见表 6-38。根据该级配,通过马歇尔试验确定的最佳油石比及对应的马歇尔密度见表 6-39。

试验路采用的表面层混合料级配范围 表 6-38

孔径(mm)		13.2	9.5	4.75	2.36	1.18	0.6	0.3	0.15	0.075
通过率(%)	SMA10	100	100～90	36～22	28～18	26～14	22～12	18～10	16～9	12～8
	SAC10	100	100～90	40～30	32～23	25～17	20～13	16～10	13～8	10～6

试验路所用各种沥青混合料最佳油石比与标准密度 表 6-39

级配	沥青	橡胶粉	纤维	石料类型	设计油石比	密度(g/cm^3)
SAC10	AH-70 号	20%40 目	—	玄武岩	5.10%	2.479
	AH-70 号	20%80 目	—	玄武岩	5.07%	2.477
	AH-70 号	20%120 目	—	玄武岩	4.90%	2.492
	AH-70 号	—	—	玄武岩	4.96%	2.510
	AH-70 号	20%80 目	—	石灰岩	4.90%	2.455
	SBS 改性	—	—	玄武岩	5.18%	2.502

续上表

级配	沥青	橡胶粉	纤维	石料类型	设计油石比	密度(g/cm³)
SMA10	AH-70 号	—	用	玄武岩	6.35%	2.459
	AH-70 号	20%80 目	用	玄武岩	6.20%	2.432
	AH-70 号	20%80 目	—	玄武岩	5.64%	2.4570
	SBS 改性	—	用	玄武岩	6.22%	2.4700

表 6-40 为各种沥青混合料的水稳定性试验结果，表中数据表明，掺加橡胶粉后，混合料的水稳定性得到了明显改善。

试验路混合料水稳定性试验结果 表 6-40

级配	沥青	石料	橡胶粉	纤维	残留稳定度试验			冻融劈裂试验		
					S_2 (kN)	S_1 (kN)	S_0	条件 (MPa)	非条件 (MPa)	TSR
SAC10	AH-70 号	玄武岩	20%40 目	—	8.6	9.3	91.9%	0.55	0.65	84.6%
			20%80 目	—	8.5	9.3	91.2%	0.56	0.61	91.8%
			20%120 目	—	8.0	9.1	87.5%	0.56	0.59	94.8%
			—	—	8.5	9.8	86.7%	0.47	0.70	66.8%
		石灰岩	20%80 目	—	8.6	10.3	84.0%	0.60	0.61	97.8%
	SBS 改性	玄武岩	—	—	12.9	13.3	96.8%	0.79	0.87	90.9%
SMA10	AH-70 号	玄武岩	—	纤维				1.39	1.99	69.9%
			20%80 目	纤维	6.5	7.0	92.2%	0.56	0.65	85.7%
			20%80 目	—	6.2	6.9	89.6%	0.51	0.68	74.7%
	SBS 改性		—	纤维	11.4	11.8	96.5%	0.67	0.65	102.0%

车辙试验按实际油石比及马歇尔密度的 98%成型。表中的永久形变为荷载轮作用 60min 的变形减去 1min 时变形的差相对试件厚度的百分率。由表 6-41试验结果可以看出：无论是 SAC10 还是 SMA10，在加入胶粉后，其动稳定度明显提高，永久形变减少，而且其动稳定度都远大于规范中关于高速公路的规定。不同目数橡胶粉对混合料的高温稳定性的改善结果是不相同的，就本试验中的 SAC10 而言，加 80 目胶粉效果最好，与不加的相比动稳定度提高 5 倍，相对变形减小约 60%，充分体现了胶粉对沥青的改性作用。同为 SAC10 级配及同样的胶粉目数，玄武岩混合料的高温稳定性优于石灰岩的。从 SMA 的对比中看出，纤维对混合料高温稳定性改善有限，并远不如胶粉的作用。对比 SAC10 和 SMA10 两种级配的普通沥青、普通沥青加 80 目胶粉及改性沥青的试验结果，可以看出 SAC10 的高温稳定性优于 SMA10。

试验路混合料车辙试验结果　表 6-41

级配类型	沥　　青	石料种类	掺 加 材 料	永久形变	动稳定度(次/mm)
SAC10	70 号重交沥青	玄武岩	40 目胶粉	5.2%	2 171
			80 目胶粉	3.5%	3 589
			120 目胶粉	3.8%	2 395
			—	12.2%	702
		石灰岩	80 目胶粉	3.6%	2 841
	SBS 改性沥青	玄武岩	—	1.6%	6 351
SMA10	70 号重交沥青	玄武岩	纤维	19.5%	441
			纤维＋80 目胶粉	3.9%	3 242
			80 目胶粉	4.1%	3 009
	SBS 改性沥青		纤维	2.1%	6 217
SAC16	70 号重交沥青	石灰岩	—	9.5%	882

低温弯曲破坏试验是国内外常用的沥青混合料低温抗裂性评价方法。试验采用尺寸为 250mm(长)×30mm(宽)×35mm(高)的小梁(车辙板切割而成),先放入—18℃冰箱中 3h 以上,而后在 MTS 上以 50mm/min 的加荷速率进行试验确定沥青混凝土的低温劲度模量和破坏应变,试验结果见表 6-42。

低温弯曲试验结果　表 6-42

级配类型	沥　　青	石料种类	掺 加 材 料	破坏应变($\mu\varepsilon$)	劲度模量(MPa)
SAC10	70 号重交沥青	玄武岩	40 目胶粉	1 144	4 289
			80 目胶粉	1 069	3 898
			120 目胶粉	1 163	4 512
			—	1 024	5 552
		石灰岩	80 目胶粉	951	4 513
	SBS 改性沥青	玄武岩	—	2 585	3 380
SMA10	70 号重交沥青	玄武岩	纤维	910	4 963
			纤维＋80 目胶粉	1 029	3 446
			80 目胶粉	1 625	3 018
	SBS 改性沥青		—	2 769	2 598
SAC16	70 号重交沥青	石灰岩	—	830	6 141

对比试验结果可以看出:无论是 SAC10 还是 SMA10,加入胶粉后沥青混合料破坏应变增加,破坏劲度模量减少,即低温抗裂性得到改善。就低温抗裂性而

言,SBS改性沥青混合料＞橡胶沥青混合料＞普通沥青混合料;同时SMA10优于SAC10。

表6-43为施工期间,上面层沥青混合料车辙的试验结果。由表中数据可知,橡胶粉沥青混合料有较好的高温稳定性。

上面层各混合料车辙试验结果 表6-43

混合料类型	日　期	样本量	动稳定度(次/mm)			平均值
SAC10(石灰岩)＋80CR	8月17日	1	3 742	—	—	3 742
SMA10＋胶粉	8月18日	2	4 708	4 213	—	4 461
SMA10＋纤维＋胶粉	8月19日	3	5 764	5 371	4 579	5 238
SMA10(改性沥青)＋纤维	8月20日	3	3 834	3 176	4 459	3 823
SAC10(改性沥青)	8月21日	3	6 575	4 589	9 579	6 914
SAC10＋40CR	8月24日	1	2 041	—	—	2 041
SAC10＋80CR	8月25日	2	2 022	1 975	—	1 999
SAC10＋120CR	8月25日	3	6 058	4 122	3 726	4 635

试验路于2002年8月建成通车,2003年9月,对试验路进行了路况调查,结果见表6-44和表6-45。该试验路主要病害是横向裂缝,每隔20m左右1条。在裂缝处,进行跨缝钻芯发现:尽管沥青面层铺装厚度较薄,面层的横向裂缝与基层裂缝并不对应,有些基层并未开裂,或基层上部未开裂,仅是下部出现裂缝,面层却出现较明显的横向裂缝。这说明该试验段的横向裂缝以面层的温度裂缝为主。对比第七、八、九段的裂缝间距可以发现:目数对橡胶粉沥青路面的裂缝间距有较大影响,目数越大,即橡胶粉越细,其混合料的低温性能越好。

正港试验路路况调查情况表 表6-44

段落	级配	沥　青	石料	外掺料	裂缝(条)	裂缝间距(m)	修补(m^2)	网裂(m^2)	泛油(m^2)
第一段	SAC10	重交70号	石灰岩	80目	36	14.3	—	—	0.8
第二段	SAC10	重交70号	石灰岩	80目	13	20.8	—	—	—
第三段	SMA10	重交70号	玄武岩	80目	18	23.7	—	—	0.25
第四段	SMA10	重交70号	玄武岩	80目纤维	37	17.2	—	—	—
第五段	SMA10	SBS改性	玄武岩	纤维	20	23.1	—	—	—
第六段	SAC10	SBS改性	玄武岩	—	18	21.7	—	—	—
第七段	SAC10	重交70号	玄武岩	40目	24	17.7	—	1.0	—
第八段	SAC10	重交70号	玄武岩	80目	21	22.4	—	—	—
第九段	SAC10	重交70号	玄武岩	120目	12	27.1	0.2	—	—

正港试验路抗滑性能试验结果　　表 6-45

段落	桩号范围	级配	沥青	石料	外掺料	竣工时		1 年后
						构造深度	摆值	构造深度
第一段	K75＋000～K74＋486	SAC10	AH-70 号	石灰岩	80 目 CR	0.9	50	0.6
第二段	K74＋486～K74＋215	SAC10	AH-70 号	石灰岩	80 目 CR	1.1	51	0.6
第三段	K74＋215～K73＋788	SMA10	AH-70 号	玄武岩	80 目 CR	1.4	48	0.8
第四段	K73＋788～K73＋151	SMA10	AH-70 号	玄武岩	80 目 CR＋纤维	1.2	47	0.8
第五段	K73＋151～K72＋690	SMA10	SBS 改性	玄武岩	纤维	1.6	39	1.1
第六段	K72＋690～K72＋300	SAC10	SBS 改性	玄武岩	—	2.1	38	1.2
第七段	K72＋300～K71＋875	SAC10	AH-70 号	玄武岩	40 目 CR	1.3	46	0.9
第八段	K71＋875～K71＋405	SAC10	AH-70 号	玄武岩	80 目 CR	1.3	44	0.9
第九段	K71＋405～K71＋080	SAC10	AH-70 号	玄武岩	120 目 CR	1.6	41	0.8

无论是有裂缝处还是无裂缝处，芯样共同的特点是：

(1)基层与沥青层脱开，这是由于基层表面清理不干净，同时其界面状态在使用中进一步恶化，最终形成滑动体系；

(2)芯样的沥青面层多孔，直观看去更似 OGFC 级配。

在橡胶粉水稳基层段产生两处网裂，网裂位于行车道的内侧轮迹带上，并形成唧浆。钻芯发现是由于橡胶粉在水泥稳定碎石中拌和不均匀，在使用过程中，受到环境的影响，导致橡胶粉在基层中局部膨胀，从而造成面层出现网裂。

河北正港试验路尽管交通量不大，但重车比例高，试验内容比较多，因此在一定程度上能反映出橡胶粉沥青混凝土的使用效果。该试验路主要研究在华北这一冬季严寒、夏季高温的地区，采用干拌法施工的橡胶沥青路面使用性能，同时对比 SBS 改性沥青路面。橡胶沥青混合料在级配上选择两种间断、密实型级配 SAC10 与 SMA10；分别掺加 40 目、80 目、120 目 3 种胶粉，剂量均为沥青重量的 20%；石料方面有石灰岩与玄武岩两种；为提高玄武岩混合料水稳定性，使用水泥代替矿粉。结构方面包括:2cm＋5cm 与 2.5cm＋5cm 两种,前者设置了双层防水层,后者则采取单层防水层,防水层设置于表面层底面。

(1)本试验路共铺筑了 7 种橡胶沥青路面与 2 种 SBS 改性沥青对比路段。通过试验路工程,探讨干拌法施工工艺,并进行跟踪观测,研究其长期性能。如此大规模、全面的研究干拌法施工橡胶沥青路面在国内还是首次。

(2)采用干拌法施工,无需增加设备,施工上简单可行;在工艺上,与常规沥青路面施工没有太大区别。

(3)掺量为 20% 的精细胶粉,施工中并没有发现碾压不成型或反弹现象。通过对 1 年的跟踪观测,没有坑槽出现。

(4)石灰岩 SAC10 混合料在碾压过程中,粗集料破碎严重,看来对于薄表面层一定要采用压碎值较高的优质石料。

(5)从钻芯的芯样来看,其共同特点之一就是沥青层与基层脱开,一方面反映出基层表面清理不干净,透层没有发挥作用;另一方面,层间黏结状态随时间产生变化。

(6)本试验路分别修筑掺量为 1%、2%(矿料重)的 18 目胶粉的橡胶水泥稳定基层各 100m,从施工情况看,2%掺量碾压重有反弹现象。经过 1 年使用,该路段出现两处网裂。对产生网裂处钻芯取样,发现胶粉没有拌和均匀。这路段试验路还需要进行跟踪观测,观察其长期使用性能。

三、广东 105 国道改造工程

广东 105 国道改造工程位于中山市境内,分为两段。一段为沙朗—细滘桥改造路段中的东升、小榄、东凤的 3 个城区路段,双车道 8.57km,路面宽度 31m,总铺装面积达 26.6 万 m^2。该路段属于旧路改造项目,原路基路面结构复杂,且交通量较大,重车较多,沙朗路段达到 5 万～6 万辆,于 2003 年 5 月建成(见图 6-28);另一段为鸦岗路段,全长为 2km,昼夜交通量为 3 万辆,于 2003 年 8 月建成(见图 6-29)。

图 6-28　广东 105 国道沙朗路段

图 6-29　广东 105 国道雅岗路段

图 6-30 为沙朗路段典型的路面结构形式，沥青面层总厚度为 8～9cm，属于薄层铺装结构。其表面层原有混合料设计类型为：SAC10（SBS 改性沥青）、SAC10（AH70 号＋20％40 目橡胶粉）、SAC10（AH70 号＋20％80 目橡胶粉）、SAC10（AH70 号＋20％120 目橡胶粉）、OGFC10（AH70 号＋20％40 目橡胶粉）、OGFC10（AH70 号＋20％80 目橡胶粉）、OGFC10（AH70 号＋20％120 目橡胶粉），铺装厚度 3～4cm，每种结构铺设不少于 1km，后考虑到老路改建的特殊性，环境污染较大，施工管理比较困难，OGFC10 路段每种结构减少到 200～300m。

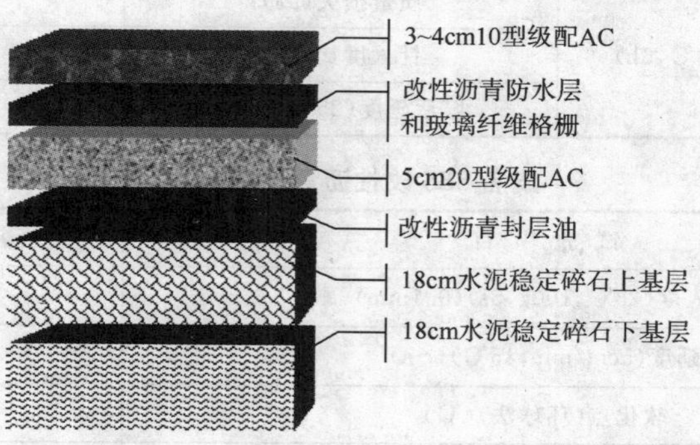

图 6-30　沙朗路段橡胶沥青路面铺装结构

该路段是位于城区的国道主干线，交通量大（日交通量达到 5 万～6 万辆，载货汽车比例高），交通干扰多（路口多），且不能断路施工，这都给本工程带来较大的施工困难。该工程于 2002 年下半年开始路面结构施工，2003 年 1 月大部分路段铺设了下面层并通车。到当年 2、3 月份，相当一部分路段先后出现了网裂、推移、车辙、不均匀沉陷等病害。经过深入的调查、分析、论证，针对暴露出的问题采取了及时的补救措施，通过加强施工管理和质量控制，特别是半刚性基层的施工，使路面结构得到了有效的补强。该路段在大交通量的环境下使用至今没有再发生结构性的破坏。

该试验路表面层橡胶沥青混合料采用当地产反击式破碎的花岗岩石料，填料采用 42.5 级普通硅酸盐水泥，基质沥青为茂名普通沥青 70 号-1 型，采用常温粉碎的斜交胎胶粉（40 目、80 目、120 目），并采用干拌工艺。作为对比路段的表面层采用茂名 SBS 改性沥青。表 6-46 和表 6-47 分别为试验路采用的两种沥青的试验检测结果。

茂名 70 号沥青技术参数　　表 6-46

试验项目	AH70-1
针入度（25℃，100g，5s）（0.1mm）	68
延度（5cm/min，15℃）（cm）	＞150
软化点（环球法）（℃）	47

续上表

试 验 项 目		AH70-1
闪点(℃)		355
溶解度(%)		99.74
密度(g/cm³)		1.029
蜡含量(%)		1.32
薄膜加热试验(163℃,5h)	质量损失(%)	0.02
	针入度比(%)	75
	膜后延度(25℃)(cm)	>150

茂名SBS改性沥青技术参数 表 6-47

试 验 项 目		茂名SBS改性沥青
针入度(25℃,100g,5s)(0.1mm)		79
延度(5cm/min,15℃)(cm)		44.3
软化点(环球法)(℃)		79.6
动力黏度(Pa·s)		1.33
闪点(℃)		330
溶解度(%)		99.93
软化点差(0.1mm)		0.4
弹性恢复(%)		97
PI		−0.18
密度(g/cm³)		1.019
薄膜加热试验(163℃,5h)	质量损失(%)	0
	针入度比(%)	74.7
	膜后延度(5℃)(cm)	27

该试验路混合料采用的SAC10级配同正港试验路。配合比设计方法采用马歇尔击实试验(每面75次),按设计空隙率4%确定油石比,表6-48为该试验路某个标段的各种混合料最佳油石比。表6-49为试验路某个标段施工过程中各种混合料油石比的抽提结果。从表中数据看出,整个施工过程的油石比控制基本满足设计要求。

SAC10系列混合料最佳油石比的确定 表 6-48

混合料类型	SAC10(40)	SAC10(80)	SAC10(120)	SAC10(SBS)
按设计空隙率4%	5.77%	5.78%	5.65%	5.50%

各混合料抽提油石比分析　　表 6-49

混合料类型	样本量	平均值(%)	标准差(%)	变异系数(%)	容许范围	超范围点
SAC10(40)	2	5.49	0.07	1.3	5.10～5.70	0
SAC10(80)	3	5.43	0.05	0.9	5.05～5.65	1
SAC10(120)	3	5.54	0.25	4.6	5.00～5.60	0
SAC10(SBS)	6	5.39	0.16	2.9	5.10～5.70	0

图 6-31 为该标段现场空隙率的检测结果，从图中可以看出，混合料的现场空隙率分布基本为对数正态分布，其峰值范围在 5%～6.5%之间，最小值为 2%左右，最大可达到 11%。总体来说基本满足设计要求。

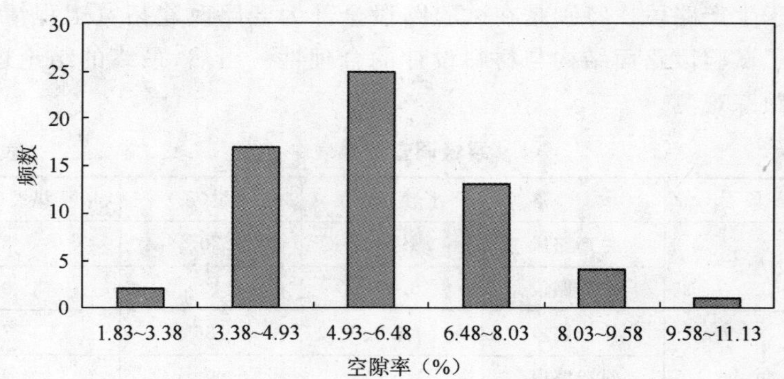

图 6-31　现场空隙率分布图

表 6-50 为各种混合料施工期间的车辙抽检试验结果，其动稳定度在 3 000～6 000 次/min 之间，且目数的不同对混合料高温性能没有明显影响，总体说明混合料具有较好的高温稳定性。

各混合料车辙试验结果(次/mm)　　表 6-50

日　期	混合料类型	1	2	3	平均
左　幅					
4 月 22 日	SAC10(40)	5 598	3 209	4 715	4 507
4 月 22 日	SAC10(80)	3 910	5 439	—	4 675
4 月 22 日	SAC10(80)	3 275	5 403	3 593	4 090
4 月 24 日	SAC10(120)	2 901	2 717	3 362	2 993
4 月 26 日	SAC10(SBS)	5 926	5 000	—	5 463
右　幅					
5 月 15 日	SAC10(80)	4 987	6 765	3 821	5 191
5 月 15 日	SAC10(120)	5 789	6 490	5 431	5 903

表6-51为试验路段表面构造深度的检测结果。试验路尽管采用了10型混合料级配，但由于采用断级配原理，大大增加了粗集料含量，因此混合料具有良好的抗滑性能。

构造深度抽检情况　　表6-51

标　段	样本量	平均值	标准差	变异系数
标段A	18	0.9	0.2	20.1%
标段B	9	0.8	0.1	7.5%

2004年2月，由东升工区对沙朗路段(包括生产路段)的沥青路面裂缝情况进行了调查，结果见表6-52。由表中数据可知，两个标段的试验段的横裂、纵裂都明显少于生产路段。特别是在试验路段全部为老路改建拓宽工程情况下，这初步证明了试验段路面结构与材料设计的合理性。当然，最终的结论还需要更长时间的跟踪观测。

裂缝调查结果表　　表6-52

标　段	段　落	长度(km)	横裂(条)	纵裂(条)
标段A	生产路段	4.883	70	8
	试验路段	5.271	12	0
标段B	生产路段	6.8	186	7
	试验路段	3.3	9	2

该试验路是第一次在高等级、大交通量的公路上铺设橡胶沥青混凝土路面，从其铺设的里程角度看已达到实体工程的要求(总长度达8km)。因此，它的铺设对评价废胎胶粉在我国公路沥青路面中的应用情况十分有价值。

不仅如此，该工程作为改建项目(由原来的双向4车道，扩建为双向6车道，局部路段为双向8车道)，对路面结构设计提出了更高要求，这对完善橡胶沥青路面结构设计提供了很好的机遇。从该路段的实施中体会到，良好的路面不仅仅需要选择优质材料，而且更需要有完善的结构设计和严格的施工质量控制作为保障。

本试验路段的实施成功说明废胎胶粉在我国南方多雨地区是适用的，也适合于重载交通的要求。表面层石料可采用酸性的硬质石料，而不一定选择玄武岩。

在该试验路铺设之后的半年，又在该地区的鸦岗路段铺设了橡胶沥青混凝土路面(干拌工艺)，该路段为水泥路面的加铺改造工程，结构形式为：下面层为SAC20(完全断级配)＋20％40目橡胶粉沥青混凝土，上面层为SAC10＋改性沥青和SAC10＋20％80目橡胶粉沥青混凝土。

四、四川石胜路试验路

四川石胜路为二级公路，位于成都市三环与外环的锦江区内，以武侯大道东沿线的永安桥为起点，横穿成仁线、成龙线，连接老成渝路。该试验的主要目的是：对比橡胶粉改性沥青混凝土与SBS改性沥青混凝土的试验性能，同时，对比相同掺量的不同目数及相同目数不同掺量的橡胶沥青混合料的路用性能及其使用效果，并通过整个试验路工程的实施，探讨其施工工艺。

试验路实际分为两期：一期工程1.2km，采用密级配SAC10铺设4种试验路结构：SAC10(SBS改性沥青)、SAC10(AH70号+20%40目橡胶粉)、SAC10(AH70号+20%80目橡胶粉)、SAC10(AH70号+20%120目橡胶粉)；二期工程1.8km，采用开级配OGFC10铺设3种试验路结构：OGFC10(AH70号+10%80目橡胶粉)、OGFC10(AH70号+20%80目橡胶粉)、OGFC10(AH70号+30%80目橡胶粉)，见图6-32。一期工程于2002年12月份建成，施工期间气温在10～15℃；二期工程于2003年9月份完工。

a)

b)

图 6-32 四川成都试验路情况

a)一期；b)二期

2002年11～12月实施试验路第一阶段工程，里程桩号为K0+060～K1+180，共1 120m。由于工程建设费用原因，取消了改性沥青防水层，因此原计划的OGFC10表面层的结构也不得不取消，调整后的路面结构见表6-53。

试验路段结构表 表 6-53

里程桩号	编号	方向	面层结构
K0+060～K0+560	结构一	左幅	2.5cmSAC10(改性沥青)+5cmSAC20(70号沥青)
K0+060～K0+620	结构二	右幅	2.5cmSAC10(70号沥青+20%40目)+5cmSAC20(70号沥青)

续上表

里程桩号	编号	方向	面层结构
K0＋620～K1＋180	结构三	右幅	2.5cmSAC10(70号沥青＋20％80目)＋5cmSAC20(70号沥青)
K0＋560～K1＋180	结构四	左幅	2.5cmSAC10(70号沥青＋20％120目)＋5cmSAC20(70号沥青)

本试验段橡胶沥青混凝土(干拌工艺)主要采用埃索70号重交通沥青，其技术指标见表6-54。试验路石料采用当地河滩卵石通过反击式破碎机轧制而成的石料，分为三种规格：10～20mm、5～10mm、0～3mm。填料采用42.5级水泥。其使用的SAC10型级配的范围同正港试验路。

埃索70号重交通沥青试验 表6-54

试验项目		埃索70号
针入度(25℃,100g,5s)(0.1mm)		69
延度(5cm/min,15℃)(cm)		＞150
软化点(环球法)(℃)		48.8
密度(25℃)(g/cm³)		1.029
溶解度(％)		99.4
薄膜加热试验(163℃,5h)	质量损失(％)	0
	针入度比(％)	73.9
	延度(25℃)(cm)	＞150
	延度(15℃)(cm)	102.1

表6-55为试验路采用的80目橡胶沥青混凝土(干拌工艺)与对比路段SBS改性沥青混凝土各种技术指标的对比。从表中数据看出，除小梁低温弯曲试验性能略差外，其他各项指标橡胶沥青混凝土与SBS改性沥青混凝土基本相当。

表面层密实型级配4％空隙率油石比表 表6-55

试验内容	级配	SAC10＋20％80目橡胶粉	SAC10＋SBS改性沥青
马歇尔试验	油石比	5.05	5.5
	密度	2.379 5	2.390 0
水稳定性	冻融劈裂	72.13％	82.77％
	残留稳定度	135.15％	104.04％
高温性能	动稳定度	3 424	3 578
	相对变形	3.21％	3.25％
低温性能	弯拉应变(×10⁻⁶)	1 071	2 084
	劲度模量(MPa)	1 609	2 672

根据马歇尔试验设计空隙率4%确定试验路各种混合料的油石比，SAC10(改性沥青)为5.8%；SAC10(70号沥青＋20%40目胶粉)为5.6%；SAC10(70号沥青＋20%80目胶粉)为5.5%；SAC10(70号沥青＋20%120目胶粉)为5.3%。按照确定的油石比进行了浸水马歇尔试验，从试验结果看出，浸水马歇尔试验满足试验路技术要求(见表6-56)。

生产配合比试验结果 表6-56

混合料类型	油石比	理论密度 (g/cm³)	蜡封密度 (g/cm³)	空隙率 (%)	饱和度 (%)	设计油石比 (%)	残留稳定度 (%)
SAC10＋SBS	5.6	2.503	2.3500	6.1	66.3	5.8	91.6
	5.8	2.496	2.3837	4.5	73.9		
	6	2.49	2.3650	5.0	72.2		
SAC10＋20%40目	5.6	2.465	2.3850	3.2	79.2	5.6	92.0
	5.8	2.458	2.4277	1.2	91.3		
	6	2.451	2.4263	1.0	92.9		
SAC10＋20%80目	5.6	2.466	2.3917	3.0	80.2	5.5	95.4
	5.8	2.458	2.4300	1.2	91.8		
	6	2.451	2.4270	1.0	93.1		
SAC10＋20%120目	5.3	2.48	2.3667	4.6	71.6	5.3	92.8
	5.5	2.472	2.4203	2.1	85.5		
	5.7	2.462	2.4070	2.2	85.0		

表6-57～表6-59分别为该试验路段现场施工的各项抽检结果，从混合料的级配、现场空隙率和压实度水平，以及摊铺厚度和混合料抗滑性能等指标看，该试验路基本满足设计要求。

SAC10混合料级配抽提筛分检测结果 表6-57

孔径		13.2	9.5	4.75	2.36	1.18	0.6	0.3	0.15	0.075
设计范围 (%)		100	90～100	30～40	23～32	17～25	13～20	10～16	8～13	6～10
类型 \ 日期 \ 实际掺配 (%)		100	99.0	34.2	27.6	21.8	17.3	13.6	11.1	7.8
改性沥青	11月29日	100	99.2	35.5	26.7	19.6	14.4	12.4	11.0	7.3
	11月29日	100	98.9	36.8	27.3	20.8	14.9	13.6	10.2	7.5
70号＋20% 40目	12月1日	100	99.7	33.3	24.0	18.4	14.1	11.7	9.0	6.8
	12月1日	100	97.8	35.6	26.1	20.0	14.9	12.7	10.1	7.0

续上表

类型 \ 日期 \ 实际掺配(%)		100	99.0	34.2	27.6	21.8	17.3	13.6	11.1	7.8
70号＋20%80目	12月2日	100	98.8	34.6	24.9	18.3	13.5	11.6	9.4	6.9
	12月3日	100	99.1	33.6	24.4	19.0	15.8	12.4	10.1	6.0
	12月3日	100	100	37.4	24.6	19.3	16.5	13.9	11.6	7.2
70号＋20%120目	12月4日	100	99.1	31.0	23.9	17.5	14.3	11.3	8.8	6.5
	12月4日	100	100	35.7	24.9	20.0	15.1	12.3	9.6	7.2
	12月5日	100	99.0	31.2	24.3	18.5	15.7	13.3	11.1	7.3
抽检平均		100	99.2	34.5	25.1	19.1	14.9	12.5	10.1	7.0

SAC10 现场钻件压实度检测结果 表 6-58

混合料类型	样本	厚度(mm)	空隙率(%)	压实度(%)
改性沥青	4	30.0～31.2	5.8～5.9	98.4
70号＋20%40目	6	30.3～34.9	5.5～6.0	98.3
70号＋20%80目	5	24.3～35.7	5.5～5.9	98.4
70号＋20%120目	3	24.8～27.5	4.8～5.4	98.8

SAC10 现场抗滑性能检测结果 表 6-59

桩　　号	构造深度(mm)	摆值(BPN)
改性沥青	0.9	62
70号＋20%40目	0.88	60
70号＋20%80目	0.9	61
70号＋20%120目	0.95	61

2003年7～10月，开始了试验路的二期工程(即三圣乡段)，该期工程与一期相比，主要试验研究废胎胶粉在开级配磨耗层(OGFC)中的使用，路面结构如下：

结构一：2.5cmOGFC10(70号沥青＋10%80目橡胶粉)＋改性沥青防水层＋5cmSAC20(70号沥青)＋改性沥青防水层；

结构二：2.5cmOGFC10(70号沥青＋20%80目橡胶粉)＋改性沥青防水层＋5cmSAC20(70号沥青)＋改性沥青防水层；

结构三：2.5cmOGFC10(70号沥青＋30%80目橡胶粉)＋改性沥青防水层＋5cmSAC20(70号沥青)＋改性沥青防水层。

试验路上、下面层所用重交70号沥青与防水层的改性沥青见表6-60(数据由施工单位提供)，所用石料和填料同一期工程。表6-61为试验路用开级配磨耗层的马歇尔试验结果，由此看出，混合料的空隙率在20%～22%之间，随着废胎胶粉掺量的增加，混合料的空隙率略有降低。

试验路用沥青试验结果 表6-60

项　目	AH-70	科氏改性沥青
针入度值 25℃(0.1mm)	75.1	67.6
软化点(℃)	47.6	71.5
延度 25℃(cm)	>150	>150
密度 25℃(g/cm³)	1.038	1.025

上面层 OGFC10 马歇尔击实试验结果 表6-61

油石比(%)	实测密度(g/cm³)	理论密度(g/cm³)	空隙率(%)	矿料间隙率(%)	饱和度(%)
10%80目胶粉					
3.3	2.034	2.616	22.2	27.9	20.3
3.7	2.025	2.599	22.1	28.5	22.5
4.1	2.040	2.583	21.0	28.3	25.6
20%80目胶粉					
3.3	2.000	2.606	23.2	29.1	20.2
3.7	2.028	2.588	21.6	28.4	23.8
4.1	2.054	2.571	20.1	27.8	27.5
30%80目胶粉					
3.5	2.033	2.587	21.4	28.1	23.8
3.9	2.046	2.569	20.3	27.9	27.1
4.3	2.058	2.551	19.3	27.7	30.4

表6-62为上面层混合料的飞散试验结果。飞散试验用于检验集料与沥青结合料的黏结力，以确定最小的沥青用量，飞散试验分标准飞散试验与浸水飞散试验。浸水飞散试验是在60℃水中浸水48h后进行的，用以检验试件在水中膨胀和沥青老化对集料与沥青黏结力的影响。

上面层 OGFC10 飞散试验结果 表6-62

混合料类型	油石比(%)	3.2	3.3	3.5	3.7	3.8	3.9	4.1	4.3	4.4
10%80目胶粉	标准(%)	38.9		21.5		12.8		8.1		
	浸水(%)		38.8		27.0			19.1		
20%80目胶粉	标准(%)	22.3		12.9		10.4		6.4		
	浸水(%)		44.1		36.9			20.4		
30%80目胶粉	标准(%)			11.3		7.7		6.4		3.4
	浸水(%)			54.5			35.3		21.7	

表面层混合料的最佳油石比确定则要综合考虑空隙率(18%～20%)、析漏量(0.3%)、飞散损失(15%)及浸水飞散损失(20%)4 项约束条件。从以往的试验结果看,掺加胶粉的混合料析漏量要远小于 0.3%,该指标对油石比已不起控制作用,因此本次试验没有进行析漏试验。试验路所用各种混合料采用的最佳油石比、马歇尔密度见表 6-63。

各种混合料设计结果 表 6-63

混合料类型	最佳油石比(%)	马歇尔密度(g/cm^3)	空隙率(%)
OGFC10+10%80 目胶粉	4.1	2.040	21.0
OGFC10+20%80 目胶粉	4.3	2.067	19.4
OGFC10+30%80 目胶粉	4.4	2.060	19.0
SAC20	4.5	2.514	2.9

表 6-64 为该试验路采用的开级配磨耗层的级配范围以及现场抽提筛分的结果。

试验路表面层混合料级配表 表 6-64

孔径(mm)		13.2	9.5	4.75	2.36	1.18	0.6	0.3	0.15	0.075
设计范围(%)		100	90～100	15～25	11～20	9～16	7～13	5～11	4～9	3～7
合成级配(%)		100	96.8	24.1	15.5	11.8	9.0	7.3	6.3	5.0
施工抽检	1(%)	100	96.8	21.8	14.2	11.2	9.7	7.5	6.2	4.4
	2(%)	100	94.9	21.2	16.6	12.1	9.8	7.9	6.6	4.8
	3(%)	100	93.4	21.4	15.5	12.5	9.6	7.6	6.3	5.0

一期试验路比二期早建成通车近 1 年,至今使用情况良好。而二期试验路在通车不到 3 个月时,个别路段出现了松散现象和不均匀沉陷的问题。根据当时施工情况分析,主要有以下几方面原因:一是由于在混合料拌和时温度过高,导致材料老化。由于拌和厂距离施工现场较远,为了保证摊铺温度,同时考虑到橡胶沥青混合料本身的拌和温度比一般混合料高,由于施工单位缺乏经验,混合料拌和温度过高,使得沥青混合料出现较严重的老化。二是施工单位为了赶进度,甚至在雨天摊铺,导致混合料的摊铺质量降低。三是路段基层质量不过关。该路段采用二灰稳定碎石基层,由于拌和不均匀,石灰消解不好,在摊铺沥青面层之前曾要求施工单位返工,但由于种种原因未能实现,给整个工程埋下了严重的质量隐患。

从这些教训中再次说明,铺设好橡胶沥青混凝土路面离不开严格的质量控制。

五、河北衡小高速公路试验路

河北省衡小高速公路试验段,位于石黄高速公路衡水支线一合同 K9+600—K11+600 右幅(西半幅),全长单幅 2km。试验路于 2003 年 9 月建成通车，路面结构为：3cmSAC10＋改性沥青防水黏结层＋6cmSAC20（70号沥青）＋改性沥青防水层＋水泥稳定碎石（18cm）＋二灰碎石（18cm）＋二灰土（25cm）。上面层采用3种不同的沥青：SBS改性沥青、橡胶粉改性沥青（湿拌，外掺15％）、橡胶沥青混合料（干拌法，外掺20％）。该试验路第一次比较了干拌工艺、湿拌工艺橡胶沥青混凝土的技术性能（见图6-33）。

同时，该工程生产路段的沥青面层厚度为15cm，且中面层采用了SBS改性沥青，表面层采用了SBS＋湖沥青的复合改性。而试验路将橡胶沥青混凝土与SBS改性沥青防水层结合使用，减薄整个路面层厚度6cm。

图6-33 衡小高速公路试验路

试验路用橡胶沥青和SBS改性沥青均由施工单位现场加工而成。由于第一次使用橡胶沥青缺乏经验，橡胶沥青采用胶体磨加工，其中废胎胶粉的掺量为沥青质量比的15％，因此，废胎胶粉的掺量比较低。为了避免摊铺过程中的温度离析，施工过程中采用了运料转输车。

室内加工橡胶沥青与现场加工橡胶沥青的指标试验见表6-65、表6-66。对比表中两种加工工艺的SK70＋15％橡胶沥青，从软化点、延度、弹性恢复及老化前后的针入度比4项指标看，现场加工的橡胶沥青明显好于室内加工的。

室内试验用沥青技术指标　　表6-65

项　目	温　度	SK70号	SK70＋10％	SK70＋15％
针入度(100g,5s 0.1mm)	25℃	60.75	60.3	61.7
软化点(℃)		49.3	48.8	50.0
延度(5℃,5cm/min)(cm)	5℃	1.7	7.5	9.5
弹性恢复	25℃	17.0％	42.5％	36.0％
黏度(mm^2/s)	135℃	424	812	1 311
质量损失(％)		0.0	0.1	0.1
针入度比(％)	25℃	70.0	72.9	76.2
延度比(％)	15℃	31.6	62.8	70.8

试验路现场制备沥青指标 表 6-66

试 验 项 目		SBS	试验路 SK70＋15％
针入度(25℃,100g,5s)(0.1mm)		47	51.0
针入度指数		0.07	－0.58
延度(5℃,5cm/min)(cm)		20.3	11.7
软化点(环球法)(℃)		71.25	53.7
弹性恢复(25℃)(％)		97.00	67.6
薄膜加热试验(163℃,5h)	质量损失(％)	0.15	0.1
	针入度比(％)	72.34	96.1
	延度(5℃)(cm)	16	

表面层混合料的石料采用玄武岩,填料采用水泥代替,表 6-67 为试验路用混合料室内马歇尔试验的结果。从油石比指标看,湿拌工艺的橡胶沥青混合料的油石比最高,其次是 SBS 改性沥青混凝土,干拌工艺的废胎胶粉掺量虽然多于湿拌工艺,但油石比明显减小,而普通沥青混合料的油石比最低。这反映出废胎胶粉对混合料油石比的影响规律。

试验路所有沥青混合料设计结果 表 6-67

混合料类型	最佳油石比(％)	空隙率(％)	VFA(％)	VMA(％)	密度(g/cm³)
SAC10＋SBS 改性沥青	5.20	4.0	75.54	15.84	2.619 0
SAC10＋SK70 号＋20％橡胶粉干拌	5.06	4.0	73.90	17.86	2.585 9
SAC10＋SK70 号＋15％橡胶粉湿拌	5.70	4.0	76.55	16.95	2.600 6
SAC10＋SK70 号	4.80	4.0	74.13	15.22	2.636 6

表 6-68 为混合料水稳定性和高温性能的试验结果。从高温性能看,SBS 改性沥青混合料的高温性能最好,其次为干拌工艺的橡胶沥青混合料,而湿拌工艺的混合料最低;从水稳性能看,湿拌工艺的橡胶沥青混合料最好,SBS 改性沥青混合料略低,而干拌工艺的橡胶沥青混合料明显降低。这也反映出这 3 种混合料使用性能的内在规律。

衡小高速公路试验路沥青混合料性能试验结果 表 6-68

混合料类型	水稳定性试验	高温稳定性试验	
	TSR(％)	动稳定度(次/mm)	永久变形(％)
SK70 号＋20％橡胶粉干拌	61.64	3 842	3.43
SK70 号＋15％胶粉湿拌	75.87	2 413	4.94
SK70 号	73.19	1 177	6.87
SBS 改性沥青	72.14	6 369	1.85

表 6-69～表 6-71 为施工期间混合料质量的现场抽检情况。从级配角度看，除了 SBS 混合料的矿粉含量偏高外，总体上 3 种混合料的级配基本一致，满足设计要求。从混合料现场压实效果看，3 种混合料的现场空隙率为 7%～8%，基本满足设计要求的密实型混合料的指标。从构造深度看，3 种混合料的构造深度也是一致的，都明显好于生产路段 AC13 型混合料。

试验路设计级配及施工级配检测结果 表 6-69

孔径(mm)		13.2	9.5	4.75	2.36	1.18	0.6	0.3	0.15	0.075
设计范围(%)		100	100～90	40～30	32～23	25～17	20～13	16～10	13～8	10～6
目标配合比(%)		100	99.2	35.5	27.2	19.4	15.1	11.8	10.0	8.9
生产配合比(%)		100	99.9	35.7	30.4	23.4	15.9	11.9	9.9	8.3
施工抽检	SBS 路段(%)	100	98.6	35.4	29.8	22.5	16.3	12.6	10.3	9.1
	湿法路段(%)	100	100	34.0	27.3	19.0	13.1	10.2	8.2	6.3
	干法路段(%)	100	99.1	37.2	27.1	19.7	13.8	10.4	8.1	6.2

试验路施工检测结果 表 6-70

沥青混合料	蜡封密度 (g/cm³)	空隙率 (%)	稳定度 (kN)	残留稳定度 (%)	压实度 (%)	现场空隙率 (%)
SBS	2.580 3	6.16	16.5	94.7	98.7	7.40
湿拌法	2.606 0	4.25	12.8	89.1	97.2	6.95
干拌法	2.608 9	3.65	13.0	91.0	95.5	8.03

衡小高速公路试验段构造深度水平 表 6-71

项　目	试验路段			生产路段
级配	干拌法＋SAC10	湿拌法＋SAC10	SAC10	AC13
沥青	AH-70 号	AH-70 号	SBS 改性沥青	SBS 改性沥青＋湖沥青
样本量	10	8	6	8
平均值	0.62	0.67	0.63	0.38
标准差	0.07	0.07	0.04	0.05
变异系数	11.18%	10.10%	6.90%	13.76%

石黄高速公路衡水支线试验路是我国第一次在高速公路上对比研究湿拌工艺与干拌工艺的混合料，尽管由于经验不足，存在一些纰漏，但总体上达到了预期效果。为了确保工程质量，施工单位采用运料转输车铺设了沥青路面，有效地避免了施工离析问题，为顺利完成试验路任务提供了有力的工程保证。同时，施工单位创造性地采用重型胶轮压路机进行初压，有效地保证了施工的压实度。

此外，本试验路通过这些年的实际验证，说明了采用改性沥青防水黏结层和橡胶沥青混凝土可有效减薄沥青面层厚度，达到节约工程造价的目的。

六、河北京秦高速公路罩面工程

京秦高速公路宝坻至山海关段是国道主干线的重要组成部分，是华北地区连接东北三省最重要的经济干线，全长199.31km，双向6车道，1999年年底全线建成通车。通车后该路一些路段出现了比较严重的水损坏。为了改善路面的使用状况，延长使用寿命，研究橡胶沥青在高速公路养护中的应用，业主铺设了1km的橡胶沥青试验路段，桩号为K206＋200～K205＋200。这是我国第一次采用国际上相同概念的橡胶沥青，在高速公路上铺设试验路。橡胶沥青采用搅拌工艺，掺量为外掺的20％40目斜交胎胶粉。

试验路方案为：罩面为3cm水稳定性和高温性能比较好的SAC10型混合料，考虑该段路面的纵横向裂缝都较严重，采用抗裂贴和玻璃纤维格栅对现有裂缝进行处理；同时，在加铺层与老路之间设置橡胶粉改性沥青防水黏结层，起到防水、增强层间黏结，防止反射裂缝的作用，路面结构图见图6-34。

图6-34 京秦橡胶沥青试验路铺装结构

试验路室内设计橡胶沥青及现场橡胶沥青的指标试验结果见表6-72、表6-73。从试验结果可以看出，橡胶沥青的生产相对稳定度，6批取样的变异系数都不大。

试验路用橡胶沥青指标 表6-72

项目	试验温度	90号＋21％80目
针入度(0.1mm)	25℃	70
软化点(℃)		52.7
弹性恢复	25℃	65.33％
延度(cm)	5℃	16.7
黏度(dPa·s)	160～180℃	8
	140～130℃	11

现场沥青指标 表 6-73

生产日期	编号	软化点（℃）	针入度（0.1mm）	黏度(Pa·s)		延度		
						S(mm)	F(N)	W(J)
测试温度			25℃	140～130℃	160～180℃	5℃		
10月2日	2号	61.4	47.5	5.8	3.1	130	81	8.49
10月4日	3号	59.9	52	4.5	2.4	136	109	10.57
10月4日	1号	59.8	39	6.5	2.4	125	93	8.65
10月6日	1号	57.9	51	4.6	2.3	143	99	9.85
10月6日	2号	60.15	53	4.1	2.4	142	87	8.24
10月6日	3号	60.8	40.25	4.6	2.0	96	92	7.00
均值		60	47	5.0	2.4	129	94	8.80
变异系数		0.02	0.13	0.18	0.15	0.14	0.10	0.14

试验路所用级配范围及设计级配见表 6-74，按级配中值进行马歇尔击实试验。表 6-75 为 SBS 改性沥青和橡胶沥青的马歇尔击实试验结果。从表中试验结果可以看出，尽管级配、石料一样，由于选择了两种不同沥青，试验结果表现出明显差别。

试验路用10型混合料级配范围 表 6-74

孔径(mm)		13.2	9.5	4.75	2.36	1.18	0.6	0.3	0.15	0.075
通过率（%）	设计范围	100	95～100	25～35	20～28	15～23	12～19	10～15	8～12	6～10
	目标配合比	100	95	37.8	24.2	17.3	14.4	11.7	10.2	8.8
	生产配合比	100	95.7	35.1	22.1	15.2	12.4	9.9	8.9	7.6
	混合料筛分	100	95.1	34.6	19.3	13.9	12.8	11.4	10.0	8.3

室内马歇尔试验结果 表 6-75

油石比（%）	蜡封密度（g/cm³）	空隙率（%）	VMA（%）	VCA（%）	VFA（%）
SBS改性沥青					
4.2	2.332 0	9.74	18.87	41.57	48.37
4.5	2.337 2	9.15	18.92	41.61	51.65
4.8	2.342 7	8.54	18.96	41.64	54.94
5.1	2.346 9	7.99	19.05	41.70	58.04
5.4	2.341 0	7.84	19.48	42.02	59.77

续上表

油石比(%)	蜡封密度(g/cm³)	空隙率(%)	VMA(%)	VCA(%)	VFA(%)
橡胶沥青					
5.1	2.275 9	10.13	21.50	43.47	52.89
5.4	2.282 0	9.49	21.51	43.48	55.86
5.7	2.289 2	9.07	21.49	43.46	57.77
6	2.302 7	8.17	21.25	43.29	61.52
6.3	2.318 6	7.22	20.92	43.06	65.47
6.6	2.337 0	6.18	20.52	42.77	69.88
6.9	2.362 0	4.83	19.90	42.32	75.70

SBS改性沥青混合料，油石比从4.2%增加到5.4%，每0.3%一级，混合料的实际密度在油石比为5.1%时出现最大值，此时的空隙率为8%，当油石比进一步增加，混合料的密度降低，空隙率在7.8%左右。由此说明，当使用SBS改性沥青时，这种级配的混合料达不到一般密实型混合料的要求(空隙率3%～6%)，属于半开级配。从饱和度指标也可看出，油石比为5.4%时，饱和度将近60%，这也是半开级配的特点。

当使用橡胶沥青时，混合料的油石比明显增加，试验用油石比从5.1%～6.9%，每0.3%一级。这是由于沥青中含有较高的橡胶粉颗粒，油石比6%大约相当于不掺加橡胶粉时的5%，因此，这时的油石比更准确的称呼为胶结料比(沥青和橡胶粉的共混物)。

从试验结果看，油石比从5.1%变化到6.9%，混合料的空隙率从10.13%减小到4.83%，且没有出现密度峰值现象。由此可知，当油石比在6.6%～6.9%时混合料达到了一般密实性混合料的空隙率要求。因为试验路路面结构设计中，在SAC10下面设置了改性沥青防水黏结层，为了得到更好的抗滑和高温性能，设计空隙率可以放在6%，对应的油石比为6.6%，此时的饱和度接近70%，正是最佳范围之内。

通过以上马歇尔击实试验结果可以看出，橡胶沥青与一般沥青(改性沥青)相比，其混合料的体积参数性能有明显差别，混合料更加密实。这主要是由于橡胶沥青中含有一定游离状态的橡胶粉颗粒，对混合料有一定填充作用。

另外，根据工程经验，由于室内试验马歇尔击实功一般小于施工现场碾压的压实功，因此确定的混合料油石比一般略大于实际的油石比，为了改善混合料的高温性能，混合料实际生产中采用的油石比一般比室内试验结果小0.3%，也就是本试验路混合料的油石比应该在6.3%～6.6%之间。

施工中，沥青混合料的性能检测结果见表 6-76，芯样的试验结果见表 6-77 和表 6-78。橡胶沥青混凝土加铺层的平均铺装厚度为 3.55cm，现场空隙率的平均值为 12.35%。

现场沥青混合料性能试验结果 表 6-76

蜡封密度 (g/cm^3)	空隙率	流值(cm)	稳定度(kN)	TSR	动稳定度 (次/mm)
2.2737	9.40%	2.8	9.8	0.75	9625,8356

现场钻芯记录 表 6-77

桩号	钻芯位置	芯样描述	表面层厚度(cm)
K206+175	行车道分界线	表面有少量空隙、防水层完好、构造深度较好	3.6
K205+178	左行车道中间	有空隙、防水层较好、构造深度好	3.7
K205+800	行车道分界线	有少量空隙、构造深度好	3.5
K205+800	左行车道中间	空隙较少、构造深度好	3.4
K205+400	行车道分界线	防水层石料个别颗粒较大、有一顶空隙，构造深度较好	3.2
K205+400	左行车道中间	密实性好、原路面破坏	3.3

现场钻芯蜡封密度 表 6-78

编号	1	2	3	4	5	平均
蜡封密度(g/cm^3)	2.1731	2.1543	2.2365	2.1873	2.2475	2.1997

该段试验路于 2004 年 10 月 8 日建成通车。2005 年 5 月 26 日对试验路进行了调查，调查结果表明：

(1)路面的构造深度提高，车辙较少，行车道出现 1 处油斑。

(2)由于旧路的裂缝较多，已有部分裂缝反射上来。试验段平均裂缝反射率达到了 25%，其中贯通缝的反射率达到 40%，从裂缝处钻芯的结果可以看出，尽管反射上来的裂缝很细，但其下已有大块的脱空和剥落。说明对已有结构破坏的路段，采用玻纤格栅+封缝等的方式不足以防止旧路病害的影响。此种情况下，必须在对结构破坏进行彻底处理后再进行加铺，否则裂缝一定会反射上来。

七、北京顺平辅线试验路

北京顺平辅线试验路位于左堤路至顺密路左幅，全长 1.45km。这是继京秦高速公路后对湿拌工艺橡胶沥青及混合料的进一步试验研究。

试验路沥青路面厚度为 8cm，采用两种方案（见图 6-35）。方案一为 3cmSAC10 橡胶沥青混凝土（湿拌）＋橡胶沥青防水黏结层＋5cmAC20 橡胶沥青混凝土（干拌）＋橡胶沥青应力吸收层＋透层油；方案二为 3cmSBS 改性沥青 SMA13＋黏层油＋5cm 重交沥青 AC20I＋封层油。前者作为本试验路段的主方案，长度为 800m；后者为北京市常用的一种表面层形式，在本试验路中使用是作为对比方案，全长 645m。为进一步降低试验路造价，经研究决定将方案一中防水层全幅洒布（18m）变为仅洒布机动车道（12m）。

图 6-35 顺平试验路面结构图

a）方案一；b）方案二

本试验路段主要研究以下几方面的问题：

（1）橡胶粉改性沥青用于沥青路面来满足重交通环境，改善沥青路面的抗车辙、变形的能力和抗疲劳性能。

（2）通过使用橡胶粉改性沥青及混合料降低汽车在路面上的行车噪声。

（3）通过橡胶粉改性沥青在沥青路面结构层与基层之间的应用，减少、延缓华北冰冻地区路面横向裂缝的产生。

试验路所用级配范围及设计级配见表 6-79，各种混合料的动稳定度检测结果见表 6-80，压实度检测结果见表 6-81。

沥青混合料级配范围及设计级配　　表 6-79

筛孔（mm）		26.5	19.0	16.0	13.2	9.5	4.75	2.36	1.18	0.6	0.3	0.15	0.075
SAC20 通过率（%）	级配要求	100	90～100	79～89	67～79	52～63	30～40	30～40	22～30	16～23	11～18	8～14	6～10
	合成级配	100	95.5	85.7	72.8	56.1	37.1	33.2	22.5	17.0	13.6	10.8	9.0
SMA13 通过率（%）	级配要求			100	90～100	50～75	20～34	15～26	14～24	12～20	10～16	9～15	8～12
	合成级配			100	96.7	61.7	26.4	23.4	16.8	13.7	12.6	11.7	11.2
SAC10 通过率（%）	级配要求				100	90～100	25～35	20～29	15～23	12～19	10～16	8～13	6～10
	合成级配				100	99.5	31.5	23.3	15.8	12.3	10.9	10.0	9.5

各种混合料当天车辙试验结果 表 6-80

混合料类型	拌和厂	动稳定度(次/mm)			
		1	2	3	平均
SAC20	A厂	2 875	2 786	—	2 831
	B厂	2 471	3 416	—	2 944
	现场(B厂)	5 171	4 457	—	4 814
AC20I	B厂	963	957	—	960
SMA13	B厂	14 000	9 600	7 000	10 200
SAC10	B厂	3 800	2 700	1 500	2 667

空隙率与压实度统计表 表 6-81

混合料类型	压实度(%)				空隙率(%)		
	平均	标准差	变异系数	代表值	平均	标准差	变异系数
SAC20	94.2	2.7	2.8	92.0	8.7	2.5	29.1
AC20I	95.1	2.1	2.2	93.1	6.9	2.0	29.1
SMA13	94.5	1.9	2.0	92.7	9.1	1.8	19.3
SAC10	95.0	0.9	0.9	94.2	13.1	0.8	6.0

从级配看，此时的橡胶沥青 SAC10 的级配比以前略有偏粗，即 4.75mm 的通过率降低了 5 个百分点，平均为 30%。这样更有利于废胎胶粉在混合料中的存在，但是由于生产用的 4.75～9.5mm 的碎石偏细(即该规格的碎石粒径过分偏于 4.75mm)，混合料的空隙率不理想，在最佳油石比下的空隙率为 8%左右。

从车辙试验看，橡胶沥青 SAC10 的高温稳定性不理想，平均 2 700 次，远远小于京秦高速公路的高温稳定性指标(这两个工程采用同一个厂生产的橡胶沥青)。

从现场压实水平检测情况看，橡胶沥青混合料的压实水平不高，现场空隙率达到 13%，已经不属于密实型混合料，为半开级配。

该工程使用至今整体情况良好，没有出现比较明显的病害。这主要得益于该路段基层整体情况比较好，特别是基层顶面的处理比较彻底，清除了基层表面的浮浆，然后通过橡胶沥青防水黏结层将上面的沥青面层有效地结合。同时，上面层与下面层之间又增设了橡胶沥青防水黏结层，起到结构防水作用，尽管上面层空隙较大，但雨水不会浸入到路面结构中。

再者，通过该试验路这些年的使用，说明了橡胶沥青混凝土的使用性能与改性沥青 SMA 基本相当。

八、广东中山 105 板芙段试验路

中山 105 国道板芙段(K76＋140～K80＋764.5)为旧路面改造工程，全长4.62km。原有路面为水泥混凝土板，双向 6 车道。工程中采用美国得克萨斯州的先进橡胶沥青加工设备。

该路段是一条国道主干线，交通量比较繁忙，表 6-82 为该路段 2000～2003 年，4 年间日平均交通量的统计数据(数据来源于当地交通量观测站)，2003 年双向日平均交通量 34 423 辆(绝对数)，其中中型以上载货汽车比例为 35％，达到 12 344 辆(绝对数)。根据 2002 年交通部公路所会同广东省公路管理局对该路段中型以上载货汽车轴载水平的调查所得到的轴载谱，推算出该路段单车道日标准轴载作用次数为 12 000 次。按设计使用寿命 10 年，年增长率 4％计算，该路段在未来 10 年内单车道累计标准轴载作用次数为 5.26 千万次。

2000～2003 年 105 国道板芙段交通量统计 表 6-82

年份(年)	小货	中货	大货	小客	大客	拖挂	合计	中型以上载货汽车	
								比例(％)	数量
2000	5 909	4 185	5 692	14 271	4 549	950	35 556	30.45	10 827
2001	3 879	3 855	2 742	9 232	3 217	683	23 608	30.84	7 280
2002	3 470	4 147	2 897	9 531	3 242	447	23 734	31.56	7 491
2003	4 432	6 215	5 177	13 833	3 814	952	34 423	35.86	12 344
平均									9 485.5

改造前采用落锤式弯沉仪对现有水泥路面的承载能力进行了检测，检测结果见表 6-83。从检测结果看，现有路面的弯沉变化比较大，弯沉代表值为 169～223μm。

原有水泥路面弯沉检测结果汇总表(单位：μm) 表 6-83

车道	右幅			左幅		
	平均值	标准差	代表值	平均值	标准差	代表值
1	127	38	190	135	45	209
2	124	40	190	123	36	182
3	121	29	169	147	46	223

根据路况调查及检测结果，提出的加铺方案为：在水泥路面上加铺最小厚度为 15cm 的水泥稳定碎石基层和调平层，然后铺设玻璃纤维格栅和橡胶沥青防水黏结层，再铺设 8cm 的沥青混凝土面层。8cm 沥青混凝土分两层，上面

层为 3cm 的橡胶沥青 SAC10 型混凝土，下面层为 5cm 的 SAC20 普通沥青混凝土（AH-70 号），两层之间洒铺橡胶沥青防水黏结层。在接近收费站的 1km 路段，由于调坡的问题，直接在水泥混凝土板上加铺一层橡胶沥青混凝土的铺装结构，即水泥板＋玻璃纤维格栅＋橡胶沥青应力吸收层＋3cmSAC10 橡胶沥青混凝土（见图 6-36）。

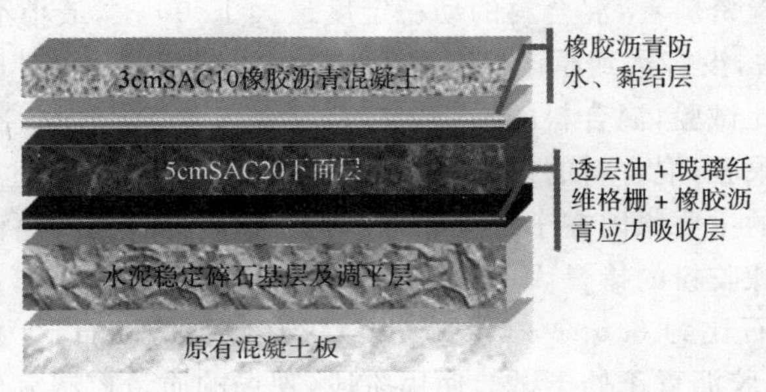

图 6-36 行车道主体铺装方案示意图

该工程设计的橡胶粉采用斜交胎橡胶粉，沥青混合料中使用 80 目胶粉，橡胶沥青防水黏结层使用 40 目橡胶粉，橡胶粉的掺量均为 20%（为外掺）。橡胶沥青的反应温度为 180℃，时间为 45～60min。橡胶沥青混合料的石料采用花岗岩，水泥作为填料代替矿粉。本工程使用的混合料级配见表 6-84。

沥青混合料级配范围 表 6-84

孔径(mm)		26.5	19	16	13.2	9.5	4.75	2.36	1.18	0.6	0.3	0.15	0.075
SAC10 通过率(%)	下限				100	90	30	23	17	14	10	8	6
	上限					100	40	31	25	20	16	13	10
SAC20 通过率(%)	下限	100	90	79	67	52	30	30	22	16	11	8	6
	上限		100	89	79	63	40	40	30	23	18	14	10

设计要求上面层沥青混合料高温稳定性指标为 98%，压实度水平下动稳定度不小于2 000 次/mm，下面层混合料为 1 500 次/mm，分别相当于现行规范的 2 500 次/mm 和2 000 次/mm。按设计空隙率要求，上面层混合料施工的橡胶沥青用量为 6.3%～6.5%（油石比）。

工程于 2005 年 2 月完工，同年 5 月当地出现连续高温的气候，在红绿灯路口的车道上出现了较严重的车辙，最大车辙深度达到 2cm。为此进行了专门调查和分析，其中包括：现有路段整体的车辙水平调查，现场的钻芯取样，生产期间的沥青混合料自检资料（抽提、筛分、车辙试验、压实度）和橡胶沥青的生产资料等。

从现场车辙位置的钻芯结果看，表面层原有厚度 3cm，产生了 0.5～0.9cm 的车辙变形，下面层原有厚度 5cm，产生了 0.6～1.1cm 的车辙变形。从单位厚度的车辙变形看，此次车辙主要产生在表面层，其次为下面层。结合这些调查资料分析当前病害的主要原因如下。

一是橡胶沥青生产质量不稳定。从目前产生严重车辙路段的当天混合料的车辙试验的抽检资料看，混合料的动稳定度最大 1 900 次，最小不足 1 000 次，平均 1 500 次左右，没有达到原设计要求 2 000 次的标准。而设计时的室内试验和现场生产配合比试验，混合料的动稳定度均达到 2 400～2 500 次。从这段混合料抽提试验结果看，混合料的级配完全满足设计要求，油石比也符合技术标准，因此产生车辙的主要原因在于橡胶沥青本身。橡胶沥青作为路面材料的结合料使用，一方面，橡胶粉的掺量大小对混合料的油石比影响很大，如 20%掺量时，室内试验的油石比为 6.5%～6.6%，当 24%掺量时，油石比为 7.2%；另一方面，由于当前橡胶沥青正处于试验使用阶段，现场的质量控制完全依靠橡胶粉质量的稳定和填加量的准确与否。目前根据施工单位的核算，当油石比为 6.3%时，实际的橡胶粉掺加量为 19.1%，当油石比为 6.5%时，实际的橡胶粉掺量为 18.5%，均小于设计要求的 20%。对橡胶粉的品质进行了调查。原设计要求采用 20%的斜交胎橡胶粉，后来发现实际进厂的橡胶粉为子午胎胶粉，而实际生产仍按照原设计的混合料配方进行，造成橡胶沥青混合料的高温性能不足。因为后经试验检测表明，当同样掺加 20%的橡胶粉，斜交胎的橡胶沥青 180℃黏度可以达到 1.7Pa·s 以上，而子午胎不到 1.0Pa·s，为了达到相同水平的黏度，子午胎的掺量至少应为 22%以上。

除此之外，下面层混合料偏细也是原因之一。根据下面层混合料抽提试验的结果看，部分路段下面层混合料中粗集料偏少，比设计要求的通过率上限多 1%～2%。与之相比，在相同条件下，只加铺一层橡胶沥青混合料的路段没有产生明显的车辙变形。这说明橡胶沥青混凝土下面层的刚度对路面结构车辙水平有影响。在随后进行的翻修中，采用干拌工艺在下面层沥青混凝土中掺加 20%的 40 目橡胶粉，提高了下面层混合料的抗车辙能力，在以后的使用过程中没有再产生严重的车辙问题。

本实体工程的修建，对我国橡胶沥青混凝土的应用得到许多重要的启示，为今后橡胶沥青混凝土路面的修建有帮助。

首先，由于我国交通和气候环境的特点，橡胶沥青混凝土的高温性能是其设计和施工过程中的关键控制指标之一，不能忽略。其次，通过这个项目充分体现出橡胶粉的品质和掺量对混合料路用性能影响的重要性，在以后的工程中需要严格把关。再者，当混合料高温性能能够满足要求的前提下，橡胶沥青及混合料用于我国重交通水泥路面的加铺改造是完全可行的。

九、北京门头沟南雁试验路

南雁路位于北京市门头沟区及昌平区境内，道路起点为昌平区南口镇，终点位于门头沟境内，并与109国道相接。该路设计标准为山岭重丘区三级公路，设计行车速度30km/h，路面宽度6m。南雁路所经地区全为山岭区，路线弯道多，纵坡较大（局部路段达到6％～7％）。该地区气候比较寒冷，冬季最低气温达到零下20℃以下。

南雁试验路为旧沥青路面的加铺改造项目，加铺前的路面结构层较薄，路面强度不够，加上重车超载严重，路线弯道多，路面出现了龟裂、横向开裂、沉陷变形等病害。旧路弯沉代表值较大，路面承载力不够。

该试验路长度为1km，桩号为K46＋000～K47＋000。试验路方案充分考虑了旧路面强度不足、重车超载车辆较多以及北京地区气候条件等因素，以达到消除旧路面病害、提高路面路用性能、改善路面行车条件为目标。主要设计思路如下。

(1)设置橡胶沥青应力吸收层，以减少和延缓路面反射裂缝的产生，增强路面的层间黏结，加强路面的整体性，并起到路面防水的作用。

(2)采用橡胶沥青SAC16做面层，以提高路面的高温稳定性、低温抗裂性、水稳性、耐久性和抗滑性，并降低路面噪声。试验路路面结构如图6-37所示。

图6-37 南雁路橡胶粉改性沥青试验路铺装结构

橡胶沥青所用基质沥青为北京地区常用的重交90号沥青，沥青除满足《公路沥青路面施工技术规范》(JTG F40—2004)要求外，其针入度控制在80～90之间。橡胶粉采用80目、掺量为20％(外掺法)。为控制橡胶沥青的生产质量，明确以黏度作为橡胶沥青的生产控制指标，并要求180℃的旋转黏度为1.5～4.0Pa·s。室内橡胶沥青配方设计时，采用Brookfield RV型黏度计，测试的135℃、150℃、180℃3个温度下的黏度结果见表6-85。现场加工橡胶沥青的黏度检测结果见表6-86。

不同温度下的黏度(dPa·s) 表6-85

沥　青	135℃	150℃	180℃
90号	359	185	63
90＋80目20％	5 860	3 473	1 537

现场加工橡胶沥青的黏度试验结果(dPa·s)　　表 6-86

锅数		1	2	3	4
黏度(Pa·s)	理因手持式黏度计	2.0	2.03	2.17	2.20
	Brookfield 黏度计	2.033			2.846

橡胶沥青 SAC16 的粗集料采用钢渣,细集料采用石灰岩,水泥作为填料代替矿粉。将橡胶沥青与钢渣结合使用,在国内乃至国际上还是第一次。SAC16 的级配要求见表 6-87。其中关键筛孔 4.75mm 和 2.36mm 通过率误差范围为±2%,0.075mm 通过率误差范围为±1%。

试验路用橡胶沥青混合料级配　　表 6-87

孔径(mm)	19	16	13.2	9.5	4.75	2.36	1.18	0.6	0.3	0.15	0.075
通过率(%)	100	97.5	80.9	58.8	30.0	23.5	18.4	14.5	11.4	8.9	7.0

SAC16 沥青混合料的设计空隙率为 3%~4%。由于钢渣的密度比一般的玄武岩石料大 10%左右,因此相同级配下,混合料的油石比较低,且密实性好。混合料马歇尔试验结果,油石比为 5.4%时,混合料的空隙率为 3.66%,VMA 为 14.94%;油石比为 5.7%时,混合料的空隙率为 3.31%,VMA 为 15.49%。

试验路于 2005 年 8 月完工,压实度为 96.7%~99.0%,平均 97.7%,空隙率5.8%~8.0%,平均 6.99%。试验路构造深度达到 1.0(>0.55)以上,摩擦系数达到62(>54)以上,说明本段试验路具有良好的抗滑能力,平均 IRI 小于4.2。以上检测数据说明橡胶粉沥青混凝土的设计和施工技术已经逐步成熟,基本达到了试验的预期指标要求,其长期使用性能还需要进行长期的跟踪观测。橡胶沥青配合比检验结果见表 6-88。

橡胶沥青配合比检验结果　　表 6-88

项目	试验值	技术要求
劈裂冻融残留强度比(%)	87.3	不小于 85
残留马歇尔稳定度(%)	93.8	不小于 90
动稳定度(次/mm)	>6 000	不小于 2 500

第七章　环境保护及经济技术分析

前面几章已经充分论述了废胎胶粉在沥青路面中的应用在技术上是完全可行的，但在实际工程的使用过程中还有几个问题需要澄清。一是废胎胶粉与沥青或矿料在高温条件下拌和时会产生一些异味，尤其是干拌工艺在橡胶粉沥青混合料的生产、摊铺过程中，气味比较重，可能对施工人员和施工现场周围的居民会产生影响。尽管这些气味将随着沥青混合料的逐渐冷却而消失，但仍需要对此进行必要的环境评估。二是橡胶沥青及混合料的技术经济评价，由于我国刚刚开始这方面的应用，尚缺乏相应的定额指标，而根据国外有关资料表明，从材料单价角度看，橡胶沥青或混合料的价格明显高于一般沥青混凝土，如何从全寿命的角度评价橡胶沥青及混凝土的技术经济性，也是值得研究的问题。

本章将着重介绍国外有关的研究成果，同时结合国内的工程经验进行有关的分析论述。

第一节　橡胶沥青路面的环境影响分析

一、生产过程中的环境影响分析

将废旧轮胎胶粉应用于沥青路面工程有着巨大的环保意义，但不得不引起注意的是：在橡胶沥青或混合料的生产和施工过程中，废胎胶粉在高温条件下与沥青或矿料拌和时会产生一定的异味或粉尘，可能对施工人员和拌和场、摊铺现场的周围环境产生一定的影响。为了合理、健康地使用废胎胶粉，避免、减少、控制可能的二次污染的产生，有必要对此进行必要的环境影响评价。

本书中介绍废胎胶粉在沥青路面中的应用主要有橡胶沥青和橡胶(粉)沥青混合料，混合料又分为干拌工艺的橡胶粉沥青混合料和湿拌工艺的橡胶沥青混合料。橡胶沥青混合料和橡胶沥青在橡胶粉的加工使用过程上是一样的，因此，从环境影响角度主要分为湿拌工艺和干拌工艺两类。由于湿拌工艺生产过程中，废胎胶粉与沥青在一个密闭容器中进行反应搅拌，对周边环境和人员的影响小于干拌工艺。干拌工艺过程中，废胎胶粉与矿料在拌和室内短暂地拌和，反应并不充分，生产出混合料的异味和粉尘明显高于湿拌工艺混合料。因此国际上大多数国家出于对环境影响的考虑，优先使用湿拌工艺混合料，限制使用干拌工艺混合料，特别是在城市道路及周边公路上。

这里需要指出，干拌工艺的混合料与湿拌工艺混合料有着不同的路用性能，特别对于提高混合料的高温抗车辙能力、增加混合料的密实性、降低建设成本等方面，干拌工艺的混合料具有独特的优势，这对于解决当前我国高等级公路的早期病害问题，改善路面的使用质量十分有益，也就是说干拌工艺混合料仍是一种值得选择的混合料类型。只是在使用过程中应加强环境保护，特别是对施工人员的保护，如在离城市较远的公路上使用，拌和场远离人口稠密的地区，施工人员佩戴活性炭面具等。

对于湿拌工艺混合料主要是橡胶沥青加工过程中可能存在的环境污染问题，如有毒气体的排放。目前，我国这方面的研究还处于空白。本节将主要介绍美国在这方面的有关研究成果。

在美国的 Florida（1993 年）、NewJersey（1994 年）、Michigan（1994 年）、Texas（1992 年、1995 年）及 California（1994 年、2000 年）分别对胶粉改性沥青混凝土生产过程散发的有害物质进行过监测。

Michigan 州进行了 7 种混合料在生产过程中有害散发物质的对比监测试验，其中 4 种为普通沥青混合料，3 种为胶粉改性沥青混合料。下面选择其中两种混合料的试验结果进行说明，这两种混合料的试验条件见表 7-1。

两种混合料的试验条件 表 7-1

试 验 条 件	普通沥青混合料	胶粉改性沥青混合料
混合料的生产效率(t/h)	357	363
沥青用量(%)	5.75	6.84
材料含水率(%)	4.17	5.21
燃油的消耗(L/h)	2 479	2 612
排出的气体温度(℃)	166	162
混合料温度(℃)	147	158
松方密度(g/cm^3)	1.317	1.213
排出气体湿度(%)	27.0	29.3
拌和机温度(℃)	127	132
实际的排出气体流	2 535	2 703
干排出气体流	1 333	1 355

该试验采用美国联邦环保局与密歇根州自然资源厅建立的测试方法，该法得到了美国国家沥青路面协会（NAPA）的认可。在监测中，对沥青混合料常规监测项目及橡胶、轮胎中固有的化合物进行了测试，结果见表 7-2～表 7-5，表中数据为 2～3d 的测试结果的平均值。

连续的散发气体监测结果　　表 7-2

散 发 气 体	普通沥青混合料	胶粉改性沥青混合料
二氧化碳(%)	6.00	6.48
氧(%)	12.87	12.18
一氧化碳(mg/m^3)	430.5	259.5
氧化氮(mg/m^3)	139.3	124.4
二氧化硫(mg/m^3)	74.4	76.7
非甲烷碳氢化合物(mg/m^3)	225.5	183.0
甲烷(mg/m^3)	27.7	10.6

散发的多环芳香烃化合物监测结果　　表 7-3

多环芳香烃化合物(mg/m^3)	普通沥青混合料	胶粉改性沥青混合料
二氢苊	0.011	0.012
苊	0.013	0.014
精蒽	0.002	ND
苯并蒽	0.001	ND
屈	0.002	ND
荧蒽	0.018	0.015
芴	0.030	0.030
萘	0.294	0.337
萘(甲烷基)	0.339	0.425
菲	0.070	0.079
嵌二萘	0.018	0.013
异甲基苯	0.032	0.037
甲苯酚(0)	0.017	0.007
甲苯酚(m/p)	0.031	0.031

挥发有机物监测结果　　表 7-4

挥发有机物测试(mg/m^3)	普通沥青混合料	胶粉改性沥青混合料
苯	1.803	1.237
甲苯	1.635	0.789
乙苯	0.192	0.130
二苯(m/p)	0.699	0.862
二苯(0)	0.249	0.141
苯乙烷	0.384	0.181
戊酮	0.006	0.963
氯苯	0.0027	0.003

散发物中的重金属监测结果 表 7-5

金属含量(mg/m^3)	普通沥青混合料	胶粉改性沥青混合料
砷	0.000 00	0.000 00
钡	0.004 81	0.001 05
镉	0.000 17	0.000 09
铬	0.000 80	0.000 42
铅	0.000 26	0.000 20
汞	0.001 19	0.000 53
镍	0.000 56	0.000 41
硒	0.000 13	0.000 15
银	0.000 08	0.000 06
锌	0.003 08	0.002 08

根据试验结果，Michigan 州得到以下结论：胶粉改性沥青混合料生产中的有害物质散发量与普通沥青混合料的大体相当，胶粉的加入并没有增加有害成分；相对于胶粉因素而言，基质沥青的品种、混合料生产的温度对有害物质的散发更起关键的作用。

总之，废胎胶粉在沥青混凝土应用过程中，除了干拌工艺存在一些环境影响外(主要在混合料的拌和和摊铺过程中)，与当前常用的沥青及混合料生产过程相比，不会产生更大的二次污染问题。

二、橡胶粉沥青路面的再生问题

沥青路面再生技术是 1915 年美国开发研究的，到 20 世纪 40～50 年代，欧洲各国也开始研究试用。到 80 年代末，美国再生沥青混合料的用量几乎为全部路用沥青混合料的一半，并且在再生剂开发、再生混合料设计、施工设备等方面的研究也日趋深入。目前，国外大力推进路面材料再生技术的研发和推广应用，使沥青路面材料的循环利用达到较高水平，如美国约 80%，日本接近 100%。对于普通沥青混合料再生问题的研究在国内还是刚刚起步，相关的规范或指南也正在编制之中。

自橡胶粉改性沥青技术开始使用以来，橡胶粉沥青混合料是否能够再生的问题就备受关注。这不仅涉及该技术在初期建设成本较高外(相当于普通沥青混合料)，还会因为在使用末期，一旦无法再生而导致堆放的附加费用。国外对于橡胶粉改性沥青技术的使用有悠久历史，并铺筑了大量的工程。虽然目前还没有有关橡胶粉沥青混合料再生的标准或指南，但美国一些州(Arizona、Wisconsin、Texas、Florida、NewJersey、Michigan、Mississippi、Kansas 及 the Province of Ontario)的交通部门已经在使用再生的橡胶粉沥青混合料，并完成了大量的室内试验与示范工程。这些工程包括了不同掺量的干拌、湿拌两种工艺的橡胶粉沥青混合料。总结他们的研究成果，得到以下结论：

(1)采用普通沥青混合料再生方法与设备可以完成橡胶粉沥青混合料的再生；

(2)再生的橡胶粉改性沥青混合料与再生的普通沥青混合料在路用性能方面没有太大差异；

(3)对橡胶粉沥青混合料再生过程的污染监测表明，其散发的污染物质与量级与普通沥青混合料再生时相当。

第二节　橡胶沥青路面全寿命技术经济分析 LCCA

国内外使用经验证明，废胎胶粉用于沥青路面中与一般沥青混凝土路面甚至改性沥青混凝土路面相比具有一定的经济效益。

其经济效益的分析分为 3 个层次：一是单纯从橡胶沥青或混合料的材料成本测算，分析混合料的单价；二是发挥橡胶沥青及混合料特点，结合路面结构设计，测算整体路面的建设成本；三是经过多年的使用，考虑建设成本、运营成本和养护成本进行全寿命的技术经济比较。

一、材料成本测算

首先，从材料成本角度分析。由于橡胶沥青的加工主要采用搅拌方式，比一般 SBS 改性沥青的加工方式简单，同时橡胶沥青加工过程中对反应温度和时间要求比较严格，因此可以认为橡胶沥青与 SBS 为代表的改性沥青相比，加工成本基本相当，主要比较其材料成本。按照下式计算生产每吨橡胶沥青或 SBS 改性沥青的单位成本：

$$Z = \frac{X + Y \times \omega\%}{1 + \omega\%} \tag{7-1}$$

式中：X——每吨普通沥青的单位成本；

Y——每吨废胎胶粉或 SBS 改性剂的单位成本；

ω——废胎胶粉或 SBS 的掺量(外掺)；

Z——结合料的单位成本。

目前国内市场的 40 目废胎胶粉价格约为 2 400 元/t，80 目为 3 200 元/t，SBS 改性剂为 20 000 元/t。由此计算出不同橡胶粉掺量下橡胶沥青的材料成本，见表 7-6。由此看出，由于目前国内普通沥青的成本比较高，而橡胶粉的价格低于沥青价格，因此普通沥青的价格越高，橡胶沥青经济效益越明显，仅从材料价格看，每吨橡胶沥青的材料成本甚至低于普通沥青价格。而且掺量越高，材料的价格越低，但这并不意味着掺量越高橡胶沥青的价格越低。因为橡胶粉掺量越高，橡胶沥青的黏度越高，导致加工成本增加，这样橡胶沥青的实际成本不但不会降低，反而增加。而且在实际工程中，结合料的黏度提高会大大增加混合料的油石比，这样也会增加混合料的成本。

橡胶沥青材料成本测算 表 7-6

选用橡胶粉	基质沥青价格（元/t）	橡胶粉掺量（外掺）				
		20%	22%	24%	26%	28%
		橡胶沥青材料成本（元/t）				
80 目橡胶粉	4 000	3 867	3 856	3 845	3 835	3 825
	3 000	3 033	3 036	3 039	3 041	3 044
	3 500	3 450	3 446	3 442	3 438	3 434
	4 500	4 283	4 266	4 248	4 232	4 216
40 目橡胶粉	4 000	3 733	3 711	3 690	3 670	3 650
	3 000	2 900	2 892	2 884	2 876	2 869
	3 500	3 317	3 302	3 287	3 273	3 259
	4 500	4 150	4 121	4 094	4 067	4 041

表 7-7 为橡胶沥青与 SBS 改性沥青材料成本对比表，SBS 的掺量为 5%。由此看出，每吨橡胶沥青的材料成本比 SBS 改性沥青平均降低 19.2%～22.2%，具有明显的经济效益。

橡胶沥青与 SBS 改性沥青材料成本比较 表 7-7

基质沥青价格（元/t）	SBS 改性沥青材料成本（元/t）	80 目橡胶沥青，掺量 20%		40 目橡胶沥青，掺量 20%	
		单价（元/t）	减少率（%）	单价（元/t）	减少率（%）
4 000	4 762	3 867	18.8	3 733	21.6
3 000	3 810	3 033	20.4	2 900	23.9
3 500	4 286	3 450	19.5	3 317	22.6
4 500	5 238	4 283	18.2	4 150	20.8
平均			19.2		22.2

以上仅从结合料角度分析了橡胶沥青的成本，在实际工程中，特别在沥青混合料的生产使用过程中，由于橡胶沥青的黏度比较高，混合料实际的油石比明显高于普通沥青甚至 SBS 改性沥青，如 13 型混合料，普通沥青的油石比一般为 4.8%，SBS 改性沥青可以达到 5%，而橡胶沥青则达到 6%，国外甚至要求在 7%～8%。因此需要进一步测算混合料的价格。

表 7-8 为橡胶沥青混凝土和 SBS 改性沥青混凝土单位体积(每立方)的价格测算。SBS 改性沥青混凝土的密度设定为 2.55g/cm³,橡胶沥青混凝土由于结合料含量高,密度降低,设定为 2.45g/cm³。同时,SBS 改性沥青混凝土的油石比设定为 5%,相当于沥青用量 4.76%;橡胶沥青混凝土的油石比设定为 6%,相当于沥青用量 5.66%。根据以上橡胶沥青和 SBS 改性沥青材料成本的测算,按目前基质沥青 4 000 元/t 计算,考虑加工成本、税收、利润等因素,SBS 改性沥青每吨价格为 5 300 元,橡胶沥青为 4 400 元,由此得到每方沥青混凝土中 SBS 改性沥青的材料费为 644 元,橡胶沥青的材料费为 610 元。两种混合料的石料采用相同的材料,松方密度取 1.6,单价为 200 元/方,则 SBS 改性沥青混凝土的矿料成本为 304 元,橡胶沥青混合料的矿料成本为 289 元,则每方沥青混合料的材料总价,SBS 改性沥青为 947 元,橡胶沥青混凝土为 899 元,后者比前者降低 5.07%。由于橡胶沥青混凝土与 SBS 改性沥青混凝土的拌和工艺、摊铺碾压工艺基本一致,也就是两者的加工成本和施工成本一致,因此可以看出,使用橡胶沥青混凝土的造价不会高于 SBS 改性沥青混凝土,甚至略有降低。

SBS 改性沥青混凝土和橡胶沥青混凝土生产成本测算对比 表 7-8

混合料类型	单位质量(t)	沥青用量(%)	结合料		矿料			总价格(元)	差价率(%)
			质量(t)	价格(元)	质量(t)	体积(方)	价格(元)		
SBSAC	2.55	4.76	0.121	644	2.429	1.518	304	947	5.07
ARAC	2.45	5.66	0.139	610	2.311	1.445	289	899	

二、橡胶沥青路面结构造价分析

其次,从结构角度分析。美国和南非的研究经验表明,使用橡胶沥青混凝土和使用橡胶沥青应力吸收层,从路面结构承载能力和抗反射裂缝角度可以减薄路面结构的厚度。我国的一些试验路和实体工程中也使用了类似的结构,与常用的路面结构相比,从使用性能角度基本相当,甚至更好。

表 7-9 为一种典型的橡胶沥青路面与我国常用的高速公路路面结构造价比较。我国一般采用 4cm+6cm+8cm,总厚度为 18cm 的沥青面层,而且近些年来为了提高路面的抗车辙能力,不仅表面层使用改性沥青而且中面层也使用,上中面层和中下面层之间洒铺乳化沥青黏层油加强层间结合,半刚性基层顶面铺设乳化沥青稀浆封层,厚度一般 5~10mm。橡胶沥青路面结构采用 4cm+6cm,总厚度为 10cm 的面层,与常用结构相比减少了 8cm。表面层采用湿拌工艺的橡胶沥青混凝土,为了保证路面的抗车辙能力,下面层采用干拌工艺的橡胶粉沥

青混凝土，整个面层结构设置了两层橡胶沥青防水黏结层，分别设于上下面层的底部，加强层间的结合和路面结构的防水，同时起到应力吸收的作用，减缓半刚性基层的反射裂缝。根据国外研究成果，这两层橡胶沥青应力吸收层足于代替8cm 沥青混凝土抗反射裂缝的作用。

两种路面结构造价比较 表 7-9

结构层	常用路面结构			橡胶沥青路面结构		
	材料	厚度	单价（元/m^2）	材料	厚度	单价（元/m^2）
上面层	改性沥青混凝土	4cm	12/cm	橡胶沥青混凝土	4cm	12/cm
黏结层	乳化沥青		2	橡胶沥青防水黏结层		18
中面层	改性沥青混凝土	6cm	10/cm			
黏结层	乳化沥青		2			
下面层	普通沥青混凝土	8cm	6/cm	橡胶粉沥青混凝土	6cm	8/cm
下封层	稀浆封层		5	橡胶沥青应力吸收层		20
单价合计			165			134

然后按照我国当前沥青混凝土和材料的平均造价测算两种路面结构的综合造价。根据表中数据，计算出常用路面结构造价 165 元/m^2，橡胶沥青路面结构造价为 134 元/m^2，后者比前者降低 18.8%。也就是橡胶沥青路面比我国目前高速公路常用的路面结构节约造价 18.8%。如果考虑减少一层沥青混凝土的摊铺，可缩短沥青面层施工工期近 1/3，所带来的社会效益和经济效益将更加显著。

三、橡胶沥青路面寿命周期分析

主要介绍国外对橡胶沥青路面寿命周期费用分析结果（Life Cycle Cost Analysis，简称 LCCA）。

2002 年美国亚利桑那州交通厅和亚利桑那州立大学联合开展了橡胶沥青路面与传统路面结构的寿命周期费用分析。

该研究采用 40 号州际公路里程范围 196～204 西侧路段（WB）中橡胶沥青路段，路面结构为 20.32cm（8in）破碎的旧水泥混凝土路面＋7.62cm（3in）传统沥青混凝土＋5.08cm（2in）橡胶沥青混凝土（ARAC）＋1.27cm（0.5in）橡胶沥青开级配磨耗层（AR-ACFC），总厚度为 34.39cm（13.5in）。作为对比采用传统路面结构的路段为 40 号州际公路，里程范围为 191～194 的西侧路段，路面结构为 10.16cm（4in）级配碎石基层＋15.24cm（6in）沥青处治基层＋27.94cm（11in）的沥青混凝土面层，总厚度为 53.34cm（21in）。

这两段路面结构单位初始建造费用对比见表 7-10，其中，对比路段使用的传统路面结构的单位造价为 1 515 008 美元，而橡胶沥青路面的单位造价为 875 776美元。表 7-11 为橡胶沥青路面从 1991～2001 年 11 年间路面使用性能水平以及对比路段从 1985～1995 年 11 年间路面使用性能水平的对比表。从总体来看，使用 11 年后橡胶沥青路面的服务水平明显高于对比路段。

两种路面结构初始的建设费用　　表 7-10

尺寸及价格	厚度 (in)	长度 (yard)	宽度 (yard)	单价 [($)/yd²·in]	总造价($)
传统的沥青路面					
AB	4	7 040	8	0.55	123 904
沥青稳定基层	6	7 040	8	1	337 920
沥青混凝土面层	11	7 040	8	1.7	1 053 184
合计					1 515 008
橡胶沥青路面					
AB	8	7 040	8	0.55	247 808
沥青混凝土	3	7 040	8	1.7	287 232
橡胶沥青混凝土	2	7 040	8	2.4	270 336
橡胶沥青磨耗层	0.5	7 040	8	2.5	70 400
合计					875 776

两种路面结构的性能指数　　表 7-11

传统沥青混凝土					橡胶沥青混凝土				
年份 (年)	Mays (in/mile)	IRI (in/mile)	IRI (m/km)	PSR	年份 (年)	Mays (in/mile)	IRI (in/mile)	IRI (m/km)	PSR
1985	56	66.99	1.06	3.88	1991	41	48.66	0.77	4.16
1986	58	69.44	1.10	3.84	1992	47	55.99	0.88	4.04
1987	44	52.33	0.83	4.10	1993	54	64.55	1.02	3.92
1988	40	47.44	0.75	4.18	1994	43	51.11	0.81	4.12
1989	44	52.33	0.83	4.10	1995	49	58.44	0.92	4.01
1990	56	66.99	1.06	3.88	1996	51	60.88	0.96	3.97
1991	58	69.44	1.10	3.84	1997	44	52.33	0.83	4.10
1992	74	88.99	1.40	3.57	1998	45	53.55	0.85	4.08
1993	87	104.87	1.66	3.36	1999	45	53.55	0.85	4.08
1994	67	80.43	1.27	3.69	2000	42	49.88	0.79	4.14
1995	87	104.87	1.66	3.36	2001	44	52.33	0.83	4.10

研究人员根据以上资料，分析采用世界银行公路设计和养护系统（the World Bank's Highway Design and Maintenance System HDM-4）和 NCHRP 开发的 MicroBENCOST 系统，进行两种路面的全寿命费用周期分析，分析周期取 25 年，平均折现率 4%。图 7-1 为两种路面 25 年间养护费用和用户费用的分析结果。从中可以看到，无论是养护费用，还是用户费用，橡胶沥青路面明显低于传统的沥青混凝土路面。表 7-12 为采用 MicroBENCOST 系统计算两种路面的建设费用、养护费用和用户费用的汇总表，进一步表现出橡胶沥青路面全寿命周期的经济优势。

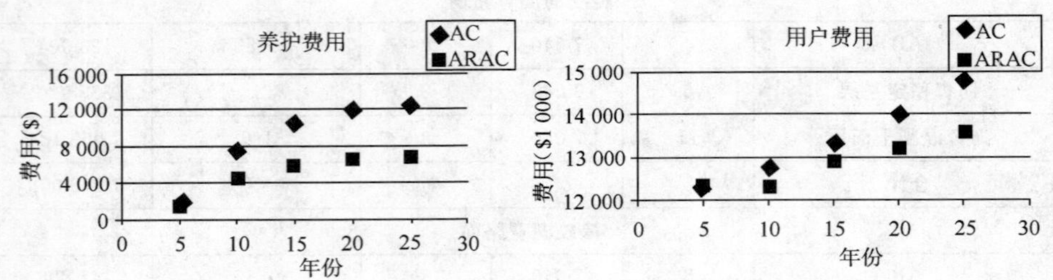

图 7-1 橡胶沥青路面与传统路面养护费用和用户费用对比

建设、养护和用户费用的比较 表 7-12

(MicroBENCOST)

年	传统沥青混凝土		橡胶沥青混凝土		差价	
	MC($)	UC ($1 000)	MC($)	UC ($1 000)	MC($)	UC ($1 000)
0	1 515 008		875 776		639 232	
5	1 844	12 296	1 317	12 325	527	−29
10	7 477	12 705	4 295	12 288	3 182	417
15	10 471	13 288	5 853	12 890	4 618	398
20	11 998	13 981	6 471	13 172	5 527	809
25	12 649	14 800	6 683	13 565	5 966	1 235

注：0 为初始建设费用，MC 为养护费用，UC 为用户费用。

此外，美国俄勒根州立大学的 R. G. Hicks 和内华达大学 Jon A. Epps 专门分析了亚利桑那州、加利福尼亚州和得克萨斯州橡胶沥青路面和传统沥青混凝土路面的全寿命费用分析。表 7-13 为这 3 个州不同交通量条件下用于旧路改建的典型结构汇总，其中有结构性加铺改造，也有非结构性罩面；原有路面有沥青路面，也有水泥路面。

亚利桑那州、加利福尼亚州和得克萨斯州的典型路面结构形式　　表 7-13

交通量	类型	原有路面	推荐罩面
亚利桑那州交通厅			
高	非结构性	沥青路面	A. 2.5in ACHM-DG+5/8in ACHM-FC B. 2.5in ACHM-DG+5/8in ARHM-FC C. 4.0in 铣刨和调平 ACHM-DG+5/8in ACHM-FC D. 4.0in 铣刨和调平 ACHM-DG+5/8in ARHM-FC
	结构性		E. 4.0in 铣刨和调平 ACHM-DG+2.5in ACHM-DG+5/8in ACHM-FC F. 4.0in 铣刨和调平 ACHM-DG+2.5in ACHM-DG+5/8in ARHM-FC
低	非结构性	沥青路面	G. 5/8in ACHM-FC H. 5/8in ARHM-FC I. 2.5in ACHM-DG
高	非结构性	水泥路面	J. 1in ARHM-FC
	结构性	水泥路面	K. 破碎封缝+3.0in ACHM-DG+2.0in ARHM-GG+5/8in ARHM-FC L. 破碎封缝+8.0in ACHM-DG
加利福尼亚州交通厅			
中心地区(Headquarters)			
高	结构罩面	沥青路面	A. 4.0in ACHM-DG B. 2.0in ARHM-GG
中	薄沥青混合料处理	沥青路面	C. 1.0in ACHM-OG D. 1.0in ARHM-OG
低	碎石封层	沥青路面	E. CS+铣刨和调平 F. AR-CS+铣刨和调平
一般地区(Districts)			
高	结构罩面		G. 4.0in ACHM-DG H. 2.0in ARHM-GG
低	预处理		K.2.5in ACHM-DG L. 1.5in ARHM-GG

续上表

交通量	类型	原有路面	推荐罩面
得克萨斯州交通厅			
高	结构	沥青路面	A. 2.0in ACHM-DG B. 2.0in ACHM-GG C. 2.0in PMHM-GG D. 2.0in ARHM-GG
	非结构	沥青路面	E. 0.75in ACHM-FC F. 0.75in PMHM-FC G. 0.75in ARHM-FC
中	非结构	沥青路面	H. AC-CS I. PM-CS J. AR-CS
	结构	沥青路面	K. 1.5in ACHM-DG L. 1.5in ARHM-GG

注：CS为一般碎石封层，AR-CS为橡胶沥青碎石封层，ACHM-DG为密级配沥青混凝土，ARHM-GG为断级配橡胶沥青混凝土，ACHM-FC为沥青混凝土磨耗层，ARHM-FC为橡胶沥青混凝土磨耗层。

表7-14为这3个州根据各种结构的实际使用情况，统计分析了表7-13中不同养护改造方案的使用寿命。在亚利桑那州，采用橡胶沥青路面和非橡胶沥青路面的路面厚度基本一样，但橡胶沥青路面的寿命平均比非橡胶沥青路面的寿命延长2～5年。在加利福尼亚州，采用橡胶沥青混凝土的结构厚度一般比非橡胶沥青混凝土的结构厚度薄40%～50%，但两者的使用寿命却基本相当。在得克萨斯州，在相同结构厚度的情况下，橡胶沥青路面的使用寿命一般比非橡胶沥青的使用寿命延长30%～80%。

3个州典型路面结构的寿命预估 表7-14

类型	结构	预期寿命		
		平均	低	高
亚利桑那州				
结构罩面	传统	16	10	21
	橡胶沥青	18	10	23
薄层罩面	ACHM-FC	9	4.5	12
	ARHM-FC	14	8	20
加利福尼亚州				
碎石封层	传统	5	3	7
	橡胶沥青	7	3	12

续上表

类　型	结　构	预 期 寿 命		
		平均	低	高
结构罩面	100mm ACHM-DG 50mm ARHM-GG	10 10	3 4	12 12
薄层罩面	ACHM-OG ARHM-OG	10 10	5 5	12 15
得克萨斯州				
碎石封层	传统 橡胶沥青	7 10	3 1	10 15
结构罩面	50mm ACHM-DG 50mm ARHM-GG	7.5 12	5 5	12 15
薄层罩面	14mm ACHM-FC 14mm ARHM-FC	6.5 12	4 10	8.5 15

表7-15为3个州承包商对于不同材料、不同结构的工程造价(估算)一览表。从表中数据看到,对于碎石封层,橡胶沥青比传统材料造价增加23%～100%。对于沥青混合料,在亚利桑那州,橡胶沥青混合料比传统混合料单位造价增加65%～83%;在加利福尼亚州,橡胶沥青混合料比传统沥青混合料增加43%;在得克萨斯州,橡胶沥青混合料单位造价增加43%。这里需要指出的事,国外橡胶沥青混合料造价之所以增加比较明显(与国内测算有较大差异),主要是两方面:一是这几个州的橡胶沥青混合料中橡胶沥青的含量远远高于传统沥青混合料的沥青含量,一般达到8%左右,也明显高于我国常用的6%～6.5%的范围;二是国外传统沥青混合料大多使用普通沥青或少量改性剂的改性沥青,而我国则以改性沥青为主。

3个州路面造价的费用说明(由州公路局提供)　　表7-15

类　型	结　构	费 用 估 算		
		平均	低	高
亚利桑那州				
碎石封层(美元/yd^2)				
传统 橡胶沥青	CS AR-CS	1.00 N/A	0.75 N/A	1.50 N/A
沥青混凝土罩面(美元/$yd^2\cdot in$)				
传统	ACHM-DG ACHM-FC	1.33 1.54	— —	— —

续上表

类　型	结　构	费用估算		
		平均	低	高
橡胶沥青	ARHM-GG ARHM-FC	2.43 2.51	1.90 1.92	2.96 3.10
加利福尼亚州				
碎石封层(美元/yd^2)				
传统 橡胶沥青	CS AR-CS	1.00 2.00	0.80 1.70	1.20 2.50
沥青混凝土罩面(美元/t)				
厚沥青混凝土罩面(4in)	ACHM-DG ARHM-GG	35 50	30 42	40 58
薄沥青混凝土罩面(1in)	ACHM-DG ARHM-GG	35 50	30 42	40 58
得克萨斯州				
碎石封层(美元/yd^2)				
传统 橡胶沥青	CS AR-CS	0.65 0.80	— —	— —
沥青混凝土罩面(美元/yd^2・in)				
非结构磨耗层	ACHM-FC ARHM-FC	1.50 2.05	1.25 1.55	2.25 3.08
结构罩面(2in)	ACHM-DG ARHM-GG	1.50 2.05	1.15 1.55	2.37 3.07

根据以上的基础数据，考虑初期的建设费用，后期的养护费用以及用户费用，进行全寿命的费用周期分析，得到传统路面结构与橡胶沥青路面结构的费用效益比，见表 7-16。

统 计 分 析 汇 总　　表 7-16

交通等级	方　案	与橡胶沥青路面的比值(%)
A)亚利桑那州交通厅		
高	A∶B	98
	C∶D	90
	E∶F	65
	J∶K	100
	L∶M	69
低	G∶H	70

续上表

交通等级	方案	与橡胶沥青路面的比值(%)
B)加利福尼亚交通厅　中心区(Headquarters)		
高	A∶B	92
中	C∶D	70
低	E∶F	20
C)加利福尼亚交通厅　一般地区(Districts)		
高	G∶H	84
	I∶J	76
低	K∶J	83
D)得克萨斯州交通厅		
高	A∶B	50
	B∶D	80
	C∶D	36
	E∶G	99
	F∶G	95
中	H∶J	5
	I∶J	13
	K∶L	99

从表中的数据看出，橡胶沥青路面的费用效益比明显高于传统的沥青路面。在亚利桑那州，橡胶沥青路面在所有方案中最佳；在加利福尼亚州，除采用橡胶沥青的多层碎石封层之外，其他方案的费用效益均超过70%；在得克萨斯州，在8个比较方案中，有3个不理想，但总体上还是令人满意的。

最后，表7-17汇总了3个州采用传统沥青路面与橡胶沥青路面的费用比值，包括建设费用和总费用。

3个州橡胶沥青路面与传统路面费用比(汇总)　表7-17

州　名	费用比(Conv/AR)	
	建设费	总费用
亚利桑那州	2.10	1.81
加利福尼亚州	1.20	1.16
得克萨斯州	1.01	1.10

第八章　结　语

美国亚利桑那州交通厅前总工程师，橡胶沥青专家 George B Way 先生曾指出：一种革新的新思路需要努力尝试，从试验路的设计、建设到使用性能的监测，我们时刻面临着这样的挑战：我们做什么？我们为什么做？我们如何做得更好？这也正是我们在研究、试验、推广使用橡胶沥青及混合料过程中不断反思、提醒自己的问题。

毋庸置疑，废胎胶粉在沥青路面中的使用是可行的，也是有利的。它既是一个比较传统的技术，同时也是一种新材料、新技术。从橡胶沥青及混合料的产生已有半个世纪的时间，从国外文献调查结果看，国外比较认可并较大规模的使用也是近十年来的事情，而我国尚处在推广使用的初期阶段。橡胶沥青及混合料的使用，是一种路面材料的革新，也影响到整个的路面结构设计，对解决我国当前沥青路面存在的一些问题提供了一个有效的途径，因此值得研究和努力尝试。

针对每一个项目，不论是试验路还是实体工程，在使用过程中，作为研究者、设计者和推广者，应不断地扪心自问：我们做什么？我们为什么做？我们如何做得更好？我国的橡胶沥青及混合料的设计、施工等技术要求已基本成型，但是，我国幅员广阔、交通组成复杂、气候条件多变且差异很大。在具体的使用过程中，还需要因地制宜、实事求是地采取相应的设计研究，这样既是对工程负责的态度和精神，也是补充、完善、发展我国的橡胶沥青及混合料技术所必需的。

在橡胶沥青和混合料应用发展的过程中，需要充分学习国外的先进经验，借鉴国外有关的研究成果，引进先进的工艺、设备和理念，但也不能过分迷信，全盘照搬。我国高速公路近 20 年的建设发展过程中，引进了许多国外先进技术，对我国公路建设的快速发展起到积极的推动作用，但同时也交了不少“学费”。实践证明，凡是使用成功的外来技术都是与我国国情紧密结合的，消化吸收、去伪存真，而不是简单地照搬、照套，不是单纯的“拿来主义”而是经过“扬弃”的过程。特别是，近些年来我国大力提倡科技创新，形成具有自主知识产权的技术成果，引进创新是其中一个重要方面。单纯的引进不利于我国公路科学技术的发展，而且是有害的，在橡胶沥青及混合料的应用过程中应避免走这样的弯路。

我国的气候环境、交通环境、路面材料和结构与国外有较大的差异，照搬国外的一些橡胶沥青使用经验在我国难以实施。比如，橡胶沥青混合料油石比问题，国外一般采用 7%～8%，通过实验表明，这样的混合料高温稳定性难以达到我国现行规范的技术要求，有的相差很大，因此，如果简单套用国外的经验将会导致沥青路面高温失稳的问题。再如:国外大多使用多空隙的橡胶沥青混凝土作为抗滑表层,而这种混合料仅适用于我国南方多雨且环境比较好的地区,否则难以体现其技术优势,降低了路面的使用寿命。我国目前高等级公路表面层仍以密实性混合料为主,研究橡胶粉或橡胶沥青在密实型混合料中的应用技术是一个新课题。

本书比较全面地介绍了国内外废胎胶粉、橡胶沥青和橡胶(粉)沥青混凝土最新的研究成果,说明废胎胶粉用于沥青路面在技术上是可行的,经济上是合理的,也符合我国当前公路建设发展的需求。因此,废胎胶粉在我国沥青路面建设中有广泛的应用前景。

同时也应看到,为了废胎胶粉在沥青路面中健康有序地发展,任重道远,还有些问题需要解决,其中有技术上的难点,也有政策上的配套,具体有以下几方面问题:

(1)目前,我国废旧轮胎的回收还不规范,尚没有系统的轮胎回收体系,导致用于生产路用胶粉轮胎来源不稳定,有的是斜交胎;有的是子午胎;有的是载货汽车轮胎,有的是小汽车轮胎;有的是胎面胶,有的是胎侧胶,这样不仅影响废胎胶粉质量的稳定,同时也影响到成本价格。国外发达国家一般对废轮胎的回收利用有政策性的补贴,可鼓励和促进废轮胎的合理利用,保护健康的循环利用产业,而我国这方面还需要继续努力。国外的成功经验证明,政策性的支持是循环经济产业发展的必要条件。

(2)我国地域广阔,自然条件复杂,交通多样,在使用橡胶沥青及混合料时应因地制宜。交通部公路科学研究院近些年先后在南方多雨地区、北方干旱冰冻地区的一些高等级公路上修建了试验路段或实体工程,总体使用效果良好。这说明废胎胶粉在我国高等级公路上使用是可行的。但仍需要进一步深化、完善,根据各地实际情况逐步形成相应的体系和规范。

(3)国内外研究和实践证明,橡胶沥青和混合料有独特的路用性能。但是橡胶沥青或混合料作为一种路面材料,也不是十全十美的,也有其不足。为了充分发挥其技术经济的综合优势,需与路面结构设计相结合。特别是应力吸收层(或称防水黏结层)的使用,应结合路面结构厚度优化设计。

(4)在各地区充分研究使用的基础上,需尽快制定国家级的橡胶沥青及混合料的设计施工技术规范或指南,以便于指导这项技术的推广使用。国家级的规范或指南的指定是建立在各个地区或省市规范、指南的基础上,而不是强制性的、硬性推广。美国在1992年出于急需处理废轮胎的需要,联邦政府出台了相应的法规,指定各个州在使用联邦政府资金修建的公路上需要使用一定比例的废胎胶粉,随后的几年中确实消耗了大量的废轮胎,但是到1997年该法案被迫中止。其中一个主要原因是美国不少州在没有充分研究的基础上,就大规模地使用，出现了一些病害，有的工程表明，使用废胎胶粉后路面的使用品质明显下降。后来只剩下亚利桑那州、加利福尼亚州、得克萨斯州和佛罗里达州等少数的几个州继续试验、研究，最终获得成功，并得以大规模的推广。美国的经验和教训对我国发展这项技术是有益的借鉴。

(5)在推广使用橡胶沥青和混合料时，需要公路行业与轮胎行业特别是与废胎胶粉生产企业通力合作。目前我国尚未有专门生产路用橡胶粉的企业，路用橡胶粉与再生胶所用胶粉和其他胶粉混合生产，这样不利于路用橡胶粉的质量稳定。未来规范路用橡胶粉的生产十分必要。同时，目前推荐使用斜胶胎胶粉是出于提高橡胶沥青的质量，提高工程可靠性的目的。未来我国的子午胎胶粉会越来越多，会占到主导地位，国外的经验表明子午胎胶粉同样会生产质量好而稳定的橡胶沥青或混合料。但这样技术上可能难度更高，施工工艺要求更严，在我国废胎胶粉应用的初级阶段，有些条件还不具备，今后，随着对橡胶沥青及混合料认识的进一步深入和废胎胶粉市场的规范化，子午胎胶粉也将广泛用于橡胶沥青及混合料中。

本书是交通部公路科学研究院道桥部路面结构组多年来从事橡胶沥青及混合料应用研究的总结，如有不足之处，希望大家批评指正。

附录一　西部交通科技项目“废旧橡胶粉用于筑路的技术研究”（2001 318 223 42）承担单位、参加单位名单、研究报告目录

承担单位：

交通部公路科学研究所

参加单位：

河北省公路管理局、广东省公路管理局、同济大学、长沙理工大学、贵州省交通科学研究所、四川省成都市交通局、山东省交通科学研究所、南京东浩胶粉有限公司

研究报告目录

1. 总报告

“废旧橡胶粉用于筑路的技术研究”研究报告

2. 分报告

(1)交通部公路科学研究所：路用橡胶粉的技术参数研究

(2)交通部公路科学研究所：橡胶粉改性沥青性能研究

(3)交通部公路科学研究所：橡胶粉沥青混合料性能研究

(4)同济大学：废旧橡胶粉沥青混凝土材料性能的研究

(5)长沙理工大学：废旧橡胶粉沥青混凝土高、低温性能研究

(6)交通部公路科学研究所：废旧橡胶粉沥青混凝土施工技术研究

3. 子报告

(1)广东省公路管理局、交通部公路科学研究所：广东试验路研究报告

(2)河北省公路管理局、交通部公路科学研究所：河北试验路研究报告

(3)四川省成都市交通局、交通部公路科学研究所：四川试验路研究报告

(4)贵州省交通科学研究所：贵州试验路研究报告

(5)山东省交通科学研究所、山东省公路管理局：材料性能与施工工艺研究报告

附录二　北京市交通委员会项目"废胎胶粉改性沥青应用研究"主要完成单位名单、研究报告目录

主要完成单位:

北京市路政局、交通部公路科学研究院、北京路桥路兴物资中心、北京泛洋伟业科技有限公司

研究报告目录

1. 总报告

废胎胶粉改性沥青应用研究

2. 分报告

(1)交通部公路科学研究院、北京泛洋伟业科技有限公司:路用橡胶粉的技术性能和指标研究

(2)交通部公路科学研究院、北京路桥路兴物资中心:橡胶沥青技术性能和指标研究

(3)交通部公路科学研究院、北京路桥路兴物资中心:橡胶(粉)沥青混合料配合比设计及技术性能分析

(4)北京市路政局、交通部公路科学研究院、北京路桥路兴物资中心、北京泛洋伟业科技有限公司:北京市废胎胶粉沥青及混合料设计施工技术指南

3. 子报告

(1)交通部公路科学研究院:橡胶沥青黏度试验方法研究

(2)交通部公路科学研究院、北京市路政局顺义分局、北京路桥路兴物资中心:顺平辅线橡胶沥青试验路研究报告

(3)交通部公路科学研究院、北京市路政局门头沟分局、北京路桥路兴物资中心:南雁路橡胶粉改性沥青试验路报告

参考文献

[1] 董诚春.胶粉改性沥青的生产及其在公路建设中的应用.公路交通技术,2003(3).

[2] 傅大放,惠先宝,符冠华.废弃轮胎胶粉干法改性热拌沥青混合料(RUMAC)试验研究.公路交通科技,2001(5).

[3] 王琪.废旧橡胶粉改性沥青的试验与应用.辽宁交通科技,2000(6).

[4] 张争奇,张登良,杨荣尚.改性沥青机理研究.西安公路交通大学学报,1998(4).

[5] 孔宪明,王陆.废胶粉改性沥青的应用实践.防水材料与施工,2001(11).

[6] 石秋俠,靳长征.利用废旧橡胶掺配制作道路用改性橡胶沥青.山西交通科技,1999(5).

[7] 李春明,李华章.沥青橡胶碎石防止半刚性基层材料裂缝反射探讨.交通科技,2003(1).

[8] 黄彭,吕伟民,张福清,等.橡胶粉改性沥青混合料性能与工艺技术研究.中国公路学报,2001(增刊).

[9] 黄卫东,孙立军.聚合物改性沥青显微结构及量化研究.公路交通科技,2002(3).

[10] 吴福让,张稳健.改性沥青的数码显微照相检测.筑路机械与施工机械化,2001(总第95期).

[11] 黄敦灏,王旭东,曾蔚,等.橡胶粉在沥青混凝土中的应用.西安公路交通大学学报,2001(4).

[12] 程源.废胶粉应用前瞻.合成橡胶工业,2001(2).

[13] 曾玉珍,廖正环编译.废旧轮胎在国外道路工程中的应用.国外公路,2000(1).

[14] 石红星,吕伟民编译.回收废料在公路工程中的应用.国外公路,2001(2).

[15] 林贤福,吴起,吕德水,等.橡胶改性道路沥青及其微观结构.浙江大学分析测试中心应用化学研究所,杭州:2003(10).

[16] 李洪烈,李荣波.利用废胶粉改善沥青路面性能的研究.橡胶工业,1995(5).

[17] 李荣波,郑大庆,贝晓旭.利用废旧废橡胶改善沥青路用性能的研究.中国市政工程,1994(4).

[18] 王屏,刘思永,晏山平.精细胶粉的分级实验研究.橡胶技术与装备,1998(24).

[19] 李如林.我国橡胶粉生产应用现状及发展.中国橡胶,2000(5).

[20] 王铁兵,王成竹.橡胶粉改善乳化沥青工程性质的研究.辽宁交通科技,1996(4).

[21] 傅彦杰,等.不同粒径橡胶粉的基本性能.中国橡胶,2000(2).

[22] 郝培文,刘红瑛.废旧胶粉改性沥青混合料低温抗裂性能的研究.石油沥青,1993(3).

[23] 毛寿昌.废化胶精细胶粉的生产及应用.合成橡胶工业,1993(1).

[24] 王旭东.低噪声沥青路面结构设计研究.公路交通科技,2003(1).

[25] 沙庆林.用更严密的方法确定沥青砼试件的体积指标.广西交通科技,2003(4).

[26] 沙庆林.沥青面层的技术状况和发展方向.公路,2003(8).

[27] 沙庆林.高等级公路半刚性基层沥青路面.北京:人民交通出版社,1998.

[28] 何永峰,刘玉强.胶粉生产及其应用—废旧橡胶资源化新技术.北京:中国石化出版社,2001.

[29] 许志鸿,李淑明,高英,等.沥青混合料疲劳性能研究.交通运输工程学报,2001(1).

[30] 刘朝晖,李宇峙,秦仁杰.SBS 改性沥青防水层应用技术研究.重庆交通学院学报,2003(1).

[31] 张登良.沥青与沥青混合料.北京:人民交通出版社,1993.

[32] 沙庆林.提高路面施工质量的四大环节.广西交通科技,2002(4).

[33] 赵光贤.胶粉及其应用.特种橡胶制品,(1).

[34] 刘尚乐.聚合物沥青及其建筑防水材料.北京:中国建材工业出版社,2003(1).

[35] 沈金安.沥青及沥青混合料路用性能.北京:人民交通出版社,2001.

[36] 沙庆林.高速公路沥青路面早期破坏现象及预防.北京:人民交通出版社,2001(1).

[37] 吕伟民.沥青混合料设计原理与方法.上海:同济大学出版社,2001(1).

[38] 张登良.沥青路面.北京:人民交通出版社,1998(1).

[39] 沈金安.改性沥青与 SMA 路面.北京:人民交通出版社,1999(1).

[40] 中国公路学会筑路机械学会.沥青路面施工机械与机械化施工.北京:人民交通出版社,1999(1).

[41] 黄伟东,钱振东.高等沥青路面设计理论与方法.北京:科学出版社,2001(1).

[42] 交通部公路科学研究所.广东地区重轴载调查研究,2003.

[43] 常魁和,高群.公路沥青路面养护新技术.北京:人民交通出版社,2001.

[44] 王旭东.沥青路面材料动力特性与动态参数.北京:人民交通出版社,2002.
[45] 王旭东,戴为民.水泥、消石灰在沥青混合料中的应用.公路交通科技,2001(4).
[46] 沙庆林,王旭东.水泥混凝土路面加铺沥青混凝土面层的技术研究.公路,2002(11).
[47] 沙庆林.多碎石沥青混凝土SAC系列的设计与施工.北京:人民交通出版社,2005.
[48] 交通部西部交通建设科技项目.废旧橡胶粉用于筑路的技术研究.总报告,2003年12月.
[49] 中华人民共和国行业标准.公路路面基层施工技术规范(JTJ 034—2000).北京:人民交通出版社,2000.
[50] 中华人民共和国行业标准.公路工程沥青混合料试验规程(JTJ 052—2000).北京:人民交通出版社,2000.
[51] 中华人民共和国行业标准.公路沥青路面设计规范(JTJ 014—97).北京:人民交通出版社,1997.
[52] 中华人民共和国行业标准.公路工程集料试验规程(JTJ 058—2000).北京:人民交通出版社,2000.
[53] 中华人民共和国行业标准.公路路基路面现场测试规程(JTJ 059—95).北京:人民交通出版社,1995.
[54] 中华人民共和国行业标准.公路沥青路面施工技术规范(JTG F40—2004).北京:人民交通出版社,1994.
[55] 中华人民共和国行业标准.公路改性沥青路面施工技术规范(JTJ 036—98).北京:人民交通出版社,1998.
[56] 中华人民共和国国家标准.沥青路面施工及验收规范.北京:中国计划出版社,1996.
[57] 陈惠钊.黏度测量.北京:中国计量出版社,1994.
[58] 川田,裕郎.陈惠钊译.北京:中国计量出版社,1981.
[59] L. Allen Cooley, Jr. E. Ray Brown, Donald E. Watson. Evaluation of OGFC mixtures containing cellulose fibers[R]. NCAT Report No. 2000-05.
[60] Lucinda M. Moore, R. G. Hicks, etc. Design, Construction, and Maintenance Guidelines for Porous Asphalt Pavements[S], 2001TRB.
[61] Asphalt Institute. Mix Design Methods[M]. sixth edition. 1995.
[62] S. K. Palit, Y. Ch. Srinivsas Reddy, etc. Reflection Cracking of bituminous Overlays-A Laboratory Investigation[J]. Indian Highway 2003(3).

[63] E.-U. Hiersche, H.-J. Freund. Technology and In-Situ Trial of A Noise Absorbing Pavement Structure[R], 7th International Conference On Asphalt Pavements.
[64] Gary Thompson, Mike Remily. Field Verification Process for Open Graded HMAC Mixes[J]. 2002, 7 SPR 304-051.
[65] Freddy L. Roberts, Prithvi S. Kandhal, etc. Investigation and Evaluation of Ground Tire Rubber in Hot Mix Asphalt[R]. NCAT Report No. 89-3.
[66] Sacramento County Department of Environmental Review and Assessment Report on the Status of Rubberized Asphalt Traffic Noise Reduction in Sacramento County. 1999.
[67] Michael P. Bucka. Asphalt Rubber Overlay Noise Study Update[R], AAAI Report 1272 . 2002.
[68] R. G. Hicks . Asphalt Rubber Design and Construction Guidelines 2002 [S].
[69] John Harvey, Manuel Bejarano, etc. Performance of Caltrans Asphalt Concrete and Asphalt-Rubber Hot Mix Overlays at Moderate Temperatures-Accelerated Pavement Testing Evaluation[R]. 2000.
[70] John Harvey, Lorina Popescu. Rutting of Caltrans Asphalt Concrete and Asphalt-Rubber Hot Mix Under Different Wheels, Tires and Temperatures-Accelerated Pavement Testing Evaluation[R]. 2000.
[71] State of California Department of Transportation Asphalt Rubber Usage Guide 2003[S].
[72] Curtis M. Turgeon, The Use of Asphalt-Rubber Products in Minnesota [R]. 89-06 .
[73] Curtis M. Turgeon, Waste Tire & Shingle Scrap Bituminous Paving Test Sections On The Willard Munger Recreational Trail Gateway Segment[R]. 91-06.
[74] Curtis M. Turgeon, An Evaluation Of Dense Graded Asphalt-Rubber Concrete In Minnesota[R]. 92-01.
[75] Serji N. Amirkhanian, Utilization of Crumb Rubber in Asphaltic Concrete Mixtures-South Carolina's Experience[R]. 2001.
[76] Report No FHWA-SC-93-02, A Laboratory and Field Investigation of Rubberized Asphaltic Concrete Mixtures[R]. 1993.
[77] Lutfi Raad, Steve Saboundjian. Field Aging Effects on The Fatigue of

Asphalt Concrete and Asphalt-Rubber Concrete[C]. TRB. 2001.

[78] G. W. Maupin, Jr. C. W. Payne. Evaluation of Asphalt Rubber Stress-Absorbing Membrane[R]. VTRC 98-R11.

[79] C J Potgieter *, DE Sadler, etc. Bitumen Rubber Asphalt Experiences in The RSA [C]. 7th Conference on Asphalt Pavements for Southern Africa.

[80] Crumb Rubber Asphalt Fatigue Study Phase 2: Asphalt Testing [R], ARRB Transport Research. 1997.

[81] Crumb Rubber Asphalt Fatigue Study Phase 1: Binder Testing [R]. ARRB Transport Research. 1997.

[82] Vicroads、RTA、MAIN ROADS Western Australia, Scrap Rubber Bitumen Guide[S].

[83] L. K. Crouch, Audrey R. Copeland, etc. Determining Air Void Content of Compacted HMA Mixtures[C]. TRB 2002.

[84] Kamil E. Kaloush, Matthew W. Witczak, etc. Performance Evaluation of Arizona Asphalt Rubber Mixtures Using Advanced Dynamic Material Characterization Tests[R]. Final Report, 2001.

[85] Gene R. Morris, Douglas D. Carlson . The Arizona Asphalt-Rubber Project Review [R]. ADOT Report . 2000.

[86] ADOT A-R Specifications[S]. SECTION 1009.

[87] ASTM, Standard Specification for Asphalt-Rubber Binder' D 6114-97" [S].

[88] Comparative Performance of Rubber Modified Hot Mix Asphalt Under ALF Loading[R]. FHWA/LA. 03/374, 2003.

[89] Effect of Tire Rubber Grinding Method on Asphalt-Rubber Binder Characteristics[R]. FL/DOT/SMO/96-410A Research Report, 1996.

[90] Long Term Performance Evaluation of Asphalt-Rubber Surface Mixes [R], FL/DOT/SMO/98-431 Research Report, 1998.

[91] FHWA-OR-RD-02-13. Crumb Rubber Modified Asphalt Concrete in Oregon[R] 2002.

[92] Maghsoud Tahmoressi, Evaluation of Asphalt Rubber Pavements in Texas[R], 2001.

[93] William R. Vavrik, William J. Pine, etc. Aggregate Blending for Asphalt Mix Design: "The Bailey Method"[C], TRB 02-3629.

[94] Rajib B. Mallick, Prithvi S. Kandhal, etc. Design, Construction, and

Performance of Newgeneration Open-Graded Friction Courses[R]. NCAT Report No. 2000-01.

[95] Walter J. Tappeiner. Open-Graded Asphalt Friction Course[R]. NAPA Information Series 115.

[96] Glen A. Malpass, N. Paul Khosla. Use of Ground Tire Rubber in Asphalt Concrete Pavements-A Design and Performance Evaluation[R]. Transportation Research Record1515.

[97] Robert F. Baker, Eileen Connolly. Mix Designs and Air Quality Emissions Tests of Crumb Rubber Modified Asphalt Concrete[R]. Transportation Research Record 1515.

[98] John Emery. Evaluation of Rubber Modified Asphalt Demonstration Projects[R]. Transportation Research Record 1515.

[99] Bouzid Choubane, Gregory A. Sholar, etc. Ten-Year Performance Evaluation of Asphalt-Rubber Surface Mixes[R]. Transportation Research Record 1681.

[100] Robert B. Mcgennis. Evaluation of Physical Properties of Fine Crumb Rubber Modified Asphalt Binders[R]. Transportation Research Record 1488.

[101] A. A. Zaman, A. L. Fricke, etc. Rheological Properties of Rubber-Modified Asphalt[J]. Journal of Transportation Engineering. 1995.

[102] Barzin Mobasher, Michael S. Mamlouk, etc. Evaluation of Crack Propagation Properties of Asphalt. Mixtures Journal of Transportation Engineering. 1997.

[103] Didier Lesueur, Don L. Dekker, etc. Comparison of Carbon Black from Pyrolized Tire to Other Fillers as Asphalt Rheology Modifiers. Transportation Research Record 1515.

[104] John W H Oliver . Rutting and Fatigue Properties of Crumbed Rubber Hot Mix Asphalts[R]. ARRB Transport Research Ltd.

[105] Modification of Paving Asphalts by Digestion with Scrap Rubber[R]. ARRB Internal Report.

[106] C. J. Potgieter, D. E. Sadler, etc. Bitumen Rubber Asphalt[C]. The Long Term Performance in South Africa 9th International Conference on Asphalt Pavements 2002.

[107] L. K. Croach, Audrey R. Copeland ,etc. Determining Air Void Content of Compacted HMA mixture[C]. TRB 2002.

[108] George B. way. The Rubber Pavements Association Technical Advisory Board Leading The Way In Asphalt Rubber Research. Proceedings of the Asphalt Rubber 2003 Conference.

[109] Shakir Shatnawi. Asphalt Rubber Maintenances Treatments In California. Proceedings of the Asphalt Rubber 2003 Conference.

[110] Gcorgc B. way. OGFC Meets CRM Where The Rubber Meets The Rubber 15 Years Of Durable Success. Proceedings of the Asphalt Rubber 2003 Conference.

[111] C J Potgieter, J S Coetsee . Bitumen Rubber Asphalt: Year 2003 DesignAnd Construction Procedures In South Africa. Proceedings of the Asphalt Rubber 2003 Conference.

[112] Jorge B. Sousa, Jorge C. Pais, GeorgeB. Way. A Mechanistic-Empirical Based Overlay Design Method For Reflective Cracking. Proceedings of the Asphalt Rubber 2003 Conference.

[113] Peter E Sebaaly, Gabriel Bazi, Dean Weitzel, etc. Long Term Performance Of Crumb Rubber Mixtures In Nevada. Proceedings of the Asphalt Rubber 2003 Conference.

[114] Kamil E. Kaloush, Aleksander Zborowski, Andres Sotil, etc. Material Characteristics Of Asphalt Rubber Mixtures. Proceedings of the Asphalt Rubber 2003 Conference.

[115] Silvrano A. Dantas Neto, Marcio M. farias, Jorge C. Pais, etc. Behavior Of Asphalt-Rubber Hot Mixes Obtained With High Crumb Rubber Contents . Proceedings of the Asphalt Rubber 2003 Conference.

[116] Manuel J. C. Minhoto, Jorge C. pais, Paulo A. A. Pereira, etc. Low-Temperature Influence In The Predicted Of Pavement Overlay. Proceedings of the Asphalt Rubber 2003 Conference.

[117] Mona Nourelhuda, Magdy Y. Mikhail, Michael S. Mamllouk. Rutting Prediction Of Asphalt Concrete And Asphalt Rubber Mixture. Proceedings of the Asphalt Rubber 2003 Conference.

[118] Made Lurdcs Antunes, Pcdro Domingos, Malsabel Eusebio, etc. Studies Concerning The Use Of Asphalt Rubber In Portugal. Proceedings of the Asphalt Rubber 2003 Conference .

[119] Julio Torrejon Olmos, Luis Alvarez Gonzalez, Jaime Castillo Mullor. Expectation On The Use Of Asphalt Rubber In Chilean Pavements. Proceedings of the Asphalt Rubber2003 Conference .

[120] Leni Figueirdo Mathias Leite, Prepredigna de Almeida da Silva, Guilherme Edel, etc. Asphalt Rubber In Brazil: Pavement Performance And Laboratory Study. Proceedings of the Asphalt Rubber 2003 Conference.

[121] Wang Xu-dong, Huang Wen-yuan, Yang Zhi-fang. Asphalt Paving On Steel Structural Bridge Using Crumb Rubber Additive. Proceedings of the Asphalt Rubber 2003 Conference.

[122] Michael Mamlouk, Barzia Mobasher. Cracking Resistance Of Asphalt Rubber Mix Versus Hot-Mix Asphalt. Proceedings of the Asphalt Rubber 2003 Conference.

[123] Arieh Sidess, Jacob Uzan. Evaluation Of Rubber Modified Asphalt Concrete. Proceedings of the Asphalt Rubber 2003 Conference.

[124] Silrano A. Dantas Neto, Marcio M. Farias, Jorge C. Pais, etc. Properties Of Asphalt-Rubber Binders Related To Characteristics Of The Incorporated Crumb Rubber. Proceedings of the Asphalt Rubber 2003 Conference.

[125] H. Barry Takallou, Mogie B. Takallou, Effects Of Mixing Time And Temperature On The Visco-Elastic Properties Of Asphalt Rubber Binder. Proceedings of the Asphalt Rubber 2003 Conference.

[126] A. F. Burger, M. F. C. van de Ven, K. J. Jenkins. Rheology Of Bitumen-Rubber A Comparative Study Of Two Binders And Two Binder/Filler Systems. Proceedings of the Asphalt Rubber 2003 Conference.

[127] Radziszewski P., Kalabinska M., Pilat J.. Comparative Analysis of Bitumen-Rubber Binder And Polish Standard Bitumen Properties. Proceedings of the Asphalt Rubber 2003 Conference.

[128] Gajanan S. Natu, Akhtarhusein A. Tayebali. Performance And Acceptability Criteria For Crumb Rubber Modified Binders With Same Performance Grade (PG) Rating. Proceedings of the Asphalt Rubber 2003 Conference.

[129] Gordon Airey, Mujibur Rahman, Andrew Collop. The Influence Of Crude Source And Penetration Grade On The Interaction Of Crumb Rubber And Bitumen. Proceedings of the Asphalt Rubber 2003 Conference.

[130] Paul R. Donavan, Bruce C. Rymer. Measurement Of Tire/Pavement

Noise Sound Intensity Methodology. Proceedings of the Asphalt Rubber 2003 Conference.

[131] Douglas D. Carlson, Han Zhu, Can Xiao. Analysis Of Traffic Noise Before And After Paving With Asphalt-Rubber. Proceedings of the Asphalt Rubber 2003 Conference.

[132] Larry Scofield, Paul R. Donavan. Development Of Arizona's Quiet Pavement Research Program. Proceedings of the Asphalt Rubber 2003 Conference.

[133] B. C. M. Pulles, L. B. Treleaven, H. Soleymani, etc. 2002 Asphalt Rubber Trials In Alberta Canada. Proceedings of the Asphalt Rubber 2003 Conference.

[134] Mang Tia, bByron E. Ruth. Recycling Of Asphalt Rubber Pavements. Proceedings of the Asphalt Rubber 2003 Conference.

[135] Don Stout, Douglas D. Calson . Stack Emissions With Asphalt Rubber A Synthesis Of Studies. Proceedings of the Asphalt Rubber 2003 Conference.

[136] Marcus Vinicius Q. Curry, Aurelio L. S. Murta, Luis H. Figueiredo, etc. Socioeconomic And Environmental Analyses For The Use Of Rubberized Asphalt In The Construction Of Highways. Proceedings of the Asphalt Rubber 2003 Conference.

[137] Jack Van Kirk. Maintenance And Rehabilitation Strategies Utilizing Asphalt Rubber Chip Seals. Proceedings of the Asphalt Rubber 2003 Conference.

[138] C J Potgieter. Bitumen Rubber Chip And Spray Seals As Used In South Africa. Proceedings of the Asphalt Rubber 2003 Conference.

[139] Dr Wynand A van Wyngaard. Design Method For Bitumen Rubber Single Stone Seals. Proceedings of the Asphalt Rubber 2003 Conference.

[140] Jeffrey R. Smith. Asphalt-Rubber Stress Absorbing Membrane Stress Absorbing Membrane Interlayer. Proceedings of the Asphalt Rubber 2003 Conference.

[141] Serji N. Amirkhanian. Establishment Of An Asphalt-Rubber Technology Service(ARTS). Proceedings of the Asphalt Rubber 2003 Conference.

[142] H. Barry Takallou, Mojie B. Takallou. Effects Of Mixing Time And

Temperature On The Visco-Elastic Properties Of Asphalt Rubber Binder. Proceedings of the Asphalt Rubber 2003 Conference.

[143] Luciano Pivoto Specht, Jorge A. Pereira Ceratti, Ilda Paludo. Laboratorial Evaluation Of Tire Rubber Use As Hot Mix Aggregate. Proceedings of the Asphalt Rubber 2003 Conference.

[144] Gaetano Di Mino, paola Tripodi. An Italian Research On Mechanical Properties Of Asphalt with Wire Rubber. Proceedings of the Asphalt Rubber 2003 Conference.

[145] Luis Severo, Paulo Ruwer, Fernando Pugliero Goncalves, etc. Performance Of Asphalt-Rubber Hot Mix Overlays At Brazilian Highway. Proceedings of the Asphalt Rubber 2003 Conference.

[146] E. Fanto, R. Durgo, Sz. Biro, etc. Effect Of Storage time On Rheological Properties Of Crumb Rubber Modified Bitumen. Proceedings of the Asphalt Rubber 2003 Conference.

[147] Rodrigo Vasconcellos Barros Barros, Firmino Savio Vasconcellos. Pioneer Experience With The Application Of Gap Graded Asphalt Rubber Mixes In Sao Paulo, Brazil. Proceedings of the Asphalt Rubber 2003 Conference.

[148] Hugo Bianchetto, Mariano Lopcez, Marccla Balige, etc. First Test Sections Using Bituminous Mixes With Addition Of Crumb Rubber From Wastes Tires, For Urban Paving Applications In Argentina. Proceedings of the Asphalt Rubber 2003 Conference.

[149] Adalberto Leandro Faxina, Manoel Henrique Alba Soria. Mechanical Properties Of Asphalt-Rubber Mixes Using Shale Extender Oil . Proceedings of the Asphalt Rubber 2003 Conference.

[150] Jorge Henrinque Magaihaes Pinheiro, Jorge Barbosa Soares. The Effect Of Crumb Rubber Gradation And Binder-Rubber Interaction Time On The Mechanical Properties Of Asphalt-Rubber Mixtures(Dry Process). Proceedings of the Asphalt Rubber 2003 Conference.

[151] Fredy Reyes. Asphalt Rubber In Drainable Mixtures. Proceedings of the Asphalt Rubber 2003 Conference.

[152] Mohammed Memon, Colin Franco. The Impact Of Chemical Modification For Used Tire Rubber Towards Skiny Mix Design For Maintenance. Proceedings of the Asphalt Rubber 2003 Conference.

[153] F. J. Navarro, P. Partal * , F. Mart′nez-Boza, C. Gallegos, Thermo-

Rheological Behavior And Storage Stability Of Ground Tire, Rubber-Modified Bitumen. www. fuelfirst. com.
[154] Randy C. West. Effect Of Tire Rubber Grinding Method On Asphalt-Rubber Binder Characteristics. Research Report FL/DOT/SMO/96-410A. August 1996.
[155] John P. Zaniewski, Michael E. Pumphrey. Evaluation of Performance Graded Asphalt Binder Equipment and Testing Protocol. April, 2004.
[156] Florida Method Of Test For Viscosity Of Asphalt Rubber By Rotational (Dip-N-Read) Viscometer. June 1, 2002.
[157] Charles J. Glover, Richard R. Davison, Jerry A. Bullin. A Comprehensive Laboratory And Field Study Of High-Cure Crumb-Rubber Modified Asphalt Materials, Report 1460-1. Aug. 31, 2000.
[158] Kamil E. Kaloush. Performance Evaluation Of Arizona Asphalt Rubber Mixtures Using Advanced Dynamic Material Characterization Tests. July 2002.
[159] Ssu-Wei Loh. Characterization Of Simple And Complex Crumb Rubber Modified Binders. July 2000.
[160] Asphalt Rubber Usage Guide. January 2003.